참행복의 삶을 위하여

– 삶의 의미 –

참행복의 삶을 위하여

- 삶의 의미 -

김 왕 기 엮음

전남대학교출판부

추천사

인간은 본성적으로 삶의 의미를 찾고 꿈과 희망을 키우며 참행복을 추구하는 삶을 살아가기 마련입니다.

이 책은 하느님의 현존과 속성에 대한 확신과 더불어 주로 '그리스도인의 삶'에 대한 포괄적이고 종합적인 이해에 도움을 주고 있습니다. 그러나 오히려 이 책은 비종교인들에게도 적극적으로 권하고 싶습니다. 왜냐하면 우리에게 인생을 어떻게 살아가야 하는지 삶의 지표를 추상적이거나 현학적이지 않으면서 과학적 논리로 단호하고 명쾌하게 제시해 주고 있기 때문입니다.

본서는 인간의 정체성으로부터 시작하여 종교의 의미, 원시종교(무교)와 역사적 종교(세계의 5대 종교와 유교, 도교 등)의 소개, 종교의 근본문제인 신의 존재에 대한 물음, 불전(佛典)의 성주괴공(成住壞空)에 대한 과학적 관점을 다루고 있습니다. 또한 동방정교회와 개신교 및 성공회가 가톨릭 교회에서 갈려나간 주요원인, 가톨릭과 개신교의 주요 차이점, 성경과 성전, 삼위일체론, 창조론과 진화론, 태고사·성조시대와 구세사, 그리스도론, 성령론, 교회론, 마리아론, 성사론, 인간 생명의 존엄성, 그리스도인의 삶과 영성(灵性) 등으로 종교에 관련된 제반 내용을 자연 및 사회 환경의 삶과 연관시켜 과학적 접근으로 쉽게 이해할 수 있도록 엮어져 있습니다.

편저자인 김왕기 교수(전남대학교 명예교수, 이학박사)는 머리말에서 과학과 신앙은 서로 대립되고 상충되는 것 같지만 그렇지 않다는 의견을 제시하고 있습니다. 이는 예수회 신부였던 떼이야르 드 샤르댕(Teihard de Chardin)의 사상과 일치하는 것으로 신앙과 과학이라는 극단의 분야를 한데 아우르고 조화시킴으로써 세계 속에서 하느님을 좀 더 잘 찾을 수 있고, 인간 구원이 초월적인 차원과 연계되었음을 말하고 있습니다. 한 논리에는 이에 대립되는 헤겔(Hegel)의 안티테제(독 Antithese, 정립·반정립·종합)가 있을 수 있듯이 우주의 원동력에 숨겨진 신비로움을 모두에게 익숙한 자연과학의 논리 체계에 포용함으로써 누구나 그 논리에 다가설 수 있을 것입니다. 과학이라는 이름으로 종교를 불신하는 이들에게, 또한 종교와 과학 사이에서 신(神)의 존재와 신앙에 대한 이해를 구하지 못했던 이들에게도 소중한 길잡이가 되어줄 것입니다.

따라서 이 책은 현대를 살아가는 모든 사람이 읽어야 할 교양서로서, 종교에 대한 이해와 더불어 삶의 의미를 찾고 참행복의 길을 가고자하는 이들에게 참된 지침서가 되기를 바라며 본서를 권하고 싶습니다.

2007년 6월

천주교 광주대교구
김 희 중 주교

참행복의 삶을 위한 지침서

철학적 신학자 폴 틸리히(Paul Tillich)가 말한 대로 종교는 우리인간의 궁극적 관심(Ultimate Concern)임에 틀림없는 것으로 보입니다. 인류역사상 수많은 사람들이 종교생활을 하였고 오늘날도 헤아릴 수 없이 많은 사람들이 여러 가지 종교의 이름으로 신앙생활을 하고 있으며 이러한 현상은 미래에도 변함이 없을 것으로 예측됩니다. 종교 및 신앙이 인간생활에 무의미하거나 무익한 것이었다면 그것은 일찌기 폐기되고 말았겠지만 폐기되기는 커녕 오히려 종교인의 수는 날로 증가하고 있으며 종교가 인간의 문화 중에서 중핵적인 위치를 차지하고 있는 것으로 볼 때 그것의 가치와 효용성은 이미 입증 되었을 뿐만 아니라 자명한 사실로 받아들여지고 있습니다. 종교 및 신앙은 이론이기보다는 인간사에서 매우 중요한 삶 자체 혹은 삶의 방식으로 자리매김 되고 있습니다. 그러기에 동서고금을 막론하고 원시종교, 역사적 종교, 더 나아가 신흥종교가 공존해 왔을 것입니다.

그런데 놀라운 사실은 이렇게도 중차대한 종교가 객관적이고 과학적인 방법으로 연구되기 시작한 것은 겨우 150여년 전의 일이라는 사실입니다. 물론 세계의 주요 종교로 꼽히는 힌두교, 불교, 유교, 유대교, 그리스도교, 이슬람 등 개별 종교 안에서는 개별적이고 특수한 연구가 그 나름대로 이루어지긴 했으나 개별종교가 여러 종교 중의 하나(one of many)라는 인식하에서 비교종교학적으로 연구되기 시작한 역사는 매우 일천한다는 것을 우리는 부인할 수 없습니다. 그러나 지금은 상황이 급변하여 서구의 유수한 대학(교)들에는 종교학과가 설치되어 있어 종교에 대한 현상학적 연구가 활발히 진행되고 있는 추세입니다. 이에 발맞추기라도 하듯 우리나라의 경우에도 몇몇 주요 대학교에 종교학과 내지 종교문화학과가 설치되어 종교연구에 박차를 가하고 있습니다. 그러나 유감스럽게도 우리 전남대학교에는 종교학과가 없는 것이 사실이지만 다행히도 종교문화연구소가 개소되어 이모저모로 종교연구에 열심을 기울이고 있습니다. 종교문화연구소의 업적 중 가장 의의(意義) 있는 일은 '한국 종교간 대화학회'의 설립입니다. 이러한 상황 속에서 본 학회 자문위원이신 김왕기 교수님은 학회활동에 발맞추어 매우 귀한 자료(서적)를 세상에 내어 놓게 되었습니다 『참행복의 삶을 위하여 -삶의 의미』가 그것입니다.

이 책은 그리스도교의 기본교리를 알기 쉽게 엮은 것으로서 특히 그리스도교의 가르침과 신앙생활에 관심 있는 분들에게 유익한 길잡이가 될 것이며, 비록 무신론자 혹은 비 그리스도교인 일지라도 그리스도교에 대한 이해를 넓히는데 큰 도움이 될 것이며, 궁극적으로는 참으로 행복한 삶이 무엇인가를 안내해주는 인생의 지침서가 될 것입니다. 이 책의 편자 김왕기 교수님은 전공이 과학이지만 종교와 과학에 있어서 하등의 마찰도 없이, 아니 오히려 과학에 힘입어 믿음을 더 체계 있고 확고하게 진술하고 있습니다. 자칫하면 진부하고 공허하게 느껴지기 쉬운 종교와 신앙을 과학과의 관계 속에서 오히려 명석판명하게, 그리고 흥미있게 개진하고 있는 것입니다. 예화 및 삽화도 곁들였기에 더욱 흥미있게 접할 수 있는 귀한 신앙서라고 생각됩니다. 이 책을 펴내기 위해 온갖 힘을 기울이신 김 교수님께 감사드리며, 또한 이 책을 읽는 수많은 독자들에게 한없는 하느님의 사랑이 넘치기를 기원합니다.

2007년 6월

한국종교간대화학회 실무대표
전남대학교 종교문화연구소장
김 영 태 교수

머리말

교황 요한 바오로 2세는 1992년 10월 11일자 교황령 '신앙의 유산'(Fidei depositum)을 통하여『가톨릭 교회 교리서』의 발행 목적과 경위를 밝혔습니다. 이 교리서의 목적은 가톨릭 교회의 기본 교리를 유기적이고 체계적으로 제시하는 데 있습니다. 이 책은 여러 나라에서 만들게 될 각종 교리서의 준거로 삼을 규범적인 교리서입니다.

한국 천주교 주교회의는 1999년 추계 정기총회의 승인을 거쳐 교리교육위원회에서 위 교리서를 준거하여 편찬한『한국 천주교 예비신자 교리서』를 펴냈는데, 이 교리책이 우리나라 예비신자를 위한 가톨릭 표준 교리 교재로 사용되고 있습니다.

김희중 히지노 주교님은 주교 수품(受品 : 2003년 8월 18일) 이전에 광주 금호동성당 주임신부님으로 사목하실 때, 우리나라에 최초로 파견된 중국인 주문모(周文謨, 세례명은 야고보)신부가 교리연구와 선교를 목적으로 '명도회(明道會)'를 조직한 사실에 근거하여 교리교사로 구성된 명도회를 편성하고, 이를 예비신자 교리교육을 담당하는 중추로 삼으셨습니다. 그리고 김 주교님은 명도회로 하여금『한국 천주교 예비신자 교리서』를 교재로 사용하고, 교수안(教授案)을 작성하여 교리교육을 수행토록 하였으며, 교안의 내용을 검토하고 미비한 점을 보완하여 주시는 등의 지도를 해 주셨습니다. 본서는 '명도회'의 일원으로 교리교육을 수행하면서 작성한 교수안들을 상당 부분 보충하고 종합 정리하여 엮은 강의록(講義錄)입니다.

주교회의에서 출판한 교리 교재『한국 천주교 예비신자 교리서』는 교황령 '신앙의 유산'으로 발행한「가톨릭 교회 교리서」와「교리교육 총지침」(주교회의 교리교육위원회 편찬)에 따라 그리스도의 복음과 교회의 가르침을 생활과 연관시켜 쉽게 이해할 수 있도록 만들어졌습니다. 하지만 본디 교재는 속성상 내용이 간략화되어 있기 때문에 보충과 해설의 필요가 요청됩니다. 그래서 본 교수안들은 자연 및 사회환경의 삶과 관련하여 신학 외각에서 과학적 접근으로 작성하였습니다.

그런데 신학(神學·theology)은 불가시적이고 비체험적 존재인 신(神)과 그의 말씀을 연구 대상으로 하는 계시학(啓示學)인데 반하여 과학은 자연의 가시적이고 경험적 존재의 변화성을 연구 대상으로 삼는 학문입니다.

그래서 신학은 절대자에 대한 신앙이 요청되고, 과학은 자연현상에 대한 관찰이 요청됩니다. 그리고 신앙은 종교적 신념이고 관찰은 경험적 사실입니다. 이러한 사실에 따라 신학과 과학은 추구(追究)하는 대상이 다를 뿐만 아니라 서로 대립되고 상충되는 분야로 이해되어 상호 배타적인 대상으로 생각하기 마련입니다. 그러므로 신앙을 과학적으로 생각하고 판단하는 것은 어리석은 짓이라고 말하기도 합니다. 그렇지만 현대 물리학의 창시자 중의 한 사람인 닐스 보어(Niels Bohr)가 말한 것처럼 "대립적인 것은 상보적"(contraria sunt complementa)인 것입니다. 신학과 과학을 동일한 범주에서 다루어질 수는 없지만, 상보적이며 상호 이해를 증진시켜 줍니다.

하느님의 창조물인 자연의 이치를 규명하는 것이 과학이므로 과학은 자연의 근원을 규명키 위해서는 하느님께 소급해 갈 수밖에 없습니다. 그래서 과학과 신앙은 만나기 마련입니다. 과학 없는 신앙은 자칫 맹목적인 광신으로 전략할 수 있을 것입니다.

인간은 오성(悟性)과 이성(理性)에 의해 자연의 궁극적인 원인의 존재를 확신하게 됩니다. 오성은 경험적 대상을 사유하는 인식능력인데 반하여 이성은 초경험적 대상을 사유하는 인식능력이기도 합니다. 신앙은 이성에서 출발하여 완성되는 믿음입니다. 신앙과 이성은 상호 모순되지 않고 근본적으로 조화를 이룹니다. 우주만물을 창조하시고 섭리하신 하느님은 이성과 신앙의 근원이기 때문입니다. 그렇지만 인간 지능의 한계성 때문에 하느님을 완전히 파악할 수는 없습니다. 사실 4차원(공간과 시간)의 자연세계에서 살고 있는 우리 인간은 다차원의 초자연세계를 간파할 수 없습니다. 하느님은 그 자체로 이성의 능력만으로는 불가해한 분이며 신앙의 대상입니다. 완전히 파악할 수 있다면 신앙이 아닌 것입니다. 그러나 종교는 이성(理性)을 초월할 수 있어도 이성과 모순이 있어서는 안 되기 때문에 믿음의 원초단계에서부터 무작정 믿고 맹신하면 미신이나 사이비 종교에 빠질 위험이 있습니다. 하느님의 모상(模像, 모습, *L.* imago, *Eng.* image)대로 창조된 인간은 이성적 존재이므로 이성적이고 논리적인 판단과 함께 믿는 것도 중요합니다. 그래서 국부론의 저자 아담 스미드(A. Smith)는 "과학은 광신이나 미신의 독성에 대한 훌륭한 해독제"라고 말했고, 아인슈타인은 "우리가 사는 물질주의 시대에 진지한 과학자야 말로 깊은 신앙심을 가진 사람이다."라고 했으며, "종교 없는 과학자는 절름발이요, 과학 없는 종교는 맹인에 불과하다."고 말할 정도였습니다.

인생은 먹고 잠자고 배설하고, 의식주와 부귀공명을 위해 일한다 해도, 이러한 삶이 인생의 전부일 수는 없을 것입니다. 현실의 삶이 비록 힘들고 고달프다 할지라도 인간은 공동선과 미래를 지향하는 목적의식을 가지고 사는 존재입니다. 그리고 인간은 영원한 생명과 불변의 진리와 무한한 사랑을 갈구하는 속성이 있습니다. 흔히 우리는 인생은 무상하고 허무하다고 말합니다. 그렇지만 우리 인간은 영원한 삶을 지향하며 절대자를 찾는 종교적 존재입니다.

그런데 우주를 주재(主宰)하시는 절대자인 신(神)이 존재하는가의 물음은 종교의 근본 문제입니다. 신의 존재에 대한 확신이 결여되면 신자라 하더라도 신앙생활에 대하여 반신반의하게 되고, 냉담해지기도 하며, 심지어는 사이비 종교에 빠져 패가망신하는 경우도 있습니다. 이러한 사실은 종교적 가르침에 대한 이해가 부족하고, 하느님의 존재에 대한 확신의 결여로 마음의 갈등이 생기는 데서 비롯된 것입니다.

그래서 본 강의록에서는 종교의 근본 문제인 하느님의 현존(제1장-(3) 참조)뿐만 아니라 교리내용을 과학적 시각(視角)에서 보충하고 해설하려고 시도하였습니다. 그리고 종교를 갖지 않은 비종교인들을 위해 원시종교(무교)와 역사적 종교(세계의 5대 종교와 유교, 도교, 제1장-(2) 종교론 참조)를 간략히 소개하였으며, 동방 정교회와 개신교 및 성공회가 가톨릭 교회에서 갈려나간 주요원인(제4장 참조), 가톨릭과 개신교의 주요 차이점(제2장 참조), 개신교에서 성모 마리아의 평생 동정에 대한 불신 문제(제14장 참조), 가톨릭에는 여러 가지 상(십자가에 매달린 예수님상, 성모 마리아상 등)이 있는데, 개신교에서는 국기에 대한 경례(천 조각 자체가 아니고 표상 이면의 국가에 경례를 하는 것임)를 하면서도 가시적 상징을 우상으로 보는 문제(제15장에 있는 '상징' 참조) 등을 논하였습니다. 이러한 사실로 말미암아 이 강의록은 교리의 과학적 접근이라는 점에서 현재 시판되고 있는 교재의 해설서(교리교사의 참고서)와는 상당한 특이성과 차별성을 지닌다 할 수 있습니다.

본서의 교수안들은 교재의 기본 골격을 유지하고, 다음과 같은 몇 가지 원칙에 따라 작성하였습니다.

1. 본 강의록은 교리교사의 참고서일 뿐만 아니라 일반신자들의 지속적인 교리 공부에 도움이 되도록 하며, 또한 종교 특히 가톨릭에 관심 있는 비종교인들에게

도 인간의 종교적 심성과 가톨릭 교리의 이해를 돕기 위해 작성한다.

2. 『**한국 천주교 예비신자 교리서**』의 제1과~제27과의 골격을 유지하고 본서의 권말에 수록한 문헌을 참고하여 보완 작성한다.
3. 제1편 제1과 '종교가 필요한 우리'는
「(1) 인간의 정체성」, 「(2) 종교론」, 「(3) 종교의 근본 문제」로,
제2편 제9과 '우리는 구세주 예수 그리스도를 믿습니다'는
「(1) 태고사와 구세사의 배경」, 「(2) 그리스도 생애의 신비(강생 · 죽음 · 부활·승천)」로,
제3편 제21과 '새 사람이 된 우리의 삶'은
「(1) 영성생활」과 「(2) 신망애」로 보완하여 작성한다.
4. 성경 말씀은 2005년에 합본으로 출간된 새 번역 「성경」에 따른다.(제5장 참조)
5. 교리 내용과 관련된 예화와 삽화(揷畵)를 싣는다.
6. 각개 장에서 다룬 내용을 더욱 잘 이해하고 정리할 수 있도록 하기 위해 주요 내용을 추출(抽出)하여 문답식 '핵심문제'로 엮는다.
7. 신앙생활을 영위함에 알아두어야 할 교회 용어, 종교에 관련된 상식, 그리고 오늘날 문제되고 있는 교회 관심사를 '알아두기' 난에 첨가한다.

이 강의록에 수록된 대부분의 예화는 <Lawrence G. Lovasik 저(김정진 역), 『예화로 쉽게 엮은 **가톨릭 교리**』, 가톨릭 출판사, 2001>에서 발췌하였음을 밝혀 둡니다.

"하느님께서는 모든 사람이 구원을 받고 진리를 깨닫게 되기를 원하십니다."(1티모 2, 4). 예비신자나 신자들이 가톨릭 교리의 주요 내용을 좀더 체계적으로 이해하고 종합 정리하여 영성과 향주덕의 참 삶을 지향하며, 은총생활과 사도직 생활을 영위하는데 본서가 조금이라도 도움이 된다면 엮은이로서는 큰 보람과 기쁨으로 여길 것입니다.

끝으로 본서의 내용 검토와 미비점을 보완하여 주신 최창무 안드레아 대주교님과 김희중 히지노 주교님과 김양회 요한 보스코 신부님께 충심으로 감사의 말씀을 드립니다. 그리고 원고를 꼼꼼히 읽고 오자의 정정과 윤문을 하여 주신 이돈주 교수님(전남대학교 명예교수, 문학박사), 김영태 교수님(전남대학교 종교문화연구소장, 윤리교육과 교수, 한국종교간대화학회 상임회장, 종교학박사 · 철학박사), 박상배 교수님(광주가톨릭대학교 라틴어전공),

박건주 박사님(전남대학교 종교문화연구소, 불교전공)께도 심심한 사의(謝意)를 표합니다. 또한 흔쾌히 추천사도 써주신 김희중 주교님과 본서를 '참행복의 삶을 위한 지침서' 라고 서평하여 주신 김영태 교수님께 거듭 감사를 드립니다. 그리고 이 책을 출간할 수 있도록 도움을 준 전남대학교 당국과 출판부 관계자의 노고에 대해서도 심심한 사의를 표하는 바입니다.

강의록 작성자의 과문(寡聞)한 탓으로 빚어진 미성일궤(未成一簣)의 허물을 독자 제위께서는 이해와 사랑으로 채워 주시기 바랍니다.

영광이 성부와 성자와 성령께 처음과 같이 이제와 항상 영원히. 아멘.

2007년 6월

전남대학교 명예교수

김 왕 기

차례

제1편

전(前) 예비기간

제2편

예비기간

제 3 편

정화와 조명의 시기

제1편

전(前) 예비기간

인간은 누구나 자신의 참된 모습을 찾아 삶의 보람을 느끼면서 살기를 원한다. 그리고 살아가면서 충만한 성취감과 보람을 느낄 때에 행복하다고 생각한다.

언젠가 외국에 투자 이민을 간 교포 신자에게 들은 적이 있다. 처음에 몇 개월 동안에는 골프, 낚시, 여행 등 지상 천국에 온 것처럼 삶의 기쁨을 마음껏 누렸다고 한다. 그러나 3~4개월 지나면서 더 재미있는 생활이 없는지 심심풀이를 찾으려 했지만, 조금 시간이 지나자 그러한 오락 생활도 따분하게 느껴지더니 마침내는 삶의 의욕마저 잃어버리고 무기력증에 빠지더라고 했다.

인생을 살아가면서 자기 노력의 결과를 체험하고 성취감이 있을 때 사람은 삶의 진정한 보람과 행복을 느낄 수 있지 않나 생각한다. 그런데 그러한 성취감이란 힘 안 들이고 놀고 먹으며 사는 것이 아니라는 것을 체험한 것이 아니겠는가? 어떤 면에서 수고하고 희생하면서 자신이 세운 목표에 가까이 다가가는 삶이 무위도식하면서 무기력증에 빠지는 것 보다 훨씬 낫다는 것을 체험할 수 있을 것이다.

그렇다면 보통 사람들이 살아가는 모습을 잠깐 생각해 보기로 하자. 한 남성이 유년 시절과 학창 시절을 보내고 직장에 들어가 청춘을 불사른다. 그러한 노력의 대가로 웬만큼 승진도 한다. 한 여성이 소녀 시절의 고운 꿈을 간직한 채 결혼하여 자녀들을 낳아 키우고 남편을 뒷바라지하느라 정신이 없다. 그 덕분에 자녀들도 탈 없이 성장하고 남편도 착실히 기반을 다져 가고 있다. 이제는 나름대로 열심히 살아 온 자신의 삶에 흐뭇해하기도 한다.

그런데 어느 날 문득 의문이 꼬리를 물고 찾아온다.

"나는 왜 이렇게 정신 없이 뛰고 있으며, 오늘날까지 왜 이토록 고생하며 살아 와야 했던가? 이렇게 열심히 일하고 고생하며 살다가 죽는 게 인생인가? 이런저런 의문 끝에 마침내는 내가 왜 살고 있으며 왜 살아야 하는지를 묻기에 이른다. 과연 진정한 인생의 의미가 무엇인가?"라는 질문을 스스로에게 던지면서 삶의 의미가 무엇인지 생각하게 한다. 특히 40대 초반의 주부 같은 경우에는 그러한 생각이 더욱 진하게 엄습해 올 것이다. 남편은 사회생활을 통하여 승진하면서 자기 나름대로의 성취감을 누리고, 자식들은 어느덧 커서 자기 세계를 추구하며 부모로부터 멀어져 가는 모습을 물끄러미 바라다보면서 설거지통 앞에서 자기만 낙오자가 되는 듯한 서운함과 외로움을 느끼고 우울증까지 앓을 수도 있을 것이다. 인생의 의미가 과연 그런 것일까?

인생의 의미를 찾기 위해서 우리는 먼저 내가 가진 내 생명은 나의 자유의지로 선택해서 얻은 생명이 아니라 주어진 존재라는 사실을 생각해야 한다. 내가 원해서 얻어진 생명도 아니요, 내가 지불한 어떤 노력의 대가로 이루어진 것도 아니며, 내가 가진 자유의 동의로 이루어진 것도 아닌 온전히 어떤 절대자로부터 '이루어진 인생'이라는 데서부터 겸허하게 인생의 의미를 찾아야 한다. 많은 사람들이 마치 자기가 만든 인생인 것처럼 착각을 하기에 자기 마음대로 인생관을 생각한다. 우리는 원칙적으로 나에게 생명을 주신 그 생명의 주인공의 뜻에 따라 인생을 꾸려 나갈 때 그 의미가 살아난다.

그러므로 진정한 인생 문제라고 한다면 역시 과학이 답변할 수 없고, 문학이나 예술이 답변할 수도 없으며, 오직 생명을 창조하신 절대 차원에서만이 그 답변을 얻을 수 있다. 인생 문제를 정확히 제시하는 초월적인 차원, 다시 말해서 생명의 신비를 다루는 과제는 역시 종교적인 과제인 것이다. 따라서 인생 문제를 놓고 정확한 확신과 가치를 말하기 위해서도 인간은 종교가 필요하다. 종교 없는 인간은 언제나 뚜렷한 인생관을 갖지 못하고 방황하기 마련이다.

제1장 종교가 필요한 우리

(1) 인간의 정체성

들어가는 말

"인간이란 무엇인가?"의 물음은 철학의 중심문제의 하나로 많은 철학자의 연구대상이 되었고, 또한 자연과학적·역사학적·사회학적 측면에서 매우 다양하게 다원적으로 연구되었다. 사실 "인간이란 무엇인가?"에 대한 대답을 이끌어 낼 확고한 출발점이 없으며, 논의하고자 하는 바의 관점이나 접근방법에 따라 각양각색으로 표현되어 왔다. 이를테면 '인간은 이성적 동물'이라든가, '인간은 형이상학적 동물', '인간은 만물의 영장', '인간은 사회적 동물', '인간은 생각하는 갈대', '인간은 도구를 만드는 동물', '인간은 상징을 만드는 존재', '인간은 학습 존재', '인간은 수치를 아는 존재', '인간은 종교적 존재' 등등 동서고금을 막론하고 인간을 묘사하는 명언들은 많이 있지만, 이 명제들의 어느 것도 인간을 완전하게 묘사한다고 말할 수 없다. 왜냐하면 인간은 기묘하고 헤아릴 수 없는 신비로운 존재로서 매우 복잡한 기능과 정신적, 육체적 속성을 아주 많이 가지고 있고, 생명에 대한 인식의 한계성, 여러 가지 관점에 따른 상이한 논리성과 상호배타성 등으로 인하여 인간을 한마디로 정의할 수 없기 때문이다.

그렇지만 인간과 일반 동물의 본질적 차이점은 무엇일까? 다만 생김새의 차이, 사람은 옷을 입었고 동물은 옷을 안 입었다는 차이, 그저 그런 정도의 차이일 뿐 본질적으로는 같은 것일까? 그런데 우리는 '…의 정체성'이라는 말을 많이 사용한다. '정체성'(正體性 · identity)이란 외부환경이나 사정이 변해도 변하지 않는 독립적인 존재로서의 독자적인 특성을 말한다. 그러면 인간의 정체성은 무엇일까?

2차 바티칸공의회(뒤에 있는 알아두기 참조)는 인간은 하느님의 모상(模像)[#1]으로 창조되었고, 하느님을 알고 사랑할 수 있으며, 하느님의 영광을 위해 모든 것을 지배하도록 하느님으로부터 부름을 받은 존재라고 하였다(사목 헌장 12항 참조). 그리고 하느님은 남자와 여자로 창조하셨기에 인간은 본질적으로 사회적이다.

창세 1,26-28; 2,7-8

하느님께서 말씀하셨다. "우리와 비슷하게 우리 모습으로 사람을 만들자. 그래서 그가 바다의 물고기와 하늘의 새와 집짐승과 온갖 들짐승과 땅을 기어 다니는 온갖 것을 다스리게 하자." 하느님께서는 이렇게 당신의 모습으로 사람을 창조하셨다. 하느님의 모습으로 사람을 창조하시되, 남자와 여자로 그들을 창조하셨다. 하느님께서 그들에게 복을 내리며 말씀하셨다. "자식을 많이 낳고 번성하여 땅을 가득 채우고 지배하여라. 그리고 바다의 물고기와 하늘의 새와 땅을 기어 다니는 온갖 생물을 다스려라" (창세 1,26-28).

그때에 **주** 하느님께서 흙의 먼지로 사람을 빚으시고, 그 코에 생명의 숨을 불어넣으시니, 사람이 생명체가 되었다. **주** 하느님께서는 동쪽에 있는 에덴에 동산 하나를 꾸미시어, 당신께서 빚으신 사람을 거기에 두셨다(창세 2,7-8).

#1 하느님의 모상(模像, 모습, *L*(*라틴어*). Imago Dei, *Eng*(*영어*). Image of God) : 하느님의 모상이란 <창세 1,26-27; 2, 7>에 근거한다. 하느님의 모든 피조물 가운데 오직 인간만이 영혼(하느님의 생명의 숨)으로 말미암아 하느님의 모습을 지니게 된다. 영혼은 인간 생명의 근원이요 인간의 영적(정신적) 근원을 가리킨다. 하느님의 모습을 지닌 인간은 존엄한 인격체요 인격으로서 하느님을 알고 사랑할 수 있다.

인간의 본성(근본적 정체성)

본성이란 개개의 존재자가 그 시원(始原)에서부터 타고난 본질적 특성을 지칭한다. 그래서 여기서는 인간의 본성을 본질적 특성과 관련하여 알아보고자 한다. 과연 인간의 본질은 무엇일까? 인간의 본질은 영혼의 정신작용에 의한 이성(理性)이다. 인간의 본질에 대한 관점의 다양성 모두와 상관관계가 있는 근본의 말이 바로 이성(理性, 인간의 본질은 영혼이라고도 함)인 것이다. 본질이란 본바탕을 이루는 특성인데, 그 특성 없이는 그 사물이 될 수 없는 것을 말한다. 이를테면 소금의 본질은 짠맛인데, 그 짠맛이 없으면 소금이 아닌 것이다. 그런데 인간이 이성적이라면 동물일 수 없고, 동물이라면 이성적 일 수 없다고 말하기도 한다. 어쩌면 인간은 모순된 양면성을 지닌 존재인 것 같다. 그렇지만 분명 인간은 이원적 요소, 즉 이성(理性)적 요소와 동물(본능)적 요소로 이루어져 있다는 것은 틀림없는 사실이다. 인간은 처음부터 인간 안에는 모순된 양극성, 즉 "흙(*L.* Humus)의 먼지"와 "생명의 숨"이라는 양극성이 있었다.(창세 2, 7

참조) 그래서 아리스토텔레스(Aristoteles)는 인간을 이성적 동물이라고 정의했다. 사실 인간이 동물임은 아무도 부인하지 못한다. 그러나 사람들은 인간은 동물이긴 하지만 한갓 짐승이 아니라고 주장한다. 그러면 인간과 일반 동물의 근본적 차이점은 무엇인가? 인간은 육신과 영혼이 결합된 합일체이므로 먼저 인간을 육체적 관점에서 생각해보자.

첫째, 인간 육체의 기관(器官)은 비특수화성(非特殊化性), 즉 특수하게 되어 있지 않다는 것이다. 인간의 육체는 일반 동물에 비하여 결코 우수하지도 않으며, 경우에 따라서는 오히려 열등하다. 어떤 동물들은 신체적 기관과 감각기관, 그리고 힘에 있어서 인간의 능력을 훨씬 능가한다. 이를테면 사람은 육체의 힘으로는 맹수를 당해낼 수 없으며, 달리기는 말을 따를 수 없고, 나무에 오르내리기는 원숭이만 못하고, 냄새 맡은 데는 사람의 코가 개 코만 못하고, 민첩하기는 다람쥐를 따를 수 없고, 하늘에서는 새만 못하고, 물 속에서는 물고기만 못하다. 또한 인간의 몸은 맹수의 이빨이나 발톱과 같은 신체적 공격무기가 있는 것도 아니고, 고슴도치의 바늘 같은 방어무기가 있는 것도 아니다. 그런데다 인간의 몸은 고도로 조직화되어 있고 복잡해서 고장이 잘나고 병도 잘 걸린다.

둘째, 인간은 예견력도 없다. 이를테면 침몰할 배에는 쥐들은 한 마리도 타지 않는다. 그러나 사람들은 그 배가 침몰하리라는 것을 알지 못하며, 타고 가다가 침몰해서 죽는 경우가 있다. 또한 우리는 지구촌 여러 곳에서 대지진, 폭우와 대홍수 등 자연재해가 일어나 폐허가 되고 많은 사람들이 사망했다는 뉴스를 접하고 있다. 하지만 쥐들은 자연재해가 일어날 것을 미리 알고 대피한다.

그래서 인간과 일반 동물들이 결정적으로 구별되는 점은 일반 동물의 육체적 기관 기능이 인간보다 더욱 전문화되어 있고, 일반 동물들의 모든 육체적 기관들은 자연적인 생활 조건과 특정한 환경에 알맞게 되어 있다. 그렇지만 일반 동물들이 육체적으로 탁월한 기능과 능력을 갖고 있다하여 그것들을 위대하다고 말하는 사람은 아무도 없다.

인간은 육체의 비특수화된 기관으로 되어 있고, 육체적 유약성과 불리한 조건인데도 불구하고, 인간이 만물의 영장(靈長 : 영묘하고 불가사의한 힘을 가진 우두머리)이 된 것은 육체적으로는 설명이 불가능한 것이다. 인간이 위대하고 자연의 온갖 생물을 다스리는 근본적인 이유는 영혼의 정신작용에 의한 이성이 있기 때문이다.

인간의 영혼과 정신작용

혹자는 정도의 차이는 있지만 동식물도 이성이 있다고 말한다. 언젠가 어느 식물 분류학 교수가 자기는 식물과 대화를 한다고 말한 것을 들은 적이 있다. 그 말은 차치하더라도 식물은 생혼(生魂, *L.* anima vegetativa)이 있고, 동물은 각혼(覺魂, *L.* anima sensitiva)이 있으며, 인간에게는 영혼(靈魂, *L.* aniva humana)이 있다는 것이 일반적인 통설이다. 교회에서는 생혼과 각혼은 신체와 함께 시작되고 소멸되는 유시유종(有始有終)이지만, 영혼은 유시무종(有始無終)하여 불멸한다고 가르친다. 영혼은 인간의 생명이나 인격 전체를 의미한다. (「가톨릭 교회 교리서」, 363항 참조) 여기서는 영혼의 정신작용과 관련하여 논의하고자 한다.

인간에게는 정신작용에 의하여 이성(理性)뿐만 아니라 자의식(自意識)과 양심도 있고, 이성적 정신기능으로는 지정의(지성 · 정서 · 의지)가 있다. 이러한 정신작용을 하는 발원체(發源体)는 육신의 뇌수가 아니라 바로 영혼(다음의 예화2 참조)인 것이다. 왜냐하면 비물질적인 정신작용은 물질에서 나올 수 없기 때문이다. 영혼이 없는 뇌수만의 정신작용은 결코 있을 수 없는 것이다. 인간의 정신(Spirit, 영 · 마음)은 영혼의 본질에 속한다. 영혼은 인간에게 개성과 인간성을 부여하며, 때로는 정신이나 참 자아(제21장-(1)의 '자아의 이원적 구분' 참조)와 동의어로 간주되기도 한다.

그리고 인간에게는 이성과 더불어 "나는 무엇이며 무엇을 위해 사는가?"라고 하는 자기 존재 이유를 밝히고자 하는 '자의식(自意識)'도 있는데, 자의식이란 반성(反省)과 자각(깨달음)의 정신작용이다. 인간은 영혼의 정신작용에 의한 이성과 자의식이 있기 때문에 미래지향적 목적의식이 있고 통찰력이 있고 지적인 탐구 행위를 할 수 있다.

프랑스의 파스칼(Pascal, 1623~62)은 "인간은 진리와 선(善)을 추구하는 <생각하는 갈대>"라고 말하고 "사고(思考)만이 인간을 위대하게 하며, 인간의 존엄성은 사고에 있다."라고 강조하였다. 매우 큰 코끼리가 조그마한 소년의 인도에 따라 끌려가고 있는 모습을 볼 수 있는데, 이것은 정신능력이 육체의 능력이나 힘을 지배하고 있음을 단적으로 보여 준 예라 하겠다. 인간은 동물의 육체적 힘이나 능력보다도 훨씬 우월한 정신적 능력을 갖고 있기 때문에 위대한 존재인 것이다. 인간이 만물의 영장이 된 까닭은 앞에서 언급한 바와 같이 '이성'(理性)이라고 하는 사유(思惟)능력과 진리를 찾는 능력을 천부적으로 부여받았기 때문이다.

인간(자아)의 이원론적 관점에서 육체와 영혼의 본질을 흐름도(flowchart)로 종합하면 다음과 같다. (제21장-(1) 영성생활의 '자아의 이원적 구분' 참조)

┌ 가시적 요소
인간(자아) ─ 외적(outer) 자아(육체) → 물질
　　　　　　　　　　　　　본질　　　　　　　작용
└ 내적(inner) 자아(영혼) → 정신(영 · 마음) → 이성 · 자의식 · 양심
└ 불가시적 요소　　　　　　　　　　　　　　↓
　　　　　　　　　　　　　　　　　　　　지 · 정 · 의

토마스 아퀴나스(Thomas Aquinas, 1224/1225~1274)는 인간이 영혼과 육체라는 두 개의 실체로 구성된 것이 아니라 하나의 실체 안에 두 가지 구성 요소를 갖고 있다고 하였다. 인간은 육체와 영혼으로 단일체를 이루고 있다.(사목헌장 14항; 「가톨릭 교회 교리서」, 362-365항 참조) 인간의 육체는 물질로 이루어져 있으므로 가시적 요소다. 인간의 영혼은 인간의 생명과 지혜의 근본인데 불가시적 요소다. 영혼의 본질인 정신(spirit)의 개념은 논리적으로 정의할 수 없지만, 일반적으로 정신은 마음 · 영(灵, Spirit)을 뜻한다. 마음은 인간 정신 생활 전반을 나타낸다. 정신은 '초월 의식'과 '활동'의 두 가지 특징을 가지는데, 초월 의식과 활동은 밀착되어 있다.

인간은 정신의 초월 의식에 의해 하느님을 찾을 수 있다. 그리고 정신 활동의 본질은 지향성이다. 그래서 인간은 꿈과 희망과 이상(理想)을 지향하면서 의미 있는 삶을 사는 존재이며, 인간의 가장 깊은 정신 활동은 종교적 활동이다.

그런데 인간 영혼의 정신기능으로 기억 · 지성 · 의지 세 가지를 들기도 하지만, 보통 인간의 이성적 정신기능으로는 지 · 정 · 의(知 · 情 · 意), 즉 지성(知性) · 정서(情緖) · 의지(意志)를 들어 말한다. 이 기능들의 작용은 상호의존의 관계가 있다. '지성'(知性)은 지적인 인식능력으로서 이 지성을 통해 인류 문명과 문화를 이룩하였다. '정서'(감성 · 感性, 감정 · 感情)는 감각적으로 느낄 수 있는 정신능력으로서 이 감성을 통해 찬란한 예술을 창조하였다. 그리고 '의지'는 지성에 따라 어떤 목적을 이루려는 능력인데, 비록 힘들고 위험하고 하기 싫은 일이라 하더라도, 무엇인가를 원하고 얻기 위해서 열심히 노력하는 능력이다. 우리가 흔히 말하는 '자유의지'(自由意志)는 어떤 목적을 세우고 행(이룩)하고자 하는 능력이다. 그런데 '자유'라고 하면 남에게 구속을 받거나 무엇에 얽매이지 않고 제 멋대로 행동하는 의미로 사용되기도 하지만, 행하거나 행하지 않는 선택행위의 능력, 즉 숙고하여 선택하는 능력을 의미하기도 한다. 이를테면 신앙생활을 할 것인가, 안할 것인가의 선택행위가 자유인 것이다. 일반 동물은 이성과 자유의지가 미미하거나 없기 때문에 숙고하지 않고 본능적으로 행동할 뿐이다.

인간의 자유

인간은 지·정·의와 더불어 마음의 윤리질서와 정신의 법인 양심이 있지만 일반 동물에게는 양심이 없다. 이런 맥락에서 볼 때에 인간의 자유와 동물의 자유는 구별된다. 인간의 자유를 도덕적 자유 또는 정신적 자유라고 함에 반해서, 동물의 자유는 생리적(본능적) 자유 또는 육체적 자유라고 한다. 이를테면, 동물의 육체적 자유는 장소를 가리지 않고(어떤 동물들은 자기들의 영역과 좋아하는 장소에서 용변을 보기도 하지만) 아무데서나 용변을 보는 자유, 선과 악의 구별이 없이 본능적으로 행동하는 자유 등으로, 선택성과 책임성이 없는 생리적 자유다. 이것은 결코 진정한 의미의 자유가 될 수 없다. 이에 반해서 인간의 도덕적 자유는 이성과 자유의지와 양심에 바탕을 둔 선택성과 책임성이 따르는 자유다. 선택성과 책임감이 없는 본능적 행위나 양심에 거스르는 방종은 결코 자유가 될 수 없다. 결국 인간의 고유한 자유는 자연법의 규범 안에서 자원해서 자발적으로 도덕률을 지키려는 도덕적 자유인 것이다. 요컨대 자신을 속박하고 있는 것처럼 생각되는 모든 굴레로부터 벗어나려는 해방 자체만을 자유라고 말할 수는 없을 것이다. 진정한 자유란 자신이 세운 목표와 목적을 실현시킬 수 있는 삶을 위해 때로는 스스로 속박될 수도 있다. 자유란 "…..로부터의 자유"가 아니라 "…..을 향한, 또는 …..을 위한 자유"를 추구해야 하며 그런 자유를 위해서는 잠시 자신의 물리적 자유를 스스로 포기할 수도 있다. 인간은 동물과 구별되는 이성적, 의식적, 양심적 존재이고, 지성과 감성과 자유의지를 가진 존재이기 때문에 자각적인 생활과 목적 있는 삶을 살게 되는 것이다.

이성과 자의식을 지닌 인간은 현실의 고달프고 힘들고 어려운 생활 속에서도 어떤 꿈과 희망과 이상(理想)을 지향하면서 참행복을 위해 의미 있는 삶을 사는 존재이지만, 일반 동물은 삶의 목적이나 이상보다는 본능에 따라 살고 있을 뿐이다.

예화1(조삼모사와 우공이산)

조삼모사(朝三暮四)는 중국의 **《열자(列子)》 〈황제편(皇帝篇)〉**에, 우공이산(愚公移山)은 **《열자(列子)》 〈탕문편(湯問篇)〉**에 있는 고사(古事)다.

* **조삼모사(朝三暮四)** : 옛날 중국 송나라에 원숭이를 기르는 저공(狙公)이라는 사람이 살고 있었다. '저(狙)'란 원숭이를 뜻한다. 그 이름이 말해 주듯이 저공은 많은 원숭이를 기르고 있었는데, 그의 생활이 궁핍해져 원숭이의 먹이가 부족하게 되었다. 그래서 원숭이들을 향하여 〈앞으로는 너희들에게 도토리를 아침에 3개, 저녁에 4개(朝三暮四)씩 주겠다〉고 말하자 그들은 적다고 화를 냈다. 이에 저공은 아침과 저녁에 주는 도토리의 개수를 바꾸어 〈그럼

아침에 4개, 저녁에 3개(朝四暮三)씩 주겠다〉고 하자 원숭이들은 좋아하였다. 원숭이들이 하루에 7개 받아 먹는 것은 마찬가지이지만, 조삼모사(朝三暮四)에는 화를 냈고, 조사모삼(朝四暮三)에는 좋아했던 것이다.

* **우공이산(愚公移山)** : 우공(寓公)이 산을 옮긴다는 뜻으로, 꾸준히 노력하면 어떤 일이든지 반드시 이룰 수 있다는 이야기다. 이 우화의 줄거리는 다음과 같다.

먼 옛날 중국에 태행산(太行山)과 왕옥산(王屋山)이라는 두 산 사이의 좁은 땅에 우공(愚公)이라는 90세 노인이 살고 있었다. 그런데 사방 700리에, 높이가 만 길이나 되는 두 큰 산이 집 앞뒤를 가로막고 있어 왕래에 장애가 되었다. 그래서 우공은 어느 날, 가족을 모아 놓고 "나는 너희들과 힘을 다해 두 산을 깎아 평지로 만들고, 예주(豫州)와 한수(漢水) 남쪽까지 곧장 길을 내고 싶은데 너희들 생각은 어떠냐?"고 말했다. 모두 찬성했으나 그의 아내만은 무리라며 반대했다. "아니, 늙은 당신의 힘으로 어떻게 저 큰 산을 깎아 없앤단 말이요. 또 파낸 흙은 어디다 버리고?" "발해만(渤海灣)에 갖다 버릴 거요."

오늘날처럼 트럭이나 포크레인, 굴착기, 불도저 등의 중장비가 있는 것도 아닌 옛날인지라 우공의 행위는 매우 어리석은 일이었다. 그러나 우공은 이튿날 아침부터 세 아들과 손자들을 데리고 돌을 깨고 흙을 파서 삼태기로 발해까지 갖다 버리기 시작했다. 한 번 갔다 버리고 돌아오는 데 꼬박 1년이 걸렸다. 어느 날 지수(智叟 : 智는 슬기지, 叟는 어른수·늙은이수)라는 사람이 '죽을 날이 멀지 않은 노인이 정말 망령'이라며 비웃자 우공은 태연히 말했다.

"내가 죽으면 아들이 하고, 아들은 또 손자를 낳고 손자는 또 아들을 ……, 이렇게 자자손손(子子孫孫) 계속하면 언젠가는 저 두 산이 평평해질 날이 오겠지."

이 말을 듣고 깜짝 놀란 것은 두 산을 지키는 산신령이었다. 산이 없어지면 큰일이라고 생각한 산신령은 옥황상제(玉皇上帝)에게 호소하였다. 그러자 옥황상제는 우공의 꾸준한 노력과 굽히지 않는 정성을 가상히 여겨 태행산은 삭동(朔東) 땅에, 왕옥산은 옹남(雍南) 땅에 옮겨 우직한 우공의 뜻을 이루어지게 하였다.

「우공이 산을 옮긴다.」는 이 우화는 아무리 어려운 일일지라도 강한 의지로 꾸준히 해가면 '지성이면 감천'으로 이룩할 수 있다는 고사(古事·故事)다. 수적석천(水滴石穿)이라는 말도 있다. 이 말은 물방울이 오래 떨어지면 돌에 구멍을 낸다는 뜻인데 끊임없이 노력하면 어려운 일이라도 성취할 수 있다는 성구(成句)다. 모택동(毛澤東)은 중국의 공산혁명의 완수 과정에서 이 우공이산을 초석처럼 즐겨 사용하였다.

조삼모사(朝三暮四)의 동물 원숭이의 어리석음과 우공이산(愚公移山)의 인간 우공의 어리석음 사이에는 본질적인 차이가 있다. 원숭이는 삶의 목적과 미래지향성이 없는 본능적 행위임에 반하여, 우공은 우직스럽지만 현재는 힘겹고 고생스럽더라도 먼 앞날의 꿈과 희망을 이루려는 미래지향적 목적의식이 있는 이성적 행위다.

인간은 호모 사피엔스(Homo sapiens)

인간은 이성적인 사고를 하고 합리적인 행동으로 이를 실천에 옮긴다고 해서 호모 사피엔스(Homo sapiens : 지혜 있는 인간)라고 한다. Homo는 라틴말로 사람을 의미하고 sapiens는 화석인(化石人)과 구별하여 '현 인류(現 人類)의', '지혜의' 뜻을 갖는다. 호모 사피엔스의 특성으로는

1) 이족립보행(二足立步行)을 하고,
2) 도구를 제작하여 사용(인간은 도구를 만드는 동물)하며,
3) 언어와 문자 같은 상징을 사용한다(인간은 상징을 만드는 존재).

일부 동물도 이러한 특징을 약간은 가지고 있으나 전체적으로 볼 때 이 특징들은 호모 사피엔스에 고유한 것이다. 이런 점에서 인간은 짐승과 구별된다. 그런데 나는 얼마나 가치 있게 사느냐? 이것이 인간의 중요한 문제다. 인간은 자동차 전문가도 있고, 컴퓨터 전문가도 있듯이, 여러 분야의 전문가가 있다. 그러나 막상 인간인 '나'는 무엇인가에 대해 잘 모른다.

소크라테스는 "너 자신을 알라"고 했다. 인간은 본성적으로 사회적 존재며 아무도 혼자 고립되어 살 수 없다. 우리가 쓰고 있는 사람 '인'(人)#2자는 둘이 서로 기대어 하나가 됨으로써 온전한 하나의 사람이라는 글자를 이루고 있다.

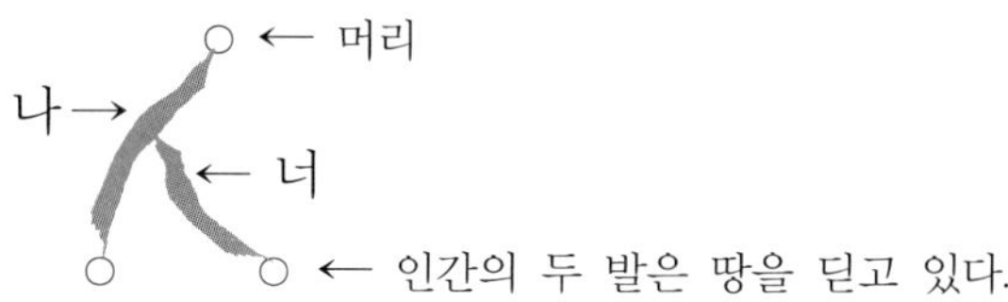

인간을 어원적 관점에서 고찰해보면

1) 인간은 '더불어 사는 존재'다.
   '너'와 '나'가 붙어 있다. (예 : 부부, 너와 더불어 산다)
2) 인간은 초월적인 존재다.
   모든 동물은 머리가 옆으로 붙어 있지만 인간의 머리는 하늘을 향해 위쪽으로 붙어 있다.

#2 한나라 때의 『說文解字』(각 한자의 뜻을 풀이하고 자형의 근거를 밝혀 놓은 책)에 의하면 '人'은 천지간의 생물 가운데 가장 존귀한 존재로 사람이 팔다리를 벌리고 있는 형상을 본뜬 상형자임.(人 : "天地之性 最貴者也 象臂脛之形", 『說文解字』)

'나'라는 존재의 근거

● **'나'와 '너'** : '나'는 어떻게 존재하게 되었는가?
- 생명을 주신 아버지와 어머니,
- 성장할 수 있도록 돌보아 준 가족과 친척,
- 의식주를 가능케 한 사람들, 여러 직종의 사람들, … (지구촌 사람들).

이 모두를 '너'(You)라고 통칭한다. 이러한 '너'가 있기에 '나'가 존재할 수 있었고 지금 생존할 수 있다. 앞에서 말한 바와 같이 '인간'(人)이란 '나'와 '너'가 서로 기대어 사는 존재다.

그런데도 만약 "부모도, 가족도, 친구도, 이웃도 다 싫고 그들이 없어도 된다"고 '너'를 외면하고 관계를 단절한다면 '나'는 결코 존재할 수 없다. 그러므로 '나'는 '너'라는 존재를 배척해서는 안 되고 배척할 수도 없다(인간은 사회적 존재).

● **'나'와 '것'**(物) : 공기, 물, 옷, 음식, 집, 생활용품, … (물질과 재화).

이러한 모두를 '것'(物·thing)이라고 통칭한다. 로빈손 크루소가 무인도에서 혼자 살았다지만 공기, 물, 자연이 주는 음식물, 기본적인 물건들, 즉 '것'이 있었기에 살아남을 수 있었다.

● **'나'와 신** : '나'는 스스로 존재한 것이 아니라, '나'를 존재케 한 '너'와 '것'이 있었기 때문이다. 그러면 '너'와 '것'들은 어떻게 존재한 것인가?

'우리'(나와 너)와 '것'(물질과 재화)을 존재케 한 어떤 존재를 가리켜 우리는 '절대자'(신·神)라고 부른다. '너'와 '것'을 존재케 하고, 그로써 '나'를 존재케 한 절대자는 누구일까? 옥황상제, 야훼, 하느님, 천주, 알라 ……

우리는 이 절대자를 '신'이라 통칭한다. '우리'라고 말하는 '나와 너', 그리고 '것'들이 존재한다는 것을 깨닫는다면 절대자인 신을 부정할 수 없는 것이다.

'나'의 존재성

1) 나는 삶의 주체이면서 동시에 삶의 피조물이다.
   나는 삶의 주체이지만 내 의지와 선택의 자유로 태어난 것이 아니고 주어진 존재며 피조물이다. 이른바 내 생명은 내가 주인이 아니고 주인은 따로 있다.

2) 독립적인 존재이면서 동시에 종속적인 존재다.

주체인 나와 객체(자아작용의 대상)와의 관계에 있어서 어느 대상과의 종속관계를 갖느냐에 따라 삶의 모습이 달라진다. 그래서 인간은 영원한 가치로서의 종속관계를 찾는다.(제7장 알아두기의 '가치론에 의한 참행복' 참조)

3) 자유인이면서 동시에 운명론적인 존재다.

동물은 본능에 의하여 살지만 인간은 매사에 자유스런 선택을 하면서 산다. 직장에 가고 동료를 만나고 일을 처리하는 모든 것이 인간의 자유에서 나온다. 하지만 출생과 죽음은 내 자유의지에 의한 선택이 아니고 운명론적인 것이다.(그리스도교에서는 운명론적인 것을 하느님의 섭리로 믿는다.)

인생은 나에게 생명을 준 절대자를 찾고, 내가 마지막으로 종속해야 할 절대자를 찾으며, 내 운명의 주인공인 절대자를 찾는 것이다.

배고픈 나는 밥이 있어야 하고, 목마른 나는 물이 있어야 하며, 배 아픈 나는 약이 있어야 한다. 마찬가지로 영원히 살고 싶어하는 나는 영원한 절대자가 있어야 한다. 그 대상이 없다면 인간은 불행한 것이다.

주체(나)와 객체(너, 것, 신)의 상호관계

독일의 유다계 종교철학자 부버(Martin Buber, 1878~1965)는 그의 주저(主著)인 「나와 너」(Ich und Du, 1923)에서 대화의 원리에 대한 근원어는 '나와 그것'(I and It)과 '나와 너'(I and Thou)로 나누어진다고 하였다.

'나와 그것'의 관계의 특징은 비인격적인 관계, 사물과의 관계, 이용가치를 따져 이(利)를 얻고자 하는 목적적 관계인데, 이런 관계는 정치·제도 등 조직의 세계에서 형성되며, '좋다 싫다', '내 마음에 든다 안든다'로 구별되는 감정의 세계에 적용된다.

'나와 너'의 관계는 상호성(相互性)이 특징인데, 인격적 관계이며, 사랑의 관계이다. 부버는 "그것 없이 사람은 살 수 없다. 그러나 그것만을 가지고 사는 사람은 사람이 아니다", "모든 참 삶은 만남이다"라고 하였다. 그리고 부버는 '나와 너'에 있어서 하느님을 '영원한 너'(eternal thou)라고 하였다.

그런데 일반적으로 부버의 '나와 그것' 및 '나와 너'를 다음과 같이 '나와 너', '나와 것', '나와 신'의 삼분법으로 고찰하기 마련이다.

<나와 너> : '너'는 존중과 의존의 대상 : 윤리적 관계
<나와 것> : '것'은 소유와 이용의 대상 : 경제적 관계
<나와 신> : '신'은 섬김과 의탁의 대상 : 종교적 관계

'나와 너', '나와 것' 사이의 올바른 관계를 설정하고 지켜 나가기 위해서는 여러 가지 윤리 도덕적 규범, 법, 규율, 전통과 불문율(不文律, unwritten law, 관습법) 등이 그 기준으로 존재한다. 그러나 그 기준은 시대와 장소에 따라, 민족과 국가에 따라, 사상과 이념에 따라 각각 다르다. 따라서 시대와 장소, 민족과 국가, 사상과 이념 등을 뛰어넘는 보편적이고 불변의 기준이 필요하다.

모든 존재의 원천이신 신과 맺는 관계가 모든 관계의 기준이 된다. 즉 '나와 신'의 관계를 올바르게 설정하고 지켜 나가면서 그것을 '나와 너', '나와 것' 관계의 기준으로 삼아야 한다. 그러므로 종교는 가져도 되고, 안 가져도 무방한 선택사항이 아니다. 나와 신, 나와 너, 나와 것의 관계를 올바르게 정립하고, 그것을 흔들림 없이 지켜 나가는 인간을 바로 훌륭한 인격자라고 말한다.

나는 누구인가?

인간은 자신의 지금에 대해 묻는다. 살아온 삶의 과정에서 과거는 현재에 무슨 의미가 되며, 현재의 삶이 과연 미래에 어떤 영향을 줄 것인가?,

그리고 '나'는 누구이며 무엇을 위해 살고 있는가?, 즉 나의 삶의 의미와 목적이 무엇인가? 여기서 '나는 누구인가?'라는 물음은 이름이나 직업 또는 나와 관련된 환경(예컨대 나는 아무개의 아들이라든가 등)의 물음이 아니라 자신의 본질(Essence)과 근본적 정체성(Identity)으로서 '나' 자신을 깨닫고 나의 삶이 어떤 의미가 있으며, 내가 어떤 삶을 살아야만 하는가에 대한 근본적 물음인 것이다.

예화2(너는 누구냐?)

어떤 부인이 혼수상태에 빠져 사경을 헤매고 있었다. 그 부인은 불현듯 하늘로 들어 올려져 재판석 앞에 서 있다는 느낌이 들었다. 그곳은 하느님 나라로 들어가기 위한 시험 장소였다. 그때, '너는 누구냐'라는 목소리가 들렸다. 그 부인은 자기의 이름을 말했다. 그랬더니 "너의 이름을 물은 것이 아니고 '네가 누구냐'를 물은 것이다"라는 소리가 들렸다. 그 여인은 '저는 ○○○시장(市長)의 아내입니다'라고 말했다. 누구의 아내냐를 물은 것이 아니고 '너는 누구냐'를 물었다. 그 여인은 '저는 교사입니다.' 직업을 물은 것이 아니고 '너는 누구냐'를 물은 것이다. 이렇게 문답이 계속된 가운데 그 여인은 혼수상태에서 깨어나 병에서 회복되었다. 그래서 그 부인은 자기가 누구인지를 찾기로 마음먹었다 그리고 그 결심은 그 부인의 삶 전체를 새롭게 만들었다는 이야기다.

앞 이야기의 물음은 자신의 본질과 근본적 정체성으로서의 참 자아(영혼)에게 물은 것이다. 인간이란 정신적 영혼과 물질적 육신의 합일체로 전인(全人)을 뜻한다. 영혼은 신령하여(비물질적이란 말) 불사불멸하는 체(體, 실재, 본질, *L.* substantia)니 육신과 합하여 그 생명이 된다. 육신이 살아 있는 것은 영혼의 생명력 때문이다. 죽음은 육신과 영혼이 분리되는 것이다. 육신은 이승에서 흙으로 가지만 영혼은 저승으로 간다.(코헬 12, 7 참조) 이 세상에서 '나'라는 존재는 육신과 영혼이 결합된 인격체이고, 육신인 몸이 '나'인 것은 아니다. 그런데 우리는 이 세상에서 죽어 없어질 육신에 대해서는 다듬고 가꾸고 병이 들면 병원에 가고, 이처럼 육신의 모습과 건강을 위해서는 무척 신경을 쓰지만, 정작 영원한 영혼의 모습과 건강에 대해서는 별로 신경을 쓰지 않는 경향이 있다.

구도의 길

세상의 모든 생물 중에서 오직 인간만은 육신의 외형적인 삶뿐만 아니라 내면적인 정신적 가치의 세계를 추구한다. 인간은 의식주를 위해 돈과 빵 등 물질적인 가치도 필요하지만, 이것만이 인간이 찾는 절대가치일 수는 없다. 인간만이 이성(理性)과 자유의지로서 진·선·미의 가치를 학문의 영역 내에서 추구하며, 동시에 이것들을 포월(包越, 포괄과 초월)하는 성(聖)의 가치는 종교적 차원에서만이 이해되고 추구되어진다. 이런 의미에서 인간은 종교 안에서, 그리고 종교를 통해서 절대 진리와 절대 선과 절대 미를 찾아 헤매며, 구도의 길 여정에 때때로 조우(遭遇)하기도 한다.

생로병사

언젠가 유행했던 대중가요 '하숙생'의 가사 "인생은 나그네길 어디서 왔다가 어디로 가는가, 구름이 흘러가듯 떠돌다 가는 길에 정일랑 두지 말자 미련일랑 두지 말자, 인생은 나그네길 구름이 흘러가듯 정처 없이 흘러간다."의 노래가 유행했던 것은 그 내용이 많은 사람들에게 공감을 줄 수 있었기 때문일 것이다.

인생은 정녕 어디서 와서 어디로 가는가. 인생의 죽음은 무엇일까? 육체적이고 생물학적 삶이 끝나면 그것으로 모든 것이 끝장인가? 아니면 그런 생물학적 죽음 이후에도 뭔가 다른 형태의 삶의 연속성이 존재하는가? 죽음 이후에 새로운 삶의 연속성이 존재한다면 사람의 '죽음'은 끝이 아니라 '처음'의 의미도 갖는다. 만약에 삶이 새로운 차원에서 계속된다면 사후(死後)의 세계에 무엇이 있으며, 나는 어떻게 될 것인가?

인간은 생로병사(生老病死)와 같은 근본문제를 인간의 힘으로는 해결할 수 없으며, 신(神)적 존재를 통해 극복하고 해결하려 한다. 진시황제(秦始皇帝)는 불노불사(不老不死)의 영약을 구하기 위해 전국 곳곳을 누비고 다녔지만 부질없는 짓이었고 결국 죽었다. 과학이 인간의 많은 병을 낫게 하고 수명을 어느 정도 연장할 수는 있어도 죽음을 막지는 못한다. 죽음은 삶의 길목에 숨어 있는 복병과 같은 것이다. 죽음은 영혼과 육신이 분리되는 순간이고, 아무도 거부할 수 없는 절대운명이며, 맨손으로 동반자 없이 자기 홀로 이 세상을 떠나는 것이다.

죽음은 주로 다섯 가지 범주의 속성을 갖는데,

첫째 죽음은 누가 나를 대신해 죽어줄 수 없고 온전히 자기 몫이며 자기가 죽어야 한지라 자기적(自己的)이며,

둘째 죽음은 시험 삼아 죽을 수 없고 한번 뿐인지라 일회적(一回的)이며,

셋째 죽음은 누구도 거부할 수 없고 필연코 죽은지라 절대적(絶對的)이며,

넷째 죽음은 사랑하는 가족도 세상의 부귀도 모든 것과 맺었던 관계를 끊어야 한지라 절교적(絶交的)이며,

다섯째 죽음은 언제 어디서 어떤 모습으로 죽을지 아무도 알 수 없는지라 불가지적(不可知的)이다.

죽는 순간은 인생의 모든 것을 청산하는 순간이기 때문에, 죽음 앞에 서면 누구나 숙연해지고 심각하게 사후(死後)의 세계를 생각하지 않을 수 없게 된다. 하지만 세상 사람 누구도 인간의 지능으로는 자연을 초월한 초자연 세계를 감각적으로 인식할 수 없고, 또한 사후의 세계도 알 수 없다. 그래서 공자는 그의 제자 계로(季路)가 죽음에 대해 물었을(敢問死 · 감문사) 때 "아직 생(生)도 모르는데 어찌 죽음을 알겠는가(未知生焉知死 · 미지생 언지사)" <논어(論語), 선진(先進)편> 라고 말한 것은 죽음을 불가해(不可解)한 것으로 생각한 것이다. 그렇지만 그리스도인은 시 · 공을 초월한 창조주 하느님의 전지전능과 계시하신 진리에 동의하기 때문에 사후세계의 삶을 믿는다.

인간은 종교적 존재

유교 사서(四書)의 하나인 <중용(中庸) 제1장> 에 다음과 같은 말이 있다.

"천명지위성(天命之謂性)이오, 솔성지위도(率性之謂道)요, 수도지위교(修道之謂教)이니라." <천명을 일컬어 본성이라 하고, 본성을 따르는 것을 도덕이라 하며, 도덕을 갈고 닦는 것을 종교(宗

教, 으뜸의 가르침)라 한다.>

'천명'이란 말은 원래 인격천(人格天)에서 유래하여 '천제지 명령(天帝之命令)' 즉 '천주님의 명령'의 의미였다.(뒤에 있는 알아두기의 '공자의 지천명'과 제3장 알아두기의 하느님/하나님 참조)

위의 천(天) · 성(性) · 도(道) · 교(敎)는 서로 끊을 수 없는 관계를 가지고 있다. 이를테면 '물이 흐른다.'고 할 때 물과 흐르는 것이 따로 있는 것이 아니듯이 천명과 본성은 둘이면서 밀접한 상관성이 있는 하나인 원리다. 그래서 인간의 행선피악과 양심에 따르는 본성은 천명이요, 인간의 출생과 죽음도 천명에 비롯된 본성이다. 따라서 출생과 죽음은 인간의 힘으로는 어쩔 수 없는 운명인 것이다. 그러니 천명을 깨닫는 것은 삶과 죽음을 깨닫는 것이기도 하다. 공자는 '50세에 천명을 깨달았다'(五十而知天命; 알아두기에 있는 '공자의 지천명' 참조)고 했는데, 이는 50세에 비로소 삶과 죽음을 깨달았다는 말과 통한다. 그런데 사람에 따라 50세가 안되어도 인생의 의미를 깊이 깨닫는 사람도 있고, 60세나 70세가 되어도 깨닫지 못하는 우둔한 사람도 있을 수 있다.

흔히 사람들은 일생의 행 · 불행을 좌우하는 3대복은 출생 복, 결혼 복, 죽음 복이라고 말한다. 즉 어느 부모에게서 태어나고, 어떤 배우자를 만나며, 어떻게 죽느냐이다. 이 중에서도 가장 중요한 복은 제 명대로 살다가 잘 죽는 죽음 복이다(고종명 · 考終命). 그런데 죽은 후에 육신은 땅으로 가지만 영혼은 어디로 가는 것인가?

그리스도인은 교회의 가르침에 따라 죽음을 인생의 나그네 길을 청산하고 하느님께 돌아가는 귀향이라고 생각한다. 그래서 죽음은 삶의 끝이 아니라 새로운 삶의 시작이며, 다른 삶으로 들어가는 관문인 것이다. 그렇지만 인간이 죽음에 직면했을 때 한 생애를 살면서 정들었던 이 세상과의 이별은 슬픈 일이다. 그럼에도 불구하고 그리스도인은 사후세계의 지복직관(至福直觀 : 하느님을 직접 뵈옵는 천국의 행복)과 영원한 삶을 믿기 때문에 절망하지 않고 평온한 모습으로 눈을 감고 이 세상을 떠나가지만, 비신앙인은 불안과 절망과 공포의 모습으로 떠나간다. 로마 제국 시대에는 묘지를 '죽음의 도시(네크로폴리스 Necropolis)'라고 불렀다. 왜냐하면 죽음으로써 모든 것이 끝장난다고 생각했기 때문이다. 물론 고대인들은 사후(死後) 세계를 믿기는 하였으나 이승의 세계와 거의 비슷한 수준에서 천국을 생각하였다. 그러나 그리스도인들은 영적(靈的)인 천국 개념을 바탕으로 하여 그 시대에 묘지를 '대기소, 잠자는 곳(치미떼리움 Cimiterium)'이라고 불렀다. 이렇게 이교인들과 그리스도인들 사이에는 사생관(死生觀)에서도 큰 차이를 볼 수 있다.

실존 철학의 창시자며 종교 철학자인 키에르케고르(S. A. Kierkegaard, 1813~1855)는

"죽음에 이르는 병은 절망이고, 절망은 죄"라고 했으며, 또한 "절망은 자각함으로써 극복할 수 있다."고 말하고 이것이 바로 '신앙'이라고 했다.

아무리 과학이 발달해도 인간을 죽음의 불안과 절망으로부터 구원해 주지는 못한다. 그래서 인간은 이러한 인생의 근본 문제에 대해 질문을 던지고 고뇌하면서 절대적 존재를 찾아 종교에 귀의한다.

예화3(믿음이 죽음을 답변한다)

서울특별시에 사는 어느 돈 많은 분이 병원에 입원을 했었다. 그는 수백억을 가진 재벌이고 사회적인 명성도 대단하고 이 세상에서 어떤 두려움도 없이 살았었다. 그런데 갑작스레 병을 얻어 병원에 입원을 했는데 그의 병명은 폐암이었다. 너무 암이 퍼져서 치료가 불가능하고 죽는 날만 기다려야 하는 시한부 생명이다. 그런데 그 병의 중태를 어느 누구도 본인에게 알려 줄 사람이 없었다. 그는 희망을 걸고 병실에 누워 있다. 그의 가족은 아내를 위시해서 두 아들, 딸 셋은 열심히 성당에 다니는 천주교 신자이다. 그러나 평소에 그는 '신앙' 이야기만 나오면 손을 흔든다.

"나는 아직도 돈벌이에 바빠서 그런 생각할 여유가 없다."고 했다. 천주교 신자 친구가 종교를 권하면 하는 소리가

"자네 언제 철 들겠노. 그런 철없는 소리하지 말게나." 이렇게 종교인을 철없는 사람으로 생각했다. 병세는 악화되어 갔다. 어떤 친구의 간접적인 표현으로 병의 중태를 느낀 환자는 담당 의사를 모조리 불렀다.

"의사 선생님, 여러분은 의학 박사들이 아닙니까? 내 병을 고쳐 3년만 더 살게 해주면 내 재산 반을 드리겠습니다. 나는 아직도 할일이 많습니다."

의사들도 어찌할 도리가 없었다. 환자 옆에서 그의 아내와 아들, 딸들은 모든 것을 하느님께 맡기고 '세례'를 받아 구원의 길을 선택하라고 권유한다. 그러나 고집불통이다.

"나는 안 죽을 거야. 내가 왜 죽어!" 하면서 거절한다. 그러나 병세는 극도로 악화되어 자신의 죽음을 회피할 수 없는 상황이다. 환자는 크게 한숨을 쉬면서 말했다.

"신부님 불러와."

가족들은 너무나 기뻐서 신부님을 모셨다. 신부님은

"사장님, 사람이 이 세상에 태어나고 죽는 것은 사람의 힘으로 어찌할 수 없습니다. 생명을 주시고 죽음도 통치하시는 창조주 하느님께 모든 것을 맡기고 일생에 잘못한 죄를 뉘우치면서 세례를 받으십시오. 그러면 영원한 생명이 약속됩니다. 이것은 의학도 아니고 인간의 말도 아니고 절대자 하느님의 말씀입니다. 사장님! 마지막 인생의 종말이 대단히 중요합니다."

"예, 신부님, 신부님 시키는 대로 하겠습니다."

그는 너무나 다른 모습으로 신부님께 세례를 받고 기쁜 마음으로 죽음을 준비하고 밝은 빛으로 선종(善終)했다. 그분이 죽은 다음 그의 아내는 너무나 중요한 말을 남겼다.

"신부님, 저는 저의 남편이 죽는 것을 보고 너무 큰 교훈을 받았습니다."
"어떤 교훈인데요."
"우리 남편은 죽음과 함께 그 분은 모든 것을 다 버리고 갔습니다. 사랑하는 아내도 아들도 딸도 몇 달 전에 사들인 외제 승용차 독일제 벤츠차를 사서 그렇게 좋아하시더니 그 모든 것을 두고 떠났습니다. 그런데 그 분이 죽으면서 꼭 한 가지를 가지고 간 것이 있었습니다."
"그게 뭔데요?"
"그건 '믿음'하나 그것뿐이었습니다."
'믿음' 하나가 죽음을 답변한다는 귀한 교훈을 받았다는 그 사장님의 부인의 말이 너무나 귀하게 들렸다. 죽음은 신앙만이 답변한다.

가장 쉽게 구원을 받을 수 있는 길은 죽음 전에 '세례'를 받는 일이다. 우리는 안 죽어 보았기에 '세례'를 받으면 구원이 있는지 없는지 알 수 없다.

그러나 그것은 한 인간의 말씀이 아니라 하느님의 아들이신 예수 그리스도의 말씀이기 때문에 한번 믿어 볼 수 있지 않겠는가? 믿어서 손해 날것 없다. 죽는 판에 신앙을 갖고 세례를 받는다는 것은 인생 최후의 희망이다. 우리는 무엇을 안다고, 무엇을 할 수 있다고 절대 운명 앞에 고집을 부리는가? 진정 겸손한 사람이 진리를 터득하고 영원한 구원을 받는다.(박도식 신부 저, 『인생무상』에서)

나오는 말

인간은 인생의 근본 문제에 대해 질문을 하고 해답을 얻고자 한다. 인생은 표류하는 조각배처럼 바람 부는 대로 물결치는 대로 이리저리 휩쓸리며 정처 없이 떠돌아다니는 삶만은 아닐 것이다. 인생의 목표와 목적을 모르면 삶의 방향을 잃고 방황하는 삶이요 의미 있는 삶을 산다고 할 수 없다. 또한 인생은 먹고 잠자고 배설하고, 의식주와 부귀공명을 위해 일하고, 이러한 삶이 인생의 전부일 수는 없을 것이다. 현실의 삶이 비록 힘들고 고달프다 하더라도 인간은 공동선과 미래를 지향하는 목적의식을 가지고 사는 존재다.

저희의 햇수는 칠십년
근력이 좋으면 팔십년.
그 가운데 자랑거리라 해도 고생과 고통이며
어느새 지나쳐 버리니, 저희는 나는 듯 사라집니다.(시편 90, 10).

사람이란 그 세월 풀과 같아
들의 꽃처럼 피어나지만
바람이 그를 스치면 이내 사라져
그 있던 자리조차 알아내지 못한다.(시편 103,15-16).

정녕 천 년도 당신 눈에는
지나간 어제와 같고
야경의 한때와도 같습니다.
당신께서 그들을 쓸어 내시면
그들은 아침 잠과도 같고
사라져 가는 풀과도 같습니다.
아침에 돋아났다 사라져 갑니다.
저녁에 시들어 말라 버립니다.(시편 90,4-6).

위의 시편에서처럼 인생은 무상하고 허무하지만, 영원한 삶을 지향하는 우리 인간은 절대자를 찾는 종교적 존재인 것이다.

핵심문제

(1) 제2차 바티칸공의회는 인간을 어떤 존재라고 하였습니까?
2차 바티칸공의회는 인간은 하느님의 모상으로 창조되었고, 하느님을 알고 사랑할 수 있으며, 하느님의 영광을 위해 모든 것을 지배하도록 하느님으로부터 부름을 받은 존재라고 하였습니다.

(2) 소금의 본질은 짠맛입니다. 인간의 본질은 무엇일까요?
인간의 본질은 영혼의 정신작용에 의한 이성(理性)입니다. 인간의 본질에 대한 관점의 다양성 모두와 상관관계가 있는 근본의 말은 바로 이성(理性)인 것입니다.

(3) 인간의 자의식이란 무엇입니까?
인간의 자의식은 반성과 자각의 정신작용입니다. 그래서 인간은 "나는 무엇이며 무엇을 위해 사는가?"라는 자기 존재 이유를 밝히고자 합니다.

(4) 자유란 자기 멋대로 하는 행위를 의미합니까?
아닙니다. '자유'란 행하거나 행하지 않는 선택행위의 능력 즉 숙고하여 행동하는 능력을 의미합니다. 이를테면 신앙생활을 할 것인가 안할 것인가의 선택행위가 자유인 것입니다.

(5) 자유의지란 무엇입니까?
어떤 목적을 세우고 행하고자 하는 능력입니다.

(6) 인간의 힘으로 생로병사와 같은 인생의 근본적인 문제를 해결할 수 있습니까?
자신의 힘만으로 인생의 근본적인 문제를 해결할 수 있는 사람은 아무도 없습니다.

(7) 죽음의 다섯 가지 범주의 속성은 무엇입니까?
죽음은 자기적, 일회적, 절대적, 절교적, 불가지적입니다.

(8) 인간은 인생의 근원적인 문제를 해결하기 위해 어떻게 합니까?
절대적 존재를 찾아 종교에 귀의합니다.

(9) 영혼은 무엇입니까?
영혼은 신령하여 불사불멸하는 체(體, 실재, 본질)니 육신과 합하여 그 생명이 됩니다.

알아두기

- 2차 바티칸 공의회

공의회(公議會)는 교황이 소집하는 전 세계 모든 주교들의 공식 회의다. 성령의 특별한 은총을 힘입어 교회의 신앙과 도덕에 관한 주요 문제를 해결하기 위한 공식적인 온 세상 교회의 회의다. 공의회 원형은 서기 50년경 예루살렘에서 개최된 사도회의(使徒會議)다(사도 15,1-29). 지금까지 세계 공의회는 21번 열렸으며 21번째로 열린 제2차 바티칸 공의회(1962-1965년, 요한 23세, 바오로 6세)에서 교회의 쇄신, 그리스도교 일치, 동방교회 등(헌장 4, 교령 9, 선언 3)을 반포하였다.

- 파스칼의 내기(Pascal's Wager)

파스칼(Blaise Pascal)은 인생을 도박 혹은 내기와 같다고 했다. 파스칼이 제기한 '도박사의 논증'(Gambler's Argument)은 일반적으로 '파스칼의 내기'라고 알려져 있다. 이 내기는 불가지론자(또는 회의론자)가 경주를 앞둔 도박사의 입장에서 '신(神)은 존재한다'(유신론)와 '신은 존재하지 않는다'(무신론)의 어느 쪽에 내기를 거느냐에 따라 인생의 운명이 좌우되는 도박인데, 분별 있는 도박사라면 유신론 쪽에 '내기를 걸라'고 권고한 것이다. 여기서 불가지론자란 신이 존재할 가능성은 있지만 이 문제를 결정할 충분한 증거가 없다고 믿는 사람을 말한다. 유신론자는 신앙생활을 하고, 무신론자는 신앙생활을 하지 않는다.

파스칼은 유신론 쪽에 내기를 걸면 이기는 경우엔 영생을 얻고 천국으로 가게 되지만, 지는 경우에도 별로 잃을 것이 없다는 논리로 비신자들을 설득하려고 했다.

불가지론자는 신이 존재할 확률 50%, 존재하지 않을 확률 50%, 똑같은 확률로 보일 것이다. 확률은 똑같은데 유신론 쪽에 내기를 걸 것인지, 아니면 무신론 쪽에 내기를 걸 것인지의 중대한 선택의 기로(岐路)에 놓이게 된다. 불가지론자가 어느 쪽에 내기를 걸 것인가에 따른 네 가지 가능한 결과는 다음과 같다.

유신론 쪽에 내기를 거는 경우에

1) 이긴다면(즉 신이 존재한다면) 신앙생활을 함에 따라 영생과 천국의 영원한 행복을 누릴 것이고,
2) 진다해도(즉 신은 존재하지 않는다 해도) 신앙생활을 함에 따라 기도하며 사랑을 실천하는 삶을 살았다 하드라도 별로 손해 볼 것 없이 죽음으로 끝난다.

무신론 쪽에 내기를 거는 경우에

3) 이긴다 해도(즉 신은 존재하지 않는다 해도) 신앙생활을 하지 않음에 따라 신의 처벌에 대한 두려움 없이 세상의 쾌락을 자유로이 누려봤든 들 별로 이득 될 것 없고,
4) 만일에 진다면(즉 신이 존재한다면) 신앙생활을 하지 않음에 따라 영생의 기회를 잃고 지옥의 영원한 불행을 가져올 것이다.

우리는 위의 도박사와 똑같은 입장에 있다고 생각해 보자. 그러면 우리는 이득을 최대화하고 손실을 최소화하는 쪽이 어디인지 따져 최선의 길을 택하기 마련이다. 따라서 유신론과 무신론의 어느 쪽을 택할 것인지는 자명한 것이며, 당연히 유신론 쪽을 택해야 한다.

우리는 인간 삶에 있어서 수없이 많은 선택의 기로에 놓이게 된다. 특히 신앙의 문제는 가장 중대한 선택의 문제이기도 하다. 자기 인생은 누가 책임져줄 수 없고 자기 자신이 책임져야 한다.

- 공자의 지천명

공자는 '50세에 천명(天命, God's will)을 알았다'(五十而知天命)고 했다. 하늘(天)은 천지만물의 주재자(主宰者)를 상징한다(제3장 '알아두기'의 「하느님/하나님」 참조). 공자의 지천명(知天命, 줄여서 지명 · 知命이라고도 함)은 우주를 주재(主宰)하시는 초월적 절대자의 존재에 대한 믿음을 전제로 한 말이다.

공자는 만년(晩年)에 자신의 일생을 회고하면서 <논어(論語)> "위정(爲政)"편에 다음과 같이 술회했다.

<나는 15세에 학문에 뜻을 두었고(吾十有五而志于學), 30세에 자립했으며(三十而立), 40세에 미혹되지 않았고(四十而不惑), **50세에 천명을 깨달았으며**(五十而知天命), 60세에 귀가 순해져(耳順) 사소한 헐뜯는 말에 신경을 쓰지 않았으며(六十而耳順), 70세에는 내 마음 대로 행동을 하여도(종심소욕 · 從心所欲) 법도에 넘지(어긋나지) 않았다(불유구 · 不踰矩, 여기 踰는 넘을 유, 矩는 법 구)(七十而從心所欲不踰矩).>

공자의 이 말로부터 나이를 나타내는 한자어(漢字語)를 다음과 같이 부르게 되었다.

15세 지학(志學),	50세 지천명(知天命) 또는 지명(知命),
30세 이립(而立),	60세 이순(耳順) 또는 육순(六旬),
40세 불혹(不惑),	70세 종심(從心).

또한 이외에도 다른 나이를 나타내는 한자어 명칭들을 참고로 알아보면 다음과 같다.

2,3세 해제(孩提) : 품에 안길 정도의 유아(기)를 일컫는다. 孩는 어린아이 해이고, 提'는 들 제(擧也)이다. 『맹자』(진심 상)에 "어린 아이도 자기 어버이 사랑을 모르는 애는 없다"(孩提之童, 無不知愛其親也)에서 유래한 말이다. 해(孩)와 영(嬰, 갓난아이 영)은 다 아이를 뜻하지만 '孩'는 남아를, '嬰'은 여아를 칭한 말이었다.

10세 유학(幼學) : "예기(禮記)"의 인생 십년왈 유학(人生十年曰幼學)에 의하여 10세를 유학(幼學, 어렸을 때의 학문)이라 일컫는다.

20세 약관(弱冠) : "예기(禮記)"의 이십왈약관(二十曰弱冠)에서 20세를 약관(弱冠)이라 하며, 20세의 남자는 관례(冠禮)를 치러 성인이 되지만 아직 약하다는 뜻이다.

61세 환갑(還甲) : 회갑(回甲)이라고도 하며, 태어난 해의 간지(干支)로 돌아간다는 뜻이다.

또한 화갑(華甲)은 '華'자가 십(十)이 6개, 일(一)이 한 개라고 해석하여 61세를 가리킨다.

62세 진갑(進甲) : 환갑 다음 해의 생일날이며, 새로운 갑자(甲子)로 나아간다(進)는 뜻이다.

70세 고희(古稀) : 중국 당나라의 시인 두보(杜甫)의 곡강시(曲江詩)에서 나오는 인생 칠십 고래희(人生七十古來稀 : 옛부터 사람이 칠십년을 사는 예는 드물다)에서 유래한 말이다.

71세 망팔(望八) : 80을 바라본다는 뜻으로 71세를 일컫는다. 이와 관련하여 망구(望九)는 81세를 말하며 '할망구'의 어원이 바로 '망구'이다. 그리고 망백(望百)은 91세를 말한다.

77세 희수(喜壽) : 오래 살아 기쁘다는 뜻인데 '희(喜)'자의 초서(草書) (七七七)의 77을 따 온 데서 유래하였다.

80세 산수(傘壽) : '산(傘)'자의 八十에서 유래하였다.

88세 미수(米壽) : '미(米)'자의 파자(破字) 八十八에서 유래하였다.

90세 졸수(卒壽) : '卒'의 속자(俗字) (卆) 九十에서 유래하였다.

99세 백수(白壽) : '백(白)'은 百(100)에서 一을 떼어낸 99를 나타낸 것이다.

100세 기이지수(期頤之壽) : 기(期)는 백살 기(禮記에 百年曰期)이고, 이(頤)는 기를 이(養也)이다. 그래서 기이지수는 100세에는 기거를 마음대로 할 수 없어 다른 사람에게 의탁한다는 뜻이다.

- 영혼의 존재

신의 존재와 영혼의 존재에 대한 물음은 종교의 근본문제다. 신의 존재에 대한 물음은 이 책의 제1장-(3)에서 자연과학의 원리와 개념을 이용하여 설명한다. 영혼의 존재에 대한 과학적 논증은 여기서는 다루지 않지만 관심이 있는 분을 위해서 다음의 두 책을 추천한다.

1) 정진석, 『우주를 알면 하느님이 보인다』, 가톨릭출판사, 2003.
   153-187쪽에 있는 <6. 사람의 영혼>
2) 윤형중, 『종교의 근본문제』 개정초판, 가톨릭출판사, 1996.
   107-178쪽에 있는 <제4장 영혼의 존재, 제5장 영혼의 불멸성>

영혼의 존재와 그 본질에 관한 문제는 위의 두 책에 잘 설명되어 있다.

제1장 종교가 필요한 우리

(2) 종교론

들어가는 말

인간은 삶의 근본문제를 종교에서 해결하고자 하는 종교적 존재다. 그런데 '종교(宗教)'라는 낱말을 풀어 보면 한자(漢字) 종(宗)은 높을 종, 으뜸종이며 교(教)는 가르칠 교다. 그래서 종교의 말뜻은 '최고의 가르침', 곧 '인생의 근본과 도리에 대한 가르침'으로 이해할 수 있다.

유럽 언어에서 통용되는 종교(*L.* Religio)의 어원은 '인간이 하느님을 다시 인식한다.', '인간을 하느님께 다시 묶어 맨다.', 또는 '인간이 하느님을 다시 찾는다.'는 의미로 설명된다. 그렇다면 종교란 '인간이 하느님께로 향하는 길을 다시 찾는 것' 또는 '하느님과 인간과의 관계를 확인하게 해 주는 것'으로 이해할 수 있다. 하지만 "종교란 이런 것이다"라고 단정적으로 명쾌하게 정의를 내리기는 어렵다. 그러나 유신론적(有神論的) 관념의 상식 수준에서 정의한다면 한마디로 "**종교란 절대자인 신과 인간과의 관계**"다. 여러 종교 중에서 이러한 종교적 개념에 해당되지 않은 것도 있다. 그 한 예는 불교다. 이러한 종교는 신과 인간과의 관계가 아니고, 인간 자신의 지혜와 힘으로 진리에 대한 깨달음을 믿고 행하여 '부처가 되기 위한 종교'다. 유신론적 관념에서 종교를 갖는다는 것은 인간이 하느님에게서 비롯된 자신의 근본을 알아보고, 인생을 살아가는 올바른 길을 하느님 안에서 찾는 것으로 표현할 수 있다.

사도 17,23-27

내가 돌아다니며 여러분의 예배소들을 살펴보다가, '알지 못하는 신에게'라고 새겨진 제단도 보았습니다. 여러분이 알지도 못하고 숭배하는 그 대상을 내가 여러분에게 선포하려고 합니다.

세상과 그 안에 있는 모든 것을 만드신 하느님은 하늘과 땅의 주님으로서, 사람의 손으로 지은 신전에는 살지 않으십니다. 또 무엇이 부족하기라도 한 것처럼 사람들의 손으로 섬김을 받지도 않으십니다. 하느님은 오히려 모든 이에게 생명과 숨과 모든 것을 주시는 분이십니다. 그분께서는 또 한 사람에게서 온 인류를 만드시어 온 땅 위에 살게 하시고, 일정한 절기와 거주지의 경계를 정하셨습니다. 이는 사람들이 하느님을 찾게 하려는 것입니다. 더듬거리다가 그분을 찾아낼 수도 있습니다. 사실 그분께서는 우리 각자에게서 멀리 떨어져 계시지 않습니다.

참 종교의 조건과 요소

세상에는 종교라는 이름을 내걸고 사람들을 현혹하여 사회적 물의를 일으키는 단체도 많다. 이러한 단체를 사이비 종교라고 말한다. 참 종교가 되기 위한 몇 가지 조건들이 있는데, 그것은 다음과 같다.

첫째, 종교는 이성(理性)을 초월할 수는 있어도 이성과 모순되어서는 안 된다.

둘째, 종교 때문에 인간의 도리, 곧 인륜을 거스르는 일이 있어서는 안 된다.

셋째, 종교의 근본 진리는 시대나 장소에 따라 변질되어서는 안 된다.

어떤 사람은 종교는 필요 없고, 다만 양심을 거스르지 않고 살면 된다고 말한다. 이는 종교의 본질이 무엇인지 모르고 하는 말이다. 만일 종교가 단지 정신 수양을 하는 것이라면 어느 종교를 믿든지 상관이 없을 것이다. 그러나 종교는 윤리 도덕과 같지 않다. 윤리 도덕은 인간과의 관계에 국한되지만, 종교는 인간과의 관계뿐만 아니라 하느님과의 관계에 따른 인간의 궁극적인 구원까지 포함한다. 또한 윤리 도덕은 인간을 착한(善) 존재로 만드는 것을 목표로 하지만, 종교는 선을 뛰어넘어 인간을 거룩한(聖) 존재로 나아가도록 한다. 그런데 어떤 사람은 이 종교나 저 종교나 별 차이가 없다고 말한다. 우리는 진돗개 한 마리를 택하는 데에도 혈통을 따진다. 하물며 자신을 전적으로 의탁할 수 있는 절대적인 존재인 하느님을 믿기 위해 종교를 선택하는 데 분별력이 없어서는 안 된다. 그 종교가 앞에서 이야기한 사이비 종교인지, 영원한 생명을 가져다 주는 참 종교인지를 식별하는 일은 대단히 중요하다. 그리고 참 종교의 기본적인 조건은 정통성과 진실성이다.

종교의 기본적인 세 가지 요소는 교리(教理)와 계명(誡命)과 예식(禮式)이다.

교리[#1]는 신앙의 대상(절대자)에 대한 믿음을 학문적으로 체계화한 종교적 가르침이며, 올바른 신앙의 기초가 되는 진리다. 계명은 선을 행하고 악을 피하는 도덕적 생활을 위하여 지켜야할 계율(戒律)이다. 그리고 종교 예식은 절대자와의 친교를 이루어 절대자에게 호소하고, 절대자로부터 은총을 받는 통로다.

종교적 삶

대부분의 사람들은 종교의 좋은 점을 인정한다. 그러나 종교를 갖는다는 것에는 부담을 느끼는 사람들이 많다. 종교에서는 무슨 일을 하든지 진실하고 올바르게 살아가도록 가르치는데, 그 가르침대로 살면 경쟁사회에서 낙오자가 될지도 모른다고 주저하는 사람도 있다. 실제로 인간 사회의 생활을 심하게 표현할 때 약육강식 또는 생사를 건 전쟁이라고도 말한다. 이러한 치열한 사회생활에서 살아 남으려면 남을 밟고 서라도 이기는 수밖에 없다고 강변한다. 그런 결과 우리 사회는 어떤가? 오늘의 현실은 몹시 어지럽고 불의한 사회상을 보여주고 있다. 과연 안심하고 살만한 세상인가? 우리는 불의한 사회보다는 정의로운 사회에서 살기를 바란다. 또한 우리 아이들이 좋은 환경에서 잘 자라기를 바란다. 맹자의 어머니가 맹자의 교육을 위해 세 번 이사했다는 '맹모삼천지교(孟母三遷之敎)'는 유명한 고사이다.

이 세상에는 정직과 성실로 사람들의 신뢰와 존경을 받으면서 늘 기쁘고 평화롭게 살아가는 신앙인들이 많이 있다. 또한 남을 위해 자신을 희생하며 사랑을 실천함으로써 모든 사람의 귀감이 되고 있는 신앙인들도 많다. 이와 같은 신앙은 사회생활에 방해가 되는 것이 아니라 오히려 도움이 되고 활력소가 된다.

그러면 종교적 삶을 살기 위해서 어느 종교를 선택할 것인가가 매우 심각하고 중대한 문제다. 세상에는 많은 위인과 선각자도 있었고 여러 종교도 있지만, 신앙의 대상은 천지만물을 창조하시고 섭리(보존과 다스림)하신 절대자이어야 하며, 위에서 언급한 참 종교의 세 가지 조건이 충족되고 정통성과 진실성이 있는 종교이어야 한다. 이제부터 세계의 여러 종교를 소개한다.

#1 그리스도교에서는 교리를 교의(教義, dogma)라고도 하는데, 이 'dogma'는 하느님이 확실히 계시(啓示, 하느님이 당신의 진리를 가르쳐 주신 것)하셨고 신자들이 믿어야 할 것으로 교회가 공인한 신앙 교리를 뜻한다. 즉 하느님의 계시와 교회의 공인이라는 두 가지 조건이 채워져야 '도그마'로 인정되는 것이다.

원시종교와 역사적 종교

오랜 옛날부터 우리 국민의 정신세계에 지대한 영향을 끼쳐 왔던 무교와 중국의 3대종교(유교 · 불교 · 도교), 그리고 세계의 5대종교(불교, 이슬람교, 힌두교, 유다교, 그리스도교)에 대해 알아본다. 우리 국민은 조선 후기에 그리스도교가 전파되어 새로운 차원의 종교생활을 영위하게 되었다. 무교는 원시종교이고 세계 5대종교와 도교, 유교는 역사적 종교라 할 수 있다.

1. 무교(巫敎 · 샤머니즘 · Shamanism)

무수히 많은 신령(神靈)들이 인간의 길흉화복(吉凶禍福)을 좌우한다고 믿는다. 점복(占卜)과 주술(呪術) 등으로 소원성취를 빌며 불안과 갈등을 해소하고자 한다. 점복은 점치는 일이고, 주술은 길흉을 점치고 재액(災厄 : 재앙과 액운)을 물리치거나 힘을 달라고 비는 일이다. 무교의 특징은 병을 낫게 하고 물질적인 축복을 구하는 것이 아주 중요한 요소다. 신이 종교의 중심이요 대상이라기보다는 인간이 받을 수 있는 축복을 더 중요하게 생각한다. 어떤 종교학자는 한국의 불교와 개신교에서는 이러한 기복신앙의 요소가 다분히 혼합되어 민중들의 신앙심을 복을 구하기 위한 요소에 초점이 맞추어져 있다고 평하기도 한다. 또한 한국은 샤머니즘이 세계에서 가장 체계화되어 있고 가장 활발하다는 지적도 있다.

2. 불교

불교는 부처님(佛)의 가르침(敎)을 믿고 수행하는 종교며, 창시자는 부처님(석가모니)이다. 불교의 불(佛)은 인도의 산스크리트어(인도의 고대 언어) '붓다'(Buddha)의 음역(音譯)으로 '깨달은 사람'을 말한다. 불교에서는 인간이 진리를 깨치면 부처님이 될 수 있고, 신(神)도 초월할 수 있다고 한다. 불(佛) 곧 부처님은 깨달음을 얻은 인격체다. 그래서 '깨달으면 부처님이나 나나 다 똑같다'고 한다. 불교를 구성하는 세 가지 요소는 불(佛) · 법(法) · 승(僧)인데, 이 세 가지를 불교에 있어서 가장 중요한 보물이라는 의미에서 삼보(三寶)라고 한다. 이 삼보는 교주(佛) · 교리(法) · 교단(僧)에 해당된다. 불교는 창조주 유일신(唯一神)을 인정하지 않으며, 따라서 유신론적(有神論的) 종교가 아니다.

진리의 핵심 : 불교는 믿음과 수행을 겸비한 종교이며, 고통의 원인인 번뇌(煩惱)에서 해탈(解脫)[#2]하여 열반(涅槃)[#3]에 드는 것이다.

싯다르타(석가모니의 본명)는 6년여의 수행 끝에 대각(大覺)을 성취하고, 처음으로 설교를 하였는데, 그 설교의 내용은 사성제(四聖諦)[#4]다. 그리고 열반에 이르는 여덟 가지 바른 수행의 길은 팔정도(八正道)[#5]다. 사성제가 인생에 대한 진단이라면, 팔정도는 그 진단을 근거로 한 치료법의 처방에 해당된다. 석가모니는 인간 존재의 근본적인 세 가지 특징을 삼법인(三法印)[#6], 즉 고(苦) · 무상(無常) · 무아(無我)< 일체개고(一切皆苦) · 제행무상(諸行無常) · 제법무아(諸法無我)>라고 하였다. 그럼에도 불구하고 사람들은 괴로운 것을 즐거운 것으로, 무상한 것을 항구적인 것으로, 영원불변의 자아(自我)란 존재하지 않는데도(無我) 존재하는 것으로 전도된 생각을 한다는 것이다. 이 세 가지 진리를 깨닫는 것을 '바른 견해'(정견 · 正見)라고 하였으며, 이 '정견'(正見)은 깨달음을 위한 실천방법인 팔정도의 첫 단계라고 하였다. 불교 교리의 핵심은 사성제를 깨닫고 팔정도로 살아갈 때 열반에 이를 수 있다는 것이며, 불교의 목적은 한마디로 인생의 고(苦, 고통, 괴로움)를 근본적으로 극복하고자 하는 열반이다.

불교에서는 삶을 전생, 현생, 내생의 삼생으로 말하며, 이러한 관점에서 죽음은 삶의 끝이 아니라 다른 삶으로 넘어가는 단계인 것이다. 그래서 석가모니는 삶 자체를 고(苦)라고 했고, 그 중에서도 가장 큰 고통으로 생로병사(生老病死)를 꼽았던 것이다. 그리고 불교에서는 인격적 유일신을 부정하고 많은 신(神)이 있다고 하며, 그 일 예는 사천왕(四天王)이다. 그런데 많은 신들도 부처님의 가르침을 듣고 감격한 나머지 부처님께 귀의했다고 말한다.

#2 **해탈**은 영혼이 윤회(輪廻 · samsara)의 속박으로부터 벗어나는 것을 의미한다. 죽음과 생(生)을 반복하면서 삼계육도(三界六道)를 오가는 것을 윤회(수레바퀴처럼 도는 것) 또는 생사윤회(삶과 죽음을 반복하는 것)라 한다. 여기서 삼계육도의 삼계(三界)는 중생이 사는 욕계(欲界), 색계(色界), 무색계(無色界)이고, 육도(六道)는 천상, 사람, 짐승, 아귀(餓鬼), 아수라(阿修羅), 지옥이다. 그리고 삼계의 **욕계**는 욕계삼욕(欲界三欲)으로 불리는 식욕 · 성욕 · 수면욕(睡眠欲) 등 육체적 욕망이 있는 세계이고, **색계**는 욕계의 육체적 욕망은 벗어났으나 색심(色心)까지는 벗지 못한 세계이며, **무색계**는 모든 색신(色身 ; 육체) · 물질의 속박을 벗어나 심식(心識)만이 존재하는 정신적 사유(思惟)의 세계이다.

#3 **열반**은 수행을 통해 도달하는 궁극적인 경지인데, 생사윤회와 미혹(迷惑, bewitchery · perplexity)의 세계에서 해탈한 깨달음의 세계를 말한다. 요컨대 불교의 최고 이상의 경지인 열반은 탐욕 · 성냄 · 무지의 삼독(三毒)이 완전히 사라진 상태로서 생사의 세계를 초월한 경지를 뜻한다.

#4 **사성제**(四聖諦 : 네 가지 거룩한 진리)는 부처가 6년 동안이나 고민하던 문제의 해답인데, 고(苦 : 괴로움), 집(集 : 괴로움의 원인), 멸(滅 : 괴로움의 소멸), 도(道 : 괴로움의 소멸 방법)를 말한다.

#5 **팔정도**는 정견(正見), 정사(正思), 정언(正言), 정업(正業), 정명(正命), 정정진(正精進), 정념(正念), 정정(正定)을 말하며, 사성제의 네 번째 진리인 도(道)의 구체적 내용이다.

#6 **삼법인**(三法印)은 '세 가지 진실한 가르침'이란 뜻이며, 모든 존재의 실상 곧 참모습을 나타낸 것이다. 법(法)은 불교의 교리 또는 진리에 해당되고, 도장 인(印)자를 쓴 것은 도장이 언제나 똑같이 찍히듯이 부처님의 가르침은 언제 어디서나 똑같다는 뜻이다. 환언하면 삼법인은 불교의 인감도장이라 할 수 있다.

※ 불교의 보충설명

· 불신론(佛身論)

불신(佛身 . 부처의 몸)에 대한 분류나 정의는 경전마다 일정치 않고 다양하다. 이런 다양한 불신관은 원천적으로 석가모니가 설한 내용이 아니고, 후세의 불교도들 간에

교학적인 갖가지 논의·고찰이 있었는데 이것을 불신론(佛身論)이라 한다. 여기서는 일반적으로 잘 알려진 불신을 소개한다.

1 법신불(法身佛, 비로자나불) - 법신은 진리의 본체(本體)라는 뜻인데, 영원한 생명의 원천이며 우주의 근원(이념적 존재 : 無所不在하고 영원한 존재)이다. 법신과 보신(報身), 화신(化身)을 삼신(三身)이라고 한다.

2 보신불(報身佛, 노사나불) - 법신을 인(因)으로 삼아 그 과보로 나타난 몸이기에 보신이라고 한다. 즉 어디에도 부족함이 없는 원만한 수행으로 나타나신 부처님이라는 뜻으로 원만보신(圓滿報身) 노사나불(盧舍那佛)이라고 한다.

3 석가모니불(화신불·化身佛, 응신불·應身佛) - 법신불의 대자대비한 마음이 움직여서 중생을 구제하는 활동으로 나타난 존재다.

4 아미타불 - 아미타불(阿彌陀佛)은 산스크리트어로 '한량없는 빛'·'영원한 생명'이라는 뜻이다. 극락정토(極樂淨土 : 항상 불보살의 수승·殊勝한 가르침을 배우며, 퇴보함이 없고, 고환·苦患도 없으며, 안락하고 아주 깨끗한 곳)를 건립하고 주재하며, 중생을 행복으로 가득 찬 극락정토로 끌어드리는 활동을 한다.

5 미륵불(彌勒佛) - 석가모니불 이후 56억 7천만년 후에 이 세상에 오셔서 중생을 구제하신다는 미래의 부처님이다.

6 약사여래불(藥師如來佛) - 병고에 시달리는 중생들이 지성으로 이 '약사여래불'께 기도하면 병을 낫게 하는 부처님이다.

• '나무아미타불 관세음보살'의 뜻

'나무'(南無) : 산스크리트어 '나마스'(namas : 귀의·歸依)의 한자 표기인데, '귀의'(歸依)한다는 뜻이다. 한자로는 남무(南無)라고 쓰지만 중국에서는 '나모'(namo)라고 발음하고, 우리나라에서는 '나무'라고 발음한다.

따라서 '나무아미타불'은 "극락세계를 담당하시는 아미타 부처님께 귀의(의지)합니다." 즉 "죽은 뒤에 극락세계에 태어나게 해 주세요"라는 뜻이다. 또한 마음수행 상으로는 내 마음에 본래 갖추어진 '한량없는 빛(無量光佛)'·'영원한 생명(無量壽佛)'에게 귀의한다는 뜻도 된다.

'관세음보살'(觀世音菩薩) : 관세음보살은 무한한 자비심으로 모든 중생의 어려움과 고통을 해결해 주는 분인데, 이름 그대로 세상 사람들이 갈망하는 소리를 다 듣고 관찰(觀世音)하는 보살이다. 그래서 <천수경>에서는 "천 개의 손과 천 개의 눈을 가진 관자재(觀自在 : 마음대로 본다)보살님"이라고 표현하고 있다. '관세음보살'을 부르는 것은 "괴로움을 없애 주고 행복하게 살게 해 주소서"라는 뜻이 된다. 또한 대자대비한 관세음보살을 찬탄하고 내 마음에 갖추어진 관세음보살의 성품을 일깨운다는 뜻도 된다.

그런데 보살은 "위로는 부처님의 진리를 구하고 아래로는 중생을 교화"하는 대승불교(大乘佛教)[#7]의 이상적 인간상으로서 중생 속에 살며 지혜와 자비를 실천하는 구도자를 말한다. 현재 우리나라에서는 절에 다니는 여성 신도들을 보살이라고 부른다.

#7 대승불교(산스크리트어로 '큰 수레'라는 뜻)는 소승불교(小乘佛教 : '작은 수레'의 뜻)와 함께 불교의 2갈래 큰 전통의 하나다. 대승불교는 붓다를 초세간적(超世間的) 존재로 보며 역사적 인물로 나타난 붓다는 그 화신(化身, Incarnation)으로 규정한다. 불교도들이 추구해야 하는 목표가 소승불교에서는 깨달은 성인이 되는 것이지만, 대승불교에서는 이를 편협한 이기적 추구라고 보고 깨달음에 이르렀으나 다른 중생들을 구제하기 위해 성불(成佛)을 늦추는 보살(菩薩)이 되는 것을 이상으로 삼아야 한다고 주장한다.

3. 도교(道教)

도교(Taoism)의 원뜻은 <도를 설명하는 가르침>이다. 도교의 모든 이론은 노자(老子)에 의해 마련되었고, 노자는 도교경전인 「도덕경(道德經)」의 저자로 알려져 있다. 그러나 「도덕경」은 노자 한 사람의 저술이 아니고 여러 사람에 의해 BC 3세기경에 편찬된 것으로 보는 것이 정설이다. 그렇다면 '노자'라는 이름은 어떤 개인보다는 특정 형태의 성인집단(聖人集團)을 가리키는 것으로 여겨진다.

도교는 '도'(道)를 숭배하는 종교로서 도교에서 우주의 본체는 도(道)이고 道는 영원한 질서다. 도사(道士, Taoist)는 도를 닦아 큰 이치를 깨닫고 도술에 능한 사람을 말하는데 속어로는 어떤 일에 도가 트이어서 아주 능숙한 사람을 일컫기도 한다. 그런데 도는 감각뿐만 아니라 모든 사상과 상상을 초월하므로 도를 묘사하거나 정의할 수는 없다. 도교는 형성 때부터 고래(古來)의 주술사상과 관련이 있으며, 현세의 행복과 불로장생(不老長生) 등 현세의 이익(利益)을 목적으로 한다. 음양오행설(陰陽五行說)과 신선사상(神仙思想)을 가미(加味)한 종교다.

4. 유교(儒教)

유교(Confucianism)는 중국 춘추시대 말기에 공자(孔子, BC 551-479년경)가 실천도덕으로서의 윤리관에 대한 생활철학을 종합 발전시킨 사상이다. 공자의 사상과 가르침은

「논어」에 잘 나타나 있으며, 맹자(孟子, BC 371-289년경)는 공자의 가르침을 더욱 발전시켰다. 유교의 경전은 사서오경(四書五經)이다. 사서(四書)는 논어(論語)·맹자(孟子)·중용(中庸)·대학(大學)을 일컬으며, 오경(五經)은 주역(周易)·서경(書經)·시경(詩經)·예기(禮記)·춘추(春秋)의 다섯 가지를 말한다. 유교의 핵심은 공자의 가르침인 「논어(論語)」의 진리를 따르는 것이며, 중심사상은 천(天)·인(仁)·예(禮)다. 천은 모든 원리의 근원이며 모든 생명의 원천으로 절대적인 것이다. 천(天)은 인(仁)을 통해서만 이해할 수 있는 것으로 인간성의 실현을 중시한다. 인은 사람다움(人格)을 원만하게 이루게 하는 것이다. 예(禮)의 기원은 신(神)에게 제사를 지낸 의식에서 비롯된다. 예(禮)에 사랑과 의로움이 내포되어 있지 않으면 진정한 예가 아니다.

유교의 기본적인 실천윤리는 세 가지 강령과 다섯 가지의 인륜을 일컫는 삼강오륜(三綱五倫)#8이다. 삼강오륜은 지금까지 우리나라를 비롯하여 동양사회에 커다란 영향을 미쳤다.

그런데 유교는 조상을 숭배하고 제사를 지낸다는 사실에서 타계(他界)에 사는 영적 존재를 전제한다. 그렇지만 「논어(論語)」에 영적 존재와 사계(死界)에 대해 전혀 아는 바가 없음을 분명히 하고 있다.

인간 생활의 목표 : 인(仁)·의(義)·예(禮)·지(智)·신(信)의 다섯 가지 기본적 덕목이다. 이 오덕(五德)·오상(五常)은 오륜과 함께 유교 윤리의 근본을 이루고 있다.

진리의 핵심 : 어진 마음과 예로 자신의 인격을 완성하고 사회 질서를 실현하는 것.

#8 **삼강오륜**은 한대(漢代)의 재상이었던 동중서(董仲舒, BC 179-104년경)가 공맹(공자와 맹자)의 사회윤리를 집약한 것인데, 삼강(三綱)은

군위신강 (君爲臣綱 : 임금은 신하의 근본이 되고),
부위자강 (父爲子綱 : 부모는 자식의 근본이 되고),
부위부강 (夫爲婦綱 : 남편은 아내의 근본이 된다)을 말한다.

삼강의 윤리는 한대(漢代) 당시의 전제군주권(專制君主權), 가부장적 부권, 남존여비에 입각한 남편의 절대적 권위 등을 반영한 수직적 관계를 말한 것이다.

오륜은 <맹자>에 처음 나오는 말로서

부자유친 (父子有親 : 어버이와 자식 사이에는 친애가 있어야 하고),
군신유의 (君臣有義 : 임금과 신하 사이에는 의리가 있어야 하고),
부부유별 (夫婦有別 : 남편과 아내 사이에는 분별이 있어야 하고),
장유유서 (長幼有序 : 어른과 아이 사이에는 차례가 있어야 하고),
붕우유신 (朋友有信 : 친구 사이에는 신의가 있어야 한다)을 말하는 덕목이다.

이 오륜은 부자, 군신, 부부, 장유, 붕우 사이의 상호관계를 위주로 서로 지켜야 할 윤리적 덕목을 말한 것이다.

5. 이슬람교

이슬람(Islam)교는 그리스도교, 유다교와 마찬가지로 창조주 유일신을 믿는 종교다. 그런데 창조주 유일신을 히브리어로 YHWH(Yahweh, 야훼), 한국어로 하느님/하나님이라고 말하듯이 아랍어로는 알라(Allāh)라고 지칭한다. 그리고 '이슬람'이라는 낱말은 어원적으로는 아랍어의 살람(Salam, 평화)에서 나왔으나 이슬람은 순종(順從, submission)을 뜻한다. 따라서 이슬람은 '알라에게 순종하여 평화를 얻는 종교'를 가리킨다. 그리고 이슬람교를 회교(回教 또는 回回教)라고도 하는데, 이 명칭은 중국 신강성의 회흘족(回紇族)을 통해 전래된 데서 유래한다. 무슬림(Muslim) 혹은 모슬렘(Moslem)이란 말은 '알라에게 순종한 사람'이라는 뜻으로 이슬람 신자를 일컫는다. 그래서 무슬림들은 이슬람교를 '마호메트교' 또는 '회교'라고 일컫는 것은 잘못된 것이라고 한다. 마호메트[#9]를 인간 이상의 존재로 신봉(信奉)하지 않는다. 마호메트는 알라의 말씀을 가브리엘 천사를 통해 계시 받아 이 땅에 전한 유일신의 사자(使者)로서 아담, 노아, 아브라함, 모세, 예수를 이은 예언자일 뿐이라고 한다. 이슬람의 경전은 「코란」(Koran, 쿠란·꾸란)인데, '코란'은 7세기 초에 마호메트가 아라비아 반도 메카(Mecca)에서 가브리엘 천사로부터 받은 계시를 수록한 알라의 말씀이다.

이슬람 전통에 의하면 유다교, 그리스도교, 이슬람교의 근본 뿌리는 토라(구약성경)이고, 여기에 그리스도교는 신약성경을 첨가했고 이슬람교는 '코란'을 더한 것이라고 한다.

#9 **마호메트**(Mahomet, 아랍어로는 무함마드·Muhammad, 571~632년)
구약의 창세기에 의하면 아브라함(1,800년경 BC)의 본 부인 사라는 늙도록 아이를 낳지 못하자 사라가 자기의 몸종 하가르를 소실로 들여보냈고, 하가르는 아들 이스마엘을 낳았다.(창세 16) 이스마엘의 후손은 아랍인이다. 아브라함의 본 부인 사라는 이미 늙은 몸이어서 아이를 낳지 못할 것으로 생각했지만 90세(아브라함의 나이는 100세, 창세 17)에 이사악을 낳았고,(창세 21) 이사악의 아들 야곱의 후손은 유다인(猶太人)이다.
이스마엘의 혈통을 따라 내려오면 6세기(AD) 후반기 마호메트까지 연결된다. 마호메트는 현재의 사우디아라비아의 한 마을인 메카(Mecca)에서 유복자로 태어났으며, 6살 때 어머니마저 잃은 후 숙부 아부탈리브의 집에서 자랐다. 순탄치 않았던 유·소년기를 보냈음에도 불구하고 그는 훌륭한 인품을 지닌 청년으로 성장했다. 그는 25세가 되던 해에 자신을 고용한 부유한 과부 사업가 하디자의 마음에 들어 그녀와 결혼을 했다. 마호메트는 15세 연상의 하디자로부터 2남4녀의 자녀를 얻었다. 그러나 아들은 모두 어려서 죽고 딸들도 파티마 외에는 후손을 얻지 못했다. 메카에서 살던 마호메트는 40대에 접어들면서 메카 시외에 있는 히라(Hira) 동굴에서 수도(修道)하던 중 몇 차례 '알라'의 계시를 받고, 아라비아의 주민들에게 전할 사명을 띠었다고 하며, 메카 시민에게 예언자로서의 활동을 시작한 것이 그 시초이다. 한 때 시민의 냉대·학대를 받았으나 여러 부족의 아라비아를 통일하고 정치와 종교를 장악하여 정교(政教)의 일치를 이룩하였다.

「구약성경」없이 「신약성경」이 이해될 수 없듯이 「코란」은 구약성경과 신약성경과의 연관성 속에서 이해될 수 있다는 것이다. 그래서 이슬람의 신학적 근본 개념은 유다교와 그리스도교의 그것과 비슷하지만, 이슬람교에는 신과 인간 사이의 중계자를 인정치 않으므로 이슬람 신학에는 구속론이 없고, 삼위일체론은 삼신(三神)으로 곡해함으로써 유일신 교리에 위배된다고 하여 부정한다. 또한 이슬람교에는 신비가 없기 때문에 인간 이성으로 이해가 되지 않는 것은 용납하지 않는 것이 그리스도교와 다른 점이다.

이슬람교의 교리 및 실천의 기본은 육신(六信)과 오주(五柱 ; 五行)로 되어 있다. <육신>은 신(알라)·천사·성전(聖典)·예언자·내세(來世)·예정(豫定) 등 6가지의 신앙개조(信仰箇條)를 말하며, <오주>란 신앙고백·예배·희사(喜捨)·단식·순례 등 5가지의 주요 의무를 가리킨다.

그런데 예언자 마호메트에게는 아들이 없었기 때문에 그가 632년에 후계자를 임명하지 않고 사망하자 이슬람 사회는 교리적 논쟁이 아닌 계승권 분쟁을 둘러싼 정치적 갈등으로 인해 여러 분파로 갈라졌다. 그중 주요 두 종파가 수니(Sunni)파와 시아(Shia)파다. 수니파는 아랍 부족장 회의 슈라(Shura)에서 칼리프(Caliph : 마호메트 후계자의 칭호)로 선출된 자를 합법적 후계자로 인정하고 자신들의 교파가 이슬람의 주류이자 정통파라고 간주하는 반면, 시아파는 마호메트의 사촌 동생이자 사위였던 알리(마호메트 딸 파티마의 남편)와 그 후손이 칼리프가 되어야 한다고 혈통계승을 주장했던 종파다.

20세기 후반에 전 세계 13억 무슬림의 85% 정도는 수니파이고, 15% 정도는 시아파다. 그렇지만 시아파의 최대 종주국은 이란(국민 89%가 시아파)이고, 시아파가 국민 다수를 점하고 있는 나라는 이라크(국민 65%), 바레인(70%), 레바논(38%) 등이다.

수니파였던 사담 후세인(Saddam Hussein, 1937~2006) 전 이라크 대통령(1979년부터 24년간 집권)은 2003년에 미국이 주도한 이라크 침공으로 24년 철통통치에서 쫓겨났고, 그간 억눌렸던 시아파들이 급속히 결속하고 시아파 주도 정권이 들어서면서 사담 후세인은 2006년 12월 30일 교수형에 처해졌다.

오늘날 이슬람인들은 수니파-시아파 간의 갈등으로 "한 손에 칼, 한 손에 코란"이란 말이 있을 정도로 종파분쟁과 반목이 끊이지 않고 있다.

6. 힌두교(Hinduism · 印度敎)

인도 고유의 종교다. 힌두는 인도 반도에 생겨난 모든 종교를 가리키는 뜻이 된다. 힌두교는 어떤 특정한 개인의 가르침으로 시작된 종교가 아니다. 그래서 그리스도교나 불교처럼 창시자가 있는 종교가 아니며 민족종교로서 긴 세월 동안에 자연적으로 형성된 것이므로 그 기원을 한정할 수 없다.

힌두교도가 가진 인생의 목적은 다르마(法) · 아르타(實利) · 카마(性愛) · 모크샤(解脫)로 집약된다.

해탈은 고통으로부터의 해방을 의미한다. 해탈은 각 개인이 쌓아야 할 업적(業績) 즉 業(karma)과 뗄 수 없는 필연적인 인과관계가 있다. 힌두교는 윤회전생(輪廻轉生)을 믿으며, 삶의 업에 따라 일반 동물이 될 수도 있고 상승적인 높은 신분의 인간으로 태어날 수 있다. 해탈의 수단은 종파에 따라 각각 다르나 주로 제식(祭式)의 실행, 명상 · 고행의 실천, 신(神)에 대한 신애(信愛)로써 신의 은총을 입는 것에 있다. 힌두교는 원래 다신교(多神敎)이지만 브라흐만(Brahman) · 비슈누(Visnu) · 시바(Siva) 등 3신의 일체설로써 일신(一神)적인 통합이 되어 가고 있다. 여기서 브라흐만 신은 세계의 창조신, 비슈누 신은 세계의 유지신, 시바 신은 세계의 파괴신으로 〈삼위일체〉의 설법이 근대 힌두교의 기반이 되고 있다.

7. 유다교

유다교(Judaism · 猶太敎)는 유다민족의 종교인데, 구약성경의 모세오경에 근거를 두고 있다. 불교는 석가모니에 의해서 창시(創始)되었고, 그리스도교는 예수에 의해서 창시되었지만, 유다교는 힌두교와 마찬가지로 특정 인물을 창설자로 지적해 낼 수 없다.

유다교는 하느님(신 · 神)의 계시를 받은 아브라함과 모세를 선조로 하는 유다민족이 믿는 종교인데, 하느님과 아브라함의 약속은 하느님이 유다민족을 선택했기 때문에 유다인들은 자신들이 하느님으로부터 '선택된 민족'이라는 확신을 갖는다. 기원(紀元) 전후하여 유다왕국은 로마제국에 의해 정복되고, 유다인들은 그들의 고향이었던 팔레스타인을 떠나 유럽, 아프리카로 분산되어 약 2천년동안 나라 없는 방랑생활을 하게 된다. 방랑생활을 하는 동안 유다인들은 유럽 각처에서 심한 차별과 학대를 받아왔고 2차 세계대전 중에는 히틀러의 나치정권에 의해 가혹한 민족적 대학살을 당하기도 했다. 그런데 어느 날 유럽은 팔레스타인 땅에 대대로 살아온 주민(아랍인)을 몰

아내고 '유다국가 건설'을 약속한다. 그래서 유다인들은 제2차 세계대전 후에 선택된 민족의 나라 '이스라엘'이라는 국가를 1948년 5월 14일에 건국하게 된다. 이렇게 건국된 이스라엘 국가를 미국이 뒷받침하게 된다. 이러한 역사적 사실로 오늘날까지 유다와 아랍의 민족운동 진영이 서로 영유권을 주장하는 분쟁지역으로 남아 있다.

유다인들은 역사의 종말에 하느님이 아브라함과 모세에게 한 약속에 따라 선택된 민족으로서 영원한 축복을 받게 될 것이라고 믿으며, 이런 주장이 바로 시온주의(Zionism)이다. '시온'(Zion)이라는 단어는 유다교의 성지 예루살렘에 있는 산의 이름인데, 이 명칭은 종교적이고 정서적인 뉴앙스를 함축하고 있으며, 이러한 함축적 의미를 지닌 시온은 유다인의 고향, 유다주의의 상징, 유다인의 민족적 소망의 대상을 뜻한다. 따라서 시오니즘(Zionism)이란 팔레스타인에 유다국가를 건설하려는 운동을 의미한다.

유다교에서는 예수 그리스도를 구세주로 받아들이지 않으며, 진짜 구세주는 아직 오시지 않았다고 여긴다.

천주교(그리스도교)는 계시 종교

천주교는 예수 그리스도께서 세우신 교회로서, 제자들인 사도들로부터 2천년 동안 이어져 온 정통성의 교회다. 그리고 천주교는 계시종교인데, 계시(啓示 · Revelation)란 열어 보인다는 뜻이다. 마치 가리웠던 막을 열어 젖혀, 아직까지 볼 수 없었던 그 내부를 보여 준다는 뜻이다. 인간은 인생의 근본적인 문제와 신(神)의 문제는 인간의 이성(理性)과 지식으로는 터득할 수 없으며, 전지전능하신 유일신(唯一神) 창조주 하느님께서 직접 가르쳐 주셔야 만이 알 수 있다. 하느님께서는 당신이 이뤄 놓으신 이 세상과 당신 자신을 좀더 분명히 가르쳐 주시려고 우리에게 당신의 외아들 예수 그리스도를 구세주로 보내 주셨다. 하느님은 당신의 외아들을 통하여, 인간에게 영원한 행복에 이르는 길을 보여 주셨다. 천주교는 인간이 스스로 진리를 터득해서 세운 종교가 아니라 하느님께서 직접 당신을 드러내시고 진리를 가르쳐 주심으로써 이루어진 계시종교다. 천주교는 인간 스스로 해결하지 못하는 물음들에 대하여 하느님께서 직접 가르쳐 주신 진리를 간직하고 있다. 그래서 천주교에서는 그 아들의 모범을 따라 하느님을 사랑하고 이웃을 사랑하는 것이 참된 삶이며, 그 삶만이 영원한 생명에 이르는 길이라고 가르친다. 다른 많은 종교들은 자기 수양으로 구원을 이룰 수 있다고 믿지만 그리스도교는 하느님의 은총으로 구원될 수 있다고 믿는다.

나오는 말

하느님의 모상(모습, *L.* Imago Dei, *Eng.* Image of God)으로 창조된 인간은 영원한 생명과 불변의 진리와 무한한 사랑을 갈구하는 속성이 있다. 우리는 하느님으로부터 이 세상에 왔고 하느님께로 돌아가야 한다. 따라서 하느님은 인생의 종극적인 목표다. 하느님과 일치된 삶만이 참 삶의 길이며, 하느님과 일치를 이룬 삶은 하느님사랑·이웃사랑이다. 이러한 참 삶의 길이 참행복과 구원의 길이다.

하느님 나라에 대한 이 가르침은 인간에게 영원한 희망을 주는 기쁜 소식이다. 옳은 일에 주리고 목마른 사람에게는 정의의 힘을 주며, 죽음을 맞이하는 이들은 영원히 사는 길로 이끌어 준다. 이처럼 그리스도교는 자연 종교에서처럼 자신의 힘으로 구원될 수 있다고 믿지 않고 하느님께서 손수 인간을 이끄시며, 인간은 그 사랑에 응답함으로써 구원을 받는다고 가르친다.

핵심문제

(1) 종교의 정의를 말해보시오.

유신론적 관념의 상식 수준에서 정의한다면 한마디로 "**종교란 절대자인 신과 인간과의 관계**" 입니다.

(2) 참 종교의 세 가지 조건은 무엇입니까?

첫째, 종교는 이성(理性)을 초월할 수는 있어도 이성과 모순 되어서는 안 되고, 둘째, 종교 때문에 인간의 도리, 곧 인륜을 거스르는 일이 있어서는 안 되며, 셋째, 종교의 근본 진리는 시대나 장소에 따라 변질되어서는 안 됩니다.

(3) 불교와 유교가 제시하는 인생문제의 해결책은 무엇입니까?

불교는 인생 고통의 원인인 번뇌로부터 해탈하여 열반에 드는 것이며, 유교는 인(仁)·의(義)·예(禮)·지(智)·신(信)으로 사회질서를 실현하는 것입니다.

(4) 종교의 기본적인 세 가지 요소는 무엇입니까?

종교의 기본적인 세 가지 요소는 교리(教理)와 계명(誡命)과 예식(禮式)입니다. 교리는 신앙의 대상(절대자)에 대한 믿음을 학문적으로 체계화한 종교적 가르침이며, 올바른 신앙의 기초가 되는 진리입니다. 계명은 선을 행하고 악을 피하는 도덕적 생활을 위하여 지켜야 할 계율(戒律)입니다. 그리고 종교 예식은 절대자와의 친교를 이루어 절대자에게 호소하고, 절대자로부터 은총을 받는 통로입니다.

(5) 그리스도교와 다른 종교와의 차이점은 무엇입니까?
그리스도교는 여느 종교와는 달리 하느님이 인간을 위해 손수 가르치시고 구원하시는 계시(啓示) 종교입니다.

(6) 그리스도교에서 가르치는 참된 삶이란 무엇입니까?
구세주이신 예수 그리스도의 모범을 따라 하느님과 이웃을 사랑하는 것이 참된 삶이며, 그 삶만이 영원한 생명에 이르는 길입니다.

알아두기

- 십자성호 : 천주교 신자들은 기도할 때는 물론 모든 일을 시작할 때와 마칠 때에 언제나 손으로 십자(十字) 모양을 그으면서 "성부와 성자와 성령의 이름으로. 아멘." 하고 성호경(聖號經)을 외운다. 성호(聖號)란 십자성호(十字聖號)의 준말이며, 성호경이란 십자(十字)를 그으며 성부 성자 성령(천주 성삼위)을 부르는 기도이다. 성호경의 의미는 다음과 같다.
  첫째, 삼위일체이신 하느님께 대한 신앙고백이며,
  둘째, 하느님의 아드님이신 예수 그리스도께서 우리의 구원을 위하여 십자가에 못박혀 돌아가셨음을 상기하는 것이며,
  셋째, 이 동작으로 우리가 천주교 신자임을 겉으로 드러내는 것이다.

- 십자성호를 긋는 법 : 왼손을 먼저 가슴에 붙이고 오른 손가락을 모두 한데 모아, 이마에서 "성부와", 가슴에서 "성자와", 왼편 어깨에서 "성", 오른편 어깨에서 "령의"하며 십자를 긋는다. 그런 다음 곧바로 오른손과 왼손을 가슴에 모으면서 성호경의 남은 부분 "이름으로. 아멘."을 외운다.

- 아멘(Amen) : 히브리어로 "진실로 그렇습니다", "정말 꼭 그렇게 되기 바랍니다", "그렇게 해주십시오"라는 뜻이다. 그리스도교에서는 모든 기도를 '아멘'이라는 말로 끝맺는다.

- 세계 각 종교의 신자 수
  'Time'지(March 10, 2003)의 통계에 의하면 다음의 그림에서 보여준 바와 같이 세계 인구 60억에서 각 종교의 신자 수는 그리스도교인(Christians) 20억(여기 20억 중에서

가톨릭은 10.7억), 이슬람교인(Muslims) 13억, 힌두교인(Hindus) 9억, 불교인(Buddhists) 3.6억, 시크교인(Sikhs) 2.3천만(시크교는 이슬람 신앙과 힌두교가 혼합된 인도 종교임), 유다교인(Jews) 1.4천만, 기타 종교인 5.25억, 비종교인 8.5억 명으로 나타나 있다.

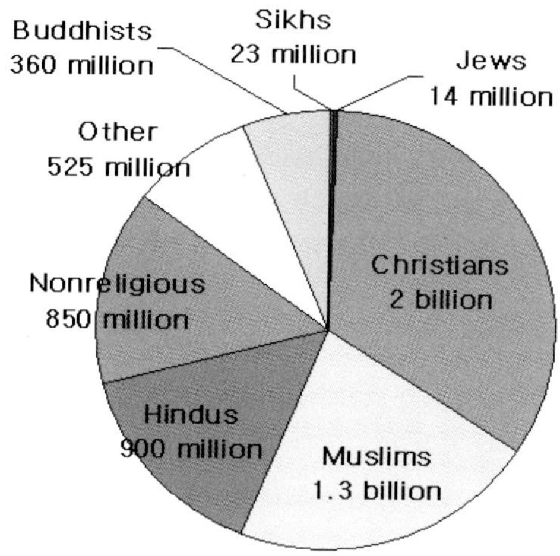

- 한국 천주교 신자 수(2005년 말 현재)는 4,667,283명(총인구 · 49,267,751명의 9.5%, 한국천주교 중앙협의회 발표)

제 1 장 종교가 필요한 우리

(3) 종교의 근본문제

〈자연계시의 과학적 접근〉

들어가는 말

절대자인 신(神)이 존재하는가의 물음은 종교의 근본문제다. 신자라 하더라도 신앙생활에 대하여 반신반의하는 경우가 종종 있고, 냉담해지기도 하며, 심지어는 사이비 종교에 빠져 패가망신하는 이들도 있다. 이러한 사실은 신의 존재에 대한 확신이 부족하고, 종교적 가르침에 대한 이해가 부족하여 마음에 갈등이 생기는 데서 비롯된 것이다.

신(하느님)의 존재에 대한 논증(argument)에는 안셀무스(Anselmus, 1033-1109)의 존재론적 논증, 토마스 아퀴나스(Thomas Aquinas, 1225-74)의 우주론적 논증, 페일리(William Paley, 1743-1805)의 목적론적 논증, 칸트(Immanuel Kant, 1724-1804)의 도덕적 논증, 존 힉크(John Hick, 1922~)의 종교 체험(경험)적 논증이 있다. 이들의 논증은 계시(啓示 · Revelation)를 철학이나 신학에 입각하여 논한 것이다. 하지만 자연계시를 이해하는 데는 자연과학의 원리와 개념을 이용하여 설명하는 것이 더욱 용이할 것이다. 왜냐하면 자연을 연구하는 학문이 자연과학이기 때문이다. 그래서 여기서는 우주는 물질과 에너지로 보존되어 있고, 변하고 있으며, 또한 질서가 있다는 사실에서 화학(물질의 과학)과 물리학(에너지의 변환을 연구하는 학문)의 기본개념과 원리를 이용한 논리로 추론하여 하느님의 현존과 속성(여기서는 영원, 무량, 전지전능)을 이해하고자 한다.

로마 1, 20

"세상이 창조된 때부터, 하느님의 보이지 않은 본성 곧 그분의 영원한 힘과 신성을 조물을 통하여 알아보고 깨달을 수 있게 되었습니다. 따라서 그들은 변명할 수가 없습니다."

자연은 하느님의 위대한 예술작품이고 과학작품

자연은 신(神·하느님)의 묵시(默示)며 위대한 예술작품이고 과학작품이다. 자연의 삼라만상은 신비롭고 아름답고 조화롭기 그지없다. 생명의 모태인 자연은 그 신비로움으로 인해 경외의 대상이 되며, 그 아름다움으로 인해 예술의 대상이 되고, 그 조화로움으로 인해 과학의 대상이 된다. 인간의 이성과 감성이 추구하는 모든 분야에 있어 한결같은 주제가 되는 것이 바로 자연인 것이다. 그런데 자연의 질서와 신비로움 속에는 인간의 이성과 능력으로는 도저히 다가설 수가 없는 암호화된 창조의 법칙만이 있음을 어렵지 않게 깨닫게 된다. 인간은 자연의 법칙을 끝없는 호기심을 가지고 탐구하면서 자연과학의 체계를 형성해 왔지만, 자연세계는 인간의 이성의 한계를 벗어나 있기 때문이다. 이러한 맥락에서 자연의 신비를 신(神)의 섭리로 이해할 수 있다. 흔히 자연자체를 신으로 혼동하기도 하는데, 이는 하느님에 대한 오해다. 만일 '자연=신'이라면 '자연과학=신학'이 성립되므로 이는 불가(不可)한 것이다. 자연은 하느님의 창조물일 뿐이다. 좀더 부언하자면 자연은 하느님의 위대한 창조 업적이고 예술작품이고 과학작품이며 지혜의 영상(映像)인 것이다. 하느님은 자연의 피조물들을 창조하실 때마다 "보시니 참 좋았다"라고 말씀하셨다. 자연의 법칙은 신에 대한 찬가(讚歌)다.

과학과 신학

오늘날의 과학문명은 인류를 질병과 기아, 그리고 육체적 노동에서 상당 부분 벗어나게 해 주었고, 생활의 향상과 편이성을 가져다 주었다. 하지만 어느 누구도 과학이 참행복을 준다고 확신하지 않는다. 반면 신앙은 참행복을 추구하는 것으로서 이해될 수 있으며, 그것은 종교적인 영역 안에 있는 것이다.

신학(神學·theology: 그리스어의 신을 가리키는 'theos'와 말씀의 뜻인 'logos'의 복합어)은 불가시적이고 비체험적 존재인 신과 그의 말씀을 연구대상으로 하는 계시학(啓示學)이라면, 과학은 자연의 가시적이고 경험적 존재의 변화성을 연구대상으로 삼는 학문이다. 그래서 신학은 절대자에 대한 신앙이 요청되고, 과학은 자연현상에 대한 관찰이 요청된다. 그리고 신앙은 종교적 신념이고 관찰은 경험적 사실이다.

물질문명에 대한 의존성이 커질수록 신앙에 대한 갈증도 더 커지는 것은 왜 그럴까? 어떤 면에서 볼 때 신앙과 과학은 서로 대립되고 상충되어 이들이 서로를 배타하는 것 같지만, 현대 물리학의 창시자 중의 한 사람인 닐스 보어(Niels Bohr)가 말한 것처럼 "대립적인 것은 상보적"(*contraria sunt complementa*)인 것이다.

흔히 신앙과 과학은 추구(追究)하는 대상이 다르고 또한 서로 대립되고 상충되기 때문에 신앙을 과학적으로 생각하고 판단하는 것은 어리석은 짓이라고 말하기도 한다. 그러나 종교는 이성을 초월할 수는 있어도 이성과 모순되어서는 안 되기 때문에 믿음의 원초단계에서부터 무작정 믿고 맹신하면 미신이나 사이비종교에 빠질 위험이 있다. 오히려 하느님의 모상(模像, 모습)대로 창조된 인간은 이성적 존재이므로 이성적이고 논리적인 판단과 함께 믿는 것이 중요하다. 그래서 국부론의 저자 아담 스미드(A. Smith)는 "과학은 광신이나 미신의 독성에 대한 훌륭한 해독제"라고 말했다. 그리고 아인슈타인은 "우리가 사는 물질주의 시대에 진지한 과학자야 말로 깊은 신앙심을 가진 사람이다."라고 했고, 또한 "종교 없는 과학자는 절름발이요, 과학 없는 종교는 맹인에 불과하다."고 말했다. 신학과 과학은 동일한 범주에서 다루어질 수는 없지만, 상보적이며 상호 이해를 증진시켜 준다.

자연계시

자연의 존재, 보존, 질서, 아름다움 등 삼라만상은 하느님을 드러내 보이며, 이렇게 자연을 통하여 드러나는 하느님의 모습을 자연계시(自然啓示)라고 한다. 이러한 맥락에서 볼 때 자연의 근원문제를 탐구하노라면 하느님에 대한 신앙을 갖지 않을 수 없다. 결국 하느님의 창조물인 자연의 이치를 규명하는 것이 과학이므로, 과학은 자연의 근원을 규명키 위해서는 하느님으로 소급해 갈 수밖에 없다. 그래서 과학과 신앙은 만나기 마련이다. 과학 없는 신앙은 맹목인 것이다. 인간은 오성(悟性)과 이성(理性)에 의해 자연의 궁극적인 원인의 존재를 확신하게 된다. 오성은 경험적 대상을 사유하는 인식능력인데 반해 이성은 초경험적 대상을 사유하는 인식능력이다.

신앙은 하느님에 대한 이성(理性)적 믿음이다. 신앙과 이성은 상충되지 않고 근본적으로 조화를 이룬다. 하느님은 이성과 신앙의 근원이시기 때문이다.
그렇지만 인간의 이성과 능력으로는 결코 도달할 수 없는 한계가 있다. 이를테면 우리 인간은 밤하늘에서 반짝이는 북두칠성이나 별들을 보고 있지만 아무리 과학이 발달해도 몇십에서 몇억 광년(光年 : 빛이 1년 동안 가는 거리)떨어져 있는 그곳에 결코 가볼 수 없다. 왜냐하면 아인슈타인의 특수상대성원리[#1]에 따라 광속도(光速度 : 30만 km/sec)나 그 보다 빠른 우주선은 만들 수 없다는 인간의 한계성 때문이다. 자연세계도 이러할진데, 자연을 초월한 초자연의 신비세계는 더더욱 도달할 수 없는 한계가 있다. 그래서 하나님은 당신의 외아들 예수 그리스도와 성령을 파견하시어 당신의 계획을 계시(啓示)한 것인데, 이를 초자연적 계시에 입각한 계시신학(초자연신학)이라고 한다.

인간은 지구의 외각을 이루는 흙에서 왔다가 흙으로 돌아간다고 한다. 그러면 지구와 흙은 어디서 왔는가? 오늘날 지구뿐만 아니라 천지만물 모두는 빅뱅(big bang)에서 왔음을 현대인은 과학상식으로 알고 있다. 빅뱅의 원인은 과학적 추리와 논리에 따라서 볼 때 하나님이라는 귀결에 도달하게 된다.

그리스도교는 계시종교이며, '계시(啓示 · Revelation)'는 하나님이 당신의 업적과 말씀을 통해서 당신을 드러내 보이심을 의미한다. 따라서 계시를 통해서 하나님의 현존과 진리를 알게 된다. 계시에는 자연(간접)계시와 직접계시가 있다. 자연계시는 대자연의 삼라만상과 인간의 양심을 통하여 인간의 이성(理性)으로 하나님을 간접적으로 인식할 수 있음을 말한다. 자연은 하나님의 위대한 예술작품이며, 하나님을 비쳐주는 거울이다. 직접계시는 자연을 초월한 신비세계는 도달할 수 없는 인식의 한계가 있으므로 구약시대에는 예언자들을 통해서, 신약시대에는 예수 그리스도를 통해서, 그 후에는 사도들을 통해서 알려 주신 것이다(히브 1,1-2; 1티모 2, 5; 2베드 1, 21).

하나님은 우주(宇宙 : 宇는 천지사방의 공간, 宙는 고금 · 古今의 시간을 의미) 만물을 창조하시고 섭리하시며, 창조물을 통해 당신의 영원한 흔적을 인간에게 보여 주셨다. 창조는 아무런 재료 없이 무(無)에서 유(有)를 만들어 내는 것이고, 섭리(攝理)는 **보존**과 **다스림**을 의미한다. 그래서 우주의 '보존'에 의해 '물질(질량) 및 에너지'의 보존법칙이 성립하고, '다스림'에 의해 자연법칙과 자연법이 존재한 것이다.

#1 1905년에 아인슈타인(Einstein)이 제안한 특수상대성원리에 의하면 광속도는 최대의 속도이고 불변성(일정)이다. 그러나 시간(Time interval)과 길이와 질량은 상대성이다. 환언하면 우주선이 광속에 가까운 속도로 운동하는 경우에 우주선의 시간은 길어지고(Time dilation), 길이는 짧아지며, 질량은 증가한다.

상대론적 질량을 예로 들면 속도 v인 물체의 질량(m)은 다음과 같이 주어진다.

$$\text{상대론적 질량(Relativistic mass)}: \quad m = \frac{m_o}{\sqrt{1-(v/c)^2}}$$

여기서 c는 빛의 속도다. m_o는 물체의 속도 $m=0$일 때의 정지질량이다. 위의 식에서 보여준 바와 같이 정지해 있는 물체의 질량(m_o)과 운동하고 있는 물체의 질량(m)은 상대적인 것이다. 물체가 정지해 있으면($v=0$) $m=m_o$이고, 물체의 속도(v)가 증가함에 따라 질량(m)은 커지며, 물체의 속도가 빛의 속도와 같게 되면($v=c$) 질량은 무한대($m=\infty$)가 된다. 또한 물체의 속도가 빛의 속도보다 크면($v>c$) 위 식의 분모는 허수가 된다. 따라서 인간은 빛의 속도나 빛의 속도보다 빠른 우주선은 결코 만들 수 없다.

그러면 지금부터 우주의 본 바탕을 이루는 물질과 에너지에 관한 학문인 화학과 물리학의 상식적 개념과 원리를 기초로 과학적 관점에서 자연계시를 논의하고자 한다.

그런데 하느님은 영적 존재이시므로 인간의 감각으로 경험할 수 있는 존재가 아니신 데 반해 자연과학은 자연계에 있는 가시적이고 감각적 존재의 현상을 연구 대상으로 삼기 때문에, 하느님은 자연과학의 대상이 될 수 없다. 그러므로 여기서는 초경험적인 하느님 자체를 대상으로 삼으려는 것이 아니라, 감각적 경험(관측)의 대상인 우주의 물질과 에너지, 그리고 우주의 운동과 질서 등의 관측 결과를 사실에 입각하여 과학적인 모순이 없이 논리적으로 하느님의 현존을 설명하려는 것이다. 여기서 '과학적'이란 말은 경험적이고 실증적이며 이성적이고 논리적이란 뜻이다.

고대 그리스시대에는 철학과 과학의 구별이 없었고 모든 지식과 진리를 탐구하는 학문을 총칭하여 철학이라고 하였다. 그러다가 16세기에 이르러 비로소 코페르니쿠스(Copernicus, 1473-1543)와 갈릴레오(Galileo, 1564-1642)가 자연의 진리는 관측 사실 그 자체에 있다고 함으로써 비로소 자연과학이 정립되었다. 자연과학은 자연현상을 과학적 방법으로 연구하는 학문인데, 감각적 경험에서 출발하여 감각을 이탈한 객관적 개념이나 조직화된 지식체계에 도달하게 된다. 자연과학의 지식체계는 시간과 공간 그리고 인과율의 형식적 기초 위에서 이루어진 것이다. 자연현상은 시간과 공간 안에 있으며, 또한 인과의 원칙에 예속된다.

진리는 정리(定理 · Theorem)와 공리(公理 · Axiom)로 나눌 수 있다. 정리는 반드시 증명할 수 있는 진리며, 공리는 증명할 수 없지만 논리적 모순을 포함하지 않는 자명한 진리로 승인되어 연역적인 이론적 체계에서 출발점으로 설정되는 규약이다. 가령 자연과학의 기초학문인 '열역학'이 바로 증명할 수 있는 진리가 아니고 공리에 해당하는 진리다. 그런데 하느님은 자연과 시간과 공간과 인과율을 초월한 초경험적 존재다. 그러므로 하느님은 검증할 수 있는 대상이 아니며 하느님의 현존은 공리로 받아들여야 한다.

우주의 '물질 및 에너지'의 보존과 창조주

1) 우주의 물질과 에너지

우주는 본질적으로 물질과 에너지로 이루어져 있고 보존된다. 물질의 과학은 화학이고, 에너지와 그 변환을 연구하는 학문은 물리학이다.

질량보존의 법칙은 "모든 화학 반응에 있어서 반응 물질의 전체 질량은 생성 물질의 전체 질량과 같다"는 것이다. 요컨대 우주의 물질은 저절로 생겨나고 없어지고 할 수 없다는 것이다.

한편 우리 인간은 삶을 영위해 가는 데 있어서 옛날에는 어떤 에너지원(源)이 없이 에너지를 계속해서 얻기 위한 기관을 만들려고 했다. 이것이 제1종의 영구기관(에너지 창조 기관)인데, 이러한 기관은 불가능하다.

자연과학은 시·공(時·空)안에 있는 경험적 존재의 변화성을 객관적으로 연구하는 학문이다. 이러한 경험적 사실에 따라 "에너지 보존의 법칙"(열역학 제1법칙)이라고 하는 귀납적 결과가 알려졌다. 이 에너지 보존의 법칙은 "에너지는 한 종류의 에너지에서 다른 종류로 전환될 수 있지만 에너지의 창조나 소멸은 있을 수 없다."라는 것이다.

그런데 아인슈타인(Einstein, 1879-1955)은 1905년에 질량과 에너지의 가환성($E=mc^2$, 여기서 E는 에너지, m은 질량, c는 빛의 속도)을 발표하였는데, 핵반응에서 에너지가 질량으로 변할 수도 있고 또한 질량이 에너지로 변할 수도 있다. 보통의 화학반응은 핵반응이 아니고 화학결합의 전자배열이 재배열된 과정(어떤 결합은 끊어지고 다른 결합은 형성되는 과정)이며, 이때의 반응열은 질량이 에너지로 변한 것이 아니고 화학결합력의 변화에 기인한 것이다. 어떻든 질량 보존의 법칙과 에너지 보존의 법칙은 비록 그 각각은 불완전하다 하더라도 '질량+에너지' 총량 보존의 법칙은 엄격하게 성립한다. 따라서 우주의 물질과 에너지의 총량은 항상 일정하며 보존된다. 이에 바탕을 둔다면 어떤 물체든 결코 있다가 없다가 할 수 없고, 있는 것은 있고 없는 것은 없는 것이다. 즉 존재는 존재이고 비존재는 비존재이다(That, that is, is; that, that is not, is not; is not that so?).

'질량+에너지' 총량 보존의 법칙에 따라 우주의 물질과 에너지는 저절로 생겨나지도 않고 저절로 없어지지도 않는다. 우리는 흔히 '저절로' 또는 '자연적으로'라는 단어를 사용한다. 이를테면「벽에 걸린 사진틀이 저절로(또는 자연적으로)떨어졌다.」라고 할 경우에 이때의 '저절로'라는 말은 단지 '인공적으로 이루어진 것이 아니다'라는 뜻이지, 원인이 없다는 뜻은 아니다. 떨어졌다는 결과에는 반드시 원인이 있다. 즉 끈이 풍화작용으로 인해 삭게 되고, 중력의 작용에 의해서 떨어진 것이다. 뉴턴(Newton, 1642-1727)이 떨어지는 사과를 보고 만유인력을 발견했다는 것이 단순히 우화적인 이야기만은 아니다.

2) 인과율

"모든 결과는 원인을 요구한다."라는 것이 인과율(因果律, Causality)인데, '원인'은 자기 능력과 행동과 작용으로 무엇을 하는 능동적인 것이고, '결과'는 그 원인의 작용에 의해서 무엇이 이루어진 수동적인 것을 의미한다. 우리나라 속담에도 "아니 땐 굴뚝에 연기 날까", "아니 때린 장구 북소리 날까"라는 말이 있는데, 결과에는 반드시 원인이 있음을 시사하는 말들이다.

존재는 반드시 인과의 원칙에 예속된다. 원인이 없는 존재는 있을 수 없고, 역으로 존재가 없으면, 즉 무(無)의 상태에서는 경험도, 자연과학도, 원인도, 아무 것도 있을 수 없다. 인과율은 모든 자연과학의 근거가 된다. 우주에 물질과 에너지가 존재하고 보존된다는 결과의 사실은 반드시 원인이 있어야 하며, 우주의 원인은 바로 조물주, 즉 하느님이라는 인식에 도달하게 된다. 따라서 이 우주의 존재는 하느님에 의해서 창조된 결과다.

이러한 설명 과정에서 하느님의 존재에 대한 원인을 물을 수도 있다. 그러나 이는 자연과학에 대한 이해 부족이다. 앞에서 언급한 바와 같이 자연과학은 경험적 존재에 대한 현상을 대상으로 논의하기 때문에, 자연과 시공(時空)과 인과율을 초월한 초경험적 하느님을 대상으로 논의할 수 없으며, 이에 대한 진리는 직접계시로 이해되어야 한다.

우주의 운동과 원동자

1) 우주의 운동

우주(宇宙)는 정적인 상태로 있는 것이 아니고 동적인 상태에 있다. 즉 운동하고 있다. 우주는 원자의 세계로부터 무한한 천체에 이르기까지 각종 운동으로 충만해 있다. 과학적인 관점에서 운동이란 시간의 경과에 따라 위치가 변하는 현상이다. 운동은 병진운동, 진동운동, 회전운동으로 나뉜다. 병진운동은 질량중심이 이동하는 운동이고, 회전운동은 공간 배향(配向 · orientation)이 변하는 운동이며, 진동운동은 평형위치에 대하여 진동하는 운동이다. 운동을 일으키는 것은 힘의 작용이며 에너지의 공급이다. 정지 상태의 물건이 힘의 작용이나 에너지의 공급이 없이 운동 상태로 변해 갈 수 없다. 뉴턴의 관성 법칙(운동의 제1법칙)에 의하면 "정지해 있는 물체는 외부로부터 힘의 작용이 없는 한 영구히 정지해 있고, 힘의 작용을 받아 운동하면 등속도 운동을 한다."는 것이다. 즉 물체는 자기 스스로 움직일 수도 정지할 수도 없다. 그런데 돌을 던지면 등속운동을 하다가 땅에 떨어지게 되는데, 이것은 공기의 저항과 지구의 중력에 기인한 것이다.

2) 빅뱅과 물질의 형성

약 150억(15×10^9)년 전 우주가 개벽할 시초에 완전 진공상태의 공허(온도는 절대온도 즉 -273℃)와 무한 무변의 암흑에서 '무한히 압축된 에너지 점'(특이점 : 밀도와 온도가 무한대인 상태 · 우주창조 시발점)이 **대폭발**(빅뱅 · big bang)하여 팽창하고 냉각됨에 따라 복사에너지로부터 쿼크(quark), 렙톤(lepton) 등의 소립자가 생겼고, 쿼크가 세 개씩 결합하여 양성자, 중성자와 같은 알맹이가 생겼다. 또한 양성자와 중성자들이 강한 핵력으로 원자핵을 구성하고, 원자핵에 전자(렙톤중의 하나)가 더해져서 중성 원자(수소와 헬륨원자)들이 생겼다. 그런데 빅뱅 직후 3분 동안에 생긴 수소와 헬륨원자들이 계속해서 팽창해가다가 부분적으로 모여들어서 별이 된다는 것은 낙타가 바늘귀로 빠져나가기보다도 더 어려운 비자발적 과정(이 용어는 본 주제의 뒤쪽에서 설명)인데도 이루어진 것이다. 요컨대 별이 만들어지는 과정은 굉장히 어려운 비자발적 과정이며 절대자의 힘의 작용 없이는 이루어질 수 없는 과정인 것이다. 여러 모양의 성운에 있는 별들의 내부에서 가벼운 원자들이 천만도 정도의 고온에서 핵융합이 일어나 무거운 핵들이 생겼고, 융합된 핵들이 3천도 정도로 냉각됨에 따라 전자들이 가해져서 무거운 원소들이 생겼다. 원자는 그 중심에 핵이 있고 핵 주위에서 전자들이 정해진 규칙에 따라 돌고 있다. 거시 물질은 물질의 기본입자인 원자 · 분자 · 이온들이 화학결합에 의하여 형성된 것이다.

3) 시간과 공간

시간은 대폭발(빅뱅)에서 비롯되었고 대폭발 이전의 시간이란 있을 수 없으며, 또한 우주가 변동이 없다면 시간이란 있을 수 없다. 가령 우주가 완전히 멈춰진 상태라고 가정한다면 시간은 있을 수 없는 것이다. 그래서 시간이란 자연계의 모든 변화의 과정을 나타내는 비가역적 척도를 말한다. 공간은 물질이 없는 진공 영역의 뜻으로도 쓰이지만, 일반적으로 물질이 존재하여 현상이 일어나는 장소로서의 공간을 가리킨다. 과학에서는 물체의 위치를 기술하는 3차원 좌표계로 규정한다. 하나의 '사건'은 공간의 어느 한 점(곳)에서 어느 한 시각에 일어나는 것으로 지정되며, 이 사건은 3개의 공간 좌표와 시간 좌표로 나타내는 4차원 함수인 것이다. 그런데 아인슈타인의 '상대성이론'에 의하면 절대공간과 절대시간은 있을 수 없고, 즉 공간과 시간은 절대적인 것이 아니고 상대적인 것이다. 또한 시간과 공간은 서로 무관한 것이 아니고 내면적으로 연관성이 있다.

4) 자연의 시작과 종말

자연은 대폭발로부터 시작되었고, 시작이 있으면 끝(종말)이 있게 마련인데, 그 종말은 대격돌(big crunch)의 특이성으로 끝나게 된다는 이론이 알려져 있다. 따라서 자연은 반드시 시작과 변화와 끝이 있게 된다. 모든 생물은 태어나고 늙고 죽는다. 또한 별들도 다른 모든 것들처럼 태어나고 변하고 죽는다. 그런데 자연과 시간은 우주의 개벽인 대폭발에서 비롯된 것이므로 대폭발의 원인인 하느님은 자연과 시간을 초월하며, 또한 시간과 연관성이 있는 공간도 초월한다. 그러므로 하느님은 자연과 시간과 공간을 초월한 분이시기에 영원(시작도 끝도 없는 무시무종·無始無終)하시고 무량(無量·無所不在)하시며, 순수 현실적인 존재 자체(자존자 = 시공과 인과율을 초월하여 스스로 존재한 자, '알아두기'의 '필연유와 우연유' 참조)다.

5) 물질 운동의 수동성

빅뱅 이후에 외견상 정지해 있는 것처럼 보이는 물질도 내부 구조를 보면 화학종(chemical species : 원자, 분자, 전자와 같은 소립자 등 화학물질을 구성하는 단위 입자)은 정지해 있지 않고 운동하고 있다. 그런데 자연계의 모든 물체는 자력(自力)으로 운동하고 멈추고 할 수 없다는 것은 수동적이라는 것을 의미한다. 많은 인공위성이 발사되었다. 이런 인공위성이 스스로 운동하지 못하는 것과 마찬가지로 천체가 운동하고 있는 것도 자기 스스로 움직인 것이 아니라 어떤 존재로부터 작용을 받았기 때문이다. 따라서 우리는 이 우주를 움직이게 한 원동자(原動者 : 빅뱅 발사자)를 부정할 수가 없다. 동물은 자기 스스로 운동하는 것 같지만 이는 결코 에너지의 창조가 아니고 섭취한 음식물의 산화반응에 의하여 발생된 에너지에 의한 것이다. 우주의 운동에 대한 힘의 작용을 부인한다면 인공위성도 자기 스스로 조립되고 발사되어 운동한다는 말과도 통하며, 이는 관성의 법칙과 열역학 제1 및 제2 법칙에 위배되는 것이다.

6) 물질세계의 질서

모든 물질은 구성 성분들이 무질서하게 섞여 있는 것이 아니고 조립되어 이루어진 것이며, 화학종들은 일정한 질서를 유지하면서 운동하고 있다. 즉 미시세계의 원자로부터 거시세계의 물질에 이르기까지 엄격한 규칙 하에 조립되어 운동하고 있다. 이러한 조립이나 질서 있는 운동은 자발적으로 이루어질 수 없다. 가령 시계 부품들을 용기에 넣어 두었을 때 그 부품들이 자발적으로 조립되어 내부의 규칙적인 운동으로 시계가 작동하겠는가? 시계의 조립은 누군가 사람에 의해 이루어지고 그 시계는 태엽이나 전지의 작용으로 작동하게 된다. 따라서 물질세계의 조립과 운동과 질서는 하느님의 설계와 섭리에 의한 자연법칙에 따라 이루어진다는 것을 알 수 있다.

다음의 그림은 물질의 쌓임에 대한 자발성(spontaneity)과 비자발성을 나타낸 것인데, 그림의 (a)에서 볼 수 있는 것처럼 벽돌을 계속해서 공중으로 던졌을 때 아무렇게나 무질서한 상태로 쌓이는 것은 자발적이지만, 규칙적인 배열로 벽돌담이 쌓이는 것은 비자발적이다.

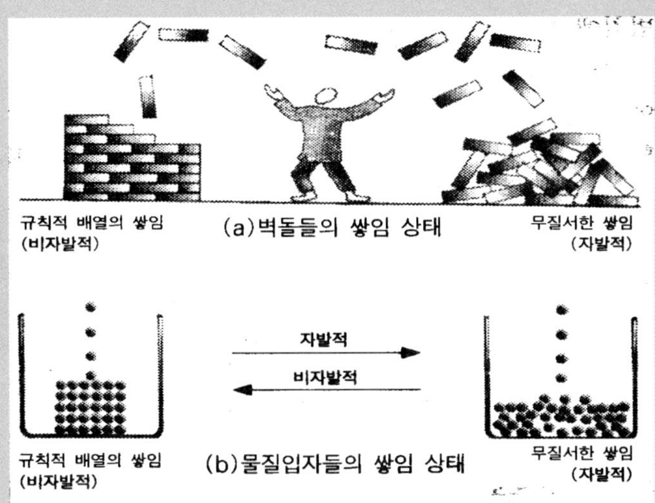

물질의 쌓임에 대한 자발성과 비자발성

또한 그림의 (b)에 있어서도 입자들을 떨어뜨릴 때 무질서한 상태로 되는 것은 자발적이지만, 규칙적인 배열로 쌓이게 되는 것은 비자발적이다. 그리고 물질이 규칙적 배열의 상태에서 무질서한 상태로 변하는 것은 자발적이지만 무질서한 상태에서 규칙적인 배열 상태로 변하는 것은 비자발적이다. 결국 빅뱅 이후에 복사에너지(빛)에서 생긴 원자 · 이온 · 분자들의 기체 상태가 다양하게 규칙적인 배열로 쌓여 거시물질이 되는 과정은 비자발적이다.

벽돌을 규칙적으로 배열된 벽돌담으로 쌓기 위해서는 사람 누군가의 구상(構想)이나 설계에 의하여 작업, 즉 일을 해야 한다. 마찬가지로 빅뱅 이후에 생긴 원자 · 이

온·분자들이 규칙적인 배열로 쌓여 이루어진 고체와 거시물질은 인간이 아닌 누군가의 구상과 설계에 의하여 일을 함으로써 이루어진 작품이고 결과다. 따라서 자연세계는 하느님의 위대한 예술작품이고, 과학 작품이며, 지혜의 영상이다.

어떠한 작품과 결과도 결코 우발적으로 생겨날 수 없으며 인과의 원칙에 따라 원인이 있어야 한다. 사실상 물질이 규칙적으로 배열되어 쌓이는 것은 원자·이온·분자들의 크기나 성질, 온도 등에 의하여 자연법칙으로 이루어지게 된다.

자연법칙은 하느님에 의해서 만들어진 것이며, 이에 대한 논리적 근거와 우주의 자발적 및 비자발적 과정에 대한 설명은 다음에서 계속된다.

우주의 질서와 대주재자

1) 자발성과 비자발성

원자의 세계로부터 천체에 이르기까지 우주에는 오묘하고도 신비스러운 질서가 있다. 그런데 열역학 제2법칙에 의하면 "우주의 엔트로피는 항상 증가한다.". 엔트로피(Entropy)란 '무질서'에 해당하는 과학적 용어이다. 따라서 우주의 무질서도는 시간의 경과에 따라 자발적으로 증가하고 있다. 즉 우주는 자발적으로 질서에서 무질서한 상태로 변한다. 그러나 우주의 초기에 혼돈과 무질서한 상태에서 오늘날과 같이 질서 있는 우주로 변한 것은 비자발성(non-spontaneity)이다. 요컨대

질서·조화(cosmos) → 무질서·혼돈(chaos) : 자발성
무질서·혼돈(chaos) → 질서·조화(cosmos) : 비자발성

그런데 자발성(spontaneity)은 외부의 도움 없이 스스로 일어나는데 반하여 비자발성은 외부의 도움 없이는 일어날 수 없는 과정이다. 비자발적인 과정을 일으키기 위해서는 반드시 힘이 작용하여 일을 해주어야 한다(work=force×distance). 예를 들면, 물은 높은 곳에서 낮은 곳으로 흐르지 낮은 곳에서 높은 곳으로 흐르지는 않는다. 물이 높은 곳에서 낮은 곳으로 흐르는 것은 자발성이고, 낮은 곳에서 높은 곳으로 흐르도록 하는 것은 비자발성이다. 만약에 물을 낮은 곳에서 높은 곳으로 흐르게 하려면 힘이 작용하여 일을 해주어야 한다. 우주의 비자발성을 일어나게 한 것은 누군가 힘을 작용하여 일을 한 것인데, 이분이 바로 하느님이시다. 그리고 질서에는 반드시 목적이 있고 그 목적을 달성하기 위해서는 배후(背後)에 지성이 있어야 한다. 예컨대 시계를 만들고자 할 때 시간을 알기 위한 것이 목적이라면 그 목적을 달성하기 위해서는 그

배후에 기술자의 지성이 있어야만 한다. 또한 태내에서 아기의 눈, 코 등의 기관이 만들어지는 것도 '눈'은 보기 위한 목적, '코'는 호흡하고 냄새를 맡기 위한 목적이 있듯이, 기관마다 목적이 있고 그 목적을 위하여 배후에는 대주재자(大主宰者)의 지성과 섭리가 있어야만 한다. 질서는 목적과 조화라는 관념 자체로 보아 지성에서 생겨난 것이며 막연한 혼돈 상태에서 우발적으로 이끌려 나올 수 없다. 즉 지성 없이는 어떠한 목적도 질서도 생겨날 수 없다. 모든 질서는 반드시 그 설정자가 있어야 한다. 그래서 칸트(I. Kant)는 "대자연의 질서는 우주의 건축가의 존재를 입증한다."고 말했다.

2) 사회법, 자연법칙, 및 자연법

인간사회는 사회의 질서를 유지할 목적으로 인간의 지성에 의해 사회법 즉 실정법이 만들어졌으며, 자연법칙은 우주와 물질세계의 질서를 유지할 목적으로 절대자 하느님에 의해 만들어진 것이다.

인간사회 —(질서유지의 목적)→ 사회법(인정법 · 人定法)

물질세계 —(질서유지의 목적)→ 자연법칙(신정법 · 神定法)

요컨대 사회법의 입법자는 인간이고 자연법칙의 입법자는 하느님이다.

또한 우주와 물질세계에 질서가 있듯이 인간의 마음에도 질서가 있다. 이것이 바로 양심이다. 즉 인간의 양심이란 마음의 윤리질서이고 정신의 법이다.

자연법칙이 물질세계의 질서유지를 위한 신정법(神定法)이라면 자연법(自然 道德律)은 인간 정신세계의 윤리질서를 위한 신정법이다. 그래서 자연법은 하느님이 제정한 법(神定法)이고 사회법은 인간이 제정한 법(人定法)이므로 자연법은 사회법의 우위에 있는 법이다. 인정법은 민족이나 사회, 그리고 시대에 따라 내용이 달라지지만, 자연법은 민족 · 사회 · 시대를 초월한 영구불변의 보편타당성을 지닌다.

3) 질서와 법

질서와 법은 우발적으로 생겨날 수가 없으며, 인간의 마음 안에 자연법이 새겨져 있는 양심은 바로 하느님이 현존하신 증거다. 따라서 우리는 물질세계의 질서유지를 위한 자연법칙과 인간의 윤리질서를 위한 자연법과 정신의 법인 양심을 고찰함으로써 하느님의 현존을 알 수 있게 된다.

인공위성이 소기의 목적을 달성하기 위해서는 자연법칙에 순응해야 하며, 만일 자연법칙을 어기면 우주 공간의 제물이 되고 만다. 우리 인간도 양심을 거슬러 행동하면 파멸의 길로 가리라는 것은 자명한 일이다. 중국 전국시대의 사상가인 맹자(孟子)는 "순천자(順天者)는 존(存)하고 역천자(逆天者)는 망(亡)한다."라고 말하였다.

4) 인과의 상응원리

인과의 상응원리(相應原理)는 "결과를 보고 원인의 능력을 알 수 있다."는 것이다. 이를테면 화가가 그린 그림과 초등학생이 그린 그림 두 점이 나란히 있을 때, 누구나 두 그림을 보고 그림 한 점은 화가가 그린 그림이고 다른 한 점은 초등학생이 그렸다는 것을 알 수 있을 것이다. 마찬가지로 우주의 무한한 규모와 오묘하고 신비스러운 자연법칙을 생각해 볼 때 우주의 대주재자(大主宰者)의 지성과 능력은 전지전능하다고 할 수밖에 없다.

나오는 말

하느님은 우주만물을 창조하시고 섭리(보존과 다스림)하신다. 따라서

창조에 의해 우주의 물질과 에너지가 존재하고,
보존에 의해 물질(질량)과 에너지의 보존법칙이 성립하며,
다스림에 의해 영구불변의 자연법칙과 자연법이 엄존한다.

이러한 사실에 입각하여 우리는 우주를 구성하는 '물질 및 에너지' 총량의 보존과 인과율, 우주의 운동과 질서, 그리고 그것에 상응한 원인 등에 대하여 자연과학적인 측면에서 살펴보았다. 이를 통하여 우주의 조물주이시며 대주재자이신 하느님의 현존을 감지할 수 있었다. 또한 물질세계의 조립과 운동과 질서 등은 하느님의 구상과 설계와 섭리에 의한 것이며, 하느님의 속성은 영원(무시무종·無始無終)하시고 무량(無量·無所不在)하시며 전지전능하시다는 것도 알았다. 이러한 측면에서 피조물인 우리 인간은 천지만물을 창조하시고 설계하시고 섭리(攝理)하시는 하느님을 알고 흠숭(欽崇)하며 그분의 뜻에 따르는 삶을 살지 않을 수 없는 것이다. 인간은 신의 존재를 믿느냐 그렇지 않느냐에 따라 인생관과 삶의 모습이 달라진다.

하느님에 대한 무지가 그 안에 들어찬 사람들은 본디 모두 아둔하여 눈에 보이는 좋은 것들을 보면서도 존재하시는 분을 보지 못하고, 작품에 주의를 기울이면서도 그것을 만든 장인을 알아보지 못하였다. 오히려 불이나 바람이나 빠른 공기, 별들의 무리나 거친 물, 하늘의 빛물체들을 세상을 통치하는 신들로 여겼다. 그 아름다움을 보는 기쁨에서 그것들을 신

으로 생각하였다면 그 주님께서는 얼마나 훌륭하신지 그것을 알아야 한다. 아름다움을 만드신 분께서 그것들을 창조하셨기 때문이다. 또 그것들의 힘과 작용에 감탄하였다면 바로 그것들을 보고 그것들을 만드신 분께서 얼마나 힘이 세신지 알아야 한다. 피조물의 웅대함과 아름다움으로 미루어 보아 그 창조자를 알 수 있다(지혜 13,1-5).

핵심문제

(1) 과학과 신학의 차이는 무엇입니까?

신학(神學)이 불가시적이고 비체험적 존재인 신과 그의 말씀을 연구대상으로 하는 계시학(啓示學)이라면, 과학은 자연의 가시적이고 경험적 존재의 변화성을 연구대상으로 삼는 학문입니다. 그래서 신학은 절대자에 대한 신앙이 요청되고, 과학은 자연현상에 대한 관찰이 요청됩니다. 그리고 신앙은 종교적 신념이고 관찰은 경험적 사실입니다.

(2) 계시(啓示)란 무엇을 의미합니까?

계시는 하느님이 당신의 업적과 말씀을 통해서 당신을 드러내 보이심을 의미합니다. 따라서 계시를 통해서 하느님의 현존과 진리를 알게 됩니다.

(3) 자연계시란 무엇입니까?

자연계시는 대자연과 인간의 양심을 통해서 하느님을 간접적으로 드러내 보이는 것을 말합니다. 따라서 자연은 하느님의 위대한 예술작품이고, 과학 작품이며, 하느님을 비쳐주는 거울입니다.

(4) 직접계시란 무엇입니까?

직접계시는 구약시대에는 예언자들을 통해서, 신약시대에는 예수 그리스도를 통해서, 그 후에는 사도들을 통해서 알려 주신 것입니다.

(5) 인과율이란 무엇입니까?

"모든 결과는 원인을 요구한다."라는 것이 인과율(因果律)인데, '원인'은 자기 능력과 행동과 작용으로 무엇을 하는 능동적인 것이고, '결과'는 그 원인의 작용에 의해서 무엇이 이루어진 수동적인 것을 의미합니다.

(6) 질서와 법은 우발적으로 생겨날 수 있습니까?

질서와 법은 우발적으로 생겨날 수가 없으며, 인간의 마음 안에 자연법이 새겨져 있는 양심은 바로 하느님 현존의 증거입니다.

(7) 인간의 양심이란 무엇입니까?

인간의 양심이란 마음의 윤리 질서이고 정신의 법입니다.

(8) 자연법칙과 자연법은 무엇에 대한 신정법(神定法)입니까?

자연법칙은 물질세계의 질서 유지를 위한 신정법(神定法)이고, 자연법은 인간정신 세계의 윤리질서를 위한 신정법입니다.

(9) 인과의 상응원리(相應原理)란 무엇입니까?

인과의 상응원리란 "결과를 보고 원인의 능력을 알 수 있다."는 것입니다.

(10) 과학적인 관점에서 운동이란 무엇이며, 어떤 종류의 운동이 있습니까?

과학적인 관점에서 운동이란 시간의 경과에 따라 위치가 변하는 현상입니다. 운동은 병진운동, 진동운동, 회전운동으로 나눕니다.

알아두기

- 필연유와 우연유

철학용어로 '필연유'(必然有 · 필연적 존재, *L*(라틴어). ens necessarium)는 '필연적으로 있는 것' 즉 '없을 수 없이 있는 것'을 말하는데 '자기의 존재 이유가 바로 자기 자신'이라는 것을 말한 것이다.

하느님은 모세에게 당신의 이름이 '야훼(YHWH)'라고 계시(啓示)하셨다. 하느님의 이름 '야훼'는 '나는 있는(존재하는) 나다'(I am who I am. ⇨ I am the existing one. : 탈출 3, 14)라는 의미이다. 하느님께서 당신을 '야훼'로서 계시하신 것은 바로 그 '존재 자체'(*L.* ipsum esse), 즉 우주 만물의 최초 원인이 스스로 존재하는 '자존유'(自存有, *L.* ens a se)임을 나타낸 것이다. 최초의 원인은 다른 원인이 없이 스스로 존재하는 필연유, 즉 존재 자체이고 영원(무시무종 · 無始無終)한 존재인 것이다.

'우연유'(偶然有, *L.* ens contingens)는 '있을 수도 있고, 없을 수도 있는 것'을 말한다. 우연유가 존재하려면 반드시 스스로 존재하는 필연유가 존재해야 한다. 우연유는 필연유에 의해서만 존재하기 때문에 '의타유'(依他有, *L.* ens ab alio)라고도 한다. 모든 피조물은 존재를 받았기 때문에, 다시 말하면 그 존재의 원인이 있기 때문에 의타유(타존자)이고, 하느님만이 타로부터 받은 존재가 아닌 스스로 존재하는 자존유(자존자)이다. 우주를 구성하는 모든 물질은 원래는 없었던 것이 어느 시점에서 존재하게 된 것이다. 따라서 우주의 모든 물질은 우연유이다. 어떤 '유한한 존재들'이 있다는 것은 그 우연유를 생기게 한 필연유가 전제되어야만 가능한 것이다. 피조물은 그 '존재'를 받기 이전에는 이 세상에 없었던 것이며, 또한 일정 기간만 '존재'하다가 결국 존재하지 않을 속성을 갖는다. 하늘의 별들도 일정 기간 존재하다가 없어진다. 그래서 피조물은 하느님의 창조를 받아서 존재하고, 또 하느님께서 허무(虛無)로 돌려보내시면 허무로 돌아갈 수밖에 없다. 요컨대 피조물은 자존유이신 하느님으로부터 창조된 의타유이다.

- 불전(佛典)의 성주괴공

인간의 생로병사와 마찬가지로 별의 일생도 태어난 후에 성장하여 늙게 되고, 결국에는 쇠약해져 죽게 된다. 그러한 과정을 불교에서는 성주괴공(成住壞空)이라고 한다.

1. 별의 일생과 성주괴공

① 별의 탄생기 또는 중력수축기 ························ 성(成)

공간에 존재한 다량의 가스가 모여들어 아기별이 수없이 태어난다. 이러한 수많은 별들의 집단을 은하라 한다. 하나의 은하 내에는 2천억 개 이상의 별들이 모여 있다. 이 중에서 반 정도는 항성(fixed stars : 빛과 열을 내며 움직이지 않는 태양과 같은 별)들이다. 그리고 우주에는 천억 개 정도의 은하가 있다. 한 은하의 지름은 약 10만 광년이다.

② 안정기(어른별, 주계열성)의 시기 ························ 주(住)

태양과 같은 항성이 빛과 열을 내는 것은 아기별 때부터 내부에서 수소핵융합반응이 일어나기 때문이다. 공간에 존재한 수소와 헬륨의 기체들이 모여들어 중심부의 온도가 1,000만도 정도 되었을 때 수소핵융합반응이 일어난다. 항성 자체가 빛과 열을 내는 별(항성)이 태양 정도의 크기이면 수명은 보통 100억년이 된다.

아기별이 대략 5천만년 정도 성장하면 태양 크기의 어른별(주계열성 · 主系列星)이 된다. 주계열성(main sequence star)이란 수소핵융합반응으로 에너지를 발산하는 별을 말하며, 대부분의 별들은 이 단계에서 일생의 80~90%를 보낸다. 어른별이 되면 수소 연료가 다 떨어질 때까지 본격적으로 핵반응을 일으킨다.

③ 불안정기(주계열성 이후의 시기) ························ 괴(壞)

주계열성의 수소핵융합반응의 연료인 수소가 다 소모되면 별의 일생은 거성(큰 별)을 거쳐 끝나게 되는데, 별의 최후는 질량에 따라 상이한 양상(様相)을 나타낸다.

태양의 질량과 비슷한 별들은 중심부의 수소가 핵융합반응으로 다 소모되면 중심부의 헬륨은 자체의 인력으로 수축되고, 압축된 헬륨은 또한 핵융합반응을 일으킨다. 그리고 수소핵융합반응은 표면에서 일어나게 된다. 이때는 중심부와 표면의 상이한 핵반응으로 인하여 별은 팽창하게 된다. 핵반응이 완결되면 별은 수축하게 되어 별의 일생은 백색왜성(白色矮星 : 흰빛을 내는 작은 별)으로 끝난다. 반면에 태양의 질량 보다 더 큰 별들은 중심부의 수소가 핵융합반응으로 다 소모되면 헬륨이 여러 단계의 핵융합반응으로 무거운 원소가 만들어지고 초거성으로 팽창하며, 종국에는 자체 중력에 의하여 극히 짧은 순간에 격렬한 수축이 일어나다가 마침내 폭발한다. 이것을 초신성(超新星, supernova)폭발이라 한다.

④ 별의 죽음과 그 이후의 시기 ·· 공(空)

별들이 이루어지고(成), 일정 기간 머물다가(住), 파괴되고(壞), 없어지는(空) 일련의 과정을 불교에서는 성주괴공(成住壞空)이라 하는데, 이 성주괴공은 일회성으로 끝나는 것이 아니라 계속 반복된다고 한다. 이는 윤회설(輪回說)과도 일맥상통한다. 그래서 불교에서는 우주를 시작도 없고 끝도 없는 무시무종(無始無終)으로 본다. 성주괴공은 영겁(永劫)으로 반복하여 우주는 끝없이 생성 소멸한다고 한다. 겁(劫·kalpa)이란 천지가 한번 개벽한 때부터 다음 개벽할 때까지의 기간으로 몇 억년에서 몇 십억 년에 해당된다.

2. 성주괴공에 대한 과학적 관점

불교에서는 공(空)을 다음과 같이 말한다.

빈 병에는 아무것도 없는 것처럼 보이지만 사실은 눈에 보이지 않는 공기가 들어 있다. 마찬가지로 텅 빈 공간, 우주 공간에는 온갖 가스와 먼지로 충만 되어 있다. 이와 같이 무한히 넓은 빈 자리를 공(空, 虛空, 空間)이라고 한다.

그러나 과학에서 말하는 공간은 물체의 위치를 정할 수 있는 3차원 범위로 규정한다. 공간의 한 점(곳)은 좌표(공간과 시간에서 위치를 정해 주는 숫자)로 나타낸다.

150억 년 전의 빅뱅(big bang)이전에는 완전 진공상태의 무한 무변의 암흑이었고 온도는 절대영도(-273℃)였다. 이 온도는 기체의 부피와 압력이 영(零)이 되는 온도다. 물질은 기체·액체·고체 세 가지 상태로 존재하지만, 조건에 따라 물질의 세 가지 상태는 상호 전환이 가능하다. 완전 진공상태란 기체가 전혀 없으므로 압력이 영(零)인 상태를 말한다.

빅뱅 이전에는 자연도 시간도 공간도 물질도 없었으며, 빅뱅으로부터 자연, 시간,

공간, 에너지, 물질 모두가 생겨난 것이다. 즉 무(無)에서 유(有)가 생겨난 것이다.

물론 무(無)에서 유(有)가 생겨난 것은 자연에 있어서는 결코 있을 수 없는 일이다. 불교에서는 창조론을 부정하기 때문에 무(無)에서 유(有)가 만들어지는 것을 부정하고, 오직 유에서 유가 나오는 것이라고 말한다. 따라서 공(공허·공간)에 존재한 미시입자들로부터 성주괴공이 자발적(자연발생적)으로 이루어진다고 말한다.

하지만 자발적으로 성주괴공이 이루어진다는 것은 과학적 원리나 법칙에 의하면 절대로 있을 수 없는 일이다.

공(허공·공간)에 존재한 온갖 가스와 먼지와 같은 미시입자들이 모여들어 별이 생성되는 과정은 비자발적 과정이며, 비자발적 과정을 일어나게 하려면 반드시 배후에 누군가가 일을 해주어야 한다.

또한 불교에서 말하는 공(허공·공간)에 미시입자들이 존재한다는 결과의 사실은 인과율(因果律)에 따라 반드시 원인이 있어야 한다. 원인이 없는 존재는 결코 있을 수 없는 것이다. 질량·에너지 보존의 법칙에 의하면 우주에 존재한 질량과 에너지는 일정하며, 150억 광년이 아닌 무한대 광년의 공간에 무한대 질량은 있을 수 없는 것이다. 그리고 우주는 초자연이 아니라 엄연한 자연이다. 자연은 반드시 시작과 변화와 끝이 있기 마련이다. 초자연세계는 시작도 변화도 끝도 없기 때문에 영원한 세계이지만, 자연세계는 영원한 세계가 아니다. 모든 변화는 반드시 시작과 종말이 있기 마련이다. 우주는 불교에서 말하는 무시무종(無始無終)이 아니라 반드시 시작과 끝이 있다. 우주의 시작은 빅뱅이요 종말은 대격돌(대붕괴, big crunch)의 특이성으로 끝나게 된다.

진지하고 사려 깊은 과학자는 자연의 배후에 존재한 절대자를 부정하지 않는다. 그래서 아인슈타인은 "우리가 사는 물질주의 시대에 진지한 과학자야 말로 깊은 신앙심을 가진 사람이다."라고 말했다.

• 우주·은하계·태양계·지구의 크기

우주의 크기는 약 100억 광년(光年 : 빛이 1년 동안 가는 거리)이다. 빛의 속도는 30만 km/sec이며, 1초에 지구를 7.5 바퀴 도는 속도다. 우주[#2](宇宙 : 宇는 공간, 宙는 시간을 의미) 안에는 천억 개 정도의 은하가 존재한다. 우리가 밤하늘에서 볼 수 있는 별들은 우리 은하계 내의 별들로서 항성들이다. 항성(恒星)이란 그 자체가 빛을 내는 별을 말하며 태양도 항성 중의 하나다. 일반적으로 태양계가 속해 있는 우리 은하를 은하계, 우리 은하를 제외한 나머지 것들을 외부 은하라 일컫는다. 한 은하 안에는 수천억 개 정도의 별들이 존재한다.

· 한 은하의 반지름 : 약 5만 광년

· 태양계의 반지름(태양-명왕성 거리) : 약 40AU[#3]($1AU=1.5\times10^8$km)

태양계 행성(行星)은 수성부터 해왕성까지 8개(수 · 금 · 지 · 화 · 목 · 토 · 천 · 해, 국제천문연맹(IAU)은 2006년에 9개의 행성 목록에서 명왕성을 제외시킴)이고, 각각의 행성 주위에 위성이 있으며, 10만개 정도의 소행성들이 존재한다.

· 태양의 지름 : 약 139만km (지구 지름의 109배)

둘레 = $2\pi r$ = $2\times3.14\times69.5$만km = 약 436.5만km

태양은 태양계 질량의 99%를 차지하고, 태양의 부피는 지구부피의 약 130만 배이다.

· 지구의 지름 : 약 12,800km

둘레 = $2\pi r$ = $2\times3.14\times6{,}400$km = 약 4만km

광속도(30만km/sec)를 지구의 둘레(4만km)로 나누면 7.5이다.

따라서 빛은 1초에 지구를 7바퀴 반을 도는 속도다.

▶ 지구는 초속 30km의 속력으로 태양주위를 돌고 있다.

* 참고로 고속철의 속력은 100m/sec (360km/hr),

비행기의 속력은 900km/hr (고속철 속력의 2.5배),

제트기의 속력은 1km/sec (3600km/hr),

로켓의 속력은 11km/sec (약 4만km/hr : 지구탈출속도)이고,

대기 중의 소리의 속도는 1마하(Mach) = 340m/sec = 1224 km/hr이다.

#2 **우주** : 훈고학자(訓詁學者)들은 천지사방(天地四方) 곧 온 공간을 '우(宇)'라 하고, 고왕금래(古往今來)의 무한 시간을 '주(宙)'라 한다. 그러므로 우주란 일체의 존재물을 포괄하는 공간과 고금을 망라한 시간의 합칭이다.

#3 AU는 천문단위(Astronomical Unit)이며, 지구와 태양사이의 평균거리($1AU=1.5\times10^8$km)를 나타낸다.

지구로부터의 거리

· 지구에서(→)북두칠성까지의 거리 : 약 1,000광년

· 지구 → Proxima Centauri 까지의 거리 : 약 4.3광년
(태양계에서 가장 가까운 별)

· 지구 → **명왕성**까지의 거리 : 40AU = 60억km{빛의 속도로 5.6시간의 거리}

∵ 빛의 속도로는 (60억km)/(30만km/sec×60sec/min×60min/hr)≃5.6hr

우주선(시속 6.8만km)으로는 10년간의 거리

∵ (60억km) / (6.8만km/hr × 24hr/day × 365day/year) ≃ 10 year

시속 100km로는 6850년간의 거리

∵ (60억km) / (100km/hr × 24hr/day × 365day/year) ≃ 6850 year

· 지구 → 태양까지의 거리 : 1AU = 1.5×10^8km = 1억5천만km(광속으로 8분 거리)

∵ (1.5억km) / (30만km/sec × 60sec/min) ≃ 8 min

· 지구가 태양주위를 공전하는 궤도길이 : 9.42억km

∵ 둘레 = 2πr = 2 × 3.14 × 1.5억km = 9억4200만km

그리고 지구가 태양주위를 도는 공전주기 : 365일

∵ (9억4200만km / (30km/sec × 60sec/min × 60min/hr × 24hr/day) ≃ 365day

· 지구 → 달까지의 거리 : 약 38만km(광속으로 1.3초 거리)

∵ (달까지의 거리) / (빛의 속도) = (38만km) / (30만km/sec) ≃ 1.3sec

제2장 우리가 내려야 할 결단

들어가는 말

우리는 집안에 우환이 생기거나 일이 잘 풀리지 않고 자주 꼬일 때, 또는 인륜대사를 앞두고 인생의 중대한 갈림길에 서 있을 때 점쟁이를 찾아가는 사람들을 흔히 본다. 오늘날은 비록 과학시대라고 하지만 경제 불황과 사회적 불안이 계속될 때면 인간 심리를 교묘하게 이용하는 악의 유혹과 미신 행위, 그리고 사회 병리적 현상들이 많이 생긴다. 그래서인지 '시한부 종말론'을 따르는 사람들이 늘어가고, 미래에 대한 불안, 정신적 불안정에 시달리기도 한다. 올바른 삶에 대한 가치 기준도 흐려져서 물질, 명예, 쾌락 등에 집착하는 사람도 많다. 이런 상태에 있는 이들은 미래를 예측할 수 있다는 운명론이나 집단적인 광신 행위에 쉽게 빠지게 된다.

루카 16, 13

"어떠한 종도 두 주인을 섬길 수 없다. 한쪽은 미워하고 다른 쪽은 사랑하며, 한쪽은 떠받들고 다른 쪽은 업신여기게 된다. 너희는 하느님과 재물을 함께 섬길 수 없다."

예화 (미신 행위와 사회적 병리현상들)

1. 매년 정초가 되면 많은 사람들이 연례행사처럼 토정비결을 보거나 점쟁이를 찾아가 1년 운세를 알아본다.
2. 사업이 잘 되지 않거나 집안에 우환이 생기면 점을 치거나 무당을 찾아가 굿을 하는 사람들도 있다.
3. 정확한 분석이 필요한 증권 투자를 하면서 점쟁이에게 주가 상승 종목을 알아맞혀 달라

고 상담하여 투자하는 사람들이 늘어나고 있다.

4. 이사를 할 때 손(損)이 없는 날을 잡기 위해, 결혼할 때 사주 궁합을 보기 위해 역술가를 찾아 택일을 하는 경우도 여전히 많다.
5. 장례를 지내기 위해 묘 자리를 잡거나 이장할 때 자손의 발복(發福)을 위해 지관을 동원하여 풍수지리에 의존하는 사례도 적지 않다.
6. 각종 일간신문·주간지·월간지 등에서 오늘의 운세, 주간 운세, 이 달의 운세 등을 경쟁적으로 싣고 있다.
7. 서점가에는 역술·주역 등 운명론을 다룬 책들이 넘쳐나고 인터넷의 역술 관련 사이트도 급속히 늘어나고 있다.
8. 1992년 10월 28일 '휴거설' 등 거짓 종말론을 신봉하는 '다미 선교회'와 같은 종교적 광신도들로 인해 사회적 물의가 끊이지 않고 있다.
9. 1999년 7월이 인류 최후의 날이 될 것이라고 했던 노스트라다무스의 예언에 대한 여러 가지 해석들이 사라지지 않고 있으며 TV에서도 '충격 대예언' 등의 프로그램을 통해 세상 종말에 관한 흥미 위주의 보도들이 난무하고 있다.
10. 1987년 8월 29일 32명이 집단 자살한 '오대양 사건', 1998년 12월 5일 7명이 사망한 '최후의 심판 사건' 등 거짓 종말론을 신봉하는 광신도들의 극단적이고 끔직한 사건이 발생하고 있다.

점·사주·관상·토정비결·굿·풍수지리 등 미신 행위에 쉽게 빠져드는 우리 민족의 성향은 근본적으로 현세적 기복(祈福)을 근본 목적으로 하는 주술적 원시 종교 현상인 샤머니즘(무교·巫敎)과 깊은 관계가 있다. 이 샤머니즘은 우리 민족의 역사와 함께 하면서 불안과 갈등을 해소하고 복을 비는 수단으로 이용되어 왔기 때문이다.

이러한 샤머니즘이 외래 종교인 불교·그리스도교 등과 접목되면서 기복신앙과 그릇된 종말론 등이 뒤섞임으로써 종교적 맹신으로 빠져드는 사람들이 늘어나고 있다. 그래서 모든 재산을 바치고, 사회생활과 가족과의 유대조차 하찮은 것으로 여겨 생업을 포기하거나 가정을 파괴하고, 심지어는 집단 자살을 하는 등 사회 전체에 불안을 초래하는 경우가 빈번하게 발생하고 있다.

올바른 삶의 기준

우리는 하루에도 사소한 일에서부터 중대한 일에 이르기까지 많은 판단을 하고 선택을 하면서 살아간다. 이를테면 직장인들은 "오늘 점심을 뭘 먹지?", "어제는 곰탕을 먹었으니 오늘은 자장면을 먹어야지", 가정주부들은 "오늘 저녁 반찬거리는 뭘 하지?”, 이처럼 익숙한 일상사는 판단과 선택의 속도가 너무 빨라서 “내가 어떤 판단을 하고 무엇을 선택하고 있다.”라는 의식조차 하지 못하는 경우가 많다. 그러나 인생사에서 비중이 큰일에 부딪치면 판단하고 선택하는 일이 그리 쉽지 않다. 한 번의 그릇된 선택이 평생을 후회하게 만들 수도 있기 때문이다. 그런데 어느 것을 선택하느냐, 어떤 일을 먼저 해야 하느냐, 어느 것이 더 중요하느냐 등등의 판단과 선택에는 가치기준이 있기 마련이다. 누구나 가치기준에 따라 가치판단을 하지만 그 기준은 사람마다 얼굴 생김새가 다 다르듯이 다르다. 가치에는 재물, 권력, 명예, 건강, 사랑 등등 수 없이 많이 있지만 가치서열에 따라 어느 가치를 가장 중요하게 생각하고 선택하느냐에 따라 삶의 모습이 달라진다.

결국 인간의 가치관은 무신론적이냐 유신론적이냐의 인생관에서 두 갈래로 나누어지게 된다.(제1장-(1)의 ‘알아두기’에 있는 ‘파스칼의 내기’ 참조)

무신론적이고 반종교적 인생관에서는 종교나 윤리, 도덕적 가치에 대해서 부정적이거나 극히 회의적 태도를 취한다. 이처럼 이기적이고 근시안적이며 배타적인 가치관은 결국 인간을 허무와 파멸로 이끌 수밖에 없다.

유신론적이고 종교적인 인생관에서는 인간 안에 내재된 초월성 내지 절대성의 가능성을 인식하며, 절대자와 관련된 질서를 통해 참된 가치를 추구하고 발견하며 또한 성취시키게 된다. 참된 가치관은 인간이 인간답게 살도록 이끌어 준다.

따라서 신앙을 갖게 되면 신앙이 참 삶의 기준이 되고, 아울러 새로운 가치관이 정립되어 올바른 삶을 살 수 있다. 이처럼 신앙은 우리의 올바른 삶을 위하여 꼭 필요한 가치기준이 된다. 천주교는 우리에게 참된 인생관과 가치관을 심어줄 것이다.

신앙과 미신

하느님에 대한 **믿음**(신앙 · faith)은 그리스도인 삶의 기초요 근원이다. 그리스도인은 믿음에 의해서 하느님의 메시지(복음)를 받아들일 수 있고 자기 자신을 하느님께 봉헌할 수 있다. 믿음(belief)은 신앙(faith)과 미신(superstition)으로 나눌 수 있다. 신앙과 미신을 명확하게 한계를 긋기는 어려운 일이지만 유신론적 관점에서 일반적으로 신앙은 하느님을 절대자로 믿고 흠숭하는 일이며, 하느님을 인격적으로 따르고 그분이 계시하신 진리에 동의하는 것이다. 그리고 신앙은 계시적, 신학적, 이성적, 합리적, 논리적 근거 하에 세워진 전통적 교리에 의한 믿음이다.

제1장-(3)의 ‘과학과 신학’에서 언급하였던 바와 같이 하느님의 모상대로 창조된 인간은 이성적 존재이므로 신앙을 이성적이고 논리적으로 옳고 그름을 판단하고 믿

는 것이 중요하다. 그래서 국부론의 아담 스미드(A. Smith)는 "과학은 광신이나 미신의 독성에 대한 훌륭한 해독제"라고 말했던 것이다.

한편 미신은 신학적, 이성적, 합리적, 논리적, 근거가 없기 때문에 전통적인 교리가 없고, 비신학적, 비이성적, 비합리적, 비논리적인 것을 맹신하면서 점복(占卜)과 주술(呪術) 등으로 재액(災厄)을 면하고 욕망을 채우려는 이기적인 기복(祈福)만을 지향하는 그릇된 믿음이다. 앞의 예들(1에서 10까지)의 모두는 비계시적, 비신학적, 비이성적, 비합리적, 비논리적 그릇된 믿음 즉 미신 행위다. 따라서 신앙과 미신을 믿음과 지향이라는 관점에서 비교해 보면 다음과 같은 차이가 있음을 알 수 있다.

신 앙	미 신
* 계시적, 신학적, 이성적, 합리적, 논리적 근거가 있는 믿음	* 비계시적, 비신학적, 비이성적, 비합리적, 비논리적 그릇된 믿음
* 전통적인 교리(教理)에 의한 믿음	* 무교리(無教理)에 의한 믿음
* 사랑과 관련된 찬미, 감사, 회개, 청원을 지향	* 사랑과 무관한 기복(祈福)만을 지향
* 영원한 행복과 영원한 생명 즉 구원을 지향	* 세속적인 행복만을 지향

신앙을 갖는다는 것

"하느님을 믿으십시오." 이 권유를 거부하는 사람은 결국 하느님이 아닌 다른 어떤 것에 자기의 삶을 의지하겠다는 사람이다. 어떤 사람은 지위나 권력을 최고의 의지처로 생각한다. 또한 "돈이면 다 된다. 돈이 최고야!" 하고 말하는 사람들에게는 돈이 바로 믿음의 대상이다. 또 어떤 사람은 "내 사정을 귀신같이 알아맞히는 점쟁이가 차라리 더 믿을 만하다."고 말한다. 이런 생각들 때문에 많은 사람이 결국 인간적인 실망과 좌절을 겪게 되고, 터무니없는 미신행위와 잘못된 운명론에 의존하면서 살아가고 있다.

우리가 하느님을 믿고 흠숭한다는 것은 한마디로 구원을 받기 위함이다. 하느님을 믿는다는 것은 하느님께 우리의 모든 것, 삶과 죽음까지 완전히 맡기는 것이다. 또한 마음을 다하고 생각을 다하고 힘을 다하여 하느님을 사랑하고 이웃을 내 몸 같이 사랑하겠다는, 참으로 신앙인답게 살아가겠다는 약속이다. 우리가 이렇게 살 때, 하느님께서는 우리가 드린 사랑을 훨씬 뛰어넘는 평화와 기쁨, 참된 행복을 주신다. 그렇게 되기 위하여 우리는 다음과 같은 과감한 결단을 내려야 한다.

첫째, 미신 행위의 거부

하느님께 자신의 모든 것을 내맡기기로 다짐한 사람은 우상숭배나 미신행위를 끊어버려야 한다. 자기의 미래를 알아보기 위해 사주나 관상을 보고 점을 치거나, 혼사를 앞두고 사주나 궁합을 본다거나, 조상의 묏자리를 잘 써야 복을 받고 잘못 쓰면 재앙을 받는다는 식으로 풍수지리설을 맹신한다거나, 재앙을 피하기 위해 부적을 몸에 지닌다거나 하는 미신행위도 단호히 물리쳐야 한다. 자기 인생에 대하여 자신이 없고, 자기 운명을 개척하려는 의지가 없는 사람들이 점술과 운명론에 의지하면서 팔자타령을 한다.

사람들이 쉽게 미신행위에 빠져드는 이유는 여러 가지로 설명할 수 있을 것이다. 그 가운데 큰 이유는 현세에서 복락을 누리는 데 있다. 이런 인간의 심리를 이용하여 등장한 것이 역학이니 통계학이니 하며 마치 과학적 근거라도 있는 듯이 그럴듯하게 포장된 운명론이다. 즉 사람은 저마다 타고난 운명이 있다는 것이다. 그래서 운명론에 빠져든 사람은 자기가 복을 타고났는지 알고 싶어 하고, 만약에 액운이 있다면 귀신의 힘을 빌려서라도 없애고 싶은 욕망에 사로잡히게 된다.

얼마 전 통계에 의하면 한국에서 하루에 2,400명 정도가 태어난다. 그러면 한날한시에 태어나는 아기만 100명 정도가 된다. 그렇다면 한날한시에 태어난 그들의 운명은 모두 똑같은 것인가? 이런데도 생년, 생월, 생시를 보고 그 사람의 사주가 어떻다느니 궁합이 어떻다느니 하는 것은 어리석기 짝이 없는 일이다.

자기 인생에 대해서 자신이 없고, 자기 운명을 스스로 개척하려는 의지와 노력이 부족한 사람이 점술이나 운명론에 의지하면서 요행수를 바라거나, 팔자타령을 하거나 남의 탓(귀신 탓, 조상 탓, 환경 탓, 다른 사람 탓, …)이나 하는 무기력한 삶을 살아가는 것이다.

이러한 미신 행위는 하느님을 믿는 신앙인들도 빠지기 쉬운 유혹이다. 하느님을 믿으면 당연히 복을 내려주실 것으로 생각한다. 그래서 내가 필요할 때마다 하느님께서 복을 내려주기만을 바랄 때 그것을 '기복신앙'(祈福信仰)이라고 한다.

"내 병 낫게 해주십시오." "우리 아들 합격시켜 주십시오." "우리 남편 사업 잘 되게 해주십시오." 하고 빌다가 이루어지지 않으면 "아이고, 하느님도 별 수 없구나!" 이와 같이 하느님을 마치 자기의 소망을 이루는 데 사용하는 도구쯤으로 여기고 이용하려 한다면 이는 미신행위나 다를 바 없는 것이다.

참다운 복을 받기 위해 우리는 점술이나 운명론 등 온갖 종류의 미신에서 벗어나야 하고, 하느님의 뜻에 따라 자기 일에 충실하면서 이웃과 사랑을 나누고 선행과 덕행을 쌓는 등 자신의 삶을 향상시키려는 노력이 필요하다.

둘째, 시한부 종말론의 거부

우리는 1992년 10월 28일에 예수님이 공중재림하고 성도들의 휴거가 있을 것이라는 시한부 종말론을 주장하면서 신도들을 현혹시키고 사회에 물의를 일으켰던 '다미선교회'를 기억하고 있다. 휴거(携擧의 携는 끌 휴, 擧는 들 거, 날을 거)란 세상 종말에 예수께서 재림하실 때 신도들이 구름을 타고 공중으로 끌리어 올라가 주님을 만난다는 것을 말한다. 그 사람들의 말이 사실이었다면 우리는 현재 이 세상에 존재할 수 없는 것이다. 천주교 신자들은 시한부 종말론에 현혹되지 않는다. 천주교에서 말하는 종말론은 시한을 정하여 사람들을 위협하고 불안하게 하려는 것이 아니라, 하느님으로부터 비롯된 나의 삶이 하느님께로 복귀함으로써 최종적으로 완성된다는 것을 확신케 하는 믿음이다. 따라서 미래에 대한 희망을 주는 메시지이다. 곧 세상의 마지막 날에 모든 사람이 하느님과 만나서 기쁨을 누리도록 지금 이 순간부터 죄악의 생활을 버리고 새로운 삶을 살면서 준비하라는 것이다.

물론 구약성경의 다니엘서나 신약성경의 요한 묵시록 같은 책에는 세상 종말을 묘사하면서 천체의 흔들림, 괴물의 출현 등 무시무시한 내용을 담고 있다. 그러나 이러한 표현은 묵시문학적 표현으로서 박해받고 있던 당시의 그리스도교인들에게 희망을 주기 위한 것이다. 억눌려 있는 사람들에게 세상이 뒤바뀐다는 것은 희망이기 때문이다.

요한 묵시록에서 언급되는 숫자는 상징적 의미를 갖고 있기 때문에 올바른 해석을 필요로 한다. 시한부 종말론자들은 이러한 숫자의 상징적 표현을 잘못 해석하거나 자의적으로 해석하여 종말론을 본질적으로 왜곡시키고 있다. 예컨대 시온산의 144,000명(묵시 14, 1)은 구원받을 사람들의 실제적 숫자가 아니다. 144는 완전을 뜻하는 12(일년을 열두 달)의 제곱이며, 1,000은 충만함을 나타내는 숫자이다. 따라서 하느님은 온 세상의 모든 민족을 구원하시고자 한다는 의미이다.

또한 구약성경에서 "6일간의 창조"(창세 1, 1—2, 4)이야기와 신약성경에서 "주님께는 하루가 천 년 같고 천 년이 하루 같습니다."(2베드 3, 8)라는 구절을 인용하여, 성경에 기록된 대로 역사가 6,000년으로 끝맺음한다고 말하기도 하는데, 아담과 하와가 기원전 4,000년에 출현했으므로 서기 2,000년에 세상 종말이 온다고 주장하는 것도 터무니없는 이야기인 것이다.

성경은 결코 세상 끝 날이 어떻게 일어날 것인가를 미리 알려주는 점술 서적이 아니다. 예수님은 "그날과 그 시간은 아무도 모른다. 하늘의 천사들도 아들도 모르고 아버지만 아신다."(마르 13, 32)하고 가르치셨다.

그리스도교에서 말하는 종말 신앙은 세상 마지막 날에 모든 사람이 하느님과 만나서 참행복과 영원한 삶을 누리게 된다는 기쁜 소식이다. 그러므로 교회는 세상 사람들에게 살아가고 있는 지금부터 죄를 멀리하고 하느님의 뜻을 따름으로써 그 기쁜 날을 맞이하도록 준비하라고 가르친다.

셋째, 전생과 윤회 사상의 거부

대부분의 종교는 사후 세계를 믿지만 그 내용은 각각 다르다. 고대 이집트인들도 윤회설을 믿었다. 오늘날 힌두교나 불교에서도 윤회설을 믿는다. 제1장-(2) 종교론에서 알아보았듯이 윤회는 사람이 현생의 업보에 따라 육도(천상, 사람, 짐승, 아귀, 아수라, 지옥)를 오가는 환생을 말한다.

이러한 윤회설은 그리스도교의 사후 세계에 대한 믿음과 전적으로 배치된다. 하느님의 손으로 창조된 인간은 하느님의 사랑 안에서 참행복과 영원한 삶을 누리기 위하여 다시 하느님께 돌아가야 하는 존재다. 그러므로 인생은 환생을 통해 되풀이되는 것이 아니라 하느님과 결정적으로 만나기 위한 단 한 번의 기회다. 이 만남은 하느님의 은총과 인간이 가지고 있는 자유의지에 달려 있다. 이 결정적인 만남을 위하여 이 세상에서부터 하느님을 알고 사랑을 나누어야 한다.

신앙인의 자세와 신앙의 힘

하느님을 믿는 사람들은 하느님의 말씀을 자기 인생의 기준으로 삼고, 하느님께만 희망을 두고 살아간다. 그러므로 하느님을 믿고 따르려는 사람은 자기중심적인 옛 생활을 청산하고 하느님과 이웃에게 개방된 새로운 삶을 살아가야 한다.

새 인간이 되고자 하는 사람은 마음과 생각을 새롭게 하고 진리이신 하느님을 따르겠다는 결단을 내려야 한다. 또한 이제부터는 우리 삶의 참된 주인은 자기 자신이 아니라 모든 사람을 사랑하시고 차별 없이 대하시는 하느님이시라는 사실을 잊지 말아야 한다.

이러한 신앙은 인간을 변화시키는 힘을 가진다. 참된 신앙으로 살아가는 사람에게는 보는 것, 듣는 것, 생각하는 것, 행동하는 것, 말하는 것 등등 모든 것이 변화된다. 가치 기준이 올바르게 세워졌기 때문이다. 신앙을 가지기 전에는 자신이 스스로의 기준이 되어, 기껏해야 나름대로의 좌우명을 만들어 거기에 중심을 두고 살아왔다. 그러나 신앙을 받아들임으로써 자기 생활의 중심에 하느님과 하느님의 가르침이 자리 잡게 된다. 그러므로 신앙인은 자아의 내면적 근본이 변화되고, 한 개인의 변화는 가정을, 나아가서는 직장과 사회를 변화시켜 나간다.

나오는 말

우리가 하느님을 믿는다는 것은 하느님께 자신을 온전히 의탁하고, 하느님의 말씀에 따라 살아가는 삶의 근본적이고 철저한 변화를 가져온다는 것을 의미한다. 그래서 우리가 하느님을 믿는다면 우리 삶의 모습과 방법이 달라진다.

우리가 하느님께 마음을 드린다면 그분을 믿을 것이고, 그분을 믿는다면 몸과 마음으로 그분의 가르침을 따를 것이다. 하느님만을 믿기로 결심한 사람은 하느님 외에는 아무것도 절대시하지 않으며, 오직 하느님의 뜻만을 따라 살기로 결단을 내린다.

우리 믿음의 대상은 오직 하느님이시다. 그러므로 하느님께 대한 신앙에 위배되는 악의 유혹, 미신적인 모든 행위, 운명론이나 점술을 따르는 사고방식과 행동을 과감히 끊어 버려야 한다. 지금까지 우리 삶의 주인이 재물이거나, 또는 인간이었다면 이제부터는 하느님을 주인으로 모시도록 하자.

핵심문제

(1) 올바른 삶을 위하여 꼭 필요한 가치기준은 무엇이라고 생각합니까?
올바른 삶을 위하여 꼭 필요한 가치기준은 신앙입니다.

(2) 천주교에서 말하는 종말론은 무엇입니까?
천주교에서 말하는 종말론은 시한을 정하여 사람들을 위협하고 불안하게 하려는 것이 아니라, 오히려 미래에 대한 희망을 주는 메시지입니다.

(3) 새 인간이 되고자 하는 사람은 어떠한 결단을 내려야 합니까?
마음과 생각을 새롭게 하고 진리이신 하느님을 따르겠다는 결단을 내려야 한다.

(4) 하느님께 대한 신앙에 위배되는 것들을 말해보시오.
악의 유혹, 미신적인 모든 행위, 운명론이나 점술을 따르는 사고방식과 행동들입니다.

(5) 하느님을 믿는 사람들의 자세는 어떠해야 합니까?
하느님을 믿는 사람들은 하느님의 말씀을 자기 인생의 기준으로 삼고, 하느님께만 희망을 두고 살아가야 합니다.

(6) 윤회설이란 무엇이며, 이 윤회설은 그리스도교의 교리에 부합됩니까?
윤회설은 사람이 현생의 업보에 따라 육도(천상, 사람, 짐승, 아귀, 아수라, 지옥)를 오가는 환생을 말합니다. 이러한 윤회설은 그리스도교의 사후 세계에 대한 믿음과 전적으로 배치됩니다.

알아두기

- 조상 제사

1. 예화(형제간의 불화)

어느 독실한 가톨릭 집안에 두 아들이 있었다. 어려서 두 아들은 부모에게 순종하며 다 자랄 때까지 가톨릭 신자의 신앙생활을 열심히 하였다. 그런데 큰 아들은 성당에서 결혼식을 올리고 살았으나, 작은 아들은 아버지가 돌아가시자 개신교의 신자 여인을 아내로 맞아 개신교 교회에서 결혼식을 올리고 살게 되었다.

아버지 제사 때가 되어, 아버지 묘를 찾아간 가족들은 절을 하려할 때 큰 아들 내외만이 절을 하고, 작은 아들 내외는 멀뚱히 머리만을 숙인다. 작은 아들과 작은 며느리는 미신이라며 큰 형 내외를 서운하게 하였다. 큰 아들은 동생을 설득하려고 애를 쓰지만 작은 아들은 아버지의 기일에 형과의 말다툼을 하고는 명절이고 제사에 통 찾아오려 하지 않았다. 이는 부모 제사에 대한 형제간의 불화 이야기이지만 주변에 흔히 있는 일이기도 하다.

2. 조상 제사에 대한 개신교의 입장

개신교에서는 산 부모는 인격체이나 죽은 부모는 인격체가 아니므로 음식을 차려놓고 절한다는 것은 계명에 어긋나는 행위이며, 토속 문화와 혼합된 기복적인 면이 다분하기 때문에 제사를 금한 것이라고 한다. 부모는 살아 있을 때 인격으로 존경하고 공경을 표하지만 죽은 다음에는 기억에 불과하다고 한다. 그래서 절은 인격으로 받는 것이기 때문에 죽은 부모에게 절을 한다는 것은 옳지 않다고 말한다. 또한 제사를 반대하는 이유는 제사로서 돌아가신 부모를 잘 모시면 자손이 복을 받고 재액이나 재앙을 막을 수 있다고 믿는 샤머니즘적 내용을 제사가 갖고 있다고 보기 때문이다. 결국 제사란 죽은 자를 대상으로 한 신앙이요, 결과적으로 예배행위 즉 우상숭배로 보는 것이다. 따라서 이것은 십계명 중 “다른 신을 섬기지 말라.”는 1계명과 “우상을 섬기지 말라.”는 2계명에 어긋난다고 한다.

결론적으로 죽은 자를 인격체로 볼 수 없기에, 그들과의 관계에서 덕, 효 등을 적용할 수 없고, 조상 제사를 기복신앙과 관련되는 우상숭배로 보기 때문에 금한 것이다.

3. 조상 제사에 대한 가톨릭의 입장

조상 제사는 역사적으로 우리의 전통적인 민족의식으로 소중히 지켜 왔고 이것이 없이는 사람이 사람 구실을 못한다고 믿어 왔다. 조상 제사에 대한 일반적인 개념은 생시에 바치던 효성의 연장으로서 인간의 충정(衷情)의 발로에서 제사를 드리는 것이다. 하느님을 올바르게 믿는 이들은 인간이 지녀야 할 근본 법도를 무시해서는 안 된다. 가톨릭은 부모에게 효도하고 조상에 대한 공경과 감사와 정성을 다해야 한다고 가르친다. 조상을 신으로 섬기지는 않지만 부모와 조상을 공경하는 마음으로 섬기고 기리는 일은 가톨릭 신자들이 지켜야 할 중요한 계명에 속한다. 따라서 가톨릭은 조상에 대한 제사를 배척하지 않는다.

옛날 한국에 처음으로 천주교가 전래되었을 때 외국 선교사들의 눈에는 한국의 제사가 미신적 요소가 많은 것으로 나타났다. 그래서 교회 초창기에는 제사 금지령이 교회에서 내려졌고 그래서 제사를 거부하는 천주교를 '사교'라 해서 박해를 하기도 했다.

오늘날 가톨릭은 음식을 장만하여 차려 놓고 조상께 정갈한 마음과 효심으로 절을 하며, 음식을 함께 나누면서 조상을 공경하는 우리의 미풍양속을 존중한다.

다만 사람이 임종한 뒤에 저승사자(使者)로 하여금 고인을 고이 모시고 저승으로 가라는 뜻으로 차려놓은 사자밥이라거나, 하관을 마치고 산신에게 올리는 산신제(山神祭) 등이나, 일반 제사 때 맨 먼저 고인의 혼을 불러들이는 고복(皐復 = 초혼·招魂), 혼령이 제물을 물리기 전에 잠시 문을 닫거나 병풍으로 가리어 막는 합문(闔門) 등 교리에 어긋나는 미신적 요소는 행하지 않는다. 그리고 제사 때의 위패(位牌)는 신위(神位)라는 말을 빼고 이름만 써서 모시도록 하고 있다.

가톨릭에서 이해하는 제사는 조상께 드리는 효심의 표현이며, 형제애를 나누는 만남의 예식이다. 이 만남에서 후손들은 돌아가신 부모와 조상의 덕을 기리고, 그분들과 함께 계시는 하느님께 축복을 받고, 음복(飮福)으로 우애를 나눈다.

• 가톨릭과 개신교의 차이점

우리는 신자가 아닌 일반 사회인들로부터 '가톨릭과 개신교(프로테스탄트)의 차이점이 무엇인가'라는 질문을 흔히 받는다. 그래서 가톨릭 교회의 입장에서 가톨릭과 개신교의 주요 차이점 몇 가지를 상호 비교하여 간략히 알아본다.

		가 톨 릭	개 신 교
1	사도 계승성 (使徒繼承性)	가톨릭은 교파가 없고 '오직 하나'인 교회다. 그리고 교황 수위권을 비롯하여 사도로부터 이어오는 교회(사도 계승성 · 정통성의 교회)이고, '교계제도'의 교회다.(제4장, 제12장 참조)	사도의 비계승성, 비정통성의 교회이고, 다양한 교파와 제도를 갖는 교회. 즉 개인주의처럼 '개교회주의' 원칙이다.
2	성경과 성전 (聖經과 聖傳)	하느님의 계시진리는 성경과 성전에 포함되어 있으므로 성경과 성전을 똑같이 중히 여긴다. 그리스도교는 '경전'만의 종교인 것은 아니며 하느님 '말씀'의 종교이다.(제5장 참조)	하느님 계시진리는 '오직 성경'이며, 성전을 인정하지 않는다. 성전을 보존하고 있지 않기 때문이다.
3	전례와 예배	성사 중심적인 전례를 중시한다. 그리고 성찬례(미사성제)의 성변화(빵→성체)에 대한 성경말씀을 그대로 따르고 믿는다. 성변화는 예수님의 계시 신비다. (제17장 참조)	말씀(설교) 중심적인 예배를 중시한다. 세례와 성찬 두 가지의 성례 만을 행하고, 다른 성사들은 부정한다. 그리고 성찬례는 기념제로만 거행하고 성변화를 부정한다.
4	성모공경	예수님을 낳으신 성모님을 공경한다. 예수님이 태어나고 사시던 곳이 성지라면 예수님을 낳으신 모친은 당연히 성모이어야 한다. 그렇지만 성모는 신앙의 대상은 아니다.(제14장 참조)	성모님을 공경하지 않는다. 개신교에서는 '가톨릭은 마리아를 믿는 종교'(마리아교)라고 하는데, 이는 오해이다.
5	독 신	성직자와 수도자는 자신의 전 생활을 하느님께 봉헌하기 위해 정결서원을 하고 독신생활을 한다. (제25장 '알아두기'의 복음적 권고 참조)	개신교의 성직자(목사)는 결혼을 하고, 가족의 생계를 생각하지 않을 수 없다.
6	연옥(煉獄)	구약성경(2마카 12, 45)에는 연옥을 암시하고 있으나 성전에는 확실하다. 따라서 연옥의 존재를 당연시한다. (제27장 '알아두기'의 연옥 참조)	'오직 성경'만을 인정하고, 성전을 인정치 않으므로 연옥을 부정한다.
7	성인 공경과 통공(通功)	성인을 공경하고, '모든 성인의 통공'을 믿는다.(제12장 참조)	성인을 공경하지 않고 '모든 성인의 통공'도 믿지 않으며, '성도가 서로 교통하는 것'을 믿는다.
8	하느님과 하나님	하늘 + 님 → 하늘님 → 하느님 (제3장 하느님/하나님 참조)	하나 + 님 → 하나님
9	조상 제사	조상을 신으로 섬기지는 않지만 조상께 드리는 제사를 효심의 표현으로 보고, 우리의 미풍양속을 존중한다. (앞에 있는 '조상 제사' 참조)	조상제사는 토속문화와 혼합된 기복적인 면이 다분히 있기 때문에 제사를 금한다.

• 현대인의 마음을 사로잡은 가톨릭 성장

다음의 내용은 한겨레신문(2006년 11월 29일자)에 <왜 교회를 떠나 성당으로 가는 걸까>와 평화신문(2006년 12월 10일자)에 <천주교 청렴성 · 조상제사 허용 등 '호감'>의 제목으로 실린 내용을 정리한 것이다.

통계청이 2006년 5월에 '인구주택 총 조사'(2005년) 결과를 발표하였는데, 지난 10년간 신자 수가 가톨릭이 74.4%, 불교가 3.9%씩 증가한데 반해 개신교는 1.6% 감소한 것으로 나타났다. 큰 충격을 받은 개신교가 이런 추이의 원인을 제대로 진단해 보고자 개신교 목회사회학연구소는 2006년 11월 30일 서울 종로5가 기독교백주년기념관 소강당에서 '현대인의 마음을 사로잡은 가톨릭 성장'이란 주제로 공개포럼을 개최했다. 종교 인구가 전반적으로 감소하는 현대 사회에서 유독 가톨릭이 성장하고 있는 요인에 주목하기 시작한 것이다.

가톨릭 신자의 괄목할 만한 증가와 그 요인

인천 가톨릭대 명예교수인 오경환 신부는 이 포럼에서 발제자로 초청받아 '가톨릭 신자의 괄목할 만한 증가와 그 요인'이란 주제로 천주교회의 성장 이유와 의미 등에 대해 자체 분석한 요인을 설명했다.

오 신부는 개종하는 가장 중요한 이유로 '호감'을 들었다. 사람들은 일상생활 중에 관찰하면서 각 종교에 호감이나 반감을 갖게 되고, 아무리 열심히 선교해도 결국 호감을 갖는 사람만이 입교한다는 것이다. 한국 사회에서 가톨릭에 호감을 갖는 요인으로 *결속력과 청렴성, *정의와 인권활동, *조상제사와 장례예식에 대한 유연한 태도, *타종교에 대한 열린 태도 등을 들었다.

또한 가톨릭에선 신자들의 개인 헌금액은 절대로 공개하지 않아 헌금을 두고 경쟁을 시키거나 압박하지 않고, 성당의 수입 지출 쪽은 모두 공개하며, 신부와 수녀들은 생활비와 주거, 노후 생활, 질병 치료를 교구가 책임지기 때문에 주택을 소유하거나 재산을 모으지 않는 점을 좋은 이미지를 갖게 되는 까닭으로 꼽았다. 특히 1930~40년대까지도 그리스도를 믿지 않는 타종교에 대해 지극히 편협하고 독선적 · 배타적이며 제국주의적인 자세로 선교의 대상으로만 생각해 왔던 가톨릭이 제2차 바티칸공의회(1962~1965년)를 거치며 '가톨릭 교회 밖에도 구원이 있고, 갈라진 교회를 통해서도 구원을 얻을 수 있다'는 자세로 변했고, 한국 가톨릭에선 제사와 독특한 장례문화를 받아들여 유교문화에 젖어 있는 많은 한국 사람들에게 깊은 감명을 주고, 가톨릭으로 입교하겠다고 결심하는데 중요한 계기가 되고 있다고 보았다.

*천주교의 결속력

한국 천주교는 독자적으로 활동하는 15개 지역교구(군종교구 제외)로 나누어 있지만 각 교구를 사목하는 주교들은 주교회의를 구성해 봄, 가을 정기총회와 25개 위원회에서 많은 사안을 공동으로 논의하고 결정한다.

교구 내 성당들은 수입금(교무금, 주일헌금 등)의 일정액을 교구 운영과 새로운 성당 부지를 구입하는 데 필요한 교구 공납금으로 납부한다.

천주교는 속지주의(屬地主義) 원칙이므로 신자들이 먼 곳으로 이사를 하면 먼저 다니던 성당에 정이 들었어도 이사한 집에서 가장 가까운 성당에서 새로운 교우들을 사귀며 다니도록 권고하므로 성당이 멀어져 다니기를 중단하는 일이 없다.

통상적으로 신부들도 인사이동 규정에 따라 농촌과 도시, 크고 작은 성당의 보직을 순환적으로 맡아 이동하고 신자들도 이사해 다른 성당에서 다시 만나기도 하기 때문에 모든 성당이 자기 성당이라는 느낌을 갖는다.

*천주교의 청렴성

천주교는 신부나 수도자들의 청렴과 청빈을 매우 중요시하기 때문에 다른 종교에 비해 상대적으로 부패의 여지가 적다. 또 훈련과 양성과정에서 예수 그리스도를 철저히 본받아 성인이 돼야 한다고 끝없이 강조하며 영성훈련에 중점을 둔다.

주일헌금도 신부가 일체 손을 대지 않고 여러 신자들이 공동으로 세어 장부에 기록하며, 모든 성당의 수입과 지출은 매달 교구청에 보고하고 주보에도 공지함으로써 투명하게 처리하도록 많은 신경을 쓰고 있다.

또 신자들 헌금액을 공개해 경쟁을 시키거나 심리적으로 압박하는 것은 그리스도 정신에 부합하지 않는다고 믿기 때문에 각자 자기 형편에 맞게 헌금하도록 허용한다.

신부나 수도자들은 일정한 규정에 따라 생활비와 활동비를 지급받고 교구 또는 수도회가 주거, 노후생활, 질병치료를 모두 돌봐주기 때문에 주택을 소유하거나 재산을 모으는 데 전혀 관심을 갖지 않고 살 수 있다.

*정의와 인권활동

천주교는 선교와 복음화 활동을 가장 기본적 사명으로 보는 동시에 사회교리에 근거한 정의활동 또한 교회가 결코 외면할 수 없는 필수적 활동으로 인식하고 있다.

1968년 가톨릭노동청년회(JOC)가 강화도 한 직물공장 노동자 권익보호와 부당한 고용환경 개선에 나선 것에서 시작된 천주교의 정의활동은 가톨릭 신자 증가에 실질적 효과를 가져왔다고 보인다.

1970~2005년 천주교 신자 통계를 보면 1972년 유신헌법이 제정되고 천주교의 사회정의, 인권 활동이 더욱 활발해지면서 신자증가율이 점차 높아지기 시작해 1987년 개헌으로 민주화될 때까지 높게 유지되다 1994년 이후 예전 수준으로 내려갔다.

여러 교구 통계를 비교해 보면 교회의 정의활동이 장려된 교구에서는 억제를 받은 교구보다 신자 증가율이 높았다는 증거도 있다. 그러나 당시 천주교의 정의활동이 지금의 신자 증가에 긍정적 영향을 주고 있는지는 확실치 않다.

* 조상제사와 장례예식에 대한 유연한 태도

1742년 교황 베네딕토 14세가 발표한 조상제사 금지령은 한국 천주교에도 영향을 미쳐 약 100년간 1만여 명이 순교하는 피어린 박해를 받는 한 원인이 됐다.

이후 여러 민족 문화 유산에 대한 새로운 인식과 재평가가 이뤄지면서 조상 제사 금령은 1939년 교황 비오 11세에 의해 철회되고 시체나 죽은 이의 사진 앞에서 존경을 표하는 의식을 허용했다. 모든 성당에는 염습(殮襲), 입관(入棺), 출관예절, 장례미사, 장지수행 등을 담당하는 연령회가 조직돼 있어 초상을 당해 당황하는 유가족을 정성껏 도와준다. 또 선교와 봉사단체인 레지오 마리애는 초상이 나면 빈소를 찾아와서 죽은 이를 위한 기도인 연도를 바친다. 이러한 천주교의 독특한 장례문화는 유교문화에 젖어 있는 많은 한국 사람들에게 깊은 감명을 주고 천주교에 입교하겠다는 결심을 하는 중요한 계기가 되고 있다.

* 타종교에 대한 열린 태도

천주교는 1930~40년대까지도 그리스도를 믿지 않은 타종교에 지극히 배타적인 자세를 견지해 왔으나 제2차 바티칸공의회(1962~1965년)에서 획기적으로 변했다.

공의회 이후 비 그리스도교 전통들의 의미와 가치를 깊이 성찰하고 그리스도를 믿지 않는 종교에도 옳고 성스러운 것이 있으며, 1895년 레오 13세 교황 이후 '갈라진 형제'라 부르는 개신교와 정교회를 통해서도 구원을 얻을 수 있다는 입장을 취하고 있다.

오 신부는 "위와 같은 요인들이 많은 이들에게 천주교에 대한 호감을 심어줘 가톨릭 신자가 증가한 것으로 생각한다."고 말했다. 오 신부는 이어 "교회에 대한 호감은 교회 밖 사람들이 스스로 교회를 찾게 하거나 누군가 권유할 때 비교적 쉽게 응답하게 만들며, 기존 신자가 교회를 떠나지 않고 계속 머물게 하는 요인"이라고 설명했다.

왜 개신교 교회를 떠난 교인들이 가톨릭 성당으로 가는 걸까

개신교에 실망해 교회를 떠난 교인들이 굳이 가톨릭 성당을 선택한 요인은 무엇일까. 개신교의 어떤 면이 그들을 오히려 밀어냈으며, 천주교의 어떤 면이 그들의 마음을 사로잡았을까?

연세대 사회학과 명예교수이자 실천대학원 석좌교수인 박영신 교수는 "마침내 교회의 성장몰이에 모두가 지친 것 같다"며 교회의 성스러움을 회복하는 것을 가장 중요한 것으로 지적했다. 그는 "바깥 사회의 성공 이야기를 늘어놓기에 여념이 없는 교회에서 모든 것을 넘어서는 초월의 세계가 아쉽고 그리웠던 이들에게는 조용한 의례의 성스러움으로 모든 것을 초월하고자 하는 길 건너 저쪽의 신앙공동체가 유일한 선택이었던 것"이라며, 교인의 머리 숫자와 헌금 액수, 교회당 건물의 크기 같은 세속적인 관심과 집중에서 벗어난 성스러운 교회의 회복을 주장했다.

조성돈 목회사회학연구소 소장은 개신교가 교회와 목회자의 과잉 공급으로 목회자의 질이 보장되기 어렵고, 목회자들 사이에 경쟁을 불러오며, 전도를 위해 수단과 방법을 가리지 않아 사람들의 눈살을 찌푸리게 한 데 반해 가톨릭은 사람들로부터 신뢰를 쌓아 '브랜드화'에 성공했다고 보았다. 그는 특히 전도를 신앙의 가장 중요한 덕목으로 만들어내는 신학화의 문제를 개신교에 대한 반감의 주요 이유로 꼽았다.

목회사회학연구소는 세미나에 활용하기 위해 개신교에서 가톨릭으로 개종한 16명을 심층 면접했다. 주최 측은 이 조사를 토대로 가톨릭이 신자를 '끌어당기는 요인'과 개신교가 신자를 '밀어내는 요인'으로 구분했다.

〈개신교가 교인들을 '밀어내는 요인'은 뭘까〉

*감정적이다 = 개종자들은 개신교가 빠른 박자의 찬양을 부르며 자신의 신앙을 표출하기에 애쓰는 '표현의 종교'라고 했다. 교회에선 설교나 가르침에 대해 깊이 숙고할 시간을 주기보다는 '덮어놓고 믿으라는 식'이며, 목사의 말에 '할렐루야'나 '아멘'을 외치게 하고, 이를 하지 않으면 왜 안하느냐고 다그치는 분위기라는 것이다. 즉 쉬고 성찰할 틈을 주지 않는다는 것이다.

*헌금을 강요하고 교세확장에만 몰두한다 = 개종자들은 한결같이 "교회가 지나치게 외형에 치중하고 자리싸움을 하고 있다는 인상을 받았다"고 지적했다. 아울러 "헌금 그래프를 그려놓고 헌금을 많이 하도록 강요하고, 헌금을 많이 낸 새 신자가 금세 집사가 되는 것을 보고 실망했다"는 것이다. 반면 천주교는 신자들은 직분에 연연하지 않고 그것을 둘러싼 갈등이나 경쟁이 없다고 지적했다. 또 주일엔 반드시 자기 교회에 나와야만 하고 한 주라도 빠지면 죄인인 양 대하는 모습에 자신을 교세 확장의 수단으로 여기는 느낌이 들어 불쾌했다는 것이다.

*사생활이 보장되지 않는다 = 개종자들은 개신교회는 가족 같은 분위기인데, 이것이 친근감을 주기도 하지만 사생활의 영역이 침범 당한다는 느낌을 주어 불편하게 한다고 했다. 또 중보기도회 등에서 은밀히 나눈 기도제목조차 다른 사람들에게 공개돼 곤혹스러울 때가 있다고 했다.

〈가톨릭 성당이 개신교인을 '끌어들이는 요인'은 뭘까〉

*성스럽다 = 개종자들은 성당은 엄숙하게 묵상할 수 있어 성스럽게 느껴진다고 했다. '활기차고 화려한' 그러나 '시끄럽고 가벼운' 교회에 비해 성당의 엄숙하고 성스러운 분위기에는 더욱 종교적 심성을 불러일으킨다는 설명이다. 또 가정을 이루고 생계를 돌봐야 하므로 세속적일 수밖에 없는 목사들에 비해 독신생활을 하는 신부・수도자들은 청렴한 이미지를 지녔다고 설명했다.

*지나친 전도행위가 없어 피곤하지 않다 = 개종자들이 가진 개신교회에 대한 이미지는 한마디로 '피곤하다'는 것이었다. 다른 종교를 가진 사람들에 대한 지나친 전도 행위와 다른 교회 교인들까지 자기 교회로 끌어들이려는 노력 때문이라는 것이다. 성당은 그렇지 않는 것으로 조사됐다.

*개방적이고 융통성이 있다 = 개종자들은 가톨릭이 술과 담배에 대한 규제가 없고, 제사를 허용하며, 다른 종교에 관용적인 태도 때문에 다원주의적인 현대 사회에서 폐쇄적인 개신교에 비해 융통성이 있고 개방적 이미지를 갖고 있다고 말했다.

제 3 장 한국 천주교회약사

들어가는 말

우리가 역사를 배우는 목적은 단순한 과거를 돌아보려는 것만이 아니다. 옛사람들은 어떤 자세로 살았고, 닥친 문제를 어떻게 해결하였는지 살펴보면서, 오늘의 우리가 그들에게서 본받을 것은 무엇이고 하지 말아야 할 것은 무엇인지 찾아내고, 이를 통해 올바르게 살아가는 길을 찾기 위해서다.

여기서 한국 천주교회사를 공부하고자 하는 이유는 단순히 지나간 과거의 사건으로만 여기지 않고, 선조들이 살아갔던 삶을 돌이켜보면서 오늘의 우리의 삶을 어떻게 살아갈 것인가에 대한 해답을 얻고자 하는 데 있다.

천주공경가

어와세상 벗님네야 이내말씀 들어보소 집안에는 어른있고 나라에는 임금있네
내몸에는 영혼있고 하늘에는 천주있네 부모에게 효도하고 임금에는 충성하네
삼강오륜 지켜가자 천주공경 으뜸일세 이내몸은 죽어져도 영혼남아 무궁하리
인륜도덕 천주공경 영혼불멸 모르면은 살아있는 목석이요 죽어서는 지옥이라
천주있다 알고서도 불사공경 하지마소 알고서도 아니하면 죄만점점 쌓인다네
죄짓고서 두려운자 천주없다 시비마소 아비없는 자식봤나 양지없는 음지있나
임금용안 못뵈었다 나라백성 아니런가 천당지옥 가보았나 세상사람 시비마소
있는천당 모른선비 천당없다 어이아노 시비마소 천주공경 믿어보고 깨달으면
영원무궁 영광일세 영광무궁 영광일세

위의 글은 한국 천주교회 창설 주역 가운데 한 사람인 이벽(李檗, 세례자 요한, 1754-1786)이 쓴 글로 알려지고 있다.

천주교가 전래되기 이전의 상황

우리 국민에게는 오랜 옛날부터 무교와 유·불·도교가 우리의 정신세계에 지대한 영향을 끼쳐왔다. 특히 삼국시대 이래 고려말기에 이르기까지 불교는 1천여 동안 국교(國敎)로서 국민생활 전반에 걸쳐 지대한 영향을 끼쳤다. 고려 말 이성계는 조선왕조를 창업하고 주자학(朱子學)#1을 국가 지도이념으로 삼았다.

조선 후기에는 극심한 당파싸움으로 충신(忠臣)과 역신(逆臣)이 집권 세력에 따라 수시로 바뀌는 가운데 임진왜란#2과 병자호란#3이후 반상(班常 - 양반과 상민)의 신분제는 흔들리고 상업과 공업의 발달로 많은 인구가 도회지로 이동하면서 서민 사회가 성장하기 시작했다.

이러한 배경에서 전통적 학문과 사회윤리를 다각적으로 다시 인식하게 되었으며, 외래문화에 대한 관심도 커지고 서민층도 문화 창조에 참여하는 등 새로운 기운이 사회의 변화를 촉구하였으며, 조선의 지도이념인 성리학은 사변철학으로 변해 실생활과는 점점 멀어지는 학문으로 변하였기 때문에 남인 학자들은 현실생활에 도움이 되는 실학(實學)을 추구하게 되었다.

#1 주자학(朱子學) : 성리학(性理學) 또는 정주학(程朱學)이라고도 하는데, 중국 송나라 주자가 인성과 자연의 원리를 대성(大成)한 유교철학.

#2 임진왜란(壬辰倭亂) : 조선조 14대 선조(宣祖) 25(1592 : 壬辰)년부터 31(1598)년까지 2차에 걸친 왜인(倭人- 일본인)의 침략으로 일어난 전쟁.

#3 병자호란(丙子胡亂) : 조선조 16대 인조(仁祖) 14(1636 : 병자)년에 청나라의 침입으로 일어난 난리.

천주교의 전래

한국 천주교회는 외국인 선교사들이 복음을 전한 다른 나라와는 달리 우리 민족 스스로 학문연구를 통해 천주교 신앙을 받아들였으며, 이는 세계 교회사에서 유일한 일이다. 17세기 초 중국에서 서양의 학술서적과 문명의 이기(利器)들이 들어오게 됐는데, 이때 들어온 천주실의(天主實義)#4는 소수의 실학자들을 매료시켰다.

실학을 연구하던 남인 학자 이벽(李壁)같은 이들은 천주교를 하나의 학문(천주학, 天學, 西學)으로 연구하였으나, 후에는 신앙으로 받아들였다. 소수의 서학 서적만으로는 진리의 갈증을 채울 수 없었던 이들은 마침 사절단의 일원으로 북경에 가는 이승휴(李承薰)에게 교리를 더 깊이 배워오게 하였다. 이승훈은 북경에서 40일간 체재하면서 1784년 2월에 프랑스 사람 그라몽(Grammont)신부에게 세례(세례명은 베드로)를 받음으로서 한국 최초의 천주교 영세신자가 되었으며, 세례를 받은 후 많은 교리서적과 성물을 가지고 귀국하였다. 이승훈은 이벽, 권철신(權哲身) · 권일신(權日身) 두형제, 정약전(丁若銓) · 정약종(丁若鍾) · 정약용(丁若鏞) 형제 등에게 세례를 베풀고, 명례동(明禮洞: 지금의 명동)에 있는 김범우(金範禹, 도마)의 집에서 정기적인 신앙집회를 갖게 됨으로써 우리나라에 학문이 아닌 종교로서 천주교가 자리 잡게 된 것이다.

#4 천주실의(天主實義) : 마테오 리치(Matteo Ricci, 1552-1610)신부가 한문으로 저술한 천주교 교리서로서 유교의 훌륭한 요소를 받아들이면서 유교의 부족한 점을 보충하고 보완한다는 보유론적(補儒論的)인 입장에서 저술한 책이다.

가성직제도에 의한 자치교회(1786-1788년)

성직자가 없었던 초기 조선교회는 이벽을 비롯한 남인 학자들이 1786년부터 북경교회를 본따서 주교직과 사제직을 맡아 소위 가성직제도(假聖職制度)를 만들어 1788년까지 주일미사를 거행하고 세례, 견진, 고해성사 등을 베풀어 성무활동을 하였다. 그러나 이들은 교리를 더욱 깊게 연구하던 과정에서 자기들이 거행하는 성사집전의 타당성에 의문을 갖고 북경 주교에게 편지로 문의하였는데, 북경의 구베아 주교가 가성직제도의 부당성과 아울러 조상 제사는 미신이므로 금지하라는 의견을 보내왔다. 그래서 모든 성사집행을 중단하고 성직자의 파견을 요청했다.

주문모신부의 입국과 활동(1794)

조선 교우들의 성직자 요청이 있은 몇 년 후, 조정의 천주교 탄압이 거세지는 가운데 1794년에 중국인 주문모(周文謨) 신부가 조선 교회를 위한 선교사로 파견되었다. 그러나 주문모 신부는 1801년 신유박해(辛酉迫害) 때에 체포되어 순교(殉教)하였다.

주문모 신부가 순교한 이후 조선 교회는 33년간 성직자 없이 지내면서 계속 성직자의 파견을 요청하는 한편, 신자들은 권철신, 정약용, 최창현 등에 의하여 선교에 열성을 기울여 교회는 더욱 확장되었다.

조선교구 설정(1831) :

주문모(周文謨) 신부 순교 후 33년 동안 목자 없는 교회 속에서 신자들은 성직자 영입 운동에 힘썼다. 1816년에 정약종의 아들 정하상(丁夏祥)은 유진길과 조신철의 도움을 받아 로마 교황청에 자신들의 사정을 호소하며 선교사 파견을 간청하였다. 이에

1831년 9월 9일에 조선 교구[#5](敎區)가 설정되고 브뤼기에르(Bruguiere) 소(蘇) 주교가 초대 주교로 임명됨으로서 조선의 천주교가 교회의 모양새를 제대로 갖추게 되었다. 그러나 소(蘇) 주교는 조선에 입국하지도 못하고 만주에서 사망했다. 그 후 1834년 중국인 유방제(劉方濟)신부와 1836년에는 프랑스의 모방(Maubant) 신부, 샤스탕(Chastan) 신부와 소 주교의 후임인 앵베르(Imbert) 범(范)주교가 입국하여 조선교회는 활기를 띠게 되었다.

#5 **교구** : 교구(敎區)란 교회의 일정한 지역에 교황으로부터 임명된 주교를 중심으로, 한 공동체를 이루고 있는 하느님 백성의 교회(교회법 369조 참조)를 말한다. 이는 행정상 한 구역이기도 하며, 대교구와 교구로 되어 있다. 한국은 1831년 9월 9일 교황 그레고리오 16세에 의해 중국 북경으로부터 분리되어 조선 교구로 설립되었다. 현재 대교구(3개)와 군종교구를 비롯하여 16개 교구가 있다.

천주교 박해(迫害)

천주교가 이 땅에서 박해를 받게 된 주요 원인은 사상적, 사회적, 정치적인 이유였는데, 사상적으로는 유교(儒敎)의 양반사상과 천주교의 평등사상이 갈등을 빚었고, 사회적으로는 조상 제사를 미신으로 간주하고 거부함으로서 전통 질서와 가치관을 파괴한다는 우려를 주었으며, 정치적으로는 당파싸움에 천주교가 이용당했기 때문이다.

1) 첫 번째 박해(1785년)

1784년에 이승훈이 중국에서 세례를 받고 조선에 천주교가 학문이 아닌 종교로서 자리 잡은 1년 후 김범우(도마)의 집에서 집회를 하다가 관헌에게 발각되어 일행이 잡혀가고 교회서적, 성물(聖物), 성화 등을 압수당했다. 김범우(金範禹)는 고문을 당하고 유배지로 가는 도중 사망하여 우리나라 최초의 순교자가 되었고, 이벽과 같은 다른 사람들은 목숨을 건지기는 하였으나 집안에 갇혀 외부와 접촉을 못하는 등 신앙생활에 심한 타격을 받았다.

2) 조상 제사 문제로 인한 박해(1791년)

당시 조정에는 천주교를 적대시하던 홍낙안과 그의 반대파인 좌의정 채제공이 있었다. 이때 1791년 전라도 진산에 살던 양반 윤치중(바오로)은 그의 어머니를 여의었다. 그는 상주로서 온갖 예절을 갖추고 장례를 치렀다. 그러나 윤치중과 그의 외종형 권상연(야고보)은 신주(神主)를 불사르고 어머니의 제사를 지내지 않았다. 이 사실이 관헌에 알려지자 감옥에 갇히게 되고 얼마 후에 전주에서 사형당했다.

홍낙안은 반대파인 채제공 파를 꺾기 위해 이 사건을 확대시켜 이승훈, 권일신 등 신자들의 벼슬을 빼앗고 귀양을 보내거나 혹은 죽였다.

3) 신유박해(辛酉迫害, 1801년)

조선조 21대 영조(英祖) 때에 조정은 노론·소론·남인·북인의 네 파가 다시 크게 시파와 벽파로 나뉘게 되었다. 시파는 영조의 아들인 사도세자와 정조(22대)를 동정하는 파였고, 벽파는 세자를 공격하는 자들이었다. 정조가 죽고 1800년 나이 어린 순조(23대)가 즉위한 후 시파와 벽파의 당파싸움으로 정치적 갈등이 심했다. 시파에는 천주교 신자가 많았기 때문에 벽파는 사학(邪學: 즉 천주교)을 금한다는 구실을 붙여 반대파를 몰아내는 정치적 수단으로 이용했던 것이다. 그래서 벽파는 천주교 신자를 색출, 고발하게 하였다. 이 박해로 1801년 권철신, 정약종, 이승훈을 비롯한 초대 교회 신자 300여명과 주문모(周文謨)신부가 순교하였다.

4) 기해박해(己亥迫害, 1839년)

중국, 프랑스 등 외국인 성직자가 입국했다는 소문이 퍼지면서 모진 박해가 있었다. 조정은 1839년 천주교가 사교(邪教)라는 편견 하에 척사윤음(斥邪綸音)[#6]을 반포하고 엥베르 주교, 모방신부, 샤스탕 신부 3명의 성직자와 정하상을 비롯한 신자 200여명이 참수형과 옥사로 순교하였다.

#6 척사윤음(斥邪綸音) : 조선조 24대 헌종이 천주교를 배척하기 위해 전국의 백성에게 내린 윤음. 윤음은 임금이 신하나 백성에게 내린 말이며, 유시(諭示)와 같은 뜻이다.

5) 김대건 신부의 활동과 병오박해(1845-1846년)

김대건(1821~1846) 신부는 1836년에 마카오 신학교로 유학을 가서 공부하고 1845년에 중국 상하이(上海) 금가항(金家巷)성당에서 페레올 주교로부터 사제 서품을 받음으로써 한국인 최초의 사제가 되었다. 김대건 신부는 페레올 주교, 다블뤼 신부와 함께 입국하여 성무 집행에 전념하다가 1846년 메스트로 신부와 최양업 부제를 입국시키기 위해 배를 타고 가던 중 체포되었다. 김대건 신부는 신부생활 1년 1개월 만에 '사학(邪學)의 괴수'라는 죄목을 달고 새남터에서 10여명의 신자들과 함께 순교하고 말았다.

6) 대원군과 병인박해(丙寅迫害, 1866년)

조선조 25대 철종(哲宗)이 즉위한 후 10여 년은 박해가 뜸하였고, 최양업 신부와 12명의 프랑스 선교사의 노력으로 신자수가 2만 3천명에 이르렀다. 그러나 12세의 고종(高宗, 26대)이 즉위하자 그의 부친 흥선 대원군은 당시 조정의 대다수 인물들이 서학(西學)을 반대하였으므로 자신의 집권을 다지려고 대대적인 박해를 가했다. 1866년에는 9명의 성직자와 8천여 명의 신자들이 처형당했으며, 이후 십년 동안 조선교회에 성직자가 없었다.

실로 한국 천주교회 전반기 1세기는 박해와 순교의 역사였다. 그러나 한 알의 밀알이 썩어 새로운 열매를 맺듯이, 순교의 피를 통해 이 땅에 뿌리를 내리면서 교회 발전의 밑거름이 되었고, 이 땅에 새로운 역사의 장을 마련하는 토대가 되었다.

종교자유와 일제시대

쇄국정책을 펴오던 조선은 1876년 병자수호조약을 기점으로 문호를 개방하기 시작하였다. 1882년에 한미수호통상조약을 맺고, 1883년 독일 및 영국과 맺은 조약에서 종교의 자유를 조인문서에 명기했으며, 1886년 한불통상조약(韓佛通商條約) 체결 후 조선 안에서 신앙의 자유를 보장하여 100여 년 동안 모진 박해를 받던 천주교는 자유로운 선교활동을 할 수 있게 되었다. 1888년 7월에는 한국 교회 최초로 수녀회(샤르트르 성바오로회)가 진출하였고, 같은 해에 성서출판소가 서울에서 문을 열어 많은 교리 책을 발간하였다.

1893년에는 서울 약현(지금의 중림동)성당이 한국 최초의 양옥 성당으로 준공되었고, 1898년에는 명례방(현재의 명동)의 김범우가 살던 집터에 명동성당이 들어서게 되었다. 하느님과 한국교회를 위해 목숨을 바친 79위의 순교자가 1925년에 복자(福者)위에 오르고 적극적인 선교활동으로 신자들이 크게 늘어나서 성전 건축과 출판, 의료, 사회복지사업 등을 통해 이 땅의 문화창달과 생활향상에 크게 기여하였다.

그런데 1910년 한일합방 직후부터 일본은 민족 말살 정책과 황국화(皇國化) 정책을 펴나가면서 신사 참배(神社參拜)를 강요하였다. 신사(神社)란 일본 황실(皇室)의 조상이나 일본국(日本國)에 큰 공로가 있는 사람들을 신(神)으로 모신 사당(祠堂)을 말하는데, 이러한 신사(神社)에 참배하는 것을 신사 참배라고 한다. 한국천주교는 1925년 「천주교요리」(天主敎要理) 제2권을 통하여 신사 참배를 금지하는 지침을 모든 사제들과 신자들에게 내렸다. 신사 참배 문제로 교회와 총독부가 대립하는 동안, 일본 천주교회는 일본정부에 신사 참배가 종교 의식인지 국민 의례인지에 관한 정식 회답을 요구하였고, 일본정부는 신사에 참배하는 것은 종교적인 것이 아니라 애국심과 충성심의 표현을 요구하는 국민 의례의 일종임을 강조하는 답변을 하였다. 이 답변을 근거로 교황청 포교성성(현 인류 복음화성)은 1936년 일본 주재 교황대사에게 보낸 훈령을 통하여 신사 참배가 종교적인 특성을 지닌 것이 아니므로 신자들의 수동적인 신사 참배를 허용하였다. 이 훈령이 발표된 후 한국 교회에서도 신사 참배를 금지하였던 「천주교 요리」의 같은 항목을 1936년 판에서는 수정하여 신사 참배를 용인하게 되었다. 하지만 한국 교회는 신사 참배와 관련하여 일본인 신자들과 한국인 신자들이 처한 상황과 정서가 달랐으며, 신사 참배에 대한 교회의 결정이 한국 교회를 위한 결정이 아니었음에도 불구하고 이를 그대로 받아들였다. 그로 인해 교회가 '친일 행각'을 했다는 비판과 함께, 민족 정서를 거스르면서까지 교회를 지키기에 급급하였다는 평을 받게 되었다. 교회 역시 민족이 지배되는 상황에서 억압과 강요를 받은 피해자였다는 견해도 있다. 일제의 식민 통치가 막바지에 이르러 총독부는 한국 교회에 여러 가지 탄압을 가해왔다. 그들은 성가의 가사가 불온하다 하여 몇몇 성가를 부르지 못하게 하고, 평화를 기원하는 교회에 대하여 반전 사상을 선전한다는 혐의를 씌워 구속하기까지 하였다. 일제는 성당에서 바치는 공식 기도마저 일본어로 하도록 강요했고, 교회 출판물도 일본어로 간행할 것을 요구하였다. 또한 황군(皇軍)의 무운장구(武運長久)를 비는 기도를 강요하였다. 이러한 상황 아래서 한국 교회는 인고의 시기를 지내며 민족의 해방과 세계의 평화를 기도하고 있었다.

그렇지만 "민족의 비극에 교회가 빛과 소금으로서의 역할을 못할 때 그것은 곧 교회의 비극이 될 수 있다"는 것이 신사 참배가 주는, 민족과 교회와의 관계를 자리 매김하는 교훈일 것이다.

현재의 한국 천주교

1945년 해방을 맞은 남한교회는 자유민주주의의 체제하에서 자유로이 선교활동과 교육, 문화, 빈민구제사업 등을 활발히 전개하고 있다. 1968년에 24위의 순교자들이 복자위에 올랐고, 1984년 한국교회 창립 200주년 행사에서 1925년에 시복(諡福)된 79위와 24위가 시성(諡聖)되어 103위가 성인품에 올랐으며, 이들을 비롯한 모든 순교자들의 피가 한국교회의 밑거름이 되었음을 만천하에 알렸다. 1989년에는 제44차 세계 성체대회를 한국에서 거행함으로서 교회의 외적 성장을 확인하고 내실을 기하는 계기가 되었다. 일제치하에서는 사회정의와 독립운동에 다소 소극적이었지만 1970년대 이래 한국교회는 인권회복운동에 적극적인 활동을 전개하고 경제정의실천 운동을 통해 실질적인 민족 복음화에 앞장서 교회의 참모습을 구현하고 있다. 이제 한국교회는 다른 종교들과 대화를 나누고 갈라진 형제들과 일치하기 위한 노력에 앞장서고 있으며(제4장 '알아두기'의 "그리스도교 분열의 주요원인과 교회 일치 운동" 참조) 해외에 선교사를 파견하고 가난한 외국 교회를 물질적으로 돕는 등 받는 교회에서 주는 교회로 탈바꿈하고 있으며 온 겨레가 참된 구원을 받을 수 있도록 노력하고 있다.

나오는 말

한국 천주교회는 세계 교회사에서 유일하게 민족 스스로 신앙을 받아들여 이루어졌다. 우리의 신앙 선조들은 신앙을 고백하고 보존하는 일을 잠시도 게을리 하지 않았다. 하지만 우리나라 천주교회의 성장은 결코 순탄하지 않았다. 유교 사상에 젖어 있던 당시의 지배층은 천주교 신자들을 동양 윤리의 이단자이며, 모든 악의 전형으로 몰아 온갖 박해를 하였던 것이다. 신앙의 자유를 얻기까지 100여 년 동안 박해로 수많은 순교자들이 생겨났다. "배교(背敎)하겠다."라는 말 한마디만 하면 단란했던 가정, 잃었던 명예와 가산(家産)을 되찾을 수 있었지만, 그들은 예수님의 가르침과 진리를 증거하고 영원한 생명을 얻기 위하여 목숨까지 바쳤다. 이처럼 우리 선조들의 자랑스러운 신앙 유산은 오늘날 한국 천주교회에 끊임없이 이어져 오고 있다.

핵심문제

(1) 한국 천주교 창설의 가장 큰 특징은 무엇입니까?

외국인 선교사들의 선교에 의해서가 아니라 우리 민족 스스로 학문연구를 통해 천주교 신앙을 받아들여 창설한 것입니다.

(2) 천주교 박해의 주요 원인은 무엇입니까?

사상적으로는 유교(儒敎)의 양반사상과 천주교의 평등사상이 갈등을 빚었고, 사회적으로는 조상제사(祖上祭祀)를 미신으로 간주하고 거부함으로서 전통질서와 부딪혔으며, 정치적으로는 당파싸움에 천주교가 이용당한 점 등입니다.

(3) 한국 천주교가 신앙의 자유를 보장받은 것은 언제입니까?

1886년에 조선과 프랑스가 한불통상조약(韓佛通商條約)을 체결한 후에 조선 안에서 신앙의 자유를 보장받게 되었습니다.

(4) 한국인 최초의 사제가 된 분은 누구입니까?

김대건 신부는 1845년에 중국 상하이(上海) 금가항(金家港)성당에서 페레올 주교에게 사제 서품을 받음으로써 한국인 최초의 사제가 되었습니다.

알아두기

- **하느님과 하나님** : 신앙의 대상인 절대자 유일신을 천주교는 '하느님'으로, 개신교에서는 '하나님'으로 일컫는데 그 이유는 다음과 같다.

하느님 : 광활하고 높은 하늘은 천지 만물의 주재자(主宰者)를 상징한다. 중국 고유 사상에서의 천(天)은 천제(天帝 = 上帝, 하늘을 다스리는 신, 조물주), 천도(天道), 천리(天理)의 개념으로, 최고의 신(神) 내지는 절대 원리로서, 인간의 인격형성과 상벌의 궁극적 규범으로 존재하였다. 그래서 우리나라 말에도 흔히 '하늘도 무심치 않다', '하늘이 무섭지 않느냐' 등으로 표현한다. 따라서 천주교에서는 '하늘'이란 말에 '님'이라는 존칭 접미사를 붙여 '하느님'으로 일컫는다.

하늘+ 님(존칭접미사) → 하늘님 → 하느님 = God

'하늘'에 '님'을 붙이면 '하늘님'이 될 것이지만, "끝소리가 'ㄹ'인 말과 딴 말이 어울릴 적에 'ㄹ' 소리가 나지 아니하는 것은 아니 나는 대로 적는다."(한글 맞춤법, 제28항)라는 규정에 따라 '하느님'으로 일컫는다.

그런데 합성어에서 앞 낱말의 끝소리가 「ㄹ」(리을)이고 뒤 낱말의 첫소리가 「ㄴ, ㄷ, ㅅ, ㅈ」 등의 경우에 「ㄹ」이 탈락하는 것은 국어의 음운과정의 보편적 현상이다. 예컨대 하늘님 → 하느님, 바늘질 → 바느질, 아들님 → 아드님, 딸님 → 따님, 불단(不斷)히 → 부단히, 불덕(不德) → 부덕, 불도덕(不道德) → 부도덕, 불동산(不動産) → 부동산, 불실(不實) → 부실, 불삽 → 부삽, 불재(不在) → 부재, 불정(不正·否定·不定·不貞…) → 부정, 불조리(不條理) → 부조리 등이다.(국어의 「ㄹ」탈락현상)

하나님 : 개신교 신자들은 '하늘'은 '하놀'이라는 옛말에서 온 말이고, 신(神)은 온갖 것, 또한 숫자도 초월한 유일신(唯一神)이기 때문에 '하나님'으로 써야 한다고 주장한다. 곧 '하나'라는 말에 '님'(Reverend, 略 : Rev.)이라는 존칭접미사를 붙여 쓰는 것이다.

하나 + 님 → 하나님 = Rev. One

그러나 국문법(國文法)에 따르면 '하나'라는 말은 수사로서 '님'이라는 존칭접미사가 붙을 수 없다. 어원학적으로 보면 '주님'이 '주'(主)의 존칭이라면, '하나님'은 '하나'라는 님, 곧 하나의 존칭어이기 때문에 숫자 신(數神)이 되고 만다. 결국 명사 존칭어는 있어도, '수사+존칭접미사'의 결합은 어법에 맞지 않는다.

'하늘'에 대한 국어 음운변화의 변천과정을 보면 훈민정음의 「・」(아래아)자는 근대국어에 이르러 첫음절에서는 거의 「(・) → (ㅏ)」로 변하고, 둘째 음절에서는 「(・) → (ㅡ)」로 변하였다. 예를 들면 「ᄃᆞᆯ(月) → 달」, 「ᄉᆞ랑(愛) → 사랑」, 「ᄀᆞ득(滿) → 가득」, 「ᄆᆞᅀᆞᆯ → ᄆᆞᅌᆞᆯ → 마을」, 「ᄀᆞᅀᆞᆯ → ᄀᆞᅌᆞᆯ → 가을」, 「하ᄂᆞᆯ → 하늘」로 변하였다. 여기서 알 수 있듯이 국어의 음운변화 면에서 볼지라도 '하ᄂᆞᆯ'이 '하날'로 변천한 것이 아니므로 '하나님'의 표현은 옳지 않다. 따라서 애국가에도 '하느님이 보우하사'로 표현하고 있다.

삼성출판사에서 1981년에 출판한 「새 우리말 큰사전」을 보면 하느님과 하나님은 다음과 같이 설명하고 있다.

하느님 : (← 하늘님) 종교적 신앙의 대상. 인간을 초월한 위력자(威力者). 명명(冥冥)한 가운데 존재하며 우주를 창조하고 주재(主宰)하며 불가사의한 능력을 가지고 있어 사람에게 화복(禍福)을 내린다고 생각되는 범신론적(汎神論的)인 신(神). 개신교에서는 '하나님', 천도교에서는 '한울님', 대종교에서는 '한얼님', 민간에서는 '천신(天神)' '옥황제(玉皇帝)' 등으로 각각 이름. 천주교에서는 천주라고도 함.

하나님 : (God) 개신교에서 받드는 유일신(唯一神). 전지전능하고, 우주 만물을 창조・섭리・지배하는 유일 절대의 주재자(主宰者).

이런 맥락에서 볼 때 가톨릭의 '하느님'과 개신교의 '하나님'은 결코 다른 단어의 의미가 아님을 알 수 있다.

공동번역 성서의 머리말을 보면 "우리나라 역사상 처음으로 가톨릭과 개신교가 연합하여 우리말로 성서를 내놓게 된 것은 두 교회 자체뿐 아니라 우리 민족 전체를 위하여 말로 다 표현할 수 없는 뜻 깊은 일이다"라고 이 번역 작업을 평가했다. 그러나 양 교회가 함께 '하느님'이라는 칭호를 사용하기로 하였음에도 불구하고 개신교에서는 여전히 '하나님'이라는 칭호를 사용하고 있다.

제 4 장 천주교와 성당의 소개

들어가는 말

천주교는 하느님의 외아드님이신 예수 그리스도께서 2000년 전에 세우신 교회로서, 사람들이 하느님과 친밀하고 올바른 관계를 맺어 하느님 사랑과 이웃 사랑을 실천하고, 영원한 생명에 참여하게 한다. 교회는 바로 이런 목적으로 모인 사람들의 공동체를 말한다. '교회'는 장소나 건물을 가리키는 말이 아니라 하느님을 믿고 그 가르침을 실천하는 사람들의 모임을 가리키는 매우 인격적인 용어다. 그런데 신자들이 모이려면 일정한 장소가 필요하다. 그 곳이 바로 성당이다. 성당은 신자들이 하느님과 이웃을 사랑하는 힘을 얻을 수 있는 기도와 수련의 집으로서 누구에게나 열려 있는 곳이다.

사도 2,44-47

신자들은 모두 함께 지내며 모든 것을 공동으로 소유하였다. 그리고 재산과 재물을 팔아 모든 사람에게 저마다 필요한 대로 나누어 주곤 하였다. 그들은 날마다 한마음으로 성전에 열심히 모이고 이 집 저 집에서 빵을 떼어 나누었으며, 즐겁고 순박한 마음으로 음식을 함께 먹고, 하느님을 찬미하며 온 백성에게서 호감을 얻었다. 주님께서는 날마다 그들의 모임에 구원받을 이들을 보태어 주셨다.

천주교

하느님은 인간을 영원한 행복에 이르고 구원받도록 하기 위해 외아들 예수 그리스도를 이 세상에 보내셨다. 예수 그리스도는 생명이고 진리이고 사랑이시다.

예수 그리스도께서 세운 천주교는 계시(啓示)종교로써 유일신(唯一神) 하느님을 믿고, 그분의 말씀을 따르고 실천함으로써 구원되는 종교다. 천주교에서 가르치는 인생의 길은 예수 그리스도를 따라 하느님과 이웃을 사랑하는 것이다.

가톨릭(catholic : 일반적·보편적) 교회(천주교)는 온 세상 모든 사람에게 구원의 길을 선포하고 빈부귀천이나 인종차별 없이 보편적 일치를 이룬다. 가톨릭 교회에서 믿고 가르치는 진리는 예수님으로부터 비롯된 것이며, 가톨릭 교회는 그리스도의 제자들인 사도들과 사도들의 후계자인 교황과 주교들에 의해 오늘날까지 계승되어 오고 있는 정통성의 교회다. 가톨릭 교회는 계시(啓示)종교이고 구원의 종교인데 다음의 본질적 특징을 갖는다.

1) 하나인 교회(唯一性), 2) 거룩한 교회(聖性),
3) 보편적인 교회(普遍性), 4) 사도로부터 이어오는 교회(使徒繼承性·正統性)

인간은 하느님에 의하여, 하느님의 사랑으로 창조되었으므로 하느님께 대한 갈망은 인간의 마음 속 깊이 새겨져 있다. 평소에 하느님(신·神)을 부정하고 믿지 않는 사람도 어떤 극한상황에 처하면 본능적으로 '하느님'을 찾는다. 이를테면 수심이 깊은 물에 빠져 곧 죽는 사람, 무슨 사고로 죽음의 극한상황에 처한 사람은 '하느님!' 하고 외치며, 하느님의 도움을 청하는 모습을 볼 수 있다. 이는 하느님에 대한 무의식적인 신앙이 인간의 마음 안에 존재하고 있음을 보여주는 것이다.

하느님은 늘 인간을 당신께 이끌고 계시며, 인간이 끊임없이 추구하고 있는 진리와 행복은 오직 하느님 안에서만 찾을 수 있다.

천주교회 4대 교리

1) **천주존재**(天主存在) : 창조주이신 하느님은 유일신(唯一神)이며, 영적(靈的)인 분이시다. 그리고 영원·거룩·완전·전지전능·무소부재(無所不在)하신 분으로 이름은 야훼(YHWH → Yahweh·自存者: "나는 스스로 존재한 자"라는 뜻)이다.
2) **상선벌악**(賞善罰惡) : 하느님께서는 사람이 죽은 다음 선한 일을 행한 이에게는 상을 주시고, 악한 일을 행한 이에게는 벌을 주신다.
3) **삼위일체**(三位一體) : 하느님은 한 분이시지만 위격이 셋(성부, 성자, 성령)이며, 세 위격은 온전히 다르지만 똑같은 하느님이라는 것이 삼위일체 교리의 핵심이다.
4) **강생구속**(降生救贖) : 천주 성자(예수 그리스도)께서 사람이 되시어, 인간이 지은 죄를 대속(代贖)하시고 인간을 구원하심을 말한다.

천주교의 창시(創始)

천주교(가톨릭 교회) 신앙의 근본이고 중심인 예수 그리스도는 2000여년 전에 이스라엘의 베들레헴이라는 작은 마을에서, 하느님(성부)께서 선택하신 마리아에게서 태어나, 나자렛이라는 곳에서 30여 년을 사시고, 유다 지방(중동 지방)에서 3년 동안 공생활(제7장 참조)을 하시다가 돌아가신 역사 속의 인물이었다(나자렛 예수).

당시 예수님이 속한 이스라엘 민족은 이미 하느님께 대한 믿음을 가지고 있었다(유다교 - 이스라엘 민족의 하느님께 대한 신앙은 구약성경에 잘 나타나 있다). 그러므로 예수님 역시 이스라엘 민족의 한 사람으로 태어나셔서 누구보다도 하느님의 뜻만을 이루려고 노력하셨고, 또 실제로 그 삶을 사셨다.(예수 그리그도의 생애는 신약성경에 잘 나와 있다.) 예수님은 석가모니나 공자와 같은 종교가도, 소크라테스나 맹자와 같은 철학가도 아니었다. 그분은 바로 하느님으로서 우리 가운데 사람으로 오셨다.

가톨릭 교회는 예수님께서 열두 제자(마태 10,1-4)를 선정하시고, 이들에게 당신의 삶과 죽음, 부활 그리고 모든 권능을 넘겨주시고 보존해 주심으로써 이 세상에 세우신 종교다. 예수님은 수많은 기적을 베풀면서 본인이 하느님의 아들 그리스도(메시아)임을 밝히시고, 유다인만이 선택된 민족이 아니라 만민이 하느님의 똑같은 평등한 자녀라는 사실을 가르치며 복음(기쁜 소식)을 전하셨다. 그래서 예수님은 유다교의 대제관들과 원로들의 고발에 의해 신성(神聖)과 유다교를 모독했다는 죄로 십자가를 메고 골고타 곧 해골터라는 언덕위로 올라가 그곳에서 못 박혀 죽으셨다. 십자가에 못 박힌 예수님의 머리 위에 죄목을 적은 명패를 붙였는데 거기에는 "나자렛 예수, 유다인의 왕"<INRI : Iesus(예수) Nazarenus(나자렛사람) Rex(왕) Iudaeorum(유다인들의)>이라고 적혀 있었다. 그는 무덤에 묻힌 3일 후 부활하고, 제자들과 40일 동안 이 세상에 머무르신 다음에 천사들에 싸여 승천하셨다. 예수님의 부활과 승천 후 성령의 강림으로 가톨릭 교회가 시작되며 **사도**(使徒)[#1]들은 예수님의 복음을 전도하기 위해 시리아, 그리스, 로마 등지로 떠난다. 이와 같이 시작한 가톨릭 교회는 오랜 역사를 통하여 수많은 박해를 받았지만 오늘날에는 전 세계에 퍼진 가장 큰 종교가 됐다.

#1 **사도**(使徒) : 사도란 예수님의 12제자를 말하는데, 구원의 기쁜 소식을 전하러 오신 그리스도의 일을 계승하여 구원의 기쁜 소식을 전하도록 '파견된 사람'들을 지칭한다. 그러나 이 말은 단순한 대변이나 전달자보다는 전권사절이라는 의미를 지니고 있다. 사도들의 계승자들은 오늘날의 주교들이다.

성당은 하느님을 경배하기 위한 거룩한 집

성당(聖堂)은 신자들이 미사나 전례에 참여하기 위해 모이는 건물이고, 그리스도의 몸인 성체 안에 현존하시는 하느님이 거처하는 장소이며, 신자들이 기도와 수련을 하는 집으로서 누구에게나 열려 있는 곳이다. 넓은 의미에서 성당은 하느님 경배를 위한 지정된 건물을 말한다. 성당에 들어갈 때 신자들은 손에 성수(聖水)를 찍어 성호경과 성수기도를 바친다. "주님, 이 성수로 저의 죄를 씻어 주시고 마귀를 몰아내시며 악의 유혹을 물리쳐 주소서. 아멘"이라고 기도한다. 이렇게 기도하는 까닭은 바깥 세상에서 지은 자신의 죄를 씻고 깨끗한 영혼으로 하느님의 집에 들어감을 뜻한다. 그래서 미사나 기도를 한 다음에 성당에서 나올 때는 성수기도를 할 필요가 없다.

성당의 중심은 천주교의 공적 예배인 미사가 봉헌되는 제대(祭臺)이다. 신자들은 이 제대를 중심으로 사제와 함께 거룩한 제사인 미사를 봉헌하고 중요한 예식을 거행한다. 이 제대는 예수 그리스도께서 우리의 구원을 위해 당신의 몸과 피, 즉 온 몸을 희생제사의 제물로 바치신 거룩한 식탁을 상징한다. 또한 제대는 교회의 주춧돌이신 예수 그리스도 자신을 상징한다. 그래서 신자들은 성당에 들어설 때 제대를 향해 절을 하며, 제대 앞을 지나갈 때에도 머리를 숙여 경의를 표한다.

성당 안에 빨간 등이 켜져 있는 감실(龕室)은 신자들이 미사 때에 받아 모시는 예수님의 거룩한 몸, 곧 성체를 모셔 놓은 곳이다.

제대 옆에는 성서 봉독대(독서대)가 놓여져 있다. 예수께서는 "사람이 빵만으로 살지 않고 하느님의 말씀으로 산다."고 말씀하셨다. 즉 세상 사람들은 빵만으로 현세 생명을 이어갈 양식을 얻고 있지만, 천주교 신자들은 이와 더불어 하느님의 말씀으로 영원한 생명을 이어갈 양식을 얻는 것이다. 하느님의 말씀이 선포되는 성서 봉독대는 곧 '말씀의 식탁'인 것이다. 이곳에서 미사 예절 중 독서와 복음이 봉독되고, 사제의 강론이 행해진다.

전례는 하느님께 드리는 공적 예배

미사를 비롯하여 천주교의 공적인 경신례(敬神禮)를 전례(典禮)라고 한다. 전례는 교회 공동체가 성령 안에서 예수 그리스도와 함께 드리는 공적 예배를 뜻한다. 전례를 통하여 신자들은 하느님을 공적으로 흠숭하고 그분께 영광을 드리며, 하느님의 은총을 받아 거룩하게 된다. 또한 신자들은 형제적 사랑을 나누고 그리스도 안에서 일치를 이룬다.

교회는 한 해 동안 절기와 날짜를 정해 놓고 예수 그리스도께서 이루신 구원 업적을 일정한 기간에 되풀이하여 기념하며 경축한다. 이를 위해 제정된 교회 달력이 전례주년(전례력)이다.(부록 Ⅱ. 전례주년 참조)

천주교의 대표적 전례인 미사는 예수 그리스도께서 십자가에 못 박혀 돌아가심으로써 바치신 제사를 기념하고 재현하는 예식이며, 그분 안에서 우리가 한 형제를 이루는 거룩한 잔치이다. 재현한다는 것은 단순히 되풀이한다는 것이 아니라 현재화한다는 뜻이다. 즉 예수께서 2천년 전에 행하신 것처럼 오늘도 여전히 당신께서 주관하시며 우리와 함께 희생제사를 드리신다는 것을 의미한다. 그것은 부활하신 예수 그리스도께서 여전히 살아 계시고 교회 안에 현존하시며 우리와 함께 계시기 때문이다. 그래서 모든 그리스도인은 미사전례 안에서 예수님을 만나고, 이 만남을 통해 무한한 은총을 얻고 하느님께 나아가게 된다.(미사에 대해서는 '**제17장 성체성사**'에서 자세히 설명한다)

교회는 이 미사를 매일 봉헌한다. 신자들에게는 적어도 일주일에 한번 즉 주일(일요일)에는 반드시 미사에 참석하도록 의무화하고 있다. 그리고 교회가 정한 특별한 날에 미사에 참여할 의무가 있다. 성당에서는 토요일 저녁(구약의 전통에 따라)부터 일요일 저녁까지 시간을 정하여 여러 차례 미사를 드리는데, 신자들은 편리한 시간을 택하여 미사에 참석하게 된다. 미사에서 신자들은 주님께 최고의 경의를 표현하기 위하여 무릎을 꿇고, 예를 갖추면서 주님을 대하기 위하여 앉는데, 이는 우리의 생활 관습과 다를 바가 없다.

미사 때 자매들이 머리에 쓰는 하얀 머릿수건(미사보)은 초대 교회 당시에 여성들이 교회의 공식 예절 때 머리를 가리는 관습이 있었는데, 그것이 전통으로 내려온 것이다. 아랍 국가에서는 여자들이 차도르(부르카)를 쓴다. 우리나라에서도 여자들이 외출할 때에는 쓰개치마로 머리와 얼굴을 가리고 다녔던 풍습이 있었다. 그리고 서구사회에서는 일반적으로 예(禮)를 갖출 때에 남자는 모자를 벗고, 여자는 모자를 쓴다. 그래서 서구의 교회 미사에 참여할 때 남자는 모자를 벗고 여자는 모자를 쓴다. 우리나라에서는 미사 때 여자가 모자를 쓰는 대신에 미사보를 쓴다. 그리고 미사보를 쓰는 또 다른 이유는 영세식 때 흰옷을 입히는 절차로 사제가 하얀 보를 영세자에게 씌워주는 예식이 있는데, 이는 순백의 새로운 출발을 의미한다.

미사를 주례하는 사제는 제의를 입는다. 우리가 입는 옷은 일정한 신분과 기능을 나타내기도 한다. 판사의 법복, 학생의 교복, 군경의 제복 등이 그러하다. 우리가 파티에 참석할 때는 정장을 하고, 소풍을 갈 때에는 간편한 옷을 입고, 장례식을 갈 때는 검은 옷이나 단정한 옷을 입는다. 제의는 제사를 주관하는 제관(사제)의 복장이다.

교회에서 사제가 미사 때 입는 제의 색깔은 전례적 의미를 갖는다. 예컨대 흰옷은 기쁨과 빛, 생명, 영광, 결백을 상징하고, 붉은 색은 사랑, 고통, 순교 등을 상징하며, 보라색은 통회, 절제 등을, 그리고 녹색은 생명의 희열과 희망을 상징하기 때문에 전례시기에 맞춰서 적절한 색깔의 제의를 입는다.

교구와 본당

교회 역시 사람들의 모임이기 때문에 조직적인 체계를 갖추고 있다. 전 세계의 모든 가톨릭 교회를 통칭할 때 일반적으로 세계교회라 하고, 세계교회는 수많은 지역교회로 이루어진다. 세계교회의 최고 사목자는 교황이다. 지역교회는 도(道)나 시(市) 단위의 지방 자치 단체와도 같은 지역을 일컬어 교구(教區)라고 부르며, 이는 교황이 임명한 교구장 주교를 중심으로 신자 공동체를 이루고 있는 교회의 행정 구역을 말한다. 교구는 좀더 작은 신자 공동체인 본당(本堂)으로 나뉜다. 본당은 일정한 지역사회의 단위교회이며, 신자들을 사목(司牧)#2하는 신부가 상주하는 성당을 말한다. 본당을 맡은 신부를 '본당신부' 또는 '주임신부'라 하고, 본당신부를 도와주기 위하여 임명된 신부를 '보좌(補佐)신부'라 한다. 교구장주교로부터 위임받은 신부는 주교가 정한 관할 구역의 교회공동체를 위해 사목한다. 주임사제가 교구장의 권위아래 목자로서 사목하는 교구 내의 한 구역 신자들의 공동체를 '사목구(司牧區)'라고 말한다. 그리고 본당에는 전교 수녀와 사무실 직원들이 협력하고 있다. 공소(公所)는 본당(本堂)의 성당(聖堂)보다 작은 규모의 예배소로, 본당에 소속되어 있으나 사제가 상주하지 않는 소규모의 작은 교회를 말한다.

천주교 신자들은 누구나 자기가 살고 있는 지역의 교구와 본당에 소속되어 신앙생활을 한다. 천주교는 속지주의(屬地主義)가 원칙이므로 이사를 하면 그 지역 본당으로 옮겨가게 된다. 사람이 태어나면 국가에서 호적에 이름을 올리고 주민등록에 등재하듯이 세례받은 신자는 소속 본당에 교적을 갖게 되고, 타 지역으로 이사할 때는 주민등록을 옮기듯 교적도 옮기게 된다.

본당을 중심으로 신자들은 초대 그리스도교 공동체의 모습처럼 한 마음으로 하느님께 예배를 드리고 형제적 사랑으로 나눔을 실천하며 세상에 나아가 선교 사명을 수행한다. 그러므로 본당은 천주교 신자들의 신앙생활 터전이다.

그런데 본당의 규모도 매우 커졌다. 그래서 서로가 서로를 알고 친교를 이루고 나눔을 실천하기 위해서는 보다 작은 공동체로 나눌 필요가 있다. 그래서 각 본당에서는 신자들의 효과적인 신앙생활을 돕기 위하여 가까운 이웃 신자 가정 몇몇 가구(家口)가 반모임(소공동체)을 구성하여 운영한다. 신자들은 이 반모임에서 매월 정기적인 모임을 갖고 성경공부를 하고 애경사를 돕고 신앙을 격려하면서 사랑과 나눔을 실천한다.

본당에는 사목협의회가 구성되어 사제와 협력하는 평신도사도직 활동을 펼치며, 여러 사도직 단체들이 조직되어 교회와 세상에 봉사한다.(이 부분은 제13장에서 자세히 공부하게 된다.)

#2 사목(司牧) : 사목이란 마치 양을 치는 목자가 양 떼를 돌보듯, 하느님이 당신의 백성을 보살피신다는 의미에서 비롯된 것이다. 전에는 성직자가 신자들의 영혼을 돌보는 일이나, 성사를 집행하는 것만을 좁은 의미로 일컬었다. 오늘날은 넓은 의미로 보편적 구원의 성사인 교회가 세상과 관련을 맺은 모든 활동을 지칭한다.

예비신자

세례를 받으려고 준비하는 사람들을 '예비신자'라고 부른다. 예비신자들은 일정한 기간(약 6-8개월) 동안 천주교 교리에 대한 지식을 쌓고, 신자로서의 생활을 익히도록 하고 있다. 우리는 직업인이 되기 위해서 전문 교육을 받아야 하고, 취미생활을 익히기 위해서도 공부를 해야 한다. 예비신자 교리는 우리의 구원을 위한, 우리의 영원한 생명을 얻기 위한 작은 투자에 불과하다. 예비신자들은 예수 그리스도 안에서 기존 신자들과 하나가 될 형제자매들이다. 그래서 예비신자들이 천주교에 입문하는 것은 하느님과의 올바른 관계를 맺는 것이기도 하지만, 한편으로는 신자공동체와도 친교를 맺는 것이다. 그러므로 그저 교리를 배워서 세례만 받으면 된다는 생각이 아니라, 본당 신자들과 형제적 사랑을 나눌 수 있도록 적극 노력해야 한다. 그 방법 가운데 하나로, 세례를 받을 때 신앙의 부모 역할을 해줄 대부(대모)를 정하게 되는데, 평소에 존경하거나 모범적인 신자들 중에서 한 분을 택하여 미리 대부(대모) 서 줄 것을 부탁하여 신앙생활에 대한 조언을 얻고 다른 신자들과 친분을 쌓는데 도움을 받는다면 좋을 것이다. 예비신자들은 장차 교회 공동체의 일원이 될 것이므로 신자들이 누리는 영적 혜택들을 함께 누릴 수 있다. 천주교의 공적 경신례인 미사에는 물론, 여러 가지 기도 모임과 봉사 및 교육 모임에도 참여할 수 있다. 예비신자의 장례 역시 세례 받은 신자와 똑같이 이루어진다. 한편 예비신자 생활을 시작하면서 생기는 신앙 문제에 대하여 상담할 수 있으며, 집안에 어려운 문제가 생기면 신부나 수녀에게 기도를 청할 수 있다.

형제애로 보살펴 주는 교회 공동체

사람은 누구나 태어나는 순간부터 가정 안에서 부모의 사랑과 가족의 보살핌을 받으며 성장한다. 신앙인으로 다시 태어나고 성장하기 위해서도 교회 안에서 하느님의 은총과 신자들의 보살핌을 받아야 한다.

천주교 신자들은 이미 거룩해진 사람들이 아니라 거룩해지려고 끊임없이 노력하는 사람들이다. 신자들은 본당과 소공동체를 중심으로 모여 하느님을 같은 아버지로 고백하고 예수님을 주님으로 받들면서 형제적 사랑을 나누며 올바르게 살려고 노력하고 있다. 신자들의 형제애는 굳건한 신앙생활과 친교의 바탕이 된다. 예비신자들도 이러한 형제애를 나눌 수 있는 교회 공동체에 초대받은 것이다.

그런데 밀밭에는 밀도 자라고 가라지도 자라기 마련이다. 어떤 신자 때문에 마음을 상하거나 손해를 입는 일이 있어도 그것을 가려내는 일은 우리의 일이 아니라 하느님께서 하실 것이다. 우리의 신앙이 그것 때문에 흔들려서는 안 될 것이다.

예화(육당 최 남선 선생의 세례)

최 남선 선생은 종교란 인간에게 구원을 주는 것이라고 말하였다.

「인간으로 하여금 생명의 무한한 연장과 능력의 무한한 확대를 알아듣게 하는 것이 종교의 구제요 … 이 구제력이 크고 작음에 따라 종교의 가치가 달라지느니라.」

「그런데 구제력 없는 종교는 효력이 없는 약품과도 같으니 … 나는 어려서부터 인생 문제, 신앙 문제에 자못 정신을 기울여 왔으나 겨우 부처의 말씀이 이 혼탁한 세상을 구제할까 하여 마음을 불교에 붙여왔으되 여기서는 얻은 바가 하나도 없고 … 한국 민족의 정신생활사를 검토해 보건데 … 앞서서는 신라 통일기에 찬연히 발현된 화랑도의 순국 정신이요, 가깝게는 서양 문화가 이 땅에 들어올 때 천주교 신자들의 순교 정신이니라 … 어떠한 종교와 사상이 우리 건국 정신에 지주가 될만한 것이라고 생각할 수 있는 것은 과연 드물다고 아니할 수 없도다. 유교를 그것이라고 할까? 불교를 그것이라고 할까? 프로테스탄트를 그것이라고 할까 … 유교에서 이 퇴계가 났다. 그러나 이 퇴계가 몇 묶음으로 나온다 할지라도 오늘의 혼란을 다스리라고 기대하겠는가?

불문에서는 원효(元曉)가 났다. 그러나 원효가 떼 지어 나온다 할지라도 오늘의 혼탁을 맑게 할 수 있다고 하겠는가? … 나는 이에 유고 불교 모든 종교에서 찾아 얻지 못하던 바를 이제 가톨릭에서 얻은 느낌이 났도다 … 세상에 종교도 많지만 종교가 시작된 그때부터 교리가 조금도 변화됨이 없이 그대로 계속되는 종교가 어디 있으며 또 사상적으로 문화적으로 항상 통일된 생명력을 가지고 항구 불변의 활동성을 가지고 있는 종교가 몇이나 되느뇨? 이러하기 때문에 가톨릭은 인류 문화의 절대적인 보호 육성지로 유익한 권위의 소유자로서 변함이 없는 것이 아닌가? ……

한국의 개화를 논함에 모름지기 먼저 정신적인 기반을 논하려면 냉정 공평하게 가톨릭에로 눈을 돌려야 하리라. 가톨릭은 허무맹랑한 공중누각이 아니라 아무런 풍파에도 동요를 보이지 아니하는 반석 위에 세워진 큰 건물임이 오랫동안의 사실로써 증명되고 남음이 있도다.

오늘날 이 정세에서 한국의 내일을 믿음직하게 맡길 곳이 이 가톨릭을 제하고 또 무엇이 있다 하랴! 1955년 11월 17일에 과거 5, 60년간의 종교적 체험을 청산하고 가톨릭에로 입교하여 영세하니 이것이 나에게 있어서는 개인적으로 구령인 동시에 국가 민족에 대하여는 조국 근대화의 밑바탕이라고 생각하노라. 이에 나의 개심을 천하 동료들에게 약술하여 비정(批正)을 청하기로 하노라. 우둔한 나에게, 이러한 식견을 열어 주신 주님께 무한한 성총을 감사하면서 이 붓을 놓노라.」

위의 예화는 최 남선 선생이 세례를 받고 그의 기쁨과 소감을 1955년 12월 17일자 한국일보에 발표한 글을 요약하여 소개한 것이다. 근대 우리나라의 석학이었던 최남선 선생은 육십 평생을 정신적으로 방황하다가 끝내는 믿음을 갖고 세례 받아 구원을 얻었다. <박도식 신부 저, 『인생무상』에서 발췌>

나오는 말

천주교는 예수 그리스도와 함께 하느님을 아버지로 고백하는 형제들이 모인 신앙가족이다. 그리고 교구와 본당은 천주교 신자들의 신앙생활 터전이다. 하느님 아버지께서는 예수 그리스도의 가르침에 따라 살아가는 신자들이 교구와 본당에서 형제애로써 친교를 맺고 일치를 이루도록 이끌어 주신다. 예비신자들이 천주교에 관심을 갖고 교리반에 참여하는 것도 이미 이 친교에 참여하고 있는 것이니, 서로 영적인 도움을 주고받을 수 있도록 격려하여야 한다.

예비신자 때부터 날마다 기도하는 습관을 기르고, 주일 미사에 성실하게 참여하면서 미사 때마다 선포되는 하느님 말씀에 귀 기울이며 마음에 새겨야 한다. 또한 신앙생활과 관련된 어려움이 있다면 혼자 해결하려 하지 말고 신부나 수녀에게 상담을 청하거나 주위의 형제자매들과 함께 해결하도록 노력하자.

핵심문제

(1) 천주교는 어떤 종교입니까?

천주교는 예수 그리스도께서 친히 세우신 종교로 유일신(唯一神) 하느님을 믿고, 그분의 말씀을 따르고 실천함으로써 구원되는 종교입니다.

(2) 천주교에서 가르치는 인생의 길이란 무엇입니까?

예수 그리스도를 따라 하느님과 이웃을 사랑하는 것입니다.

(3) 천주교의 본질적 특징은 무엇입니까?

유일성(唯一性), 성성(聖性), 보편성(普遍性), 사도계승성(使徒繼承性)입니다.

(4) 천주교의 4대 교리는 무엇입니까?

천주존재(天主存在), 상선벌악(賞善罰惡), 삼위일체(三位一體), 강생구속(降生救贖)입니다.

(5) 성당이란 무엇입니까?

성당(聖堂)은 넓은 의미에서 하느님 경배를 위한 지정된 건물을 말합니다.

(6) 본당이란 무엇입니까?

본당은 일정한 지역사회의 단위교회이며, 신자들을 사목(司牧)하는 신부가 상주하는 성당을 말합니다.

(7) 전례란 무엇입니까?

미사를 비롯하여 천주교의 공식적인 경신례(敬神禮)를 전례(典禮)라고 하는데, 전례는 교회 공동체가 성령 안에서 예수 그리스도와 함께 드리는 공적 예배를 뜻합니다.

알아두기

• **그리스도교/기독교** : 16세기에 항해술의 발달로 유럽인들이 아시아에 진출하면서 중국에 파견된 선교사 마태오 리치(Matteo Ricci : 예수회 소속, 이탈리아) 신부가 1600년에 한문으로 『천주실의·天主實義』 교리서를 출간하였다. 그는 책에서 창조주를 천주(天主)로 표현하였는데, '천주'라는 단어는 유교(儒教)의 천(天)사상과 창조주의 개념을 합쳐 만든 새로운 용어였다. 그리고 그리스도(Christus)를 한자로 기독(基督)으로, 교회를 기독교(基督教, 그리스도교) 또는 천주교회라고 표현하였다. 그러나 원래 명칭은 가톨릭 교회이다. 가톨릭(Catholic)은 '보편적'이라는 뜻이다.

우리나라에서는 18세기 중엽이후 이벽(李檗)·권철신(權哲身) 등의 실학자(實學者)들이 『천주실의』를 비롯한 중국어 교리책들을 입수하여 신학문으로서 연구하였고, 1784년 천주교 신앙을 받아드리게 되었다. 그 후 한국 교회는 중국 천주교가 사용하는 교회용어를 대부분 그대로 사용하고 있다.

천주교를 포함하여 예수 그리스도를 하느님으로 고백하는 종교는 모두 그리스도교, 곧 기독교이다. 따라서 기독교라는 말은 개신교를 가리킬 때만 사용하는 것은 옳지 않다. 요즘은 원래의 발음을 그대로 사용한 추세다. 그래서 기독교라는 말보다 그리스도교라는 말을 더 자주 쓰고 있다.

어느 종교를 갖고 있느냐는 질문에 천주교 신자들은 "성당에 다닌다."하고 말하는 경우가 있는데, 성당은 종파가 아니라 천주교 전례가 이루어지는 장소를 말하므로 '천주교이다.' 또는 '가톨릭이다.' 하고 말하는 것이 바른 대답이다. 그리스도교 종파는 크게 가톨릭 교회(천주교), 동방 정교회, 프로테스탄티즘(개신교), 영국 교회(성공회) 등으로 구분할 수 있다.

가톨릭 교회는 하느님의 외아드님이요 구세주이신 예수 그리스도가 창립한 원천의 교회요 2000여 년 동안 이어온 정통성의 교회다.

동방 정교회(Eastern Orthodox Church) : 그냥 '정교회(正教會)' 또는 '그리스정교회'라고도 불린다. 로마 교황 레오 9세 때에 동방 비잔틴 제국(동로마 제국)의 수도 콘스탄티노플(현 터키의 이스탄불)의 총대주교는 체룰라리우스(Michael Cerularius, 1043-58, 재위)였다. 체룰라리우스는 비잔틴 제국의 황제 콘스탄티누스 9세 모노마쿠스(Constantinus Ⅸ Monomachus)에 의해 총대주교로 임명된 자다. 동방의 콘스탄티노플 교회에서는 황제를 교회의 수장(首長)으로 하는 황제교황주의(黃帝教皇主義)를 따르고 있었고, 서방의 로마 교회는 황제권과는 독립된 입장을 견지하고 있었다. 그리고 로마 교회는 라틴어를, 동방교회는 그리스어를 예식에서 사용했다. 언어와 문화의 차이, 정치적 사건 등 복합적인 문제로 교황과 총대주교는 정면충돌하였고, 결국 동·서방교회로 분열을 초래하게 되었다(1054년). 이것이 그리스도교 역사상 최초의 동·서방 분열이었다. 동방정교회라 불리는 것은 로마를 중심으로 유럽의 동쪽(그리스, 불가리아, 폴란드, 러시아, 체코 등)에 주로 분포해 있기 때문이다. 그리고 그리스정교회(Greek Orthodox Church)라고도 불리는 이유는 그 신학사상과 교리가 그리스어로 되어 있으며, 그리스 철학적인 요소가 강하기 때문이다.

1054년에 로마 교회와 동방교회가 서로 단죄하고 분열하게 되었으나, 1965년 12월에 바오로 6세 교황과 동방교회의 아테나고라스 콘스탄티노플 총대주교가 만나 서로의 파문을 풀고 화해하였다. 그리고 1979년 11월에 교황 요한 바오로 2세는 콘스탄티노플 대주교 디미트리오스 1세를 만나 '로마 가톨릭·정교회 합동위원회'를 구성하여 동방교회와 신학 대화를 하기로 합의하였다. 이후로 양 교회에는 일치를 위한 여러 위원회가 조직되어 신학, 교리 등 서로의 차이와 공통점을 연구하며 재일치의 길을 모색하고 있다.

그리고 교황 요한 바오로 2세의 후임인 교황 베네딕토 16세는 2006년 11월에 터키 이스탄불을 방문하여 정교회의 상징적 수장인 콘스탄티노플 총대주교 바르톨로메오 1세가 집전하는 정교회 전례에 참석, 이 자리에서 두 수장은 두 교회 일치를 위한 노력을 거듭 천명하였고, 공동선언에 서명하였다.

교황과 총대주교는 공동선언에서 세속화와 상대주의, 허무주의에 맞서 복음을 선포하는 일에 공동 노력과 협력을 강화할 것을 선언했다. 또 인간 생명 보호와 종교간 대화, 폭력의 종식과 평화 증진, 생태계 보호를 위해 함께 노력할 것을 다짐했다.

프로테스탄티즘(Protestantism, 개신교) : 프로테스탄트(Protestant)란 '항의자'라는 뜻이다. 개신교를 총칭하는 프로테스탄티즘은 16세기 유럽에서 가톨릭 교회에 대한 투쟁과 함께 '성서만'(sola Scriptura), '신앙만'(sola Fides), '은총만'(sola Gratia)이라는 종교개혁 기본원리에 근거하여 형성된 신앙·예배·관습의 체제를 갖춘 그리스도인 공동체다.

루터(Martin Luther, 1483-1546)가 종교개혁을 일으켰을 때 근간으로 삼았던 교리는 의화론(義化論)인데, 이 의화론은 율법의 행업과 상관없이 그리스도를 믿음으로써 사람이 의롭게 되어 구원받는다는 교리다. 그렇지만 예수님은 실천이 없는 신앙은 소용이 없고, 하느님의 뜻을 실천하는 사람만이 하늘 나라에 들어간다고 하셨다.(마태 7,21-27 참조) 야고보 서간에도 「누가 믿음이 있다고 말하면서 실천이 없으면 무슨 소용이 있겠습니까? 그러한 믿음이 그 사람을 구원할 수 있겠습니까? …… 믿음에 실천이 없으면 그러한 믿음은 죽은 것입니다. …… 실천으로 그의 믿음이 완전하게 되는 것입니다. …… 사람은 믿음만으로 의롭게 되는 것이 아니라 실천으로 의롭게 됩니다.」('믿음과 실천', 야고 2,14-26)라고 했다. 하느님의 본질은 사랑이며 사랑은 알고 있는 것이 아니라 행동으로 실천하는 것이다.

16세기의 3대 종교개혁자는 독일의 루터, 프랑스의 칼뱅(Jean Calvin, 1509 -1564), 스위스의 츠빙글리(Ulrich Zwingli, 1484-1531)이며, 이들로 인하여 가톨릭 교회의 분열을 가져왔다. 그 이후에 개신교는 루터교, 장로교(長老教), 감리교(監理教), 성결교(聖潔教), 구세군(救世軍), 여호와의 증인, 침례교(浸禮教), 통일교, 모르몬교(Mormonism), 순복음교 등등 오늘날 정확한 숫자마저 파악할 수 없을 정도의 수많은 교파로 분화되었으며, 또한 그리스도교를 빙자한 사이비 종교들도 많다.

영국 교회(성공회) : 16세기 종교개혁이 있은 후에 영국의 왕 헨리 8세는 왕비와의 이혼문제로 교황과 대립한 사실을 계기로, 1534년에 '국왕지상법(國王至上法)'에 의하여 국왕이 최고 우두머리가 되는 성공회(聖公會, 사도신경의 '거룩하고 공번된 교회'를 한자화한 것임)라는 영국 교회를 세우고 로마 가톨릭 교회에서 이탈하였다. 성공회의 전례는 가톨릭과 유사하며, 성직자는 결혼할 수 있다.(제19장 예화2의 헨리 8세 참조)

- 그리스도교 분열의 주요원인과 교회 일치 운동

① 의화교리 논쟁과 그리스도교 분열

의화(義化)교리는 앞의 프로테스탄티즘에서 언급한 바와 같이 인간이 어떻게 '의화'돼 구원을 얻는가와 관련된 교리다. '의화론'(개신교에서는 '칭의론·稱義論'으로 말함) 논쟁은 "믿음(신앙)으로만 구원을 받는다."는 루터교의 주장이 "인간은 예수 그리스도에 대한 신앙과 함께 선행을 실천해야 구원을 받는다."는 가톨릭 교회의 교리와 충돌하면서 비롯되었고, 결국 교회 분열의 주요 원인이 됐다.

의화교리 논쟁은 1517년 마르틴 루터가 '95개조의 신학명제'를 발표하며 종교개혁을 주도하는 과정에서 "사람은 율법에 따른 행위와 상관없이 믿음으로 의롭게 된다고 우리는 확신합니다."(로마 3, 28)라는 성경 구절에 근거하여 "의화와 구원에 필요한 것은 오직 신앙뿐(*L.* sola fides)이며, 선행은 단지 인간의 정화와 사회에 대한 임무로서 필요하다"는 것을 핵심 교리로 내세우면서 촉발됐다.

이렇듯 의화교리는 루터의 종교개혁에서 핵심적인 중요성을 지닌 것이었으며, 루터교의 입장에서 볼 때 의화교리는 모든 논쟁의 핵심 사안이었다.

이 같은 교리는 "예수 그리스도를 주님으로 믿고 고백할 뿐만 아니라 그에 상응하는 선행을 쌓음으로써 구원받는다."는 가톨릭의 전통적 가르침과 정면 충돌하여 서로를 단죄하기에 이르렀다.

② 교회 일치 운동의 배경과 발자취

가톨릭 교회가 개신교와 본격적인 대화에 나선 것은 1960년대 후반부터이다. 이에 앞서 교황청은 19세기 후반부터 그리스도인 일치문제에 대해 관심을 갖기 시작했다. 교황 레오 13세(1878~1903 재위)는 동방 교회를 일컫던 '이교자'(schisma)와 프로테스탄트를 칭하던 '이단자'(haeresia)를 '갈라진 형제'로 바꾸고, 갈라진 형제들과 화해하기 위해 그리스도인 일치 기도를 시작했다.

교황 비오 12세(1939~1958)는 갈라진 형제들이 하느님과 예수 그리스도에 대한 공동 신앙을 지니고 있다는 점에서 가톨릭 교회와 가까운 이웃이므로 사회정의와 세계 평화와 같은 공동선을 위한 공동 협력을 요청, 가톨릭 교회가 교회 일치에 대한 긍정적 자세를 갖추도록 이끌었다. 뒤를 이은 교황 요한 23세(1958~1963)는 1959년 첫 회칙 '베드로좌를 향하여'를 통해 교회 일치를 위한 활동을 보장하고, 1960년 그리스도교 일치사무국을 설치했다.

제2차 바티칸공의회(1962~1965)는 「일치 교령」<일치 운동에 관한 교령 '일치의 재건'(1964)>을 통해 교회 일치 운동은 "삼위일체이신 하느님을 부르고 예수님을 주님이시며 구원자시라고 고백하는 것"이라고 하였다.(일치 교령 1항 참조)

가톨릭 교회는 1967년부터 루터교 세계연맹과 공동대화위원회를 구성, '공동증거'(1978년), '교회직무: 주교직'(1981년) 등 주목할 만한 문헌을 발표하며 역사적 반목과 불신의 벽을 조금씩 허물어 왔다. 이러한 성과를 바탕으로 1999년 10월 31일 독일 아우크스부르크에서 '의화교리에 대한 공동선언문'을 발표함으로써 타 그리스도교와 대화를 위한 새로운 기틀을 마련했다.

한국천주교회는 '일치 교령' 발표 이후, 1966년 7월 '전국 그리스도교 재일치위원회'를 발족하고, 11월에 개신교측과 함께 각 종교계 지도자들과 모임을 가졌다. 또한 1968년 교회일치기도주간(1월 18~25일)을 맞아 한국 교회사상 처음으로 개신교와 공동 기도회를 개최했고, 1970년대에는 그리스도 공동체의 묵상을 통해 교회 안에서의 진정한 대화의 광장을 마련했다.

1999년 주교회의는 일치위원회를 '교회일치와 종교간대화위원회'로 개편하고, 제1회 가톨릭과 개신교 공동 성탄 음악회를 시작으로 매년 음악회, 그리스도교 일치포럼을 개최해오고 있다.

한편 전남대학교 종교문화연구소가 주축이 되어 "한국종교간대화학회"를 2005년 10월에 창립하고, 학술연구논문지를 매년 2회 발간을 원칙으로 함에 따라 그 이듬해에 종교학술지「宗教學報」창간호(2006년 5월)와 제2집(2006년 11월)을 발간하였다. 한국종교간대화학회는 종교의 지고한 정신을 올바로 계승하고, 인류 사회의 빛이 되기 위해서 편견과 대립에 찌들었던 과거를 반성하며, 종교간 대화와 연구를 통하여 상호 이해를 증진시키고, 화합과 공동의 발전을 도모하기 위해 연구와 더불어 <종교이야기의 밤> <자유집담회> <학술대회> 등의 행사를 통해 활발한 종교간 대화를 이끌고 있다.

2006년 7월 23일에는 우리나라 서울에서 발터 카스퍼 추기경(교황청 그리스도인일치 촉진평의회 의장)과 김수환 추기경이 가톨릭 교회를 대표해 가톨릭 교회 · 루터교 세계 연맹 · 세계감리교협의회가 의화교리에 관한 공동선언문에 서명하였다. 공동선언문의 핵심은 다음과 같다.

> "의화는 죄의 용서이며, 죄와 죽음의 지배 세력으로부터 해방됨이며, 율법의 저주로부터 해방됨이다. 의화는 하느님과의 친교로 이미 지금, 그리고 도래할 하느님 나라 안에 온전히 수용되는 것이다. 의화는 그리스도와 그분의 죽음, 그리고 부활과 하나 되는 것이다. 의화는 세례 안에서 성령을 받아들이고 한몸으로 합체될 때에 이루어진다. 이 모든 것은 그리스도 덕분에, 은총으로, '하느님 아들의 복음'에 대한 믿음을 통하여 오로지 하느님에게서 온다."(11항)

그리고 카스퍼 추기경 등은 이날 "의화교리 기본진리에 대한 공동확언을 바탕으로 가톨릭 교회와 루터교, 감리교 세 교회는 신학연구와 가르침, 설교에서 의화에 대한 공동 이해를 더욱 깊이 있게 하기 위해 함께 노력하기로 약속한다."고 선언했다. 의화교리에 관한 공동선언은 무엇보다 서로가 서로에게 내렸던 정죄(定罪)를 거두고, 서로의 다른 점을 인정하면서 대화하기 시작했다는 데 큰 의의가 있다. 이와 관련해 발터 카스퍼 추기경은 "감리교와의 공동 선언은 대화 채널의 양적인 확대에서 한 걸음 더 나아가 교회 일치 운동이 새로운 도약을 할 수 있는 디딤돌을 마련한 기념비적이고 역사적인 사건이라고 평가했다.

제5장 성서란 무엇인가?

들어가는 말

세계의 여러 종교들은 저마다 경전(經典)을 가지고 있는데, 경전은 각 종교의 믿음과 가르침을 담은 책이다. 이를테면 불교에는 '불경'(佛經), 도교는 '도덕경', 유교는 '사서오경(四書五經)', 유다교는 테나크(구약성경), 이슬람교는 '코란', 힌두교는 '베다'라는 경전이 있다. 그리스도교의 경전은 성경#1(신 · 구약성경)이다. 성경은 인간 저자들이 성령의 감도(感導 · Inspiration)로 하느님의 말씀을 기록한 '거룩한 경전'이다. 그래서 성경의 원저자는 하느님이시다. 이 성경(聖經 · Holy Bible)은 그리스도교가 믿고 가르치는 진리의 말씀, 곧 인류의 구원에 관한 하느님의 말씀을 수세기에 걸쳐서 기록한 '거룩한 경전'이다.

바이블(Bible, 성경)의 어원은 고대에 종이 원료로 사용하였던 파피루스(지초 · 紙草 · Cyperus papyrus)의 속대를 뜻하는 그리스어 비블로스(biblos, pl. biblia)에서 유래한다. 파피루스 종이의 두루마리(roll-paper)에 글자를 기록한 것을 비블리온(biblion)이라고 하여 책이란 뜻이 되었으며, 특히 거룩한 책을 나타내게 되었다.

2티모 3, 16

성경은 전부 하느님의 영감으로 쓰인 것으로, 가르치고 꾸짖고 바로잡고 의롭게 살도록 교육하는 데에 유익합니다.

계시의 두 원천

하느님의 계시진리는 성경과 성전(聖傳 · Tradition)에 포함되어 있다. 천주교는 성경과 성전을 똑같이 하느님 계시의 원천으로 삼고 있다. 성경은 성령의 영감(靈感, 感導, 啓示)을 받아 기록된 하느님의 말씀이며, 성전(聖傳·거룩한 전통)은 성경에 기록되지 않은 하느님의 말씀이 교회 안에 전하여 내려오는 거룩한 전통을 말한다(요한 20, 30; 21, 25; 2테살 2, 15). 성경과 성전을 비교해볼 때 하느님의 말씀이 기록된 성경 이전에 성전이 먼저 있었다. 그러므로 성경의 원천이 성전이라고 말할 수 있다. 결국 성전은 성경에 기록되지 않은 계시 진리며, 성경에 명확히 기록되지 않은 것을 확실하게 밝혀 준다. 예컨대 성경에 정확한 기록이 없는 연옥 교리라든지 성경에는 전연 없는 일요일을 주일로 지키는 것 등이다.

성경과 성전은 서로 밀접히 연결되어 있고 공통되는 바가 있다. 왜냐하면 이 두 가지는 하느님의 똑같은 샘에서 흘러나와 하나를 이루며, 같은 목적을 지향하고 있기 때문이다. 성경만으로는 교회가 모든 계시에 대한 확실성을 얻을 수 없다. 따라서 이 두 가지를 똑같은 열성과 경외심으로 받아들이고 존중해야 한다. 그런데 프로테스탄트(개신교)에서는 성전을 인정하지 않는다. 왜냐하면 성전을 인정하면 결국 성전을 보존하고 있는 가톨릭을 인정해야 하기 때문이다. 그리스도교는 '경전'만의 종교는 아니며, 하느님 '말씀'의 종교다.

#1 **성경/성서** : 한국 가톨릭 교회의 역사적인 사건의 하나로 평가되는 새 번역 '성경'이 2005년에 합본으로 출간되었다. 우리 신앙 선조들은 성경을 기회가 닿는 대로 끊임없이 우리말로 옮겨 왔었다. 1977년에는 천주교와 개신교 신학자들이 협력하여 「공동 번역 성서」라는 성경전서를 펴냈다. 가톨릭과 개신교가 함께 민중이 알기 쉬운 언어로 성서를 새롭게 옮겼다는 점에서 중요한 의미를 지닌다. 그런데 그간 우리가 사용해온 「공동 번역 성서」는 대중들이 쉽게 이해하도록 의역에 치중한 나머지 '의미일치 번역'에서 오는 한계와 교회일치 번역본이어야 할 「공동번역」이 유명무실한 형편이었다.

따라서 한국 천주교 성경학자들은 독자적으로 1988년 7월에 번역작업을 시작하여 17년간에 걸친 각고의 노력 끝에 2005년에 펴낸 우리말 「성경」은 히브리어와 그리스어의 성경 본문에 충실하면서도 대중이 쉽게 읽을 수 있는 번역본으로 평가받고 있다.

주교회의 총회는 성서와 성경이라는 말(Biblia Sacra 또는 Sacra Scriptura)을 같은 의미로 써왔지만, '서(書)'보다는 '경(經)'이 좀 더 적합하다고 보아 '성경'이라는 제목을 붙이기로 결정한 것이다.

한국 천주교회 221년 역사상 독자적으로 처음 갖게 되는 공용 성경 탄생은 성경을 연구하는 학자들에게 좋은 스승이 되고, 모든 신자들에게는 신앙의 깊이를 더해가는 훌륭한 길잡이가 될 것이다.

성 경

하느님은 사람들에게 들려 주고자 하신 당신의 말씀을 올바로 기록하도록 글을 쓰는 이들의 마음과 정성을 밝혀 주셨다. 따라서 성경은 하느님의 말씀을 인간저자들이 성령으로 감도(感導)되어 사람의 말로 기록된 책인 바 '거룩한 경전'이며 '계시의 경전'인 것이다. 성경이 쓰인 목적은 "예수께서 메사아시며 하느님의 아드님이심을 여러분이 믿고, 또 그렇게 믿어서 그분의 이름으로 생명을 얻게 하려는 것"(요한 20, 31)이다. 그러므로 성경의 내용은 하느님, 예수 그리스도, 인간의 상호 관계, 그리고 예수님의 생애와 그분의 말씀과 행적을 통한 가르침 등을 담고 있다. 성경은 단 한 권의 책이 아니라 하느님의 말씀을 기록한 73권의 총서라고 할 수 있는데, 그리스도 탄생 이전에 씌어진 '구약성경'(46권)과 그리스도 탄생 이후에 씌어진 '신약성경'(27권)으로 나누어진다.

성경은 기원전 10세기부터 기원 후 1세기까지 천년 이상의 긴 세월에 걸쳐 많은 사람들에 의해서 편집되고 작성되었다. 성경은 비록 인간의 손으로 쓰인 책이지만 하느님께서 인간의 지성과 의지를 움직이시어 당신께 대한 신앙을 바탕으로 쓰게 하신 거룩한 경전이다. 그렇기 때문에 성경은 인간 저자들이 썼다 할지라도 성경의 원저자는 하느님이신 것이다. 성경 저자들은 하느님의 뜻에 따라 여러 가지 문학적 형식을 이용하여 인간 구원의 역사를 기록한 것이다.

그런데 구약성경은 신약성경을 준비하며, 신약성경은 구약성경을 완성한다. 이와 같이 구약성경과 신약성경은 서로를 밝혀 주는 하느님의 참된 말씀이다.

또한 성경은 계약의 말씀이라고도 하는데, 구약(옛 계약을 의미)은 하느님과 이스라엘 백성 간(중재자 모세)에 맺은 계약의 사상을 중심으로 엮어진 것이며, 신약(새 계약)은 예수 그리스도를 통하여 하느님께서 구약을 새롭게 하시고 완성하시어 그분 안에서 전 인류와 맺으신 새로운 계약인 것이다.

구약성경

구약성경은 하느님께서 우주 만물과 인간을 창조하신 이야기로부터 시작하여 하느님과 계약을 맺은 이스라엘 백성의 역사를 기록한 책이다. 하느님께서는 인간을 구원하시기 위하여 먼저 한 민족을 선택하셨는데, 바로 이집트에서 종살이를 하던 이스라엘 백성이었다. 구약성경에 실려 있는 하느님의 인간 구원을 위한 일들은 구세주이신 예수 그리스도를 맞이할 준비였다. 구약성경에는 "하느님께 대한 가르침, 인간의 삶에 관한 지혜, 그리고 하느님께 올리는 기도를 담고 있으며, 우리 구원의 신비가 감추어져 있다"(계시헌장 15항).

구약성경은 다음과 같이 오경 5권, 역사서 16권, 시서와 지혜서 7권, 예언서 18권

구 분	제 목
오 경	창세기, 탈출기, 레위기, 민수기, 신명기
역 사 서	여호수아기, 판관기, 룻기, 사무엘기 상권, 사무엘기 하권, 열왕기 상권, 열왕기 하권, 역대기 상권, 역대기 하권, 에즈라기, 느헤미야기, 토빗기, 유딧기, 에스테르기, 마카베오기 상권, 마카베오기 하권
시서와 지혜서	욥기, 시편, 잠언, 코헬렛, 아가, 지혜서, 집회서
예 언 서	이사야서, 예레미야서, 애가, 바룩서, 에제키엘서, 다니엘서, 호세아서, 요엘서, 아모스서, 오바드야서, 요나서, 미카서, 나훔서, 하바쿡서, 스바니야서, 하까이서, 즈카르야서, 말라키서

으로 구분하고 있다. 구약성경 46권에서 39권은 히브리어로, 나머지 7권(토빗기, 유딧기, 마카베오기상·하권, 바룩서, 지혜서, 집회서)은 그리스어로 씌어졌다.

그러나 16세기에 시작된 개신교에서는 『'역사서'·'시서와 지혜서'·'예언서'』의 일부를 외경(外經)이라 하고 정경(正經)으로 인정치 않고 있다. 가톨릭에서는 이미 382년 로마 주교회의 정경목록을 확정하였고, 트리엔트 공의회[1546년]가 재확인하여 제2경전[#2]으로 받아들이고 있다.

제2차 바티칸 공의회 이후 1968년 교황청 성서위원회와 연합성서공회(United Bible Society)가 '성서 공동 번역'의 기본 원칙에 합의하고, 제2경전도 수록하도록 결정한 바 있다. 한국에서도 그 해에 '성서 번역 공동위원회'를 조직하여, 1971년에 '공동번역 신약성서'를, 1977년에는 위의 개정판과 구약 완역본을 합본하여 '공동번역 성서'를 펴냈다. '공동번역 성서'에는 구약성서를 오경, 역사서, 시서와 지혜서, 예언서, 제2경전으로 분류하고 있으나, 현대 성경학에서는 오경, 역사서, 시서와 지혜서, 예언서로 분류한다. 그리고 제2경전에 있던 성경은 각 주제에 맞추어 역사서와 예언서 부분에 옮겨 놓았다.

오경(토라 혹은 율법서)

유다인들이 오경(Pentateuch)을 '율법서'를 뜻하는 '토라'(Torah)라고 부르는 이유는 율법서의 기록을 비슷한 길이로 구분하여 다섯 개의 두루마리에 나누어 보관했기 때문이다. 오경은 600여 년에 걸쳐 편집된 것이지만 주요 내용의 전달자가 모세이며, 후기의 편집자들은 모세가 전해 준 핵심적 내용을 양피지 두루마리에 손으로 직접 쓴 사본으로 보존했기에 모세 오경이라고도 한다. 오경에는 천지창조에서부터 아브라함을 비롯한 이스라엘 성조들의 역사와 율법이 기록되어 있다. 즉 하느님께서 우주 만물과 인간을 창조하신 이야기, 하느님과 이스라엘이 맺은 계약 이야기, 하느님께서 당신 백성을 보살피시며 그들을 약속의 땅으로 인도하신 이야기와 그들에게 주신 법이 오경이다.

#2 **제2경전**은 히브리어 성경에는 없지만 칠십인 역본(구약성서 전체의 옛 그리스어 번역본) 성경에는 나오는 책 들이다. 이 책들을 가톨릭 교회에서는 '제2경전'이라고 부르지만, 프로테스탄트에서는 외경이라고 한다. '제2경전'이란 용어를 사용하게 된 근본 이유는 이에 속하는 성경들의 정경성(正經性)에 대해서 유다교와 개신교로부터 거센 도전을 받아 왔기 때문이다. 그러나 성령의 감도에 있어서 누구도 '제2'로 인식해서는 안되며, 제2경전이라는 용어도 사용하지 말아야 한다.

역사서(16권)

역사서는 이스라엘이 이집트를 탈출하여 약속의 땅 가나안을 점령하고, 정착생활을 하기 시작한 때부터 바빌론의 유배 가는 시기(1220-587 B.C.)까지를 기록한 책들이다.

저술의 동기나 목적은 이스라엘 백성에게 참삶의 길을 제시하기 위한 것이다. 이스라엘이 약속의 땅에서 축복과 은총을 누리기 위해 하느님의 뜻을 배우고 하느님께서 보내 주신 사람들의 가르침을 따라야 하는데 이스라엘 백성이나 지도자들이 이 점을 훌륭히 이행하지 못했다는 점을 지적한다.

역사서의 전체적인 주제는 오경과 같이 '하느님의 구원사'다. 즉 하느님께 불충한 이스라엘은 징벌을 면할 길이 없으나, 진심으로 회개하여 하느님께 충성을 다할 때 당신 약속에 충실하신 하느님께서는 언제든지 이스라엘 백성을 돌보신다는 것이다. 우리 역시 회개하여 하느님께 충성을 다할 때 항상 당신의 약속에 충실하신 하느님께서는 우리를 구원해 주신다.

시서와 지혜서(7권)

오경과 예언서가 주로 하느님의 말씀과 업적을 전하는 데 비하여 시서와 지혜서는 하느님의 구원업적과 말씀에 대한 경건한 찬미의 응답을 다루고 있어 '응답의 성경'이라고도 한다.

예언서(18권)

예언서에 속하는 책들은 예언자들이 하느님께로부터 받은 말씀을 글로 기록하여

후대에 남긴 문서집들이다. 예언자란 하느님의 부르심을 받아 그분의 말씀을 사람들에게 전하는 대변자다. 성경 상에 예언자가 등장한 것은 기원전 1300년경 모세 시대부터이다. 그러나 진정한 예언자 시대는 기원전 8세기부터 4세기 사이의 수많은 왕들의 통치기간 동안으로 엘리야에서 시작하여 엘리사, 그리고 최초의 집필 예언자인 아모스부터 본격적인 예언자 시대가 시작된다.

이들의 활동은 사울왕 시대로 이어지면서 예언자들의 연속적 계통이 서게 되고, 판관시대 말기에는 '예언자들의 후예들'이 등장하게 된다. 판관(判官)이란 이스라엘의 왕정이 실시되기 전에 이스라엘을 영도하던 정치, 군사, 종교지도자들을 일컬으며, 일종의 집정관(執政官)이다.

예언서들의 공통점은 현재를 중심으로 하여 과거를 돌아보고 미래를 전망한다는 것이다. 예언서는 끊임없이 과거의 사건을 회상하게 한다. 예언서는 모세를 영도자로 하여 이집트를 탈출한 사건과 광야의 생활 중에 경험한 하느님의 보호하심, 그리고 시나이 산에서 맺은 계약이 하느님의 순전한 선물이었음을 잊지 않게 한다. 예언자들은 전통 종교 수호자이며 진정한 의미의 종교 개혁가들이었다.

신약성경

신약성경(27권)의 원문은 그리스어로 씌어졌으며, 예수님 탄생 이후부터의 내용을 다루고 있다. 예수님은 이 세상에서 단 한편의 글도 직접 쓰거나 남기지 않으셨다. 그리고 제자들도 예수님과 함께 생활하는 동안은 자기들의 스승이신 예수님에 관한 글을 한 편도 쓰지 않았다. 예수께서 돌아가신 후 부활하시고 승천하신 후, 예수님을 직접 따라 다녔던 제자들이나 그 제자들과 접촉했던 사람들이 성령의 인도로 예수님에 관한 내용들을 모아 글을 썼다.

신약성경의 형성

초대교회에서는 예수님의 죽으심과 부활 사건을 체험한 제자들이 예수님의 말씀을 주로 예배와 그 밖의 모임에서 말로써만 전하였다(구전 · 口傳). 그 이유는 예수께서 친히 글로 남겨 주신 것이 없었지만 당시 예수님의 행적을 목격한 사람이 많았으며, 또한 예수님의 재림과 세상의 종말 사상이 팽배했기 때문이다(「가톨릭 교회 교리서」, 126-127항)

그런데 시간이 흐름에 따라 사도들과 목격한 증인들이 줄어들게 되었고, 기다리던 종말을 새롭게 이해하기 시작했다. 아울러 교회가 세상 끝까지 복음을 전해야 한다는 사실을 깨닫게 되면서 전해 받은 계시와 교회의 신앙을 기록해 둘 필요를 느끼게 되었다. 따라서 점차 문헌화가 이루어졌으며, 그 과정에서 고귀하고 독특한 체험들이 첨가되어 풍부한 내용을 담게 되었다. 그래서 신약성경은 예수 그리스도와 그분의 활동, 가르침, 수난과 죽음과 영광, 성령을 통한 교회의 탄생 등을 전해주고 있다.

복음사가들은 자신의 신앙체험과 사상을 바탕으로 예수님의 말씀과 행적을 기록한 복음서를 집필했으며, 바오로와 다른 사도들은 새로 탄생한 지역교회를 위한 가르침과 공동체 생활에 대한 교훈, 그리고 그리스도의 가르침을 다시 확인하고 설명하기 위하여 편지형식의 글을 남겼다. 이렇게 해서 27권의 신약성경이 전해지게 되었고, 구약성경과 함께 하느님의 인간에 대한 계시의 기록이 완성되었다.

신약성경의 정경 목록

교회 초창기에는 현재의 신약성경 27권 외에도 여러 가지 문헌들이 있었다. 교회가 이러한 문헌들로부터 정통 신앙을 보존하고 전파하기 위하여, 신약성경 정경 목록을 확정시킬 필요를 느낀 것은 영지주의(靈知主義 · gnosticism) 등 이단(異端)이 성행했던 150년경부터였다. 영지주의는 그리스도께서 '육체로 오신 것'을 부인하고 '영지'(靈知)를 통해 구원을 받는다고 믿는 신앙이다. 여기서 영지(gnosis)란 지식(knowledge)을 뜻하지만 일반적인 지식이 아니라 구원의 경지에 이르기 위해서는 특별한 지식(영적 지식)이 필요한 앎을 말한다.

교회는 사도 전래성, 보편성, 영감성이라는 원칙 아래 모든 문헌을 식별, 검토하여 점차적으로 정경을 고정하는 작업을 하였다. 그리하여 성 아타나시오(295-373)는 현재와 같은 27권의 목록을 작성했고, 3세기 말엽에는 이 정경에 구약성경과 똑같은 권위를 부여하게 되었다(「가톨릭 교회 교리서」, 120-130항).

신약성경의 내용

신약성경은 다음 표에서 보여준 바와 같이 네 부분으로 나눌 수 있는데, 예수 그리스도의 말씀과 업적을 기술한 복음서(4권), 사도들의 행적을 기술한 사도행전(1권), 사도들이 신자들을 가르치기 위한 서간(21권), 그리고 미래의 교회상을 기술한 묵시록(1권)이며, 전부 27권으로 구성되어 있다.

구 분	제 목
복음서	마태오 복음서, 마르코 복음서, 루카 복음서, 요한 복음서
사도행전	사도행전
사도 바오로의 서간	로마서, 코린토 전서, 코린토 후서, 갈라티아서, 에페소서, 필리피서, 콜로새서, 테살로니카 전서, 테살로니카 후서, 티모테오 전서, 티모테오 후서, 티토서, 필레몬서, 히브리서
다른 사도들의 서간 (가톨릭 서간)	야고보서, 베드로 전서, 베드로 후서, 요한1서, 요한2서, 요한3서, 유다서
묵시록	요한 묵시록

1) 복음서

복음(福音)이란 예수께서 선포하신 인류구원의 기쁜 소식을 말한다. 신약성경 중에서 네 편의 복음서는 인류의 구세주 예수 그리스도의 생애와 가르침에 대한 가장 중요한 증언이기 때문에 성경의 핵심이다. 4복음서 중 마태오, 마르코, 루가 복음서를 공관(共觀)복음서라고 한다. 이 세 복음서는 동일한 관점에서 예수 그리스도의 행적과 말씀을 기록하고 있기 때문에 '함께 비교하여 본다'는 의미로 '공관' 복음서라고 칭한다.

2) 사도행전

루카의 두 저서 중 둘째 권인 '사도행전'(使徒行傳, Acts)은 '사도들의 행적을 기록한 책'을 말한다. 그러나 12사도에 대한 언급은 거의 없고 대부분이 사도 베드로와 바오로의 행적이다. 또한 사도들을 통해서 역사(役事)하시는 성령의 능력을 묘사하므로 '성령의 복음서'라고도 한다. 사도(使徒)는 그리스어로 '파견된 사람', '소식의 전달자(Apostolos)'라는 뜻인데, 이 칭호는 예수의 직제자 12명에게 붙여졌다. 그러나 성경에서 사도로 불린 사람은 사도 바오로(*L.* Paulus, *Gr.* Paulos, *Eng.* Paul)를 비롯해서 모두 14명이었다. 예수께서는 당신이 아버지께로부터 받은 권한과 사명을 이들에게 주시어 온 세상에 파견하셨다.

사도 베드로는 주로 유다인들을 대상으로 복음을 선포하였고(사도 1, 1—11, 26) 사도 바오로는 이방인들을 상대로 복음을 선포하였다(사도 11, 27—28, 31). 이 사도행전은 복음서와 서간들을 이어주는 다리의 역할을 하고 있다.

3) 서간집

사도들의 서간집(書簡集)은 두 부분으로 나누는데, 신약성경의 분류표에서 볼 수 있는 바와 같이 사도 바오로의 서간들 14권과 가톨릭 서간들 7권으로 분류된다. 바오로의 서간은 수신인이나 또는 수신인들의 공동체의 이름이 각 편지의 명칭으로 되어 있고, 가톨릭 서간은 발신인의 이름이 명칭으로 되어 있다. '가톨릭 서간'이라고 지칭하는 이유는 발신인이 특정한 공동체나 개인에게 보낸 것이 아니라 교회전체에 보내진 것이기 때문이다.

서간성경은 일상생활 안에서 당면한 신앙문제에 대한 답변이나 구체적인 그리스도인의 생활방침들을 제시하며, 수신인과 대화하는 형식을 취하고 있다.

4) 묵시록

성경의 마지막을 이루는 묵시록(默示錄, Revelation)은 요한이 쓴 것인데, 독특한 유형의 묵시 문학서다. 묵시란 계시(啓示)를 뜻한다. 따라서 이 책은 계시의 전언(메시지)이다. 그리스도의 재림과 하느님의 심판에 관한 신비스러운 묵시다.

요한 묵시록은 당시 박해 상황에서 그리스도인들을 위로하고 격려하며 힘을 주기 위해 기록된 책으로 세상의 많은 역경과 수난에도 하느님 나라는 완성되리라는 확신을 나타낸다. 요한 묵시록은 비일상적인 상징과 내용으로 가득 차 있기 때문에 이해하기 어려운 책이다. 그렇지만 우리가 이 책이 그때의 어려운 시대적 상황에서 생겨났음을 알게 되면, 그 까닭을 더 쉽게 이해할 수가 있을 것이다. 그때에 그리스도신자 공동체들은 지배 권력에 의하여 억압과 박해와 그런 상황에서는 말을 분명하게 할 수가 없었다.

나오는 말

성경은 인간 구원을 위한 하느님의 말씀이다. 우리를 회심시키고 변화시키는 말씀이다. 그러므로 성경은 믿음의 책이요, 규범의 책이며, 하느님과 만날 수 있도록 해주는 책이다. 성경보다 더 소중하고 빛나는 교리서는 없다. 우리는 성경에서 인간에 대한 하느님 사랑의 신비스러운 뜻과 인생의 의미, 우리 삶의 길을 발견할 수 있다. 성경을 읽지 않으면 예수 그리스도를 알 수 없으며, 신앙생활에서 얻어지는 참되고 충만한 기쁨을 맛볼 수 없다.

개신교 신자들이 가톨릭 신자들을 평가할 때 흔히 하는 말이 있다. "가톨릭 신자들은 성경에는 무지하고 미사만 참석하면 만사형통인 줄 안다. 그리고 가톨릭 신자들은 개신교 전도사를 만나면 대답 한마디 제대로 못한다."라고 한다. 그 사실여부는 논외로 하더라도, 사도 바오로는 티모테오에게 보낸 둘째 서간에서 "성경은 전부 하느님의 영감으로 쓰인 것으로, 가르치고 꾸짖고 바로잡고 의롭게 살도록 교육하는 데에 유익합니다."(2티모 3, 16)라고 말했듯이, 우리 신자는 성경을 항상 가까이하고 성경 말씀을 삶의 길잡이로 삼아야 한다. 그래서 미사참례도 중요하고, 또한 성경말씀에 의한 일상의 삶도 중요하다. 마음에 와 닿는 성구는 가급적 외우고 삶의 지표로 삼아야 한다.

핵심문제

(1) '성경'이란 어떤 책입니까?

성경이란 하느님의 말씀을 인간저자들이 성령의 영감(靈感, 感導, 啓示)을 받아 사람의 말로 기록한 책인바 '거룩한 경전'이며 '계시의 경전'입니다. 성경은 구약성경 46권과 신약성경 27권이 있습니다.

(2) 성전(聖傳)이란 무엇입니까?

성전은 성경에 기록되지 않은 하느님의 말씀이 교회 안에 전하여 내려오는 거룩한 전통을 말합니다. 하느님의 말씀이 기록된 성경 이전에 성전이 먼저 있었습니다. 그러므로 성경의 원천이 성전입니다.

(3) 구약성경이 전하고 있는 전체적인 내용은 무엇입니까?

구약성경은 그리스도의 내림을 준비하는 것으로서, 하느님께 대한 가르침, 인간의 삶에 관한 지혜, 그리고 하느님께 올리는 기도를 담고 있습니다.

(4) 신약성경의 내용은 무엇입니까?

신약성경은 예수 그리스도와 그분의 활동, 가르침, 수난과 죽음과 영광, 성령을 통한 교회의 탄생 등을 전해 줍니다.

(5) 복음이란 무엇입니까?

복음이란 예수께서 선포하신 인류구원의 기쁜 소식을 말합니다.

알아두기

- 성경의 장, 절 표기

성경을 연구하거나 읽기 쉽게 표기하려는 의도에서 약 13세기경부터 성경을 여러

장과 절로 나누어 놓았다. 성경 구절은 줄여서 표기한다.

'창세 5'는 창세기 5장을, '창세 3, 15'는 '창세기 3장 15절'을 가리킨다. 그리고 한 절이 다시 세분될 경우에는 ㄱ, ㄴ 등으로 표기한다.

'창세 5, 2ㄱ'은 창세기 5장 2절 전반부(운문에서는 첫째 줄)를 뜻한다.

'창세 3,5-10'은 창세기 3장 5절부터 10절까지(붙임표를 써서 표기)를,

'창세 4— 6'은 창세기 4장부터 6장까지(줄표를 써서 표기)를 말한다.

둘 이상의 구절이 나올 때에는 쌍반점(;)으로 연결한다. 예를 들어

'잠언 1, 28; 아가 5, 6'은 잠언 1장 28절과 아가 5장 6절을 뜻한다.

해당 책의 구절은 책 이름을 별도로 기재하지 않고 숫자로만 표기한다. 예컨대

시편에 '11, 7; 민수 12, 8'은 시편 11장의 7절과 민수기 12장 8절을 말한다.

한 책의 여러 구절들이 계속 나열될 경우 책 이름은 앞에 한 번만 기록한다.

예: 욥 14, 18; 18, 4

같은 책의 같은 장에서 두 구절 이상이 나올 때에는 절을 온점(.)으로 연결한다.

예: 시편 22, 3.15.24

또한 성서의 여러 책들이 잇달아 나올 때에는, 해당 본문의 책을 맨 앞에 넣고 특별한 경우가 아니면 앞의 목차에 있는 순서에 따라 배열한다.

같은 이름으로 된 책이 여러 권일 경우에

구약은 상·하권으로, 신약은 1·2·3서로 구분한다.

제 6 장 예수 그리스도는 누구이신가?

들어가는 말

인류의 주님이요 구세주이신 예수 그리스도는 참 하느님이시며 참 사람이시다. 즉 신인적(神人的) 존재이시다. 한 존재가 신적인 요소와 인간적인 요소 두 가지를 갖는다는 것은 철학적으로는 모순이다. 그러나 그는 철학을 넘어서는 신비한 하느님이시다. 그가 두 가지 본성을 가진 것은 인간이 하느님께 저지른 죄로 말미암아, 하느님과 단절된 인간을 중재하고 구원하시기 위한 사명을 가지고 강생하셨기 때문이다. 다시 말하면 하느님과 인간 사이를 이어주는 교량의 역할, 즉 하느님과 인간 사이의 중재자의 사명을 띠고 세상에 오셨기 때문이다.

하느님께서는 세상을 너무나 사랑하신 나머지 외아들을 내주시어, 그를 믿는 사람은 누구나 멸망하지 않고 영원한 생명을 얻게 하셨다. 하느님께서 아들을 세상에 보내신 것은, 세상을 심판하시려는 것이 아니라 세상이 아들을 통하여 구원을 받게 하시려는 것이다.(요한 3,16-17).

하느님께서는 사랑이시기 때문에 당신의 외아드님을 세상에 보내 주셨고, 우리는 그분을 통하여 구원을 받게 되었다. 이렇게 하느님의 사랑이 우리 가운데 분명하게 나타난 것이다. '예수 그리스도'는 하느님 사랑이 인간 역사에 확연하게 드러난 감격스런 이름이다. 그리고 그것은 단순한 이름에 그치지 않고 "그 예수님께서 바로 그리스도이시다."라는 신앙 고백으로 이어진다.

마르 8,27-29

예수님께서 제자들과 함께 카이사리아 필리피 근처 마을을 향하여 길을 떠나셨다. 그리고 길에서 제자들에게 “사람들이 나를 누구라고 하느냐?” 하고 물으셨다. 제자들이 대답하였다. “세례자 요한이라고 합니다. 그러나 어떤 이들은 엘리야라 하고, 또 어떤 이들은 예언자 가운데 한 분이라고 합니다.” 예수님께서 다시, “그러면 너희는 나를 누구라고 하느냐?”하고 물으시자, 베드로가 “스승님은 그리스도이십니다.” 하고 대답하였다.

예수 그리스도의 이름의 뜻

예수(Jesus)	그리스도(Christ)
↓	↘
구세주(救世主) · 구원자(救援者)	메시아 즉 성유(聖油)로 축성(祝聖)된 분 왜? 구약시대에 예언자, 사제, 왕은 「주님의 기름을 발리운 자」라 불렸다. 예수는 최고의 예언자 · 대사제 · 왕이시기 때문이다.

‘예수’(Jesus)라는 이름은 히브리어로 ‘하느님께서 구원하신다(구세주 · 구원자)’라는 뜻이고, 그리스어인 **‘그리스도’**(Christus)라는 말은 히브리어로 ‘메시아’(Messiah) 즉 “기름 부음을 받은 자”(도유 · 塗油된 자)를 뜻한다.

역사상의 예수님

그리스도는 역사적 인물로서

1) 탄생 전에 예고된 사실(이사 7, 14)이 있고, 2) 초자연적인 탄생이며,

3) 그리스도의 많은 기적의 사실이 있고, 4) 역사적인 영향은 지대하다.

가브리엘 천사는 다윗 가문의 요셉과 약혼한 처녀 마리아에게 성령에 의한 임신으로 하느님의 외아들 예수님을 낳을 것이라고 예고하였다(루카 1,26-38 참조). 이사야 선지자는 예수님이 탄생하기 700여 년 전에 “젊은 여인이 잉태하여 아들을 낳고 그 이름을 임마누엘(‘우리와 함께 계시는 하느님’의 뜻)이라 할 것입니다.”(이사 7, 14)라고 이미 예언을 했다. 동정녀 마리아의 성령에 의한 임신은 정자와 난자의 결합에 의한 양성생식(兩性生殖)이 아닌 초자연적 방법에 속하며, ‘창조의 기적’에 해당된다.

예수님이 신이면서 인간이어야 되는 이유는 인류의 죄를 대속하고 인간을 구원하기 위해서이다. 인간을 구원하는 일은 신만이 가능하고, 죄를 대속하기 위해서는 죄 없는 인간이어야 하기 때문이다. 그래서 성모 마리아(제14장 성모론의 무염시태 참조)를 제외한 모든 인간은 원죄가 있으므로, 예수님은 부계(父系)의 피(유전자)가 섞이지 않는 방법, 곧 성령에 의한 임신에 의해 태어나신 것이다.

예수 그리스도는 로마 제국의 초대 황제 아우구스투스(Augustus 29 B.C.~14 A.D.)시대에 팔레스티나에서 태어나 제2대 황제 티베리우스(Tiberius 14~37 A.D.)시대에 활약한 인물로서, 그는 3년간의 **공적 활동**## 을 통해 자신이 하느님의 아들이라고 주장했다고 하여 유다의 종교 지도자들의 미움을 샀고, 마침내는 그들의 모함에 의해 국사범으로 몰려 십자가에 처형당한 분이시다.

그런데 예수님을 구세주로 이해할 수 있었던 것은 무엇보다도 그분이 부활하셨기 때문이라고 증언하고 있다. 즉, 그분의 부활을 체험한 사도(使徒)들은 그분의 공적 활동을 통해 인간을 구원하러 오신 '하느님의 아들'이라는 확신을 가질 수 있었기 때문이다. 예수께서는 성경에서 당신 자신이 메시아로서, 이스라엘의 선조들에게 약속되어 그 탄생이 몇 천년을 두고 학수고대되었던 바로 그 구세주라는 자신의 신분을 확실히 밝히셨다. 예수님은 인간인 동시에 인간성을 초월한 분이시다. 또한 예수님은 인간의 능력을 뛰어넘고 인간의 상상력을 능가하는 기적들을 행하셨다.

물을 포도주로 변하게 한 기적(요한 2,1-12), 태어나면서부터 눈먼 사람을 고쳐 주신 기적(요한 9,1-12), 야이로의 죽은 딸(루카 8,40-56)과 죽은 라자로를 다시 살리신 기적(요한 11,38-44), 빵 다섯 개와 물고기 두 마리로 오천 명을 먹이신 기적(마태 14,13-21) 등등 이러한 예수님의 행적은 4복음서뿐만 아니라 역사가들이 저술한 역사서에도 실존했던 인물로 기술하고 있다. 예수 그리스도를 증언하는 사적(史蹟)은 로마의 까다꼼바(지하묘소), 팔레스띠나 각지에 있다. 예컨대, 예수께서 탄생하셨다는 곳, 사형선고를 받으셨던 곳, 십자가를 지고 가신 길 등등 많이 있다.

그리스도는 보통의 인물이 아니며, 예수 그리스도가 인류에게 미친 역사적인 영향은 지대하다. 그래서 그리스도의 탄생을 기념하는 서력 기원이 생겼다.

그리스도의 탄생은 신자이건 비신자이건 성탄절・크리스마스(Christ/mas - 그리스도 미사・mass)를 축하하고 기뻐한다.

공적 활동(公的活動) : 예수님의 생애를 크게 두 시기로 나누며, 나자렛에서 사신 시기를 그분의 사적 생활(私的生活)이라 부르고, 구세주로서 복음을 선포하신 시기를 공적 생활이라 부른다. 예수께서는 3년간 공적 생활을 통하여 하느님의 기쁜 소식을 선포하시다가 십자가에 처형을 당하셨다.

예수 그리스도의 강생 이유

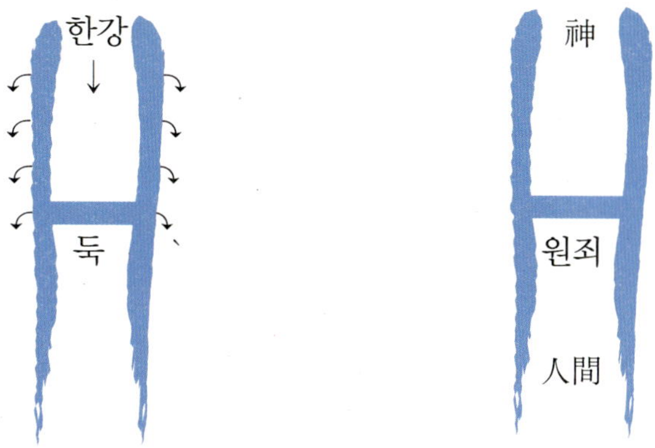

한강을 둑으로 막으면 서울시가 물바다가 된다. 자연 질서의 파괴가 재앙을 불러일으킨다. 서울시민이 구원받기 위해서는 둑을 허물어 질서를 회복하는 일이다. 둑은 자연 질서의 파괴다.

원죄 = 신(神)과 인간 사이의 윤리질서의 파괴

원죄(原罪)는 인류의 원조인 아담과 하와가 지은 죄를 일컫는 것이다.(이는 제8장에서 자세히 공부한다) 신과 인간 사이의 윤리질서의 복원을 위해 구세주 즉 예수 그리스도가 강생하신 것이다. 강생이란 하느님의 아들이 사람의 아들로 세상에 오신 것을 말한다. 예수 그리스도는 하느님과 인간 사이의 가교 역할을 한 중개자 (공동변역 성서에는 중재자)이시며(1티모 2,5-6 참조) 신인적(神人的) 존재다.

가령 무슨 이유로 틈이 생긴 양자(兩者)를 화해시키려는 제삼자는 양쪽을 잘 통하는 사람이어야 중개(중재)가 가능한 것이며, 한 쪽만을 잘 통하는 사람은 중개할 수 없는 것이다. 그래서 신인(神人)적 존재인 예수님은 신과도 잘 통하고 인간과도 잘 통하는 존재이므로 신과 사람 사이의 화해를 가능케 한 중개자인 것이다.

예화1(알베르토 성인의 걸작품)

알베르토 성인은 뛰어난 과학자로 그는 젊은 시절부터 30여 년 간이나 기계 연구에 몰두하여 사람의 지능에 가까운 기계를 완성했다. 그 기계는 사람의 목소리로 말할 수 있을 뿐 아니라 감정의 표현까지도 어느 정도 가능하였다고 한다.

그것을 완성한 어느 날 알베르토 성인은 이 신통한 기계를 발표하기 전에 먼저 사람들의 반응을 살피기 위해 학생들이 다니는 길목에 갖다 놓았다. 그리고 알베르토 성인은 모퉁이에 숨어 있었다. 드디어 한 학생이 기계 옆을 무심코 지나갔는데 기계가 사람의 음성으로 무엇이라고 말을 하자 그 학생은 까무러칠 정도로 놀랐다. 몹시 놀란 학생이 괴물과 같은 기계에 다가갔을 때 기계가 다시 한번 몇 마디 말을 지껄이자, 학생은 당황하여 쇠망치로 기계를 내리쳤다. 정말로 기절할 듯이 놀란 사람은 알베르토였다. 그는 숨어 있는 곳에서 뛰쳐나오며 소리쳤다. "그만 둬! 망치를 멈춰…!"

그러나 이미 때는 늦어 알베르토 성인이 일생을 쏟아 완성한 그 걸작품은 놀란 학생의 망치질 아래 산산조각으로 부서져 바닥에 흩어졌다. 뒤늦게 그 학생도 자신이 부순 것이 인류사에 한 획을 긋는 대단한 발명품이었다는 것을 알았지만 이미 돌이킬 수 없는 일이 되고 말았다.

하느님께서 당신의 모상대로 직접 만드신 인간의 영혼은 탁월한 과학자 알베르토 성인이 30년이나 공을 들여 만든 모형 인간과는 비교할 수 없는 위대하고도 고귀한 걸작품이다. 예수 그리스도는 33년의 생애를 바쳐 원죄로 말미암아 잃었던 인간의 영혼을 되찾아 주기 위해 목숨까지 바쳤다. 우리가 이 모든 사실을 망각하고 대죄를 범하는 그 순간은 하느님의 고귀한 걸작품인 영혼이 파괴되는 순간이다.

예화 2(공명정대한 군주)

19세기 중엽, 러시아의 코카서스 주민들은 부패를 일소하고 뇌물로 국민을 착취하는 악습을 없애려는 공명정대한 군주인 슈라밀의 치하에서 살았다. 군주는 만일 뇌물을 주고 받는 사람이 있으면 형벌로 공개석상에서 태형(笞刑 : 매로 볼기를 치는 형벌)으로 다스리는 법을 제정하였다. 그런데 난처한 일이 발생했다. 뇌물 공여 관계로 맨 처음 입건된 사람은 다름 아닌 바로 군주의 어머니였던 것이다.

이 사실을 알게 된 슈라밀의 가슴은 떨렸고 며칠을 자신의 천막에 틀어박혀 생각에 골몰하였다. 사흘 째 되는 날 아침, 군주는 굳은 얼굴로 사람들 앞에 나타났다. 그리고는 그의 어머니를 재판정에 서게 한 뒤 법의 엄정한 실시를 위해 매질을 시작하라고 명령하였다. 회초리가 허공을 가르는 순간 슈라밀은 뛰쳐나가 어머니의 결박을 풀고 자기를 대신 결박하여 매질을 하라고 명령했다. 간수들은 크게 당황하였으나 군주의 명령대로 태형 50대를 쳤다.

끝까지 매를 다 맞은 군주의 얼굴은 피가 엉기어 흘러내렸다. 이윽고 슈라밀은 놀란 군중을 향해 입을 열었다. "다들 집으로 돌아가십시오. 누구라도 자신의 죄를 씻기 위해서는 대가를 치른다는 사실을 잊지 마시기 바랍니다."

이런 일이 있은 다음부터 코카서스에서는 그 누구도 뇌물을 주고 받지 않았으며 무엇보다도 사람들은 공명정대한 그들의 군주 슈라밀을 잊지 않았다.

예수님은 우리들을 구속(救贖)하고 공의(公義)로우신 성부의 노여움을 풀어 드리기 위해 매를 맞으시고 우리들이 받아야 할 벌을 대신 치러서 우리를 죄에서 풀어 주셨다. 예수님은 끊임없이 성부께 기도하셨다.

"성부여! 죄인들을 대신하여 당신의 외아들이 갈바리아에서 피를 흘렸사오니, 그들을 다시 당신의 품안으로 받아들이소서."

예수님이 태어나고 공적 생활을 할 당시의 시대적 상황

예수님이 태어나고 공적 생활을 할 당시의 유다인은 로마의 지배를 받고 있었다. 로마 당국은 식민지에 그 지방 출신 가운데 통치자를 내세우는 것을 관례로 했기 때문에 헤로데를 유다지방의 왕으로 삼았다(루카 3,1-2). 그러나 로마는 그 영토 일부를 떼어 총독으로 하여금 직접 다스리게 하였다. 예수님이 공생활을 할 당시 로마 총독은 본시오 빌라도였다. 로마 당국은 유다인들에게 황제를 위한 개인 세금과 지역 세금을 요구했고, 점령군을 위한 세금도 거두었다.

이스라엘 백성들은 하느님께서 메시아를 보내주심으로써 로마인들의 지배에서 해방되고, 민족이 가장 번성했던 다윗과 솔로몬 시대의 영화를 되찾게 되기를 열망하고 있었다. 그리고 메시아는 다윗 왕의 가문에서 태어나 위대한 왕의 모습으로 다시 오실 것이라고 믿고 있었다. 당시 이스라엘 사회의 정치·종교 집단들은 민족의 해방과 구원을 가져다 줄 메시아를 기다리고 준비하는 입장에 따라 다음과 같은 여러 파로 나누어져 있었다.

- **헤로데와 왕당파** : 유다인의 왕 헤로데를 중심으로 한 왕당파는 로마 당국이 형식적으로나마 그들에게 통치권을 주었기 때문에 로마의 눈치를 보고 비위를 맞출 수밖에 없었지만 그들 역시 로마의 예속을 벗어나기를 바랐다. 그러나 그들은 무력 대항으로 로마를 물리치려는 혁명당에게 강하게 맞섰으며, 갈릴래아에서 정치적 소요를 일으키는 무리를 체포하려고 혈안이 되어 있었다.

- **혁명당(열혈당)** : 열혈당은 로마에 소극적으로 저항했던 바리사이파와는 달리 이스라엘 민족의 해방은 무력으로 물리쳐야 이루어질 수 있다고 믿었다. 또한 장차 오실 메시아는 강력한 군사 지도자로서 이 성전에 앞장 서 싸움으로써 승리를 쟁취해줄 존재로 여겼다. 그래서 유다 당국자들은 그들을 치안을 어지럽히는 폭도로 간주했으며, 로마 당국도 게릴라식으로 항쟁을 벌이는 그들을 반역자로 취급하여 박해했다.

• 바라사이파 : 바리사이파는 주로 열성적인 일반 유다교 신자들, 기능공들과 소상인들, 특히 특권층의 사제들에게 반대하던 가난한 사제 계급들로 형성되었다. 이들은 율법에 대해 보다 엄격한 해석과 실천을 내 세우던 학파에 속하는 사람들이었으며, 자기네들 스스로 의롭다고 자부하고 자기네처럼 살지 않는 사람들을 멸시하고 적대시하였다.(루카 18,9-14 참조) 바리사이파는 로마의 통치를 벗어나기 위해서는 무력항쟁이 필요한 것이 아니라 하느님의 율법과 조상들의 전통을 충실히 지켜야 하고 이렇게 철저히 지킬 때 메시아가 오셔서 우리를 구원해주실 것이라고 믿었다. 그들은 영혼이 불멸한다고 믿었으며, 선한 삶을 산 사람과 악행을 저지른 사람에게는 이 세상에서 보상과 징벌이 있다고 주장하였다. 로마 당국자들도 죄인에 속한다고 여겼기 때문에 꼭 필요하지 않을 때는 상대조차 하지 않았고, 부득이한 경우라도 로마인들의 집안에 들어가 만나는 일은 없었다.

• 사두가이파 : 사두가이파는 대부분 대지주들과 고위 사제 계급 사람들로 구성되었으며, 정치적·종교적 지배 계층을 이루어 권력을 장악하고 있었다. 사두가이파는 로마 식민지라는 현실을 받아들여 권력과 부를 누릴 수 있었기 때문에 정치적으로는 로마 당국과 협력한 기회주의자들이었다. 그리고 사두가이파는 죽은 자의 부활, 영혼과 천사들의 존재 등을 부정한다는 점에서 바리사이파와 대립되었다.(사도 23, 8; 4,1-2 참조)

• 율법학자들 : 율법학자들은 특별한 파당이라기보다는 모세 율법을 가르치는 학자들이었다. 율법학자들과 학식 있는 사람들에게 '라삐'(Rabbi : '스승님'이라는 말, 요한 1, 38) 혹은 '라뿌니'(Rabboni, 요한 20, 16)라는 칭호가 주어졌다. '라뿌니'는 '라삐'와 같은 의미이지만, 좀더 장중하고 엄숙한 의미가 있다. 그들은 뛰어난 성경 주석가였으며, 법률과 교육 전문가 대우를 받고 있었다. 율법학자들은 대부분 바리사이파에 속했지만 그 구성원은 매우 다양했다. 그들에게는 출신이 문제되지 않았고 오직 지식만이 힘이었다. 라삐가 되면 종교법과 예식의 문제, 형사소송과 민사소송에서 판결을 내릴 수 있었다. 율법학자들은 이스라엘 백성이 율법의 세세한 규정들을 다 지키지 못하면 장차 메시아가 오실 때 엄한 벌을 받게 된다고 강조하였다. 그러나 법조문에 너무나 얽매어 예수님과 항상 적대 관계를 이루어 왔다.

• 사마리아인들 : 기원전 721년 북부 이스라엘 왕국이 아시리아에 의해 멸망당할 때

아시리아는 북부 이스라엘 왕국의 수도인 사마리아 지역에 이 민족을 이주시켰다. 그래서 사마리아에는 인종과 종교의 혼합주의가 생기게 되었다. 유다인들은 이 사마리아인들을 잡종 인종으로 취급하고 몹시 경멸하였다.

예수님의 복음선포

예수님은 당신이 구약에서 약속된 구세주의 사명을 띠고 이 세상에 오셨으며, 당신께서 하느님의 인간 구원 사업을 완성하실 것임을 말씀과 행적으로 가르치셨다. 예수님의 복음 선포는 단순히 설교에서 그치는 것이 아니라 실제로 슬픔이 있는 사람들에게는 기쁨을, 온갖 유혹과 욕망에 묶인 이들에게는 자유와 해방을, 가난한 이들에게는 복된 소식을 가져다 주는 것이었다.

예수께서 복음을 선포하시면서 마귀 들린 사람을 고쳐 주시고(루카 4,33-36), 많은 병자들을 낫게 해 주시는 기적(마태 8,14-15; 8,1-4)을 베푸신 것도 인간 구원의 절대 조건인 죄로부터의 해방과 자유를 선포하시기 위한 것이었고, 당신께서 바로 메시아이심을 드러내시는 것이었다. 그 대표적인 사례가 예수께서 중풍환자를 고치신 이야기다(루카 5,17-26). 예수님이 중풍환자를 낫게 해주셨을 때 "너의 병은 치유되었다"고 하신 것이 아니라 "너는 죄를 용서받았다."고 말씀하셨다(루카 5, 20).

예수께서는 죽은 사람을 살리신 기적도 행하셨다. 야이로의 딸(루카 8,40-56)과 라자로를 살리신 것이 그 사례이다(요한 11,38-44). 하지만 예수님은 모든 병자를 고쳐 주시고 죽은 모든 사람을 살리신 것이 아니다. 예수께서 행하신 권능, 기적과 표징들은 하느님 아버지께서 그분을 보내셨다는 것을 증명한 것이다. 복음서는 예수님께서 하느님의 권능에 의해 하느님으로부터 부여받은 사명을 수행하고 있다는 것을 말하고 있다.

예수께서는 모든 사람을 사랑하셨다. 백성들에게 과다한 세금을 거두어들이던 세관장, 간음하다 잡혀 온 여인, 유다인들이 절대로 상종하지 않았던 사마리아의 여인, 소경으로 태어난 사람들까지도 아무런 차별 없이 대하시고 사랑하셨다.

예수께서 세리(稅吏)였던 레위(마태오)를 부르신 이야기는 좋은 사례이다(마르 2,13-17; 루카 5,27-32; 마태 9,9-13). 그 당시 세리란 단순한 세금 징수원이 아니라 민족 배신자로 여겨졌다. 거지들도 세리들한테는 적선을 받지 않을 정도였다. 그러나 예수님은 레위를 단죄하신 것이 아니라 오히려 제자로 삼으셨다. 레위가 단지 세리라는 이유 때문에 구원의 대상에서 제외되어야 한다는 이스라엘 지도층의 편견과 고정관념을 깨버린 것이다. 예수께서는 이처럼 이스라엘 사회에서 죄인으로 취급받던 사람들을 안아주셨고 한자리에서 음식을 나누셨다. 그리고 이를 비난하는 유다교 지도자들에게 "건강한 이들에게는 의사가 필요하지 않으나 병든 이들에게는 필요하다. 나는 의인이 아니라 죄인을 불러 회개시키러 왔다."(루카 5,31-32) 하고 말씀하셨다.

예수님의 추종자들과 반대자들

예수님의 가르침은 참으로 권위가 있었고 그분의 행적 또한 놀라웠기 때문에 백성들 사이에 그 명성이 널리 퍼졌고, 그분을 따르는 사람들도 늘어갔다. 예수님을 만난 사람들은 그분의 가르침을 받아들이고 자신의 삶의 방식을 바꾸어 완전히 새로운 삶을 시작하였다. 예수께서는 그들 가운데 열두 제자를 뽑아 사도로 삼으시고(루카 6,12-16), 하느님의 인류 구원사업을 이루시는 당신의 사명에 참여케 하셨다. 이스라엘 민족은 열두 지파(부족)들로 이루어졌기 때문에 열두 사도는 이스라엘 전체를 상징한다. 예수님의 제자들은 처음부터 확고한 믿음을 갖지는 못하였지만, 예수님과 함께 지내며 가르침을 듣고, 또한 예수님의 놀라운 행적과 여러 가지 기적을 직접 지켜보았던 제자들은 예수님을 메시아, 곧 구세주로 인정하고 고백하였다.

예수님의 공적 생활 당시에 여러 파당이 있었다. 이러한 상황에서 예수께서는 한 가문이나 한 민족을 구원하려고 오신 것이 아니라 온 인류를 구원할 메시아로 오셨다. 그리고 그 구원은 단순한 현세적 만족이 아니라 인간을 모든 악의 뿌리인 죄에서 해방시켜 진정한 자유와 행복, 영원한 생명을 주는 것이었다.

이스라엘 백성은 로마의 압제에서 자신들을 해방시켜 줄 정치적 메시아를 고대하고 있었지만 예수님은 그들의 현실적 기대를 채워 주시러 오신 것이 아니었다. 더욱이 예수님은 유다교 지도자들의 율법 해석과 성전 운영을 정면으로 논박하셨고, 그들의 위선과 형식주의와 부패를 질타하셨다. 그래서 예수님은 공생활 초기부터 대사제와 율법학자, 바리사이파 사람 등 이스라엘의 지도자들에게 끊임없이 견제를 받으셨다.

유다교 지도자들은 이런 예수님을 제거할 기회만 노리고 있었다. 그리고 마침내 '인간이 하느님 행세를 함으로써 가장 큰 죄악인 하느님 모독죄를 저질렀다.'는 구실로 예수님은 유다교 지도자들에 의해 체포되어 대사제인 카야파 앞에 서게 되었다. 이스라엘 최고회의에서 대사제 카야파는 예수님에게 "당신이 하느님의 아들 메시아요?"(마태 26, 63; 마르 14, 61)하고 물었다. 예수께서는 "그렇다. 너희는 사람의 아들이

전능하신 분의 오른편에 앉아 있는 것과 하늘의 구름을 타고 오는 것을 볼 것이다." (마르 14, 62)라고 대답하셨다. '사람의 아들'이란 구약성경의 다니엘서(7, 13)에 관련된 말로서 하느님으로부터 오는 메시아를 가리키며, '전능하신 분의 오른편에 앉아 있는 분'이란 하느님과 동등한 분, 곧 하느님이시라는 뜻이다.

예수님의 죽음과 부활

이스라엘 최고회의 법정에서 '하느님 모독죄'라는 판결을 받으신 예수님은 로마의 총독 빌라도의 법정으로 압송되었다. 이스라엘에게는 사형시킬 수 있는 권한이 없었기 때문이다. 그래서 사형의 권한을 가지고 있던 로마의 총독 본시오 빌라도에게 예수님을 정치적 반역자로 고발하여 십자가형에 처하도록 하였다. 빌라도는 예수님께 "당신이 유다인들의 임금이오?"하고 물었다. 빌라도의 관심은 오직 로마에 대한 반역 행위의 여부이다. 로마 당국에 있어서는 유다인의 임금이란 반란군의 우두머리에 관한 것이었다. 그러나 예수님은 빌라도가 묻는 정치적 해방자 여부에는 관심이 없으셨고, 아무런 대꾸도 할 필요가 없으셨다. 그래서 예수님은 "네가 그렇게 말하고 있다." 하고 대답하셨다.(마르 15, 2).

로마 군사들은 예수님께 십자가를 지우고, 해골산(골고타)이라는 언덕에서 그분을 십자가에 못 박아 죽였다.

예수부활
(Piero Della Francesca, 1416~1492)

예수님은 죽으시고 땅에 묻히신지 사흘 만에 부활하셨다. 부활 신앙은 부활하신 예수님을 실제로 만난 제자들의 증언에 의해 역사적으로 증명된 사건을 그 대상으로 한다. 이 부활 사건은 그리스도의 인성이 하느님의 영광 안에 들어가는 신비롭고 초월적인 사건이다.

예수님의 죽음으로 모든 것이 끝난 것처럼 보였다. 예수님이 사형을 당하시자 제자들은 실망하여 뿔뿔이 흩어져 고향으로 돌아가거나, 예수 잔당으로 몰려 체포될 것을 두려워하며 골방에 숨어

떨고 있었다. 그러나 참으로 놀라운 일이 일어났다. 예수님이 부활하시어 제자들 앞에 나타나신 것이다. 그들은 돌아가시고 묻히신 지 사흘 만에 다시 살아나신 예수님의 몸을 만져 보았고, 대화도 나누었으며, 음식도 나누어 먹었다. 그리고 예수님께서 생전에 하셨던 것처럼 여전히 제자들을 가르치시고, 맡은 바 사명을 수행하도록 힘을 주셨다. 예수께서는 40일 동안 당신 제자들과 함께 머무르시고 사도들에게 가르침을 완수하셨다. 그런 후에 승천하셨다. 따라서 제자들은 예수님의 부활이 실제로 일어난 사건임을 증언하고, 그분이야말로 참으로 주님이시고, 하느님의 아드님이시며, 그분께서 곧 하느님이시라는 사실을 온 세상에 전파하게 되었다.

제자들이 예수님의 복음 선포를 자신들의 사명으로 받아들이고 세상에 용감히 나선 것은 그들이 예수님의 부활을 체험하고 성령을 받았기 때문이다.

부활은 역사적 사건이며 동시에 하느님께서 초월적으로 역사에 개입하셨음을 믿는 신앙의 대상이다. 그리스도께서 우리의 영혼을 의화(義化)시킴으로써, 그리고 장차 우리의 몸을 다시 살리심으로써 우리 부활의 근원이 되신다.

나오는 말

예수님은 하느님 나라의 기쁜 소식을 전해 주시고 권위 있는 가르침과 놀라운 행적으로 많은 사람을 구원의 길로 이끄셨다. 그러나 기득권자들에게 시기를 받아 십자가에 못 박혀 돌아가시고 묻히신 예수님은 사흘 만에 부활하셨다. 예수님의 수난과 죽음은 바로 우리의 구원을 위한 사랑에서 비롯되었으며, 예수님의 부활이야말로 세상의 악과 죽음에 대한 하느님의 승리이고, 장차 우리도 그리스도처럼 부활하리라는 커다란 희망을 갖게 하는 사건이다. 그래서 우리는 예수님을 하느님의 아드님이시며 우리의 주님으로, 그리고 구세주로 고백하는 것이다.

핵심문제

(1) 예수께서는 역사에 실존하셨습니까? 이를 입증할 자료는 있습니까?

예수께서는 로마 제국의 초대 황제 아우구스투스(Augustus)시대에 팔레스티나에서 태어나 제2대 황제 티베리우스(Tiberius)시대에 활약하였습니다. 이에 대한 증언은 4복음서뿐만 아니라 역사가들이 저술한 역사서에도 실존했던 인물로 기술하고 있습니다.

(2) 예수 그리스도는 어떤 분이십니까?
인류의 주님이요 구세주이신 예수 그리스도는 참 하느님이시며 참 사람이십니다.

(3) '예수'라는 이름의 의미는 무엇입니까?
'예수'라는 이름은 "하느님께서 구원하신다" 즉 구세주·구원자라는 의미입니다.

(4) "예수는 그리스도이시다"라는 고백은 무슨 뜻입니까?
"예수는 그리스도이시다"라는 고백은 "예수는 하느님으로부터 기름 발린 사제, 예언자, 왕이시다"라는 뜻입니다.

(5) 예수께서 돌아가신 뒤에 부활하셨습니까?
그렇습니다. 예수께서는 돌아가신 사흘 후에 죽은 이들 가운데서 부활하셨습니다.

(6) 부활은 역사적으로 증명된 사건입니까?
부활 신앙은 부활하신 예수님을 실제로 만난 제자들의 증언에 의해 역사적으로 증명된 사건을 그 대상으로 합니다. 이 사건은 그리스도의 인성이 하느님의 영광 안에 들어가는 신비롭고 초월적인 사건입니다.

(7) 우리에게 죽음을 극복하고 다시 살 수 있다는 희망을 가져다준 계기가 된 사건은 무엇입니까?
예수 그리스도의 부활입니다.

(8) 그리스도께서 어떻게 우리의 부활의 근원이 되십니까?
그리스도께서 우리 영혼을 의화(義化)시킴으로써, 그리고 장차 우리의 몸을 다시 살리심으로써 우리 부활의 근원이 되십니다.

(9) 부활 사건이 지닌 두 가지 성격은 무엇입니까?
부활은 역사적 사건이며 동시에 하느님께서 초월적으로 역사에 개입하셨음을 믿는 신앙의 대상입니다.

(10) 예수께서는 부활하신 후에 무엇을 하셨습니까?
예수께서는 40일 동안 당신 제자들과 함께 머물렀고, 생전에 하셨던 것처럼 제자들을 가르치시고 맡은 바 사명을 수행하도록 힘을 주셨으며, 그 후에 하늘에 오르셨습니다.

알아두기

- 예수님을 부르는 다른 칭호들

신약성경은 예수님을 부르는 데 다양한 칭호들을 사용하고 있다. 그 까닭은, 그 하나하나의 칭호가 예수님 안에 계시된 신비를 표현하고 있기는 하지만, 단 하나의 칭호로 그분을 완전하게 표현할 수 없기 때문이다.

- 주님 : '주님'은 하느님의 주권을 뜻한다. 예수님을 주님이라고 고백하거나 그렇게 부르는 것은 그분의 신성에 대한 믿음의 표현이다. 바오로 사도는 이렇게 말한다. "주님은 예수 그리스도 한 분이 계실 뿐이고, 그분을 통해서 만물이 존재하고, 우리도 그분으로 말미암아 살아갑니다."(1코린 8, 6).

- 하느님의 어린양(Lamb of God) : 구약시대에 이스라엘 백성들은 이집트 노예생활에서 해방될 때 하느님께 드리는 제물로 어린양을 바쳤다. 구약성경에 나오는 제물로서의 어린양은 사람이 준비한 것이지만, 예수 그리스도는 하느님이 친히 준비한 어린양이다. 그러므로 그리스도는 바로 온 인류의 구원을 위한 속죄제(贖罪祭)의 희생 제물이 되어 십자가에서 돌아가심으로써 하느님의 어린양이라는 관념을 낳았다.

- 하느님의 아들 : 예수님은 하느님을 아버지라고 부르심으로써 하느님과 당신의 관계를 계시하셨다. 예수님은 하느님의 외아드님으로서 하느님 아버지와 항상 함께 하시며, 그분을 사랑하시고 그분께 순종하시는 분이시다.

- 사람의 아들(人子) : 예수님은 친히 자신을 '사람의 아들'이라고 하셨는데, 이 칭호는 특히 다니엘서(7,13-14)에서 유래한 것으로, 종말에 나타나 만민을 심판할 천상 주권자이시며 동시에 참 인간으로서의 낮추심도 뜻한다.

- 사람이 되신 말씀(로고스·logos) : 로고스(logos)는 그리스어로 '말하다'를 뜻하는 동사 'legein'의 명사형인데, '말한 것 · 말씀'을 뜻한다. 또한 파토스(pathos)와 대립되는 개념인 로고스는 말을 하고 사물의 존재의 '무엇인가'를 파악하는 인간의 '분별' '이성' 등 다양한 의미를 지닌다. 로고스가 이성을 의미한다면 파토스는 감성을 의미한다.

  그리스도교 사상에서의 로고스(말씀)는 세계 창조에서의 신의 사상 내용이며, 제2의 위격(位格)이신 예수 그리스도를 지칭한다. 테르툴리아누스(Tertullianus)는 "하느님은 로고스적 본질을 가진 분이시고, 로고스는 하느님의 뜻을 실천에 옮기는 데에서 생겨났다"고 했다. 로고스는 곧 사람이 되신 하느님이시다. 예수님은 하느님 아버지와 동등하신 분으로서, 예수님의 말씀은 곧 하느님의 말씀이며, 예수님께 해당되는 것은 곧 하느님께도 해당되는 것이다.

• 신인(神人)적 존재

비신자들은 예수 그리스도가 인간임에는 의문의 여지가 없지만, '왜 하느님인가?'라는 의문을 갖는다. 그 의문에 대한 답은 어렵지 않다.

말이 낳은 망아지는 말이요, 소가 낳은 송아지는 소요, 개가 낳은 강아지는 개요, 사람이 낳은 자녀는 사람인 것과 마찬가지로, 예수 그리스도는 하느님의 외아들이시기 때문에 하느님이신 것이다. 따라서 예수 그리스도는 신인(神人)적 존재다.

"그분께서는 육으로는 다윗의 후손으로 태어나셨고, 거룩한 영으로는 죽은 이들 가운데에서 부활하시어, 힘을 지니신 하느님의 아드님으로 확인되신 우리 주 예수 그리스도이십니다."(로마 1,3-4)

• 예수님과 석가모니의 탄생 비교

예수님은 초자연적 방법에 의한 수태로 태어났지만, 싯다르타(석가모니의 본명이며, "모든 소원이 이루게 하는 사람"의 뜻)는 자연적 방법에 의한 잉태로 태어났다. 동정녀 마리아가 성령의 힘으로 수태하고 낳은 예수는 가난한 모습으로 마구간에서 태어났지만 싯다르타는 카필라 왕국(지금의 네팔 타라이지방) 숫도다나왕의 태자로 태어났다.

예수님은 30세에 공적 활동을 시작하면서 최초로 한 말은 "때가 차서 하느님의 나라가 가까이 왔다. 회개하고 복음(福音)을 믿어라."하셨다.(마르 1, 15)

싯다르타 태자는 룸비니 동산 보리수(菩提樹, 무우수(無憂樹), Linden = Lime-tree)나무 밑에서 어머니 마야(摩耶) 부인의 오른쪽 옆구리에서 태어나자마자 일곱 발자국을 걸은 후, 오른손은 높이 들어서 하늘을 가리키고 왼손은 땅을 가리키면서 '천상천하유아독존'(天上天下唯我獨尊)이라고 말했다.

제 7 장 예수 그리스도의 가르침

들어가는 말

예수님은 3년의 공생활[#1](제6장 각주의 '공적 활동' 참조)동안 제자들과 백성들에게 여러 가지를 가르치시며 병자를 치유해 주시고 죽은 사람을 다시 살리시는 기적 등을 통하여 하느님 나라에 대한 기쁜 소식, 즉 복음을 선포하셨다. 하느님의 정의와 자비가 조화를 이루는 평등한 인간관계로 서로 사랑하는 세상, 즉 하느님 나라를 가르치셨다. 그리고 당신이 돌아가시기 전의 최후 만찬에서 친히 제자들의 발을 씻겨 주시며,

"내가 너희에게 한 일을 깨닫겠느냐? 너희가 나를 '스승님' 또 '주님' 하고 부르는데, 그렇게 하는 것이 옳다. 나는 사실 그러하다. 주님이며 스승인 내가 너희의 발을 씻었으면, 너희도 서로 발을 씻어 주어야 한다. 내가 너희에게 한 것처럼 너희도 하라고, 내가 본을 보여 준 것이다. …… 이것을 알고 그대로 실천하면 너희는 행복하다."(요한 13,12-17)라고 말씀하셨다.

사람이 죽기 전에 마지막으로 남긴 말을 유언이라 하며, 이 유언은 대부분 자기의 일생을 총 정리하며 남긴 마지막 말로서 아주 중요하게 받아들인다. 위의 예수님의 말씀도 섬김의 리더십에 대한 유언이다. 발을 씻겨 준다는 것은 당시 주로 종들이 해야 할 천한 일이었다. 그런데 예수님은 서로 사랑하되 서로를 섬기면서 사랑하라는 뜻으로 제자들의 발을 씻겨 주신 모범을 보이셨다. 사랑은 본질적으로 평등한 관계에서만 성장하고 깊어진다. 하느님의 모상대로 창조된 모든 사람은 출생이나 지위 등, 기타 어떠한 외적인 요소로도 차별 받지 않고 모두가 하느님의 똑같은 자녀로서 한 형제요 자매인 것이다.

그리스도교의 특성 중에서 가장 중요한 내용은 하느님께서 이 땅에 보내신 외아들 예수님이 전해 주신 구원의 기쁜 소식, 즉 '하느님 나라에로의 초대'이다. 바로 이것이 현대를 살아가는 우리에게 분명하고도 의미 있는 삶의 목적을 일깨워 주며, 새로운 삶에로의 전환을 가능케 하는 원동력이 된다.

제자들의 발을 씻어주시는 예수님

#1 공생활 : 예수님께서 나자렛의 가정을 떠나 공적으로 복음 선포를 시작한 이후의 생활을 말한다. 예수님의 공생활은 서른 살쯤에 요르단 강에서 요한에게 세례를 받으심으로써 시작되며, 이 영세 때부터 십자가에서 세상을 마칠 때까지 3년 간을 말한다.(루카 3,1-23 참조)

마태 6,33-34; 루카 12,31-32

너희는 먼저 하느님의 나라와 그분의 의로움을 찾아라. 그러면 이 모든 것도 곁들여 받게 될 것이다. 그러므로 내일을 걱정하지 마라. 내일 걱정은 내일이 할 것이다. 그날 고생은 그날로 충분하다.

삶의 의미

세상에 존재하는 모든 것에는 존재의미가 있다. 돌 하나 풀 한 포기에도 존재의미가 있다. 더더욱 만물의 영장이며 하느님의 생명의 숨을 받아 존재한 인간과 인간의 삶에는 소중하고 중요한 의미가 있다. 그래서 사람은 누구나 삶의 의미를 추구하면서 살아간다. 사람마다 의미(가치)에 대한 기준과 인식 정도는 다르다 할지라도 의미 없는 삶을 살아가려는 사람은 없다. 하지만 무의미한 삶이 우리 주위에는 얼마든지 있다.

의미는 찾는 것이요 발견하는 것이지 만들어 내는 것이 아니다. 일단 발견된 의미는 우리 삶에 커다란 힘을 발휘한다. 살아갈 의미를 발견한 사람은 삶의 형태는 문제 삼지 않는다. 삶이 아무리 힘들고 고달프다 하더라도 그 삶 속에 의미가 있는 사람은 좌절하지 않고 삶을 포기하지 않는다. 그러나 삶의 의미를 발견하지 못한 사람은 삶의 형태를 문제 삼는다. 심지어 삶의 형태를 두고 삶의 의미를 판가름하기도 한다. 그렇다면 여기서 우리는 다음과 같은 물음을 던질 수 있다.

"삶의 의미는 어디에서 오는가? 의미는 만들어지는 것이 아니라 발견되는 것이라면 어디에서 무엇에서 발견할 수 있는가?"

'삶의 의미'에 대한 그리스도교적 발견

그리스도교 신앙에서는 '삶의 의미'는 사람 자신으로부터가 아니라 하느님께로부터 온다고 믿는다. 그리스도교 신앙의 뿌리가 되는 성경의 가르침에 의하면 사람은 하느님을 닮은 존재로서 하느님 나라에서 살도록 창조되었다. "하느님은 사랑"(1요한 4,16)이시기 때문에 사람은 하느님을 닮아서 사랑을 하도록 창조된 피조물이라고 말할 수 있다. 사랑하는 것이 하느님을 닮은 것이다.

예수 그리스도는 서로 사랑하라고 가르치셨다(요한 13,34-35 참조). 다시 말해서 그리스도께서 가르치신 '하느님의 계명'은 서로 사랑하는 삶을 의미한다. 이것이 바로 사람은 하느님께로부터 창조된 뜻이고, 우리의 삶의 의미이며, 목적이다. 서로 사랑하는 삶 안에서 사람은 자기 영혼을 구할 수 있고, 하느님 나라에 들어 갈 수 있게 된다. 이렇게 '하느님을 알아 흠숭하고, 자기 영혼을 구하며, 하느님 나라를 추구한다.'는 것이 인격적 차원에서 보면 바로 '삶의 의미'를 발견하는 것이다.

예화 (하느님을 찾는 사람)

하느님의 계명을 지키지 않고 많은 죄를 지으며 젊은 시절을 헛되이 보내던 사람이 자동차 사고를 일으켜 병원에 입원하게 되었다. 그는 오랜만에 한가한 시간을 보내며 조용히 자기의 일생을 되돌아보게 되었다. 세상의 쾌락 속에서 행복을 찾기 위해 매달려온 자기의 모습이 얼마나 헛된 것이었는지를 그때서야 깨닫게 되었던 것이다. 그래서 그는 만일 하느님께서 자기를 구해 주신다면 참된 행복을 바라며 착하게 살겠다고 하느님께 약속하며 도움을 청했다.

하느님은 그의 기도를 들어주셨다. 중상을 입은 그가 기적적으로 완치되었다. 그는 하느님께 드린 약속을 지키기 위해 번잡한 도시를 떠나 외떨어진 숲 속에 낡은 오두막을 짓고 그곳에서 살았다. 그는 매일 아침마다 가까운 곳에 있는 수도원에서 미사 참례를 하고 영성체를 하였다.

오랜 세월이 흐른 후에 한 사냥꾼이 숲에 이르러 오두막의 문을 열어보니 오랫동안 이곳에 홀로 살아서 백발이 된 노인을 발견하게 되었다. 사냥꾼은 십자가 앞에서 경건하게 무릎을 꿇고 기도하는 노인의 모습에 놀라서 말을 건넸다.

"영감님은 이런 외딴 숲 속에서 혼자 살면서 그렇게 오랜 세월 동안 도대체 무엇을 하고 계십니까?

한참 동안 꿈쩍 않고 기도를 하고 있던 노인은 사냥꾼을 찬찬히 훑어보며 되물었다.

"자네는 무엇 하러 젊음을 바치며 이 숲 속을 헤매고 있는 건가?"

"저는 사냥꾼이니까 당연히 살기 위해 사냥감을 찾아서 숲 속을 헤매고 있는 것이지요."

"자네와 마찬가지로 나도 살기 위해 하느님을 찾고 있는 중일세"

외딴 숲 속에서 만난 두 사람은 서로 다른 것을 찾아 생애를 바치고 있다. 이 세상 사람들도 크게 두 가지의 부류로 나눌 수가 있는데, 한 부류는 세상 속에서 행복을 찾아 헤매는 사람들이고, 다른 부류는 비록 세상에 속해 있더라도 하느님을 찾고 영원한 행복을 추구하는 사람들로 나누어진다.

그러나 세상은 현세의 즐거움만을 위해 만들어진 곳이 아니다. 그렇기 때문에 세상 안에서 완전하고 영원한 행복을 찾을 수는 없는 것이다. 하느님께서 인간을 창조하시면서 오직 그분을 통해서만 참된 행복을 얻을 수 있도록 우리를 만드셨다. 아우구스티노 성인은 이것을 분명하게 말했다.

"오, 주님! 당신이 인간을 창조하셨을 때에 오직 하느님을 알고 사랑하기만을 바라셨음을 우리가 알고 있습니다. 그렇기 때문에 우리들의 마음이 당신의 품안에서 쉬기 전에는 도무지 평화로울 수가 없음을 고백하지 않을 수 없습니다."

그리스도의 가르침의 핵심은 무엇인가?

앞에서 우리는 우리의 현실적인 삶 안에서 무엇을 어떻게 해야만 의미 있는 삶을 추구할 수 있는가에 대해서 생각해 보았다. 이러한 이해를 바탕으로 우리는 구원의 기쁜 소식(복음)의 선포자이신 예수 그리스도를 만날 수 있다.

예수님은 요르단강에서 세례자 요한에게 세례를 받으신 후에 광야로 가시어 40일 동안 단식하시며 하느님께서 맡기신 일을 시작할 준비를 하셨다.

그리고 예수님은 갈릴레아에 오셔서 공생활을 시작하셨는데, 사람들에게 하느님의 복음을 전파하시며

"때가 차서 하느님의 나라가 가까이 왔다.
회개하고 복음을 믿어라."(마르 1, 15)고 선포하셨다.

이는 예수께서 공적으로 사람들 앞에서 처음 하신 말씀이며 앞으로 그분이 가르치실 내용의 집약이다. 즉 그리스도의 가르침의 핵심(마르 1, 15)은 세 가지로 요약할 수 있다.

1) **회개** : '회두'(回頭)

머리를 하늘로 돌려라. 인간의 머리는 하늘을 향해 위쪽에 붙어 있다.

2) **믿음** : '복음을 믿어라'

인간의 지능으로는 하늘 나라를 알 수 없으니 나를 믿어라.

3) **하느님의 나라 · 평화(구원)**

회개하고 믿으면 하느님의 나라 · 평화(구원)를 얻는다.

예수의 세례(바티칸궁)
이탈리아의 초기 르네상스 화가 페루기노(Perugino)와 핀투르키오(Pinturicchio)의 작품

하느님 나라를 맞이하기 위한 회개와 믿음

하느님 나라에 대한 그리스도의 선포를 받아들이기 위한 두 가지 조건은 회개와 믿음(신앙)이다. 즉 다가오는 하느님 나라에 대해 인간이 취할 태도는 '회개'(悔改)와

'믿음'이다. 회개가 하느님께 돌아서는 방향 전환이라면 여기 믿음은 "하느님의 나라가 다가왔다"는 기쁜 소식을 수락하는 것이다. 그러면 이제 회개와 믿음에 대해 좀 더 자세히 알아본다.

1) **회개** : 회개(悔改)란 죄스런 생활 태도에서 탈피하여, 하느님께 귀의하는 것을 말한다. 이는 '길을 바꾸다', '돌아오다'라는 뜻이다. 회개는 자신의 전 생명을 하느님께 내맡기고, 하느님께 돌아가는 근본적 결단이요, 엄숙한 선택의 행위다. 그래서 이를 회개, 회두, 회심, 참회 등으로 표현한다. 이 방향 전환은 하느님의 은총을 위해 이루어지며, 하느님의 부르심에 대한 응답으로 나타난다. 따라서 회개는 그리스도교에서 하나의 덕행으로 삼고 있다.

하느님의 나라를 맞이하기 위해서는 무엇보다 먼저 회개하고, 예수님의 메시지(하느님 나라의 기쁜 소식)를 받아들여야 한다. 즉 하느님 나라를 맞는 우리의 자세는 지금까지의 삶의 방식에서 돌아서서 회개하고 하느님의 자비를 믿고 하느님의 뜻에 따라 사는 새로운 생활을 해야 한다. 우리는 하느님께 마음의 문을 열어야 한다. 그리고 부모에게 완전히 의탁하고 신뢰하는 어린이처럼 겸손하고 천진한 마음의 자세를 지녀야 한다.(마태 18,3-4; 가톨릭 성가 435장 참조) 무엇보다 먼저 하느님 나라를 찾아 나서고 '하느님께서 의롭게 여기시는 것'을 구해야 한다. 말로만, 마음으로만이 아닌 자신의 삶 안에서 그분의 뜻이 이루어지도록 노력해야 한다. 그러기 위해서 우리는

첫째, 내 잘못이 무엇인지 깨달을 수 있도록 비춰 주시고, 그런 잘못을 저지르지 않도록 도와 주십사 하고 하느님께 기도를 드려야 한다.

둘째, 일상의 삶 안에서 습관적으로 저지르게 되는 내 잘못을 하나라도 고치도록 노력해야 한다.

셋째, 내가 가장 미워하고 싫어하는 이웃, 형제를 용서해 주고 사랑으로 대하도록 노력해야 한다.

넷째, 무엇보다 중요한 것은 하느님의 부르심에 응답하고자 하루하루를 하느님께 감사하는 마음으로 기쁘게 살아가야 한다는 것이다.

바로 그러한 삶의 자세로 한 걸음씩 나아갈 때, 하느님 나라는 우리 안에 성큼 다가설 것이다.

일상 생활에서 회개는 화해의 행위, 가난한 사람들에 대한 관심, 정의의 실천과 타인의 권리 옹호, 형제들에게 잘못을 고백함, 형제적인 충고, 생활에 대한 반성, 양심성찰, 영적 지도, 고통을 받아들임, 정의를 위해 박해를 견딤 등으로 실현된다. 날마

다 제 십자가를 지고 예수님을 따르는 것이 가장 확실한 회개의 길이다.(「가톨릭 교회 교리서」, 1435항)

2) **믿음** : 믿음(신앙)은 종교의 근간을 이루는 개념이며, 그리스도인이 취할 기본 행위 가운데 하나다. 믿음이란 초자연적인 절대자 창조주를 믿고 받드는 것을 말한다. 따라서 믿음은 인간의 감정이나 이성이나 지식만이 아니라, 하느님 말씀에 대한 우리의 전인격적인 응답이다.(히브 11, 3 참조)

사도 신경에서 '천지의 창조주를 저는 믿나이다'라는 말은 그리스도인의 삶을 결정짓는 말이다. 신경(信經)은 신앙의 규범에 따라 그리스도교 신앙의 핵심을 요약해서 표현한 신앙 고백문이다. 옛날에는 신경이 여러 개 있었으나 오늘날 교회에서 공식으로 인정한 신경은 ① 사도 신경, ② 성 아타나시오 신경(전문은 '알아두기'에 수록), ③ 니케아-콘스탄티노플 신경(전문은 '알아두기'에 수록) 세 가지가 있다.

사도 신경은 사도들이 직접 예수님으로부터 배운 신앙 개조를 우리에게 전해준 것이라 해서 사도 신경이라 부른다. **성 아타나시오 신경**은 4세기 성 아타나시오가 특별히 그리스도의 강생과 삼위일체 교리를 강조하여 엮은 신앙 조목들이다. **니케아-콘스탄티노플 신경**은 325년에 있었던 니케아 공의회와 381년에 있었던 콘스탄티노플 공의회에서 작성한 신경인데, 예수 그리스도의 신성을 잘 표현한 신경이다.

그런데 인간은 초자연적인 목적, 즉 구원을 얻기 위하여 또한 영원한 행복을 얻기 위하여 덕행을 추구한다. 그러나 문제는 자기의 힘만으로는 불가능하다는 데에 있다. 따라서 인간은 자연계를 초월하는 초자연적 능력이 필요하며, 유일한 초월자이신 하느님만이 능력을 주실 수 있다. 이 능력을 얻기 위해서는 믿음, 희망, 사랑의 세 가지 덕행이 필요한데, 이를 향주삼덕(제21장-(2) 참조)이라 하며, 그 중에서도 가장 선행되는 것은 믿음이다.(에페 3, 17 참조)

예수님께서 가르치신 하느님 나라

'하느님의 나라'에 대한 선포는 예수님의 전도활동이나 당신이 전 생애를 통하여 지향한 목표를 한마디로 요약한 개념이다. 곧 예수님께서 가르치신 하느님의 나라는 구약에 약속된 바와 같이 '**주님**께서 세상을 다스리러 오시어 온 세상을 의롭게 다스리시는 것'(시편 98, 9 참조)을 말한다. 예수님은 "하느님의 나라는 이미 지상에서 시작되었다"고 가르치셨다.

루카복음에 따르면, 예수님은 공생활 초기에 당신의 고향 나자렛으로 가셨는데, 거기에서 회당의 예배에 참석하셨다. 예수님은 예배 중에 이사야 예언서를 펼쳐 드시고는 장차 다가올 하느님의 나라를 예언한 대목을 읽으셨다.

주님께서 나에게 기름을 부어 주시니 주님의 영이 내 위에 내리셨다. 주님께서 나를 보내시어 가난한 이들에게 기쁜 소식을 전하고 잡혀간 이들에게 해방을 선포하며, 눈먼 이들을 다시 보게 하고 억압받는 이들을 해방시켜 내보내며 주님의 은혜로운 해를 선포하게 하셨다(루카 4,18-19).

사람들은 예수님과 방금 들은 성경 말씀에 압도되어 있었다. 이 때 예수님은 "오늘 이 성경 말씀이 너희가 듣는 가운데에서 이루어졌다."(루카 4, 21)하고 결정적인 말씀을 하셨다. 이 말씀은 하느님의 나라는 이미 시작되었고, 엄청난 일들이 일어나고 있으며, 더구나 이런 일들은 바로 지금 눈앞에서 실현되고 있다는 말씀이었다. 요컨대, 하느님의 나라는 예수님의 말씀과 업적과 현존을 통해 사람들에게 드러난 것이다. 교회는 하늘 나라의 싹이며 시작이다. 그 열쇠는 베드로와 그의 후계자들에게 맡겨졌다. 마태오 복음사가는 '하느님의 나라'(Kingdom of God)라는 표현 대신에 대부분 '하늘 나라'(Kingdom of Heaven)로 표현하고 있으며 이는 하느님 이름에 대한 경외심 때문이다. 하늘은 천지만물의 주재자(主宰者)이신 '하느님'을 상징한다. 그러므로 '하늘 나라'와 '하느님의 나라'라는 의미는 동일하다. 그런데 '하늘 나라'는 어떤 장소적인 개념이라기보다는 하느님의 주권이 미치는 상태를 말한다. 그리고 하늘 나라는 우리가 흔히 생각하듯이 '착한 사람이 죽은 다음에 가는 천국'만을 말하는 것이 아니라 이 지상 생활에서부터 하느님의 다스림이 이루어지고 하느님의 정의와 평화가 실현되는 것을 말한다. 예수님께서는 이러한 하늘 나라가 당신 자신으로 말미암아 이미 이 세상에 왔다는 것을 가르치셨고, 사람들이 삶의 자세를 근본적으로 바꾸어 이 기쁜 소식을 받아들이도록 이끄셨다.

하늘 나라의 기쁜 소식에로의 초대

하늘 나라의 최종적인 완성은 결코 이 지상에서 기대할 수는 없다. 또한 우리는 지상의 세계와 손을 끊고 사후의 세계만을 기다리며 살아갈 수도 없다. 그렇다면 그리스도인들이 믿는 구원이 다만 내세의 행복을 말하는 것이 아님을 이해할 수 있다. 예수님의 가르침에서 우리는 구원이 이미 이 지상에서 시작되었다는 것을 알 수 있다. 물론 그것은 현세적인 이익을 추구하는 사이비 종교가 달콤한 말로 약속하는 행복은 아니지만, 진정한 행복과 구원을 향해 나아가는 것이다. 하늘 나라를 위해 진력을 다하는 삶에 눈을 뜬 사람은 이 세상이 약속하는 모든 것을 포기할지라도 이를 추구하게 될 것이다. 마태오 복음서는 다음과 같은 예수님의 말씀을 전한다.

하늘 나라는 밭에 숨겨진 보물과 같다. 그 보물을 발견한 사람은 그것을 다시 숨겨 두고서는 기뻐하며 돌아가서 가진 것을 다 팔아 그 밭을 산다. 또 하늘 나라는 좋은 진주를 찾는 상인과 같다. 그는 값진 진주를 하나 발견하자, 가서 가진 것을 모두 처분하여 그것을 샀다(마태 13,44-46).

바로 이것이 하느님께서 예수님을 통해서 우리에게 보여주신 '하늘 나라의 기쁜 소식'에로의 초대며, 참여하는 우리의 자세라 할 수 있다.

오늘날에 있어서의 기쁜 소식

오늘날의 우리 현실에 예수님께서 전해 주신 메시지(하느님 나라의 기쁜 소식)를 적용하는 것은 참으로 어려운 문제다. 하지만 예수님의 가르침에 귀를 기울이고, 자신의 삶 안에서 구체적으로 실천을 한다면, 그 기쁜 소식은 참된 생명의 말씀으로 살아 움직일 수 있다. 그것이 바로 예수님께서 보여주신 모범을 따르는 것이다.

그리스도교의 중심은 예수님이며, 오직 그분만이 우리 인생에 삶의 의미를 불어넣어 줄 수 있다. 예수님은 말보다는 행동으로 메시지를 전하셨다. 예수님은 사회에서 경멸당하고 축출된 죄인이라 할지라도 모두 다 받아들이고 사랑하셨다. 모든 것을 초월하고 선(善)의 근원이신 하느님은 죄악으로 오염되고, 경쟁심과 이기심으로 가득 차고, 세속적인 쾌락만을 추구하는 '나'같은 속물도 받아들여 주신다. 하느님의 사랑과 자비의 마음을 우리에게 보이기 위하여 예수 그리스도께서 이 세상에 오신 것이다. 우리는 성경 안에서 "하느님께서는 모든 사람이 구원을 받고 진리를 깨닫게 되기를 원하십니다."(1티모 2, 4)라는 증언을 들을 수 있다. 바로 이것을 실현시키고자 하느님께서는 당신 아드님을 세상에 구원자, 구세주로 파견하셨다.(1요한 4, 14 참조)

예수님은 자신의 온 생애를 세상에서 모욕과 천대를 받는 사람들, 가난하고 불쌍한 사람들을 받아들이고, 죄인들을 용서하는 데 바치셨고, 아무런 조건 없이 사랑하셨다.

예수님의 삶과 가르침 안에서 '구원'의 의미뿐 아니라 '하느님의 나라'의 본래적인 모습이 분명히 드러난다. 예수님의 가르침에 의하면 하느님의 나라는 하나의 신비스러운 실재로, 스스로 모든 것을 아는 체하는 사람들에게보다는 어린 아이와 같은 '마음으로 받아들이는 사람'에게 알려진다. 예수님은 다음과 같은 말씀을 하셨다.

아버지, 하늘과 땅의 주님, 지혜롭다는 자들과 슬기롭다는 자들에게는 이것을 감추시고 철부지들에게는 드러내 보이시니, 아버지께 감사드립니다(마태 11, 25).

하느님의 나라는 하느님의 말씀을 사람들이 받아드릴 때 다가오는 것으로 씨앗이 땅에 떨어져 자라나는 것처럼 자라나야 한다(마태 13,3-9; 18-23 참조)고 말씀하신다. 그러한 하느님의 나라는 예수님의 '작은 양떼'(당신을 받아들이는 사람들)에게 주어진다(루카 12, 32 참조).

참행복

예수님의 산상 설교

행복하여라, 마음이 가난한 사람들!
하늘 나라가 그들의 것이다.
행복하여라, 슬퍼하는 사람들!
그들은 위로를 받을 것이다.
행복하여라, 온유한 사람들!
그들은 땅을 차지할 것이다.
행복하여라, 의로움에 주리고
목마른 사람들!
그들은 흡족해질 것이다.
행복하여라, 자비로운 사람들!
그들은 자비를 입을 것이다.
행복하여라, 마음이 깨끗한 사람들!
그들은 하느님을 볼 것이다.
행복하여라, 평화를 이루는 사람들!
그들은 하느님의 자녀라 불릴 것이다.
행복하여라, 의로움 때문에 박해를 받는 사람들!
하늘 나라가 그들의 것이다.
(마태 5,3-10)

앞의 마태오복음 산상 설교(5—7장)의 행복선언은 모든 지상의 일시적 물질과 명예와 쾌락에 관계된 것이 아니라 종말론적 영원한 행복과 관련된다. 지금까지 가난하고 힘없고 고통 받는 사람들은 이 세상의 구조적 불의와 제도적 차별 때문에 '구제받지 못할 자들'로 낙인 찍혀 구원에 대한 아무런 희망도 갖지 못한 채 살아왔다. 그런데 예수님께서 오시어 하느님 나라의 정의가 실현됨으로써 그들도 참행복을 누릴 수 있게 되었다고 선언하셨다. 또한 이 세상의 그릇된 가치관을 거부하고 하느님의 뜻대로 올바르게 살아감으로써 손해를 보거나 핍박을 받을 수밖에 없었던 사람들 역시 하느님의 다스림이 이루어짐으로써 하느님의 참다운 자녀로 인정받고 진정한 행복을 누릴 수 있게 되었다. 이와 같이 하느님 나라의 실현은 아무도 소외되지 않고 모두 행복과 평화를 누리게 되리라는 기쁜 소식, 곧 복음이다.

인간의 참된 행복이란 일시적으로 누렸다가 다시 불행으로 떨어지는 것이 아니라 영원히 누릴 수 있는 것이라야 한다. 예수님의 행복 선언은 하느님 나라에서의 행복이다. 즉 이제 당신으로 인하여 하느님 나라가 이 세상에 시작되어 하느님의 사랑과 자비가 세상 모든 사람들에게 골고루 베풀어질 것이므로 가난한 사람들・고통받는 사람들・힘없는 사람들・양심을 지키며 살다가 손해보는 사람들도 지금 겪고 있는 고통스런 처지에서 벗어나 행복을 누릴 수 있게 되었다고 선언하신 것이다.

'마음이 가난한 사람'(영으로 가난한 사람)이란 물질적(육적)으로 가난한 사람이 아니라 마음(spirit)이 가난한 사람인바 내적 가난(영적 가난, 정신적 가난) 즉 마음이 비어 있기 때문에 이 세상 아무 것도 자기 것으로 여기지 않고, 자기가 가지고 있는 모든 것이 하느님에게서 나온 것임을 인정하는 사람이라고 말할 수 있다. 이 영적 가난은 오직 "하느님께만 의존하는" 내적 자세를 가리킨다. "마음이 가난하다"는 것은 하느님께 의존해 있다는 뜻이기도 하다. 물질적으로 가난한 사람일지라도 재물과 명성과 권력을 탐내고 있다면 그는 마음이 가난한 사람이 아니다. 마음이 가난한 사람은 자기가 가진 재능・재물・건강・권력 등은 유한하고 일시적이기 때문에 모든 희망을 오로지 하느님께만 의존하고 있는 것을 말한다.

그리고 첫 번째 행복은 인간의 내적 변화를 내포하고 있다. 이는 이 세상 것에, 유한한 것에 대한 부자유함에서 내적 자유 즉 마음의 자유에로 인도한다. 예수께서는 재물을 부정하거나 무시하지 않으셨다. 다만 재물을 의지하고 그것에 집착하는 마음을 가지지 말라고 하셨다. 마음에 이 세상의 아무 것에도 집착하지 않을 때 내적 자유를 얻게 된다. 하느님의 사랑은 비어 있는 영혼 속에 흘러 들어온다.

이 첫 번째 행복은 나머지 행적들의 뿌리이고 바탕을 이룬다.

'슬퍼하는 사람'이란 단순히 자신의 고통스런 처지에 대해 자기 연민(憐憫)에 빠져 있는 사람이 아니라 이 세상의 구조적 불의에 떼밀려 온갖 슬픔을 겪고 있으면서도 오직 하느님 정의의 실현만이 이 불의를 해소시킬 수 있다고 희망하는 사람들을 말한다. 하느님 나라의 실현은 하느님의 정의가 구현되는 것이기 때문에 그들은 위로를 받게 될 것이다. 그러므로 그들은 행복하다. 다시 말하면 가난하고 슬퍼하는 비참한 현실 때문에 행복한 것이 아니라 미래 희망, 곧 종말 축복 때문에 행복하다는 뜻이다.

'온유한 사람'이란 그저 성품이 순하고 나약해서 자기 주장을 내세우지 않는 사람이 아니라 겸손하고 순종하는 자들이며 전적으로 하느님께 마음을 열어 놓고 있는 자들을 의미한다. 그리고 결코 악을 악으로 갚으려 하지 않고 하느님의 공정하심만을 믿고 의지하면서 꿋꿋이 자신의 도리를 다하는 사람들은 하느님 나라가 완성될 때 약속된 하느님 나라에 들어가게 될 것이므로 행복하다.

'의로움에 주리고 목마른 사람'이란 하느님의 뜻을 따르기를 갈망하는 사람을 말한다. 여기서 '의로움'의 의미는 하느님께서 우리를 창조하신 모습대로 되고자 갈망하는 마음이며, 하느님의 뜻에 일치하는 행위를 말한다. 하느님의 정의가 반드시 실현될 것을 믿고 사는 사람들은 바르게 사는 일이 지금은 비록 손해를 보고 뒷전으로 밀려난다 하드라도 하느님 나라가 실현되면 하느님의 올바른 심판에 만족하게 될 것이므로 그들은 행복하다.

행복선언 후반의 네 가지는 하느님의 뜻대로 남에게 자비를 베풀고 마음과 정신을 깨끗이 보존하며, 하느님의 사랑으로 평화를 일구려는 사람들 역시 하느님의 축복을 받을 것이므로 그들은 행복하다는 선언이다. 물론 세상의 그릇된 가치관에 도전하면서 하느님만을 믿고 살아가는 사람들은 손해를 보거나 비애를 느끼거나 심지어는 박해까지도 받게 되겠지만 그것은 결코 최종적인 결과가 아닌 것이다. 하느님 나라가 완성될 때 그러한 사람들이야말로 하느님의 진정한 위로와 사랑을 받는 하느님의 자녀로서 하느님 나라에 들게 될 것이라는 약속이다.

예수께서 보여주신 하느님 나라의 표징

예수님께서는 복음을 선포하시면서 많은 병자들을 고쳐 주셨는데, 이는 그들에게 해방과 자유를 주는 하느님의 구원이 지금 이루어지고 있다는 것을 보여 주신 것이다. 그리고 악령에 사로잡혀 고생하는 사람을 해방시켜 주신 다음, "내가 하느님의 영으로 마귀들을 쫓아내는 것이면, 하느님의 나라가 이미 너희에게 와 있는 것이다." (마태 12, 28) 하고 분명하게 가르쳐 주셨다. 또한 예수님께서는 당시 사회에서 죄인으로 취급하여 구원의 대상에서 아예 제외시켰던 소경이나 나병 환자, 세리와 사마리아 사람 등을 가까이 부르시고 치유하여 주시며 함께 대화를 나누시고 식사를 하셨다. 이것은 아무도 소외되지 않는 하느님 나라의 평화로운 모습을 실제로 보여 주신 것이며, 하느님의 구원이 시작되고 하느님 나라가 도래(到來)했음을 드러내는 표징이다.

예수님의 복음 선포는 사람들의 마음 자세뿐 아니라 이 세상의 그릇된 가치관과 비뚤어진 질서를 바로잡는 실천적인 행동을 요구한다. 자기의 이익을 우선으로 여기고 눈앞의 성공을 먼저 생각하는 세상에서 하느님의 뜻을 따르는 삶은 결코 쉽지 않다. 그러므로 예수님께서는 하느님 나라에 들어가는 문은 '좁은 문'(마태 7, 13-14 참조)이라고 말씀하셨다. 그러나 하느님 나라의 참행복을 깨달은 사람은 이 세상이 약속하는 모든 것을 포기할지라도 하느님의 초대에 기꺼이 응답할 것이다. 그래서 예수님께서는 "하늘 나라는 밭에 숨겨진 보물과 같다. 그 보물을 발견한 사람은 …… 가진 것을 다 팔아 그 밭을 산다."(마태 13, 44) 하고 가르치셨다.

사랑의 새 계명

행복선언의 정신은 사랑의 계명으로 요약된다. 이 사랑의 계명은 계시의 정점이고 핵심이다. 예수님께서는 제자들에게 "내가 너희에게 새 계명을 준다. 서로 사랑하여라. 내가 너희를 사랑한 것처럼 너희도 서로 사랑하여라."(요한 13, 34) 하고 가르치셨다.

예수님의 새 계명은 구약성경의 율법을 폐기하고 새로 만든 법이 아니다. 예수님의 가르침은, 하느님께서 내려 주신 율법은 인간이 반드시 지켜야 할 도리이지만, 그것을 형식적으로 지키는 것만으로는 부족하며 그 근본정신, 곧 사랑의 정신을 실천하여야 한다는 것이다. 예를 들면 살인하지 마라는 계명을 지키기 위해서는 살인의 원인인 미움과 원한까지도 품어서는 안 되며, 보복의 악순환을 사라지게 하기 위해서는 원수까지도 사랑하는 마음을 가져야 한다는 가르침이다.

그래서 예수님께서는 율법과 예언서의 정신을 "남이 너희에게 해 주기를 바라는 그대로 너희도 남에게 해 주어라."(황금률, 마태 7, 12; 루카 6, 31) 라고 말씀하셨으며,

"네 마음을 다하고 네 목숨을 다하고 네 정신을 다하여 주 너의 하느님을 사랑해야 한다. …… 네 이웃을 너 자신처럼 사랑해야 한다. 온 율법과 예언서의 정신이 이 두 계명에 달려 있다."(마태 22,37-40) 하고 가르치셨다. 황금처럼 귀하다고 해서 일컫는 황금률(黃金律, Golden rule, 마태 7, 12; 루카 6, 31)과 사랑의 이중계명(마태 22,37-40)은 가장 포괄적인 지상 계율인데, 그리스도교 윤리의 근본 원리다. 그리고 하느님 나라가 완성될 때 그 나라에 받아들여질 수 있는 심판의 잣대는 바로 '사랑의 실천'이라고 가르치셨다.

하느님 나라와 그리스도인의 소명

예수님께서 가르쳐 주신 '하느님 나라'는 내세만을 말하는 것이 아니다. 왜냐하면 하느님 나라는 이미 이 세상에서부터 실현되고 있기 때문이다. 씨앗들 가운데 가장 작은 씨앗인 겨자씨가 자라면 새들이 둥지를 틀 만큼 큰 나무가 되고, 적은 양의 누룩이 밀가루 반죽을 온통 부풀이듯이, 하느님 나라 역시 지금은 미약하게 보이지만 이윽고 세상 전체로 퍼져 나갈 것이라고 예수님께서는 가르치셨다(마태 13,31-33 참조).

하느님 나라는 예수님께서 이 세상에 오심으로써 시작되었지만 아직 완성된 것은 아니다. 예수님께서는 당신을 믿고 따르는 사람들이 하느님 나라를 실현하는 일에 동참하기를 바라셨고, 그 사명을 수행하기 위하여 모든 그리스도인은 세상의 빛과 소금이 되어야 한다고 가르치셨다(마태 5,13-16 참조). 우리는 이 세상이 악에 물들어 썩지 않도록 소금의 역할을 하여야 하고, 세상 사람들에게 믿음과 희망과 사랑을 드러냄으로써 어둠을 밝혀 주는 빛의 역할을 하여야 한다.

우리가 하느님의 정의를 실천하면서 하느님 나라의 참행복을 느끼며 살아가는 당당한 모습을 보여 줄 때, 세상 사람들도 하느님을 참으로 알고 하느님 나라의 정의와 평화를 실현하는 데 동참하게 될 것이다.

나오는 말

예수님의 가르침 가운데 핵심적인 것은 회개, 믿음, 하느님 나라・구원(평화)인데, 이는 '하느님 사랑과 이웃 사랑'의 정신을 실천해야 한다. 예수 그리스도를 따라 하느님을 사랑하고 이웃을 사랑하는 것이 참되고 영원한 삶을 사는 길이다. 하느님 나라는 예수께서 이 세상에 구세주로 오심으로써 시작되었고, 모든 그리스도인은 하느님 나라를 실현하는 일에 협력하도록 부름을 받은 사람들이다.

의로움에 주리고 목마른 사람에게는 정의의 힘을 주며, 죽음을 맞이하는 이들을 영원히 사는 길로 이끌어 준다. 이처럼 그리스도교는 자연 종교에서처럼 자신의 힘으로 구원될 수 있다고 믿지 않고 하느님께서 손수 인간을 이끄시며, 인간은 그 사랑에 응답함으로써 구원을 받는다고 가르친다.

하느님 나라에 대한 가르침은 인간에게 영원한 희망을 주는 기쁜 소식이다. 하느님 나라는 하느님의 다스림이 이루어지고 그분의 사랑과 진리, 정의와 평화가 실현되는 나라를 말한다. 하느님 나라는 참행복과 직결된다. 성령의 은사를 통해 실현되는 참행복은 하느님께 삶의 중심을 두고 온전히 투신함을 말한다. 예수님께서는 하느님 나라가 완성될 때 그 나라에 받아들여질 수 있는 심판의 잣대는 바로 '사랑의 실천'이라고 가르치셨다. 온전한 사랑으로 투신하고 헌신하도록 소명을 받은 그리스도인은 먼저 하느님을 마음에 모시고, 하느님께서 보여 주신 그 사랑을 실천하기 위해 온 힘을 쏟아야 한다.

핵심문제

(1) 예수님의 공생활은 어떻게 시작되었습니까?
요르단강에서 세례자 요한에게 세례를 받으심으로써 시작되었습니다.

(2) 그리스도교의 특성 중에서 가장 중요한 내용은 무엇입니까?
그리스도교의 특성 중에서 가장 중요한 내용은 하느님께서 이 땅에 보내신 외아들 예수님이 전해 주신 구원의 기쁜 소식, 즉 '하느님 나라에로의 초대'입니다. 바로 이것이 현대를 살아가는 우리에게 분명하고도 의미 있는 삶의 목적을 일깨워 주며, 새로운 삶에로의 전환을 가능케 하는 원동력이 됩니다.

(3) 예수님께서 공적으로 사람들 앞에서 처음 하신 말씀은 무엇입니까?
"때가 차서 하느님의 나라가 가까이 왔다. 회개하고 복음을 믿어라."(마르 1, 15)입니다.

(4) 예수님께서 공생활 동안에 가르치신 핵심적인 것은 무엇입니까?
예수님의 가르침 가운데 핵심적인 것은 회개, 믿음, 하느님 나라 · 구원(평화)인데, 이는 '하느님 사랑과 이웃 사랑'의 정신을 실천해야 합니다.

(5) 예수님과 하느님 나라는 무슨 관계가 있습니까?
하느님 나라는 예수 그리스도에 의해서 지상에서 시작되었습니다. 하느님 나라는 예수님의 말씀과 업적과 현존을 통해 사람들에게 드러났습니다. 교회는 하늘 나라의 싹이며 시작입니다. 그 열쇠는 베드로와 그의 후계자들에게 맡겨졌습니다.

(6) 예수님께서 가르치신 하느님 나라는 어떻게 말할 수 있습니까?

예수님께서 가르치신 하느님 나라는 우리가 흔히 생각하듯이 '착한 사람이 죽은 다음에 가는 천국'만을 말하는 것이 아니라, 이 지상 생활에서부터 하느님의 다스림이 이루어지고 하느님의 정의와 평화가 실현되는 나라를 말합니다.

(7) 하느님 나라를 맞는 우리의 자세는 어떤 것이어야 합니까?

지금까지의 삶의 방식에서 돌아서서 회개하고 하느님의 자비를 믿고 하느님의 뜻에 따라 새로운 생활을 하는 것입니다.

(8) 인격적인 차원에서 삶의 의미를 발견하는 것은 무엇입니까?

'하느님을 알아 흠숭하고, 자기 영혼을 구하며, 하느님 나라를 추구한다'는 것이 인격적 차원에서 보면 바로 '삶의 의미'를 발견하는 것입니다.

(9) 황금률이란 무엇입니까?

황금처럼 귀하다고 해서 일컫는 황금률(黃金律)은 "남이 너희에게 해 주기를 바라는 그대로 너희도 남에게 해 주어라."(마태 7, 12; 루카 6, 31)입니다.

(10) 예수님께서 모든 율법과 예언서의 골자라고 가르치신 두 계명은 무엇입니까?

하느님사랑과 이웃사랑입니다.

알아두기

• **파스카**(Pascha) : 파스카란 이스라엘 민족이 이집트를 탈출(Exodus · 탈출기)할 때 일어난 사건을 기념하는 유다인의 가장 크고 기쁨에 넘치는 장엄 축일이다. '파스카'라는 말은 과월절(過越節)이라는 뜻으로 '거르고 지나가다', '건너뛰다'라는 동사에서 연유된 것이다. 이 파스카 축제는 야훼께서 이집트에 열 가지 재앙(탈출 7, 14—12, 34)을 내리셨는데, 그 마지막 재앙으로 이집트 땅의 모든 첫 아들을 죽이셨을 때 유다인들은 제사로 바친 양의 피를 문설주에 바름으로써 이스라엘 백성의 집임을 표시하여 죽음의 재앙을 거르고 지나갔다는 사실과, 기적적으로 홍해를 건넘(탈출 14)으로써 죽음에서 생명으로 '넘어감'(과월절)을 기념하는 것이다.

예수 그리스도께서는 모든 인간을 구원하시기 위하여 십자가에서 피를 흘리심으로써 하느님과 '새로운 계약'을 맺으셨고, 죽음을 물리치고 부활하셨다. 이로써 우리는 죄의 노예에서 하느님의 백성으로 건너가게 되었고, 따라서 어둠에서 빛으로, 죄에서 은총으로, 죽음에서 생명으로 건너가게 되었다. 이것이 신약의 파스카이다.

• 가치론에 의한 참행복

인간은 누구나 행복하기를 바란다. 그러면 과연 행복이란 무엇인가? 행복은 '주체(主體)와 객체(客體)의 일치'를 의미한다. 이를테면 초등학생이 배가 고파 엄마에게 피자를 사달라고 할 때, 엄마가 피자를 사주면 어린이는 좋아하고 행복해 한다. 요컨대 '나'라는 주체와 객체(자아작용의 대상)가 일치(합일)될 때 만족해한다. 그래서 행복의 필요조건은 만족이다. 그런데 흔히 '행복'과 '만족'을 혼동하는 경향이 있다. 행복은 영적이고 윤리적인 것이다. 만족은 육적이고 성취에 관계되는 욕구의 충족이다. 욕구는 일차적(생리적) 욕구와 이차적(사회적) 욕구로 나뉜다.

즉 일차적(생리적) 욕구 - 식욕, 수면욕, 배설욕, 성욕, 고통의 회피 등
이차적(사회적) 욕구 - 소유욕, 지배욕, 명예욕, 건강욕, 사랑욕 등

여기에서 일차적 욕구는 일시적인 것이며 신체의 특별한 병이나 장애가 없는 한 생리적으로 해결된다. 그런데 이차적 욕구는 쉽게 충족되지 않는다. 재산이 많고, 지위가 높고, 명예가 있고, 건강한 신체를 가지고 있어도 왠지 모를 공허함과 허전함을 느끼게 된다. 그렇다면 소유욕, 지배욕, 명예욕, 건강욕이 충족되었다고 해서 결코 만족한 삶, 행복한 삶이라고 말할 수만은 없다는 것을 알 수 있을 것이다. 우리는 아무리 재산이 많고 지위와 명예가 있어도 환희의 눈물이 나올 만큼 행복해하지는 않는다. 그러나 진정으로 사랑하고 그리워하는 상대에게서 사랑 받고 있다는 사실이 확인될 때는 기쁨의 눈물을 흘리며 마음속 깊이 행복해 한다. 결국 뭐니 뭐니 해도 가장 값지고 소중한 것은 재산이나 지위나 명예가 아니라 사랑임에 틀림없다. 요컨대 행복의 필요조건인 만족에 대한 욕구의 상위 가치는 사랑인 것이다. 사랑은 가치서열 가운데 지고지순한 가치이며, 그리스도교·불교·유교 등 종교의 울타리를 뛰어 넘는 인류의 보편 가치다. 그래서 사랑을 위해서는 자신의 재산이나 지위, 명예도 버릴 수 있고, 어떠한 어려움이나 고통에도 좌절하지 않고 극복할 수 있다.

그런데 인간의 삶에 있어서 하루하루는 지루한 것 같지만 노인이 되면 누구나 인생은 유수(流水)와 같고 잠깐의 세월에 불과하다는 것을 실감하게 된다. 이 세상에서 느끼는 사랑과 행복도 무한한 시공 안에서는 일시적이며 순간적인 것에 불과하다. 하지만 인간은 유한한 존재이면서도 마음 안에 영원의 속성인 하느님의 모상(模像)이 새겨져 있으므로, 영원한 사랑과 영원한 행복과 영원한 생명을 갈구하는 속성이 있다. 그러나 자연 세계는 반드시 유한하고 한계가 있기 때문에 자연 세계에 '영원'이란 있을 수 없으며, '영원'은 자연 세계를 초월한 하느님에게서만 찾을 수 있다. 그렇

기 때문에 인생의 어떠한 이상이나 목표도 하느님을 향하지 않고는 허무와 허망일 뿐이다. 참행복은 부유함이나 안락함에 있지 않고, 인간적인 명예나 권력에도 있지 않으며, 모든 선과 사랑의 근원이신 하느님께만 있는 것이다.

결국 참행복은 영원하시고 사랑 자체이신 하느님과 일치하는 삶이다.

- 니케아-콘스탄티노플 신경

한 분이신 하느님을 저는 믿나이다. 전능하신 아버지,
하늘과 땅과 유형무형한 만물의 창조주를 믿나이다.
또한 한 분이신 주 예수 그리스도,
하느님의 외아들 영원으로부터 성부에게서 나신 분을 믿나이다.
하느님에게서 나신 하느님, 빛에서 나신 빛
참 하느님에게서 나신 참 하느님으로서, 창조되지 않고 나시어
성부와 한 본체로서 만물을 창조하셨음을 믿나이다.
성자께서는 저희 인간을 위하여,
저희 구원을 위하여 하늘에서 내려오셨음을 믿나이다.
또한 성령으로 인하여 동정 마리아에게서 육신을 취하시어
사람이 되셨음을 믿나이다.
본시오 빌라도 통치 아래서 저희를 위하여
십자가에 못박혀 수난하고 묻히셨으며,
성서 말씀대로 사흗날에 부활하시어
하늘에 올라 성부 오른편에 앉아 계심을 믿나이다.
그분께서는 산 이와 죽은 이를 심판하러 영광 속에 다시 오시리니
그분의 나라는 끝이 없으리이다.
또한 주님이시며 생명을 주시는 성령을 믿나이다.
성령께서는 성부와 성자에게서 발하시고
성부와 성자와 더불어 영광과 흠숭을 받으시며
예언자들을 통하여 말씀하셨나이다.
하나이고 거룩하고 보편되며 사도로부터 이어오는 교회를 믿나이다.
죄를 씻는 유일한 세례를 믿으며
죽은 이들의 부활과 내세의 삶을 기다리나이다. 아멘.

- 아타나시오 신경

누구든지 구원 받으려면 먼저 공번된 신앙을 가져야 하나니,
이 신앙을 굳이 온전하게 보존하지 아니하는 자는
의심없이 영영 멸망하리라.
공번된 신앙은 세 위(位)에 한 천주시오,
한 천주 세 위심을 믿어 흠숭함이니, 위(位)를 뒤섞지도 말 것이요,

체(體)를 나누지도 말 것이로다.
성부의 위 다르시고 성자의 위 다르시며 성령의 위 다르시도다.
그러나 성부와 성자와 성령의 천주성이 하나이요,
영광이 같으시고 위엄도 같이 영원하시도다.
성부 그러하시면 성자도 그러하시고 성령도 그러하시도다.
성부도 창조되지 않으시고 성자도 창조되지 않으시고 성령도 창조되지 않으셨으며,
성부도 무한하시고 성자도 무한하시고 성령도 무한하시며,
성부도 영원하시고 성자도 영원하시고 성령도 영원하시도다.
그러나 영원한 분 셋이 아니요 다만 영원한 분 하나이시며,
또 창조되지 않으신 분 셋이 아니며 무한하신 분도 셋이 아니요,
오직 창조되지 않으신 분도 하나이시며 무한하신 분도 하나이시로다.
또한 성부도 전능하시고 성자도 전능하시며 성령도 전능하시나
전능하신 분 셋이 아니요 전능하신 분 다만 하나이시며,
성부도 천주시오 성자도 천주시오 성령도 천주시로되
천주 셋이 아니라 다만 천주 하나이시며,
또한 성부도 주님이요 성자도 주님이요 성령도 주님이로되
주 셋이 아니라 오직 주 하나이시로다.
위마다 각각 천주시며 주님이심을 고백해야 하나
천주 셋이라거나 주 셋이라고 함은 공번된 신앙에 어긋남이로다.
성부는 결코 지음을 받지도 않으시고 창조되지도 않으시고 태어나지도 않으셨으며,
성자는 성부께 지음을 받지도 않으시고 창조되지도 않으시고 다만 성부로부터 나셨으며,
성령께서는 성부와 성자에게서 지음을 받지도 않으시고
창조되지도 않으시고 태어나지도 않으시고
다만 성부와 성자에게서 좇아 나시도다.
성부 셋이 아니요 성부 하나이시며, 성자 셋이 아니요 성자 하나이시며,
성령께서 셋이 아니요 성령께서 하나이시로다.
또한 이 세 위에 선후도 없고 대소도 없고
오직 세 위 함께 영원하시고 서로 같으시도다.
그러므로 위에 말한 바와 같이 세 위에 한 체이시고
한 체에 세 위심을 반드시 믿어 흠숭할 것이며,
구원받으려는 자는 삼위일체에 관하여 이와 같이 믿을 것이로다.
영원한 구원을 얻으려면 또한 우리 주 예수 그리스도
사람이 되심을 충실히 믿어야 할 것이로다,
바른 신앙은 천주님의 아들 우리 주 예수 그리스도께서
천주이시며 사람이심을 고백함이로다.
천주이심은 성부의 본체에서 영원으로부터 나심에서요,
사람이심은 모친의 본체에서 세상에 태어나심에서이다.
그는 참천주시요, 영혼과 육신을 갖추신 참사람이시로다.
천주성으로는 성부와 같으시나 인성으로는 성부보다 낮으시도다.

천주시며 사람이시나 둘이 아니요, 다만 그리스도 한 분이시로다.
한 분이심은 천주성이 변하여 육신이 됨으로써가 아니라
오직 인성을 취하여 천주성에 결합하심으로써이며,
참으로 한 분이심은 본체의 혼합으로써가 아니라
위가 하나이심으로써이다.
영혼과 육신이 사람을 이룸같이 천주성과 인성이 그리스도를 이룸이로다.
그는 우리의 구원을 위하여 수난하시고 고성소에 내리시어
사흗날에 죽은 이들 가운데서 부활하시고,
하늘에 올라 전능하신 천주 성부 오른편에 앉으시며,
그리로부터 산 이와 죽은 이를 심판하러 오시리라.
그가 오실 때 모든 사람들은 자기 육신과 함께 부활하여
자기 행위에 대하여 셈바치리라.
선을 행한 자는 영원한 생명으로 들어가고
악을 행한 자는 영원한 불로 가리라.
이것이 공번된 신앙 교리로다.
아무라도 이것을 충실히 굳게 믿지 아니하면 구원받지 못하리로다.
영광이 성부와 성자와 성령께, 처음과 같이 이제와 항상 영원히. 아멘

제 2 편

예비기간

예비 기간의 교육은 그리스도교의 본질적 교리 내용을 체계적으로 습득하고 장차 성사를 받을 수 있도록 기본적 교리를 이해하는 과정이다. 이 예비 기간은 예비신자들의 마음의 밭에 뿌려진 말씀의 씨앗이 싹이 트고, 크게 자랄 수 있도록 도와주는 기간인데, 제8-20장은 바로 이것을 목표로 꾸며져 있다. 이 기간에는 창조론, 태고사・성조시대・구세사, 구원론(그리스도론), 성령론, 삼위일체론, 교회론, 마리아론, 성사론, 그리고 기도 등에 대한 핵심 교리를 배우게 된다.

예비신자들은 사고와 행동에서 그리스도인답게 변화되어야 하며, 적절한 전례 예식에 참여하고 복음을 선포하면서 교회 성장에 협력하는 것을 배우게 된다. 구경꾼이나 손님이 아닌 교회의 구성원으로서 주체 의식을 가지고 교리 공부를 하고, 전례에 참여하며, 준성사를 받으면서 영성생활에 익숙해져야 한다. 이 기간 동안 예비신자들은 결코 이론적 공부에만 머물 것이 아니라 장차 신자가 되기 위한 신앙을 키우고 기도를 통한 하느님과의 만남 그리고 신자들과의 공동체적 체험을 갖게 한다. 따라서 기도와 신앙생활로써 그리스도의 뜻을 따르고, 가치관의 변화를 통하여 새 사람으로 살아갈 것을 다짐하면서 선교에도 참여하여야 한다.

제8장 우리는 창조주 하느님을 믿습니다

들어가는 말

"눈부신 태양이 동녘에서 떠오른다."라고 흔히들 말한다. 우리는 지구가 태양을 중심으로 움직이는 것이지 태양이 움직이는 것이 아니라는 사실을 잘 알고 있지만, 이 말을 엉터리라고 말하지 않는다. 천지 창조를 마치 곁에서 지켜 본 것처럼 기록하고 있는 구약성경 창세기도 터무니없는 것이라고 말할 수 없다. 성경은 역사적 사실이나 과학적 지식을 가르치는 책이 아니라 '신앙의 진리'를 가르치는 책이지만, 창세기의 천지만물에 대한 창조론은 이성(理性)을 통해 자연계시(自然啓示)로 이해할 수 있다.(제1장-(3) 참조) 하지만 인간은 자연을 초월한 하느님을 완전히 파악할 수 없다. 완전히 파악할 수 있다면 신앙의 대상이 아닌 것이다. 그래서 우리는 창조주 하느님을 믿는다고 고백한다.

창세 1,1-2,3

한처음에 하느님께서 하늘과 땅을 창조하셨다.……하느님께서 말씀하셨다. "우리와 비슷하게 우리 모습으로 사람을 만들자."……하느님의 모습으로 사람을 창조하시되 남자와 여자로 그들을 창조하셨다. 하느님께서 그들에게 복을 내리며 말씀하셨다. "자식을 많이 낳고 번성하여 땅을 가득 채우고 지배하여라."……하느님께서 보시니 손수 만드신 모든 것이 참 좋았다.……하느님께서는 하시던 일을 이렛날에 다 이루셨다. 그분께서는 하시던 일을 모두 마치시고 이렛날에 쉬셨다. 하느님께서 이렛날에 복을 내리시고 그날을 거룩하게 하셨다.

유일하시고 전능하시며 사랑이 넘치는 하느님

한정된 인간의 언어로 하느님의 신비를 완전히 표현할 수는 없지만, 창조주이신 하느님은 유일신(唯一神)이며 영적(靈的)인 분이다. 그리고 하느님은 진리와 사랑이시며, 세상의 모든 만물을 초월하시고 조금도 변함이 없이 영원(무시무종 · 無始無終)하신 분이다.

우리는 우주 만물과 인간을 창조하신 하느님은 전지전능하시고 영원하시고 무량(무소부재 · 無所不在)하시고 거룩하시고 완전하시고 공의로우신 분이심을 믿고 고백한다. 하느님께서는 이스라엘 백성에게 당신께서 유일하신 분이심을 알려 주셨다.

"이스라엘아, 들어라! **주** 우리 하느님은 한 분이신 **주님**이시다. 너희는 마음을 다하고 목숨을 다하고 힘을 다하여 **주** 너희 하느님을 사랑해야 한다."(신명 6,4-5)

그리고 하느님께는 불가능한 것이 없고, 그분께서 만드신 것은 그분의 처분에 맡겨져 있다. 하느님은 온 우주와 역사의 주인이시고 자존자(제1장-(3)의 알아두기에 있는 필연유 참조)이시다. 하느님은 당신의 전능을 무한한 사랑과 자비로 보여 주신다.

예화 1(왕과 바다)

옛날 카뉴트라는 어진 임금이 영국을 다스리고 있을 무렵이었다. 영국은 섬나라여서 일찍이 바다를 정복한 왕이 가장 훌륭한 왕으로 존경받는 나라였다. 어느 날 신하 몇 사람이 왕의 환심을 사려고 아첨의 말을 하였다.

"임금님은 세상의 어느 왕들보다도 높으시며, 이 바다도 임금님의 명령에는 굴복하지 않을 수 없는, 위대한 하늘과 바다의 주인이십니다."

신하의 말에 귀를 기울여 듣고 있던 현명한 왕 카뉴트는 그들이 말을 마치자 밀물이 들어오는 바닷가에 옥좌를 가져다 놓으라고 명령하였다. 왕은 곧 그곳으로 자리를 옮겨서 거침없이 밀려오는 물결을 향해 큰소리를 외쳤다.

"바다의 주인인 내가 명령하니 파도는 내 발치에서 썩 물러가도록 하라!"

왕의 명령에도 불구하고 물결은 거세게 밀려와서 왕의 발을 적셨다. 카뉴트 왕은 자신의 젖은 발을 들어 보이며 신하들에게 말했다.

"이제 그대들의 눈으로 위대한 왕의 힘이 얼마나 보잘것없는 것인지를 보았을 것이다. 너희가 나를 바다의 주인이라고 말하나 이 바다에게 명령을 내릴 수 있는 분은 전능하신 하느님뿐이시라는 것을 똑똑히 알게 되었을 것이다. 이 사실을 잊지 말아라."

왕의 말에 신하들은 모두 머리를 조아렸다.

전능하다 함은 세상에서 불가능한 것이 아무것도 없다는 것을 말하는 것이다. 이 말은 오직 하느님께만 적합한 말이다. 세상에서 제 아무리 위대한 왕일지라도 대자연에게 명령할 수는 없다. 자연은 하느님의 섭리(보존과 다스림)에 따를 뿐이다.

하느님은 무에서 세상을 창조하신 전능한 분이시다. 하느님이 만드신 하늘과 별들과 태양, 나무와 꽃, 호수들 그리고 하느님의 뜻으로 창조된 세상이 이토록 아름답고 신비스러운데 하물며 이 모든 것들을 창조하신 하느님은 무한히 아름다우신 분이심에 틀림없는 것이다.

예화2(신앙의 눈)

토미는 대도시에서 공부하고 있는 그의 형이 방학이 되어 집에 돌아올 날을 손꼽아 기다리고 있었다. 토미의 형은 집을 떠난 날부터 어릴 때의 신앙을 잃고서 하느님과는 동떨어진 생활에 젖어 살고 있었다. 얼마 후 방학이 되어 토미의 형이 돌아와서 동생의 책상위에 놓인 교리책을 집어 들고는 '하느님은 어디에 계시는가?' 라고 쓰인 제목을 읽었다.

"토미야, 너는 하느님이 어디 계시는지 알고 있니? 나에게 그것을 말해주면 상으로 돈을 줄게."

동생을 놀리고 싶은 생각으로 형이 제안했다. 토미는 이제 겨우 열 살이었지만 교리 시간에 배운 것을 또렷이 기억하고 있었으므로 오히려 형에게 되물었다.

"그럼, 형이 하느님이 계시지 않다는 것을 증명하면 나도 형에게 돈을 줄게."

토미의 형은 신이 나서 말했다.

"네가 아직 어려서 잘 모르는 모양인데 말이야, 네가 아는 사람들 중에서 하느님을 본 사람이 하나라도 있는 줄 아니? 하느님이란 세상에 없는 거야."

토미는 형의 말에 놀라며 대답했다.

"형은 하느님처럼 거룩한 분이 우리의 눈으로 보인다고 생각해? 하느님은 너무나도 거룩하시기 때문에 마음의 눈으로 보아야 한다고 수녀님이 말해주셨어, 형은 눈으로 공기를 볼 수 있어? 본 적이 없지? 그렇지만 공기가 분명히 있다는 것을 우리는 알고 있고 또 공기 없이는 우리가 살 수 없다는 것도 알고 있잖아! 만일 하느님이 계시지 않다면 사람은 정말로 살 수가 없었을 걸!"

토미의 놀라운 대답에 형은 그만 깜짝 놀랐다.

하느님은 무량(無量, 무소부재·無所不在)하시므로 세상의 어느 곳을 막론하고 곳곳마다 계시는 분이시다. 그리고 하느님이 계시지 않은 곳은 없지만 하느님은 영적 존재이므로 사람은 그분의 모습을 볼 수가 없다.

'보지 않고 믿는 이들은 복되다'라고 예수님께서 말씀하신 것처럼 우리도 마음의 눈으로 하느님을 볼 수 있기 위해서는 하느님을 믿어야 할 것이다.

세상과 인류의 기원에 관하여

현대과학은 우주의 기원을 약 150억년, 지구의 기원을 약 45억년으로 추정하고 있고, 현생 인류의 출현은 약 3-4만년으로 추산하고 있다. 이러한 선사시대에 관해서는 역사적 고증자료가 전혀 없기 때문에 확실하게 증명할 수 없다.

구약성경의 창세기 1장부터 11장까지는 태고사의 이야기가 기록되어 있다. 창세기는 우주와 인류의 기원에 대한 신화(神話, *L.* Mythos, *Eng.* Myth)다. 신화의 의미는 무슨 일이 어떻게 일어났는지 보고하는 신문기사나 역사가 아니라 당시 사람들에게 익숙한 표현을 통하여 당시대 사람들이 가장 궁금해 하는 풀리지 않는 문제나 중요한 결과의 원인에 대한 의미전달인 것이다. 창세기에는 우주 창조로부터 시작하여 모든 인간의 기원과 역사를 마치 곁에서 지켜본 것처럼 기술하고 있지만, 이는 역사적 사실을 그대로 기록한 역사서나 과학적 지식을 가르치는 교과서가 아니라 인간 존재에 대한 근본적인 문제를 다루면서 신앙의 진리를 서술한 것이다. 즉 우리는 어디에서 왔는가? 우리는 어디로 가는가? 우리의 기원은 무엇인가? 우리 삶의 목적은 무엇인가? 하는 질문에 대한 신앙의 대답을 제시하면서 인간을 창조하시고 지켜주시는 하느님의 사랑과 자비로우심을 가르쳐 주고 있는 것이다.

창세기에는 세상과 인간의 창조에 관한 두 가지 이야기가 실려 있는데, 이 창조의 이야기는 창조를 과학적으로 규명하려는 것이 아니라, 인간에 대한 하느님의 사랑과 인간의 삶 속에서 하느님의 사랑이 어떻게 드러나고 있는지에 대한 신앙의 진리를 가르치려는 기록이다.

우주 만물과 인간을 창조하신 하느님

창세기의 첫 번째 창조 이야기의 핵심은 하느님께서 우주 만물과 인간을 지어내신 유일하신 창조주이시라는 믿음이다. 아무것도 없는 무(無)에서 만물을 창조(아무런 재료 없이 '무'에서 '유'를 만들어 세상에 존재하게 한 것)하신 하느님께서는 지혜와 사랑으로 만물의 질서를 세우셨고(지혜 11, 20 참조), 그 질서를 바탕으로 온갖 천체와 동식물을 제 자리에 채우심으로써 조화를 이루셨다. 이 모든 것은 하느님께서 당신의 피조물 가운데 가장 으뜸인 인간이 장차 살아갈 삶의 터전을 마련하신 것이다.

인간은 '하느님의 모습대로' 창조되었다. 그러므로 우주 만물 가운데 인간만이 하느님과 대화할 수 있는 존재이며, 세상의 관리자로서 하느님의 창조 사업에 협조할 수 있다. 하느님께서는 창조하신 모든 것을 보시고 "참 좋았다."라고 말씀하셨는데, 이 말씀은 당신 사랑에서 나오는 것은 모두 '선한 것'이고, 당신 사랑으로 만드신 모든 것은 '좋은 것이 된다.'는 하느님 사랑의 진리에 대한 가르침이셨다.

하느님께서 지으신 이 세상 만물은 참으로 아름다운 질서와 조화를 이루고 있으며,

이 모두는 하느님의 사랑에 의해 우리 인간을 위하여 마련된 것이다. 에덴동산은 다음의 그림에서 보여준 바와 같이 자연의 아름다움과 온갖 동물들이 어우러져 사는 지상낙원이었다. 따라서 우리 인간이 이 질서와 조화를 깨트리지 않는다면 모든 피조물이 제 위치에서 제 기능을 발휘하여 창조의 아름다움을 지니게 될 것이며 인간의 행복한 삶은 보장되어 있는 것이다.

지상의 낙원(양 브뤼겔, 1607~1608, 유채, 파리루브르미술관)
온갖 동물들이 어우러져 살고 있는 지상의 낙원이며, 멀리에는 하느님에 의해 낙원에서 추방되려고 하는 아담과 하와가 보인다.

창조주 하느님 안에서 누리는 인간의 행복(낙원의 인간)

사람은 영혼과 육신이 결합되고 하느님의 모상(模像)으로 창조된 피조물이다. 창세기의 두 번째 창조 이야기는 설화적인 서술 방법을 사용하여 하느님께서 "흙의 먼지로 사람을 빚으시고, 그 코에 생명의 숨을 불어넣어"(창세 2, 7) 창조하셨다고 기록하고 있다. 이것은 인간 창조에 쓰인 재료나 방법을 설명하려는 것이 아니라 인간의 기원은 하느님께 있고, 인간은 본질적으로 다시 흙으로 돌아갈 유한한 존재이며, 동시에 하느님의 거룩한 숨결로 생명을 부여받은 고귀한 존재라는 것을 가르치는 것이다. 따라서 인간의 생명은 전적으로 하느님께서 주신 선물이며, 인간 생명의 주권은 하느님께만 있음을 알 수 있다.

하느님께서는 동쪽에 있는 에덴이라는 곳에 동산을 마련하시고 당신께서 빚어 만드신 사람(아담)을 그곳에 데려다가 살게 하셨다. 아담(Adam)은 히브리어로 '사람'을 뜻하며, '인류의 원조'를 지칭한다. 야훼(Yahweh : '알아두기' 참조) 하느님께서는 보기 좋고 맛있는 열매를 맺는 온갖 나무를 그 땅에서 돋아나게 하셨고, 그 동산 한 가운데에는 생명나무와 선과 악을 알게 하는 나무도 돋아나게 하셨다.

하느님께서는 "아담이 혼자 있는 것이 좋지 않으니, 그의 일을 거들 짝을 만들어 주리라 하시고, 아담을 깊이 잠들게 하신 다음, 아담의 갈빗대를 하나 뽑고 그 자리를 살로 메우시고는 그 갈빗대로 여자(하와)를 만드신 다음, 아담에게 데려 오셨다." 아담 내외는 알몸이면서도 서로 부끄러운 줄을 몰랐다.(창세 2장 참조) 하와(히브리어로 Hawwāh. *L.* Heva, *Eng.* Eve)는 '생명'을 뜻하며, 인류의 어머니로 불린다.

하느님이 창조하신 인간의 원조(元祖)인 아담과 하와가 맨 처음 받은 것은 초성생명(超性生命)과 과성은혜(過性恩惠)였다. 초성생명은 인간의 본성을 초월(초성)한 영원한 생명인데, 이는 하느님의 생명에 참여하는 끝없는 행복을 누리는 은혜다. 과성은혜란 인간의 육체는 물질로 이루어진 것인 만큼 손상되고 고통을 받고 죽음을 당하는 것이지만, 그런 것을 당하지 않게 과분(過分)한 특전을 베푼 은혜를 말한다. 그래서 과성은혜는 인간의 본성을 더욱 완전하게 하여 고통과 죽음도 없는 상태에서 완전한 행복 속에 머물러 있는 은혜다.

인간은 원래 선하게 창조되었을 뿐만 아니라 하느님과 친교를 나누는 지복직관(至福直觀 : 하느님을 직접 뵈옵는 최고의 행복)을 누리며 주변의 피조물들과 완전한 조화 속에서 낙원의 행복한 삶을 살았다.

이 이야기에서 우리는 생명과 사랑을 베풀어주신 하느님과 올바른 관계를 유지하고, 다른 사람을 존중하고 사랑하며, 창조주 하느님의 뜻에 따라 자연과 조화를 이루며 살 때 참된 평화와 행복을 누릴 수 있다는 것을 알 수 있다.

하느님의 뜻을 거스른 인간(죄에 물든 인간)

에덴동산의 이야기에서 하느님께서는 모든 열매는 다 따먹되 "선과 악을 알게 하는 나무에서는(지선악과 · 知善惡果) 따 먹으면 안 된다. 그 열매를 따 먹는 날, 너는 반드시 죽을 것이다."(창세 2, 17)하고 명령하셨다. 하느님의 이 금지 명령은 인간의 자유를 제약하는 것이 아니라 인간이 자신의 한계를 인정하고 하느님의 보살핌 안에서 행복한 삶을 누릴 수 있도록 자유 영역을 보장하신 것이다.

그런데 뱀은 야훼 하느님께서 만드신 들짐승 가운데 제일 간교한 동물로 소개되었다. 그 뱀이 여자(하와)에게 물었다. "하느님이 너희더러 이 동산에 있는 나무 열매는 하나도 따먹지 말라고 하셨다는데 그것이 정말이냐?" 여자가 뱀에게 대답하였다. "아니다. 하느님께서는 이 동산에 있는 나무 열매는 무엇이든지 마음대로 따 먹되 죽지 않으려거든 이 동산 한 가운데 있는 나무 열매만은 따 먹지도 말고 만지지도 말라고 하셨다." 그러자 뱀이 여자를 꾀었다. "절대로 죽지 않는다. 그 나무 열매를 따 먹기만 하면 너희의 눈이 밝아져서 하느님처럼 선과 악을 알게 될 줄을 하느님이 아시고 그렇게 말하신 것이다."

여자가 그 나무를 쳐다보니 과연 먹음직하고 보기에 탐스러울 뿐더러 사람을 영리하게 해 줄 것 같아서, 그 열매를 따먹고 같이 사는 남편에게도 따 주었다. 남편도 받아 먹었다. 그러자 두 사람은 눈이 밝아져 자기들이 알몸인 것을 알고 무화과나무 잎을 엮어 앞을 가렸다.(창세 3,1-7 참조)

인간은 헛된 욕망과 하느님의 자리를 차지하려는 교만한 마음으로 하느님의 명령을 어김으로써 온갖 불행과 고통스러운 죽음을 스스로 불러들였다. 이와 같이 인류의 원조 아담과 하와가 에덴동산에서 하느님의 계명을 거스름으로써 생겨난 죄의 원천을 우리는 '원죄'(原罪)라고 말한다.

아담이 하느님께 순종하였다면 그가 누릴 온갖 은총 또한 후손이 물려받을 수 있었을 터이지만, 그들이 범한 죄를 후손들이 고스란히 물려받게 된 것이다. 원죄로 인류에게 물려진 형벌은 죽음과 고통과 그리고 죄에 기울어지려는 본성 등이 있다.
그런데 원죄에 대한 간과할 수 없는 사실은 아담과 하와가 단순히 열매를 하나 따먹은 것이 죄(罪)라기 보다는 금난의 열매를 따 먹기만 하면 피조물인 인간이 하느님의

원 죄 (구스, 1470년경, 빈미술사박물관)

눈처럼 밝아지고 하느님과 똑같이 되겠다는 하느님의 권능을 탐하는 비윤리성(교만에 의한 불순종), 즉 양심(마음의 윤리질서)을 거슬려 행한 죄(罪)가 낙원을 잃게 한 것이다. 그 결과로 그들이 받았던 초성은혜와 과성은혜를 잃게 되고 영원한 복을 누릴 자격을 잃었으며 죽음과 고통과 마귀의 유혹이 난무하는 무방비 상태에 놓이게 되었다.

예화3(잃어버린 왕국)

왕위를 물려 줄 후손이 없는 한 늙은 왕이 죽을 날이 가까웠음을 짐작하고 신하들을 불러 모아 놓고 다음과 같이 말하였다.

"세상에서 가장 훌륭한 두 젊은이를 양자와 양녀로 택하여 내가 죽은 다음에 그들이 나의 뒤를 이어 나라를 다스리게 하여라."

빼어난 두 사람을 구하기 위하여 신하들은 온 나라를 샅샅이 뒤지며 찾아 다녔다. 드디어 어느 농촌 마을에서 훤칠한 외모에 정직하고 남자다운 기질을 가진 한 소년을 발견하였다. 또한 아름답고 착한 소녀를 찾아내어 왕의 후손으로 삼아 왕자와 왕자비가 되게 하였다. 그들은 왕족으로서 알아야 할 모든 것을 배웠다.

그들에게는 아름다운 꽃동산이 있는 궁궐과 풍성한 열매를 맺는 기름진 땅이 주어졌다. 나라 안의 모든 것을 돌보며 행복을 누릴 수 있게 된 것이다. 왕은 그들을 불러서 한가지 부탁을 했다.

"이 열쇠 꾸러미를 너희에게 주겠다. 너희는 이 궁궐 안에 있는 모든 방을 이 열쇠로 열고 들어가도 좋다. 하지만 탑 꼭대기에 있는 방 하나만은 열어서는 안 된다. 그곳을 제외하고는 이 궁궐의 모든 것을 너희에게 주겠으니 잘 다스려라."

그들에게 열쇠를 넘겨 준 늙은 왕은 그들이 자신의 명령을 지키는지 시험해 보기로 했다. 순명할 줄 아는 사람만이 자기의 뜻을 이어받아 나라를 잘 다스릴 것임을 왕은 알고 있었기 때문이다.

왕자비는 왕의 말을 들은 즉시 금지된 탑으로 올라가 방문의 손잡이를 돌렸다. 문은 한번도 열린 적이 없었던 듯 굳게 잠겨져 있었다. 그녀는 왕의 당부도 잊은 채 열쇠로 방문을 열고 안을 들여다보았으나 아무것도 보이지 않았다. 그러자 하녀가 그녀를 부추겼다.

"왜 안에 들어가서 당신의 눈으로 직접 무엇이 들어있는지 확인하지 않습니까? 임금님은 이제 늙어서 어린애와 같습니다. 왕이 죽으면 모두 당신 것인데 왜 보시지 않으려 하십니까?"

왕자비는 아무래도 마음이 걸려 왕자와 함께 왕의 명령을 거역하면 조금 안심이 될 것 같았다. 그녀는 헐레벌떡 달려가서 왕자를 꾀어 금단의 방에 호기심 가득한 눈으로 들어섰다. 그러나 그들을 기다리고 있는 것은 휘황찬란한 보석이 아니라 늙은 왕의 슬픈 얼굴이었다.

"너희들은 결국 내 명령을 저버렸구나! 왜 내 말을 거역하느냐? 이제 너희가 나를 배반하였으니 이 왕국을 떠나라! 내가 너희들에게 많은 것을 베풀면서 바란 것은 고작 이것 하나였는데! 가서 너희들의 수고로 살아라!"

왕의 얼굴은 한없이 슬퍼 보였다. 왕의 엄명에 의해 그들은 본래의 초라한 모습이 되어 절망감을 안고 왕의 곁을 떠났다. 그들에게는 배고픔과 추위와 병과 고생이 다시 찾아왔고 결국 죽음만이 그들에게 남게 되었다. 이 이야기는 백성들에게 전해져서 사람들은 그릇된 욕심으로 왕국을 잃어버린 그들의 어리석음을 두고두고 이야기하였다.

이 이야기에 나오는 왕은 아담과 하와를 지으시고 에덴동산을 주신 하느님이시며 왕자와 왕자비는 아담과 하와인 것이다. 잠깐의 실수로 모든 것을 잃는다는 것은 얼마나 어리석은 짓인가!

하느님을 거스르리라고 부추기는 마귀의 유혹에 빠져서는 안 된다.

하느님을 떠난 인간의 처지

하느님은 인간에게 올바른 인간의 길을 알 수 있는 이성적인 판단력, 양심에 따라 선과 악을 분별하여 행동할 수 있는 의지력, 그리고 당신의 뜻을 따르거나 거부할 수 있는 완전한 자유까지도 부여하셨다. 또한 하느님께서는 어떤 길이 생명의 길이고 어떤 길이 멸망의 길인지를 제시해 주셨고, 그 결과까지도 가르쳐 주셨다. 궁극적인 선택은 인간에게 달려 있고, 인간은 자신의 선택에 대하여 책임을 져야 하는 것이다.

하느님의 뜻을 거역하고 죄를 범한 인간은 정의로우신 하느님의 심판을 자초하여 에덴동산에서 쫓겨남으로서 생명과 사랑이신 하느님과 결별하게 되었다. 인간은 하느님과 함께 살던 시절의 기쁨과 평화 대신에 힘들고 고달픈 삶을 살아가게 되었다. 이것이 바로 하느님을 떠난 인간의 비참한 삶의 현실이다.

에덴동산에서 쫓겨난 인간의 마음은 악해지고, 카인이 동생 아벨을 죽이듯이 형제를 살해하는 등 범죄도 더욱 잔인해짐으로서 하느님과의 관계가 더욱 멀어지고, 또한 인간들 사이의 관계도 더 벌어져서 비참한 처지로 전략해 갔다.

하느님의 구원 약속

창세기에 나오는 인간의 범죄 이야기는 우리에게 암담한 좌절감을 안겨 줄 수 있었다. 그러나 하느님은 죄를 범한 인간을 에덴낙원에서 추방하셨지만, 그런 인간을 결코 저버리지 않으시고 생명을 지켜 주시며 구원을 약속하셨다.

하느님은 "뱀과 여자 사이에 적개심을 일으키고 서로 투쟁하게 되겠지만, 결국 여자의 후손이 승리하리라."(창세 3, 15 참조) 하는 말씀으로 인간에게 구원에 대한 약속과 희망을 주셨다. 이것을 우리는 원죄에 대비되는 '원복음'(原福音)이라고 말한다. 인간이 범죄한 후에도 하느님은 인간에게 "자식을 낳아 번성하여라."는 창조 때의 축복을 거두지 않으셨다.

하느님은 세상이 사람의 죄악으로 가득 차고 사람마다 못된 생각만 하는 것을 보시고 왜 사람을 만들었던가 싶으시어 마음이 아프셨고, 세상을 쓸어버려 사람뿐 아니라 짐승과 땅 위를 기는 것과 공중의 새까지도 모조리 없애 버리려 하셨다고 성경저자는 말하고 있다.(창세 6,5-7 참조) 그렇지만 차마 그렇게 하실 수 없었다. 왜냐하면 단 한 사람이라도 "올바르고 흠 없는 사람, 하느님을 모시고 사는 사람"이 있다면 죄

인들의 무리에 포함시켜 완전히 멸망시킬 수 없으셨기 때문이다. '노아'라는 사람은 바로 그러한 인물이었다. 노아만은 하느님의 마음에 들었다. 그 당시에 노아만큼 올바르고 흠 없는 사람이 없었다.(창세 6,8-9 참조) 그래서 하느님은 노아에게 전나무로 방주를 만들게 하시고 노아의 가족과 갖가지 짐승들을 한 쌍씩 들어가게 하신 다음 대홍수를 일으키셨다. 하늘 높이 치솟는 산들도 물에 다 잠겼고 물은 산들을 잠그고도 열다섯 자나 더 불어났다. 오직 노아의 방주만이 물위를 떠다녔다. 이렇게 하느님께서는 사람을 비롯한 모든 짐승들, 새, 벌레에 이르기까지 땅 위에서 살던 모든 생물을 쓸어 버리셨고, 노아와 함께 배에 있던 사람과 짐승만은 살아 남았다.

하느님께서는 노아와 그의 가족에게 새 세계, 새 삶의 터전을 마련해 주시고 복을 내리시며 "너희는 많이 낳아, 온 땅에 가득히 불어나거라."라고 말씀하셨다. 그리고 노아와 계약을 맺으시고 "다시는 홍수로 땅을 멸하지 않으리라."고 약속하셨다.

그런데 창세기 11장의 바벨탑 이야기는 이른바 새 세계의 사람들(노아의 후손들)이 하느님께 저지른 오만과 불손을 말하고 있다. 사람들은 하느님보다 더 높아지기 위해 날마다 벽돌을 구어 내어 하늘까지 닿는 탑을 쌓아 올리었다. 하느님은 집단의 교만을 보시고 그 당시에 사람들이 쓰는 한 가지 언어를 여러 가지로 뒤섞어 놓아 모두 다른 말을 쓰게 하셨다. 그래서 탑을 쌓던 사람들은 서로 주고받는 말이 통하지 않게 되자 탑을 쌓는 일도 중단하게 되었고, 온 땅에 흩어져 살게 되었다. 바벨이란 말은 혼돈과 흩어짐의 의미이고, 교만으로 일그러져 힘없는 사람들을 억누르고 빼앗는 불의한 구조를 낳는 도시를 상징한다.

세상과 인간 구원의 역사

바벨탑 사건 이후 하느님은 지금까지의 보편적 방법이 아니라 전혀 새로운 방법으로 인류 구원의 역사를 펼치신다. 그것은 한 인간을 선택하시고 그와 인격적 만남을 통해 당신 자신을 계시하시며 구원의 역사를 이루어 가신다는 것이다. 그 인물이 바로 창세기 12장부터 나오는 아브라함이었고, 그 후손인 이스라엘 백성의 이집트 탈출과 시나이 계약 등으로 이어진 것이다.

하느님께서는 마침내 때가 이르자 당신 아드님 예수 그리스도를 구세주로 이 세상에 보내시어 인류 구원 계획을 성취하셨다.(히브 1,1-2 참조). 예수 그리스도께서는 모든 인간의 죄를 대신하여 당신 목숨을 바치시어 인간을 죄악에서 건져 내시고(마르 10, 45 참조) 하느님과 친밀한 관계를 회복시키는 은총을 베풀어 주셨다. 이로써 하느님의 약속과 인간의 희망은 예수 그리스도 안에서 마침내 이루어졌다.

그래서 바오로 사도는

"한 사람의 불순종으로 많은 이가 죄인이 되었듯이, 한 사람의 순종으로 많은 이가 의로운 사람이 될 것입니다.……죄가 많아진 그곳에 은총이 충만히 내렸습니다."(로마 5,19-20) 하고 말하였다.

그러므로 하느님께서 이루시는 인간 구원의 역사는 예수 그리스도를 통하여 드러내신 당신 사랑의 역사이다.

나오는 말

세상과 인간을 창조하신 하느님께서는 유일하시고 전능하시며 사랑과 자비가 넘치시는 분이시다. 하느님의 사랑으로 창조된 만물은 모두 선하며, 그 가운데서도 인간은 하느님의 모습을 닮고 하느님의 숨결을 받은 가장 고귀한 존재이다. 그런데 인간은 헛된 욕망과 교만한 마음으로 하느님의 사랑을 거부하고 하느님의 곁을 떠남으로써 비참한 처지로 전락하고 말았다. 그럼에도 자비로우신 하느님께서는 인간에게 구원을 약속하심으로써 희망을 갖게 하셨다.

우리가 하느님을 선택한 것이 아니라 하느님께서 우리를 부르신 것이다(요한 15, 16 참조). 이 부름에 응답하는 길은 사랑뿐이다. 우리에게 생명을 주신 하느님을 사랑하고 이웃을 사랑하며, 삶의 터전을 이루어 주는 자연을 사랑하도록 하자.

핵심문제

(1) 하느님은 어떤 분이십니까?

한정된 인간의 언어로 하느님의 신비를 완전히 표현할 수는 없지만, 창조주이신 하느님은 유일신(唯一神)이며 영적(靈的)인 분입니다. 그리고 진리와 사랑이시며, 전지전능·영원·무량(무소부재·無所不在)·거룩·완전·공의로우신 분입니다.

(2) 하느님이 '무'로부터 천지만물을 창조하셨다는 말은 무슨 뜻입니까?

아무런 재료 없이 '무'에서 '유'를 만들어 세상에 존재하게 하셨다는 뜻입니다.

(3) 인류의 원조는 누구이며, 그 이름의 뜻은 무엇입니까?

인류의 원조는 아담(Adam)과 하와(히브리어 Hawwah)이며, 아담은 히브리어로 '사람'을, 하와는 '생명'을 뜻합니다.

(4) 낙원의 행복이란 무엇입니까?

낙원 생활의 행복은 하느님과 친교를 나누는 지복직관(至福直觀)을 말합니다.

(5) 원죄란 무엇입니까?

원죄란 인류의 원조 아담과 하와가 에덴동산에서 하느님의 계명을 거스름으로써 생겨난 죄의 원천을 말합니다.

(6) 원복음(原福音)이란 무엇입니까?

창세기에 나오는 "뱀과 여자가 원수 사이가 되고 서로 투쟁하게 되겠지만, 결국 여자의 후손이 승리하리라."(창세 3, 15 참조) 하는 하느님의 말씀으로 인간에게 구원에 대한 약속과 희망을 주셨습니다. 이것을 우리는 원죄에 대비되는 '원복음'(原福音)이라고 말합니다.

알아두기

● **'야훼'와 '여호와'** : 야훼(Yahweh)는 하느님의 이름인데 이스라엘 사람들이 하느님을 부르던 고유명사다. 야훼(YHWH → Yahweh)는 "나는 있는 나다"(자존자 · 自存者 : "I am who I am.": 탈출 3, 14)라는 뜻이며, 이 말은 시간상으로 언제나, 공간상으로 어디나 계신 분이란 의미다.

구약성경 원문에는 하느님을 지칭하여 'YHWH'로 기록되어 있는데, 이 이름은 모세에게 히브리어 자음 4개(YHWH)로 계시되었다. 히브리인들은 하느님의 이름은 너무 거룩하여 함부로 부를 수 없어, 야훼 대신 '아도나이'(Adonai : '주님'의 뜻) 혹은 '엘로힘'(Elohim : '하느님'이라는 뜻)이라고 하였다. 그 후 오랜 세월이 흘러 이스라엘 국가가 멸망하고 백성들이 세계 각지로 뿔뿔이 흩어지게 되었고, 이스라엘 백성들은 차츰 모국어인 히브리어를 잊어버리게 되었다. 그리고 성경도 히브리어 성경이 아닌 그리스어 번역본 성경을 읽게 된다.

기원 후 700년경에 학자들이 모음을 삽입하는 작업을 했는데, 그때 'YHWH'를 발음할 줄 아는 사람이 아무도 없었다. 그래서 그리스어 번역본 성경에도 하느님의 이름을 'YHWH'로 남겨두었다. 후에 일부 그리스도교 학자들이 히브리어 아도나이(Adonai) 또는 엘로힘(Elohim)에서 사용되던 모음을 붙여 야훼(Yahweh)로 표기하던 것을 한국의 개신교에서는 영어식 발음으로 '여호와'(YeHoWaH)라고 부르게 된 것이다.

'공동번역 성서'는 가톨릭 신학자와 개신교 신학자가 공동으로 번역 작업을 한 것인데, 이 공동번역에서 하느님의 이름을 '야훼'로 쓰기로 합의했던 것이다. 그런데 대부분의 개신교에서는 이 이름을 잘 사용하지 않고 공동번역 성서도 사용하지 않고 있는 실정이다.

• 창조론과 진화론

창조론은 세계와 인류의 기원에 대한 하느님의 창조 이야기며, 진화론은 생명의 기원과 생물의 진화에 대한 가설이다. 그런데 일반적으로 진화론은 자연과학의 영역에 속하고, 창조론은 과학이 아닌 종교적 신념이라고 말한다. 그래서 창조론과 진화론은 흔히 대립과 상충되는 개념으로 생각하기 마련이다. 하지만 창조론은 과학적 접근방법에 의하여 논리적이고 합리적으로 설명될 수 있고, 많은 과학자들은 진화론은 잘못된 가설임을 인정하고 있다. 가설은 검증되거나 자연현상과 모순이 없이 잘 적용될 때 인정을 받게 된다.

일부 그리스도교인들은 창조론과 진화론의 타협으로 유신론적 진화론(theistic evolution)을 택하기도 한다. 유신론적 진화론은 하느님이 진화의 방법을 이용하여 세상과 인간을 창조하셨다는 이론이다. 하지만 결국 이 이론도 진화론이다. 진화는 생물이 주위의 영향과 내부의 발전에 의하여 간단한 것으로부터 복잡한 것으로, 하등상태에서 고등상태로 그 체재(體裁)를 향상하여 간다는 것이며, 화학적 진화(chemical evolution)와 생물학적 진화(biological evolution)로 나눌 수 있다. 화학적 진화는 무기물이 유기물(탄소의 산화물이나 탄산염을 제외한 탄소화합물)로 유기물이 원시 생물세포로 진화했다는 생명의 기원에 관한 것이고, 생물학적 진화는 하등 동물에서 고등 동물로 형태와 기능이 발전해 나가는 것을 의미한다. 그런데 화학적 진화와 생물학적 진화에 대한 가설은 분명히 잘못된 것임을 알 수 있다.

화학적 진화에 있어서 무기물이 간단한 유기물로, 간단한 유기물이 아미노산으로, 아미노산이 중합 반응에 의하여 단백질로, 그리고 단백질과 핵산 등이 원시 생물세포로 생성되는 과정은 열역학 제2법칙에 의하면 비자발적 과정(nonspontaneous process : 제1장-(3) 참조)이다.

자연에 있어서 무기물로부터 일련의 단계적 화학반응을 거쳐 생물세포까지의 생성과정은 외견상 자발적으로 일어난 것 같지만 배후의 어떤 도움(힘의 작용)없이는 일어날 수 없는 비자발적 과정이다. 열역학 제2법칙은 무기물로부터 생명이 자발적으로 생겨날 수 없음을 말해 주고 있다. 따라서 무기물이 유기물로 유기물이 원시생물세포로 자발적으로 진화됐다는 화학적 진화는 오류인 것이다.

생물체의 구성단위인 세포(cell)는 여러 종류의 소기관들을 가지고 있는데, 몇 가지 예를 들면 다음과 같다.

핵(nucleus) : 염색체가 존재하고, 세포증식을 수행하는 기관.

염색체(chromosome) : 유전자(DNA로 구성)를 지니고 있는 물질이며, 생물의 유전과 성을 결정하는 기관.

소포체(endoplasmic reticulum) : 단백질과 지질을 합성하고 수송하는 기관.

리보솜(ribosomes) : 분비에 필요한 단백질 합성기관.

골지체(golgi apparatus) : 세포의 분비작용을 하는 기관.

미토콘드리아(mitochondria) : 세포내의 호흡수행과 에너지를 생성하는 기관.

리소좀(lysosome) : 가수분해효소를 이용하여 소화작용을 하는 기관.

헷켈의 인간 유래에 관한 진화
헷켈(Häkel, 1834~1919)은 다윈의 진화론을 지지한 독일의 의학자
(http://school.hongik.ac.kr/contest/298/contest/j.gif)에서 전재

생물세포는 위의 소기관들 외에도 매우 복잡한 구조와 고도의 질서를 유지하면서 기능들을 수행하고 있다. 질서의 구조와 기능은 목적과 조화라는 관념 자체로 보아 반드시 누군가의 지성에 의한 작업으로 이루어진 것이며, 무질서한 혼돈상태에서 우발적으로 생겨날 수 없다. 요컨대 **지성 없이는 어떠한 질서도 조화도 목적도 이루어지지 않는다.** 그래서 생물세포는 하느님의 구상과 설계와 작용으로 만들어진 작품이며 섭리의 소산(所産)인 것이다. 즉 생명체는 오직 절대자(신·神)의 창조섭리에 의해 존재하게 되는 것이다.

또한 생물학적 진화에 있어서도 앞의 그림에서 보는 바와 같이 하등동물이 원숭이로 원숭이가 인간으로 진화됐다면 그 진화의 연속과정에 따른 점진적인 중간 형태의 화석들이 무수히 많이 있어야 함에도 그러한 중간 화석들은 존재하지 않는다.

아무리 오랜 세월이 흘러도 원숭이는 원숭이고 인간은 인간인 것이며, 인간의 조상이 원숭이일 수 없고 원숭이의 조상이 하등동물일 수 없다.

하느님은 천지만물을 '종류대로' 창조하시고 자연의 영향권에 두셨기 때문에 피조물은 자연환경의 영향을 받기 마련이다. 그런데 간과할 수 없는 분명한 사실은 모든 변화 과정은 어떤 원칙과 자연법칙에 따라 변한다는 것이다. 원칙과 자연법칙에 따라 변한다는 것은 하느님의 섭리인 것이다.

- 천지창조의 과학적 접근(폭발기원설 · big bang theory)

성경은 과학 서적이 아니라 만민의 구원을 위한 신앙서적이다. 그래서 구약성경의 첫 구절 "한처음에 하느님께서 하늘과 땅을 창조하셨다"(창세 1, 1)로 시작된 것은 창조의 방법과 과정의 제시가 아니라, 그 시대의 일반인들이 이해하고 있던 우주상(宇宙像)에 따라 하느님이 우주를 창조한 신앙의 진리로 보아야 한다.

그렇지만 대폭발로부터 생명(식물)의 출현까지의 과정을 창조설과 관련하여 과학적 관점에서 추론해 보면 다음과 같다.

첫째, 약 150억 년 전의 대폭발·big bang이전(창세기의 태초 이전)에는 완전 진공상태의 무한 무변의 암흑이었고 온도는 절대영도(-273℃)였다. 이 온도는 기체의 부피와 압력이 영(零)이 되는 온도다. (**창세기의 태초, 한처음**)

둘째, 물질과 에너지가 우주(宇宙의 宇는 공간, 宙는 시간을 의미) 안에 존재하게 된 것은 대폭발에서 비롯되었고, 시간은 아인슈타인의 상대성 원리에 의하여 우주창조 때의 시간(하루)과 지상(地上)의 시간(하루)은 매우 상이하며, 우주 창조 당시의 하루는 이 지상의 몇 억 년이 될 수도 있다. (**창세기의 1일** : 대폭발로 빛이 생김)

셋째, 대폭발 이후 팽창 과정에서 수천억 개의 다양한 은하(銀河)가 생겼고, 지금도 우주는 계속 팽창하고 있으며, 우리가 살고 있는 은하계 내에도 수천억 개의 별들이 있다. 우리 은하계 내에 있는 하나의 주계열성인 태양은 지구 체적의 약 130만 배이고, 태양의 지름은 지구와 달 사이의 거리의 4배이다(아래 그림). 태양계에서는 표면이 냉각된 8개의 행성(태양에 가까운 것부터 수성·금성·지구·화성·목성·토성·천왕성·해왕성)들이 태양의 주위를 공전(公轉)하고 있다. 그 중 하나의 행성인 지구의 냉각 과정에서 지구의 주위에 수증기층과 공기층이 생겼고, 많은 양의 수증기층은 지구의 물이 되었다. (**창세기의 2일** : 물의 분리와 창공(하늘)의 형성)

넷째, 지구의 물은 중력에 의하여 낮은 곳으로 흘러내리어 육지와 바다가 되었다. 그리고 햇빛과 물과 공기로 인하여 대지에서 생명(식물)이 생겨났다. (**창세기의 3일** : 바다 및 육지의 분리와 생명(식물)의 출현)

다섯째, 지구의 자전(自轉)으로 인하여 빛과 어둠이 갈라져서 각각 낮과 밤이 되고 해와 달이 나타났다. (**창세기의 4일** : 낮과 밤이 분리되고, 큰 빛과 작은 빛은 각각 낮과 밤을 다스림)

※ 태양의 지름은 지구로부터 달까지 평균 거리의 약 4배에 해당된다.

행성은 스스로 빛을 내지 못하고 태양의 빛을 반사하여 빛을 낸다. 행성은 두 종류가 있는데, 크기가 작고 밀도가 높은 지구형 행성과 크기가 크고 밀도가 낮은 목성형 행성이 있다. 지구형 행성은 수성·금성·지구·화성이고, 목성형 행성은 목성·토성·천왕성·해왕성이다.

목성형 행성은 주로 수소 80%, 헬륨 20% 정도로 이루어져 있으며, 밀도는 물의 0.7배에 해당된다. 목성형 행성의 고리는 크고 작은 얼음과 암석 덩어리로 이루어져있으며 공전하고 있다. 그런데 지구의 공전주기는 365일(1년)이고, 자전주기는 24시간(1일)인데 반하여 수성의 공전주기는 0.24년이고, 자전주기는 59일, 금성의 공전주기는 0.62년이고, 자전주기는 243일, 화성의 공전주기는 1.88년이고, 자전주기는 1.03일이다.

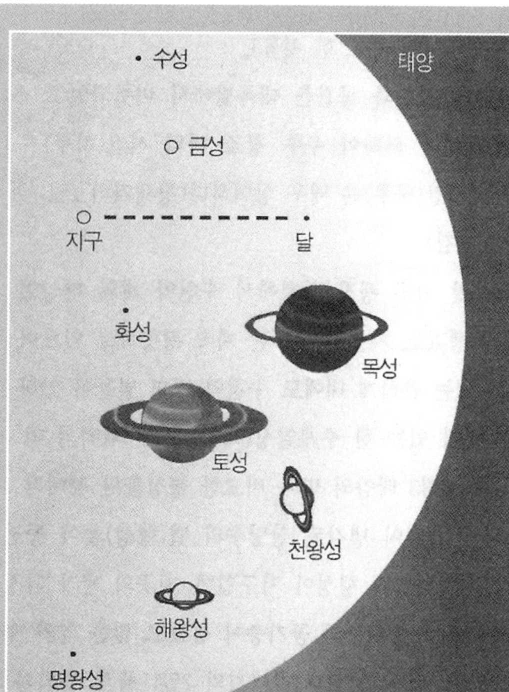

태양의 면과 비교한 행성들의 상대적 크기

제 9 장 우리는 구세주 예수 그리스도를 믿습니다

(1) 태고사 · 성조(聖祖)시대와 구세사(救世史)의 배경

들어가는 말

창세기는 '태고사'와 '성조시대'로 구분된다. 태고사는 역사 이전의 사건들이며, 성조는 아브라함에서 이사악, 야곱 그리고 야곱의 열두 아들까지를 일컫는다. 여기서는 태고사와 성조시대의 주요 줄거리를 살펴본 다음에 '구세사'를 이스라엘 역사를 통해서 살펴보기로 한다. 이스라엘 역사는 비단 이스라엘이라고 하는 한 민족의 역사만이 아니라 야훼 하느님께서 인간을 구원하시는 역사이기도 하다. 왜냐하면 우리는 이스라엘 민족의 역사적 사실 안에서 하느님의 활동을 살펴볼 수 있으며, 예수 그리스도의 십자가 사건에 대한 설명과 해석이 되는 구세사의 배경을 살펴볼 수 있기 때문이다.

신명 6,4-5

이스라엘아, 들어라! **주** 우리 하느님은 한 분이신 **주님**이시다. 너희는 마음을 다하고 목숨을 다하고 힘을 다하여 **주** 너희 하느님을 사랑해야 한다.

테고사(창세 1-11장) : 역사 이전의 사건들

(아담, 하와) —아들→ (카인, 아벨, 셋) ; 셋 —후손→ 라멕 —아들→ **노아** —아들→ (셈, 함, 야펫)

아담과 하와 사이에서 카인이 태어났으며, 하와는 또 카인의 아우 아벨을 낳았는데, 아벨은 양을 치는 목자가 되었고 카인은 밭을 가는 농부가 되었다(창세 4,1-2). 형제였던 카인과 아벨은 야훼께서 바라시는 형제애의 관계와는 정반대의 관계를 보여주었다. 카인은 아우 아벨을 들로 데리고 나가서 아우 아벨을 쳐죽였다(창세 4, 8). 이

것이 인류의 최초의 살인사건이다. 아담은 130세에 '셋'을 낳고, '셋'을 낳은 다음 800년 동안 살면서 아들딸을 더 낳았다.(창세 5,3-4 참조) 아담의 아들 '셋'의 후손이 '라멕'이며, 라멕의 아들은 '노아'다. 노아의 아들은 셈 · 함 · 야펫이다. 노아의 대홍수 사건(창세 6—9) 이후에 노아 후손들은 번성했다. 하지만 하느님께서는 한 종족이었던 노아 후손들의 말을 뒤섞어 놓아 서로 알아듣지 못하게 하셨고, 사람들을 온 땅에 흩어져 살게 하셨다(창세 11, 바벨탑이야기 참조). 그래서 전 세계적으로 흩어져 살고 있는 인종의 기원은 노아의 세 아들이며, 지구상의 현재 65억 인구는 노아의 세 아들로부터 시작되었다.(창세 9, 19 참조) '**셈**'의 후손은 히브리, 페르시아, 시리아, 앗시리아, 후에 이스라엘과 아브라함의 다른 후손들, 그리고 아라비아(Arabia) 인종과 몽고 인종이고, '**함**'의 후손은 이집트, 에티오피아, 가나안, 리비아 등의 인종이며, '**야펫**'의 후손은 코카시아(Caucasia) 인종과 아리아(Arya) 인종이다.

· 아라비아 : 아시아대륙의 남서단에 있는 페르시아만 · 아라비아해 · 홍해에 둘린 큰 반도인데, 예멘 · 사우디아라비아 · 쿠에이트 · 카타르 · 바레인 등이다.

· 코카시아 : 러시아연방 남서부의 지역(흑해와 카스피해 사이의 지역)이다.

· 아리아인(Aryan) : 인도게르만 어족(語族)에 딸린 민족인데, 인도인 · 이란인 · 그리스인 · 로마인 · 게르만인 · 슬라브인 · 켈트인이다.

노아의 아들 셈의 후손 '테라'의 아들 3형제는 다음과 같다.

셈 —후손→ 테라 —아들→
- 아브람(아내 사라이)
- **나호르**(아내 밀카) —손녀→ 레베카(이사악의 아내가 됨)
- 하 란 —아들→ **롯** —딸→

※ 롯은 소돔 → 초아르(사해 바로 아래 지방)에서 나와 산에 들어가 두 딸과 함께 굴속에서 살았다.

롯 —딸→
- 맏 딸 —아들→ 모 압 —후손→ 모압인
- 작은딸 —〃→ 벤암미 —〃→ 암몬인

아브람의 아내는 사라이(하느님께서 '사라'라고 부르도록 하심)이고, 나호르의 아내는 밀카였는데, 밀카는 하란의 딸이다. 롯이 살고 있는 '소돔'과 '고모라'에서는 엄청난 죄를 짓고 있었다. 야훼 하느님께서 두 도시를 멸하고자 작정하셨다. 롯은 착하게 사는 사람이었다. 그래서 하느님의 천사는 롯에게 가족을 데리고 소돔을 탈출할 것과 탈출할 때 뒤를 돌아보지 말라하고 일러 주었다. 롯이 소돔을 탈출하여 초아르 땅으로 달아

날 때에 주님께서 손수 하늘에서 유황불을 소돔과 고모라에 퍼부으시어 거기에 있는 모든 것을 모조리 태워 버리셨다. 그런데 롯의 아내는 뒤를 돌아다보다가 소금 기둥이 되어 버렸다(창세 19, 26). 롯은 두 딸을 데리고 초아르에서 산에 들어가 굴 속에서 살았다. 두 딸로부터 모압인과 암몬족이 생겨났다.

성조시대(창세 12—50) : 창세기 12장의 아브라함 시대부터 역사 기록으로 봄.

아브라함의 아내 사라는 늙도록 아이를 낳지 못하였고 사라에게는 하가르라는 이집트인 몸종이 있었다. 아브람의 아내 사라는 하가르를 남편 아브라함에게 소실로 들여보냈다. 하가르는 아브라함에게 아들 이스마엘을 낳아 주었다(창세 16). 이스마엘은 12형제를 두었으며 그 후손이 아랍인이다.

하느님께서는 아브람에게 "나를 보아라. 너와 맺는 내 계약은 이것이다. 너는 많은 민족들의 아버지가 될 것이다. 너는 더 이상 아브람이라 불리지 않을 것이다. 이제 너의 이름은 아브라함이다. 내가 너를 많은 민족들의 아버지로 만들었기 때문이다."(창세 17,4-5) 또한 하느님께서는 아브라함에게 "너의 아내 사라이를 더 이상 사라이라는 이름으로 부르지 마라. 사라가 그의 이름이다."(창세 17, 15) 라고 분부하셨다. 그리고 "너의 아내 사라가 너에게 아들을 낳아 줄 것이다. 너는 그 이름을 이사악이라 하여라."(창세 17, 19)하고 말씀하셨다. 또한 "아브라함은 다시 아내를 맞아들였는데, 그의 이름은 크투라였다. 그는 아브라함에게 지므란, 욕산, 므단, 미디안, 이스박, 수아를 낳아 주었다."(창세 25,1-2)

이사악은 숙부 나호르의 손녀 레베카를 아내로 맞았으며, 레베카는 쌍둥이 에사우와 야곱을 낳았는데, 이 쌍둥이로부터 에돔과 유다의 두 민족이 생겨나게 되었다.

야곱은 외삼촌 라반의 두 딸 레아와 라헬을 아내로 삼았다(창세 29 참조). 야곱은 12형제를 두었는데, 이 12형제가 12지파의 기원을 이룬다. 레아는 르우벤, 시메온, 레위, 유다, 이사카르, 즈블론을 낳았고, 라헬의 몸종 빌하는 단과 납탈리를 낳았으며, 레아의 몸종 질파는 가드와 아세르를 낳았고, 라헬은 요셉과 벤야민을 낳았다.

아브라함으로부터의 계보를 간추려 나타내면 다음과 같다.

아브라함[아브람 → 아브라함으로 불리움(창세 17,5)]

아내 사 라 —아들→ 이사악 —쌍둥이 두민족→ [에사우 ——→ 에돔의 조상 / **야 곱** —후손→ 유다인]

하녀 하가르 —아들→ 이스마엘 —아들→ 12형제 —자손→ **아랍**인 → 이슬람교

소실 크투라 —아들→ 6형제(지므란, 욕산, 므단, 미디안, 이스박, 수아)

기원전 1800년경

야곱(이스라엘)<창세 32, 29; 35, 10> : 야곱은 아들 열둘을 두어 열두 지파의 기원을 이룬다.
<창세 35,23-26; 29,31-35; 35,16-18>

아내 < 레아(언니) / 라헬(동생) > → **12지파** →

소실 < 빌하(라헬의 몸종) / 질파(레아의 몸종)

레아 : 1) 르우벤
〃 2) 시메온
〃 3) 레 위 —후손→ 모세와 아론 형제
〃 4) 유 다 —후손→ 다윗(왕) —아들→ 솔로몬
〃 9) 이사카르
〃 10) 즈불룬
빌하 : 5) 단
〃 6) 납탈리
질파 : 7) 가 드
〃 8) 아세르
라헬 : 11) 요 셉
〃 12) 벤야민 —후손→ 사울(왕)

↑ 모친 　 * 위의 숫자는 태어난 순서

· **나호르**(아브라함의 동생이며 이사악의 숙부)
↓ 아들 8형제중 막둥이
브투엘(이사악의 장인)
↓ 딸 → 레베카
↓ 아들 → 라반 —딸→ (레아, 라헬)

· 하느님께서는 **아브라함**[#1]을 선택하시어 당신 백성의 조상으로 삼으셨고, **모세**[#2]를 통하여 당신 백성을 이집트에서 해방시키시고 시나이 산에서 계약을 맺으셨다. 이 계약은 수송아지의 피로 맺으셨으나 마지막으로 그리스도의 피로 새롭고 영원한 계약을 맺으셨다.

· 성경은 구약과 신약으로 나누어지는데, 구약은 '옛 계약', 신약은 '새 계약'이라는 뜻이다. 즉, 성경은 하느님과 이스라엘 백성 간에 맺어진 계약(구약)과 예수 그리스도 안에서 완성된 새로운 계약(신약)에 관해 말하는 책이다. 계약(契約)이란 일반적으로 두 대상이 서로의 약속과 요구를 정하는 것을 말한다.

옛 계 약	새 계 약
① 이스라엘 백성과 더불어 시나이산에서 하느님에 의해서 제정됨 ② 옛 계약의 중재자 : 모세 ③ 계약은 황소의 피로써 체결됨	① 온 세상 모든 민족 중에서 하느님에 의해 선택된 모든 백성과 함께 골고타에서 제정됨 ② 새 계약의 중재자 : 그리스도 ③ 계약은 그리스도의 피의 희생 제사로써 체결됨

- 성조(聖祖)는 아브라함 → 이사악 → 야곱 → 요셉으로 이어지는데, 야곱의 열둘 아들 중 하나였던 요셉을 매개로 이집트 생활이 시작된다.
- **요셉**#3의 이야기는 창세기 후반부의 대부분을 차지하고 있다.(창세 37—50)

  요셉은 형들에 의해 이스마엘 사람들에게 노예로 팔렸고, 이집트로 끌려가 포티파르(파라오 왕의 신하로 경호대장)가 요셉을 샀으며, 포티파르의 아내는 요셉을 유혹하였으나 물리쳤다. 그래서 요셉은 그릇된 고소를 당하여 감옥에 갇혔다.
- 요셉은 이집트 왕 파라오의 꿈(창세 41)을 해몽하여 이집트의 대신이며 재상이 되었다. 요셉은 세계의 기근을 풀고, 형들을 만난 후 부친 야곱(이스라엘)의 전 가족을 가나안에서 이집트로 옮겨와 고센 땅에서 살면서 번성하여, 그곳에서 야곱의 후손은 큰 민족으로 성장했다. 야곱의 후손은 이집트에서 430년 동안 살았다.

#1 **아브라함**

유다인의 조상이며 모든 믿는 이들의 아버지이다. 하느님은 아브라함을 "구원을 위한 믿음의 상대자"로 택하셨다.

아브라함은 유프라테스강 하류에 있는 우르에 살다가 그 강의 상류에 있는 하란으로 이주하여 살았다(창세 11,31-32). 하란은 당시 문화의 중심지였으며, 그곳 사람들은 자연신을 숭배하는 풍조가 대단했다. 특히 하란에서는 달을 숭배하고 있었다. 이런 풍토에 살고 있던 아브라함에게 주님께서는 모든 인연을 끊고 고향을 떠나라고 분부하셨다(창세 12,1-3). 그 당시에 씨족의 보호권을 벗어난다는 것은 죽음을 의미할 정도였다. 그러나 아브라함은 하느님만을 믿고 고향을 떠났다. 아브라함의 순종에 하느님은 땅과 자손의 번성을 주시리라(창세 13,15-16)는 말씀으로 축복을 약속하셨다.

#2 **모 세**

구약의 역사에서 최대 사건인 탈출기의 이스라엘 족의 지도자이며 계약의 중재자이다. 탈출기는 이집트에서 노예생활을 하던 이스라엘 족을 모세가 탈출시켜 약속한 땅으로 인도하는 이야기이다. 이집트 탈출은 이스라엘 민족의 역사와 신앙사에 있어서 전환점이 되는 중요한 사건이다.

#3 **요 셉**

1) 야곱의 아내 라헬이 낳은 요셉은 총명하고 재능이 뛰어 났다. 아버지 야곱의 사랑을 독차지한 요셉을 형들은 시기 질투했다. 그래서 형들은 요셉을 이스마엘 사람들에게 팔았고, 이집트로 끌려간 요셉은 포티파르에게 팔렸다. 요셉은 처음에는 단순한 노예로 일을 했으나 부지런하고 머리가 좋은 것이 인정되어 포티파르는 요셉을 전 재산의 관리인으로 세웠다.

2) 포티파르의 아내는 요셉을 유혹했다. 포티파르의 아내는 요셉의 옷을 붙잡고 자기 침실로 들어오라고 하였다. 요셉은 자기 옷을 그녀의 손에 버려둔 채 밖으로 도망쳐 나왔다. 그녀는 자기 남편에게 요셉의 옷을 보이면서 '당신이 데려다 놓으신 저 히브리 종이 나를 겁탈하려고 나에게 다가오자 내가 목청을 높여 소리를 질렀더니, 자기 옷을 내 곁에 버려두고 밖으로 도망쳤다'고 말했다. 포티파르는 아내의 말을 듣고 화가 치밀어 올라 요셉을 감옥에 처넣었다.(창세 39,7-20 참조)

3) 요셉이 감옥에서 꿈 해몽 - 파라오 왕의 헌작 시종과 제빵 시종이 어떤 과오를 저질러 요셉이 있

는 감옥에 갇혔다. 요셉은 그들의 꿈을 해몽하였다.(창세 40 참조)

* 헌작(술잔을 드리는) 시종장의 꿈 : 꿈에 포도나무 한 그루가 있었다. 그 포도나무에는 가지가 셋이 있었는데, 싹이 돋자마자 꽃이 피어오르고 포도송이가 익었다. 포도를 따서 잔에다 짜 넣고 그 잔을 왕의 손에 받혀드렸다.
요셉의 해몽 : 가지 셋은 사흘을 말하는데, 앞으로 사흘이 되면 파라오 왕은 당신을 석방하여 복직시킬 것이며, 그전처럼 왕에게 술잔을 올리게 될 것이다.

* 제빵(빵을 구워 올리는) 시종장의 꿈 : 흰 과자를 담은 바구니 셋을 머리에 얹고 있었는데, 제일 윗바구니에 있는 것들을 새들이 먹고 있었다.
요셉의 해몽 : 사흘이 되면 왕은 당신을 불러내어 나무에 매달아 죽일 것이다. 그렇게 되면 당신의 고기를 새들이 쪼아 먹게 될 것이다. 요셉이 해몽해 준 그대로 되었다.

※ **파라오의 꿈**(창세 41 참조)
1) 파라오 왕은 꿈에 나일강가에 서 있었는데 일곱 마리의 살찐 암소가 강물에서 나와 풀을 먹고 있었다. 그런데 별안간 강물에서 여윈 암소 일곱 마리가 나오더니 살찐 암소를 잡아먹었다. 잠에서 깬 왕은 다시 잠들어 꿈을 꾸었다.
2) 일곱 개의 잘 여문 밀 이삭이 한 줄기에서 나와 있었는데 곧 이어 같은 줄기에서 메마른 이삭이 나오더니 먼저 나온 이삭을 집어 삼키고 말았다.

요셉의 꿈 해몽 : 헌작 시종장이 감옥에 갇혔을 때, 요셉의 꿈 해몽에 대한 사실을 파라오에게 아뢰자, 파라오는 요셉을 불러 해몽케 하였다. 요셉은 7년은 대풍이 들고, 이어 7년은 기근이 들 것이니 대풍 때에 거둔 곡식을 저장했다가 기근을 대비해야 한다고 풀이했다.

구세사(救世史, 이스라엘의 약사)

우리 인간은 어릴 때부터 부모님과 살아 온 세월 속에서 그 사랑을 자연스럽게 느끼고 알게 된다. 이와 같이 자식이 부모의 사랑을 깨닫기까지는 역사가 필요하고, 거기에 특별한 사건이 있을 때마다 확실하게 인식하게 된다.

인간이 하느님의 존재를 막연하게나마 알고 있었고, 또한 그분이 베풀어 주신 이런저런 은혜를 희미하게 느끼고 있었지만, 아직 어린 아이의 수준이기에 결정적인 체험에 이르기까지는 역사가 필요했고, 또한 특별한 사건이 필요했던 것이다. 하느님께서 구체적인 사건들을 통해 인간 역사에 개입하시고, 거기에 인간이 응답함으로써 이루어지는 인간 구원 사건들 전체를 인류 구원의 역사, 즉 '구세사'라고 한다.

여기서는 구세사를 이스라엘의 약사(略史)로써 모세와 탈출기, 광야생활, 가나안 정착(판관시대), 왕정시대, 왕국분열, 바빌론 유배, 예언자들의 활동, 그리스의 알렉산더 대왕의 팔레스티나 정복, 로마의 폼페이우스 장군의 예루살렘 점령 등, 간추린 줄거리를 알아본다.

· 이스라엘 민족을 적대시하는 새 왕조가 이집트에서 일어나 이스라엘을 억압하기

시작했다. 이때에 모세가 태어났다. 그 당시 히브리 남아는 태어나는 즉시 죽이라는 명이 내려져 있었으나 모세는 어머니와 누이의 기지(奇智)로 다행히 목숨을 건지고 파라오의 궁전에서 자라게 되었다.

- 하느님은 이집트에서의 이스라엘 백성의 비참한 노예 생활을 측은히 여기셔서 이스라엘 역사에서 가장 중요한 사건인 이집트 탈출(Exodus : 이스라엘 사람의 이집트 탈출)을 일으키신다. 이 때를 기원전 1250년 경으로 추정한다. 이스라엘 백성은 시나이산에서 모세를 통해 하느님과 계약을 맺고 율법을 받는다.
- 이스라엘 민족이 이집트를 탈출할 때에 하느님께서는 이집트에 열 가지 재앙을 내리시고, 그 마지막 재앙으로 이집트의 맏아들을 모두 죽이셨지만 이스라엘인들의 집은 죽음의 재앙을 거르고 지나가신 사실과 홍해를 건넘으로써 죽음에서 생명으로 '건너감'(과월절)을 기념하기 위해 이스라엘 백성은 파스카 축제를 지냈다. (제7장의 '알아두기'에 있는 파스카 참조)
- 이스라엘은 40년간의 광야생활을 거쳐 가나안에 정착하여 강력한 나라로 커갔으며, 판관들이 이스라엘을 영도하게 되었다. 판관들은 왕정이 실시되기 전에 이스라엘을 영도하던 정치, 군사, 종교 지도자였다. 이스라엘은 안주하는 생활 속에서 민족의 단결은 무너져 갔으며, 인근 이민족들의 세력에 위협을 느끼자 판관의 영도로는 더 이상 지탱할 수 없음을 깨닫고 왕을 세우기를 원했다.
- 이스라엘의 초대 왕 사울은 자신이 속한 벤야민 지파에 대해서만 영향력을 가졌다. 그러다가 다윗이 제2대 왕으로 등극하면서 모든 지파를 자신의 영향권에 두고 통일 왕국을 이룩한다. 다윗 왕 때를 기원전 1000년경으로 본다.
- 제3대 솔로몬 왕은 이스라엘에서 가장 화려한 왕권을 누린다. 그리고 솔로몬 왕 때 첫 번째 성전이 건축되었다.
- 왕국의 분열 : 솔로몬 왕이 죽자 이스라엘은 즉시 남북으로 갈라져 북부 이스라엘 왕국(수도 사마리아), 남부 유다 왕국(수도 예루살렘)이 세워지게 된다.
  이때가 기원전 930년 경이다. 왕국이 분열된 후 이스라엘에는 훌륭한 **예언자들**[#4]이 등장하여 유배 시기까지 활동한다.
- 남북으로 갈라진 이스라엘은 주변 강대국들에 의해 계속 외침을 받다가, 북 이스라엘은 기원전 721년에 아시리아에, 남 유다는 기원전 587년에 바빌론에 멸망당한다. 유다의 많은 종교, 정치 지도자들이 바빌론에 포로로 끌려갔다.
- 멸망 이후 약 50년 동안 바빌론 땅에서 유배 시기(기원전 587-538년)를 겪은 유다인들은 기원전 538년 바빌론을 제압한 페르샤의 고레스 황제에 의해 본국으로 귀환

할 수 있게 된다. 귀환 이후 페르샤의 지원으로 제2성전이 건축되고 종교개혁이 단행된다. 이 때 중요한 역할을 한 사람은 느헤미야와 에즈라이다.

- 기원전 332년 알렉산더 대왕이 팔레스티나를 정복함으로써 이스라엘은 그리스 제국의 통치를 받게 된다. 그리스 제국의 **헬레니즘**#5화 정책에 반기를 든 이스라엘 인들은 기원전 166년에 마카베오 형제의 영도하에 독립운동을 일으킨다.
- 기원전 63년경 로마의 폼페이우스 장군이 예루살렘을 점령함으로써 이스라엘은 다시 로마의 지배를 받게 된다.
- 이스라엘은 지형학적으로 아시아, 유럽, 아프리카를 잇는 통로의 역할을 하기 때문에 고대로부터 강대국들의 세력 다툼에 시달려 왔다.

#4 **예언자들**

예언자란 하느님의 부르심을 받아 그분의 말씀을 사람들에게 전하도록 영감을 받은 대변자이다. 예언자들은 다윗 왕 시대부터 예수님 탄생 이전까지 활동한 사람으로서 이스라엘이 하느님께 죄를 지을 때마다 하느님과 맺은 계약에 충실하라고 가르쳤으며, 메시아가 가져올 구원에 대한 희망을 선포하기도 했다. 이들 예언자들은 엘리야, 아모스, 호세아, 이사야, 다니엘, 예레미야, 에제키엘 등이며, 이들의 이름으로 남겨진 성경을 예언서라고 한다. "하느님께서 우리와 함께 계시다"(임마누엘)는 확신을 가지고 메시아를 예언한 사람은 이사야이고, 메시아는 예수 그리스도이다.

#5 **헬레니즘**(Hellenism)

좁은 의미로는 알렉산더(Alexander) 대왕(재위 BC 336~323) 이후부터 이집트 왕조가 로마 제국에 멸망당하여 합병되는 시점(BC 30)까지 약 300년에 걸쳐 일어났던 사상과 철학을 일컫는다.
넓은 의미로는 그리스 사상을 말하며, 헤브라이즘(Hebraism: 히브리 민족의 사상)과 함께 유럽 문화의 근간을 이룬다.

나오는 말

하느님께서는 이스라엘 백성을 선택하시고 그 백성과 구원 계약을 맺으시고, 역사에 참여하심으로써 당신의 뜻을 인류에게 펴셨다. 이는 이스라엘 백성만을 구원하시려는 역사 참여가 아니라 인류를 구원하시려는 집단적 의미가 있다. 따라서 이스라엘의 선택은 그리스도를 통하여 이루어질 새롭고 완전한 계약과 계시의 준비요, 표상이라 할 수 있다. 그러므로 이스라엘의 역사는 바로 하느님께서 모든 인간을 구원하시는 역사인 것이다.

하느님은 오늘도 인류 역사 속에서 교회를 통하여 우리의 구원을 위해 역사(役事)하고 계신다. 하느님의 구원을 받기 위해 우리가 할 일은 이스라엘이 그랬듯이 하느님만을 믿고 의지하며 그분의 말씀을 따라 사는 것이다. 우리의 일상 생활에 있어서도 우리 신앙인은 항상 하느님의 뜻을 따라 살아야 한다.

핵심문제

(1) 하느님이 아브라함과 맺은 계약의 내용은 무엇입니까?
　땅과 자손의 번성을 주시리라는 것입니다.

(2) 성조(聖祖)는 어떤 분들을 지칭합니까?
　구약의 아브라함에서 이사악, 야곱, 야곱의 열두 아들을 지칭합니다.

(3) 파스카 축제의 의미는 무엇입니까?
　이스라엘 민족이 이집트를 탈출할 때에 야훼께서는 이집트의 맏아들을 모두 죽이셨지만 이스라엘인들의 집은 죽음의 재앙을 거르고 지나가신 사실과 홍해를 건넘으로써 죽음에서 생명으로 '건너감'(과월절)을 기념하는 것입니다.

(4) 예언자들의 역할은 무엇이었습니까?
　하느님과 맺은 계약을 충실히 지키도록 이스라엘 백성들을 일깨우는 것이었습니다.

(5) "하느님께서 우리와 함께 계시다."(임마누엘)는 확신을 가지고 메시아를 예언한 사람은 누구이며 메시아는 누구입니까?
　예언자는 이사야이고, 메시아는 예수 그리스도입니다.

알아두기

• 이집트 탈출 이후의 보충 이야기

이스라엘 백성이 이집트 탈출 이후 가나안 땅에 정착하여 살게 된 당초에는 왕이 없었다. 이집트 땅에서 이스라엘 백성을 이끌어 내시고, 40년의 광야 생활동안, 낮에는 구름기둥으로 길을 인도하시고, 밤에는 불기둥으로 앞길을 비추어 주신 하느님(**주님**)이 바로 이스라엘 백성의 왕이었다.

주님께서는 이스라엘 백성들이 목말라 할 때 바위틈에서 샘물이 솟아나게 하여주셨고, 그들이 배고파 할 때 하늘에서 만나를 내려 주셨으며, 고기를 먹고 싶어 할 때 메추라기 떼를 보내 주셨다. 그리고 그들에게 가나안 땅을 주셨다.
모세 이후 **주님**께서는 모세의 후계자 여호수아를 통해서 당신의 말씀을 들려 주셨고, 그 말씀이 이스라엘 백성의 삶의 길잡이가 되었다.

그러나 여호수아가 죽은 뒤에는 뚜렷한 지도자가 나타나지 않았다. 여호수아 이후의 시대를 판관(判官)시대라고 한다. 판관이란 왕정이 실시되기 전에 이스라엘 백성을 영도하던 정치, 군사, 종교지도자들이었다. 구약성경의 판관기에는 이스라엘 백성들을 위해서 헌신했던 판관들의 활약상이 기록되어 있다. 판관은 평범한 인물이지만 이스라엘 백성을 위기에서 구출하기 위해서 주님께서 필요할 때마다 뽑아 낸 사람이다. 판관으로 뽑힌 사람은 자신의 역할이 끝나면 다시 평범한 일상으로 되돌아갔다. 많은 판관들 가운데서 우리에게 가장 잘 알려진 인물이 '삼손'이다. 삼손은 사자를 때려잡을 정도로 남다르게 힘이 세고 민첩했지만, 한 가지 커다란 약점은 경건한 생활을 하지 않는 호색가였다. 그래서 삼손은 필리스티아인들의 미인계(美人計)에 빠져 필리스티아인들에게 잡히고, 그의 눈은 빼버림을 당하고 만다. 삼손은 최후로 필리스티아인들의 신전을 양손으로 무너트려 필리스티아 추장들과 삼손이 모두 밑에 깔려 죽게 된다.

하지만 판관이 사라지면서 이스라엘은 필리스티아로부터 시달림을 받았다. 오랫동안 약소민족으로 남아 있으면서 주변 강국으로부터 시달림을 받게 되자, 이스라엘 백성들은 하느님께 왕을 세워 주실 것을 요구했다.

사무엘은 이스라엘의 마지막 판관이자 첫 예언자이며 제사장인데, 이스라엘 백성들이 사무엘에게 왕을 요구하는 대목은 <1사무 8,19-22>에 씌어져 있다.

〈백성은 사무엘의 말을 듣기를 마다하며 말하였다. … 우리에게는 임금이 꼭 있어야 하겠습니다. 그래야 우리도 다른 모든 민족들처럼, 임금이 우리를 통치하고 우리 앞에 나서서 전쟁을 이끌 수 있게 될 것입니다. 사무엘은 백성의 말을 다 듣고 나서 그대로 주님께 아뢰었다. 주님께서는 사무엘에게 "그들의 말을 들어 그들에게 임금을 세워 주어라."하고 이르셨다.〉 결국이스라엘 백성들의 고집대로 왕을 선발하게 되었다. 이렇게 해서 선발된 이스라엘의 초대

맨손으로 사자를 잡는 삼손
(14세기, 부조, 이탈리아 밀라노 대성당)

왕이 '사울'이다.

왕은 하느님과 맺은 계약과 율법에 충실하면서, 안으로는 정의를 따라 백성을 다스리고, 밖으로는 백성을 적으로부터 지키고, 승리를 통해서 백성들의 번영을 확보해야 할 책무를 지게 된다.

말하자면 성별(聖別)된 왕을 통해서 이러한 사실이 드러나야 했다. 그러나 사울은 언제나 군중의 환호성에 싸이고 자기 앞에서는 누구나 머리를 숙이는 것을 보게 된 그의 마음은 교만과 고집으로 변하고, 권력에 취해서 자기의 마음대로 명령을 내리게 되었다. 또한 자신의 욕심을 채울 수 있는 전리품에 눈이 멀어서 하느님의 말씀에 순종하지 않았다. 사울이 하느님의 말씀에 순종하지 아니하자, 하느님의 성령도 사울로부터 떠났다. 성령이 떠난 자리에는 악령이 차지하게 된다. 그래서 사울은 새롭게 떠오르는 다윗을 질투하게 되었고, 다윗을 죽이기 위해 수단과 방법을 가리지 않았다.

사울이 이사이의 아들 다윗을 채용하고 인연을 맺게 된 연유는 다음과 같다.

베들레헴 사람 다윗은 비파를 잘 탈 뿐만 아니라 용맹하고 말도 잘하고 풍채도 좋았다. 그래서 사울은 다윗을 채용하여 비파를 타게 하고, 자기 앞에서 시중들게 하였으며 자기의 무기병으로 삼았다.(1사무 16,14-23 참조)

사울 왕 앞에서 비파 타는 다윗

이스라엘이 필리스티아군의 장수(將帥) 골리앗의 도전을 받았을 때, 다윗이 무릿매질을 하여 골리앗의 이마를 맞혔고, 골리앗은 땅바닥에 쓰러지자 다윗이 골리앗을 죽였다(1사무 17,1-58 참조) 이러한 사실을 알게 된 요나탄(사울의 장남)은 다윗에게 마음이 끌려 그를 자기 목숨처럼 사랑하게 되었다.(1사무 18, 1) 그로부터 다윗은 사울을 따라 출전할 때마다 승전하고 돌아왔다. 그래서 사울은 그에게 군 사령관직을 맡겼다.(1사무 18, 5 참조) 다윗이 전투에서 필리스티아 장수를 죽이고 승리하여 군대를 이끌고 돌아오면 이스라엘의 모든 여인들은 악기에 맞추어 노래하고 춤추면서 "사울은 수천을 치시고, 다윗은 수만을 치셨다네!"라고 노래를 주고받았다. 사울은 이 말이 비위에 몹시 거슬렸고, 이로 인하여 다윗에게 질투심을 품게 되었다. 사울은 다윗을 궁에서 내보내어 천인부대를 거느리는 지휘관으로 임명하였다. 그리하여 다윗은 그 부대를 거느리고 출전하곤 하였다. 사울은 다윗이 번번히 대승을 거두는 것을 보고 더욱 그에게 두려움을 느꼈다.(1사무 18,6-16 참조)

그런데 한편 사울의 작은 딸 미칼은 다윗을 사랑하고 있었다. 누군가 이를 사울에게 알리자, 사울은 그것을 잘된 일로 보고서, 이런 궁리를 하였다.(1사무 18, 20) 사울은 다윗을 필리스티아인들의 손을 빌어 죽일 속셈으로 필리스티아 사람들의 포피(包皮, 포경) 백 개만 잘라오면 부마(駙馬 : 임금의 사위)로 삼겠다고 하였다. 다윗은 부마가 되려고 부하를 이끌고 나가 필리스티아 사람을 이백 명이나 죽이고 그 포피를 모두 거두어 왕에게 바쳤다. 이리하여 사울은 딸 미칼을 주어 그를 사위로 삼았다. 사울은 **주님**께서 다윗과 함께 하시고 자기의 딸 미칼 마저 그를 사랑한다는 것을 똑똑히 보고 나서는 다윗이 점점 더 두려워져서 평생 그를 원수로 여기게 되었다.(1사무 18,17-30 참조) 사울이 아들 요나탄과 신하들에게 다윗을 죽이겠다는 이야기를 하였다. 그러나 요나탄은 다윗을 무척 좋아하였기 때문에 다윗에게 알려주었다.(1사무 19,1-2) 다윗의 아내 미칼도 사울이 다윗을 죽이려는 낌새를 알고 자기 남편을 도망치게 하였다.(1사무 19,9-17 참조)

사울의 일생은 전쟁과 다윗에 대한 증오로 얼룩진 비극의 생애였다. 사울 왕은 필리스티아군과의 싸움에서 세 아들이 죽고, 사울마저 적의 화살에 맞아 부상당하자 결국 손수 칼을 뽑아 자결하였다.(1사무 31,2-4 참조) 이렇게 해서 사울의 시대는 끝나고, 필리스티아 사람의 거인 골리앗을 쳐부순 용감한 다윗이 제2대 왕위에 오르게 된다. 제3대 왕은 다윗의 아들 솔로몬이었다. 그런데 다윗 왕이나 솔로몬 왕도 왕좌에 앉은 후기에는 하느님이 보시기에 좋은 삶을 살지 못했고 국민에 대해서도 좋은 본보기의 삶이 아니었다.

다윗은 어느 날 궁전 옥상을 거닐다가, 목욕하고 있는 한 여인을 보게 되었다. 그 여인은 매우 아름다웠다(2사무 11, 2). 다윗은 사령(使令)으로 하여금 그 여인이 누구인지를 알아보게 하였다. 그 여인은 우리야 장군의 아내 밧 세바였다. 다윗은 사령을 보내어 그 여인을 데려오게 하였다. 그리고 정을 통하고 보냈는데, 밧 세바의 몸에 태기가 있게 되었다. 그래서 밧 세바는 다윗에게 자기가 임신했다는 것을 알렸다(2사무 11,3-5 참조). 다윗은 밧 세바의

목욕하는 여인을 보고 있는 다윗

남편 우리야 장군을 전사(戰死)할 부서에 배치하여 죽게 했다. 그리고 밧 세바를 궁으로 맞아들여 아내로 삼았는데, 그의 몸에서 아들이 태어났다. **주님**께서는 우리야의 아내가 다윗의 아기를 낳은 일련의 사실을 좋지 않게 보시고, 아기에게 중병을 내리시어 7일 만에 죽게 하셨다. 다윗이 회개하고 아내 밧 세바를 위로하며 잠자리를 같이 하니 임신하여 아들을 낳아 이름을 솔로몬이라 하였다. 다윗은 그 당시의 관습으로 여러 명의 아내를 두었고 배다른 아들도 많았다.

지혜로운 왕으로 알려진 솔로몬도 통치를 해 가는 과정에서 왕족 출신 아내가 700명, 후궁이 300명이나 있었다(1열왕 11, 3). 솔로몬 왕은 여인들에 빠져 마음이 흐려짐으로써 진실을 보지 못하게 됐고 자기의 백성을 착취했다. 그리고 솔로몬은 늙어 그 여인들의 꾐에 넘어가 다른 신들을 섬기고 우상을 숭배하기도 했다. 하느님께서 솔로몬에게 노하셨다(1열왕 11, 9). 그래서 솔로몬 왕이 죽은 후 나라는 급속히 쇠퇴해 갔고 결국 왕국은 남북으로 갈라져, 사마리아를 수도로 삼은 북부 이스라엘 왕국과 예루살렘을 수도로 삼은 남부 유다 왕국으로 분열되었고, 또한 사마리아는 아시리아에 의하여, 예루살렘은 바빌론에 의하여 무너지고 말았던 것이다.

• 한 조상으로부터 어떻게 백, 흑, 황인종이 생겨날 수 있는가?

오늘날 지구상의 모든 인류는 노아와 그 아내, 그리고 세 아들들과 자부들로부터 기인하며, 그 이전의 기원은 아담과 하와로 거슬러 올라간다. 생물학자들은 여러 인종이 각기 같은 기원을 갖는다는 데에는 견해가 일치한다. 그러므로 모든 인종이 한 조상으로부터 유래하였다는 성경의 가르침에는 이의가 있을 수 없다.

오늘날 피부 색깔이 상이한 백, 흑, 황인종이 존재하며, 피부 색깔의 차이는 멜라닌(melanin) 색소에 의해 좌우된다. 약간의 멜라닌만을 만들어 낸다면 백인을 의미하고, 다량의 멜라닌을 만들어 낸다면 매우 검은 피부가 된다. 이중에는 갈색의 피부도 존재하지만 다른 색소는 존재하지 않는다.

어떻게 상이한 피부 색깔의 인종이 생겨나게 되었는가는 부모의 2조(組)의 유전자 조합으로 설명이 가능하다. 피부색은 2조의 유전자에 의해 지배되고 멜라닌 색소의 많고 적음에 따라 결정된다. 이 두 조의 유전자를 A와 B로 나타내고 여기에 잠재되어 있는 유전자는 a와 b로 나타낸다(이 경우 소문자는 소량의 멜라닌을 나타내는 부호이다).

따라서 부모가 낳은 검은 피부의 2세는 AABB로 표시되고, 백색피부를 지닌 사람의 경우는 aabb가 된다. 흑백 혼혈(AaBb, AAbb, aaBB, … 등)의 경우에는 퍼닛 구획법(punnet square)으로 설명된다.

	AB	Ab	aB	ab
AB	AABB	AABb	AaBB	AaBb
Ab	AABb	AAbb	AaBb	Aabb
aB	AaBB	AaBb	aaBB	aaBb
ab	AaBb	Aabb	aaBb	aabb

흑백의 조합의 보기
(AaBb X AaBb)

두 사람의 중간 갈색 피부를 지닌 양친으로부터는 갈색 피부색뿐만 아니라 영원히 피부색이 다른 인종(백인종, 흑인종)도 가능해진다. 하지만 AABB를 지닌 흑인들이 다른 피부색의 사람들과 서로 결혼할 수 없는 지역으로 이주한다면, 그들의 모든 자녀들은 검은 피부색을 지닌다. 마찬가지로 aabb를 지닌 백인들이 다른 피부 색깔의 사람들과 결혼할 수 없는 지역으로 이주한다면, 그들은 완전한 백인 혈통이 되는 것이다.

제9장 우리는 구세주 예수 그리스도를 믿습니다

(2) 그리스도 생애의 신비(강생, 죽음, 부활, 승천)

들어가는 말

여행을 떠나는 모든 사람이 십자가를 하나씩 받았다. 목적지까지 그 십자가를 결코 버려서는 안 되며, 그 까닭은 목적지에 도달할 때 알게 될 것이라고 하였다. 그 중 한 사람은 자기의 십자가가 유난히 크고 무거워 보인다고 생각하였다. 그래서 한 부분을 잘라내고 길을 떠났다. 그런데 최종 목적지 바로 앞에서 깎아지른 듯한 낭떠러지가 나타났다. 사람들은 자기가 지고 온 십자가를 걸쳐 놓고 골짜기를 건너갔다. 그러나 그 사람은 자기가 잘라 낸 길이만큼 모자라 자기 십자가로는 결코 골짜기를 건널 수가 없었다.

예수님은 이 세상과 하늘 나라를 연결하는 다리를 당신의 십자가로 놓으셨고, 우리는 그리스도를 통하여 하늘 나라에 들어갈 수 있다. 제8장에서 알아보았듯이 인간의 원조 아담과 하와는 원죄로 말미암아 에덴동산에서 쫓겨나 초성(超性)은혜와 과성(過性)은혜를 잃고 죽음과 고통과 마귀의 유혹이 난무하는 무방비 상태에 놓이게 되었다. 하지만 하느님의 독생자(獨生子) 예수님은 인간을 구원하기 위해 인간의 본성을 취하고 강생(降生)하셨다. 이를 '강생의 신비'라고 말한다. 강생뿐만 아니라 예수님의 전 생애는 '구속'(救贖)의 신비이다. 예수님께서는 우리를 대신하여 십자가를 지셨고 십자가에 못 박혀 돌아가시어 우리를 죽음의 골짜기에서 구하시고 영원한 생명을 얻게 하여 주셨다. 그리스도의 전 생애는 '우리를 위하여 … 그리고 우리의 구원을 위한 것'이었다.

요한 10,14-18

나는 착한 목자다. 나는 내 양들을 알고 내 양들은 나를 안다. 이는 아버지께서 나를 아시고 내가 아버지를 아는 것과 같다. 나는 내 양들을 위하여 목숨을 내놓는다. 그러나 나에게는 이 우리 안에 들지 않은 양들도 있다. 나는 그들도 데려와야 한다. 그들도 내 목소리를 알아듣고 마침내 한 목자 아래 한 양 떼가 될 것이다. 아버지께서는 내가 목숨을 내놓기 때문에 나를 사랑하신다. 그렇게 하여 나는 목숨을 다시 얻는다. 아무도 나에게서 목숨을 빼앗지 못한다. 내가 스스로 그것을 내놓는 것이다. 나는 목숨을 내놓을 권한도 있고 그것을 다시 얻을 권한도 있다. 이것이 내가 내 아버지에게서 받은 명령이다.

하느님 사랑의 절정 = 구세주의 오심

온 인류를 구원하시려는 하느님의 사랑은 당신의 외아들이신 예수 그리스도를 이 세상에 보내심으로써 그 절정에 이르렀다. 하느님께서 모세와 그 후계자들 그리고 예언자들을 통하여 이끌어 오신 인류 구원의 역사는, 하느님께서 인류 역사 안에 실제로 들어오심으로써 결정적인 단계에 이르렀다. 곧 하느님 아버지께서는 당신의 인류 구원 계획을 완전한 방식으로 실현하시려고 당신과 본질이 같으신 '성자'(聖子) 예수 그리스도를 이 세상에 파견하심으로써 모든 인간에게 영원한 생명의 길을 열어 주셨다(요한 3, 16 참조).

예화 (젊은 왕)

옛날에 어느 나라에 백성들을 극진히 사랑하는 젊은 왕이 있었다. 그는 굶주림과 병고로 고통을 겪고 있는 백성들을 위하여 힘닿는 데까지 입을 것과 먹을 것을 나누어주었으나 백성들은 그의 자비로운 마음을 받아들이지 않았다.

"왕이 제 아무리 우리들을 생각해 준댔자 고양이 쥐 생각하는 격이지 뭐야! 왕의 자리에 앉아서 어떻게 우리들의 굶주림과 추위와 고통을 이해할 수 있단 말인가!"

백성들은 저마다 불만이 많았다. 이것을 알게 된 왕은 낙심하여 가장 지혜로운 신하를 불러서 도움을 청했다. 백성을 사랑하는 왕의 진심을 잘 알고 있던 늙은 신하는 어렵게 입을 열었다.

"백성들에게 왕의 마음을 전달하는 데에는 단 한 가지 방법밖에는 없습니다."

무슨 일이든지 실행하겠다는 각오를 단단히 한 왕에게 신하는 어려운 방법을 제시했다.

"만일 왕께서 임금으로서가 아니라 백성의 한 사람이 되어 그들과 같은 조건 속에서 사시는 것을 보여 준다면 백성들은 반드시 왕의 진심을 알게 될 것입니다."

그날 밤 초라한 옷차림을 한 사람이 왕궁을 나섰는데 늙은 신하와 또 한 사람의 충신을 빼놓고는 아무도 그가 왕인을 알지 못하였다. 다른 신하들은 왕이 먼 나라로 여행을 떠난 줄로만 알고 있었다. 젊은 왕은 몇 달 동안이나 어느 동네의 초라한 오두막에 기거하면서 마을 사람들과 똑같은 조건으로 그들과 같이 일하면서 틈틈이 병들고 가난한 사람들을 도와 주었다. 오래지 않아 왕의 주변에는 많은 사람들이 몰려들게 되었으며 그들은 젊은 그에게서 위로와 도움을 얻고 충고를 받았다. 그의 덕행은 널리 퍼져 많은 사람들이 그를 본받아 자신의 생활을 변화시켰다. 그가 떠나야 한다고 하직 인사를 할 때에 그들은 몹시 서운하고 슬펐다. 왕이 궁전으로 되돌아왔을 때 그 가난한 농부가 바로 왕이었다는 사실이 널리 알려졌다. 이 소문은 나라 전체에 퍼졌고, 백성들을 사랑한 나머지 그들의 고통을 함께 나누기 위해 왕관을 벗고 농부로서 생활한 왕에 대한 존경과 사랑과 신뢰는 더할 수 없이 컸다.

예수님은 우리를 사랑한 나머지 우리와 같은 사람이 되셨다. 예수님은 하느님이시지만 사람이 되시어 우리 곁에서 생활하셨고 노동을 하시고 고통을 겪으셨다. 예수님은 우리와 똑같은 조건의 사람이셨기 때문에 우리에게 필요한 것을 알고 계신다. 또 그분은 전능하신 하느님이시기 때문에 우리에게 필요한 것은 무엇이나 주실 수 있는 분이시다.

우리와 함께 계시는 하느님 = 예수 그리스도

(예수님 탄생과 관련된 상황)

유다지파로 다윗왕의 후손
↑
마리아 · 요셉 ← 예수의 양부(養父)

예루살렘의 엘리사벳 (마리아의 4촌언니)
즈카르야 (제관)
→ 아들 → 요한 → 예수의 사업을 준비하기 위해 오신 분

즈카르야 → 분향을 하고 있을 때 아내가 임신할 것이라고 가브리엘 천사가 알려줌

* **마리아**의 아버지 → 요아킴
어머니 → 안 나

마리아는 레위지파의 사제가문에 속함

요셉의 선조들이 살았던 곳
↓
마리아와 요셉은
유다 **갈릴레아** 지방의 **나자렛** → **베들레헴** 외양간 → **이집트**로 피난 → **나자렛**

유다 ↓ 그 당시 로마의 속국

베들레헴 ↓ 예루살렘의 남쪽으로 6마일 떨어진 곳이며 옛날 다윗 왕이 태어난 곳.

① 세례자 요한 출생 예고(루카 1,5-25)

헤로데가 유다의 왕이었을 때에 '즈카르야'라는 제관과 그의 아내 '엘리사벳'이 있었다. 그런데 이 부부에게는 아이가 없었다. 엘리사벳은 원래 아이를 낳지 못하는 여자인데다가 이제는 내외가 나이도 많았다. 어느 날 즈카르야가 주님의 성소에 들어가 분향(焚香 : 분향은 향을 피움을 말하는데 절대자 앞에 바치는 최고 흠숭의 뜻을 나타내며 하느님 앞에 바치는 예물과 기도의 상징이다.)을 하고 있을 때에 주님의 천사가 분향 제단 오른 쪽에 나타나 이렇게 말하였다. "네 아내 엘리사벳이 아들을 낳을 터이니 아기의 이름을 요한이라 하여라." 이 말을 들은 즈카르야가 "저는 늙은이고 제 아내도 나이가 많습니다. 어떻게 그런 일이 있을 수 있겠습니까?"라고 말하자 천사가 대답했다. "나는 하느님을 모시는 가브리엘이다. 이 기쁜 소식을 전하라는 분부를 받들고 너에게 와 일러주었는데, 내 말을 믿지 않았으니 이 일이 이루어지는 날까지 너는 벙어리가 되어 말을 못하게 될 것이다." 그런 후에 즈카르야는 그의 아내 엘리사벳이 아이를 낳을 때까지 벙어리가 되었다.

세례자(洗禮者) 요한은 예수님보다 6개월 먼저 태어나 메시아가 오신다는 소식을 백성들에게 선포하며, 회개의 표시로 요르단강에서 세례를 베풀던 구약의 마지막 예언자다. 그는 구세주의 선구자로 활동한 인물로서 루카 복음서 1장은 그에 대해 자세히 기록하고 있다.

② 예수님 탄생 예고(마태 1,18-25; 루카 1,26-38)

구약성경에 메시아의 탄생에 대하여 예고된 사실(이사 7, 14 : "젊은 여인이 잉태하여 아들을 낳고 그 이름을 임마누엘이라 하리라.")대로 이루어졌다. 임마누엘은 '하느님께서 우리와 함께 계시다'는 뜻이다. 예수님은 다음과 같이 성령으로 동정녀 마리아에게 잉태되어 나신 구세주이시다.

엘리사벳이 잉태한 여섯째 달에 하느님의 천사 가브리엘이 요셉과 약혼한 마리아에게 "은총이 가득하신 마리아님, 기뻐하소서! 주님께서 함께 계십니다." 하고 인사하였다. 이 인사말에 마리아는 몹시 당황하며 무슨 뜻일까 곰곰히 생각하고 있었다. 그러자 천사는 "겁내지 마시오. 마리아! 이미 하느님께 은총을 받았습니다. 두고 보시오. 잉태하여 아들을 낳을 터이니 이름을 예수라 하시오. 그 아기는 위대한 분이 되어 지극히 높으신 하느님의 아들이라 불릴 것이오." 이 말을 듣고 마리아가 "이 몸은 처녀입니다. 어떻게 그런 일이 있을 수 있겠습니까?"하자 천사가 대답했다.

"성령이 내려오실 터이니, 지극히 높으신 분의 힘이 감싸주실 것이오. 태어나실 분은 거룩하다고 일컬어질 분인데 바로 하느님의 아드님이시오. 친척 엘리사벳을 보시오. 석녀(石女 : 아이를 못 낳는 여자)였지만 늘그막에 아들을 잉태하여 이제 여섯 달이 되었소. 하느님께서 하시는 일은 안 되는 것이 없소." 이 말을 들은 마리아는 "이 몸은 주님의 종입니다. 지금 말씀대로 저에게 이루어지길 바랍니다."하고 대답하였다. 그러자 천사는 마리아에게서 떠나갔다. 마리아의 그 응답으로써 마리아는 예수님의 모친이 되고, 또한 전 인류의 어머니가 되었다.

마리아와 요셉은 약혼한 사이였고, 동거하기 전에 잉태한 것이 드러났다. 요셉은 고민을 했고, 파혼하기로 마음먹었다. 요셉이 이런 생각을 하고 있을 무렵에 가브리엘 천사가 꿈에 나타나서 마리아의 잉태는 성령으로 말미암은 것이니 마리아를 아내로 맞아들이어라. "마리아가 아들을 낳을 터이니 그 이름을 예수라 하여라. 예수는 자기 백성을 죄에서 구원할 것이다."하고 일러 주었다. 잠에서 깨어난 요셉은 천사가 일러준 대로 마리아를 아내로 맞아드렸다.

마리아와 가브리엘 천사(예수님의 탄생 예고)
(Gerard David, 1460~1523)

③ 예수님의 탄생(마태 1,18-25; 루카 2,1-7)

그 무렵 로마 황제 아우구스투스가 세금을 바쳐야 할 사람 숫자를 알아내기 위해 제국(帝國) 전체에 호구조사령을 내렸다. 그래서 사람들은 등록을 하러 저마다 본고장을 찾아 길을 떠나게 되었다. 마리아와 요셉도 갈릴래아 지방의 나자렛 동네를 떠나 유다 지방에 있는 베들레헴이란 곳으로 갔다. 베들레헴은 다윗 왕이 난 고을이며 요셉은 다윗의 후손이었기 때문이다. 베들레헴의 여관에는 그들이 머물 빈 방이 없었기에 어쩔 수 없이 마구간에서 머물게 되었다. 그곳 마구간에 머물러 있는 동안 마리아는 해산할 날이 차서 아기 예수를 낳았다. 그리고 아기는 포대기에 싸서 말구유에 눕혔다.

예수의 탄생
(Hugo Van Der Goes, 1442~1482)

④ 천사들의 환호, 목자들의 기쁨(루카 2,8-21)

그 근방 들에는 목자들이 들에서 밤을 새워가며 양떼를 지키고 있었는데 천사 한 분이 다가오고 주님의 영광의 빛이 그들을 에워싸듯 비추자 몹시 겁을 먹었다. 천사는 "두려워하지 마라. 나는 너희에게 기쁜 소식을 전하러 왔다. 모든 백성에게 큰 기쁨이 될 소식이다. 오늘 밤 너희의 구세주께서 다윗의 고을에 나셨다. 너희는 한 갓난아이가 포대기에 싸여 구유에 누워 있는 것을 보게 될 터인데, 그것이 너희를 위한 표징이다."라고 말하였다. 그때에 갑자기 그 천사 곁에 수많은 하늘 군대가 나타나

태어난 아기 예수를 찬양하는 성령과 목자들

하느님을 이렇게 찬미하였다.

"지극히 높은 곳에는 하느님께 영광, 땅에서는 그분 마음에 드는 사람들에게 평화!"

천사들이 하늘로 떠나자 목자들은 서로 "어서 베들레헴으로 가서 주님이 알려주신 대로 일어난 일이 무슨 일인지 알아보자." 하면서 곧 달려가 보았더니 마리아와 요셉이 있었고 과연 그 아이가 구유에 누워 있었다. 아기를 본 목자들은 아기에 관해들은 바를 사람들에게 알렸다. 모두들 목자들의 말을 신기하게 여겼다.

여드레째 되는 날은 아기에게 할례를 베푸는 날이었다. 그 날이 되자 아기가 잉태되기 전에 천사가 일러준 대로 그 이름을 예수라고 하였다.

⑤ 동방 박사(점성가)들의 예방(마태 2,1-12)

예수께서 헤로데 왕 때에 유다 베들레헴에서 나셨는데, 그 때에 동방에서 박사(점성가)들이 예루살렘에 와서 "유다인의 왕으로 나신 분이 어디 계십니까? 우리는 동방에서 그분의 별을 보고 그분에게 경배하러 왔습니다."하고 말하였다. 이 말이 헤로데 왕에게까지 들어가게 되고 온 예루살렘이 술렁거렸다. 헤로데가 백성의 대제관들과 율사를 모두 모아 놓고 그리스도께서 나실 곳이 어디인지를 캐물었다. 그들은 예언서의 기록을 보면 "유다 베들레헴입니다."라고 말했다.

동방 3박사(점성가)들의 경배
(Peter Paul Rubens, 1577~1640)

그 때에 헤로데가 동방에서 온 박사들을 몰래 불러 별이 나타난 때를 정확히 알아보고, 그들을 베들레헴으로 보내면서 "가서 그 아기를 잘 찾아보시오. 나도 가서 경배할 터이니 찾거든 알려주시오."하고 부탁하였다. 왕의 부탁을 듣고 박사들은 길을 떠났다. 그 때 동방에서 본 그 별이 그들을 앞서 가다가 마침내 그 아기가 있는 곳 위에 이르러 멈추었다. 그 집에 들어가 어머니 마리아와 함께 있는 아기를 보고 엎드려 경배하고 보물 상자를 열어 황금과 유향과 몰약을 예물로 드렸다.

예물 - 유향, 몰약, 황금
↓ 유향 → 최고급 향료
몰약 → 가시나무에서 채취한 수지(樹脂, 향수 · 의료품 · 구강소독 · 건위제 등에 쓰임)

이 세 가지 예물은 소아시아의 가장 값진 생산품이었다. 그리고 이 세 가지 예물에는 상징적인 의미도 지니고 있는데 유향은 하느님을, 황금은 왕을, 몰약은 사람을 나타낸 것이다.

박사들은 꿈에 헤로데에게로 돌아가지 말라는 하느님의 지시를 받고 다른 길로 자기 나라에 돌아갔다.

┌ 로마의 속국
※ **유다** 왕 **헤로데**왕(37년간 왕위에 있었다) - 로마제국의 지배를 받고 있었음
└→ 여우처럼 왕위에 올라, 호랑이처럼 다스리다가 개처럼 죽었다고 평가받기도 한다.

⑥ 이집트로 피신(마태 2,13-15)

박사(점성가)들이 떠난 뒤에 주님의 천사가 요셉의 꿈에 나타나서 "헤로데가 아기를 찾아 죽이려하니 어서 일어나 아기와 아기의 어머니를 데리고 이집트로 피신하여 내가 알려 줄 때까지 거기 머무시오."하고 일러주었다. 요셉은 일어나 그 밤에 아기와 아기 어머니를 데리고 이집트로 가서 헤로데가 죽을 때까지 그 곳에서 살았다.

⑦ 헤로데가 아기들을 학살하다.(마태 2,16-18)

헤로데는 박사(점성가)들에게 속은 것을 알고 몹시 화가 났다. 그래서 점성가들한테서 알아본 때를 대강 어림 삼아 사람들을 보내 베들레헴과 그 일대에 사는 두 살 이하의 사내아이를 모조리 죽여 버렸다.

천사가 일러준 대로 요셉은 아기 예수와 마리아를 데리고 이집트로 피신하다.

⑧ 이집트에서 나자렛으로 돌아오다.(마태 2,19-23)

헤로데가 죽은 뒤에 주님의 천사가 이집트에 있는 요셉의 꿈에 나타나서 "아기의 목숨을 노리던 자들이 이미 죽었으니 일어나 아기와 아기 어머니를 데리고 이스라엘 땅으로 가시오."라고 일러주었다. 요셉은 일어나서 아기와 아기 어머니를 데리고 이스라엘 땅으로 돌아왔다. 그러나 이스라엘 땅으로 돌아가는 길에 요셉은 아르켈라오가 자기 아버지 헤로데에 이어 유

다 왕이 되었다는 말을 듣고 그리로 가기를 걱정하였다. 그러다가 그는 다시 꿈에 지시를 받고 갈릴레아 지방으로 가서 나자렛이라는 마을에서 살았다. 예수는 공적 활동을 시작하기 전까지 나자렛에서 부모님을 모시고 지냈다.

마리아와 요셉(마태 1,18-25)

마태오복음은 예수께서 처녀인 마리아의 몸에서 태어났지만 마리아와 약혼 상태에 있던 요셉에게 양자로 입적됨을 이야기함으로써 예수님 역시 요셉처럼 다윗 가문의 자손으로 입적되었음을 알리고자 했다.

요셉은 다윗의 후손이었다. 성경의 예언에 따르면 구세주는 유다지파 다윗왕의 후손이어야 했다. 마리아는 유다지파에 속해 있지 않았으며 세례자 요한의 어머니인 사촌 엘리사벳과 같이 레위지파의 사제가문에 속해 있었다. 하느님께서는 아기 예수님의 양부 요셉을 통해서 예언이 이루어지도록 안배하셨다.

마리아는 하느님에 의해 구세주를 잉태하였다. 자신에게 부여된 놀라운 사명에 당황하면서도 마리아는 하느님께 대한 절대적 신뢰로 이를 받아들임으로써 모든 신앙인의 귀감이 되었다.(제14장에 있는 '성모송' 참조)

마리아와 요셉은 평생 동정 부부로 살았다. 신앙인에게 성적 본능을 완전히 포기하는 일이 그렇게 유별난 일은 아니다. 예수시대에는 에세네파(Essene派) 사람들이 독신 서약을 했고, 오늘날 성직자와 수도자들도 보다 높은 가치를 추구하기 위해 독신을 서약한다. 그리고 전주에서 치명한 이 루갈다 부부도 결혼을 했지만 평생 동정으로 지내기로 서약했고 이를 지키면서 살다가 순교했다.

하느님의 영광과 인간의 구원을 위한 예수님의 죽음

예수님은 아들로서 아버지께서 하시고자 하는 일을 그대로 실행하시려고 아버지의 뜻에 철저히 순종하셨다. 예수님의 순종은 아버지께 받은 모든 것을 하느님의 영광과 인간의 구원을 위하여 되돌려 드리는 것이다. 예수님은 "하느님의 모습을 지니셨지만 하느님과 같음을 당연한 것으로 여기지 않으시고 오히려 당신 자신을 비우시어 종의 모습을 취하시고 사람들과 같이 되셨습니다."(필리 2,6-7) 그래서 예수님은 앞에서 읽어 본 '착한 목자'에 관한 설교(요한 10,14-18)와 같이, 목숨을 바칠 권리도 있고 다시 얻을 권리도 있으셨지만, 당신 스스로 목숨을 바치신 것이다.

예수께서는 당신께서 많은 고난을 받으시고 십자가에 못 박혀 돌아가시리라는 것

십자가에 못 박히신 예수님(중앙), 예수님 양쪽의 두 사람은 강도
(Andrea Mantegna, 1431~1516) 이탈리아

을 미리 알고 계셨으며, 자주 그 사실을 제자들에게 예고하셨고, 그 고통의 길을 마다하지 않으셨다.(마태 16, 21; 17,22-23; 20,18-19 참조).

예수께서는 당신 아버지를 위한 사랑으로, 또 아버지께서 구원하시기를 바라시는 인간들에 대한 사랑으로 수난과 죽음을 자유로이 받아들이셨다. 예수님은 "많은 이들의 몸값으로 목숨을 바치러 이 세상에 오셨으며"(마르 10, 45) 수난과 죽음을 받아들이신 것도 당신 뜻대로가 아니라 하느님 아버지의 뜻에 따르신 것이다(루카 22, 42 참조). 하느님의 뜻에 순종하신 예수님은 우리의 고통과 죄를 대신 짊어지시고 십자가 위에서 목숨을 내놓으심으로써 우리에게 하느님과 화해하는 길을 열어 주시고 구원받을 자격을 되돌려 주셨다.

예수께서는 몸소 십자가를 지시고 '해골 터'라는 곳으로 나가셨다. 그곳은 히브리 말로 골고타라고 한다. 거기에서 그들은 예수님을 십자가에 못 박았다.… 빌라도는 명패를 써서 십자가 위에 달게 하였는데, 거기에는 '유다인들의 임금 나자렛 예수'(I.N.R.I.: Iesus Nazarenus

Rex Iudaeorum)라고 쓰여 있었다.(요한 19,17-19)

1) 세상은 예수님을 맞아들이지 않았다.

예수님의 선포는 당시 종교 지도자들의 사고방식을 완전히 뒤엎는 것이었다. 그래서 자기들만 하느님의 법을 해석 할 수 있는 권한이 있다고 자부하던 바리사이파 사람들과 율법학자들을 격분시켰다. 그들은 "율법을 모르는 저 군중은 저주받은 자들이다"(요한 7, 49)라고 생각했다. 그런데 예수님은 창녀와 세리들이 먼저 하느님 나라를 차지할 것이라고 하며 그들과 어울려 먹고 마셨다. 권력을 쥐고 있던 제도권은 예수님 때문에 소요가 일어나고, 그렇게 되면 로마 점령군이 개입할 것을 두려워하고 있었다. 마침내 그들은 예수님을 마땅히 '사라져야 할 인물'로 여기게 된 것이다.

2) 예수께 대한 재판

로마인들의 입장에서 보면 백성 가운데서 예언자나 메시아로 부각되는 사람은 누구든 위험 인물이었다. 유다 당국에서 보면 예수님은 눈 속에 박힌 가시 같은 존재였다. 예수님은 당신 자신이 저들의 율법을 해석하고 성전 예식을 논박했기 때문이다. 그리하여 유다인과 이방인인 로마인들, 즉 종교 당국과 세속의 정부 당국 양측이 함께 공모하여 예수를 제거하기로 하였다.

예수께서 과월절(파스카) 축제를 지내고자 예루살렘에 머무실 때 반대자들이 그분을 체포했다. 대다수의 민중과 몇몇 유력 인사들은 예수께 대한 자기들의 믿음과 호의를 밖으로 드러내지 못하였다. 대사제 가야파의 선동으로 이스라엘의 최고 의회는 예수님을 신성모독죄로 사형에 처한다(마태 26,65-66 참조)고 선언했다. 최고의회는 사형에 처할 권한이 없었기 때문에 예수님을 정치적 반역자로 고발하여 로마인들에게 넘겨 주었다. 로마인 총독 본시오 빌라도는 예수님을 반역자들처럼 십자가형에 처하도록 했는데, 이 일은 예루살렘 성 밖에 있는 해골산이라고 하는 골고타 언덕에서 일어났다.

3) 예수님은 우리 죄 때문에 당신을 성부께 바치셨다.

예수님의 죽음은 하느님의 구원 계획의 신비에 속하는 일이었다. 예수님은 "이 세상의 죄를 없애시는 하느님의 어린양"(요한 1, 29)이셨다. 예수님은 "아무도 나에게서 목숨을 빼앗지 못한다. 내가 스스로 그것을 내놓는 것이다. 나는 목숨을 내놓을 권한도 있고 그것을 다시 얻을 권한도 있다"(요한 10, 18)고 말씀하셨다. 아무리 거룩한 사람이라도 모든 사람의 죄를 대신 짊어지고 그들을 대신하여 자신을 제물로 바칠 수는 없다. 그러나 예수님의 희생은 모든 사람을 위한 제사가 된다. 왜냐하면 예수님 안에 계시는 하느님의 아들의 신적 위격이 모든 사람들을 초월하면서 동시에 모든 사람들을 품는 것이며, 예수 그리스도를 온 인류의 머리가 되게 하기 때문이다.

그리스도교 신앙의 근거이며 핵심인 예수님의 부활

부활신앙은 초기의 그리스도교 공동체에서 중심 진리로 믿고 생활했으며, 성전(聖傳)이 근본 진리로 전승하였고, 신약성경에 기록되어 십자가와 함께 파스카 신비의 핵심적인 부분으로 가르쳐온 진리이다.

1. 부활에 대한 예수님의 가르침

복음서를 잘 읽어 보면, 예수님은 당신의 죽음과 부활에 대하여 제자들에게 미리부터 가르치신 것을 알 수 있다. 당신의 부활을 염두에 두신 예수님의 가르침 중에서 중요한 내용들을 간추리면 다음과 같다.

① 죽음 뒤에는 영원한 삶이 있다.

"나는 부활이요 생명이다. 나를 믿는 사람은 죽더라도 살 것이다."(요한 11, 25)

"너는 오늘 나와 함께 낙원에 있을 것이다."(루카 23, 43)

② 죽음이 모든 사람에게 같은 결과를 가져오지는 않는다.

"육신은 죽여도 영혼은 죽이지 못하는 자들을 두려워하지 마라. 오히려 영혼도 육신도 지옥에서 멸망시키실 수 있는 분을 두려워하여라."(마태 10, 28)

하느님을 모시고 영원히 사는 지복직관(至福直觀)의 행복이 있는 반면, 하느님을 다시는 뵙지 못하는 징벌이 있다. 예수님은 우리가 정말 두려워해야 할 죽음은 육신의 죽음이 아니라 영혼의 죽음이라고 가르치셨다.

③ 예수님은 당신의 죽음과 부활을 여러 번 예고하셨다.

"이 성전을 허물어라. 그러면 내가 사흘 안에 다시 세우겠다."(요한 2, 19) "사람의 아들은 사람들의 손에 넘겨져 그들 손에 죽었다가 사흘 만에 다시 살아날 것이다."(마르 9, 31)

2. 역사적이며 초월적인 사건인 예수님의 부활

그리스도의 부활 신비는 신약성경이 증언하듯이 역사적으로 확인할 수 있는 실제

사건이다. 곧 그리스도의 부활은 제자들이 발견한 '빈 무덤'과 그리고 그들이 부활하신 예수님을 만났다는 증언에 의해 역사적 사건이라는 점이 확인된 것이다. 부활하신 예수님은 베드로를 비롯한 열두 사도들 외에도 한꺼번에 오백 명이 넘는 사람들에게도 나타나셨다고 성경은 전한다(1코린 15,4-8 참조).

3. 부활의 의미와 구원효과

"그리스도께서 되살아나지 않으셨다면, 우리의 복음 선포도 헛되고 여러분의 믿음도 헛됩니다. 우리는 또 하느님의 거짓 증인으로 드러날 것입니다."(1코린 15,14-15)

부활의 신비에는 두 가지 측면이 있다. 예수님은 당신의 죽음을 통해서 우리를 죄에서 구해 주시고, 당신의 부활을 통해서 우리에게 새 생명의 길을 열어 주신다. 후자는 무엇보다도 "그리스도께서 아버지의 영광을 통하여 죽은 이들 가운데에서 되살아나신 것처럼, 우리도 새로운 삶을 살아가게 된"(로마 6, 4) 의화(義化)이다. 새 생명은 죄와 죽음에 대한 승리이며, 영광에 대한 새로운 참여이다.

예수님의 승천

예수님의 인성은 부활하신지 40일 만에 사도들이 보는 앞에서 승천하셨다. 승천하셨다는 것은 예수님의 인성이 하느님이 계신 하늘 나라로 들어감을 나타낸다.

"나는 아버지에게서 나와 세상에 왔다가, 다시 세상을 떠나 아버지께 간다."(요한 16, 28)

"나는 내 아버지시며 너희의 아버지이신 분, 내 하느님이시며 너희의 하느님이신 분께 올라간다."(요한 20, 17)

"예수님께서는 사도들이 보는 앞에서 하늘로 오르셨는데, 구름에 감싸여 그들의 시야에서 사라지셨다. 예수님께서 올라가시는 동안 그들이 하늘을 유심히 바라보는데, 갑자기 흰 옷을 입은 두 사람이 그들 곁에 서서, 이렇게 말하였다. '갈릴래아 사람들아, 왜 하늘을 쳐다보며 서 있느냐? 너희를 떠나 승천하신 저 예수님께서는, 너희가 보는 앞에서 하늘로 올라가신 모습 그대로 다시 오실 것이다.'"(사도 1,9-11)

예수님을 둘러 싼 구름은 하느님 권능의 표시다. 감동과 감격에 싸인 채 그리스도의 승천 광경을 본 사도들과 제자들은 그리스도께서 자기들을 두고 떠나가셨다는 슬픔을 억누르지 못하고, 아연실색한 눈으로 하늘만 쳐다보고 있었다. 그때에 흰 옷을 입은 두 사람(천사를 가리키며, "흰 옷을 입은"이라는 표현은 '하늘 나라의 거룩함과 영광에 속한

자'라는 성경의 전형적 표현이다.)이 나타나 예수님은 승천하신 모양으로 재림하실 것이라고 일러주고 그들을 현실로 돌아가게 해 주었다.

예수께서 승천하심에 따라 하늘 나라의 문이 열려 착한 사람의 영혼이 그곳에 들어갈 수 있게 되었다.

예수님의 승천은 당신께서 이 세상에 오시어 사명을 완수하셨다는 것, 하느님의 사랑받는 아드님으로서 '아버지의 완전한 영광' 안으로 들어가셨다는 것, 그리고 세상 만물을 다스리고 인간을 구원하는 모든 주권이 하느님 아버지와 함께 그분께도 주어졌다는 것을 의미한다.

예수님께서는 승천하신 후 우리에게 성령을 보내주시고, 성령과 함께 세상 끝날까지 우리와 함께 계시겠다고 약속하셨다. 그래서 모든 그리스도인은 예수님께서 그리스도이시며 하느님의 아드님이심을 믿고 또 그렇게 믿어서 주님의 이름으로 생명을 얻는다(요한 20,30-31 참조).

그리고 교회의 머리이신 예수님의 승천은 우리보다 먼저 영광스러운 아버지의 나라에 들어가셔서 당신의 지체인 우리도 언젠가 당신과 영원히 함께 하리라는 희망을 가지고 살아가도록 하신다.

그리스도의 승천은 역사적인 엄연한 사실이다. 마르코와 루카도 이것을 기록하였고 요한도 이것을 잘 암시하였다. 예수께서 승천하신 곳은 올리브산 정상이었다. 이 산은 예루살렘에서 동쪽으로 900m 떨어져 있으며 높이는 810m 정도다. 그곳에 4세기경 예수 승천을 기념하는 성당이 세워졌지만 614년 페르시아군에 의해 파괴되었다. 12세기에 십자군들이 또 승천교회를 세웠는데, 현재는 교회의 일부가 남아 있다.

나오는 말

예수님은 전설이나 신화 속의 인물이 아니라, 역사상 실존했던 분이다. 인류 구원을 위하여 사람이 되신 하느님의 아드님 예수 그리스도께서는 하느님 사랑의 절정이시며 구세사의 정점이시다.

예수께서는 우리 죄를 대신하시어 십자가에서 당신 목숨을 바치심으로써 우리가 하느님과 다시 화해할 수 있는 길을 열어 주셨고, 당신의 부활로써 우리에게 새롭고 영원한 생명을 얻게 해 주셨다.

그리스도께서는 당신 자신을 위해서가 아니라 우리를 위하여 사셨다. "우리 인간의 구원을 위한" 강생에서부터 "우리의 죄 때문에"(1코린 15, 3) 돌아가시기까지, 그리고 “우리를 의롭게 하기 위하여”(로마 4, 25) 부활하시기까지 당신 일생을 사셨다. 지금 이 순간에도 그분께서는 “아버지 앞에서 우리를 변호해 주시고”(1요한 2, 1), “항상 살아 계셔서 우리를 위하여 항상 중개자의 일을 하신다.”(히브 7, 25)(「가톨릭 교회 교리서」, 519항)

우리는 뜻하지 않은 괴로움을 당할 때 예수님의 고난을 생각하며 겸손한 마음으로 받아들이고, 부활에 대한 희망으로 꿋꿋하게 이겨내야 한다.

핵심문제

(1) ‘강생(降生)의 신비’란 무엇입니까?
하느님의 아들이 우리 구원을 위하여 인간의 본성을 취하신 일을 말합니다.

(2) “지금 말씀대로 저에게 이루어지기를 바랍니다.”라고 한 마리아의 응답으로 어떤 일이 이루어졌습니까?
마리아의 그 응답으로써 마리아는 예수님의 모친이 되고, 또한 전 인류의 어머니가 되었습니다.

(3) 예수님은 왜 십자가에 못 박히셨습니까?
예수님은 우리의 죄 때문에 십자가에 못 박히셨습니다.

(4) 예수님이 십자가에 못 박혀 죽으심으로써 어떤 일이 성취되었습니까?
예수님의 십자가 죽음으로 인류가 하느님과 화해하게 되었고, 인류 구원의 길이 열렸습니다.

(5) 예수님의 승천은 무엇을 의미합니까?
예수님의 승천은 당신께서 이 세상에 오시어 사명을 완수하셨다는 것, 하느님의 사랑받는 아드님으로서 ‘아버지의 완전한 영광’ 안으로 들어가셨다는 것, 그리고 세상 만물을 다스리고 인간을 구원하는 모든 주권이 하느님 아버지와 함께 그분께도 주어졌다는 것을 의미합니다.

(6) 예수님의 승천이 우리와 무슨 관계가 있습니까?
교회의 머리이신 예수님의 승천은 우리보다 먼저 영광스러운 아버지의 나라에 들어가셔서 당신의 지체인 우리도 언젠가 당신과 영원히 함께 하리라는 희망을 가지고 살아가도록 하십니다.

알아두기

- 예수님에 대한 상징적 표시들

① AΩ : 그리스어 첫 글자 알파(A)와 끝 글자 오메가(Ω)로, 일반적으로 시작과 끝을 나타내는데, 예수 그리스도께서 세계와 역사의 시초부터 종말까지 다스리신다는 의미로 사용되어 왔다.

② I.N.R.I. : 로마 총독 본시오 빌라도가 예수님의 십자가 위에 써 붙인 명패로서, "**유다인의 왕 나자렛 예수**"(I.N.R.I.: Iesus Nazarenus Rex Iudaeorum)라는 라틴어의 첫 글자만 딴 것이다.

③ 물고기(익튀스·IXΘΥΣ)그림 : 로마 박해 시대에 신자들이 서로 알아보던 암호로서, '예수 그리스도 하느님의 아들 구세주'(Iησους Χριστός Θεου Υἱός Σωτήρ)라는 그리스어의 첫 글자만 모으면 물고기(익튀스·IXΘΥΣ)라는 말이 된다.

④ ☧ : 그리스어 그리스도(XPIΣΤΟΣ)의 처음 두 글자를 붙여서 만든 표시이다.

- 크리스마스

12월이 되면 온 세상은 그리스도교 신자이든 신자가 아니든 축제 분위기에 휩싸인다. 거리에는 크리스마스 캐럴(carol)이 울려 퍼지고 시가 중심의 광장과 백화점에는 휘황찬란한 전구가 빤작이는 크리스마스 트리가 세워져 사람들은 들뜨게 된다. 이런 풍경들은 세계적인 명절로 자리잡고 있는 크리스마스 축제의 단면이다.

크리스마스(Christmas)는 '그리스도의 미사'(Christus Missa)라는 말에서 유래했다. 크리스마스는 영어권에서 사용되는 말이며, 프랑스에서는 노엘(Noel), 이태리에서는 나딸레(Natale), 포르투갈에서는 나딸(Natal), 스페인에서는 나비다드(Navidad)로 불리고 있다. 여기서 나딸과 나비다드는 출생을 의미하는 영어 네이틀(natal)과 같은 어원에서 유래했다. 나딸, 나비다드, 노엘이 우리말 (아이를) '낳다', '놓다'와 발음이 비슷한 것이 흥미롭다.

X-mas의 X는 그리스어의 그리스도(XPIΣΤΟΣ = Christ)의 첫 글자이다.

- 산타클로스

산타클로스(Santa Claus)는 4세기 중반, 터키의 남부에 있는 미라 지방의 성 니콜라오(St. Nicolaus) 주교에 근거하고 있다. 자선활동을 많이 하였던 성 니콜라오 주교는 특별히 어린이들을 사랑하여 어린이들에게 직접 선물을 나누어 주었다는 전설이 전해 오고 있다. 그런데 성 니콜라오 주교가 오늘날의 산타클로스로 변신하게 된 유래는 다음과 같다.

1492년 콜럼버스가 신대륙을 발견한 후, 신대륙으로 이주한 네델란드계 개신교 신자들은 성 니콜라오 주교를 비롯한 각종 가톨릭 전통을 보존하고 전파하기 시작했다. 이들은 특히 니콜라오 주교를 크리스마스의 중심 상징으로 부각시켰다. 개신교 신자들이 가톨릭 교회의 주교를 산타클로스로 변모시킨 것인데, 그들은 니콜라오 주교를 '자비로운 요술장이'(산테 클라아스)라 불렀고 이 발음이 영어화되면서 산타 클로스로 변하게 되었다. 빨간 옷은 주교의 옷이다.

• 크리스마스 트리

예수 성탄 대축일 때 크리스마스 트리를 장식하는 관습이 언제부터 생겨났는지는 분명하지 않지만 학자들은 일반적으로 1600년께를 전후해 독일에서 유래한 것으로 추정하고 있다. 당시 독일 각 지방에서는 크리스마스가 되면 성당 앞 정원에서 아담과 하와의 이야기를 주제로 하는 일명 '낙원극'을 공연했는데 이 낙원극의 소품으로 아름답게 장식한 상록수가 사용되었다. 하와가 먹어서는 안 되는 금단의 열매를 간직한 생명의 나무는 연극의 중요한 소품이었으며, 따라서 사람들은 정성을 들여 이 크리스마스 트리를 장식했다. 지금도 남부 독일 지방에서는 크리스마스 트리를 '파라다이스'(낙원)라고 부르고 있는데 이는 크리스마스 트리가 낙원극에서 유래했다는 설을 뒷받침하고 있다. 오늘날에도 크리스마스 트리는 생명의 나무를 상징하고 있다. 따라서 크리스마스 트리는 살아있는 나무를 사용해서 장식해야 한다. 또한 그리스도는 참 생명을 주시기 위해 강생하셨기 때문이다.

• 천사(天使)

천사(天使 · Angels)는 하느님으로부터 창조된 피조물 중에 가장 지혜롭고 능력이 뛰어난 존재로서 하느님을 모시는 사자(使者 · messenger)이며 영(靈)적인 존재다. 하느님께서는 인간을 창조하시기 전에 이미 지력과 자유의지를 갖고 있는 천사를 창조하시어 초자연적 지위에 올려 놓으셨다. 그런데 어떤 천사들은 하느님을 배반하여 영원한 형벌을 받도록 추방당하였는데 이 추방당한 천사들을 악마(惡魔 · 마귀, 사탄 · Satan)라고 한다.

천사는 항상 하느님을 찬미하고, 하느님께 봉사하며, 인간을 수호한다. 그래서 우리는 천사를 숭배(崇拜)한다. 인간에게는 사람마다에 수호천사(守護天使)가 있고, 천사는 그 사람이 인생의 최고 목표인 하늘 나라에 들어갈 수 있도록 선행을 권하고 악을 피하게 해 준다. 천사는 여러 계층이 있으며, 이 중에서도 3대 천사는 미카엘(Michael), 라파엘(Raphael), 가브리엘(Gabriel)이다. 이들 천사들은 미술에서 흔히 날개를 가진 인간의 모습으로 형상화된다.

미카엘은 "누가 하느님과 같으냐."라는 뜻이다. 악마를 축출하는 임무를 지녔다(묵시 12, 7 참조). 그래서 1950년 교황 비오 12세는 경찰의 수호로 정하였다. 또한 미카엘은 악마의 세력으로부터 그리스도 신자의 영혼을 보호하며, 특히 그들의 임종 때 피난처가 되어 줌으로 임종자의 수호다. 또 미카엘은 사람의 영혼을 세상에서 불러 하느님의 심판대 앞에 인도하고 그들을 하늘 나라에 데려가는 역할을 한다.

라파엘은 "하느님이 치유하신다."는 뜻인데, 라파엘의 정체는 <토빗 12,11-22>에 씌어져 있다. 라파엘 천사는 토비아를 도와 주고 이렇게 말했다. "나는 영광스러운 주님 앞에서 대기하고 또 그분 앞으로 들어가는 일곱 천사 가운데 하나인 라파엘입니다"(토빗 12, 15). 여기서 일곱 천사는 위경(僞經 : 성경의 정경에 속하지 않는 책)의 에녹(Enoch)에 나오는 말이다.

가브리엘은 "하느님의 영웅"이란 뜻이며, 즈카르야와 마리아에게 나타나 하느님의 소식을 전하였고(루카 1, 13.28), 요셉의 꿈에도 나타나는 등 구원 사업에 관한 일에는 언제나 나타났다.

제10장 우리는 성령을 믿습니다

들어가는 말

하느님은 예수님을 통해서 인간을 죄와 사탄의 세력으로부터 해방시켜 주시고, 은총의 원천이신 성령(聖靈, *L.* Spiritus Sanctus, *Eng.* Holy Spirit)은 우리를 성화시키고 하느님께로 인도하는 역할을 하신다. 성부의 영이시며 성자의 영, 곧 성령은 교회를 지탱해 주는 힘이요 원천이다. 그러나 현대인에게 성령에 관해서 이야기하는 것이 쉬운 일은 아니다. 왜냐하면 하느님의 영(靈)에 관한 성경의 표현들인 하느님의 얼, 입김, 숨, 불, 폭풍이나 비둘기 등의 표상(상징)을 하나의 인격적인 관계로 알아듣기 어렵기 때문이다. 그렇더라도 우리는 성령을 통해서 하느님과 예수 그리스도를 알게 된다. 우리는 성령을 힘입어야만 예수 그리스도가 어떤 분이신지 깨달을 수 있고, 그리스도 신앙인의 공동체인 교회의 일원이 되어 하느님과 이웃과 맺은 사랑을 다져 갈 수 있다. 성령은 은총으로 사람들을 거룩하게 하며 교회에 생명을 준다.

사도 2,1-4

오순절이 되었을 때 그들은 모두 한자리에 모여 있었다. 그런데 갑자기 하늘에서 거센 바람이 부는 듯한 소리가 나더니, 그들이 앉아 있는 온 집안을 가득 채웠다. 그리고 불꽃 모양의 혀들이 나타나 갈라지면서 각 사람 위에 내려앉았다. 그러자 그들은 모두 성령으로 가득 차, 성령께서 표현의 능력을 주시는 대로 다른 언어들로 말하기 시작하였다.

하느님의 영(성령 · 聖靈)

1) 의의와 본성

성경에서 성령은 "하느님의 얼, 숨결, 바람, 거룩한 영(靈 · 灵)" 등의 명칭으로 표현된다. 이 성령은 삼위 중의 한분이시다. 성령은 성부와 성자와 같으신 하느님으로써 인간을 성화시키고 하느님께로 이끄시는 역할을 하신다.

"보호자, 곧 아버지께서 내 이름으로 보내실 성령께서 너희에게 모든 것을 가르치시고 내가 너희에게 말한 모든 것을 기억하게 해 주실 것이다."(요한 14, 26)

2) 직분

성령은 삼위일체 중의 한분으로서 본성 면에서 성부·성자와 서로 뗄 수 없는 실체(實體)적 하느님이시다. 그러나 성부와 성자는 성령을 통하여 일치하신다. 그리고 성령은 하느님의 진리를 계시하신다. 또한 성령은 영적인 능력의 원천으로서 사람의 영혼을 비추고 거룩하게 하고 견고케 한다. 성령의 활동은 인간에게 죄의 자각을 일으켜 주고, 양심을 각성시켜 주며, 죄 중에 머물러 있다는 것이 자기 자신에게는 해롭고 자신을 배반하는 것이라는 사실을 알게 한다. 그리스도께서 당신을 믿는 이들에게 부어 주신 성령은 교회를 세우고 생기를 주며 거룩하게 하신다. 즉 교회는 성령의 강림을 통해 탄생했다. 뿐만 아니라 성령은 시간 안에 오시어 교회와 더불어 현동(現動)하시면서 예수 그리스도의 인간 구원의 사명을 지금도 수행하고 계신다.

3) 성령에 대한 호칭과 상징들

성령은 우리가 성부, 성자와 함께 경배하고 영광을 드리는 그 분의 고유한 이름이다. 그런데 예수님은 성령이 오실 것을 약속하실 때, 그분을 보호자(Paracletus, 변호자·위로자), 진리의 영(요한 14,16-17; 15, 26; 16, 13)이라고 부르셨다. 즉 "내가 아버지에게서 너희에게로 보낼 보호자, 곧 아버지에게서 나오시는 진리의 영이 오시면, 그분께서 나를 증언하실 것이다."(요한 15, 26)라고 말씀하셨다. 보호자는 꼭 있어야할 존재다. 이를테면 어린아이의 보호자는 엄마이며, 아이가 성장하면 엄마는 떠나고 새로운 보호자 즉 배우자가 있어야 한다. 신약성경은 성령을 '그리스도의 영'(로마 8, 11), '주님의 영'(2코린 3, 17), '하느님의 영'(로마 8, 9.14; 15, 19; 1코린 6, 11; 7, 40), '영광의 성령'(1베드 4, 14), '약속의 영'(갈라 3, 14; 에페 1, 13) 등으로 칭하기도 한다. 한편, 성령은 다음과 같이 여러 가지 상징(「가톨릭 교회 교리서」, 694-701항 참조)으로 표현되기도 하는데, 이 상징들은 강한 생명력을 나타낸다.

① **물** : 물은 세례에서 성령의 활동을 상징한다. 물은 새로운 탄생을 나타내는 유효한 성사적 표징이기 때문이다. 우리의 탄생을 위한 잉태가 물 속에서 이루어지듯

이, 세례수는 하느님 생명으로의 탄생이 성령 안에서 이루어진다는 것을 의미한다. 물과 성령으로 새로 나지 않으면 아무도 하느님 나라에 들어갈 수 없다(요한 3, 5).

② **기름부음** : 기름부음은 성령을 상징한다(시편 45, 8 참조). 그리스도(히브리어로 메시아)라는 말은 하느님의 성령으로 '기름부음을 받은 이'를 의미한다. 구약시대부터 하느님께 '기름부음을 받은 이'들이 있었는데, 그 중의 특출한 예가 다윗 왕이었다. 그러나 예수님은 독특한 방식으로 하느님의 기름부음을 받으셨다. 성자께서 취하신 인성은 '성령의 기름부음'을 받으셨으며, 이로 말미암아 예수께서는 그리스도로 세워지신 것이다.

③ **불** : 물이 성령 안에서 주어지는 생명의 탄생과 풍요를 뜻한다면, 불은 성령 활동의 정화와 변혁의 힘을 상징한다. 불은 거룩하게 정화시켜 주면서(이사 6, 7 참조), 한편 사악한 것은 부수어 버린다. 성령께서는 우리의 죄악을 태우시고 우리를 성화시켜서 진리의 길로 인도하신다. 신약성경에 의하면, 불에서 빛이 나온다는 사실을 상기할 때, 우리는 예수님께서 "나는 세상의 빛이다."라고 하신 말씀의 의미를 어느 정도 깨달을 수 있다(요한 8, 12; 1,1-10 참조).

④ **비둘기** : 구약성경의 대홍수 사건은 악에 의한 죽음과 선에 의한 구원의 이중적 상징을 갖는다. 노아는 대홍수가 끝났을 때 비둘기를 날려 보냈는데, 비둘기는 사람이 땅에서 다시 살 수 있다는 표징인 싱싱한 올리브 가지를 물고 왔다.

신약성경을 보면 그리스도께서 세례자 요한에게 세례를 받고 물에서 올라오실 때, 성령이 비둘기 모양으로 그 분에게 내려와 머무르신다고 했다(마태 3, 16 참조). 성령께서는 세례 받은 이들의 정화된 마음에 내려오셔서 머물러 계신다. 성령을 암시하는 이 비둘기는 그리스도교 성화의 전통적인 주제이며, 평화나 복구의 상징이다.

이러한 상징들 외에도 성령의 발현과 분리될 수 없는 '구름과 빛', 성령이 주어지는 '안수' 등등이 있다.(「가톨릭 교회 교리서」, 697-699항 참조)

예수 그리스도와 성령

성삼위(성부 · 성자 · 성령)는 불가분의 실체적 하느님이시기 때문에, 예수님은 언제나 성부와 더불어 성령과 함께 하신다. 그래서 예수님이 성모 마리아의 태중에 잉태되신 것은 성령의 힘에 의한 일이었으며, 성부께서는 마리아 안에서 성령을 통해서 세상에 임마누엘("하느님께서 우리와 함께 계시다."는 뜻)을 주셨다. 천사 가브리엘은 성모 마리아께 "성령께서 너에게 내려오시고 지극히 높으신 분의 힘이 너를 덮을 것이다."(루카 1, 35)라고 하였다.

예수께서 공생활을 시작할 즈음 세례자 요한으로부터 세례를 받으실 때, 하느님의 영이 비둘기 모양으로 내려와 그분 위에 머무르셨다. 예수님은 성령으로 기름 부음을 받으심으로써 그리스도(메시아)로 축성되셨다. 그리고 하늘에서는 이런 소리가 들려왔다. "이는 내가 사랑하는 아들, 내 마음에 드는 아들이다"(마태 3, 17). 요한은 이 징표를 보고 예수님이야 말로 '성령으로 세례를 주실 분'이심을 알아보았다(요한 1,32-33 참조). 예수님은 요르단강에서 세례를 받으시고 성령의 인도로 광야로 가셨다(마태 4, 1; 마르 1, 12; 루카 4, 1).

예수님은 고향 나자렛의 회당에서 이사야 예언자의 두루마리를 펼치시고 "주님께서 나에게 기름을 부어 주시니 주님의 영이 나에게 내리셨다. 주님께서 나를 보내시어 가난한 이들에게 기쁜 소식을 전하게 하셨다."라고 한 말씀이 "오늘 너희가 듣는 가운데에서 이루어졌다."하심으로써, 당신과 성령의 관계를 명확하게 선언하셨다(루카 4,16-21 참조).

예수님은 악령에 묶인 사람을 고쳐 주시기 위하여 그 악령을 쫓아내신 일이 있었는데, 그 때도 "내가 하느님의 영으로 마귀들을 쫓아내는 것이면, 하느님의 나라가 이미 너희에게 와 있는 것이다."(마태 12, 28) 하고 말씀하셨다. 이는 예수님이 바로 하느님의 영, 곧 성령과 함께 하시는 분으로서, 하느님의 권능을 당신께서 행사하고 계심을 드러내시는 말씀이다.

성령강림

예수께서는 죽으신 지 사흘 만에 부활하시어 제자들과 예루살렘에 있는 많은 사람들에게 나타나셨다. 부활하신 후 40일 동안 이 세상에 머무신 다음에 승천하셨다. 승천하신 지 10일되는 날이 오순절이었는데 이날 제자들이 한 곳에 모여 있을 때 성령이 내려오셨다. 요컨대 예수께서는 죽으신 지 사흘 만에 부활하셨고, 부활하신지 40일 만에 승천하셨으며, 승천하신 지 10일 만에 성령이 내려오셨다.

성령을 받은 제자들은 그제야 비로소 예수님이 무엇 때문에 이 세상에 오시어 참

혹하게 죽으셨고 부활하셨는지 그 참 뜻을 분명히 깨달았다. 이와 같이 성령은 예수께서 행하시고 가르치신 모든 것을 깨닫게 해 주셨다. 그리스도와 성령의 사명은 그리스도의 몸이고 성령의 궁전인 교회 안에서 이루어진다. 성령께서 사도들과 교회를 인도하심으로써 교회는 그리스도와 성령의 사명을 이어받았다. 이렇게 성령의 강림으로 교회가 탄생하게 되었으며, 교회와 성령의 관계를 지적하여 성 이레네우스는 "교회가 있는 곳에 성령도 계시고, 성령이 계시는 곳에 교회와 은총이 있다."고 하였다. 그리스도교는 성령의 이러한 **강림**을 기념하여 지금도 예수 부활 대축일 후 일곱 번째 주일에 성령 강림 대축일을 지내고 있다.

성령강림
(El Greco, 1541~1614)

우리는 예수님께서 보내시는 성령을 받음으로써 성령을 통해서 하느님과 예수 그리스도를 알게 되고, 그리스도인으로서 참된 삶을 살아갈 수 있다. 이런 일은 일찍이 예수님을 따르던 제자들도 체험하였던 것이고, 오늘을 사는 우리도 예외가 아니다. 그래서 바오로 사도는 "하느님의 영에 힘입어 말하는 사람은 아무도 '예수는 저주를 받아라.' 할 수 없고, 성령에 힘입지 않고서는 아무도 '예수님은 주님이시다.' 할 수 없습니다." (1코린 12, 3) 라고 말하였다.

성령의 인도하심에 따라 사는 사람은 하느님의 자녀로 살아가는 삶이다. 성령은 우리 안에 거처하시면서 우리를 의롭게 하고 거룩하게 하신다. 또한 성령은 예수 그리스도를 만날 수 있도록 신앙인의 마음을 열어 주신다. 우리가 예수 그리스도를 주님으로 알아볼 수 있는 것도 성령의 도우심이 있기 때문에 가능한 것이다. 신앙은 지식의 차원이 아니라 신비다.

성령의 은혜

우리는 그리스도인으로서 이 세상의 온갖 유혹에 저항하며 그리스도를 따르고 세상 사람들에게 그리스도를 알리기 위하여 성령의 도움을 받아야 한다. 참된 그리스도인은 자유와 해방을 누리는 사람이다. 성령의 인도에 따라 사는 그리스도인은 물욕, 명예욕, 권력욕에 사로잡히지 않는다. 그리스도인이 누리는 이 모든 자유는 바로 성령께서 주시는 선물이다.

성령께서는 하느님과 이루는 친교를 회복시켜 주시고 하느님의 진리와 사랑을 그리스도인들의 마음에 심어 주시어 참 삶의 길을 열어 주신다. 성령께서는 각 사람에게 각각 다른 은총의 선물을 주시는데 그것은 공동 이익을 위한 것이다. 은총은 하느님께서 우리에게 무상으로 주시는 선물이다. 성령께서 각 사람에게 주시는 은총의 선물들은 지혜의 말씀, 지식의 말씀, 믿음, 병 고치는 능력, 기적을 행하는 능력, 하느님 말씀을 전하는 직책, 성령의 활동을 분별하는 능력, 이상한 언어를 말하는 능력, 이상한 언어를 해석하는 능력 등이다(1코린 12,4-10 참조). 이처럼 성령을 통해 받게 되는 은총의 선물은 각 개인에게 내리는 선물이지만 결코 한 개인만을 위하여 내리는 것이 아니다. 성부와 성자에게서 파견되어 오신 성령께서는 우리 자신의 신앙을 견고하게 할 뿐만 아니라 믿는 이의 공동체인 교회의 공동 이익을 위해서 은총의 선물(알아두기의 '카리스마' 참조)을 주신다. 그러므로 모든 그리스도인은 자기가 받은 은총의 선물을 이웃과 교회 공동체에 봉사하기 위한 은혜로 여겨야 한다.

또 우리는 성령을 통해 '성령칠은'(聖靈七恩)을 받게 된다. 성령칠은은 슬기, 통달, 의견, 지식, 굳셈, 효경, 두려워함이다. 이는 제16장에서 좀더 자세히 설명한다.

예화(성 레오니다스)

순교자 레오니다스 성인에게는 오리진이라는 아들이 있었는데 막내아들인 그를 레오니다스는 지극히 사랑하였다.

오리진의 영혼은 매우 순결해서 죄를 절대 범하지 않았으므로 아버지는 그를 더욱 사랑하였다. 아들이 잠들었을 때 머리카락을 어루만지며 그 곁에서 무릎을 꿇고 기도하는 성인을 보고 아내는 그 까닭을 물었다.

"내 아들은 바로 성령이 머물고 계시는 거룩한 궁전인 게야. 하느님의 성령이 이 아이의 영혼 안에 계시니, 나는 바로 하느님께 존경을 드리는 것이지."

성령께서는 은총이라는 선물로써 우리를 거룩하게 하신다. 은총을 받은 우리의 영혼은 성령께서 머무시는 궁전이 된다. 레오니다스 성인과 같이 거룩한 성령이 머물고 계시는 우리의 몸과 다른 사람의 몸을 함부로 대하고 더럽히는 죄를 짓지 말아야 한다.

나오는 말

성령께서는 우리를 거룩하게 하시고 우리에게 신앙의 활력을 주시어 우리가 다른 이들의 구원을 위하여 열정적으로 헌신할 수 있도록 하여 주신다. 우리는 성령의 도움으로 참된 그리스도인이 될 수 있고, 참된 자유와 해방의 삶을 살아갈 수 있으며, 세상에 나아가 그리스도의 복음을 전파하고 실천해 보일 수 있는 힘과 용기와 지혜를 얻었다.

성령을 충만히 받은 사람들은 항상 기쁘고 감사하는 마음으로 살아가면서 교회의 가르침을 잘 따를 뿐만 아니라, 공동체 안에서 친교를 나누고 이웃에게 봉사하는 데 적극적이다. 우리도 성령을 충만히 받아 변화된 삶을 살아가야 한다.

흐르지 않는 물은 썩어버리듯이 성령의 비추심을 받지 못하고 살아가는 그리스도인의 생활은 정체된 생활이며 결국 활력을 잃고 말 것이다. 성령께서는 우리의 일상 속에서 늘 자극을 불어넣어 주시고 힘차게 활동하심으로써 인류의 역사를 새롭게 창조해 나가신다. 따라서 우리가 성령을 받게 되면 많은 변화가 나타나게 된다. 우리가 계속해서 성령께 자기 마음을 활짝 열기만 하면 인생이란 항해를 계속하고 있는 우리는 목적하는 곳까지 무사히 도착할 수 있도록 성령께서 우리를 이끌어주실 것이다.

핵심문제

(1) 성자의 강생에 성령은 어떤 역할을 했습니까?

성삼위(성부 · 성자 · 성령)는 불가분의 실체적 하느님이시기 때문에, 예수님은 언제나 성부와 더불어 성령과 함께 하십니다. 그래서 예수님이 성모 마리아의 태중에 잉태되신 것은 성령의 힘에 의한 일이었으며, 성부께서는 마리아 안에서 성령을 통해서 세상에 임마누엘("하느님께서 우리와 함께 계시다"는 뜻)을 주셨습니다.

(2) 예수께서 부활하신 지 며칠 만에 성령을 보내셨습니까?

부활하신 지 40일 만에 승천하셨고, 승천하신 지 10일 만에 성령을 보내셨습니다.

(3) 성경에서 성령은 물, 기름, 불, 비둘기 등으로 상징되는데 이것은 성령의 어떤 특성을 나타냅니까?

이 상징들은 강한 생명력을 나타냅니다.

(4) 예수께서는 성령을 당신과 구분하여 무엇이라 부르셨습니까?

보호자(paracletus, 협조자), 진리의 영이라고 부르셨습니다.

(5) 우리는 누구를 통해서 하느님과 예수 그리스도를 알게 됩니까?

우리는 성령을 통해서 하느님과 예수 그리스도를 알게 됩니다.

(6) 교회를 세우고 생명을 주며 거룩하게 하시는 분은 누구입니까?

성삼위(聖三位)의 한 위격이신 성령이십니다.

(7) 성령은 교회 안에서 어떤 활동을 하십니까?

그리스도께서 당신을 믿는 이들에게 부어 주신 성령은 교회를 세우고 생기를 주며 거룩하게 하십니다.

(8) 왜 성령은 우리에게 은총의 선물을 주십니까?

우리 자신의 신앙을 견고하게 할 뿐만 아니라 믿는 이의 공동체인 교회의 공동이익을 위해서 주십니다.

알아두기

- 구약의 종교적 3대 축일

구약의 종교적 3대축일은 오순절, 유월절, 초막절이다.

오순절(五旬節) : 원래는 추수절(秋收節, 탈출 23, 16)이었다. 이 주간에는 밀을 추수하여 하느님께 감사하는 축일이다. 이 날은 그리스도께서 부활하실 때 성령을 보내시겠다고 약속하신 날인데, 예수 부활 후 50일 되는 축일로서 이 때 성령께서 내려오신 날이므로 결국 오순절은 성령 강림 축일과 같은 날이 되었다.

과월절(過越節, 넘이절, 파스카) : 파스카(pascha)란 히브리어로 '거르고 지나가다', '건너가다'라는 뜻이며, 히브리 민족이 이집트에서의 노예 생활에서 탈출하여 해방된 것을 기념하는 축제다.(제7장 알아두기에 있는 '파스카' 참조) 한국의 프로테스탄트 측에서는 파스카 축제를 '유월절'(逾越節)이라 번역했고, 가톨릭의 200주년 신약성서에서는 '해방절'이라 번역했다.

초막절(草幕節) : 초막이란 나뭇가지를 엮어 만든 간소한 가옥(느헤 8,14-17; 욥 27, 18)이다. 초막절은 가을 추수를 끝마치고 수확에 대한 감사제를 올리며 새해를 맞는 명절이었다.(레위 23, 34; 민수 29, 12; 신명 16, 13)

- 카리스마(charisma)

카리스마(charisma)는 성령의 특별한 은총을 뜻하는 그리스어인 카리스마(karisma)에서 유래하였다. 성령께서 신앙인에게 주시는 영능(靈能)을 카리스마라고 한다.

카리스마의 일반적인 의미로는 많은 사람을 휘어잡는 능력이나 자질, 또는 절대적인 권위를 말한다. 그러나 본래의 카리스마는 '신으로부터 특별히 부여받은 재능'이라는 뜻으로 '천부(天賦)의 재능'(grace, talent)을 가리키는 말이었다.

카리스마는 넓게는 하느님의 모든 은혜를 말하나, 좁은 의미로는 성령께서 각별한 호의로 내려주시는 특별한 은총, 즉 특은(特恩)을 말한다. 대표적 카리스마는 전통적으로 '성령칠은'을 꼽는다.

구약시대에는 하느님의 영이 인간에게 내릴 때 그 인간에게 특별한 능력(charisma, 은사)이 주어져 하느님의 백성을 구원하는 일을 하게 하였다. "모세가 눈(Nun)의 아들 여호수아에게 안수하였으므로, 여호수아는 지혜의 영으로 가득 찼다. 이스라엘 자손들은 그의 말을 들으며, 주님께서 모세에게 명령하신 대로 실천하였다"(신명 34, 9).

신약에서는 하느님의 특별한 은혜와 선물을 말한다. 이것은 인간의 공로에 관계없이 인간에게 주어지는 특별한 은사(恩賜)다. 사도 바오로는 코린토 신자들에게 보낸 첫째 서간에서 "나는 모든 사람이 나와 같아지기를 바랍니다. 그러나 이 사람은 이런 은사, 저 사람은 저런 은사, 저마다 하느님에게서 고유한 은사를 받습니다."라고 말했다(1코린 7, 7; 로마 5, 15; 6, 23; 1, 11).

카리스마 단어의 복수형(charismata)은 그리스도 교회에 봉헌하기 위해 성령의 역사

(役事)하심을 통하여 그리스도인 각자에게 주어진 특별하고 구체적인 은사를 말한다. 즉 공동체를 위해 개인에게 주어지는 성령의 특별한 은혜 혹은 은사를 말한다.

교회헌장(12항)은 "이러한 은사는 이례적인 것이건, 보다 단순하고 일반적인 것이건 모두 교회의 필요에 적합하고 유익한 것이기에, 감사와 위안을 느끼며 받아들여야 한다."고 하였다.

제 11 장 우리는 삼위의 일체이신 하느님을 믿습니다

들어가는 말

그리스도인의 신앙과 삶의 핵심은 지극히 거룩한 삼위의 일체(개정 전 용어는 삼위일체)의 신비다. **삼위의 일체**(*L.* Trinitas, *Eng.* Trinity)의 신비는 예수님께서 계시(啓示)하신 진리며, 한 분이신 하느님 안에 삼위가 계시다는 신앙 교리다. 이는 하느님이 세 위격(位格) 즉 성부와 성자와 성령으로 계시며, 삼위는 서로 구별되면서도 동일하신 한 분의 하느님이시며, 시공(時空)을 초월하므로 높고 낮음이나 선후의 차이도 전혀 없는 내밀한 초자연적 생명에 관한 계시이다. 삼위의 일체의 계시 진리는 인간의 이성을 뛰어넘는 신앙의 신비이므로 사변적인 방법으로 이해하려는 태도는 지양되어야 한다. 자연세계(4차원; 공간과 시간)에서 살고 있는 우리 인간은 다차원의 초자연세계를 간파할 수 없는 것이다.

마태 28,19-20

"너희는 가서 모든 민족들을 제자로 삼아, 아버지와 아들과 성령의 이름으로 세례를 주고, 내가 너희에게 명령한 모든 것을 가르쳐 지키게 하여라."

삼위의 일체의 신비

우리는 지금까지 우주만물을 창조하시고 섭리하신 하느님과 세상을 구원하신 예수 그리스도와 우리를 성화(聖化)하시는 성령을 믿는다고 고백하였다. 그렇다고 우리는 세 분의 하느님을 믿는다는 것이 아니다. 우리는 한 분이신 하느님의 삼위(성부와 성자와 성령)를 믿는다. '삼위의 일체의 신비'란 하느님은 한 분이시지만, 그 안에 성부와 성자와 성령이라는 세 위격 즉 삼위(三位)가 계신다는 뜻이다.

위(位, *L.* persona, *Eng.* person)는 이해하기 어려운 낱말인데, "지능과 자주성(自主性, 자신의 문제를 제 힘으로 처리해 나가는 능력이나 성질)을 가진 개체적 실체"를 의미한다. 그래서 지능과 자주성이 없는 동물은 위가 없다. 사람에게는 각각 한 인성(영혼과 육신)에 한 위가 있다. 그렇지만 하느님은 유일의 신성(神性)에 위는 셋이 있다. 따라서 하느님은 삼위의 일체이시다. 그런데 사람의 위와 하느님의 위는 같지 않고 무한한 차이가 있다. 예를 들면 사람에게도 지능이 있고 하느님에게도 지능이 있지만 이 두 지능 사이에는 무한한 거리가 있다. 마찬가지로 위(位)에 있어서도 그러하다. 요컨대 하느님의 위는 자존자의 위로서 무한 실체(無限實體)이지만, 사람의 위는 타존자의 위로서 유한 실체(有限實體)이고 인격(人格)에 해당된다. 그래서 신론(神論)에서는 '위격'으로, 인간론에서는 '인격'으로 사용되지만 신적 위격(位格)과 인간적 인격은 같은 개념을 내포한다. 그런데 예수 그리스도는 '신성'과 '인성'이라는 두 본성의 위가 혼합되거나 분리되지 않은 '하나'로 묶여져 있는 위격이시다. 즉 예수님은 두 가지 본성을 지닌 한 위격이시다.

세 위(位)의 관계는 실로 오묘한데, 성부는 성자를 낳으시고 성자는 성부께 낳음을 받으시고, 성령은 성부와 성자에게서 발(發)하셨다. "낳으시고 … 낳음을 받으시고"란 출생(양성생식에 의한 태어남의 뜻이 아닌 초자연세계의 신비)을 뜻한다. 그래서 '성부', '성자'라 한다. "아버지와 가장 가까우신 외아드님"(요한 1, 18)이란 말씀은 이런 뜻이다.

"성령은 성부와 성자에게서 발하셨다"의 '발(發)하다'라는 말은 나오다, 발생하다, 생기다, 발출하다의 뜻이다. "내가 아버지에게서 너희에게로 보낼 보호자, 곧 아버지에게서 나오시는 진리의 영이 오시면, 그분께서 나를 증언하실 것이다."(요한 15, 26) 또한 성령은 동시에 성자에게서도 나왔다. 그래서 하느님께서는 "당신의 아드님의 영"(갈라 4, 6), "예수님의 영"(사도 16, 7)이라고 하였다.

삼위의 일체이신 하느님은 시공(時空)을 초월하므로 성부, 성자, 성령은 선후의 차이도 높고 낮음도 전혀 없는 자존자이시고 필연유(必然有, 제1장-(3)의 알아두기에 있는 '필연유와 우연유' 참조)이시다.

하느님께서는 당신을 성부와 성자와 성령으로 계시(啓示)하셨는데, 우리는 삼위의 일체의 신비를 예수님의 말씀과 성자의 강생과 성령의 파견을 통해 알 수 있다. 한 분이신 하느님의 삼위는 서로 다르고 구분되지만, 이 구분은 다른 위격과 관계 안에 국한되는 것이다. 삼위의 일체는 한 하느님 안에 서로 구별되면서 완전히 동등하신 삼위가 친밀한 사랑으로 결합되어 있다. 하지만 삼위의 일체의 신비는 인간의 이성

(理性)과 논리로 접근할 수 없는 신비며, 우리가 신앙으로 받아들이고 믿어야 할 '신앙의 신비'다. 계시된 삼위의 일체의 신비는 초기 교회 때부터 신앙의 근원이었다. 교회는 처음부터 성부와 성자와 성령의 이름으로 세례를 베풀어 왔고 설교나 교리교육, 교회의 기도 안에 삼위의 일체 신앙을 담아 왔다.

예화 (온 바닷물을 모래 구멍에 옮기려는 어리석은 아이)

그리스도교의 성인(聖人)의 한 분인 아우구스티노(S. Augustinus)는 354년에 아프리카 타카스테에서 태어났고 386년에 가톨릭 신앙에 귀의(歸依)했다. 성 아우구스티노는 방탕한 생활에서 회심하여 그리스도인이 되었고, 나중에 주교가 되어 강론과 저술로써 이름을 떨쳤다. 『고백록』과 같은 저술을 통해 오늘날까지 수많은 그리스도인들에게 큰 스승이 되어 주신 분이다.

어느날, 성인은 다음 날의 강론에서 하느님의 삼위의 일체 교리를 어떻게 설명하면 좋을까 하고 깊은 생각에 잠겨 바닷가를 거닐고 있었다. 아우구스티노는 "성부, 성자, 성령께서 어떻게 서로 높고 낮음이 없겠는가? 한 분은 낳으시고, 한 분은 낳으심을 받으셨고, 또 이 두 분으로부터 성령이 발(發)해 나셨다면 선후 관계가 있을 터인데, 그것도 없다니 참 이상하다"고 생각하였던 것이다. 그런데 마침 그때 어린 아이 하나가 모래 바닥에 구멍을 파고 조개 껍질로 바닷물을 담아서 자꾸만 그 구멍에 갖다 붓고 있는 모습을 보았다. 그래서 성인은 이상하게 여겨 아이에게 물었다. "얘야, 너 거기서 뭘 하니?"

"예, 지금 바닷물을 모두 이곳으로 옮겨 담으려고 합니다."

"아이쿠, 이 어리석은 녀석아! 그 조개껍질로 저 많기도 많은 바닷물을 언제까지 그 안에 옮겨 담겠느냐?" 그러자 소년은

"내가 설혹 이 일을 완성한다고 하더라도 당신이 지금 생각하고 있는 문제는 해결하지 못할 것입니다."라고 대답하고 이내 사라져 버렸다고 한다.

이 예화는 하느님이 한 순간에 성인을 깨우치려는 사건으로, 어린 아이가 모래 구멍에 바닷물을 옮기려는 불가능을 통해 하느님의 오묘한 삼위의 일체의 신비란 도저히 알아들을 수 없다는 것을 비유한 것이다. 삼위의 일체 교리는 이성을 뛰어넘는 믿어야 할 신비인 것이다.

구원 역사에서 드러난 삼위의 일체

성삼위이신 하느님께서는 당신의 신비를 추상적으로 계시하신 것이 아니라 인류를 구원하시는 모든 행위로 보여 주셨다.

성부께서는 사랑으로 세상을 창조하셨고, 성자께서는 성부로 말미암아 세상에 파

견되시어 우리 죄를 대신해서 십자가의 희생 제물이 되심으로써 우리를 구원하시고 하느님께서 어떤 분이신지 우리에게 밝혀 주셨으며, 성령께서는 우리가 하느님을 온전히 알고 깨닫게 하여 주시고 우리를 거룩하게 하시며, 성부 · 성자 · 성령께서 이루시는 친교로 우리를 이끌어 주신다.

교회는 예로부터 "한 분 하느님 성부에게서 만물이 비롯되었고, 한 분 주 예수 그리스도로 말미암아 만물이 존재하며, 한 분 성령 안에서 만물이 존재한다."라고 고백하여 왔다. 이렇게 삼위께서는 인간 구원 역사에 개별적으로 활동하셨지만 동시에 하느님의 구원 계획 전체는 삼위의 공동 활동이다.

성삼위(聖三位)의 구분과 공동 사업

성부, 성자, 성령의 위격은 서로 구분되지만 똑 같은 하느님이라는 것이 삼위의 일체 교리의 핵심이다. 삼위의 일체를 이해하기 위해서 여러 가지 비유를 들 수 있다.

1. 태양은 하나이지만 태양 본체가 존재하면서 동시에 빛과 열이 있다.
   태양의 본체, 빛, 열은 각각 다르지만 똑 같은 태양에 의한 것이다.
2. 하나의 삼각형은 그 안에 세 변과 세 각이 있고, 삼각형의 세 각과 변은 각각 다르지만 동일한 삼각형을 이룬다.
3. 한 가정의 가장은 ① 가장(家長)이면서 ② 아내의 남편이고 ③ 자녀들의 아버지이다. 가장, 남편, 아버지는 구분되고 역할은 각각 다르지만 똑 같은 가장이다.
   마찬가지로 한 가정의 주부도 ① 주부 ② 남편의 아내 ③ 자녀들의 엄마로서의 역할은 각각 다르지만 똑 같은 주부이다.
4. 전기(電氣)는 하나이지만 빛과 열과 동력을 발생시킨다. 전광(電光), 전열(電熱), 전동(電動)은 서로 구별되지만 똑같은 전기에 의한 것이다.
5. 사람은 식물처럼 생명이 있고 동물처럼 감각이 있고 신(神)처럼 지능을 가졌지만 혼이 셋이 있는 것이 아니라 영혼은 하나뿐이다.
6. 영혼의 한 면인 지성의 경우에도 인식, 의욕, 기억, 이 셋이 서로 다른 것이지만 지성이 셋이란 뜻이 아니다.
7. 사랑은 하나이지만 Lover(person who loves someone), Loved(one that is loved), Love가 있어야 한다.

이러한 비유들은 하나이면서도 이면에 있는 셋의 역할은 각각 다르듯이 하느님은 유일신이지만 이면에 계시는 성삼위 역할은 각각 다르다는 의미다.

신학자들은 성삼위를 구별하여

성부는 창조와 섭리(보존과 다스림)의 사업을 하신 창조주(創造主),

성자는 구속(救贖)사업을 하신 구속주(救贖主) · 구세주(救世主),

성령은 성화(聖化)사업을 하신 성화주(聖化主)

라고 분석적으로 설명하지만, 모두 한 분이신 하느님의 업적이고, 하느님의 모든 계획이 삼위께서 이루어 내시는 공동 사업이다. 즉 각 위격은 자신의 개별적 특성에 따라 공동의 사업을 수행하는 것이며 동일한 작용으로 완성되는 것이다. 곧 성부와 성자와 성령께서는 피조물의 세 근원이 아니라 하나의 근원이시며, 각 위격은 자신의 개별적 특성에 따라 공동의 구원사업을 수행하시는 것이다. 그래서 창조주는 삼위의 일체이신 하느님, 곧 성부 · 성자 · 성령이시다. 비록 창조의 업적이 성부께 돌려지기는 하지만 성부 · 성자 · 성령께서 창조의 유일하고 분리될 수 없는 근원이시라는 것 역시 신앙의 진리이다. 그리고 하느님의 구원 계획 전체를 성부 · 성자 · 성령의 공동 사명이면서 동시에 개별 사업으로 이해하여야 한다는 것이다.

성경이 전해 주는 삼위의 일체

신 · 구약 성경 전체에서 삼위의 일체라는 말이 직접 언급되는 대목은 없다. 유일신에 대한 신앙이 강조되고 있는 구약성경에서도 하느님께 구별되는 위격들이 있다는 것을 암시하거나 그 계시를 준비하는 구절이 있다. 예를 들면 한 분이신 하느님께서 "우리와 비슷하게 우리 모습으로 사람을 만들자!"(창세 1, 26)의 표현처럼 복수 인칭대명사(우리)를 사용하고 있고, 말씀, 영, 지혜라는 말로 하느님을 가리키고 있는 점 등이다. 그리고 요한1서 4장에 의하면 "하느님은 사랑이시다."라고 했다. 사랑이란 한 인격체가 다른 인격체에게 하는 것이다. 그러므로 "하느님은 사랑이시다."라는 명제가 성립하려면 두 인격(위격) 이상이 공존해야 한다. 그래서 만일에 세상이 창조되기 전 하느님 안에 세 위격이 공존하지 않았다면 하느님은 사랑이실 수가 없다. 왜냐하면 홀로는 그 누구도 사랑을 할 수 없기 때문이다.

삼위의 일체 신비는 신약성경에서 실제로 계시된다. 가브리엘 천사가 마리아에게 예수님의 탄생을 예고할 때 "성령께서 너에게 내려오시고 지극히 높으신 분의 힘이 너를 덮을 것이다. 그러므로 태어날 아기는 거룩하신 분, 하느님의 아드님이라고 불릴 것이다."(루카 1, 35)하고 삼위 신비가 표현되었다. 또한 공관복음에서 주로 예수님의 세례와 관계되는 장면에서 드러난다.(마태 3,13-17; 마르 1,9-11; 루카 3,21-22) "성령께서 비둘기 같은 형체로 그분 위에 내리시고, 하늘에서 소리가 들려 왔다. 너는 내가 사랑하는 아들, 내 마음에 드는 아들이다."(루카 3, 22)라고 삼위께서 동시에 현존하시는 모습이 묘사되고 있다. 그리고 삼위의 일체의 결정적인 증언은 예수께서 제자들을 파견하시는 말씀, 곧 "아버지와 아들과 성령의 이름으로 세례를 주고,"(마태 28, 19)에서 세 위격이 분명히 드러난다. 뿐만 아니라 예수님의 수난이 임박하였을 때 제자들에게 하신 말씀들(요한 14; 15,26-27; 16,5-15)에서 예수님과 아버지와 성령의 관계가 잘 드러나 있다.

위에 언급되는 성경 자료에 따르면 성부, 성자, 성령께서는 세례성사와 연관되어 있다는 사실이다. 즉 세례를 통해 그리스도인은 삼위일체이신 하느님과 함께할 수 있다. 그렇다면 삼위의 일체에 대한 계시는 하느님 자신을 위한 것이 아니라 반드시 인간의 구원이 언급되는 것과 관련해서 나타난다.

삼위께서 이루시는 사랑의 친교

성부와 성자와 성령의 관계는 곧 친교의 신비다. 하느님의 본질은 친교, 곧 삼위의 일체이시다. 실제적으로 구분되지만 하나의 동일한 본성을 지니시고 한 본체를 이루시는 삼위께서는 긴밀한 사랑의 친교를 이루시며 사람들을 그 사랑의 친교에 초대하신다. 친교이신 하느님의 창조물인 인간이 자신의 창조주와의 친교는 물론이요 다른 모든 인류와 친교를 이루도록 부름을 받는 것은 매우 자연스러운 일이다.

예수께서는 "아버지께서 나를 사랑하신 것처럼 나도 너희를 사랑하였다. 너희는 내 사랑 안에 머물러라."(요한 15, 9)하시며 우리를 성삼위께서 이루시는 완전한 사랑의 일치에 초대하신다.

우리 구원의 길은 성령 안에서 성자를 통하여 성부께 이르는 데 있다. 결국 그리스도인 신앙생활의 궁극적인 목표는 삼위의 일체이신 하느님을 알고 사랑함으로써 성삼위께서 이루시는 친교와 일치에 참여하는 것이다. 그리스도인은 삼위의 이름으로 세례를 받고 죄를 용서받으며 하느님의 자녀가 된다. 그리고 그리스도교 신자는 세례를 통하여 신비체의 머리이신 그리스도와 한 몸을 이루고 있을 뿐만 아니라, 각자 본래의 구실을 지니고 있는 다른 지체들과 상호관계를 맺고 있다.(에페 4,7-16 참조) 그러나 삼위의 일체 신비가 알아듣기 힘들지라도 기도에 정진하고 하느님 사랑과 이웃 사랑을 익혀 가면, 우리도 영원하신 성부와, 그분의 아드님 예수 그리스도와, 우리 안에 계시는 성령에 대한 지식과 깨달음이 커져 갈 것이고 삼위께서 이루시는 친교와 일치에 참여하게 될 것이다.

나오는 말

하느님께서는 한 분이시지만 삼위의 일체로 계신다. 삼위의 일체는 한 하느님 안에 서로 구별되면서 완전히 동등하신 삼위가 계시며 친밀한 사랑으로 결합되어 있음을 말한다. 삼위의 일체 교리는 절대 신비로서 이성(理性)에 의해 온전히 간파될 수 없다. 성부는 다른 원천을 가지고 있지 않고, 성자는 성부로부터 출생하였으며, 성령은 출산되지 않고 성부와 성자로부터 발(발생, 발출)하였다. 출산과 발출은 신성의 전달 내지는 파견이라는 점에서는 일치하고, 이 전달이 한편으로는 성부로부터 출산되고, 또 다른 편으로는 성부와 성자로부터 발출된다는 점에서는 구별된다.

우리의 신앙생활은 삼위께서 이루시는 친교와 일치에 참여하면서 동시에 우리도 서로 친교를 이루어야 한다. 우리가 기도를 바칠 때에도 성령 안에서 성자를 통하여 하느님 아버지께 바치는 것이다. 기도만이 아니라 우리 구원의 길 역시 성령 안에서 성자를 통하여 성부께 이르는 것이다.

성부와 성자와 성령의 이름으로 세례를 받을 우리는 삼위께서 이루시는 사랑의 일치에 참여하도록 기도와 사랑을 익혀야 한다.

핵심문제

(1) 그리스도인의 신앙과 삶의 핵심이 되는 신비는 무엇입니까?
지극히 거룩한 삼위의 일체의 신비입니다.

(2) '삼위의 일체의 신비'란 무엇입니까?
'삼위의 일체의 신비'란 하느님은 한 분이시지만, 그 안에 성부와 성자와 성령이라는 세 위격 즉 삼위(三位)가 계신다는 뜻입니다.

(3) 위(位)의 의미는 무엇입니까?
위(位)란 지능과 자주성을 가진 개체적 실체를 의미합니다. 그래서 지능과 자주성이 없는 동물은 위가 없지만, 사람에게는 한 인성(영혼과 육신)에 한 위가 있습니다. 그런데 사람의 위격은 인격(人格)이라고 일컬으며, 하느님의 위격과 인간의 인격은 같은 개념입니다.

(4) 삼위가 서로 다르다는 것은 하느님이 세 분이라는 뜻입니까?
아닙니다. 삼위의 위격은 서로 다르지만 하느님은 유일신(唯一神)입니다. 위격은 서로 구분되지만 이 구분은 다른 위격과 관계 안에 국한되는 것입니다.

(5) 하느님이 한 분뿐이라면 삼위의 일체는 무엇입니까?

삼위의 일체는 한 하느님 안에 서로 구별되면서 완전히 동등하신 삼위가 친밀한 사랑으로 결합되어 있음을 말합니다.

(6) 세 위는 서로 어떤 관계가 있습니까?

세 위(位)의 관계는 실로 오묘한데, 성부는 성자를 낳으시고 성자는 성부께 낳음을 받으시고, 성령은 성부와 성자에게서 발하셨습니다.

(7) 세 위는 서로 높고 낮음과 먼저 계시고 후에 계신 분별이 있습니까?

삼위의 일체이신 하느님은 시공(時空)을 초월하므로 성부, 성자, 성령은 선후의 차이도 높고 낮음도 전혀 없는 자존유(自存有)이시고 필연유(必然有)이십니다.

(8) 우리는 어떻게 삼위의 일체의 신비를 알 수 있습니까?

예수님의 말씀과 성자의 강생과 성령의 파견을 통해 알게 됩니다.

(9) 전능하신 천주 성부만이 창조주이십니까?

창조주는 삼위의 일체이신 하느님, 곧 성부·성자·성령이십니다. 비록 창조의 업적이 성부께 돌려지기는 하지만 성부·성자·성령께서 창조의 유일하고 분리될 수 없는 근원이시라는 것 역시 신앙의 진리입니다.

알아두기

- 전례 안에 표현된 삼위의 일체 신앙

· **세례** : "나는 성부와 성자와 성령의 이름으로 (아무)에게 세례를 줍니다."

· **십자 성호** : "성부와 성자와 성령의 이름으로. 아멘."

· **미사 시작 때** : "사랑을 베푸시는 하느님 아버지와 은총을 내리시는 우리 주 예수 그리스도와 일치를 이루시는 성령께서 여러분과 함께."

· **영광송** : "영광이 성부와 성자와 성령께, 처음과 같이, 이제와 항상 영원히, 아멘." 이 영광송을 바칠 때 삼위의 일체이신 하느님을 흠숭하는 표시로 머리를 깊이 숙인다.

· 우리가 믿는 바를 요약한 사도신경은 삼위의 일체이신 하느님께 대한 신앙을 고백하는 내용이다.

- '삼(3)'이라는 숫자의 상징성

'삼(3)'이라는 숫자는 세 개로 나누어져 있지만 전체로는 '완전, 완성, 종합, 안정,

조화 등의 상징성을 가진다. 예컨대 하느님은 '성부 · 성자 · 성령' 삼위의 일체로 완전한 유일신이며, 자연은 반드시 '시작 · 변화 · 끝'(생성 · 존재 · 소멸, 출생 · 삶 · 죽음)이 있어야 하고, 피조물의 세 가지 유형은 무생물 · 식물 · 동물이다. 그리고 시간은 '과거 · 현재 · 미래'의 연속이며, 원자세계의 핵을 구성하는 양성자와 중성자도 쿼크(quark) 세 개로 이루어져 있고, 생명은 '햇빛 · 공기 · 물'의 3대 요소가 있어야 한다. 또한 인간의 심적 요소는 '지 · 정 · 의(知情意)'이고, 인간의 이상에 합치된 가치는 '진 · 선 · 미(眞善美)'이며, 국가의 구성 요소는 '영토 · 국민 · 주권'이고, 종교는 '교주 · 교리 · 교도'가 있어야 하고, 불교의 삼보(三寶)는 불(佛) · 법(法) · 승(僧), 즉 '진리를 깨달은 이', '진리 자체', '진리를 배우고 추구하는 자'이다. 그리고 단군신화의 시조신(始祖神)은 환인(桓因) · 환웅(桓雄) · 단군(檀君)이고, 수백만 가지의 색을 창출하는 삼원색(三原色)은 빨강 · 노랑 · 파랑이며, 완전한 가정이 되려면 '엄마 · 아빠 · 자녀'가 있어야 하고, 삼각대는 세 다리가 있어야 넘어지지 않는다.

일상생활에서 '3'의 숫자를 사용하고 있는 격언, 속담, 관용어 등 몇 가지 예를 들면

① 수염이 석 자라도 먹어야 양반
② 세 살 버릇 여든까지 간다.
③ 중매는 잘하면 술 석 잔, 잘 못하면 뺨 세 대
④ 삼척동자
⑤ 작심삼일
⑥ 겉보리 세 되만 있으면 처가살이 않는다.
⑦ 사흘 굶어 도둑질 아니 할 놈 없다.
⑧ 한 남자와 한 여자가 결혼을 하게 되면 세 주일은 서로 관찰하고, 석 달은 서로 사랑하고, 3년은 서로 싸우고, 30년은 서로 화해한다.(유다인의 결혼에 대한 교훈인데, 부부 두 사람은 화해하는 생활이라는 것)

예수님은 강생하시어 30년의 사생활, 3년의 공생활을 하셨는데, 33은 가장 완전하고 강력한 전체성을 상징한다. 그리고 죽으시고 땅에 묻히신지 3일 만에 부활하셨다. 그리스도인의 삶에 있어서도 향주덕은 '믿음 · 희망 · 사랑'이고, 은총생활은 '기도생활 · 성사생활 · 사랑의 실천'으로 이루어지며, 신자들에게 사명으로 주어진 사도직도 '사제직 · 예언직 · 왕직'이다.

제12장 우리는 거룩하고 보편된 교회를 믿습니다

들어가는 말

인간은 누구나 나면서부터 죽을 때까지 가정과 학교, 사회와 국가 안에서 서로 유대를 가지고 도우면서 살아간다. 그래서 인간을 '사회적 동물'이라고 말한다. 이는 인간이 혼자서는 살 수 없으며 공동체 생활로써 품위와 인격을 완성시킬 수 있다는 것을 의미한다. 이러한 인간의 특성에 맞추어 "하느님께서는 각 개인을 아무런 연결도 없이 개별적으로 거룩하게 하시거나 구원하시려 하지 않으시고 오직 사람들을 한 백성으로 모아서 당신을 알며 충실히 섬기도록 하셨다."(교회 헌장, 9항 참조) 그래서 교회는 '하느님 때문에, 하느님을 근거로 하여' 모인 사람들이 이룬 공동체다. 우리는 교회 공동체를 통하여 그리스도 신앙을 전해 받았다. 만일 이 공동체가 없었다면 우리는 예수 그리스도를 알지 못하였을 것이며, 하느님을 올바로 알 수도 없었을 것이다.

따라서 교회는 그리스도의 구원사업을 위한 지상의 대리기관, 즉 구원을 위한 기관이라고 말할 수 있다.

마태 16,18-19

너는 ①베드로이다. 내가 이 반석 위에 내 교회를 세울 터인즉, ②저승의 세력도 그것을 이기지 못할 것이다. 또 나는 너에게 하늘 나라의 ③열쇠를 주겠다. 그러니 네가 무엇이든지 땅에서 매면 하늘에서도 매일 것이고, 네가 무엇이든지 땅에서 풀면 하늘에서도 풀릴 것이다.

여기서 ① 베드로(*L.* Petrus, *Eng.* Peter)는 반석(盤石)의 의미이고,
② '저승의 세력'은 악의 세력, 죄악의 세력, 악마의 세력을 의미하며,
③ 열쇠는 전권을 상징한다.

교회의 정의

예수께서 세우신 : 창설자
인류구원을 위한 : 구원목적
성사적인 : 구원방법
인간의 공동체다 : 구성인

위의 정의에 입각하여 교회는 네 가지 요소로 구성된다.

첫째, 교회의 창설자 : 예수 그리스도

둘째, 교회를 세우신 목적 : 인류 구원

셋째, 인류 구원방법 : 성사(聖事)

넷째, 구성인(교회) : 인간의 공동체로서 하느님의 백성, 그리스도의 몸(그리스도의 신비체)

교회의 창립

예수님은 복음 선포 활동을 하시면서 당신을 믿고 따르는 사람들 가운데 열두 명을 선택하시어 사도로 삼으셨고, 그들에게 당신의 사명을 함께 수행하도록 하셨다. 예수님은 베드로 사도에게 "너는 베드로이다. 내가 이 반석(베드로) 위에 내 교회를 세울 터인즉, 저승의 세력도 그것을 이기지 못할 것이다."(마태 16, 18) 하고 말씀하시며 교회 창립을 예고하셨다. 예수님은 당신의 교회를 '집'에 비유하시면서, 집을 지을 때에는 반석과 같은 튼튼한 기초가 필요하며 베드로를 비롯한 사도들이 그 역할을 할 것임을 말씀하셨던 것이다. 또한 예수님은 평소에 하느님의 백성을 양떼에 비유하시면서 당신 자신이 '착한 목자'라는 내용의 설교를 많이 하셨는데, 부활하신 다음에도 베드로 사도에게 "내 양들을 돌보아라."(요한 21, 16) 하고 당부하셨다. 양떼를 인도하기 위해서는 당신의 권한을 위임받은 권위 있는 목자가 필요한데 그 임무를 역시 베드로를 비롯한 사도들에게 맡기셨던 것이다.

예수님께서 승천하신 다음, 사도들은 오순절에 성령을 가득히 받고 군중들 앞에 나서서 예수 그리스도를 증거하는 설교에 나섬으로써 자신들이 부여받은 사명을 당당하게 수행하게 되었다. 이렇게 하여 교회가 출발하게 된 것이다. 그래서 성령 강림일을 교회의 창립일로 삼는다. 성령으로 충만한 초대 그리스도인들은 한마음 한뜻이 되어 서로 가진 것을 나누며, 형제적 사랑으로 친교를 이루고, 함께 하느님을 찬양하

였다.(사도 2,42-47 참조)

이제 교회의 신비와 성격을 드러내는 여러 가지 호칭, 즉 하느님의 백성, 그리스도의 몸(신비체), 성령의 성전 등을 알아본다.

교회는 하느님의 백성

교회를 가리키는 그리스어 엑클레시아(Ekklesia)는 동사 엑칼레오(Ekkaleo : '부르다', '소집하다'의 뜻)에서 나온 말인데, '하느님을 흠숭하기 위해 소집된 모임'을 의미한다. 그래서 교회를 "하느님께서 세상과 인간의 구원을 위하여 불러 모으신 공동체, 곧 하느님의 백성"이라고 말한다. <1베드 2, 9>에는 "여러분은 선택된 겨레이고 임금의 사제단이며 거룩한 민족이고 그분의 소유가 된 백성입니다."라고 했다.

구약의 하느님의 백성 : 하느님의 백성이라는 표현은 구약성경의 주님과 이스라엘 백성의 계약을 배경으로 하고 있다. 하느님은 인류를 구원하시되 각 사람의 개별적인 구원만을 바라지 않으셨다. 그래서 먼저 이스라엘이라는 한 백성을 선택하시고, 그들과 계약을 맺으시면서 "나는 너희와 함께 살아가면서 너희 하느님이 되고 너희는 나의 백성이 될 것이다."(레위 26, 12)고 하셨다. 구약에서는 이렇게 이스라엘만을 하느님의 백성이라고 생각했다.

신약의 하느님 백성 : 예수께서 세상에 오시어 하느님의 구원 계획이 모든 이에게 미치게 되고, 십자가에서 흘리신 당신의 피로 새로 하느님의 백성이 될 모든 이들과 새로운 계약을 맺으셨다(루카 22, 20 참조). 예수님은 당신 피로 맺으신 새로운 계약은 혈통을 가리지 않고 모든 사람을 성령 안에 모아 하느님의 새로운 백성이 되게 하신 것이다. 하느님의 백성이 되기 위한 두 가지 조건은 ①믿음과 ②세례이다. 세례를 받음으로써 각 그리스도인은 그리스도에 의해 형제적인 삶과 사랑과 진리에로 불린 것이다.

교회는 그리스도의 몸

교회는 초기부터 교회를 '그리스도의 몸'으로 보았는데 그 기원은 예수님의 말씀에 있다. 예수께서는 당신과 제자들, 당신과 교회를 동일시하는 말씀을 여러 번 하신 바 있다(루카 10, 16; 마태 25, 40 참조). 바오로 사도는 "교회는 그리스도의 몸으로서, 모든 면에서 만물을 충만케 하시는 그리스도로 충만해 있습니다."(에페 1, 23)라고 말하였다. 사람의 몸이 여러 지체로 이루어지는 것처럼 세례를 받은 그리스도인들은 머리이신 그리스도의 지체가 되어 한 몸을 이룬다. 예수님은 당신과 제자들과의 관계를 '포도나무와 그 가지'로 설명하셨다.

"나는 포도나무요 너희는 가지다. 내 안에 머무르고 나도 그 안에 머무르는 사람은 많은 열매를 맺는다. 너희는 나 없이 아무것도 하지 못한다. 내 안에 머무르지 않으면 잘린 가지처럼 밖에 던져져 말라 버린다. 그러면 사람들이 그런 가지들을 모아 불에 던져 태워 버린다."(요한 15,5-6). 따라서 모든 그리스도인은 예수 그리스도와 일치함으로써만 성장할 수 있으며, 영원한 생명으로 나아갈 수 있다.

교회는 그 분 안에서 하나가 된 공동체다. 예수님은 당신을 믿는 사람들이 당신의 형제자매가 될 뿐만 아니라 당신과 한 몸이 되기를 원하셨다. 그래서 사도 바오로는 "교회는 그리스도의 몸으로서, 모든 면에서 만물을 충만케 하시는 그리스도로 충만해 있습니다."(에페 1, 23)라고 말했다. 따라서 하느님의 백성인 교회는 곧 그리스도의 몸인 것이다.

사람의 몸은 여러 지체가 모여서 한 몸을 이룬다. 사도 바오로는 "여러분은 그리스도의 몸이고 한 사람 한 사람이 그 지체입니다."(1코린 12, 27)라고 말했다. 그리스도의 몸의 지체들 간의 일치의 원리는 성령이시다. 그래서 사도 바오로는 또한 이렇게 말하였다. "우리는 유다인이든 그리스인이든 종이든 자유인이든 모두 한 성령 안에서 세례를 받아 한 몸이 되었습니다. 또 모두 한 성령을 받아 마셨습니다."(1코린 12, 13). 그러므로 성령은 교회의 혼이며, 모든 종족과 피부색과 국민성과 성(性)의 장벽을 극복하여 일치로 묶는 정신이다.

교회는 성령의 성전

예수님은 승천하시면서 제자들에게 "내가 세상 끝 날까지 언제나 너희와 함께 있겠다."(마태 28, 20)하시고 오순절에 성령을 보내 주셨다. 성령은 그리스도의 몸인 교회 안에 계시는 '하느님의 영'이시기 때문에 교회를 "**하느님의 성전**"(2코린 6, 16)으로 만드신다. 그러므로 교회는 성령의 성전이다.

성령의 성전(聖殿)이라는 말은 성령께서는 신비체의 영혼과 같아서 생명의 원리, 다양성 안에서 하나 되고, 풍요로운 선물과 은사들의 근원이라는 뜻이다. 교회는 온 대륙에 산재해 있지만 "모두 한 성령 안에서 세례를 받아 한 몸이 되었고, 또 모두 한 성령을 받아 마셨기"(1코린 12, 13) 때문에 항상 같은 신앙 고백을 하고, 같은 예배와 성사를 집전한다. 또한 교회는 그리스도의 지상 대리자이며 베드로 사도의 후계자인 교황과 성령께서 맺어 주시는 평화의 끈으로 일치를 이루고(에페 4, 3 참조) 있다. 성령께서는 온전히 교회의 머리에 들어 계시며, 온전히 그 몸에 들어 계시고, 또 온전히 각 지체들에 들어 계시어 교회를 "살아 계신 하느님의 성전"(2코린 6, 16)으로 만드신다. 그러기에 사도 바오로는 "여러분이 하느님의 성전이고 하느님의 영께서 여러분 안에 계시다는 사실을 여러분은 모릅니까?"(1코린 3, 16)라고 말하였다.

교회는 성령이 계시고 인도하는 성전이기에 천주교는 최초에 무식한 어부가 영도했던 교회였지만 배후에 성령이 계시기 때문에 천주교를 박해했던 네로 황제도 대원군도 멸망했고, 오늘날 10.7억이란 인구의 거대한 교회가 된 것이다.

교회는 성령에 의해 생활하는 신비체(교회의 혼은 성령)이고, 교회를 그리스도의 정배(正配) 혹은 신부(新婦)라고 하며, 교회의 신랑은 그리스도이시다. 신랑 신부는 한 몸(일치)를 이룬다. 그래서 그리스도와 교회는 한 몸(일치)를 이룬다.

이밖에도 성경은 교회를 다음과 같이 여러 가지 상징으로 표현한다. 교회는 양 우리(sheep pen)이고 그 유일한 문은 그리스도이시다(요한 10,1-7). 교회는 양들이고 그 목자는 그리스도이시다(요한 10,1-5). 교회는 하느님의 밭(1코린 3, 9)이고 그 주인은 하느님이시며, 그 밭의 포도나무는 그리스도이시고 믿는 이들은 그 가지들이다(요한 15, 5). 교회는 하느님의 건물(1코린 3, 9)이고 그 모퉁잇돌은 그리스도이시다(에페 2, 20).

교회의 두 가지 요소

1) 조직의 교회 : 가 시 적
2) 은총의 교회 : 불가시적

		그리스도 (인간)	교 회
가 시 적	:	人性 (육신) -	공동체
불가시적	:	神性 (영혼) -	성령

여기서는 조직의 교회에 대해서 알아본다.

조직의 교회(교계 제도)

교계(敎階)란 신자들을 가르치고, 거룩하게 하고, 다스리는 봉사직무를 수행하는 목자(성직자)들의 집단을 말하며, 이는 주교, 신부, 부제의 세 품계(品階)로 나누어진다.

예수님이 뽑으신 12제자의 대표가 베드로이며, 베드로에게 수위권을 주셨다. 만일 12제자에게 똑같은 권한을 주었다면 12파가 생겼을 것이다. 그래서 천주교는 사도로부터 계승되어오는 정통성의 교회다.

초대 교황 → 2대 → …… → 264대 → 265대
(베드로) (리노) (요한바오로2세) (베네딕토 16세)

'제사를 지낸다'의 뜻이며 제관

● 교 황 → 추기경 → 주 교 → 사제(신부·神父) → 수도자 → 일반신자(평신도)

예수님은 교회 안에 다양한 직무를 마련하셨고, 당신의 몸을 이루는 각 지체들에게 고유한 직무를 수행하도록 하셨다. 예수님이 부여하신 교회의 직무는 '봉사의 직무'다. 최후의 만찬 때 예수님은 제자들의 발을 씻어 주시면서 "주님이며 스승인 내가 너희의 발을 씻었으면, 너희도 서로 발을 씻어 주어야 한다."(요한 13, 14)고 말씀하셨다. 예수님은 당신의 교회에서 권위를 행사하는 이들은 당신을 본받아 겸손한 자세로 봉사해야 한다는 섬김의 리더십을 가르치신 것이다.

교회의 신분에는 성직자, 수도자, 일반신도(평신도)로 구분할 수 있는데, 이것은 계급적인 구분이 아니라 봉사적인 구별이다.

성직자는 베드로 사도의 후계자인 교황, 사도들의 후계자인 주교, 주교의 협조자인 신부와 부제가 있다.

수도자는 신부와 일반신도 중에서 복음적 권고(福音的 勸告 : 청빈, 정결, 순명)를 서원함으로써 하느님께 봉헌되어 교회의 구원사명에 이바지하는 분들이다. 수도회에는 관상수도회(봉쇄수도원에서 기도하는 수도회), 활동수도회, 재속수도회(수도복을 입지 않고 세속에서 활동)의 세 종류가 있다. 봉쇄수도원이란 봉쇄구역(수도회의 고유한 법의 규정으로, 수도원 내에서 소속 수도회 회원들만이 출입할 수 있는 구역)이 있는 수도원을 말한다.

● 천주교 공동체의 구성

교 황	1 명	신 부	약 40만
추기경	약 170명	수 도 자	약 100만
주 교	약 4,000명	일반신도	약 10.6억

모든 성인의 통공

우리는 사도신경에서 '모든 성인의 통공을 믿으며' 라고 고백한다. 조상의 음덕(蔭

德)이라는 말이 있는 것처럼 통공(通功)이란 '공(功), 공로(功勞)를 서로 나눈다', '통교(通交), 교류(交流)한다'는 뜻이다. 즉 그리스도 안에서 한 몸을 이루는 신자들 간에 선행의 공로를 서로 나누고 교환하며 친교를 이룬다는 말이다.

현세의 우리는 그리스도의 몸을 성장시켜야 할 사명을 안고 살아가는 지상 여정의 순례자들이며, 이러한 우리들로 구성된 이 지상의 교회는 순례하는 하느님의 백성이며, 지상의 순례교회(투쟁교회##)인 것이다. 따라서 순례교회는 그 지체들의 허물과 인간적인 나약함도 함께 지니고 있으며, 인류 역사의 기복에 따라 때로는 영광의, 때로는 시련의 교회가 되기도 한다. 그러므로 하느님의 자녀가 된 그리스도인들, 하느님의 백성인 교회는 끊임없이 회개함으로써 정화되고 쇄신되어야 한다.

모든 그리스도인, 곧 지상 여정에서 순례자(巡禮者)로 있는 사람들(순례교회·투쟁교회), 정화 과정을 거치고 있는 연옥의 영혼들(정화교회·단련교회), 천국에서 영원한 복락(福樂)을 누리고 있는 성인들(승리교회 : 지상 영적 전쟁에서 승리한 천상 공동체)이 모두 일치하여 오직 하나의 교회를 이룬다고 믿는다. 요컨대 지상의 순례교회, 연옥(煉獄)의 정화교회, 천국의 승리교회는 그리스도를 머리로 하여 서로 돕고 공로(功勞)를 나눈다. 이것을 모든 성인의 통공(通功)이라고 한다. 이 세 가지 모습의 교회는 모두 그리스도를 머리로 하여 하나의 유기적인 몸처럼 신비스러운 결합을 하고 있다. 그래서 이를 신학자들은 '그리스도의 신비체(神秘體)'라고 한다.

우리는 하늘 나라의 성인들과 일치하고 그들을 기억하고, 축일을 지내고 그들의 모범을 따른다. 우리 그리스도인은 기도와 희생, 특히 미사성제로 서로 일치하고 도와준다. "빵이 하나이므로 우리는 여럿일지라도 한 몸입니다. 우리 모두 한 빵을 함께 나누기 때문입니다."(1코린 10, 17) 천국에 있는 성인들도 우리와 함께 하느님을 찬미하며, 우리를 위하여 하느님께 기도한다. 또한 우리와 천국의 성인들은 천국에 들지 못한 죽은 이들(연옥의 영혼들)을 위해서도 기도한다.

그런데 지옥에 떨어진 영혼은 영영 생명을 잃어버린 영혼들이기 때문에 신비체의 일원이 될 수도 없고 성인들의 통공에 참여할 수도 없다.

투쟁교회 : 주님의 나라를 얻기 위하여 악마와 세속의 헛된 욕망과 육신의 사욕편정(邪慾偏情 : 그릇되고 온당하지 못한 온갖 정욕·情慾)과 싸우고 있는 지상 여정의 순례교회를 투쟁교회라고 말한다.

예화(귀향)

옛날 한 어부가 풍랑에 휩쓸려 어느 섬에 표류하게 되었다. 마침 섬에는 맑은 물이 흐르는 개울이 있었고 야자열매와 빵나무가 무성했으므로 살기에 아무런 어려움이 없었다. 섬의 구석구석에는 새롭고도 재미있는 식물과 동물들도 많았고 몸을 쉴 수 있는 피난처로 사용할 수 있는 작은 동굴도 있었다.

그가 더 이상 힘든 어부의 생활을 하지 않고도 일생을 편안히 지낼 수 있었으나 그는 조금도 행복해 하지 않았다. 어딘지 모르고 홀로 표류해 있는 자신의 신세와 고향에 남겨진 가족들, 그리고 친구들을 그리워하는 마음 때문에 그 어느 것도 그를 편안하게 해주지는 못했다. 그는 하루 종일 끝없는 수평선을 바라보며 슬프게 여기저기를 서성거리고만 있었다.

그렇게 고독하게 몇 달이 흐른 어느 날 저 멀리 수평선에 한 척의 배가 나타났다. 그는 기쁨에 목이 메어 연기를 피워 올려서 자기의 존재를 알리며 구해 줄 것을 바랐다. 그가 고함지르는 소리가 들릴 만큼 배는 점점 가까워졌다. 어부를 구해 준 선장은 대단히 친절한 사람으로, 그에게 새 옷과 따뜻한 음식과 포근한 잠자리를 마련해 주었다. 그리고 그의 고향까지 태워 줄 것을 약속했다.

말할 수 없는 고마움을 느낀 어부는 선장이 시키는 일이라면 목숨을 바쳐서라도 순명하겠다고 굳게 다짐했다. 기나긴 항해 끝에 마침내 어부는 꿈에 그리던 고향에 닿을 수 있었으며 다시금 그리운 가족의 품에 안겼다.

수평선에 나타난 배는 교회이고 선장은 예수 그리스도이시다. 세례를 통해서 하느님의 자녀가 되었을 때에 우리는 예수님이 지휘하는 배에 승선하는 것과 같다. 예수님은 우리의 영혼을 성체 성사로 살게 만드시고 고해 성사로써 우리의 영혼을 편안하게 돌보아 주신다. 현실적으로 우리의 눈으로 볼 수 있는 예수님의 후계자는 교황이다.

그분은 교회를 이끌어 나가서 천국의 항구에 닿을 때까지 모든 승객의 목숨과 안전을 책임지고 인도해 줄 것이다. 우리는 하느님을 알고 사랑하고 공경하는 것을 예수님에게서 배웠으며 예수님은 성 교회를 통하여 그것을 우리에게 가르치신다.

나오는 말

교회는 하느님의 백성이고 그리스도의 신비체이며 성령의 성전이다. 교회의 구성원인 우리는 그리스도께 부여받은 고유한 직무를 수행할 사명을 지니고 있다. 또한 우리는 교회의 일원으로서 합당한 품위를 갖추고 모든 행위를 성화하여야 한다. 그리고 우리 신자들은 그리스도의 몸의 지체들이므로 서로 존경하고 사랑하며, 기쁨과 즐거움은 물론 슬픔과 고통도 함께 나누어야 하는 형제들임을 항상 기억해야 한다.

핵심문제

(1) '교회'를 어떻게 정의할 수 있습니까?
교회란 예수님께서 세우신 인류 구원을 위한 성사적인 인간의 공동체입니다. 즉 인간의 구원을 위하여 따로 '불리어 모인' 사람들의 모임을 말합니다.

(2) 교회는 '하느님의 백성'이라는 말은 무슨 뜻입니까?
하느님께서 세상과 인간의 구원을 위하여 불러 모으신 공동체를 말합니다.
"여러분은 선택된 겨레이고 임금의 사제단이며 거룩한 민족이고 그분의 소유가 된 백성입니다."(1베드 2, 9)

(3) 교회는 '그리스도의 몸'이라는 말은 무슨 뜻입니까?
모든 신자들은 머리이신 그리스도의 지체가 되어 한 몸을 이룬다는 뜻입니다.

(4) 교회는 '성령의 성전'이라는 말은 무슨 뜻입니까?
성령께서는 신비체의 영혼과 같아서 생명의 원리, 다양성 안에서 하나되고, 풍요로운 선물과 은사들의 근원이라는 뜻입니다.

(5) '모든 성인의 통공(通功)'과 '그리스도의 신비체'란 무슨 말입니까?
지상의 순례교회, 연옥(煉獄)의 정화교회, 천국의 승리교회는 그리스도를 머리로 하여 서로 돕고 공로(功勞)를 나눕니다. 이것을 모든 성인의 통공(通功)이라고 말합니다. 그리고 이 세 가지 모습의 교회는 모두 그리스도를 머리로 하여 하나의 유기적인 몸처럼 신비스러운 결합을 하고 있습니다. 그래서 이를 신학자들은 '그리스도의 신비체(神秘體)'라고 합니다.

알아두기

- 교황은 어떤 분인가?
  1) 베드로의 후계자로서 그리스도의 지상 대리자
  2) 바티칸시국(Vatican City State)의 원수
  바티칸은 사도 베드로가 순교하고 묻힌 로마에 있는 언덕의 이름인데, 이 무덤위에 베드로 대성전이 건립되었다. 교황은 이탈리아 중부를 위시한 여타 지역의 교황령을 포기하고 이탈리아 정부와 1929년 2월 11일에 라테란(Lateran) 조약을 맺었고, 이에 따라 교황청은 바티칸시국이라는 독립 주권국가가 됐다. 이 조약은 라테란 궁전에서 이뤄졌다고 해서 라테란 조약이라 부른다.

바티칸시국 전도(13만 3천여 평)와 베드로 대성전의 전경은 241쪽의 그림과 같다.

3) 로마(Rome)의 주교이고 교구장

- **콘클라베**(Conclave) : 교황 선거를 위한 추기경단의 비밀회의를 말한다.

  콘클라베는 Con(with ~와 함께)과 clavis(key · 열쇠)의 합성어로 '자물쇠가 채워진 방'을 의미한다. 이 말은 교황 선거 때 교황을 선거할 추기경단이 모두 선거 회의장에 들어가면 교황이 선출될 때까지 봉쇄되어짐을 표현한 것이다. 그리고 그 안에서 일어나는 모든 것은 비밀로 함을 의미한다. 교황선거는 콘클라베 장소인 시스틴 경당에서 진행된다. 교황이 선출되지 않았으면 굴뚝에 검은 연기를 뿜어내고, 교황이 선출되면 흰 연기를 뿜어내어 교황이 선출되었음을 알린다.

- **성당의 유형**

  베드로 **대성전** → 주교좌 **대성당** → 일반 **성당** → **경당**(신학교나 수도원에 있는 성당)
  (건평 5~6천평) · 베드로사원은 잘못된 표현이다. 사원은 절간을 의미하기 때문이다.

  성전은 예로부터 중요하게 여겨온 성당을 가리키는데, 대성전과 성전으로 나뉜다. 대성전은 로마에 있는 4대 성전, 곧 바티칸 성 베드로 대성전, 성 바오로 대성전, 성 마리아 대성전, 성 라테라노 대성전을 가리킨다. 대성전에는 교황 제대와 성년(聖年)에만 열리는 성문(聖門)이 있다. 성전은 로마 밖에 있으면서 역사성이나 예술성 등으로 인해 '성전'(basilica)이라고 불리는 성당들을 말한다.

- **교황**은 Papa = 거룩한 아버지(Holy Father), 옛날에는 敎宗이라 일컫기도 했다.

- **추기경**(Cardinal) : "중심적"이란 의미다.

  추기경은 교황이 직접 임명하며, 교황의 선거권을 갖는다. 추기경은 옛날에는 교황의 왕자를 의미하여 전하(殿下)의 존칭으로 호칭되었다.

- **주교**(主敎 · Bishop)

  주교는 사제서품을 받은 지 5년 이상이고 35세 이상의 신부들 중에서 교구장이 교황청에 3명 정도의 신부를 추천하면 교황대사가 면밀히 사제생활을 조사하여 교황청에 올리면 교황이 임명한다. 행정구역(교구, 대교구)에 따라 주교(Bishop), 대주교(Archbishop)가 된다.

- **몬시뇰**(Monsignor) : 몬시뇰은 주교와 신부 사이의 직급이라고 말할 수 있는데, 프랑스어 Monseigneur에서 유래한 칭호이다. 과거에 왕이나 귀족에게 '전하' '각하'의 뜻으로 사용됐던 이 용어는 14세기에 교황청이 프랑스 아비뇽으로 잠시 옮겨져 있을 때(1308~

1378) 교회 안에서 사용되기 시작했다. 당시 교황청에 근무하는 성직자들을 몬시뇰이라 하였다. 오늘날은 주교품을 받지 않는 원로 사제로서 교황청으로부터 이 명예 칭호를 받은 사람에게 사용되고 있다.

- **사제 · Priest(神父 · Father)**

  신부는 주교를 도와 신자를 태어나게 하고, 자라게 하고, 교육시키고, 결혼하게 하고, 신앙적으로 아버지의 역할을 한다. 그래서 신부(神父)라 일컫는다. 신부가 되기 위해서는 신학교를 거쳐야 한다.

- **신학교**는 신학사 과정과 신학 심화과정이 있는데,

  신학과 4년 과정에서 교양, 철학, 신학을 공부하여 신학사가 되고,
  그 후 2~3년간 신학을 심화시키는 과정을 거치면서
  독서직 → 시종직 → 부제서품 → 사제서품을 받는다.

- **신부는 두 종류**가 있는데,

  교구 사제 - 교구 소속
  수도 사제(수사신부) - 수도원 소속(사제가 아닌 남자 수도자는 수사 · 修士, 여자는 수녀 · 修女)

바티칸시국 전도

(바티칸시국은 영토(13만3천여평)의 면에서는 세계에서 제일 작은 나라이지만, 인구의 면에서는 제일 큰 나라다. 바티칸 시민은 약 천 명 정도이고, 바티칸시국의 영적 지도를 받는 신자는 약 10.7억이다.)

베드로 대성전의 전경

(로마의 바티칸 언덕에 있는 베드로 사도 무덤 위에 세워진 베드로 대성전은 '그리스도의 몸'을, 회랑은 '그리스도의 팔'을 상징한다. 대성전과 회랑은 종교와 민족, 언어와 문화를 초월해 모든 이들을 하느님의 성전으로 초대하는 구세주의 참 모습을 나타낸 것이다.)

제13장 선교하는 교회

들어가는 말

사람은 누구나 자기가 지닌 좋은 것들을 사랑하는 사람과 함께 나눌 때 기뻐한다. 좋은 물건, 희망이 넘치는 기쁜 소식, 뛰어난 사상이나 아름다운 감정 등을 사랑하는 가족이나 이웃과 나누려는 마음은 인지상정이다. 그리스도인들은 이 세상의 그 무엇과도 바꿀 수 없는 귀중한 보화를 지니고 있다. 그것은 주님이신 예수 그리스도께 대한 믿음과 희망과 사랑이다. 그러므로 우리가 사랑하는 사람들이 우리와 함께 예수 그리스도를 믿고 영원한 생명에 대한 희망을 가지며 하느님의 사랑 안에서 기쁨을 누리도록 이끌어 주는 일이야말로 가장 보람 있는 일이 될 것이다.

200여 년 전, 우리나라에 천주교가 전래된 이래 수많은 외국인 선교사들이 들어와서 그리스도의 복음을 전파했으며, 지금도 적지 않은 외국인 선교사들이 활동하고 있다. 그리고 현재는 한국인 성직자, 수도자, 일반신도들이 외국에 나가 활발한 선교와 복음화##의 활동을 펼치고 있다. 이들 선교사들은 무엇 때문에 수만리 이국땅에 나가서 생면부지의 사람들을 위해 헌신하고 있는가? 그들은 자신의 명예를 위해서도 아니요, 재물이나 일신의 안일을 위한 것도 아니다. 그들은 오직 주님이신 예수 그리스도께서 제자들에게 남기신 마지막 당부의 말씀을 충실히 수행하기 위해 자신의 모든 것을 바치고 있는 것이다. 우리는 부모님의 유언을 늘 기억하면서 그것을 지키기 위해 힘껏 노력한다. 유언은 부모님이 자식들을 위해 남기시는 마지막 당부이기 때문이다. 예수께서도 승천하시기 직전에 당신 제자들에게 마지막 당부의 말씀으로 「너희는 온 세상을 두루 다니며 모든 사람에게 복음을 선포하고, 삼위일체의 이름으로 세례를 베풀어라.」는 요지의 유언을 남기셨다.(마태 28,18-20; 마르 16, 15; 요한 20,21-23; 사도 1, 8 참조)

마태 28,18-20

나는 하늘과 땅의 모든 권한을 받았다. 그러므로 너희는 가서 모든 민족들을 제자로 삼아, 아버지와 아들과 성령의 이름으로 세례를 주고, 내가 너희에게 명령한 모든 것을 가르쳐 지키게 하여라. 보라, 내가 세상 끝 날까지 언제나 너희와 함께 있겠다.

선교와 복음화

교회는 복음화라는 용어를 쓰기 전에 전통적으로 선교(宣敎, *L.* Missio, *Eng.* Mission 파견하다)라는 단어를 주로 사용해 왔다. 선교는 파견을 뜻하며, 그리스도를 알지 못하는 민족이나 지역에 파견되어 복음을 전파하고 교회 공동체의 구성원이 되게 하는 모든 활동을 지칭한다.(선교 교령, 6항)

복음화(*L.* Evangelizato, *Eng.* Evangelization)라는 용어는 선교의 의미를 확대한 것이다. 즉 복음화는 선교하는 것만이 아니고, 하느님의 말씀과 구원 계획에 상반되는 인간의 판단기준, 가치관, 관심, 사상, 생활양식 등을 복음의 힘으로 바로잡는 데 있다.(현대의 복음 선교, 19항) 그래서 복음화는 선교의 개념을 포함하며, 성사와 복음적 삶을 통해 신자들이 성령의 인도를 따라 성령의 열매인 사랑, 기쁨, 평화, 인내, 호의, 선의, 성실, 온유, 절제(갈라 5, 22)의 삶을 살도록 하는 모든 활동을 의미한다.

선교는 교회의 본질적인 사명

예수님은 제자들을 파견하면서, 세상 끝 날까지 복음을 전하고 하느님을 증거하도록 사명을 부여하셨다. 복음 전파와 증거 행위를 위해 파견되어 임무를 수행하는 것을 '선교'라고 한다. 하느님의 백성이고 그리스도의 몸이며 성령의 성전인 교회는 그리스도의 복음을 전파하고 실천해 보임으로써, 온 인류가 하느님의 영원한 생명에 참여하도록 인도할 사명을 지니고 있다. 이것이 교회의 선교 사명이다. 좀더 부언하자면 예수께서는 당신이 친히 세우신 교회에 사제직, 예언직, 왕직의 사명을 맡기셨는데, 이것이 예수님께서 교회에 맡기신 세 가지 선교 사명이다. 따라서 세례로 교회의 구성원이 된 그리스도인은 교회의 사명을 수행하는 임무를 지니고 있는 것이다. 그래서 교회는 미사가 끝날 때 마다 "가서 복음을 전합시다."하면서 모든 신자를 각자의 삶의 현장으로 파견케 한다.

사도직과 교회의 창립목적

사도직(使徒職)이란 용어는 그리스어 아포스톨레(αποστολή : 사명, 파견의 뜻)에서 유래되었는데, '사도직'(*L.* Apostolatus, *Eng.* Apostolate)의 개념은 교회 창립목적과 관련해서 이해할 수 있다.

교회 창립목적은 첫째, 하느님의 영광을 위하여,
둘째, 그리스도 왕국을 온 세상에 넓히고,
셋째, 모든 사람을 구원에 참여케 하기 위함이다.

이러한 목적을 위한 신비체의 모든 활동을 '사도직'이라 한다(제2차 바티칸 공의회 문헌 '평신도 교령' 2항 참조). 사실 그리스도인의 소명은 본질적으로 사도직을 위한 소명이다.

그리스도의 사명에 입각한 가톨릭의 세 가지 교권

교회는 그리스도의 열두 제자(사도)로 시작되었고, 그들은 예수님의 전권을 이어받아 그리스도를 대리하여 그리스도의 말씀을 전하고(예언직), 신도들을 사목하고(왕직), 그들에게 하느님의 은총인 영원한 생명을 전해준다(사제직). 그리고 교회는 "나는 길이요 진리요 생명이다."(요한 14, 6)하신 그리스도의 사명을 다음의 설명에서 알 수 있듯이 세 가지 교권(教權 = 교회의 권위, Ecclesiastical Authority)으로 이행한다.

첫째, '나는 길이요'라는 말씀은 그리스도는 양들을 다스리는 목자를 뜻하며, 예수님은 베드로에게 "내 양들을 잘 돌보아라."고 이르심(요한 21,15-17 참조)에 따라 교회는 양(신도)들을 다스리는 사목권을 가진다.

둘째, '나는 진리요'의 말씀에 따라 그리스도는 진리를 가르치는 스승이며, 그리스도로부터 전권을 받은 교회는 가르치는 교도권을 가진다.

셋째, 「나는 생명이다」의 말씀에 따라 그리스도는 영원한 생명을 전하는 사제이며, 교회는 영생을 전하는 사제권(성품권) 즉 성품(聖品)을 수여하는 권한을 가진다.

이를 종합하면 다음과 같다.

사명		그리스도(직 분)	교권(教權)	종교요소
나는 **길**이요	- 양을 다스리는	목 자(왕 직) -	사목권(司牧權) -	윤리(십계명)
진리요	- 진리를 가르치는	스 승(예언직) -	교도권(教導權) -	교의(教義)
생명이다	- 영생을 전하는	사 제(사제직) -	사제권(司祭權) -	예식(성사)
(요한 14, 6)				

또한 가톨릭의 교권(教權)은 종교의 3대 요소, 즉 교리, 종교윤리(계명) 및 예식(禮式)과 관련이 있기도 하다. 천주교에서 교의(教義 · dogma, 믿을 교리)의 핵심은 「사도신경」에 있는 내용이고, 종교 윤리는 십계명과 교회법이며, 예식은 일곱성사와 모든 종류의 기도라고 할 수 있다.

그리스도의 삼중 직분

히브리인들은 왕(1사무 10, 1; 1열왕 19, 16)이나 사제(탈출 28, 41; 레위 4, 3)가 될 때 머리에 기름을 부어 직책을 수여했었다. 또한 예언자(1열왕 19, 16; 이사 61, 1)들에게도 야훼(Yahweh)께서 기름을 부어 주시어 사명을 주셨다.

하느님은 성령으로 하여금 예수에게 도유(塗油)하시고, 예수를 당신의 사랑 받는 아들이라고 선포하셨다. 예수께서 요르단강에서 세례자 요한으로부터 세례를 받으시는 장면이 <마태 3,16-17>에 나온다.

「예수님께서는 세례를 받으시고 곧 물에서 올라오셨다. 그때 그분께 하늘이 열렸다. 그분께서는 하느님의 영이 비둘기처럼 당신 위에 내려오시는 것을 보셨다. 그리고 하늘에서 이렇게 말하는 소리가 들려왔다. "이는 내가 사랑하는 아들, 내 마음에 드는 아들이다."」(마태 3,16-17)

이렇게 해서 예수님은 성령으로부터 기름부음을 받으심으로써 '메시아'로 축성되셨다. 그래서 그리스도는 메시아로서 대**사제**시고 **예언자**시며 **왕** 중의 왕인 것이며, 이에 해당된 직분인 사제직, 예언직, 왕직을 그리스도의 삼중 직분이라고 한다.

세례와 견진으로 '기름부음'을 받아 그리스도와 한 몸이 된 신자는 그리스도의 삼중직분을 수행할 사명이 있는 것이다. 그러면 이제 삼중 직분을 하나하나 살펴본다.

예언직(預言職, *L.* Munus Propheticum, *Eng.* Prophetic Office)

예언직(교사직, 교도직)은 하느님 나라의 복음을 선포하는 사명을 말하는데, 미래에 나타날 사건을 미리 말해 주는 그런 뜻의 豫言(예언)이 아니고 예금한다고 할 때 쓰는 "預(예)"자의 예언직(預言職)이다. 즉 예언직은 하느님의 말씀을 예금해 둔 것처럼 늘 간직했다가 말과 행동으로 기쁜 소식(복음)을 선포하는 것이다. 복음을 전파하는 일(선교)은 교회의 사명이자 그 지체들의 사명이기도 하다. 복음을 전할 때는 말과 함께 생활을 통한 행동으로 보여주어야 한다.

① 말로써의 증거

원래 복음 선포의 형식은 말로써 하느님 나라의 신비와 예수님의 가르침을 전하여 듣게 하는 것이다. 그러므로 교회와 그 구성원들은 복음을 전하고 가르치는 일에 적극적으로 참여해야 한다. 그러기 위해서는 성경에 대한 깊은 이해와 교리에 대한 정확한 지식이 필요하다. 우리가 알지 못하는 것을 전할 수 없기 때문이다.

② 행동으로써의 증거

가장 힘있는 복음 증거는 생활을 통한 행동으로 보여 주는 것이다. 그리스도인들의 생활이 남의 모범이 되고 복음 정신에 맞을 때, 사람들은 그 생활에서 쉽게 하느님과 교회를 알려고 할 것이다. 우리는 그리스도인답게 가정에서 화목을 이루고 직장에서 성실하며 이웃과 친밀한 관계를 맺어야 한다. 그리고 언제나 바르게 행동하고 정직하게 살아가면서 늘 기쁘고 희망찬 삶의 모습을 보여 주어야 한다. 그 때 세상 사람들은 우리의 삶을 지탱해 주는 신앙에 대하여 궁금해 하고 우리가 전하는 그리스도의 복음을 받아들이게 될 것이다. 따라서 복음 선포는 말보다 행동으로 보일 때 더 설득력이 있고 효과적이다.

사도 바오로는 코린토 신자들에게 보낸 첫째 서간에서 "내가 복음을 선포한다고 해서 그것이 나에게 자랑거리가 되지는 않습니다. 나로서는 어찌할 수 없는 의무이기 때문입니다. 내가 복음을 선포하지 않는다면 나는 참으로 불행할 것입니다."(1코린 9, 16)라고 했다. 따라서 복음전파는 신자들의 의무다. 신자들은 일상생활 속에서 다른 이들에게 모범을 보이며 그리스도를 증거하는 삶을 살아감으로써 예언자적 소명에 응답하게 되는 것이다.

사제직(司祭職, *L.* Sacerdotium, *Eng.* Priesthood)

사제직(성화직, 봉헌직)이란 '하느님께 바친다'는 뜻으로 '하느님께 제사를 드리는 직분'인데, 성화(聖化)와 봉헌의 생활을 일컫는다. 하느님으로부터 사제직에 참여하도록 소명을 받게 된 것은 세속의 속(俗)을 성(聖)으로 바꾸어 거룩한 삶을 살아감으로써 하느님의 영광과 인간의 구원을 위해서 일상생활을 하느님께 봉헌하는 삶이다. 그리스도의 십자가상의 제사로 하늘과 땅 사이에 완전한 중재가 이루어졌고, 그로 말미암아 완전한 화해가 이루어졌다. 그리스도는 위대한 대사제이시다(히브 4,14—5,10). 십자가의 제사는 예수께서 세우신 미사 성제(聖祭)안에서 재현된다. 예수의 사제직분은 그리스도의 몸인 교회와 그 지체인 신자들에게도 계승되었다. 그런데 하느님 백성이 참여하는 사제직은 본질적으로 그리스도의 사제직 하나뿐이지만, 성직자와 일반신자(평신도)가 참여하는 방법에는 차이가 있다. 성직자의 사제직은 성품성사로 수여되는 '직무 사제직'으로서, 이 직무는 교회공동체 안에서 그리스도의 이름으로 그리스도를 대리하여 신자들을 사목하고 그들에게 봉사하는 것을 말한다. 그리고 사제들은 그리스도를 대신하여 미사 성제(聖祭)와 성사를 거행할 권한을 가지며, 모든 하느님 백성과 함께 백성의 이름으로 성제와 성사를 거행함으로써 하느님 백성을 거룩하게 한다. 성직자와 일반신자는 성성(聖性)에로 부름 받았다는 점에서는 똑같다. 일반신자들이 부여받은 '보편 사제직'은 세례로 말미암아 모든 신자들이 성제와 성사들에 적극적으로 참여하여 자신을 거룩하게 하고 일상생활을 봉헌하는 삶으로써 그리스도의 사제직에 참여하는 것이다. 요컨대

일반신자 : 보편 사제직 - 세례를 통하여 그리스도의 사제직에 참여

성 직 자 : 직무 사제직 - 서품된 봉사 직무로서 일반 사제직을 위해 봉사

왕직(王職, *L.* Munus Regale, *Eng.* Kingly Office) 또는 **봉사직**

왕직이란 의로움(정의)의 도구와 교회를 위한 봉사의 직분을 말한다.
여기서 말하는 '왕'이라는 명칭에는 극기(克己)의 생활과 거룩한 생활로 죄의 지배에서 벗어나(로마 6, 12 참조) 스스로의 인격을 다스릴 능력이 있고, 자유롭고 자주적이며 불의에 굴복하지 않는다는 뜻이 내포되어 있다.

의로움(정의)의 도구(로마 6, 13)란 신자들 각자가 그 시대의 상황 속에서 정의를 실천하고 죄악을 정복함으로써 하느님의 의로움과 평화를 이룩하여 이 세상을 그리스도 왕국이 되게 하는 것을 의미한다. 즉 의로움을 실천해서 그리스도 왕국(교회)을 확장해 나가는 일을 말한다. 사도 바오로는 "죄가 여러분의 죽을 몸을 지배하여 여러분이 그 욕망에 순종하는 일이 없도록 하십시오. 그리고 여러분의 지체를 불의의 도구로 죄에 넘기지 마십시오. 오히려 죽은 이들 가운데서 살아난 사람으로서 자신을 하느님께 바치고, 자기 지체를 의로움의 도구로 하느님께 바치십시오."(로마 6,12-13)라고 했다.

참된 왕은 의롭고 국가를 위해 봉사하는 것과 마찬가지로, 교회구성원인 신자들은 의로움의 도구가 되어 그리스도 왕국(교회)을 위해 봉사해야 한다. 그런데 예수님께서는 만왕의 왕으로 이 세상에 오셨지만, 그 분의 왕국은 이 지상의 왕국이 아니라 참행복이 이루어지는 하느님 나라이다. 그리스도의 왕국은 진리와 생명의 나라이고, 거룩함과 은총의 나라이며, 정의와 사랑과 평화의 나라이다.

예수님께서는 세상의 왕들처럼 사람들 위에 군림하시지 않으셨다. 그 분께서는 "섬김을 받으러 온 것이 아니라 섬기러"(마르 10, 45) 오셨다. 예수님께서는 최후의 만찬 때 제자들의 발을 씻기면서 "주님이며 스승인 내가 너희의 발을 씻었으면, 너희도 서로 발을 씻어 주어야 한다. 내가 너희에게 한 것처럼 너희도 하라고, 본을 보여준 것이다."(요한 13,14-15) 하고 가르치셨다. 그래서 그리스도의 왕직은 군림하는 왕이 아니라 그리

스도의 겸손을 본받아 스스로 몸을 낮추어 봉사하는 직분을 수행하는 것이다.(마태 20,25-28; 마르 10,42-45 참조)

그리스도인이 그리스도의 왕직에 동참하는 자세는 마음과 생각과 힘을 다하여 하느님과 모든 사람을 섬기는 데 있다. 교회에 속해 있으며 동시에 교회 그 자체인 우리는 도움이 절실히 필요한 사람에게 예수님의 사랑을 전해야 한다. 이것이 참다운 왕이신 예수님의 왕직에 온전히 참여하는 것이다.

평신도 그리스도인의 직무실현의 구체적인 장(場)

평신도는 성품의 구성원과 교회가 인정한 수도 신분의 구성원이 아닌 모든 그리스도인을 일컫는다. 곧 세례로 그리스도와 한 몸이 되어 하느님 백성으로 구성되고, 그리스도의 사제직과 예언자직과 왕직에 자기 나름대로 참여하는 자들이 되어, 그리스도교 백성 전체의 사명 가운데서 자기 몫을 교회와 세상 안에서 실천하는 그리스도인들을 말한다(교회 헌장 31항 참조).

살아 있는 몸의 모든 지체가 그저 단순히 피동적으로 붙어 있는 것이 아니라 실제로 생명의 유지, 활동, 성장을 위해 각 지체가 고유한 일을 하듯이 그리스도의 몸인 교회 신비체도 각 지체가 특유한 사명을 띠고 분수에 맞게 활동함으로써 성장 발전한다(에페 4, 16 참조). 그래서 하느님의 백성이요 그리스도의 몸을 이룬 평신도 그리스도인은 그리스도의 사제직, 예언직, 왕직에 참여하여 복음 선포와 사람들의 성화에 힘쓰며 복음의 정신으로 현세 질서를 완성해야 할 의무를 지닌다. 또한 평신도 그리스도인은 세속에 살면서 세속의 발전과 안녕에 직접적인 관계를 맺고 있기 때문에 세상의 누룩과 소금이 되어 세속 안에서 사도직을 수행해야 할 사명을 지니고 있다.

평신도가 사도직을 우선적으로 실현하는 첫째 장소는 가정이요, 둘째는 각자의 직장과 삶의 현장이다. 평신도 그리스도인은 먼저 가정에서 화목을 이루어 사회의 거룩한 단위 세포가 되게 하고, 직장에서 성실하여 직업과 직장을 발전시키며 이웃과 친밀한 관계를 맺는 사람들이다. 평신도 그리스도인이 모범적인 가정생활을 하고, 유능한 직장인이라는 사실이 드러날 때 증거의 삶이 되는 것이다.

예화(성공회 신부)

뉴욕에 거주하는 성공회 신부 데라니는 외출할 때면 항상 가톨릭 사제 복장을 하였다. 그가 수단을 입고 모자를 쓰고 병원에 갔을 때 병원에서 근무하는 네덜란드 사람 머피와 친밀하게 인사를 나누게 되었다.

"신부님은 지금 어느 성당에 계시는지요?" "나는 언덕 위의 성 마리아 교회의 신부입니다."

"아니, 그렇다면 당신은 성공회 신부가 아닌가요? 그런 줄도 모르고 모자를 벗고 인사까지 했으니 …." 머피는 언짢은 빛을 역력하게 드러내 보였다.

"그렇게 생각지 말고 우리 교회에 와보세요. 성당문을 들어서면 성수가 있고 요셉 성인과 성모님도 계시며 우리 교회와 당신 교회의 차이가 거의 없다는 것을 알게 될 테니까요."

교리를 들먹이기까지 하려는 성공회 신부를 가로막으며 머피가 말하였다.

"신부님, 용서하십시오. 예수 그리스도와 헨리 8세 사이에는 엄청난 차이가 있는 것으로 나는 알고 있습니다."

'그 말은 나를 몹시 난처하게 했다'고 후일 개종한 데라니 신부는 말하였다.

"평범한 미국인인 나는 헨리 8세라든가 그 밖의 영국 역사에 대해서 별로 아는 것이 없었습니다. 결국 나는 도서관에 가서 여러 책을 뒤적거린 후에 헨리 8세가 교리를 엉뚱하게 해석하여 가톨릭 교회와 분열하여 나간 역사적 사건을 알게 되었지요." 얼마 후에 성공회 신부 데라니는 개종하여 로마의 가톨릭 성당에서 봉직하게 되었다.

그리스도께서는 사도들에게 신자들을 가르치고 성화하고 다스릴 권한을 주셨고, 그것은 오늘날에도 후계자인 주교님들에게 전해지고 있다. 머피는 그것을 알고 있었으므로 주교로부터 성품성사를 받은 성직자에게만 존경을 표시하였다. 헨리 8세는 성품성사를 내릴 권한이 없는 사람이다. 따라서 영국의 국왕이 수장인 성공회가 가톨릭 형식을 모방했을지라도 같을 수는 없는 것이다.

<제4장 알아두기(영국 교회)와 제19장 예화2(헨리 8세) 참조>

나오는 말

세상에 그리스도의 복음을 전파하고 증언하는 선교 활동은 교회의 본질적 사명이다. 우리는 세상 안에서 그리스도의 예언직과 사제직과 왕직(봉사직)을 올바로 수행함으로써 모든 인류를 위한 하느님의 구원 사업에 성실히 협조하여야 한다.

우리가 사랑하는 부모와 자녀들, 형제와 친구들, 직장 동료와 가까운 이웃 가운데 아직 신앙을 갖지 않은 이들이 있다면 그들에게 먼저 그리스도의 기쁜 소식을 전해야 한다.

선교 활동은 일종의 초대이다. 그러나 아무리 좋은 잔칫상을 차려 놓았더라도 사람들을 억지로 끌고 올 수는 없다. 지극히 이기적인 세태에서 남의 일을 내 일처럼 도와 주며 아무런 사심 없이 기쁜 마음으로 봉사하는 그리스도인을 본다면, 세상 사람들도 마음을 열게 되고 마침내 하느님의 사랑을 깨달아 신앙을 갖게 될 것이다.

핵심문제

(1) 교회의 세 가지 선교 사명은 무엇입니까?

예수께서는 당신이 친히 세우신 교회에 사제직, 예언직, 왕직의 사명을 맡기셨는데, 이것이 예수님께서 교회에 맡기신 세 가지 선교 사명입니다.

(2) 가톨릭의 3대 교권은 무엇입니까?

가톨릭의 3대 교권은 다스리는 사목권과 가르치는 교도권과 영원한 생명을 전하는 사제권입니다.

(3) 다음의 직분과 관련되는 것에 연결하시오.

예언직 ·	· 성화와 봉헌의 생활
사제직 ·	· 겸손과 봉사의 생활
왕　직 ·	· 선교의 생활

(4) 예언직이란 무엇입니까?

말과 행동으로 복음을 선포하는 것입니다.

(5) 사제직이란 무엇입니까?

성화(聖化)와 봉헌의 생활을 일컫습니다.

(6) 왕직이란 무엇입니까?

의로움(정의)의 도구와 교회를 위한 봉사의 직분을 말합니다.

(7) 그리스도의 왕국은 어떤 나라입니까?

그리스도의 왕국은 진리와 생명의 나라이고, 거룩함과 은총의 나라이며, 정의와 사랑과 평화의 나라입니다.

(9) 의로움(정의)의 도구란 무엇입니까?

의로움(정의)의 도구(로마 6, 13)란 신자들 각자가 그 시대의 상황 속에서 정의를 실천하고 죄악을 정복함으로써 하느님의 정의와 평화를 이룩하여 이 세상을 그리스도 왕국이 되게 하는 것을 의미합니다. 즉 정의를 실천해서 그리스도왕국(교회)을 확장해 나가는 일을 말합니다.

알아두기

- 교회의 사도직 단체

세례를 받은 신자들이 단체를 조직하여 효과적으로 사도직을 수행하는 것을 '평신도 사도직 운동'이라고 말한다. 사도직 운동을 교회에서는 액션(Action)이라고도 한다. 이 액션은 그리스도의 사제직, 예언직, 왕직의 직무를 수행함으로써 복음을 증거하는 신심활동이다. 날로 다원화, 조직화되어 가는 사회에서 교회의 사도직 활동도 조직적으로 활동하는 것이 훨씬 풍부한 성과를 거둘 수 있다. 한국 천주교회에도 평신도사도직협의회(평협)를 비롯하여 여성 사도직협의회, 레지오마리애, 꾸르실료, 빈첸시오회, 성령쇄신봉사자회, 농민회, 실업인회, 언론인회, 노동청년회, 의사회, 간호사회, 대학생회, 미술인회 등등 직업별, 직능별, 관심 분야별로 전국 단위 또는 교구 단위 그리고 본당 공동체 안에 많은 사도직 단체들이 결성되어 활발한 활동을 펼치고 있다.

제14장 천주의 성모 복되신 동정 마리아

들어가는 말

가톨릭 신자라면 주위의 많은 개신교 신자들로부터 성모 공경에 대한 비판적 질문을 자주 받는다. 그렇게 비판하는 이유의 하나는 그들이 교회 전통을 거부하면서 '오직 성경'에 쓰여 있는 내용만을 인정한다는 주장에서 비롯되는 것으로 본다.

그리스도인은 예수님이 다니시던 이스라엘 산천을 성지(聖地)로 정하여 순례를 한다. 예수님이 태어나고 사시던 곳이 성지라면 예수님을 낳으신 어머니는 당연히 성모(聖母)로 공경을 받으셔야 하는 것이다.

그래서 가톨릭 교회에서는 초대 교회 때부터 성모 공경이 전해 내려오고 있으며 교회에서 공식적으로 모든 신자들이 받아들여 할 교리로 인정한 것이다.

루카 1,26-32

(엘리사벳이 아기를 가진 지) 여섯째 달에 하느님께서는 가브리엘 천사를 갈릴래아 지방 나자렛이라는 고을로 보내시어, 다윗 집안의 요셉이라는 사람과 약혼한 처녀를 찾아가게 하셨다. 그 처녀의 이름은 마리아였다. 천사가 마리아의 집으로 들어가 말하였다. "은총이 가득한 이여, 기뻐하여라. 주님께서 너와 함께 계시다." 이 말에 마리아는 몹시 놀랐다. 그리고 이 인사말이 무슨 뜻인가 하고 곰곰히 생각하였다. 천사가 다시 마리아에게 말하였다. "두려워하지 마라, 마리아야. 너는 하느님의 총애를 받았다. 보라, 이제 네가 잉태하여 아들을 낳을 터이니 그 이름을 예수라 하여라. 그분께서는 큰 인물이 되시고 지극히 높으신 분의 아드님이라 불리실 것이다."

성모 공경의 이유

성모 공경에 대한 가톨릭 교의신학의 가장 중요한 네 가지를 살펴보자.

1. 마리아는 평생 동정녀로 머물렀다.

라파엘로의 〈사랑스런 어머니〉

구약에서 예언자 이사야는 이렇게 예언했다. "젊은 여인이 잉태하여 아들을 낳고 그 이름을 임마누엘이라 할 것입니다."(이사 7, 14) 여기서 젊은 여인은 성모 마리아를 말하며, 임마누엘(Emmanuel)은 "하느님이 우리와 함께 계시다"라는 뜻의 히브리어인데, 신이며 인간이신 예수 그리스도의 상징적인 이름이다.

마리아가 예수님을 잉태하신 것은 성령의 힘으로 이루어진 것이다. 마리아는 동정으로 당신의 아드님 예수를 잉태하여 낳고 길렀으며 젖을 먹였다. 가톨릭 교회는 마리아가 예수를 낳기 전은 물론이고 낳은 후에도 평생 동정녀였음을 서슴없이 고백하는 것이다.

당시에는 동정생활이 사회적으로 힘들었고 상황이 허락하지 않았다. 그러기에 마리아는 요셉과의 결혼을 통하여 동정뿐만 아니라 여러 가지 힘든 사회적 상황들을 극복할 수 있도록 도와 주신 하느님의 섬세한 배려를 여기서 이해할 수 있다.

이러한 마리아의 동정성은 자신에게만 영광이고 가치 있는 것이 아니라 하느님이 어떤 분인지, 예수님은 누구이신지, 그리고 하느님의 백성인 교회가 어떻게 살아야 하는지를 가르쳐 주는 큰 의미와 가치를 담고 있다.

2. 천주의 성모, 그리스도의 어머니, 교회의 어머니

동정녀인 마리아는 성령으로 하여금 예수를 잉태하고 낳으셨다. 성령으로 인한 마리아의 잉태와 예수 탄생은 예수님의 근원이 하느님 안에 있음을 드러낸 것이다. 마리아가 낳으신 예수 그리스도는 온전한 하느님이시고 온전한 인간이시다. 그래서 마리아는 예수 그리스도의 어머니이시고 하느님의 어머니이시다. 따라서 교회는 마리아를 천주의 성모라고 고백한다. 그리고 성모 마리아는 '그리스도의 몸'(교회)을 이룬 모든 신자들의 어머니이시고, 또한 교회의 어머니이시다.

예수님은 십자가 위에서 숨을 거두시기 직전에 당신 어머니 마리아를 당신 제자들과 모자 관계로 맺어 주셨다. "예수님께서는 당신의 어머니와 그 곁에 선 사랑하시는 제자를 보시고, 어머니에게 말씀하셨다. '어머니, 이 사람이 어머니의 아들입니다.' 이어서 그 제자에게 '이분이 네 어머니시다.' 하고 말씀하셨다."(요한 19,26-27).

그렇다고 하느님의 어머니라는 칭호가 성모님의 신성(神性)을 의미하는 것은 아니다. 하느님의 어머니라는 표현은 그리스도의 신성과 인성의 위격적 일치라는 그리스도론적 신앙에서 출발한 것이다.

초대 교회 박해 시기의 그리스도인 공동 묘지 카타콤바의 벽화에도 아기 예수님을 품에 안고 있는 천주의 어머니의 모습이 그려져 있었다.

3. 성모 무염시태(無染始胎 : 원죄의 물듦 없이 잉태)

깨끗한 물을 담기 위해서는 깨끗한 그릇이 필요하듯, 지체 높으신 분을 맞이하기 위해 맞이하는 사람도 그에 걸맞게 선정되듯이, 성모님이 원죄 없이 태어나신 특전을 말한다. 예수님의 구원 은혜를 미리 입어 죄 없이 태어나셨기에 죄 없으신 그리스도의 어머니가 되실 수 있었다.

가브리엘 대천사는 마리아의 집으로 들어가 "은총이 가득한 이여, 기뻐하여라. 주님께서 너와 함께 계시다." 라고 인사하였다(루카 1, 28). 마리아가 죄가 있었다면 '은총이 가득한 이여' 라는 말을 들을 수 없었을 것이다. 성모 무염시태 교리는 1854년에 교황 비오 9세에 의해 발표되었고 무염시태 성모는 우리 한국의 주보성인(主保聖人 = 守護聖人)이기도 하다.

4. 성모 몽소 승천(蒙召昇天)

성모님은 지상 생애를 마친 후 하늘에 계신 아드님께로 올림을 받으셨다. 한 사람이 대통령이 되면, 그분의 어머니도 특별 예우를 받기 마련이다. 예수께서 죽으신 다음 사흘 만에 부활하셨듯이 성모님은 죽으신 후에 세말까지 기다리지 않고 하느님의 특별한 은혜로 영혼과 육신이 결합하여 하늘로 올림을 받으셨다. 예수님의 승천은 스스로 하늘에 오르신 것이지만 마리아는 스스로 승천하신 것이 아니라 당신의 아들로 말미암아 하늘로 올림을 받은 피승천(被昇天)이다. 따라서 이에 대한 구별을 하기 위하여 몽소(蒙·입을몽·被也召·부를소)라는 말을 사용한다. 몽소 승천은 성모 신학에 의한 결론이기에 비오 12세 교황은 1950년에 공식으로 성모 승천을 신조(信條)로서 선언하였다. 그리스도의 부활과 승천은 마리아의 승천을 확신케 한다(1코린 15; 루카 1; 묵시 12). 성모 승천 대축일은 8월 15일이다. 우리 한국 국민에게는 성모승천 대축일이 광복절이기도하여 특별한 의미를 갖기도 한다.

하느님과 성모님과 성인 성녀에 대한 공경의 구분

가톨릭 교회에서는 전통적으로 하느님께는 최상의 흠숭을, 성모님에게는 그 다음의 각별한 공경을, 그리고 성인 성녀들에게는 성모님 다음으로 공경을 드린다. 하느님과 성모님과 성인 성녀들에게 드리는 공경의 예(禮)를 다음과 같이 구별한다.

흠숭지례(欽崇之禮) : 하느님께만 드리는 최고의 공경과 흠숭의 예(禮)

상경지례(上敬之禮) : 성모님께만 드리는 각별한 상경의 예(禮)

공경지례(恭敬之禮) : 성인 성녀들에게 드리는 공경의 예(禮)

그리고 우리가 기도할 때도 구별한다. 하느님께 기도할 때는 직접적으로 무엇을 해달라고 청한다. 이를테면 하느님께는 '저희의 기도를 들어 주소서!', '저희를 불쌍히 여기소서!' 라고 말한다. 하지만 성모님이나 성인 성녀들에게는 우리가 원하는 바를 하느님께 전(轉)해 달라고 청한다. 이처럼 직접적이 아니고 간접적으로 전(轉)해줄 것을 구(청)하는 것이 전구(轉求)이다. 그러므로 성모 마리아께 기도할 때는 '저희를 위하여 빌어 주소서!', '우리의 기도를 전구하여 주소서!' 등의 전구 형식을 취한다. 성모님과 성인 성녀들의 역할은 어디까지나 하느님께 우리의 기도를 전구하는 것이며, 기도의 최종 결정권자는 하느님이신 것이다. 성모 마리아는 하늘에 오른 후에도 우리를 위해 전구(轉求)함으로써 구원의 은혜를 얻어 주신다. 그래서 성모님을 변호자, 협조자, 중재자라고 부르게 된다. 마리아의 중재 임무는 하느님과 사람 사이에 유일한 중재자이신(1티모 2,5-6) 주님의 역할을 절대로 흐리게 하거나 감소시키지 않고 오히려 그리스도의 힘을 보여준다(교회 헌장 60항 참조).

성모송

성모송(聖母誦, *L.* Ave Maria, *Eng.* Hail Mary)은 찬미기도와 청원기도로 이루어져 있다.

1) 찬미기도

① 대천사 가브리엘의 축하 인사

"은총이 가득하신 마리아님, 기뻐하소서! 주님께서 함께 계시니,"(루카 1, 28 참조)

② 성녀 엘리사벳의 축하인사

"여인 중에 복되시며 태중의 아들 예수님 또한 복되시나이다."(루카 1, 42 참조)

2) 청원기도

> 교회에서 만든 기도문으로 성모님의 중재를 청한다. "천주의 성모 마리아님, 이제와 저희 죽을 때에 저희 죄인을 위하여 빌어 주소서."

가브리엘 대천사는 동정녀 마리아에게 '은총이 가득하신 마리아'라는 호칭을 사용했다. 이 호칭에는 하느님의 특별한 사랑과 은혜를 넘치도록 받으신 분, 하느님과 일치되어 계신 분, 죄가 없으신 분이라는 뜻이 함축되어 있다. 성모 마리아는 이렇게 '은총이 가득하시고 주님께서 함께 계신 분'이시기에, 가브리엘 대천사는 '기뻐하소서.'하며 축하의 인사를 하였다.

그런데 '정승도 제 하기 싫으면 그만'이라는 옛말처럼, 하느님께서 마리아에게 예수님의 어머니가 되는 특별한 은총을 베푸셨다 해도 믿음이 없는 보통 사람의 마리아라면 "저는 싫습니다."하고 거부할 수도 있었을 것이다. 그 당시의 상황에서 마리아는 약혼자 요셉이 있었고, 또한 율법에 의하면 결혼하지 않은 처녀가 아이를 낳으면 돌로 맞아죽는 벌을 받아야 했기 때문이다.

그럼에도 불구하고 마리아는 남자를 모르는 자신이 아기를 낳으리라는 청천벽력과 같은 그 말에도 "저는 주님의 종입니다. 말씀하신 대로 저에게 이루어지기를 바랍니다."(루카 1, 38)하고 기꺼이 순종하였다.

그래서 성모 마리아가 '여인 중에 복되심'은 세속적인 부・귀・권(富・貴・權)이 있기 때문이 아니고, **믿음**과 **겸손**이 여인 중에 복되게 한 것이다. 환언하면 성모 마리아는 주님께 대한 **믿음**과 주님의 뜻에 순종하는 **겸손**으로 구원된 자의 으뜸이 되었다.

마리아가 친척인 엘리사벳(세례자 요한의 어머니)을 방문하였을 때, 엘리사벳은 성령으로 가득 차 큰 소리로 외쳤다. "당신은 여인들 가운데에서 가장 복되시며 당신 태중의 아기도 복되십니다."(루카 1, 42)라고 칭송하였다.

엘리사벳의 이 인사말에는 자기의 남편 즈카르야는 대천사 가브리엘이 전해주는 하느님의 말씀을 믿지 않았기 때문에 벌을 받았으나, 마리아는 하느님의 말씀이 꼭 이루어지리라 믿고 하느님의 아들 예수님을 잉태하셨으니 세상의 어떤 어머니보다 복되시다는 축하의 뜻이 깃들어 있다.

태중에 계시는 예수는 영원히 복되신 하느님의 아들이시다. 어머니의 복은 아들의 복이고, 아들의 복은 어머니의 복인 것이다. 그리고 하느님의 아들 예수님을 잉태하신 성모 마리아만이 복된 것이 아니라 우리도 성모 마리아의 아들로서 어머니의 복에 참여할 수 있는 것이다. 그래서 우리는 "천주의 성모 마리아님, 이제와 저희 죽을 때에 저희 죄인을 위하여 빌어주소서."라고 청한다.

교회는 성모 마리아께서 낳으신 예수가 하느님이시기 때문에 마리아를 '하느님의 어머니'라고 부른다. 하늘에 올림을 받아 천상 모후의 영광을 누리시는 성모 마리아는 주님과 항상 함께 계시기에 우리의 가장 좋은 은총의 전구자가 되어 주신다. 그래서 우리는 지금 그리고 특별히 우리의 영생과 영벌이 결정되는 순간, 즉 죽음에 임할 때 믿음과 겸손이 부족한 우리를 위해 주님께 빌어주시기를 간구한다.

우리가 약하면 약할수록 우리 어머니신 성모 마리아의 모정은 더 큰 사랑으로 우리를 감싸 주신다. 우리는 어려움에 처했을 때, 특별히 죄 중에 있을 때 죄인들의 구원자 예수님을 낳으신 성모 마리아께 간구한다. 우리도 성모 마리아를 닮아 "주님의 종이오니 그대로 제게 이루어지소서."(루카 1, 38 참조)라고 할 수 있는 굳은 믿음과 깊은 **겸손**으로 주님을 우리 안에 모심으로써, 하느님의 자녀로서 복되게 살며 주님께 영광을 드리고 이웃에게 구세주 예수 그리스도를 전하는 사람이 되어야 한다.

묵주(로사리오)기도

묵주(默珠)를 '로사리오'라고도 하는데 이 '로사리오'(Rosario)란 말은 라틴어(Rosarium: 장미 꽃다발)에서 유래한 것이다. 그래서 '묵주기도'란 '장미 꽃다발 기도'를 의미한다. 그리고 한국과 중국에서는 묵주기도를 매괴경(玫瑰經) 혹은 매괴신공(玫瑰神功)이라고도 하며, 매괴란 장미과의 낙엽 관목으로서 향기 나는 때찔레(해당화)의 일종이다.

묵주(默珠)는 성모님께 기도를 드리기 위해 구슬을 열 개씩 구분하여 보통 다섯 마디로 엮은 염주 형식의 환(環)이다. 묵주 알 하나는 장미꽃 한 송이에 해당된다. 성모 마리아께 공경의 예를 표현하는 방법으로 우리는 10번의 성모송을 한 다발의 장미(10송이)로 생각하면서 바친다. 예수님의 탄생에서 부활에 이르기까지 나타나는 15가지의 신비들 가운데 하나씩을 묵상하면서 장미꽃다발(성모송 10번)을 봉헌하는 것이다. 묵주기도의 내용은 복음서 전체와 구세사의 요약이다.

우리가 묵주기도를 할 때

월·목요일에는 예수님의 탄생과 관련된 <환희의 신비>를,

화·금요일에는 예수님의 수난 그리고 십자가 죽음과 관련된 <고통의 신비>를,

수·토요일에는 예수님의 부활 그리고 승천과 관련된 <영광의 신비>를 묵상하면서 바친다. 그리고 주일에는 시간에 따라 아침에는 환희, 낮에는 고통, 저녁에는 영광의 신비를 바친다. 교황 요한 바오로 2세는 목요일에 <빛의 신비>를 바치기를 권하였다.

예화(성 도미니코)

도미니코 성인은 13세기경 스페인의 귀족이었다. 어린 시절에 그는 정결 허원을 하였는데 죽을 때까지 그의 영혼은 정결의 꽃으로 아름답게 장식되어서 한 점 더럽혀지지 않은 채 순결을 간직할 수가 있었다.

도미니코는 영혼을 구하는 일에 그의 뜨거운 열정을 불살랐다. 당시의 프랑스 사람들은 도덕적으로 타락된 길을 가고 있었다. 주교님과 함께 프랑스를 경유하는 여행길에 오르게 된 도미니코 성인은 프랑스의 현실을 눈으로 직접 확인하고 그들을 일깨울 새 정신의 수도회를 창립할 필요를 절실히 느끼게 되었다.

프랑스 사회는 도덕적으로 타락되었을 뿐 아니라 알비파라는 이단이 극성을 부려 사회를 더욱 불안하게 만들었다. 그들은 교회를 약탈하고 성직자들을 학살했을 뿐만 아니라 도덕을 문란케 하는 짓을 일삼고 모든 전통을 경멸했다. 도미니코는 그들의 영혼을 구하는데 전력을 기울였다. 그들을 향해 설교하는 것을 그치지 않았으며 밤을 새워 기도하고 고행을 바치며 그들의 회개를 기도했다. 그러나 별반 효과는 거두는 것 같지 않았다.

그는 다시 그러한 현실을 동정 성모님께 호소하며 기도했다. 그때 하늘의 문이 열리고 한 손에 묵주를 들고 있는 성모님께서 눈부신 광채 속에서 나타나 말씀하셨다.

"용기를 잃지 말고 계속 기도하여라. 네 수고의 열매를 풍성하게 거두게 되리라. 구속의 현의를 알려 준 가브리엘 대천사의 인사말은 바로 예수님의 생애와 죽음과 영광을 묵상하게 하는 것이며 너의 슬픔을 물리칠 악을 치료하는 약이 될 것이다."

묵주기도의 신심을 설명하신 성모님께서는 이어서 다음과 같이 말씀하셨다.

"너를 통해 세상에 널리 전파하게 될 이 신심은 그리스도와 나를 참으로 기쁘게 만들 것이다. 또한 그것은 이단을 물리치고 악을 근절시키며 덕을 쌓아 천상의 자비를 얻는 가장 힘있는 방법이 될 것이다. 나는 너를 통해 이 기도가 널리 행해지기를 바라노라. 이로써 신자들은 무수한 은총을 받을 것이고 그들을 도우려는 나를 발견하게 될 것이다. 이것이 너와 너를 따르는 이들에게 남겨주는 나의 가장 값진 선물이 되리라."

도미니코는 신뢰에 차서 툴루즈에 갔다. 그곳의 성당에는 신비한 마음에 이끌려 수많은 사람들이 모여 있었다. 강론대에 서서 도미니코는 하늘에서 계시받은 신심에 대하여 설교했다. 그러나 청중들은 그의 말에 주의를 기울이지 않았다. 그때 돌연 성당 안에서 거센 폭풍이 일어 촛불을 꺼버리고 요란한 천둥 소리가 천지를 뒤흔들었다. 그러자 성모상이 움직이더니 손을 하늘로 뻗어서 도미니코의 말에 신자들이 귀를 기울이기를 바라시는 것 같았다. 모든 사람들은 감격하여 그의 말에 귀를 기울였다. 비로소 성모님께 드리는 기도가 승리를 얻게 된 것이다. 청중들은 그 위대한 신심의 방법인 묵주기도를 가르쳐 주기를 간청하였다. 그로 인해 헤아릴 수 없는 사람들이 성모님의 품안으로 들어오게 되었다.

묵주기도는 예수님과 성모님을 기쁘게 해드리는 신심이고 또한 우리 자신이나 다른 이를 위해서, 특히 교회를 위해서 큰 도움이 되는 기도이므로 우리는 자주 묵주기도를 해야 한다. 그렇게 함으로써 우리는 성모님께 가까이 나아갈 수 있고 따라서 하느님께 이르는, 그리고 영혼을 구하는 가장 확실한 길을 발견할 수 있을 것이다.

나오는 말

우리는 가톨릭의 성모 공경의 이유 네 가지를 살펴보았다. 개신교에서는 가톨릭을 마리아교라고 하면서 성모님을 신앙의 대상으로 삼는다고 하지만, 그것은 잘못된 견해이다. 성모 마리아는 무한하시며 전지전능하신 하느님과는 전적으로 다른 피조물이다. 다만 하느님께서 성모 마리아에게 높은 지위를 주셨고, 그래서 우리는 성모님께 성인 성녀들에 대한 공경지례보다 좀더 각별한 상경지례를 표하며, 그분의 굳은 신앙의 삶을 모범으로 따르는 것이다.

교회는 2000년 동안 성모 마리아를 천주의 성모, 교회의 어머니, 우리의 어머니라고 공경하여 왔다. 우리가 성모 마리아를 공경하는 또 다른 이유는 그분께서 **신앙**에서, 하느님의 뜻을 따르는 **순명**에서, 하느님께 향하는 **사랑**에서, 하느님께 모든 것을 바치는 **봉헌**에서 우리의 모범이 되시기 때문이다. 그리고 성모 마리아께서 받으신 영광은 장차 우리도 받게 될 영광을 미리 보여 주는 것이므로 그 분께서는 우리의 희망의 표지이시다.

우리도 성모 마리아처럼 굳은 신앙을 가지고 겸손과 순명의 자세로 살아갈 것을 결심해야 한다. 그리고 '묵주기도'를 배워 열심히 바쳐야 한다.

핵심문제

(1) 동정 마리아를 하느님의 어머니라고 할 수 있습니까?
동정 마리아는 바로 하느님이신 그 아들의 어머니시기 때문에 '하느님의 어머니'라고 말할 수 있고 또 말해야 합니다.

(2) 마리아는 평생 동정이셨습니까?
마리아는 동정으로 당신의 아드님 예수를 잉태하고 낳고 길렀으며 젖을 먹였습니다. 그 분은 평생 동정이셨습니다.

(3) 성모 공경에 대한 가톨릭 교의신학의 중요한 네 가지 이유를 말해 보시오.
성모 마리아는 첫째 평생 동정녀로 머물렀으며, 둘째 '하느님의 어머니', '교회의 어머니'이시며, 셋째 원죄의 물듦이 없이 잉태(無染始胎)되셨으며, 넷째 당신의 아들 예수 그리스도로 말미암아 영혼과 육신이 결합하여 하늘로 올림을 받으셨습니다(聖母 蒙召昇天).

(4) 마리아는 어떤 특별한 은혜를 받으셨습니까?

마리아는 원죄 없이 잉태(無染始胎)되시고, 동정녀로서 예수님을 낳으시고, 하늘에 올림(聖母昇天)을 받으셨습니다.

(5) 성모 마리아를 변호자, 협조자, 중재자라고 부르는 까닭은 무엇입니까?

성모 마리아는 하늘에 오른 후에도 우리를 위해 전구(轉求)함으로써 구원의 은혜를 얻어 주십니다. 그래서 성모님을 변호자, 협조자, 중재자라고 부르게 됩니다.

알아두기

- 묵주기도의 방법

1) 묵주의 십자가를 잡고 십자가로 성호를 그으며 성호경을 외운다. 다음에 십자가의 발 부분에 친구(親口:경의와 사랑 등을 의미한 입맞춤)하고 사도신경을 외운다. 그 다음에는

2) 십자가 바로 위의 묵주알을 잡고 주님의 기도를 외운다. 그리고 다음의 알을 잡고 알마다 한 번씩 성모송을 외운다.

이 때의 의미는 다음과 같다.

① 천주 성부의 지극히 거룩한 딸이신 마리아

② 천주 성자의 항상 동정이신 어머니 마리아

③ 천주 성령의 지극히 정결한 배필이신 마리아

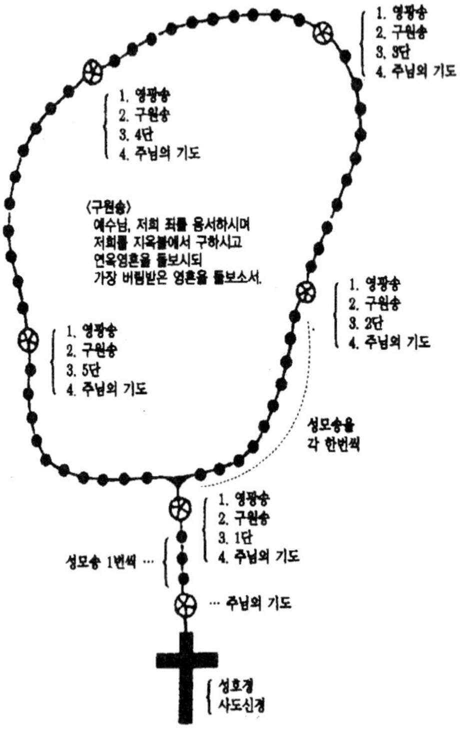

3) 다음의 알을 잡고 영광송, 구원송, <환희, 고통, 영광>의 신비 1단, 주님의 기도를 외운다.

4) 그 다음의 알을 잡고 성모송을 외우고, 하나씩 넘어가며 반복한다.

5) 성모송을 10번 외우면 그 다음의 중간 알을 잡고 영광송, 구원경, 신비 2단, 주님의 기도를 외운다. 그 다음부터는 위와 같은 방법으로 계속한다.

〈환희의 신비〉 (월 · 목요일)

1단 마리아께서 예수님을 잉태하심을 묵상합시다.(루카 1,26-38)
2단 마리아께서 엘리사벳을 찾아보심을 묵상합시다.(루카 1,39-49)
3단 마리아께서 예수님을 낳으심을 묵상합시다.(루카 2,6-12)
4단 마리아께서 예수님을 성전에 바치심을 묵상합시다.(루카 2,22-35)
5단 마리아께서 잃으셨던 예수님을 성전에서 찾으심을 묵상합시다.(루카 2,41-51)

〈고통의 신비〉 (화 · 금요일)

1단 예수님께서 우리를 위하여 피땀 흘리심을 묵상합시다.(마태 26,36-39)
2단 예수님께서 우리를 위하여 매맞으심을 묵상합시다.(마태 27,1-2. 11-14. 22-23. 26)
3단 예수님께서 우리를 위하여 가시관 쓰심을 묵상합시다.(마태 27,27-31)
4단 예수님께서 우리를 위하여 십자가 지심을 묵상합시다.(루카 23,26-32)
5단 예수님께서 우리를 위하여 십자가에 못박혀 돌아가심을 묵상합시다.(요한 19,25-28)

〈영광의 신비〉 (수 · 토요일)

1단 예수님께서 부활하심을 묵상합시다.(마태 28,1-6)
2단 예수님께서 승천하심을 묵상합시다.(루카 24,36-51)
3단 예수님께서 성령을 보내심을 묵상합시다.(사도 2,1-4)
4단 예수님께서 마리아를 하늘에 불러 올리심을 묵상합시다.(1코린 15,51-57)
5단 예수님께서 마리아께 천상 모후의 관을 씌우심을 묵상합시다.(묵시 12,1-25)

〈빛의 신비〉의 추가

요한 바오로 2세 교황은 교황 재위 제25년 첫날인 2002년 10월 16일에 '교서' 「동정 마리아의 묵주기도」(*L.* Rosarium Virginis Mariae, *Eng.* The Rosary of the Virgin Mary)를 반포하였다. 이 교서에는 전통적인 세 가지 신비 외에 '세상의 빛'(요한 9, 5)이신 그리스도의 공생활의 주요 신비들을 묵상하는 '빛의 신비'를 추가하여 그리스도의 전 생애를 온전하게 묵상할 수 있도록 하였다.

교황은 전통적인 묵주기도의 형식을 바꿀 뜻은 없다고 밝히면서도 가능한 한 '빛의 신비'를 바칠 것을 권하였다. 그리고 '빛의 신비'를 목요일에 바치고, '환희의 신비'를 토요일에 바치기를 권하였다. 요컨대 각 신비를 다음과 같은 요일에 바친다.

환희의 신비 - 월 · 토요일
고통의 신비 - 화 · 금요일
영광의 신비 - 수 · 주일
빛의 신비 - 목요일

〈빛의 신비〉 (목요일)

1단 예수님께서 세례받으심을 묵상합시다.(마태 3,13-17)
2단 예수님께서 가나에서 첫 기적을 행하심을 묵상합시다.(요한 2,1-11)
3단 예수님께서 하느님 나라를 선포하심을 묵상합시다.(마르 1, 15)
4단 예수님께서 거룩하게 변모하심을 묵상합시다.(루가 9,28-36)
5단 예수님께서 성체성사를 세우심을 묵상합시다.(루카 22,14-20 ; 요한 13,1-20)

• 성모 성월과 묵주기도(로사리오) 성월

성월(聖月)은 연중 예수 그리스도, 성모 마리아, 성인께 봉헌하여 특별한 전구와 은혜를 청하고, 신자들이 그 모범을 따르도록 가톨릭 교회가 지정한 달을 말한다. 연중 성모님과 연관된 성월은 5월 성모 성월과 10월 로사리오 성월이 있다.

5월 성모 성월은 성모 마리아를 특별히 공경하고 그분의 모범을 따라 자신을 온전히 그리스도께 봉헌할 수 있도록 하고 있다. 이런 취지에서 성모 성월이 되면 교구와 본당에서는 성모의 밤 등 성모님과 관련된 여러 신심 행사를 거행한다.

10월 로사리오 성월은 묵주기도를 바치며 거룩하게 지내는 달인데, 10월 7일 "로사리오의 복되신 동정 마리아 기념일"과 연결되어 제정되었다.

성모님과 연관된 성월 외에 한국 천주교회에서 일반적으로 지내는 성월은 성 요셉 성월(3월), 예수 성심(聖心) 성월(6월), 순교자 성월(9월), 위령(慰靈) 성월(11월)이 있다.

• 개신교에서 성모 마리아의 '평생 동정'에 대한 불신

성모 마리아의 '평생 동정'은 초대 교회로부터 성 아우구스티노, 성 그레고리오 니싸, 성 베다, 성 베르나르도, 성 안셀모 등 쟁쟁한 학자들이 일치하여 인정되어 온 교의(教義, dogma)다. 사도 신경과 니케아-콘스탄티노플 신경에도 성모 마리아를 '동정 마리아'라고 일컬었다. 그런데 개신교 신자들은 성경에 있는 다음과 같은 자구(字句)적 근거를 자의적으로 해석하여 '마리아의 평생 동정'을 부정(否定)한다.

① 마리아는 예수를 낳을 '때까지' 잠자리를 같이 하지 않았다.
② '예수의 형제들'이 있었다.

그러면 이제 '마리아의 평생 동정'을 부정한 이 두 가지를 살펴본다.

① 마리아는 예수를 낳을 '때까지' 잠자리를 같이 하지 않았다.(마태 1, 25)

'때까지'라는 한정사는 예수 탄생 때까지만 계속되고 그 후에는 변경되었다는 의미가 아니다. 이러한 예는 성경 여러 곳에 있다.

창세기를 보면 노아는 방주의 창을 열고 까마귀를 내보냈는데, "까마귀는 밖으로 나가 땅에 물이 마를 때까지 왔다 갔다 하였다."(창세 8, 7)라고 했다. 이는 물이 마른 후에 그 까마귀는 영영 돌아오지 않았다는 뜻이며, 물이 마른 후에도 까마귀는 이리 저리 왔다 갔다 하였다.

"사울의 딸 미칼에게는 죽는 날까지 아이가 없었다."(2사무 6, 23)라는 것은 미칼이 죽은 뒤에도 아이를 두지 못한 사실을 두고 하는 말이다.

"내가 세상 끝 날까지 언제나 너희와 함께 있겠다."(마태 28, 20)라는 말씀은 세상 끝난 뒤에도 늘 함께 계신다는 뜻이다.

② '예수의 형제들'이 있었다.

성경에 '예수의 형제들'이라는 말이 있으므로(마태 12, 46; 13,55-56; 마르 6, 3; 요한 2, 12; 7,3-5; 사도 1, 14; 갈라 1, 19; 1코린 9, 5 참조) 예수 외에 성모 마리아의 다른 자녀들이 있음을 알 수 있다고 한다. 그러나 성경을 좀더 신중히 읽어보면 '예수의 형제들'이라는 야고보, 요셉, 시몬, 유다(유다 타대오, Judas Thaddaeus) 등은 성모 마리아가 낳은 자식이 아니라 다른 마리아의 아들들임을 알 수 있다. 예수님의 십자가 곁에서 지켜보고 있었던 이들이 누구였는지를 알면 곧 이해될 수 있는 사실이다.

"예수님의 십자가 곁에는 그분의 어머니와 이모와 클로파스(알패오)의 아내 마리아와 마리아 막달레나가 서 있었다."(요한 19, 25 : Standing close to Jesus' cross were his mother, his mother's sister, Mary the wife of Clopas, and Mary Magdalene.) 그러므로 십자가 곁에는 4명의 여인 중에 '마리아'라는 이름을 가진 여인이 셋이 있었다.

그런데 예수님의 아우라는 야고보는 알패오의 아들이다.(마태 10, 3; 마르 3, 18; 루카 6, 15 참조) 그래서 야고보 형제의 부친은 성 요셉이 아니라 알패오라는 것을 알 수 있다. 그리고 그들의 모친은 성모 마리아가 아니라 다른 마리아, 즉 알패오라고 하는 클로파스의 아내인 마리아임을 알 수 있다.

클로파스는 '알패오'라고도 불리는 사람인데, 이는 마치 마태오가 레비로, 시몬이 베드로로, 사울이 바오로로 불리는 경우와 같다.

또한 '예수의 형제들'이 모두 친형제들이라면 이외에 누이들도 있다.(마르 6, 3 참조) 그렇다면 겨우 서른이 지난 맏아들에게 상성한 친형제사매들이 이렇세도 많을 수 있겠는가. 그리고 예수께서 십자가 위에서 돌아가시기 바로 전에 어머니를 제자(요한)에게 맡기시며 너의 어머니 받들듯이 받들라고 유언하신 것을 보아도(요한 19,26-27 참조) 예수님은 친형제가 없음을 알 수 있다. 야고보, 요셉, 타대오(유다), 시몬 등이 친형제라면, 어찌 그 어머니를 제자에게 부탁하시고, 그 제자는 그분(마리아)을 자기 집에 모셨겠는가.

성경에는 '형제'가 넓은 의미의 호칭으로 쓰이기도 한다.(레위 10, 6; 창세 19, 7; 야고 1, 16.19; 필레 7.16.20; 마태 5,22-23; 18, 15) 히브리에서는 모든 친척들을 형제자매라고 불렀다. 또한 우리 그리스도인은 예수님의 가르침에 따라 할아버지도 손자도 하느님을 아버지라고 호칭한다.(주님의 기도) 하느님은 시공을 초월한 영원한 분이시기 때문에 초자연세계(비물질적인 영의 세계)에는 과거 · 현재 · 미래의 시차(時差, 시간상의 차이)가 있을 수 없으며, 하느님과 우리와의 관계에 있어서 그리스도인은 모두 영적으로 한 형제자매인 것이다.

성모 마리아와 성 요셉의 관계는 동정 동거생활이었다. 왜냐하면 예수 그리스도가 사생아 대우를 받지 않게 하기 위함이요, 성모 마리아가 부정한 여자로 몰리어 법률의 제재를 받지 않게 하기 위함이요, 또 가정생활의 안전한 보호를 받기 위함이었다. 과연 성 요셉이 아니었다면 호적 등록을 위한 베들레헴 행(루카 2,1-5 참조), 이집트 피난, 몹시 가난한 생활 등 모든 난관을 성모 마리아 혼자로서는 도저히 이겨 낼 수 없었을 것이다.

본론의 "성모공경의 이유"<1. 마리아는 평생 동정녀로 머물렀다>에서 언급한 바와 같이 여러 가지 힘든 사회적 상황들을 극복할 수 있도록 도와주신 하느님의 섬세한 배려를 여기서 이해할 수 있다.

제15장 은총의 샘인 성사

총 론

들어가는 말

그리스도인의 생활은 은총생활이고, 은총생활은 기도와 성사(聖事)와 선행(사랑의 실천)의 생활로 이루어진다. 지금부터 성사에 대해서 알아보고자 한다.

예수 그리스도께서는 성사를 통하여 우리에게 필요한 은혜를 베푸시고, 교회는 그리스도와 함께 성사를 집행함으로써 하느님께 공적 예배를 드린다. 성사를 단적으로 말하면 하느님의 은총을 주는 교회의 의식(儀式)인데, 성사는 '그리스도에 의한 제정 · 가시적 상징 · 은총의 전달'이라는 세 가지 요소를 갖추고 있다. 먼저 성사의 개념과 본질에 관하여 고찰하는 성사 총론(성사 일반론)을 알아보고, 제16~19장에서는 각 성사들의 특성과 고유성을 살펴보는 성사 각론(일곱성사 · 7성사)을 알아본다.

우리는 일상생활에서 생각이나 마음 가짐을 밖으로 드러내고자 여러 가지 상징들을 사용한다. 예를 들면 혼인반지는 단순한 금붙이가 아니라 신랑 신부가 서로 사랑과 헌신을 서약한다는 상징이며, 국기도 마찬가지로 단지 천 조각이 아니라 국가와 애국심을 드러내는 상징이다. 이 밖에도 문자, 언어, 그림, 예의범절, 행위 하나하나에 이르기까지 우리의 생활에서 수많은 상징들을 찾아볼 수 있다. 종교에서도 많은 상징을 사용하고 있으며 그 의미도 매우 다양하다.

1코린 2,12-14

우리는 세상의 영이 아니라, 하느님에게서 오시는 영을 받았습니다. 그래서 하느님께서 우리에게 주신 선물을 알아보게 되었습니다. 우리는 이 선물에 관하여, 인간의 지혜가 가르쳐 준 것이 아니라 성령께서 가르쳐 주신 말로 이야기합니다. 영적인 것을 영적인 표현으로 설명하는 것입니다. 그러나 현세적 인간은 하느님의 영에게서 오는 것을 받아들이지 않습니다. 그러한 사람에게는 그것이 어리석음이기 때문입니다. 그것은 영적으로만 판단할 수 있기에 그러한 사람은 그것을 깨닫지 못합니다.

성사(聖事)의 개념

성사(*L.* Sacramentum, *Eng.* Sacrament)란 '거룩한 표징'(*L.* Sacrum Signum), 즉 하느님 은총의 가시적 표징(可視的標徵)을 말한다. 우리 인간은 감각을 통해서 사물을 파악할 수 있다. 그래서 예수님께서는 가시적인 형식(표징 · 상징 · 표지)을 통해서 불가시적 하느님의 은총을 주신다. "가시적 형식은 불가시적이며 추상적인 내용의 구체화"이다. 성사의 넓은 의미와 좁은 의미는 다음과 같다.

넓은 의미 : 하느님의 사랑이 가시적으로 우리에게 나타남이 바로 예수 그리스도이시다. 그리스도는 성사의 근거이고 원천이며 그리스도를 원성사(原聖事 · Primordial Sacrament)라고 말한다.(다음에 나오는 '예수 그리스도는 하느님의 성사' 참조)

좁은 의미 : 예수 그리스도께서 제정하시고 교회를 통해서 우리에게 베풀어주시는 일곱성사(7성사)를 말한다.

하느님과 인간과의 친교

우리는 서로 간에 생각이나 느낌, 진심을 말이나 글이나 제스처 등으로 전달한다.

1) 사람과 사람 사이의 의사전달 · 통교(Communication)

사람 ←의사전달→ 사람

의사전달 : 말, 글, 행동, 매개체(선물 등), 통신, 표지(標識) 등으로 전달한다.

* 부부간에는 어떤 방법으로 교류가 이루어지는가? 사랑이다.
그런데 사랑은 추상명사이므로 행위를 통해서 이루어진다.
행위 - 만짐, 애무, 키스, 육체관계 등. 그러나 이것이 사랑의 전부가 아니고 정신적 인격적 교류가 있어야 한다. 사랑의 극치는 하나(합일, 일치)를 이루는 것이다.

2) 하느님과 사람 사이의 통교(Communication)

통 교

하느님		사람
비물질적		물질적
비감각적		감각적
불가시적		가시적

① 그리스도
② 말씀(성경)
③ 기도(대화) — 하느님 현존의 표지(標識)
④ 성사
⑤ 행위(사랑의 실천)

* 성사는 하느님과 우리 인간과의 친교 방법이며 하느님의 표징(상징 · 형식 · 표지)이다.

성사의 정의

"예수님께서 세우신 가시적 형식(상징)을 통해서 불가시적 하느님의 은총을 전달하는 교회의 의식"이다. 다시 말하면 성사는 목적하는 바의 하느님의 은총을 볼 수 있는 외적인 상징(형식)이나 매개체를 통해서 우리 인간에게 베풀어 주는 것(부여하는 것)이다. 즉 성사는 하느님의 은총과 생명과 사랑을 인간에게 전달하고 보존하고 증가시켜 주는 방법인데, 볼 수 있는 형식(표징, 상징)을 통해서 인간에게 전달해 주는 것이다.

성사는 외적인 형식과 고유의 목적이 있다.
고유의 목적은 바로 은총이다.
예. 키스는 키스 자체가 사랑이 아니고 외적인 형식이다.
성사는 하나의 종교적 상징(Symbol)이다.

성사
- 외적인 것
  - 형식(상징, 표징)과 — 예(성세) (물로 씻는다)
  - 의미가 있다. — (세례를 준다)
- 내적인 것 — 은 총 — (목적한 바 은총을 실제로 베풀어 준다.)

상 징(표징, Symbol)

어떤 존재(인간 · 사물 · 집단 등)를 연상(聯想)케 하는 매개적 사물(전달수단 · vehicle)을 상징(象徵 · symbol)이라 한다. 이를테면 신호등(信號燈)은 상호약속에 의한 상징 언어다. 또한 국기는 국가를 연상케 하는 상징이며, 그 상징은 국가라는 의미내용을 갖는다. 따라서 국기에 대한 경례는 단순한 천 조각 자체가 아니라 그 표상 이면의 국가에 대한 경례인 것이다. 교회의 예수님상, 성모상 등도 상징이다.

상징에는 자연적 상징, 인위적 상징, 종교적 상징이 있다. 일반적으로 국기와 같은 인위적 상징에는 상징 그 자체에 실체가 존재하지 않고(상징 그 차체가 실체가 아니고), 먹구름과 같은 자연적 상징에는 그 상징 자체에 실체(비, 상징성 자체가 실체)가 존재한다. 예수 그리스도께서는 이러한 인위적 표징(상징 · 표지 · 형식)과 자연적 표징을 이용하여 **성사적 표징**을 만드셨다. 성사는 감각적이고 의식(儀式)적이며 상징적이지만 그 표징하는 은총을 주님께서 주신다.

1) 자연적 상징 : 먹구름 → 비의 상징　　연　기 → 불을 상징

2) 인위적 상징 : 국　기 → 국가를 상징　　♡(heart) → 사랑을 상징

뺏　지 → 단체를 상징　　언 어 → 인간 생각의 전달수단

 → 교회를 상징　　동 상 → 실 인물을 상징

비둘기 → 평화를 상징　　₩, $ → 원화, 달러를 상징

기호(+, ℃, H, Fe 등등) → 더하기, 섭씨온도, 수소, 철 등등

3). 종교적 상징

 (물고기) → 예수 그리스도를 상징,　　† → 사랑과 고통의 극치를 상징

하느님과 인간사이의 가교(架橋)

인간은 인간의 능력으로 신(神)께 갈 수 없기 때문에 신이 인간에게 오시기 위해 강생하신 것이다. 그리스도는 가시적 신이며 그리스도를 보는 자는 하느님(성부)을 보는 자다. 예수님은 하느님과 인간을 연결하는 매개적(媒介的) 존재로서 원성사(原聖事)이고, 예수님이 창립한 교회는 인간과 세상의 구원을 위한 보편적 성사다. 그리고 다음과 같은 관계를 알 수 있다.

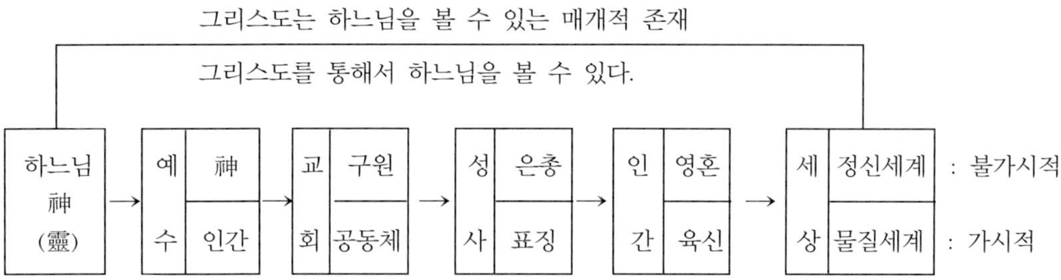

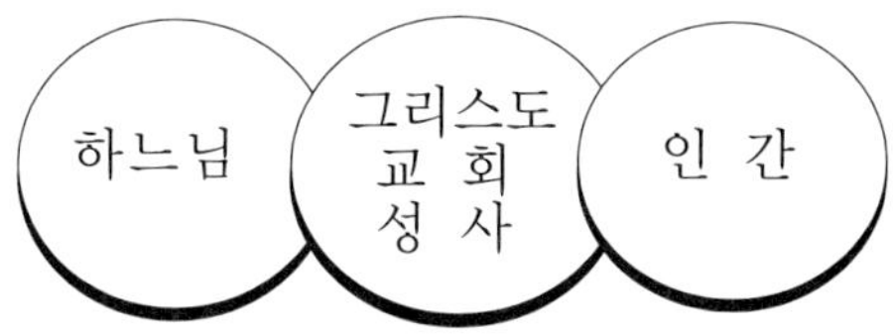

위의 세 개의 원형고리 그림에서 그리스도·교회·성사는 하느님과 인간을 연결하는 매개적 존재이며, 그리스도는 하느님의 성사이고, 교회는 그리스도의 성사다.

예수 그리스도는 하느님의 성사

우리는 하느님을 직접 볼 수 없다. 하느님은 우주 만물과 인간의 양심을 통해 간접적으로 드러내시고, 그리고 직접적으로는 이스라엘 민족을 통해 당신을 드러내 보이셨지만, 인간은 하느님을 직접 보거나 만날 수 없다. 그래서 하느님께서는 당신의 외아들 예수 그리스도를 세상에 보내셨다. 예수 그리스도는 우리가 보고 만날 수 있는 완전한 인간으로 이 세상에 오시어 인류 구원사업을 성취하심으로써 하느님의 사랑을 우리가 체험할 수 있도록 하셨다. 예수님은 “나를 본 사람은 곧 아버지를 뵌 것이다.”(요한 14, 9)라고 말씀하셨다. 신인(神人)적 존재인 예수님은 참 하느님이시고 참 인간이시기 때문에 우리는 예수 그리스도를 만남으로써 하느님을 만나고 하느님의 은총과 사랑을 체험할 수 있다. 이런 의미에서 예수 그리스도는 하느님의 가시적 표징이므로 ‘하느님의 성사’다.(가시적 표징≡성사, 기호 ‘≡’는 ~을 ~으로 놓자 또는 정의·定義를 뜻한다)

요컨대, 우리는 볼 수 없는 하느님을 그리스도를 통해 볼 수 있고, 하느님의 사랑과 은총을 체험할 수 있다. 따라서 그리스도는 하느님의 가시적 표징이므로 하느님의 성사다.

교회는 그리스도의 성사

그리스도는 부활 후 승천하셨으므로 우리는 이 세상에서 예수 그리스도를 감각적이고 가시적으로 만날 수 없게 되었다. 물론 예수님은 시간과 공간을 초월하시어 항상 우리와 함께하시지만, 현실 세계의 우리가 예수님을 만나고 그 분의 은총을 체험키 위해서는 감각적이고 가시적인 표징이 필요하다. 그래서 예수님은 당신이 이루신 인류 구원사업을 세세 대대로 이어가도록 교회를 세우셨고, 교회를 당신과 동일시하셨으며, 당신의 사랑과 은총을 가시적인 표징인 성사를 제정하여 교회에 맡기셨다. 따라서 우리는 감각적으로 볼 수 없는 예수 그리스도를 볼 수 있는 교회를 통해서 만날 수 있고, 그리스도의 사랑과 은총을 체험할 수 있다. 이런 뜻에서 교회는 그리스도의 가시적 표징이므로 '그리스도의 성사'다.

요컨대, 그리스도는 부활 후 승천하셨으므로 감각적으로 볼 수 없는 그리스도를 우리는 교회를 통해 만날 수 있고, 그리스도의 사랑과 은총을 체험할 수 있다. 따라서 교회는 그리스도의 가시적 표징이므로 '그리스도의 성사'다.

성사의 사효성과 인효성

유효한 성사가 이루어지기 위해선 성사 행위 자체인 예절의 거행, 집전자의 의도, 그리고 그 성사를 수령하는 이의 마음 가짐이 정당할 때이다. 이렇게 거행되는 성사에는 두 가지 효과가 있는데 사효적 효과와 인효적 효과가 있다.

① 사효(事效)적 효과 : 성사 자체가 갖고 있는 효과

② 인효(人效)적 효과 : 성사를 받는 자의 준비 여하에 따른 효과

비유를 들면 사효성은 수도꼭지를 트는 그 자체로써 물이 나오는 것과 같고, 인효성은 종이 위에 그림을 그리는 것과 같아서 종이의 질과 바탕, 그리고 그림을 그리는 사람의 기술에 따라서 그 그림이 달라지는 것과 같다.

예화(영혼의 약)

마르타는 어머니의 통증을 조금이라도 줄여 드리기 위해 병원의 의사를 찾아갔다. 의사는 지난 번과 똑같은 약을 주며 말했다.

"지난 번에 이 약을 드시고 어머니는 많이 좋아지셨으리라 생각하는데, 어때요? 이번에도 이 약을 가져가도록 하세요. 반드시 식후에 복용해야 한다는 것을 잊지 마세요!"

의사의 말에 마르타는 고개를 좌우로 저었다.

"선생님, 그게 아닙니다. 이 약으로 어머니는 조금도 나아지지 않으셨어요!"

"이상한 일인걸! 그렇다면 약을 바꾸어 써야겠는데." 의사는 고개를 갸우뚱거렸다.

"어머니는 기침이 더욱 심해져서 밤새도록 가슴을 쥐어뜯으며 고통스러워 했습니다."

의사는 몹시 놀란 표정이었다. "내가 일러준 대로 반드시 지켰습니까? 하루에 세 번씩, 한 숟가락의 물에 타서 약을 녹인 다음에 복용하고 반드시 물을 많이 마셔야 되는데 그것을 지켰는지 꼭 확인해야 합니다. 절대로 가슴을 쥐어뜯을 만큼 기침이 나진 않을 텐데…. 아무리 좋은 약이라도 그것을 타당하게 사용하지 않으면 효과는커녕 오히려 해를 입는 경우가 있다는 것을 명심해야 해요."

예수께서는 우리의 영혼에 은총을 베푸시기 위하여 성사를 세우셨다. 우리의 영혼을 구하기 위해서 은총은 절대적으로 필요한 것이다. 성사는 영혼의 병을 낫게 하여 하느님께 의합하게 하는 약과 같은 작용을 한다고 볼 수 있다. 성사를 타당하게 받지 않거나 혹은 열성 없이 받는다면 은총의 효과는 그만큼 덜하게 된다.

약을 타당하게 쓰지 않으면 효과를 낼 수 없는 것처럼 성사도 타당하게 받아야만 은총을 잘 받게 되는 것이다. 그것이 바로 예수님께서 우리의 영혼을 구하기 위해 마련하신 확실하고도 올바른 방법이다.

칠성사 및 자연적인 삶과 초자연적인 삶과의 관계

예수님께서는 교회 안에 일곱성사를 제정하셨는데 이는 신앙생활의 중요한 단계나 시기에 관계된다. 이 일곱성사는 그리스도교에 입문하기 위한 성사들(세례성사 · 견진성사 · 성체성사)과 치유를 위한 성사들(고해성사 · 병자성사)과 친교에 봉사하는 성사들(성품성사 · 혼인성사)로 구분된다.

인간은 태어나서 어머니의 젖을 먹고 자라고 스스로 음식물을 취하여 성장하며 교육을 받고 군복무를 하고 결혼을 하고 직장이나 공동체에서 봉사하고 살아간다. 자연적인 삶이 여러 단계로 나뉘어지고 그 단계마다 필요한 요소가 있듯이 하느님은 우리의 초자연적인 삶도 자연적인 삶에 걸맞게 성사를 통하여 은총의 선물을 주심으로써 우리의 자연적인 삶을 완성시켜 주신다.

자연적인 삶	초자연적인 삶
태어남(출생)	성세성사(하느님의 자녀로 다시 태어난 성사로 생명의 은총을 받음)
양육 · 성장	성체성사(예수그리스도의 몸을 받아먹는 성사로 영적 생명이 성장)

국토방위(군 복무)	견진성사(그리스도인 성숙의 성사로 그리스도의 군사 되어 복음을 증언)
결 혼	혼인성사(성인 남녀의 결합을 축복하는 성사로 결혼생활과 가정을 축복)
봉사자(지도자)	성품성사(성직자를 만드는 성사로 그리스도의 특수 사세직을 이행하기 위한 직분과 은사를 받음)
질병으로 건강을 잃을 때	병자성사(병으로 인하여 죽을 위험이 있을 때 돕는 성사로 위로, 희망, 견고(堅固), 치유 등의 은사를 받음)
죄에 떨어질 때	고해성사(고백과 화해의 성사로 범한 모든 죄의 용서를 받음)

인호를 주는 성사

세례, 견진, 성품의 세 성사는 성사의 은총뿐 아니라 인호(印號, Indelible character of Sacrament), 곧 '인장'을 새겨 준다.(「가톨릭 교회 교리서」, 1121항) 이 인호는 무형의 표징이다. 성경에는 인호를 그리스어로 도장, 인장(2코린 1, 22)이라는 뜻으로 사용되었다. 그래서 인호는 주님에게 예속되고 보호 받고 하느님의 뜻을 이행한다는 의미를 갖는다. 이 인호는 영구적이고 내적인 축성을 통하여 하느님의 일에 참여할 수 있는 자격과 소명의 표징이고 하느님의 사랑의 표징이기도 하다.

세례로써 하느님의 자녀가 되고, 견진으로써 그리스도의 군사가 되며, 성품으로써 사제의 신분과 자격을 얻게 되는 이 세 가지 성사가 주는 인호는 영구히 남는다. 그러므로 이 세 가지 성사는 일생에 한 번만 받는다.

우리는 "그리스도의 것"(1코린 3, 23)이고, "그리스도 안에서 믿게 되었을 때, 약속된 성령의 인장을 받았고"(에페 1, 13), "이마에 인장을 받은 사람"(묵시 7, 3)들이다.

성사를 통하여 받는 하느님의 은총

은총(恩寵)이란 일반적으로 은사(恩賜)라고 하며, 무상으로 주어진 은혜를 말한다. 은총(Grace)은 라틴어의 Gratis(거저, 공짜로, 무상으로)에서 나온 말이다. 이를테면 엄마의 뱃속에서 나의 생명이 주어지고 태어나는 것은 돈 주고 산 것도 아니고 어떤 노력의 대가로 주어진 것이 아니라 절대자에 의해 공짜로 주어진 존재인 것이다. 그래서 이 은총은 우리의 어떤 자격이나 능력을 보시고 주는 것이 아니라 오로지 하느님의 자비와 호의로 거저 주시는 선물이며, 본질적으로는 영적인 은혜다(로마 1, 11; 1코린 12,1-11). 이 은총 없이는 우리에게 구원이 있을 수 없다. 그러므로 결국 은총이란 그리스도교 공동체의 지체들에게 성령이 베풀어 준 은혜라고 할 수 있다.

은총에는 생명의 은총(生命恩寵, 聖化恩寵, 常存恩寵)과 도움의 은총(助力恩寵, 聖祐)이 있다.

생명은총은 하느님께서 우리 안에 생활하시면서, 천상의 생명에로 우리를 참여시키는 은총이며, 우리 안에 항상 머물러 계시는 하느님의 초자연적 은총(超性恩惠)이다. 초자연적 은혜는 우리의 현재 생활에 필요한 것이 아니라 초자연적 생명을 위한 은혜다. 생명은총은 세례성사로써 처음 받게 되며, 우리 구원의 절대 조건이다. 이 생명은총 없이는 구원이 있을 수 없다. 이 은총은 대죄를 범하면 모두 잃어버리게 된다. 대죄로 잃어버린 생명은총을 되찾기 위해서는 고해성사를 받아 대죄를 씻어야 한다. 일반 소죄는 생명의 은총을 잃게 하지는 않지만 많은 소죄는 생명은총이 내 영혼에 성장되는 데 장애가 될 수 있다.

도움은총은 우리 인간 구원에 필요한 힘(도움)을 주는 하느님의 초자연적 은혜다. 하느님은 이 은총을 통해서 선의 가치와 죄악의 더러움을 알게 해주심으로서 우리의 의지를 움직이시어 선을 행하고 악을 피해서 영원한 생명으로 들어가도록 이끌어 주신다. 이는 마치 캄캄한 밤중에 방향을 제시하는 등불과 같은 것이다.

준성사(準聖事)

교회에는 성사 외에 준성사(準聖事, *L.* Sacramentale, *Eng.* Sacramental)가 있다. 준성사는 영적인 유익을 위하여 성사를 모방한 거룩한 표징들이다. 이는 영적이고 현세적인 은총을 내리도록 하는 행위이다. 준성사의 근본적인 대상은 사람이며, 성수나 성유를 사용하거나 성호를 긋는 것으로 물건이나 건물에도 해당된다.

준성사와 성사가 다른 점은 준성사는 교회가 만든 것이고, 성사는 그리스도께서 직접 만드셨다는 것과 준성사는 인효성의 은혜를 주고, 성사는 사효성의 은혜를 준다는 점이다. 따라서 준성사는 청하는 이의 정성에 따라 받는 은혜도 달라진다(마태 10,1-8; 마르 3, 15; 루카 10, 9).

준성사에는 축복·강복(사람), 축성(성당, 집, 차, 배 등의 물건), 방사·放赦(십자고상, 묵주, 패, 메달 등) 그리고 구마(驅魔) 등이 있으며, 언제나 기도가 포함되고, 흔히 안수, 십자성호, 성수 뿌림 같은 일정한 표징이 따른다.

나오는 말

성사는 우리가 볼 수 없는 하느님의 사랑과 은총을 체험하도록 하고 하느님의 은총을 전해 주는 가시적 표징들이다. 이 표징들을 통해서 하느님의 은총과 생명이 우리에게 베풀어진다. 예수님께서는 하느님의 은총을 받을 수 있도록 교회 안에 일곱성사를 제정하셨다. 성사 거행의 가시적인 예식은 각 성사의 고유한 은총을 나타내며 이를 실현한다. 우리는 성사를 통해 받는 하느님의 은총으로 새롭게 변화된 삶, 하느님과 일치되는 삶을 살아갈 힘을 얻고 하느님 나라에 갈 수 있다.

핵심문제

(1) '성사'란 무엇입니까?

"예수님께서 세우신 가시적 형식(상징)을 통해서 불가시적 하느님의 은총를 전달하는 교회의 의식"입니다.

(2) 그리스도는 '하느님의 성사'라는 의미는 무엇입니까?

우리는 하느님을 직접 볼 수 없기 때문에 신인(神人)적 존재인 그리스도를 통해 하느님을 볼 수 있고 하느님의 은총과 사랑을 체험할 수 있습니다. 따라서 그리스도는 하느님의 가시적 표징이므로 '하느님의 성사'입니다.

(3) 교회는 '그리스도의 성사'라는 의미는 무엇입니까?

그리스도는 부활 후 승천하셨으므로 감각적으로 볼 수 없는 그리스도를 우리는 교회를 통해 만날 수 있고, 그리스도의 사랑과 은총을 체험할 수 있습니다. 따라서 교회는 그리스도의 가시적 표징이므로 '그리스도의 성사'입니다.

(4) 성사는 몇 가지이며 어떤 것들이 있습니까?

성사는 일곱 가지로 세례(洗禮)·견진(堅振)·성체(聖體)·고해(告解)·병자(病者)·성품(聖品)·혼인(婚姻) 성사입니다.

(5) 일곱성사를 어떻게 구분할 수 있습니까?

그리스도교에 입문하기 위한 성사들(세례성사·견진성사·성체성사)과 치유를 위한 성사들(고해성사·병자성사)과 친교에 봉사하는 성사(성품성사·혼인성사)로 구분할 수 있습니다.

(6) 성사의 사효적(事效的) 효과란 무엇입니까?

성사 자체가 갖고 있는 효과를 말합니다.

(7) 성사의 인효적(人效的) 효과는 무엇입니까?

성사를 받는 자의 준비 여하에 따른 효과입니다.

(8) 어떤 성사에 영구적인 인호(印號)를 줍니까?

영구적인 인호(印號, Character)를 주는 성사는 세례, 견진, 성품성사입니다.

(9) 생명의 은총이란 무엇입니까?

생명은총은 하느님께서 우리 안에 생활하시면서, 천상의 생명에로 우리를 참여시키는 은총이며, 우리 안에 항상 머물러 계시는 하느님의 초자연적 은총입니다.

(10) 도움의 은총은 무엇입니까?

도움의 은총은 우리 인간 구원에 필요한 힘(도움)을 주는 하느님의 초자연적 은혜입니다. 하느님은 이 은총을 통해서 선을 행하고 악을 피해서 영원한 생명으로 들어가도록 이끌어 주십니다.

(11) 준성사(準聖事)란 무엇입니까?

준성사는 영적인 유익을 위하여 성사를 모방한 표징들인데, 영적이고 현세적인 은총을 내리도록 하는 행위입니다.

알아두기

- 죄인과 의인의 성사

은총 지위에 있는 사람을 의인이라 하고 은총 지위에 있지 못한 사람을 죄인이라고 한다. 세례와 고해는 죄인의 성사이다.

비신자는 세례를 받음으로써 하느님의 백성으로서의 은총 지위에 있게 된다. 그리고 비록 세례로써 하느님의 백성이 되었다 할지라도 죄를 지어 은총 지위에 있지 못하면 고해성사로 다시 은총 지위에 있어야 한다.

고해성사와 병자성사를 '치유의 성사'라고 한다. 의인의 성사는 견진, 성체, 성품, 혼인, 병자성사이며, 이러한 성사를 받으려는 사람은 고해성사로써 은총 지위에 있어야 한다.

제16장 입문성사 1

- 세례성사와 견진성사 -

들어가는 말

우리는 사회생활을 하면서 여러 단체에 가입하여 활동을 하게 된다. 우리가 어떤 단체에 가입하려면 일정한 자격을 갖추어야 하고, 그 단체의 목적과 활동에 동의하며 회원의 권리와 의무를 성실하게 수행하겠다는 약속을 하여야 한다. 그리고 입단식 또는 입회식을 거쳐 정식으로 가입하게 된다. 천주교에 입문하는 절차도 겉보기에는 이와 크게 다를 바가 없다. 그러나 천주교 입문은 우리의 삶과 영원한 생명에 직결되는 유일한 선택이고, 신앙적 결단이며, 입문과 동시에 신분상의 크나큰 변화가 일어나므로 일반 단체의 가입과는 본질적으로 다르다.

그리스도교 입문성사인 세례·견진·성체 성사는 그리스도인 생활 전반에 기초를 놓는다. 사람이 태어나고 성장하고 생명을 유지하듯, 그리스도인은 세례를 통해 새로운 생명으로 태어나고, 견진성사로 굳건하게 되며, 성체성사로 생명을 유지한다.

1. 세례성사

'세례성사'(洗禮聖事)는 예비신자로 등록되어 정해진 교리교육 과정을 마치고 신앙을 고백하는 사람이 "물과 성령으로 새로 태어나는"(요한 3, 5) 성사다. 이 세례성사는 물로 씻는 예식으로 이루어진다. 물은 죽음과 생명 그리고 씻음이라는 세 가지 인간사의 표징이다. 그래서 세례로써 우리는 그리스도와 함께 죽고 그리스도와 함께 다시 살아나며, 그리스도의 죽음과 부활은 우리 죄를 깨끗이 씻어 없애 준다.

세례성사는 그리스도 생활 전체의 기초이고, 성령 안에 사는 삶으로 들어가는 문이며, 다른 성사들로 나아가는 출발점이다. 우리는 영세##(領洗 · 세례를 받음)로써 죄에서 해방되어 하느님의 자녀가 되고, 그리스도의 몸의 지체로 교회의 일원이 되며, 교회의 사명에 참여하게 된다. 그런데 교회는 어린아이들에게도 세례를 베푼다. 왜냐하면 세례는 인간의 공로를 전제하지 않는 무상으로 주어지는 하느님의 은총이며 선물이기 때문이다. 어린이들은 교회의 신앙 안에서 세례를 받으며 그리스도인의 삶을 시작함으로써 참된 자유에 도달하게 된다. 그리스도인 부모는 그 자녀에게 이 은총을 누리게 할 책무가 있다.

요한 3,5-6

"내가 진실로 진실로 너에게 말한다. 누구든지 물과 성령으로 태어나지 않으면, 하느님 나라에 들어갈 수 없다. 육에서 태어난 것은 육이고 영에서 태어난 것은 영이다."(사도 2, 38; 22, 16; 마태 28, 19; 1코린 6, 11; 갈라 3,26-27)

영세의 한자는 받을 영(領), 씻을 세(洗)의 領洗이다. 그래서 영세(領洗)는 세례 받음을 말한다. 그런데 많은 사람들은 흔히 "영세 받았어요? 영세 받았습니다."라고 말하는데, 이는 옳은 표현이 아니다. 옳은 표현은 '세례 받았습니다.' 또는 '영세했습니다.'이다. 이를테면 영성체(領聖體)는 성체를 받아 모심을 의미하므로 '영성체 받았다'고 말하지 않고, '영성체했다'고 말한다. 또한 '역전(驛前)앞에서'가 아니라 '역전에서'의 표현이 옳은 것과 마찬가지다.

세례성사를 받기 위한 준비

세례성사는 완전한 자유의사에 따라 주어지는 성사이므로 몇 가지 준비가 필요하다.

첫째, 세례성사를 받고자 하는 **열망**이 있어야 한다.

둘째, 하느님에 대한 확고한 **믿음**이 있어야 한다.

셋째, 신앙생활을 할 수 있는 최소한의 **교리지식**을 갖추어야 한다.

넷째, 지금까지 지은 죄를 뉘우치고 **회개**하는 마음이 있어야 한다. 그리고 인생관을 전환(나 중심적인 생활이 아니고 하느님 중심의 생활)해야 한다.

세례성사의 예식

세례성사의 기본 예식은 사제가 세례자의 이마에 물을 부으면서 "(세례명), 나는 성부와 성자와 성령의 이름으로 당신에게 세례를 줍니다."라고 말하게 된다. 그러나 세례의 중요성에 따라 이러한 본질적인 의식 외에도 다음과 같이 악마를 끊어버리고 신앙 고백하는 의식과 세례 후에 기름을 바르고 촛불을 켜주는 의식 등이 있다.

- **첫 질문 :** 세례자의 진정한 의도와 그리스도께 대한 믿음을 확인하는 질문이다.

  천주교에서 무엇을 원합니까? 신앙을 원합니다.

  신앙이 무슨 의미가 있습니까? 영원한 생명이 있습니다.

  영생을 믿습니까? 믿습니다.

- **구마기도 :** 악의 영향으로부터 보호해 주시기를 청하는 기도를 한다.
- **끊는 예식과 신앙고백 :** 세 번에 걸쳐 '끊어버립니까'와 '믿습니까'의 질문이 주어진다. 이것은 세례자로 하여금 죄악을 끊고 그리스도를 따르기로 결단을 요구하는 질문이다.
- **물로 씻음 :** 성삼위의 능력으로 원죄와 본죄와 잠벌을 씻어낸다.
- **성유(聖油)를 바름 :** 크리스마(*L.* Chrisma, *Eng.* Chrism, 축성 성유 : 올리브기름에 향유를 섞어 축성한 기름)를 영세자 이마에 바른다. 이는 거룩한 신분(사제직, 예언직, 왕직)으로 축성됨을 뜻한다.
- **흰옷과 촛불 :** 새로 받은 생명의 결백함을 유지하며 그리스도의 구원의 빛으로 세상을 밝히라는 의미로 세례자는 흰 옷과 촛불을 받는다.
- **세례명 :** 성인의 모범을 본받고자 특정한 성인의 이름을 세례명으로 정하고, '수호성인'으로 모신다. 세상에 태어난 아이에게 이름이 주어지듯이 성세성사로 하느님 자녀로 새로이 태어났기에 세례명이 주어진다.
- **대부모 :** 영적 보호자인 대부모(남자는 대부, 여자는 대모)를 세운다. 대부모는 견진을 받은 자로서 16세 이상이어야 하며, 세례 받는 자의 부모는 설 수 없다.

재료 - 물은 생명을 주는 물질이며, 더러움을 씻어주는 정화를 상징한다.

물 ─ 세척(정화) - 성화 ※물은 깨끗한 물을 이용(커피나 우유 등은 안 된다.)
물 ─ 생명의 요소 : 애기도 엄마 뱃속에 있을 때 양수 속에 있다. 사람의 신체도 70~80%가 물

세례의 종류

① 수세(水洗) : 물로 씻는 세례인데, 주수세례(注水洗禮 : 이마에 물을 흘림)와 침수세례(浸水洗禮 : 물에 담금)와 살수세례(撒水洗禮 : 물을 뿌림)가 있다.
가톨릭에서는 주수세례를 행한다. 살수세례는 전쟁이나 특별한 경우에 교회의 허가를 받아 행한다.

② 혈세(血洗) : 피로써 자신의 죄를 씻는다는 데서 나온 말인데, 하느님에 대한 믿음 때문에 죽음을 당한 경우(殉教 즉 爲主致命)(마태 10, 32 참조)이다.

③ 화세(火洗) : 자기가 뜨거운 열성으로 자신의 죄를 씻는다는 뜻에서 나온 말이다. 죽음에 임박한 예비자 등은 이에 해당된다. 예수님께서 십자가에 매달렸을 때 우도(右盜)가 자신의 죄를 뉘우치면서 예수님께 구원을 호소했는데, 그 때에 예수님은 그의 뜨거운 뉘우침을 보고 즉각 천국을 약속했다(루카 23,42-43 참조).

신앙 때문에 죽음을 당한 사람들과 예비신자들, 교회를 모르면서도 은총으로 하느님을 찾고 그분의 뜻을 행하려고 애쓰는 모든 사람들은 세례를 받지 않아도 구원을 받는다.

세례성사에 대한 결과

① 하느님의 영적인 자녀(양자)가 된다.(주님의 기도 - 하늘에 계신 우리 아버지)

② 성령의 성전이 되며, 하느님의 생명의 은총을 받는다.
거듭난 생명(새로운 생명으로 사는 새 사람)이 된다.

③ 원죄, 본죄, 잠벌(죄에 대한 벌)까지 사함을 받는다.

④ 그리스도의 몸인 교회의 일원이 된다. 교회는 영적인 유기체이다. 그래서 그리스도의 사제직·예언자직·왕직에 참여한다.

⑤ 천국의 상속자가 된다. 그러므로 세례를 받은 우리는 하느님의 영원한 행복에 초대되어 영원한 삶을 얻게 된다.

⑥ 영혼에 지울 수 없는 영적 표시인 인호(印號)를 받게 되고, 다른 성사를 받을 자격을 받는다. 인호는 세례, 견진, 성품 성사 때 받는 무형한 표징이다.
인호를 새겨 주는 성사는 일생에 한 번만 받을 수 있다.

⑦ 복음의 증거자(증거자의 사명을 받고, 말씀과 사랑의 봉사자)가 된다. 증거의 삶이란 복음의 정신을 구현하는 언행일치의 삶을 말한다.

예화(베이브 루드)

베이브 루드가 경기를 치를 때마다 한 번도 빼놓지 않고 야구장에 모습을 드러내어 그를 응원하는 한 소년이 있었다. 베이브는 그 소년에게 친밀감을 느끼게 되었다. 그런데 어느 날 항상 소년이 앉아 있던 자리가 텅 비어 있고 어디서도 그 소년의 모습이 보이지 않자, 베이브는 소년에게 무슨 일이 생긴 게 아닌지 걱정되었다. 열흘쯤 지나서 한 부인이 베이브 루드를 찾아왔다.

"제가 당신을 찾아온 것은 제 아들 쟈니 때문입니다. 그 아이는 중병에 걸렸는데 당신을 꼭 한번 만나고 싶어 합니다."

"그렇다면 가 보겠습니다." 베이브는 선뜻 응답했다. 그러자 부인은 덧붙여 말했다.

"당신이 그 아이를 만나거든 제가 당신을 찾아와서 부탁했다는 말은 하지 말아주세요. 당신도 아시다시피 쟈니는 눈먼 아이입니다. 하지만 당신의 열렬한 팬이었으므로 언제나 경기장에 나와서 당신을 지켜본 것이랍니다."

쟈니를 방문하고 그에게 힘을 북돋아 준 베이브는 어린 친구를 위해 뉴욕의 유명한 안과 병원에서 수술을 받게 했다. 다행스럽게도 결과가 좋아서 쟈니는 눈을 뜰 수가 있었다.

시간이 흘러 제2차 대전이 발발하자, 쟈니는 징집되어 해외로 파병되었다. 일 년이 지난 다음 쟈니가 보낸 편지가 베이브에게 전해졌다.

"당신이 이 편지를 읽을 무렵이면 저는 이미 이 세상에 없을 것입니다. 저는 심한 부상을 당하였으며 두 눈은 다시 보지 못하게 되었습니다. 저의 마지막 소원을 당신은 꼭 들어주리라 믿으며, 한 가지 부탁을 드립니다. 아름다운 꽃 한 다발을 저의 어머니에게 갖다 드리기 바랍니다. 그것을 드리면서 이 세상에서 가장 훌륭한 어머니께 사랑하는 아들 쟈니가 보내는 것이라고 전해 주십시오. 그리고 제가 손수 꽃다발을 어머니께 드리지 못하는 것을 무엇보다도 유감으로 생각한다는 말을 덧붙여 주시기 바랍니다."

그의 소원대로 베이브는 한 아름의 꽃다발을 쟈니의 어머니께 드리고 사연을 모두 전했다. 그러자 쟈니의 어머니는 흐느끼며 말했다.

"쟈니는 전혀 모르고 있었지만, 그 앤 내 친아들이 아니었어요. 그의 부모가 내 남편을 살해하였지요. 그래서 그들은 전기의자에서 사형을 당하고 말았습니다. 부모도 잃고 갈 곳도 없는 가엾은 어린 쟈니를 내가 양자로 입양하여 길렀습니다. 이 세상에 있는 어느 아들보다도 쟈니는 내게 귀중한 아들이었으며 나는 이 세상의 어느 어머니보다 쟈니를 사랑하였습니다."

세례성사는 새로운 생명을 우리에게 주어 하느님의 자녀로 살게 한다. 쟈니의 어머니는 남편을 살해한 부부의 아들을 양자로 삼아 기르며 사랑을 쏟았다.

우리의 죄로 하느님의 성자 예수 그리스도를 십자가에 못 박아 죽였지만 하느님은 그런 우리를 양자로 삼으셨다. 우리에게 당신의 생명을 주시고 양자로 삼으시어 영원한 생명을 주시려는 하느님의 사랑은 그 얼마나 큰 것인가!

가장 귀한 선물, 세례

세례성사는 하느님의 선물 가운데 가장 아름답고 가장 훌륭한 선물입니다. 우리는 이것을 선물, 은총, 도유(기름 바름), 조명, 불멸의 옷, 재생의 목욕, 인호

등 가장 귀중한 모든 명칭으로 부릅니다.

그것은 아무것도 가지고 오지 않은 사람에게 주어지기 때문에 선물이고,

죄인들에게도 주어지기 때문에 은총이며,

죄가 물 속에 묻히기 때문에 세례(물에 잠김)이고,

신성하고 왕다운 것이기에 도유이며, 밝은 빛이기에 조명이고,

우리의 부끄러움을 가려주는 것이기에 옷이며,

씻어 주기 때문에 목욕이고, 우리를 지켜 주며 또한 하느님의 주권에 대한 표이기 때문에 인호라고 합니다.

- 나지안조의 성 그레고리오

2. 견진성사

견진(堅振·confirmatio)은 신앙을 확고히 하고 확인한다는 뜻이다. 견진성사는 세례성사를 받은 신자에게 성령과 그 은혜를 주어 신앙을 성숙시키고 그리스도를 증거케 하는 성사다. 즉 견진성사는 세례성사의 은총을 완성하는 성사로서, 그리스도인을 굳세고 성숙한 신앙인이 되게 해 주는 '성숙의 성사'다. 따라서 견진성사는 하느님의 양자로서 신앙에 더 깊이 뿌리내리게 하고, 그리스도와 더 굳게 결합시키며, 성령의 선물을 증대시키고, 교회와 이루는 친교를 더욱 완전하게 하고, 교회의 사명에 더욱 깊이 참여케 하며, 말과 실천으로 그리스도교 신앙을 증거하는 삶을 살게 한다.

마치 인간 삶에 있어서 세례는 갓난아이의 탄생으로 인간 세상에 속하게 되고, 견진성사는 어린아이가 성장하여 성인식을 치르는 것과 같다.

그런데 세례성사와 마찬가지로 견진성사도 그리스도인의 영혼에 영적인 표지(標識), 즉 지워지지 않는 인호를 새겨준다. 그러므로 견진성사도 일생에 한 번만 받는다.

세례성사와 견진성사는 입문성사이지만, 견진성사는 세례성사의 은총을 완성한다. 즉 견진성사는 생명의 은총(성화은총, 상존성총)을 증가시키고, 성령칠은(聖靈七恩)뿐만 아니라 성령께서 우리에게 풍성한 열매를 맺게 해주신다.

사도 2,1-4; 사도 8,15-17

오순절이 되었을 때 그들은 모두 한자리에 모여 있었다. 그런데 갑자기 하늘에서 거센 바람이 부는 듯한 소리가 나더니, 그들이 앉아 있는 온 집 안을 가득 채웠다. 그리고 불꽃 모양의 혀들이 나타나 갈라지면서 각 사람 위에 내려앉았다. 그러자 그들은 모두 성령으로 가득 차, 성

령께서 표현의 능력을 주시는 대로 다른 언어들로 말하기 시작하였다.(사도 2,1-4)

베드로와 요한은 내려가서 그들이 성령을 받도록 기도하였다. 그들이 주 예수님의 이름으로 세례를 받았을 뿐, 그들 가운데 아직 아무에게도 성령께서 내리지 않으셨기 때문이다. 그때에 사도들이 그들에게 안수하자 그들이 성령을 받았다.(사도 8,15-17)

견진성사의 준비

견진성사는 세례성사를 받은 신자로서 일반적으로 만 12세가 넘고 교리교육을 충분히 받아 교회의 일에 적극적으로 참여할 자세를 갖춘 사람이 받게 된다. 견진성사를 받는 사람은 대부모를 정해야 한다. 견진 후보자들은 신앙을 고백해야 하며, 은총의 상태여야 하고, 성사를 받을 의향이 있어야 하며, 교회 공동체와 현세적인 일을 하는 데 그리스도의 제자와 증인의 역할을 할 준비가 되어 있어야 한다.

견진 대부모의 조건은

1) 만 14세 이상의 나이로 자기 대자 혹은 대녀에게 모범이 될 수 있는 신자로서,
2) 대부 혹은 대모의 의무를 수행하는데 교회법적 제재를 받지 않아야 한다. 영세 때의 대부 대모가 견진의 대부 대모가 되는 것이 바람직하다.

견진성사의 예식

견진성사는 보통 주교가 거행한다. 이는 이 성사가 교회의 유대를 강화한다는 것을 의미한다. 특별한 경우에는 주교의 위임을 받아 신부도 견진성사를 줄 수 있다. 견진성사의 기본예식은 주교의 안수(按手)와 축성된 기름 바름으로 이루어진다. 견진성사의 예식과 관련된 내용은 다음과 같다.

① 예식 : 견진성사의 핵심적인 예식은 주교가 오른손 엄지손가락으로 견진자의 이마에 십자모양으로 성유를 바르면서, "(아무) 성령 특은의 날인을 받으시오."라는 말을 한다. 그리고 견진자에게 안수를 한다.

② 재료 : 크리스마 성유(Chrisma : 축성된 올리브기름) - 기름은 본래 몸을 튼튼히 하고 병을 낫게 하는 데 사용하던 유래가 있다. 그래서 마음을 고치고 영혼을 굳세게 만드는 의미가 있다.

③ 기름 바름 : 견진자의 이마에 축성 성유를 바름으로 성령의 인호를 받고 그리스도인의 사명을 부여받은 사람으로 선발되었음을 의미한다.

④ 안수례(按手禮) : 하느님의 축복과 은총을 전해 주는 상징적 행위다.

성령의 성사인 견진성사

견진성사는 우리에게 성령의 특별한 은총을 베풀어 주는 '성령의 성사'이다. 예수님은 부활하신 다음 승천하시기 전에, 제자들에게 성령을 보내 주시겠다고 약속하시고 "성령께서 너희에게 내리시면 너희는 힘을 받아, …… 땅 끝에 이르기까지 나의 증인이 될 것이다."(사도 1, 8)하고 말씀하셨다. 사도들은 오순절에 성령을 충만히 받았고, 세례를 받았지만 아직 성령을 받지 못한 사마리아 사람들도 "사도들이 그들에게 안수하자 그들이 성령을 받게"(사도 8, 17)되었다. 이와 같이 견진성사는 성령을 충만히 받아 세례성사를 완성하는 성사이다.

성령께서 우리에게 베푸시는 풍부하고 다양한 선물들에 대하여 성경은 여러 곳에서 말하고 있다(로마 8,26-27; 1코린 12; 2코린 13, 13; 콜로 1, 8 참조). 견진성사를 통해 성령께서 내려 주시는 일곱 가지 은혜를 성령칠은(聖靈七恩 : 개인의 신앙을 성숙시켜 견고하게 해주고 덕을 닦을 수 있는 자세를 키워주는 은사)이라고 한다(이사 11,2-3에서 유래). 그리고 바오로 사도는 성령께서 주시는 은혜를 잘 간직하여 살아감으로써 신자들이 맺을 수 있는 성령의 열매를 "사랑, 기쁨, 평화, 인내, 호의, 선의, 성실, 온유, 절제"(갈라 5,22-23)의 아홉 가지로 열거하고 있다.

• 성령칠은

① 지혜(知慧, 슬기) : 구원에 필요한 일에 끌리어 맛들이게 하는 은혜.
② 이해(理解, 통달 또는 깨달음) : 믿음의 오묘한 이치를 깨닫게 하는 은혜.
③ 의견(意見, 일깨움) : 선악을 분별케 하는 은혜.
④ 지식(知識, 앎) : 구원을 받기 위해 믿을 것과 믿지 않을 것을 분별케 하는 은혜.
⑤ 용기(勇氣, 굳셈) : 악을 대적하고 순교까지도 하게 하는 은혜.
⑥ 효경(孝敬, 공경 또는 받듦) : 하느님을 참 아버지로 알아 사랑하게 하는 은혜.
⑦ 두려워함(경외·敬畏) - 하느님의 전지전능하심에 경외감을 가지며, 죄를 범하여 하느님의 뜻을 거스를까 두려워하는 은혜.

이 성령칠은(聖靈七恩) 중에 지혜, 이해, 의견, 지식은 우리의 믿음을 굳게 해 주는 은혜이고, 용기, 효경, 경외는 우리의 사랑을 길러 주는 은혜다. 그리고 성령칠은은 대신덕(향주삼덕)과 윤리덕(사추덕·四樞德 : 현명·정의·용기·절제)을 닦도록 도와준다.

예화(기사 · knight)

중세의 기사도 정신은 신자들에게도 영향을 끼쳐서 신앙의 의무에 충실하고 용감한 것이 무엇보다 강조되었다. 가톨릭의 기사들은 교회를 적으로부터 수호한다는 선서를 했다. 그들은 필요한 경우에는 생명을 바칠 정도로 용감했다. 기사도는 고상한 이념, 즉 약자를 돕는 일에 앞장서며 모든 일에 성실하고 진실하고 의로운 이념이 고취되었다. 기사가 되기 위한 훈련이 끝나면 제대 앞에 기사복을 놓고 밤새워 기도하며 기사가 되는 절차를 따라야 했다. 다음날 아침 그의 갑옷은 축복을 받고 그 사람은 진실한 그리스도의 기사답게 일생을 바친다는 선서를 했다.

그 후에 기사가 되기 위한 가장 엄숙한 의식이 거행되는데, 다른 기사가 칼로 그의 뺨이나 어깨, 또는 기타 부분을 가볍게 치며 다음과 같은 말을 한다.

"기사여, 잠에서 깨어나 그리스도의 신앙을 지켜나가라!"

견진성사의 예식은 중세의 기사단 의식과 흡사하다. 견진 성사로 우리는 그리스도 군대의 기사가 되는 것이다. 초대 교회의 교부인 테르툴리아노는 이에 대해 상세히 기록해 놓았다.

"견진성사를 받을 때 우리는 몸에 성유를 바름으로써 우리의 영혼이 거룩하게 되고, 몸에 십자 성호를 그음으로써 우리의 영혼은 성령의 빛 안에 놓이게 된다. 이 같은 거룩한 예식을 통해서 우리는 어떤 전쟁도 치를 수 있는 강력한 힘을 얻게 되는 것이다." 신자이며 견진성사를 받은 우리는 이 세대의 악한 풍조에 대항하여 용감하게 이겨나가야 한다.

견진성사의 은총

그대는 영적인 날인, 곧 지혜와 통찰의 영, 의견과 용기의 영, 지식과 공경의 영, 주님을 두려워하는 경외의 영을 받았다는 것을 기억하고, 그대가 받은 것을 지키십시오. 하느님 아버지께서 그대에게 인장을 찍으셨고, 주 그리스도께서는 그대를 인정하셨고, 그대의 마음 속에 성령을 보증으로 주셨습니다. - 성 암브로시오

나오는 말

세례는 그리스도 안에서 새 생명으로 태어나게 한다. 우리는 세례를 통하여 교회의 구성원이 된다. 세례의 효과 또는 세례의 은총은 풍요로운 것이다. 이 은총으로 세례 받은 사람은 원죄와 모든 본죄를 용서받고, 성부의 양자, 그리스도의 지체, 성

령의 성전이 되어 새롭게 태어난다. 그 결과 그리스도의 몸인 교회와 한 몸이 되어 그리스도의 사도직을 수행한다.(「가톨릭 교회 교리서」, 1277·1279항 참조) 요컨대 우리는 세례성사를 받음으로써 하느님의 자녀로 다시 태어나 교회와 결합하여 하느님께 받은 신앙을 세상에 고백하고 복음을 전하게 된다.

견진성사는 세례성사의 은총을 완성한다. 견진성사는 하느님의 자녀로서 더 깊이 뿌리내리게 하고, 그리스도와 더 굳게 결합시키며, 교회와 유대를 더욱 튼튼하게 하고, 교회의 사명에 더욱 깊이 참여하게 하며, 실천이 따르는 말로써 그리스도 신앙을 증언하도록 하는 성사이다.(「가톨릭 교회 교리서」, 1316항 참조) 요컨대 견진성사로 성령의 특별한 은총을 받아 더욱 성숙한 그리스도인으로 자라고 그리스도의 참된 증인이 되어 말과 행동으로 신앙을 옹호하며 전파하는 교회의 충실한 일꾼이 된다.

핵심문제

(1) 성세(세례)성사는 어떤 성사입니까?
세례성사는 물로 씻는 예절로 이루어지는 성사로서, 이 성사를 받은 사람은 원죄와 본죄 그리고 그에 따르는 죄벌까지 용서받게 됩니다.

(2) 세례성사로써 입는 그 밖의 은혜는 무엇입니까?
하느님의 영적인 자녀로 태어나고, 그리스도의 몸인 교회의 일원과 성령의 성전이 되며, 다른 성사를 받을 자격을 얻게 됩니다. 또한 생명의 은총을 받게 되고 복음의 증거자가 됩니다.

(3) 세례의 핵심적인 의식은 무엇입니까?
"○○○(세례명), 나는 성부와 성자와 성령의 이름으로 당신에게 세례를 줍니다." 라고 말하면서 머리에 물을 붓는 것입니다.

(4) 세례는 지워지지 않는 표지를 남깁니까?
세례를 받음으로 영혼에 지워지지 않는 영적 표지인 인호가 새겨지며, 이 인호는 세례 받은 사람이 그리스도교의 예배를 드리도록 축성된 것입니다. 이 인호 때문에 세례는 여러 번 받을 수 없는 것입니다.

(5) 세례를 받지 않고도 구원될 수 있습니까?
신앙 때문에 죽음을 당한 사람들과 예비신자들, 교회를 모르면서도 은총으로 하느님을 찾고 그 분의 뜻을 행하려고 애쓰는 모든 사람들은 세례를 받지 않아도 구원을 받습니다.

(6) 세례를 어린아이에게도 베풀 수 있습니까?

교회는 아주 오래 전부터 어린아이들에게 세례를 베풀었습니다. 왜냐하면 세례는 인간의 공로를 전제하지 않는 하느님의 은총이며 선물이기 때문입니다. 어린이들은 교회의 신앙 안에서 세례를 받으며 그리스도인의 삶을 시작함으로써 참된 자유에 도달하게 됩니다.

(7) 견진성사란 무엇입니까?

견진성사는 세례성사의 은총을 완성하는 성사로서, 그리스도인을 굳세고 성숙한 신앙인이 되게 해 주는 '성숙의 성사'입니다. 따라서 견진성사는 하느님의 양자로서 신앙에 더 깊이 뿌리 내리게 하고, 그리스도와 더 굳게 결합시키며, 성령의 선물을 증대시키고, 교회와 이루는 친교를 더욱 완전하게 하고, 교회의 사명에 더욱 깊이 참여케 하며, 말과 실천으로 그리스도교 신앙을 증거하는 삶을 살게 합니다.

(8) 견진성사는 누가 집전합니까?

보통 주교가 거행합니다. 이는 이 성사가 교회의 유대를 강화한다는 것을 의미합니다.

(9) 견진성사는 지워지지 않는 어떤 표지를 줍니까?

세례성사와 마찬가지로 견진성사도 그리스도인의 영혼에 영적인 표지(標識), 즉 지워지지 않는 인호를 새겨줍니다. 그러므로 견진성사는 일생에 한 번만 받습니다.

(10) 견진성사는 어떻게 준비합니까?

세례성사를 받은 신자로서 일반적으로 12세가 넘고 교리교육을 충분히 받아 교회의 일에 적극적으로 참여할 자세를 갖춘 견진 후보자들은 신앙을 고백해야 하고, 은총의 상태에 있어야 하고, 성사를 받을 의향이 있어야 하고, 교회 공동체와 현세적인 일을 하는 데 그리스도의 제자와 증인의 역할을 할 준비가 되어 있어야 합니다.

(11) 견진성사의 핵심적인 의식은 무엇입니까?

집전자의 안수와 "성령 특은의 날인을 받으시오."라는 말과 견진자의 이마에 축성 성유를 바르는 것입니다.

(12) 성령칠은(聖靈七恩)이란 무엇입니까?

성령칠은(聖靈七恩)은 '지혜 · 이해 · 의견 · 지식 · 용기 · 효경 · 경외' 일곱 가지를 말하는데, 이 칠은(七恩)은 개인의 신앙을 성숙시켜 견고하게 해주고 덕을 닦을 수 있는 자세를 키워주는 은사입니다. 그리고 성령칠은은 대신덕(향주삼덕)과 윤리덕(사추덕)을 닦도록 도와줍니다.

알아두기

- 유아세례/임종대세

유아세례(幼兒洗禮)란 신자의 자녀로써 보통 7세 미만(초등학교 취학 전)의 철이 들기 전의 어린이가 받는 세례를 말한다. 교회는 아주 오래 전부터 어린아이들에게 세례를 베풀었다. 왜냐하면 세례는 인간의 공로를 전제하지 않는 하느님의 은총이며 선물이기 때문이다. 어린이들은 교회의 신앙 안에서 세례를 받으며 그리스도인의 삶을 시작함으로써 참된 자유에 도달하게 된다.

대세(代洗)는 약식(略式)세례라고 하며, 사제를 대신하여 사제 외의 사람이 약식으로 세례를 주는 것을 말한다. 임종대세(臨終代洗)는 죽을 위험이 있는 비신자가 받으며, 천주교의 네 가지 근본 교리(하느님 존재, 삼위일체, 상선벌악, 강생구속)를 듣고 그리스도교 신앙을 받아들인다는 긍정적 대답을 하여야 한다. 만일 임종대세를 받은 자가 건강이 회복되었다면 교리교육을 받은 다음에 보례(補禮), 곧 물로 씻는 예절만 빼고 나머지 예절을 보충하여야만 다른 성사를 받을 수 있다. 대세 예식은 성수나 깨끗한 물을 이마에 흘리며 "○○○(세례명), 나는 성부와 성자와 성령의 이름으로 당신에게 세례를 줍니다."라고 말한다. 그리고 즉시 보고 양식에 따라 해당 지역 본당에 알려야 한다.

제 17 장 입문성사 2

- 성체성사 -

들어가는 말

성체성사는 미사성제(성찬례)로 이루어진다. 미사는 하느님의 사랑을 체험하는 거룩한 신비다. 세례성사의 표징은 "물로 씻는 예식"이고, 견진성사의 표징은 "안수와 도유"다. 그리고 성체성사의 표징은 "생명의 양식을 나누어 먹는 식사"(또는 잔치)다. '생명의 양식'은 '성체'인데, 성체(聖體)는 축성된 빵과 포도주의 형상 안에 살아 계시는 예수님의 몸이며, 우리 영혼의 양식이다. 성체성사는 일곱 가지 성사 중에서 제일 큰 성사로서, 예수 그리스도께서 친히 세우신 제사요, 우리 영혼의 양식으로 내어 주신 예수 그리스도의 몸과 피를 받아 모시는 성사다. 그리스도교 입문성사를 완결하는 성체성사는 축성된 빵과 포도주의 형상 안에 그리스도의 몸과 피로 현존하시고 제헌(祭獻)되시며, 또한 스스로를 우리에게 나누어 주시는 신비한 성사다. 성체성사의 핵심적인 표징은 빵과 포도주다. 사제는 성령께서 축복해 주시기를 기원하며, 예수께서 최후의 만찬에서 "이는 너희를 위하여 내어줄 내 몸이다…… 이는 내 피의 잔이다."고 하신 말씀으로 축성한다.

성체설은 이성(理性)을 초월한 신앙의 신비다. 그런데 성체를 가톨릭은 '현존'으로 믿고, 개신교는 '상징'으로만 생각한다. 하지만 제15장 성사총론에서 알아본바와 같이 예수 그리스도께서는 인위적 표징과 자연적 표징을 이용하여 **성사적인 표징**을 만드셨기 때문에 성사적인 표징에는 예수님의 영적 실체가 존재한다.(제15장에 있는 '상징' 참조) 따라서 성체성사는 그 가시적 상징인 빵에 그리스도의 몸이 현존하신다.

예수님은 갈릴래아 지방 카나의 혼인 잔치에서 첫 번째 기적으로 물(H_2O)을 술(주성분은 에탄올, C_2H_5OH)로 변화시키셨다(요한 2,7-9). 이는 화학적으로는 절대 불가능한 일이지만, 우주만물을 창조하시고 섭리하신 하느님에게는 불가능이란 있을 수 없기 때문에 가능한 것이다. 마찬가지로 빵과 포도주가 예수님의 몸과 피로 변화되어짐도 과학적으로는 도저히 이해할 수 없고 불가능한 일이지만, 하느님은 전지전능하시고 시공을 초월하시므로 과거・현재・미래의 시대와 장소를 초월한 성변화(聖變化, 빵→성체)도 가능한 것이다. 성변화는 그리스도의 계시 신비이며, 미사성제 때에 축성한 빵은 바로 그리스도의 몸이다.

1코린 11,23-29

사실 나는 주님에게서 받은 것을 여러분에게도 전해 주었습니다. 곧 주 예수님께서는 잡히시던 날 밤에 빵을 들고 감사를 드리신 다음, 그것을 떼어 주시며 말씀하셨습니다. "이는 너희를 위한 내 몸이다. 너희는 나를 기억하여 이를 행하여라." 또 만찬을 드신 뒤에 같은 모양으로 잔을 들어 말씀하셨습니다. "이 잔은 내 피로 맺는 새 계약이다. 너희는 이 잔을 마실 때마다 나를 기억하여 이를 행하여라." 사실 주님께서 오실 때까지, 여러분은 이 빵을 먹고 이 잔을 마실 적마다 주님의 죽음을 전하는 것입니다. 그러므로 부당하게 주님의 빵을 먹거나 그분의 잔을 마시는 자는 주님의 몸과 피에 죄를 짓게 됩니다. 그러니 각 사람은 자신을 돌이켜보고 나서 이 빵을 먹고 이 잔을 마셔야 합니다. 주님의 몸을 분별없이 먹고 마시는 자는 자신에 대한 심판을 먹고 마시는 것입니다.

성체성사의 의미와 효과

성체성사는 밀떡과 포도주의 형상 안에 계시는 예수 그리스도의 몸(聖體)을 받아먹는 성사로서 일곱성사 중에 가장 핵심적이며 중심이 되는 성사다. 세례성사를 받는 것도 결국은 하느님과 일치에 그 목적이 있다면, 그것은 성체성사를 받기 위한 것이기 때문이다.

예수님께서는 돌아가시기 전날 밤에 빵과 포도주를 당신의 몸과 피로 변화시켜 제자들에게 나누어 주셨다. 이것은 당신께서 사랑하는 백성들을 위하여 맺으신 새로운 계약으로서 신앙인들은 주님께서 다시 오실 때까지 지속적으로 거행하면서 예수님의 사랑을 기억하게 된다. 예수님께서는 "내 살을 먹고 내 피를 마시는 사람은 내 안에 머무르고, 나도 그 사람 안에 머무른다."(요한 6, 56)라고 말씀하셨다. 그러므로 주님을 모시는 영성체(領聖體)로 주님께 대한 일치가 증대되며, 소죄(작은 허물)를 용서받고, 대죄(큰 죄)를 범하지 않도록 보호를 받는다.

또한 성체성사는 교회 공동체의 일치를 상징한다. 사도 바오로는 "빵이 하나이므로 우리는 여럿일지라도 한 몸입니다. 우리 모두 한 빵을 함께 나누기 때문입니다."(1코린 10,

17)라고 말했다.

우리가 '한 가족'(한 식구)이라고 말할 때 "함께 밥을 나누어 먹는다."는 것이 큰 비중을 차지한다. "한솥밥을 먹는다."는 것이 가족의 개념이다. 그리스도교 신자들은 "예수 그리스도의 몸"이라는 밥을 함께 나누어 먹는다. 따라서 그리스도교 신자들은 모두 한솥밥을 먹는 한 가족인 것이다.

성체성사는 언제나 교회의 공적 예배인 미사 중에 이루어지며, 예수 그리스도와 우리를 하나가 되게 하는 가장 큰 은총의 성사이기 때문에 모든 성사의 중심이고 정점이다. 우리는 세례성사를 받은 다음 미사에 참여할 때마다 성체를 받아 모심으로써 구원의 은총을 새롭게 얻어 신앙생활에 활력을 얻게 된다.

성체성사의 제정

성체성사는 이미 구약시대부터 예고되어 온 것이다. 이스라엘 백성은 하느님의 도우심으로 이집트 노예생활에서 해방을 얻게 되었다. 그러나 그들은 홍해를 건너 약속의 땅인 가나안에 이르기까지 40년이라는 긴 세월을 광야에서 지내야 했다. 하느님께서는 굶주리는 그들에게 날마다 먹을 양식으로 '만나'##를 내려주셨다.

만나는 하느님께서 이스라엘 백성이 현세적 생명을 유지하고 당신 백성으로 살도록 내려 주신 양식이었지만, 이 만나로써 하느님께서는 장차 당신의 새로운 백성이 될 모든 사람에게 영원한 생명의 양식으로 주실 성체성사를 예고하신 것이다.

예수님께서는 복음 선포 활동을 하실 때 빵 다섯 개와 물고기 두 마리로 5천명을 배불리 먹이고도 열두 광주리가 남는 기적(요한 6,1-15; 마태 14,13-21 참조)을 행하셨다. 그리고 예수님은 당신께 몰려드는 군중을 향하여 구약의 만나와 당신이 주시는 '생명의 빵'을 비교하여 설명해 주셨다.

만나(manna) : 만나라는 것은 시나이 광야에 많이 자라고 있는 '타마리스크' (Tamarisk)라는 나무의 잎에 붙어 사는 곤충의 배설물이 땅에 떨어질 때 사막의 건조한 바람에 수분이 증발되어 굳어진다. 이것을 개미들이 모아놓으면 아침 일찍 일어난 사람들이 음식의 재료로 사용할 수 있는데, 화학분석 결과 당분이 80%에 달한다. 이 음식은 이스라엘 사람들에게는 생소한 것이어서 "이것이 무엇이냐?"라고 서로 물었던 질문이 히브리어로 '만나'라는 말이었다. 모세는 이 질문에 대해 "이것은 주님께서 너희에게 먹으라고 주신 양식이다."(탈출 16, 15)라고 말하였다. 구약의 백성이 먹었던 만나는 신약의 백성에게 영원한 생명을 주시려고 생명의 빵이 되신 예수 그리스도의 몸을 예표(豫表)한다.

"하늘에서 너희에게 빵을 내려 준 이는 모세가 아니다. 하늘에서 너희에게 참된 빵을 내려 주시는 분은 내 아버지시다. 하느님의 빵은 하늘에서 내려와 세상에 생명을 주는 빵이다."(요한 6,32-33). 그리고 "나는 생명의 빵이다. 너희 조상들은 광야에서 만나를 먹고도 죽었다. 그러나 이 빵은 하늘에서 내려오는 것으로, 이 빵을 먹는 사람은 죽지 않는다. 나는 하늘에서 내려온 살아 있는 빵이다. 누구든지 이 빵을 먹으면 영원히 살 것이다. 내가 줄 빵은 세상에 생명을 주는 나의 살이다."(요한 6,48-51) 라고 말씀하셨고, "내 살을 먹고 내 피를 마시는 사람은 내 안에 머무르고, 나도 그 사람 안에 머무른다."(요한 6, 56) 라고 말씀하셨다. 그리고 예수님께서는 최후의 만찬 자리에서 성체성사를 제정하심으로써 구약의 예고를 완성하고 실현시키셨다.

그리스도의 몸과 피

성체성사는 예수께서 유다교 지도자들에 의해 잡히시기 전날 저녁에 제자들과 함께 하신 최후의 만찬 자리에서 제정하셨다. 이날 만찬은 이스라엘 백성들이 이집트에서 탈출하여 해방을 맞게 되었던 것을 기념하는 파스카 축제 만찬이었다. 복음사가들이 전한 만찬 때의 예수님의 말씀은 다음과 같다.

> 그들(제자들)이 음식을 먹고 있을 때에 예수님께서 빵을 들고 찬미를 드리신 다음, 그것을 떼어 제자들에게 주시며 말씀하셨다. "받아라. 이는 내 몸이다." 또 잔을 들어 감사를 드리신 다음 제자들에게 주시니 모두 그것을 마셨다. 그때에 예수님께서 그들에게 이르셨다. "이는 많은 사람을 위하여 흘리는 내 계약의 피다."(마르 14,22-24; 마태 26,26-28)

예수님이 빵을 손에 들고 "받아라. 이는 내 몸이다."라고 말씀하실 때 빵의 형상은 그대로였지만 그 본질은 이미 완전한 예수님의 몸으로 변했다. 예수님께서 당신 몸을 우리에게 내어 주시는 것은 우리를 죄의 노예 상태에서 해방시키기 위하여 몸소 파스카의 어린 양이 되시어 십자가에서 하느님 아버지께 희생 제물로 바치시는 것을 의미한다.

또한 예수님은 손에 포도주의 잔을 들고 "이는 많은 사람을 위하여 흘리는 내 계약의 피다."라고 말씀하심으로써 포도주는 완전히 예수님의 성혈로 본질이 변했다. 예수님께서 당신의 피를 우리에게 내어 주신 것은 당신의 피로 우리 모두의 구원을 위한 새롭고 영원한 계약을 맺으신다는 것을 뜻한다.

하느님과 이스라엘 백성 사이에 옛 계약을 맺을 때는 짐승을 잡아 그 피로써 계약을 맺었지만, 이제 그리스도 자신의 피로써 하느님과 온 인류 사이에 새롭고 영원한 계약을 맺으신 것이다. 따라서 예수께서 마시라고 주신 피는 속죄와 계약의 제물로서 흘리실 당신의 피다. 실제로 예수님께서는 십자가 위에서 피를 흘리시어 목숨을 바치심으로써 온 인류를 죄와 죽음의 속박에서 풀어 주셨고, 하느님과 우리 인간 사이에 새 계약을 맺어 주시는 중재자가 되셨다.

예수 그리스도께서는 빵과 포도주 형상 안에 각각 완전히 계신다. 빵과 포도주가 그리스도의 살과 피로 변화되는 것은 그리스도께서 친히 세우신 교회에서 당신이 선택한 사제들에 의해 계속되고 있다. 수난 전날 밤에 당신의 제자들에게 빵과 포도주를 주님의 살과 피로 변화시키는 권한을 주셨다. 그때 "너희는 나를 기억하여 이를 행하여라."고 하신 말씀으로 사도들을 사제품에 올리신 것이다. 사제들은 미사 때마다 이를 재현(再現)하며 빵과 포도주를 축성하여 그리스도의 살과 피로 변화시킨다.

이것은

첫째, 항상 십자가상 제사를 기념하고 새롭게 하는 제물로 스스로를 제헌하기 위함이며,

둘째, 신자들로 하여금 영성체함으로써 주님을 받아 모시게 하기 위함이고,

셋째, 예수님께서 우리에 대한 사랑을 드러내시고 우리에게서 흠숭을 받으시도록 제대상에 머물러 계시기 위함인 것이다.

예화1(사모나 주교)

사모나 주교님이 예루살렘에 체류하고 있던 어느 날, 이슬람교 신자들이 그를 곤궁에 빠뜨리기 위하여 공개적인 석상에서 성체에 대한 질문을 했다.

"이 빵과 포도주가 어떻게 그리스도의 살과 피가 된다는 말인가요? 그것이 도대체 어떻게 가능하다는 것이오?"

사모나 주교님은 그들이 한 그대로 역시 빵을 들어 보이며 조용히 대답했다.

"우리는 아주 미미한 생명체로부터 시작되고 자라서 이렇게 어른이 되었습니다. 당신들이 먹은 빵과 포도주가 지금의 우리 몸인 살과 피로 변한 것입니다. 사람인 우리가 이렇게 했는데 하물며 하느님께서 그것을 못하실 까닭이 있겠습니까?"

그러자 다른 한 사람이 물었다. "하지만 성체는 아주 작지 않습니까? 그 안에 예수님께서 어떻게 온전히 계실 수 있겠습니까?"

주교님은 푸른 하늘을 우러러 본 다음, 자기 앞에 전개된 큰 예루살렘 도읍을 가리키며 대답했다. "우리 머리 위에 펼쳐진 하늘은 얼마나 광대합니까? 그에 비해 우리 눈은 또한 얼마나 작습니까? 우리 눈이 비할 수 없이 작지만 이 광대한 하늘과 땅의 모든 광경을 전부 담을 수 있지 않습니까? 그렇다면 조그마한 성체 조각 안에 천지를 지으신 예수님께서 온전히 계신다는 것이 어찌 불가능하겠습니까?"

그러자 처음에 발언했던 이슬람교 신자가 다시 입을 열었다.

"그렇다면 꼭 같은 그리스도의 몸이 어떻게 같은 시각에 당신들의 모든 교회에 현존할 수 있습니까?"

"큰 거울은 당신의 모습을 하나만 반사합니다. 그러나 그 거울을 수백 조각으로 깨뜨린다면 당신의 얼굴은 수백 개의 거울 안에 반사되지 않습니까? 그렇다면 그리스도께서도 동시에 여러 곳에 계신다는 것이 어찌 불가능한 일이겠습니까? 하느님께서는 불가능한 일이란 있을 수 없습니다."

미사 때 사제가 성체를 축성하는 기도를 외우면 빵과 포도주의 형상 안에 예수 그리스도께서 현존하신다고 교회는 가르친다. 주님께서는 당신의 온전한 살과 피로써, 영혼과 신성으로 결합되어 현존하시는 것이다. 같은 시각에 미사가 거행되는 모든 교회에 주님은 현존하신다. 이것은 오직 하느님만이 하실 수 있는 신비다.

예화2(성녀 요안나)

다섯 살이 된 요안나가 아버지의 서재에서 놀고 있었다. 프레묘의 대통령이었던 그녀의 아버지를 친구인 개신교 신자가 찾아와서 이야기를 나누는 중에 논쟁이 벌어졌다. 그는 개신교에서는 성체 안에 예수님이 실재하신다는 허구를 가르치지 않아서 좋다고 말했다. 이 말을 듣고 있던 요안나는 참지 못하고 귀족인 그에게 말하였다.

"아저씨는 예수님께서 성체 안에 계시겠다고 하신 말씀을 믿지 않으신다는 거예요? 아저씨가 그것을 믿지 않는다면 예수님을 거짓말쟁이로 생각하는 거예요."

이 어린 아이의 말에 귀족은 깜짝 놀라지 않을 수 없었다. 그는 어린 요안나와 여러 가지 말을 주고 받았는데 아이의 대답 하나 하나에 감탄을 금할 수 없었다. 아이의 입을 막으려고 그는 귀한 과자를 내밀었는데 그것을 앞치마에 받아든 요안나는 난로의 불 속에 털어 넣었다. 그리고는 어리둥절해하는 귀족에게 날카롭게 쏘아붙였다.

"예수님의 말씀을 믿지 않는 사람들은 이렇게 지옥 불에 타고 말 거예요!"

훗날 요안나는 성체 성사를 특별히 공경하는 수도회를 설립했다.

성체 안에 예수님이 계시지 않다고 말하는 것은 바로 예수님을 거짓말쟁이로 만드는 것이라는 요안나의 생각은 참으로 옳은 말이다. 예수님은 진실로 그렇게 말씀하셨다. 예수님의 말씀을 부인하는 것은 진리를 부인하는 것이다. 한 걸음 나아가 예수님의 진리를 믿는 것만으로는 부족하다. 믿는 것을 실행에 옮기는 참된 신앙인으로 살아야 한다.

예화3(유언)

창고와 소와 기계, 그리고 모든 설비가 잘 갖추어진 농장을 소유한 농부가 있었는데, 그는 자기가 죽은 후에 그 모든 것을 아들에게 물려줄 것이라고 생전에 아들들에게 자주 말했다.

"그것은 너희들에 대한 내 사랑의 표시가 될 것이다. 내가 젊었을 때 일을 시작했던 처지보다 훨씬 좋은 처지에서 너희가 살도록 모든 것을 남겨줄 것이다."

얼마 후 그 농부가 중병에 걸려 위독하게 되었는데 의사는 그의 임종이 멀지 않았다고 말했다. 그러자 농부는 아들들을 곁으로 불렀다.

"이제 너희들에게 상속할 재산을 공개하겠다."

아들들은 아버지가 평소에 입버릇처럼 약속한 말을 생각했다. 그들이 아버지가 내어 줄 재산을 상상하고 있을 때, 아버지는 베개 밑에 손을 넣어 그의 농장이 담긴 그림 한 폭을 꺼내어 아들들 앞에 내놓았다.

"이것이 바로 내가 너희들에게 남겨 줄 유산이다. 내 농장이 전부 들어있는 한 장의 그림이다. 너희가 이것을 볼 때마다 내가 일군 농장을 기억하고 아버지를 기억하는 상징으로 삼아라!"

아버지의 입에서 뜻밖의 말이 떨어지자 아들들은 어리둥절할 뿐이었다. 그들은 서로 쑥덕거렸다.

"병이 심해서 아버지가 제 정신이 아니신 모양이야. 그렇지 않고서야 평소에 약속하신 것들을 이렇게 실없는 그림 한 장만 달랑 대신하고 돌아가실 수가 있단 말인가? 올바른 정신이라면 농장이 그려진 그림을 남겨 준다는 농담 따위는 하지 않았을 거야. 이 그림이 도대체 우리에게 무슨 가치가 있단 말인가! 그리고 이까짓 그림 한 장이 자식들에 대한 아버지의 사랑의 기념이 될 수 있다는 말인가!"

예수님께서 최후 만찬 때 하신 말씀은 이 농부가 아들들에게 준 한 장의 그림처럼 그저 한 조각의 빵, 한 잔의 포도주로서 당신을 기억하라는 상징으로만 주셨을까. 전지전능하신 절대자요 하느님이신 그리스도께서 실제적으로는 당신의 살과 피를 주신 것이 아니고 다만 상징성으로만 말씀하셨겠는가. 아들들을 사랑하는 아버지가 재산은 모두 처분하고 달랑 그림 한 장만을 실체가 없는 상징으로 주었겠는가. 예수님께서는 최후 만찬이 있기 2년 전에 이미 당신의 살과 피를 우리에게 주실 것을 약속하셨다.

"내가 줄 빵은 세상의 모든 사람들을 살게 하기 위해 바치는 생활한 내 살이다."

따라서 '이것은 내 몸이다'라고 말씀하셨을 때, 한 장의 그림이나 단순한 상징을 말씀하신 것이 아니라 당신의 실제적인 생활하신 살을 뜻하신 것이었다. 성체성사는 실제적으로 살아 있는 그리스도의 살과 피로 변화한 신비의 성사다.

판사가 판결문을 자기 방에서 연습으로 낭독할 때와 정식 법정에서 낭독할 때와는 효능이 100% 다르다. 실체의 변화란 외형의 물리적 변화만을 의미하지는 않는다.

성체성사를 이루는 미사성제

미사(Missa)는 신약의 제사이고, 하느님께 드리는 감사의 제사다. 예수님께서 수난 전날 최후 만찬 때 올린 예식이 첫 미사 봉헌이다.

예수님께서는 제자들에게 "너희는 나를 기억하여 이를 행하여라."(루카 22, 19) 하고 당부하셨다. 예수님께서 제자들과 함께하신 최후의 만찬을 기념하고 재현하는 예식이 바로 미사다. 그리고 교회가 봉헌하는 미사 안에서 예수님께서는 빵과 포도주의 형상 안에 단순히 상징으로서가 아니라 실제로 살아 계시며, 사제를 통하여 미사를 직접 주재하신다.

이와 같이 성체성사를 이루는 미사는 예수님께서 몸소 제물과 제관이 되시어 봉헌하신 십자가의 희생 제사며, 그리스도의 생애와 죽음과 부활로 완성된 구원 사업을 기리는 기념 제사다. 골고타 십자가 성제는 유혈제(流血祭)이고 미사성제는 무혈제(無血祭)이지만, 양자(兩者)는 똑같은 성제다. 또한 미사는 그리스도의 몸과 피를 하느님께 바치고 이를 우리에게 나누어 줌으로써 우리도 예수 그리스도의 부활에 참여하리라는 희망을 보증하여 주기에, 찬미와 감사의 제사다. 따라서 미사는 하느님께 예배드리고 감사드리며 속죄하고 기원하는 가장 완전한 제사다.

미사 전례

전례란 교회의 공적 예배를 말한다. 미사는 예수께서 잡히시기 전날 제자들과 나누신 최후만찬에 기원하며, 인류 구원을 위해 십자가에 죽으신 예수 그리스도의 희생을 기념하고 감사하는 제사이다. 또한 미사는 미사에 참가한 신자들이 예수님의 몸과 피를 받아 모시고 그 분을 통해 구원을 얻게 되는 기쁨을 나누는 잔치의 성격도 함께 존재한다. 미사는 구약시대부터 이스라엘 민족이 하느님께 드려 왔던 제사의 연장선이며, 사도시대부터 오늘날까지 미사는 근본적 구조에 큰 변화 없이 끊임없이 행해져 왔고, 성체성사는 교회생활의 중심이 되었다. 그리스도인들은 예수님이 부활하신 주간 첫날(일요일)을 '주님의 날'로 정하여, 모두가 한 자리에 모여 미사를 봉헌한다. 성체성사는 언제나 하느님 말씀의 선포(성경 봉독), 하느님 아버지의 모든 은혜와 특히 아드님을 주신 데 대한 감사, 빵과 포도주의 축성, 그리고 주님의 몸과 피를 받아 모심으로 거행된다. 이 요소들은 하나이며 동일한 예배행위를 이룬다.

따라서 미사는 말씀 전례와 성찬 전례로 거행된다. 말씀의 전례는 하느님 말씀의 선포(독서, 복음, 강론), 보편 지향 기도로 이루어져 있고, 성찬 전례는 예물 봉헌, 축성의 감사기도(빵과 포도주의 축성), 영성체(領聖體)로 이루어져 있다.

영성체(領聖體)

영성체는 미사 중에 축성된 빵과 포도주의 형상 안에 살아계신 예수님의 몸인 성체를 받아 모시는 것이며, 영혼의 양식을 받아먹는 신비다. 성체를 받아 모시는 거룩한 영성체는 더 깊은 주님과의 일치를 이루게 하며, 소죄를 사해 주고, 대죄에서 보호해 준다. 성체를 모시는 사람과 그리스도 사이의 사랑의 유대가 깊어지므로 자연히 그리스도의 신비체인 교회와의 일치도 강하게 된다. 그런데 13세기까지는 빵과 포도주를 같이 받아 모시는 양형 영성체(兩形領聖體)를 하였다. 그러나 그 이후 사제만 성체와 성혈을 모시고, 신자들은 특별한 경우를 제외하고는 성체만 영(領, 받을령)하도록 이를 트리엔트 공의회에서 정당화시켰다. 몸에는 살과 피가 공존하기 때문이다. 우리가 영성체를 하기 위해 준비가 필요하다.

첫째는 영적 준비 즉 마음의 준비다. 성체성사는 혼인 잔치에 비유(마태 22,1-13)할 수 있다. 임금이 왕자의 혼인 잔치에 초대할 때는 예복을 입어야하는데, 이 말은 우리가 영성체에 초대될 때는 영혼이 은총의 상태에 있어야 한다는 것을 뜻한다. 만일 우리가 대죄(大罪)중에 있으면서 성체를 영(領)한다면 모령성체(冒領聖體 : 성체를 모독하는 중죄)의 큰 죄를 하나 더 범하게 되는 것이다. 그래서 대죄를 지었으면 먼저 고해성사로 죄의 용서를 받고 나서 성체를 모셔야 한다.

둘째는 육체적 준비다. 그리스도께서 우리에게 오시는 그 순간에 그 분께 합당한 존경과 정성과 기쁨을 나타내기 위하여 성체를 받아 모시기 한 시간 전부터 물과 약 외에는 아무것도 먹지 않는 공복재(空腹齋)를 지켜야 한다. 그러나 고령자나 환자, 환자를 돌보는 사람 등은 예외이다.

그리고 성체를 하루에 두 번 영(領)할 수도 있는데, 그 경우는 주일 미사 후 혼인 미사, 부활 성야 미사와 낮 미사, 성탄 자정 미사와 낮 미사 때이다.

나오는 말

성체는 축성된 빵과 포도주의 형상 안에 살아 계시는 예수님의 몸이기 때문에 가장 거룩한 성사다. 성체성사는 교회 생활의 핵심이며 정점이다. 그리스도께서는 이

성체성사를 통하여, 십자가에서 성부께 단 한 번 봉헌하신 찬미와 감사의 제사에 교회와 교회의 모든 지체를 참여시키시기 때문이다. 주님의 몸을 받아 모시는 성체성사로 우리는 영원한 생명의 양식을 얻고 하느님의 자녀로 성장하게 된다. 그리고 성체성사가 이루어지는 미사에 참여하면서 예수 그리스도와 함께 우리 자신을 하느님께 봉헌하고, 하느님과 이웃과 확고히 일치한다.

핵심문제

(1) '성체'란 무엇입니까?

축성된 빵과 포도주의 형상 안에 살아 계시는 예수님의 몸이며, 우리 영혼의 양식입니다.

(2) 성체성사란 어떤 성사입니까?

성체성사는 일곱 가지 성사 중에서 제일 큰 성사로서, 예수 그리스도께서 친히 세우신 제사요, 우리 영혼의 양식으로 내어 주신 예수 그리스도의 몸과 피를 받아 모시는 성사입니다.

(3) 성체성사는 어떻게 거행됩니까?

성체성사는 언제나 하느님 말씀의 선포(성경 봉독), 하느님 아버지의 모든 은혜와 특히 아드님을 주신 데 대한 감사, 빵과 포도주의 축성, 그리고 주님의 몸과 피를 받아 모심으로 거행됩니다. 이 요소들은 하나이며 동일한 예배 행위를 이룹니다.

(4) 성체성사의 핵심적인 표징은 무엇입니까?

성체성사의 핵심적인 표징은 빵과 포도주입니다. 사제는 성령께서 축복해 주시기를 기원하며, 예수께서 최후의 만찬에서 "이는 너희를 위하여 내어 줄 내 몸이다.…… 이는 내 피의 잔이다."라고 하신 말씀으로 축성합니다.

(5) 예수님께서 당신 몸을 우리에게 내어주시는 것은 무엇을 의미합니까?

예수님께서 당신 몸을 우리에게 내어주시는 것은 우리를 죄의 노예 상태에서 해방시키기 위하여 몸소 파스카의 어린 양이 되시어 십자가에서 하느님 아버지께 희생 제물로 바치시는 것을 의미합니다.

(6) 예수님께서 당신의 피를 우리에게 내어주신 것은 무엇을 뜻합니까?

예수님께서 당신의 피를 우리에게 내어주신 것은 당신의 피로 우리 모두의 구원을 위한 새롭고 영원한 계약을 맺으신다는 것을 뜻합니다.

(7) '영성체'(領聖體)란 무엇입니까?

영성체란 미사 중에 축성된 빵과 포도주의 형상 안에 살아계신 예수님의 몸인 성체를 받아 모시는 것이며, 영혼의 양식을 받아먹는 신비입니다.

(8) 영성체를 합당하게 하기 위한 조건은 무엇입니까?

영성체로 그리스도를 받아 모시고자 하는 사람은 은총의 상태에 있어야 합니다. 만일 어떤 사람이 죽을 죄를 지었다는 것을 자인한다면 먼저 고해성사로 죄의 용서를 받고 나서 성체를 모셔야 합니다.

(9) 합당하게 성체를 받아 모시면 어떤 효과가 있습니까?

그리스도의 몸과 피를 모시는 거룩한 영성체는 더 깊은 주님과의 일치를 이루게 하며, 소죄를 사해주고, 대죄에서 보호해 줍니다. 성체를 모시는 사람과 그리스도 사이의 사랑의 유대가 깊어지므로 자연히 그리스도의 신비체인 교회와의 일치도 강하게 됩니다.

알아두기

• 미사예식 순서

4부분으로 나누어져 있는데,

시작예식 - 말씀의 전례 - 성찬의 전례 - 마침예식

시작예식(개회예식)

입당송 - 사제가 신자들과 나누는 인사 - 참회의 예절 - 자비송 - 대영광송 - 본기도

말씀의 전례

독서 - 화답송 - 복음낭독 - 강론 - 신앙고백 - 보편지향기도

말씀의 전례는 본격적인 미사로 들어가는 시기인데, 독서, 복음, 강론 등을 통해 하느님의 말씀을 듣고 화답송, 알렐루야, 신앙 고백 등을 통해 신자 공동체가 응답하는 시간이다.

독서는 구약과 신약의 사도행전 및 서간들이 읽혀진다.

화답송은 신자들이 하느님의 말씀인 독서를 듣고, 이에 응답하는 노래이며, 보통 시편을 노래한다. 알렐루야(복음 환호성)는 마음의 기쁨을 드러내는 것으로 복음을 듣기 전 이를 받아드릴 마음의 준비를 노래로 표현하는 것이다.

복음낭독은 말씀의 전례의 중심이며, 신약 4대복음서 중에서 전례시기에 맞추어 선택된다.

복음낭독 때 이마, 입술, 가슴에 소십자가를 긋는 의미는

이마 : 머리로 신앙을 깨닫고

입술 : 입으로 고백하고

가슴 : 마음으로 간직한다는 의미다.

강론은 사제가 하느님의 심오한 신앙 진리를 담고 있는 복음 내용을 신자들에게 쉽게 풀어 설명한다.

신앙고백은 독서와 강론을 통해 하느님의 말씀을 들은 신자들이 이에 응답하고, 하느님의 말씀에 성실히 순종할 것과 처음 영세할 때 서약한 신앙을 재확인하는 시간이다.

보편지향기도(공동기도)는 신자 공동체가 공동 지향으로 드리는 기도며, 거룩한 교회, 통치자들, 곤궁에 처해 있는 사람들, 인류세계의 구원을 위한 기도 등으로 구성한다.

성찬 전례 :

예물 봉헌 - 감사송 - 성령청원, 성찬 제정과 축성 - 영성체예식

마침 예식 :

인사와 강복 - 파견 - 퇴장

• 미사 때의 자세

- **합장**(合掌) : 겸손하고 경건한 마음가짐으로 하느님 앞에 설 때에 두 손바닥을 마주 합치는 자세다.
- **일어섬** : 서는 자세는 존경이나 환호의 표시다. 이를테면 웃어른을 맞을 때 일어서며, 법정에서 재판장이 입장하거나 퇴장할 때 사람들은 모두 일어서서 존경을 표시한다. 성당에서 미사를 드릴 때도 마찬가지다. 그래서 그리스도의 대리자로서 미사를 집전하는 사제가 입장할 때나 퇴장할 때 일어서서 존경을 표시한다. 그리고 복음을 듣기 전에 알렐루야를 노래하면서 환호할 때도 일어선다. 복음 말씀을 읽을 때는 그리스도께서 직접 말씀을 선포하시는 것으로 여겨 일어서서 듣는다. 신앙을 고백하거나 삼종기도 특히 부활삼종기도를 바칠 때 일어서서 바친다.
- **앉 음** : 신자들이 미사 중에 취하는 일반 자세다. 상대방의 이야기를 들을 때는 바른 자세로 앉아서 듣기 마련이다. 그래서 독서의 말씀을 듣거나 강론을 들을 때는 앉아서 듣는다.
- **무릎꿇음** : 이는 장궤(長跪)라고도 하며, 사람은 겸손할수록, 대면한 분이 위대할수록 자신을 작게 여기고 낮추는데, 이는 「주님은 전능하신 하느님이시요, 저는 아무것도 아닙니다.」라는 고백의 뜻으로 취하는 자세다.

• 첫 영성체

'첫영성체'는 일반적으로 유아 세례를 받은 어린이들이 처음으로 성체를 받아 모시는 것을 말한다. 이 어린이들은 첫 영성체를 하기 전에 성체성사가 무엇인지를 알아야 한다. 그래서 보통 초등하교 3-6학년 때 양심성찰과 고해성사, 성체성사 교리를 배운 다음 첫 영성체를 할 수 있도록 준비한다.

• 노자 성체(*L. Eng.* Viaticum)

죽음의 위험에 놓인 그리스도교 신자에게 주어지는 병자 영성체를 노자(路資 : 여행비용) 성체라고 한다. 병자의 가족은 병자가 완전히 의식을 잃기 전에 노자 성체를 모실 수 있도록 준비하여야 한다. 노자 성체의 경우에는 공복재를 지키지 않아도 된다. 노자 성체는 날이 바뀌면 또 다시 모실 수 있다.(제18장 '병자성사의 예식' 참조)

• 교중(教中) 미사(*L.* Missa pro populo, *Eng.* Mass for the people)

교구장 주교나 본당 주임사제가 모든 주일과 의무 축일에 미사 예물을 받지 않고 자기에게 소속된 신자들을 위해 의무적으로 봉헌하는 미사이다. 한국교회의 의무 축일(한국 천주교 사목 지침서 제75조)은 모든 주일과 예수 성탄 대축일(12월 25일), 천주의 모친 성 마리아 대축일(1월 1일), 성모 승천 대축일(8월 15일)이다.

한국 교회에서는 1985년 10월 추계 주교회의에서 교중 미사에 관한 규정을 정하고, 1986년 9월 23일에 교황청의 인가를 받아 행하고 있다.

• 산 이를 위한 미사

'산 이를 위한 미사'를 전에는 '생미사'라고 했는데, 이 미사는, 영명축일, 생일, 회갑, 졸업일 등을 맞이하여 개인을 위해 봉헌하기도 하고, 가정의 건강, 화목 및 어떤 일에 대한 감사하는 지향으로, 또는 특별한 은혜를 청하기 위해 본당사무실에 미사예물과 더불어 미사봉헌 신청을 하고 미사를 바친다.

• 위령(慰靈) 미사(*L.* Missa pro defunctis, *Eng.* Mass for the Dead)

일반적으로 '연(煉)미사'라고도 불려지는 데, 세상을 떠난 이들의 영혼을 위한 지향으로 봉헌되는 미사이다. 사도신경의 '모든 성인의 통공을 믿으며'에 따라 죽은 이들을 위하여 하느님께 미사를 바친다. 지옥에 있는 영혼을 위해서는 미사를 드릴 수 없고, 연옥에 있는 영혼을 위해 미사를 봉헌할 수 있다. 그러나 누가 지옥에 있는지 전혀 알 수 없기 때문에 교회의 공식적인 금지가 없는 한 모든 영혼들을 위해 본당사무실에 미사예물과 함께 미사 봉헌 신청을 하고 미사를 바친다.

제 18 장 치유의 성사

- 고해성사와 병자성사 -

들어가는 말

우리는 세상을 살아가면서 육신이 병들기도 하고, 죄 때문에 영혼이 병을 앓기도 한다. 그런데 정신이나 정서의 장애와 관련된 문제로 일상생활에 적응하지 못하고 심각한 심리적 장애를 겪는 사람은 상담을 통해 심리치료(psychotherapy)를 받기도 한다. 상담(counseling)이란 도움을 필요로 하는 사람(내담자·client)과 전문적인 도움을 주는 사람인 상담자(counselor) 사이에서 대면 관계를 통하여 정서적·정신적 문제 해결력을 신장시키고 정신건강을 증진시켜 능동적으로 적응하도록 돕는 활동이다. 이 상담과 비슷한 개념이 심리치료다. 이들은 심리학적 방법을 이용하여 정신건강과 마음의 평정(平靜)을 가져 오도록 돕는 것이다. 그러나 상담 심리치료와 영적 치료는 차원이 다르며, 고해성사는 영적으로 건강을 회복케 하는 하느님의 은총이다.

세상을 살다보면 누구나 한 순간의 실수나 잘못된 생각으로 죄를 짓는 경우가 있다. 또한 죄를 짓게 되면 우리는 마음의 평정을 잃고 불안과 가책을 느끼게 된다. 죄를 지었을 때 우리는 자신이 지은 죄를 용서받고 전과 같이 평화로운 상태로 돌아가기를 바라는 것이 당연하다. 그 때 "당신을 용서합니다."라는 말을 듣게 된다면, 그 말은 우리에게 새로운 삶을 가능케 하고 때로는 우리 인생의 방향을 바꾸어 놓는다. 하느님께 용서를 빌고 치유를 받아 영적으로 건강을 회복하는 치유의 성사가 바로 고해성사다.

그리고 육신이 중병을 앓거나 임종을 앞둔 신자들은 병자성사를 받아 위로와 격려를 받고, 때로는 치유의 효험을 보기도 한다.

1. 고해성사(告解聖事)

고해성사는 영세한 후에 지은 죄를 진심으로 뉘우치면서 성사권이 있는 사제에게 고백함으로써 용서의 은총을 받는 성사며, 죄로 인해 끊어진 하느님과 이웃과 교회와의 관계를 회복시키는 화해의 성사다. 사제는 죄를 사하는 권한을 예수님께로부터 받았다. 그런데 가끔 이 성사를 고백성사라고 말하기도 하는데, 고백과 화해가 있으므로 고해성사라고 말하는 것이 타당하다.

요한 20, 23(용서), **마태 16, 19**(赦罪權), **마태 5,23-24**(和解)

너희가 누구의 죄든지 용서해 주면 그가 용서를 받을 것이고, 그대로 두면 그대로 남아 있을 것이다(요한 20, 23).
나는 너에게 하늘 나라의 열쇠를 주겠다. 그러니 네가 무엇이든지 땅에서 매면 하늘에서도 매일 것이고, 네가 무엇이든지 땅에서 풀면 하늘에서도 풀릴 것이다(마태 16, 19).
네가 제단에 예물을 바치려고 하다가, 거기에서 형제가 너에게 원망을 품고 있는 것이 생각나거든, 예물을 거기 제단 앞에 놓아두고 물러가 먼저 그 형제와 화해하여라. 그런 다음에 돌아와서 예물을 바쳐라(마태 5,23-24).

죄(罪)

우리는 흔히 도둑질이나 거짓말 등 법을 어긴 행위를 죄라고 말하는데, 근본적으로 죄란 양심(마음의 윤리질서이고 정신의 법)에 어긋난 말이나 행위나 욕망이다. '죄'를 다른 말로 표현하면 인간이 자신의 생각과 말과 행위와 궐함으로, 나쁜 줄 알면서도 자유의지로 하느님의 계명을 거스르고, 해야 할 의무를 소홀히 함으로써 하느님과의 관계가 끊어짐을 말한다. 죄는 경중에 따라 대죄(죽을죄)와 소죄(용서받을 죄)로 구분된다. 대죄는 다음의 세 가지 조건이 충족되는 경우인데, ①십계명에 나와 있는 중대한 문제를 대상으로 하고, ②완전히 의식하면서, ③고의로 저지른 죄다. 한 사람이 짓는 죄는 그 사람에게만 불행을 가져오는 것이 아니라 이웃에게 피해를 끼치게 되고 나아가 사회 전체를 어지럽게 만든다. 이와 같이 죄는 우리가 하느님의 뜻을 거스름으로써 하느님, 이웃, 자기 자신과 이루는 관계에 상처를 입히거나 파괴한다.

죄를 용서하는 권한

예수님께서는 사도들과 그 후계자들에게 죄를 용서할 수 있는 권한을 위임하셨다. 예수님은 당신의 수제자이며 장차 교회의 초석이 될 베드로 사도에게 "나는 너에게 하늘 나라의 열쇠를 주겠다. 그러니 네가 무엇이든지 땅에서 매면 하늘에서도 매일 것이고, 네가 무엇이든지 땅에서 풀면 하늘에서도 풀릴 것이다."(마태 16, 19)라고 말씀하셨다. 그리고 이 사죄권을 다른 사도들에게도 확대하셨고, 사도들의 후계자인 주교들과 그 협조자인 사제들에게 계승됨으로써 지상에서 죄를 사하는 그리스도의 직무가 존속되도록 하셨다. 예수님께서는 부활하신 날 저녁에 사도들에게 나타나셔서 "너희가 누구의 죄든지 용서해 주면 그가 용서를 받을 것이고, 그대로 두면 그대로 남아 있을 것이다."(요한 20, 23)라고 말씀하셨다. 따라서 우리가 고해성사 때 그리스도의 대리자인 사제에게 죄를 고백하는 것은 곧 하느님께 죄를 고백하는 것이며, 죄의 용서 역시 하느님께서 직접 베풀어 주시는 것이다. 사제는 고해성사를 통해서 인간의 어떤 권한으로 죄를 사하는 것이 아니라 그리스도로부터 받은 권리를 대행하는 것이다. 사제의 사죄권의 행사는 인류 구원과 직접 관계가 있는 것으로 교회는 그리스도가 주신 성품권 또는 사제권의 행사를 통해서 백성을 성화시키는 것이다.

고해성사를 위한 합당한 준비

죄의 세 가지 성립요소는 나쁜 행위를, 그것이 옳지 않다고 의식하면서도, 자기 의지로 저지른 것이다. 고해성사의 은총을 풍성히 받기 위해서는 이 성사에 대한 준비를 철저히 해야 한다.

우리는 일상생활에서 빚어지는 소죄는 양심성찰과 참회의 기도로써 하느님의 용서를 받을 수 있다. 그러나 십계명을 거스르는 대죄(죽을죄), 그리고 소죄일지라도 습관적이며 의식적으로 지었을 경우에는 고해성사를 받아야 한다. 만일 고해성사를 받을 때 기억에 떠오른 대죄를 고의로 숨기거나 아무런 통회도 하지 않고 고백한다면 고해성사를 모독(모고해 · 冒告解)하는 죄를 짓게 된다. 이는 죄를 용서받지 못할 뿐만 아니라 다음에 다시 고백해야 하며, 모고해 사실도 말해야 한다.

참고로 '고해성사를 받는다.'를 '성사를 본다.'로 말하는데, 이는 옛날 박해시대에 "일보러 간다."에서 유래한 것이다.

예화(숨은 원수)

마르타는 병원에 가기 위해서 집을 나왔다. 바깥은 이미 봄기운이 완연했다. 아름다운 봄 날씨에 취해 그녀는 여러 주간 동안 시날려 온 병고를 잠시 잊을 수 있었다. 하늘은 맑았고 공기는 따스했으며 잔디는 싱싱한 초록색이었다.

병원에 들어선 그녀는 의자의 끝자리에 앉아서 책상 위에 놓인 잡지를 뒤적거렸다. 그녀는 여러 차례 자기 몸에서 이상 증세를 느껴 마침내 의사를 찾아오긴 했으나 진찰이 끝나면 곧 여행을 떠날 계획까지 세워 놓았다. 그래서 자신이 느끼는 심각한 증세는 잠시 접어두고 의사에게는 좀 피곤하고 때때로 머리가 아픈 가벼운 증세만을 말하기로 작정했다. 드디어 그녀의 차례가 와서 진찰실로 들어갔다. 그녀를 세심히 살펴보고 난 의사가 말했다.

"요즘 갑자기 체중이 줄어든 것 같지는 않습니까?"

"네, 조금 줄은 것 같습니다. 하지만 별 것 아닐 거예요. 봄이 되어 대청소를 했더니 좀 피곤할 뿐 다른 이상은 별로 느끼지 못하고 있습니다."

"그런 증세라면 아무 걱정할 것 없으니 이 약을 먹고 푹 쉬도록 하십시오."

몇 가지 더 물어본 의사는 당사자의 말을 그대로 믿고 몇 가지 처방이 적힌 쪽지를 그녀에게 주었다. 몇 달이 지난 뒤 마르타가 다시 그 병원에 왔을 때는 목숨을 구하기에는 이미 늦은 상태가 되어 있었다. 숨겨 놓은 죄악처럼 암세포가 그녀의 몸 안에 전부 퍼져서 그녀는 입원한 지 3일 만에 죽고 말았다.

대죄는 마치 암세포와 같다. 시초에는 뚜렷한 증세를 보이지 않는다. 그러나 쉽사리 드러나지는 않으나 몸 안에 깊이 뿌리박고 있는 암세포는 얼마 지나지 않아 온몸에 퍼져 사람을 죽게 만든다. 죄도 이와 같이 사소한 것부터 시작되지만 자신도 모르게 쉽사리 습관으로 스며들고 만다. 그리고는 점점 자라고 퍼져서 영혼을 죽이기까지에 이른다. 또한 우리가 경계를 하지 않아 자주 범하게 되는 소죄는 자라서 대죄로 이끈다. 우리가 습관적으로 짓게 되는 여러 가지 죄를 방지하기 위해서는 자주 그리고 타당하게 고해성사를 보아야 한다. 그러면 고해 신부님은 우리의 영혼 상태를 잘 살펴본 다음 올바른 치료 방법을 제시할 것이다.

고해성사를 보기 위한 다섯 가지 순서

고해성사는 다섯 가지로 이루어지는데, 즉 ①자기의 죄를 깊이 살펴서(성찰), ②그 죄를 깊이 뉘우치고(통회), ③다시는 같은 죄를 짓지 않기로 굳게 결심하며(정개), ④자기의 죄를 사제에게 고백하여 용서를 받으며(고백), ⑤사제가 일러주는 보속을 하는 행위(보속)로써 이루어진다. 따라서 고해성사를 받기 위한 다섯 가지 요건은 다음과 같다.

1) 성찰 : 10계명, 7죄종. 오관으로 지은 모든 죄를 알아낸다.

* 칠죄종(七罪宗)은 죄의 근원이 되는 일곱 가지, 즉 교만 · 인색 · 음욕 · 분노 · 탐욕 · 질투 · 나태를 말하며, 그 자체가 죄이면서 동시에 다른 죄를 유발하는 원인이 된다. 칠죄종에 반대되는 일곱 가지 덕은 겸손 · 관대 · 정결 · 인내 · 절제 · 사랑 · 근면이다.

* 오관(五官)은 오감(五感)을 낳는 다섯 개의 감각기관, 즉 눈(시각)·귀(청각)·코(후각)·혀(미각)·피부(촉각)를 일컫는다.

2) 통회(참회)
- 완전 참회(상등 통회) : 하느님을 중심으로 한 참회(회개의 동기인 사랑의 통회)
- 불안전 참회(하등 통회) : 자기 중심으로 한 참회(지옥에 대한 두려움에서 비롯된 것.)

예컨대, 세속의 아버지에게 어떤 죄를 지었을 때, 상등통회는 아버지가 얼마나 괴로워 하실까를 생각하는 것이고, 하등통회는 아버지에게 얼마나 혼날까를 생각하는 것이다.

3) 정개·定改(결심) : 다시는 죄를 짓지 않겠다는 결심으로 다음의 죄 지을 위험이 있는 요소를 피한다.

사람 (죄를 짓게 될 사람을 경계한다)

장소 (죄를 범할 수 있는 장소, 즉 퇴폐, 도박장 등을 피한다)

기회 (죄지을 기회를 끊어야 한다)

행위 (단죄 - 죄의 행위를 안 해야 한다)

4) 고백(告白) : 죄의 인정과 자기고발이다.
무슨 죄를 몇 번 지었는지 빠짐없이 고백해야 한다.

5) 보속(補贖) : 하느님이 정하신 것(보환·補還) - 남에게 손해를 끼쳤으면 먼저 갚아야 한다.

교회(사제)가 정한 것 - 기도, 희생, 절제, 성지순례, 봉헌금 …

절제 - 예를 들면, 술을 한 달 끊으시오. 담배나 커피를 한 달 끊으시오 등.

성지순례 - 관광보다는 보속의 의미가 있음.

대사(大赦, *L.* Indulgentia, *Eng.* Indulgence)

고해성사를 통하여 죄는 용서 받았지만 그 죄에 따른 잠시(暫時)적 벌, 곧 잠벌(暫罰)은 여전히 남아 있다. 잠벌은 지옥에서 받는 영원한 벌, 즉 영벌(永罰)과는 상반된 개념인데, 소죄나 보속할 죄벌이 남아있는 사람이 현세나 연옥에서 잠시 받는 벌이다.

대사란 잠벌을 면제해 주는 교회의 특사(特赦)를 말한다. 환언하면 대사란 보속(補贖)을 면제해 주는 은사(恩赦)를 말한다. 보속이란 지은 죄에 대하여 그 대가(代價)를 치르는 것이며, 죄에 해당하는 벌을 받는 것을 말한다. 죄의 사함과 그 죄에 해당되는 벌은 전연 다르다. 예를 들면 급성 맹장염 환자가 살기 위해서 수술을 받아야 한다면, 그 수술은 생명을 건지는 유일한 방법이다. 그러나 수술환자는 수술에 따른 상처에서 오는 고통은 치러야 하는 것이다. 마찬가지로 죄인들이 고해성사로 죄 사함을 받아 영원한 지옥 불에서 구원되었지만 죄에 상응하는 보속을 치러야 한다. 이를테면 남의 물건을 훔친 사람이 자수하고 뉘우치면 죄는 용서받을 수 있지만 훔친 물건은 돌려줘야 한다. 이것을 현세에서 다하지 못하는 경우에는 연옥에서 치러야 한다. 이 치러야할 속죄행위를 면해주는 것이 바로 대사인 것이다. 이 보속은 극기, 기도, 희생 등으로 할 수 있으나 교회가 공식으로 베푸는 '대사'(大赦)를 받으면 그 대사에 해당되는 대로 보속이 감면된다. 대사에는 전대사(全大赦, 전면 대사)와 한대사(限大赦, 부분 대사)가 있다. 전대사는 잠벌 전부를 없애주는 은사이고, 한대사는 잠벌의 일부를 없애주는 은사이다.

대사는 특별한 시기에 교황이나 주교들이 줄 수 있는 것으로, 대사의 근거는 예수 그리스도의 무한한 성혈 공로와 성인들이 쌓아놓은 보속 공로를 교회의 권리로 각 영혼들에게 베풀어 줄 수 있다는 데 있다. 그러나 대사를 받기 위해서는 반드시 선행되어야 하는 것은 진정한 회개(참회)이고, 회개를 위해서 생활을 개선하고 속죄의 행위로써 자신을 다듬어 나가야 하는 것이다.

대사는 어느 신자이든지 자기 자신을 위하여 얻을 수 있고, 또는 죽은 이들을 위하여 얻어 줄 수도 있다.

2. 병자성사

병자성사는 병이나 노쇠로 죽을 위험에 있는 신자에게 사제가 성유를 바르고 기도를 외움으로써 영혼을 돌봐 주며 때로는 육신의 건강도 회복시켜 주는 성사다. 병자성사의 목적은 중병을 앓고 있거나 노약한 그리스도인에게 특별한 은혜를 베푸는 것이다. 따라서 모든 신자는 병이나 사고로 혹은 노령으로 임종의 위험이 있을 때에는 병자성사를 받아야 한다. 전에는 종부성사(終傅聖事 : 마지막 성사)라고 했으나 이 성사가 반드시 임종만을 위한 성사가 아니므로 병으로 죽을 위험이 있을 때는 몇 번이고 받을 수 있다.

야고 5, 14(병자성사의 근거)

"여러분 가운데에 앓는 사람이 있습니까? 그런 사람은 교회의 원로들을 부르십시오. 원로들은 그를 위하여 기도하고, 주님의 이름으로 그에게 기름을 바르십시오."

병자성사의 의미

병자성사는 병이나 사고, 노쇠 등으로 '죽을 위험이 있는 신자'에게 사제가 전례서에 따라 축성된 기름을 바르며, 주님께서 그의 죄를 용서하시고 그를 구원해 주시도록 기도할 뿐만 아니라 믿음을 더욱 견고케 하고 위로를 주며, 주님께서 바라실 경우 치유의 은혜도 주는 성사다.

병자성사의 효과

1) 격려와 위로를 준다.
2) 영원한 생명의 희망을 준다.
3) 믿음을 굳세게 한다.
4) 고해성사와 병자영성체(노자성체)를 받는다.
5) 경우에 따라 병의 회복(치유)의 은사를 받는다.
6) 투병 정신을 더욱 붙돋아 준다.

병자성사의 예식

병자성사는 이 성사의 근거에 따라 사제가 집전한다. 주요 예식은

병자의 이마와 양 손에 성유를 바르고

병자에게 필요한 은혜를 청하는 기도를 바치는 것이다.

병자성사를 합당하게 받으려면 먼저 고해성사를 받아야 하고, 병자성사 후 성체를 받아 모시게 된다. 이 때 모시는 성체를 노자(路資) 성체라고 하는데, 죽음에서 생명으로, 이 세상에서 하느님 아버지께 건너가는 데 힘을 주기 때문이다.

우스개 이야기 : 어느 노인에게 가장 믿을 수 있는 친구 셋이 있었다. 그 친구 셋은 목사, 의사, 변호사였다. 노인은 죽으면 먼 나라에 간다고 생각을 했고, 먼 나라에 갈려면 노자가 있어야 할 것으로 생각했다. 그래서 그 노인은 아무도 모르게 먼 나라에 갈 노자 9천만원을 모았다. 그리고 목사 친구에게 3천만원을 맡기면서 내가 죽으면 나의 관(棺)에 넣어 달라고 부탁했다. 의사 친구에게도 3천만원을 맡기면서 그렇게 부탁했고, 변호사 친구에게도 마찬가지로 부탁했다. 그런 후에 그 노인은 죽었다.

목사 친구는 천만원은 전교의 목적으로 사용키로 하고 2천만원을 관에 넣어 주었다. 의사 친구는 병든 사람을 치료하는 의료기기 구입비로 2천만을 사용키로 하고 일천만원을 관에 넣어 주었다. 변호사 친구는 먼 나라에 가면서 필요할 때는 어느 때

든지 요구하라고 마음속으로 말하면서 3천만원 보관증을 관에 넣어 주었다. 이는 우스갯소리다. 하지만 우리 신자에게는 죽음에서 생명으로, 이 세상에서 하늘 나라로 가는 데 필요한 것은 돈이 아니라 노자 성체가 절대적으로 필요한 것이다. 우리 모두는 이 세상에 빈손으로 왔다가 빈손으로 간다(공수래 공수거·空手來空手去). 사람이 죽었을 때 입고 가는 수의에는 주머니가 없다. 세상의 부와 권력을 한 손에 쥐었던 알렉산더 대왕은 죽을 때 다음과 같은 유언을 남겼다. "내가 죽거든 묻을 때 손을 밖에 내놓아 남들이 볼 수 있도록 하시오. … 나는 세상 사람들에게 천하를 한 손에 쥐었던 알렉산더도 떠날 때는 빈손으로 간다는 것을 보여 주고자 하는 것뿐이오."

예화(마지막 친구)

요한은 갑자기 전신이 마비되고 혼수상태에 빠지게 되어 병상에 눕게 되었다. 그의 입술은 굳어서 의사를 전할 수 없었고 눈동자도 움직이지 않았으므로 의사들이 무심코 내뱉는 말들을 듣고 있을 수밖에 없었다.

"더 이상 손쓸 길이 없어, 이제는 마지막을 기다릴 수밖에!"

요한은 죽음을 각오했지만 의사들로부터 무서운 선고를 듣고도 자기가 아직 죽지 않고 살아 있다는 것을 표시할 방법이 없었다. 드디어 신부님이 오셨다.

"때가 이미 늦었습니다."

신부님을 맞은 의사가 말했다. 그러나 신부님은 교회의 가르침에 따라 사제가 거행해야 할 최후의 수단을 다했다. 즉 아직도 이 사람에게는 완전히 생명이 꺼지지 않았으므로 조건부 사죄와 병자성사를 주어서 그의 영혼을 구하는 기도를 하였다.

신비하게도 요한의 병은 차츰 회복되었다. 모든 사람들은 기적이라고 떠들어댔다. 후일 요한은 신부님을 찾아와 병자성사가 그에게 얼마나 깊은 감회와 생명력을 불어넣었던가에 대해 말했다. 모든 사람과 현대 의학이 의식이 분명한 자기를 두고 생명을 포기했음에도 불구하고 교회가 무력한 자기에게 베푼 은혜를 그처럼 절실히 느낀 사람은 없을 것이다. 그는 교회가 베푸는 병자성사의 위대한 힘을 깨달았으며 하느님의 무한한 은총을 느끼게 되어 한없이 행복하다고 힘주어 말했다.

병자성사는 요한의 영혼에 힘을 주었을 뿐 아니라 그로 인해 육신의 건강까지도 회복시키는 놀라운 효력을 드러냈다. 그것은 죽음의 문턱에서 그를 삶으로 돌이킨 마지막 힘이며 위로가 되어 주었다. 우리 자신이나 가족은 의식조차 없는 상태에 이르러서야 부랴부랴 신부님을 모시고 와서 병자성사를 청해서는 안 되겠다. 병자성사는 요한의 경우에서 볼 수 있듯이 설혹 모든 사람이 포기했을지라도 다시금 우리를 되살릴 수도 있는 은총의 강력한 힘이 있다.

나오는 말

우리는 세례성사를 받은 후에 죄를 짓더라도 진심으로 뉘우쳐 하느님께 죄를 고백하고 용서를 받는 고해성사를 통하여 하느님과 이웃과 화해함으로써 다시 기쁨과 평화의 삶을 살아갈 수 있다.

우리는 예수님께서 가르쳐 주신 대로 "저희에게 잘못한 이를 저희가 용서하오니 저희 죄를 용서하소서." 하고 기도한다. 우리가 용서를 청하기에 앞서 먼저 우리 이웃의 잘못을 용서해야 한다.

그리고 병자성사에서 알아보았듯이 우리가 병고에 시달리거나 임종을 앞두었을 때에는 병자성사를 받아 고통을 극복할 수 있는 위로와 용기를 얻으며, 치유의 은혜를 받고, 영원한 생명의 희망을 간직하게 된다.

예수님의 사랑을 본받아 병고에 시달리거나 죽어 가는 사람들에게 깊은 관심을 가지고 도와 주도록 노력해야 한다.

핵심문제

(1) 고해성사란 어떤 성사입니까?

고해성사란 성사권이 있는 사제 앞에 나아가 자기가 지은 죄를 고백하고 그 죄를 용서받는 성사입니다.

(2) 고해성사는 어떻게 이루어집니까?

자기의 죄를 깊이 살펴서(성찰), 그 죄를 깊이 뉘우치고(통회), 다시는 같은 죄를 짓지 않기로 굳게 결심하며(정개), 자기의 죄를 사제에게 고백하여 용서를 받으며(고백), 사제가 일러주는 보속을 하는 행위(보속)로써 이루어집니다.

(3) 예수께서는 언제 고해성사에 대해 말씀하셨습니까?

예수님께서는 부활하신 날 저녁에 사도들에게 나타나셔서 "너희가 누구의 죄든지 용서해 주면 그가 용서를 받을 것이고, 그대로 두면 그대로 남아 있을 것이다."(요한 20, 23)라고 말씀하셨습니다.

(4) 병자성사에 대한 근거가 성서에 있습니까?

예. 그렇습니다. 야고보서에 다음과 같은 구절이 있습니다.

"여러분 가운데에 앓는 사람이 있습니까? 그런 사람은 교회의 원로들을 부르십시오. 원로들은 그를 위하여 기도하고, 주님의 이름으로 그에게 기름을 바르십시오."(야고 5, 14)

(5) 병자성사의 목적은 무엇입니까?

중병을 앓고 있거나 노약한 그리스도인에게 특별한 은혜를 베푸는 것입니다.

(6) 병자성사는 언제 받습니까?

그리스도교 신자로서 병이나 사고로 혹은 노령으로 임종의 위험이 있을 때입니다.

(7) 병자성사의 핵심적인 예절은 무엇입니까?

병자의 이마와 양 손에 성유를 바르고 병자에게 필요한 은혜를 청하는 기도를 바칩니다.

알아두기

• 병자성사 준비

병자성사를 받을 환자에게 성체를 받아 모시게 하려면 환자와 그가 머무르는 곳을 깨끗이 하여 놓고, 작은 상에 흰 보나 하얀 종이를 깔고 촛대에 초를 준비해 놓아야 한다. 만일 음식물을 쉽게 넘기지 못하는 분이라면 작은 그릇에 마실 물과 숟가락도 준비하여야 한다. 그리고 임종을 앞둔 분이라면 의식이 있을 때 병자성사를 받을 수 있도록 주선하여야 하고, 그분이 성체를 받아 모실 수 있는지를 확인한 다음 병자성사를 청하여야 한다.

• 판공성사

가톨릭 신자들은 성탄절과 부활절의 큰 축제일을 의미 있게 지내기 위해 몸과 마음을 경건히 준비하는 뜻으로 고해성사를 받는다. 한국 교회에서는 매년 부활과 성탄 때에 받는 고해성사를 판공성사라고 한다. 판공(辦功·判功)이란 말은 한국에서만 특별히 사용되는 용어인데, 한자로 辦功과 判功을 둘 다 사용하고 있다. 이 용어의 의미를 알아보면

① 판공(辦功)의 판(辦)은 힘들일 판, 갖출 판이고, 공(功)은 공로공이다.
그러므로 판공(辦功)은 '힘들여 공을 세운다.'는 뜻이다.

② 판공(判功)의 판(判)은 판단할 판이므로 판공(判功)은 '공로를 헤아려 판단한다'는 뜻이다.

따라서 판공(辦功·判功)성사란 말은 한자의 뜻 그대로 힘써 노력하여 공로를 갖춘 다음에 받는 성사라는 뜻이다. 전통에 의하면 판공성사를 받기 전, 그 공로를 갖추었는

지의 여부를 테스트하기 위해 교리찰고(教理擦考 : 교리시험)를 거쳐서 성사표를 받은 다음, 고백소에서 이 성사표를 제출하고 성사를 받게 된다. 요컨대 교리시험이 따르는 성사이기 때문에 판공성사라고 하였다. 오늘날에는 교리찰고 대신에 면접으로 대치하고 있다.

교회법상으로는 원칙적으로 1년에 한 번만 받아도 되는 것으로 규정되어 있다(교회법 제920조, 제989조 참조). 그리고 그 시기도 부활시기를 기준으로 하고 있다. 그러나 한국 교회에서는 성탄시기와 부활시기에 보도록 하고 있으므로 일년에 두 번 실시하게 된다. 한국 교회는 신자들이 성탄과 부활에 고해성사를 보고 영성체하는 것이 신자들의 신앙생활과 영신사정에 유익하다고 판단했기 때문이다.

판공성사를 받았는지의 여부는 교적에 기록된다. 판공성사를 3년(6회) 이상 보지 않았을 때, 쉬는 교우(냉담자·冷淡者)라고 한다.

그런데 다른 성사는 [받는다]고 말하는데, 고해성사만은 [고해성사를 보았다]라고 말하는 이유는 초창기 박해 때 고해성사를 받는 암호로 신자들 사이에 [자네 일 보았나?]한 데서 오늘날 까지 고해성사를 본다는 표현으로 사용하고 있다.

제 19 장 친교에 봉사하는 성사

- 성품성사와 혼인성사 -

들어가는 말

모든 성사가 다 사회성을 갖지만 특히 성품성사와 혼인성사는 개인을 위하기보다는 공동체를 위한 성사이기에 '사회적 성사' 혹은 '친교에 봉사하는 성사'라고 한다.

우리가 살아가는 데는 많은 갈림길이 있다. 우리는 이 갈림길에서 크고 작은 갈등과 고민을 하면서 어느 한 길을 선택한다. 그리고 그 선택은 우리의 삶에 중요한 전환점이 되기도 한다. 그리스도인의 삶에 있어서도 유아기・아동기를 거쳐 청년기에 이르면 부모의 슬하를 떠나 성직자나 수도자가 되려는 성소의 길, 새로운 가정을 이루려는 결혼의 길, 어느 쪽을 선택하기 마련이다. 성직자가 되는 성품성사와 결혼을 하는 혼인성사는 사랑을 위한 성사라고 말할 수 있다. 혼인성사에서 서로 상대방을 위해 자신의 삶을 바치듯이, 성품성사에서도 성직자의 길을 선택하여 주님과 교회를 위해 자신의 삶을 온전히 바치는 사랑을 확인할 수 있다.

1. 성품성사(聖品聖事)

성품(聖品)이란 주교(主教), 신부(神父) 그리고 부제(副祭)의 품을 말한다. 그래서 주교, 신부, 부제 모두 성직자다. 그런데 흔히 신부와 사제(司祭)를 같은 용어로 사용하지만 구분할 필요가 있다. 신부는 주교가 아닌 사제를 일컫는 호칭으로서 성품성사의 둘째 등급의 성직자다. 사제(*L.* Sacerdos, *Eng.* Priest)란 교회의 경신례적인 권한이 부여된 자에게 주어진 이름이다. 사제라는 칭호는 처음에 주교에게만 적용되다가 후에 신부에게도 적용되어 11세기 이후부터는 신부와 주교에게 공통으로 쓰여지고 있다.

성품성사는 주교의 안수와 장엄 축복기도로 베풀어진다. 이 기도는 서품된 사람에게 그 직무에 필요한 성령의 은총을 내려 주시도록 하느님께 청하는 것이다. 서품은 지워지지 않은 성사의 인호(印號)를 새겨 준다. 성품성사를 받는 사람은 그리스도의 이름으로 하느님 백성의 목자(牧者)로 축성된다. 목자란 양을 치는 사람으로 교회에서는 신자들을 돌보고 인도하는 성직자를 가리킨다. 이들은 참된 목자이신 예수 그리스도를 따라 그분의 양들을 돌보기 때문이다.

교회는 사제 직무 수행을 위해 적합하다고 공인된 세례 받은 남자들에게만 성품성사를 준다. 성품성사를 받을 사람을 결정하는 책임과 권리는 교회의 권위자에게 있다. 가톨릭 교회에서는 일반적으로 하느님 나라와 사람들에게 기꺼이 봉사하려는 마음으로 자유로이 독신생활을 할 준비가 갖추어져 있고 그 뜻을 공적으로 표명하는 후보자들에게만 성품성사를 준다.

참고로 서품(敍品)이란 성품을 준다는 말이다. 따라서 서품자(敍品者)란 '성품을 주는 이'를 말하고, 성품을 받는 이는 수품자(受品者)라 한다. 서품식이란 성품을 주는 예식이다. 또한 '신품성사'(神品聖事)는 신품(神品)이라는 단어가 신부 품만을 뜻하는 제한적 의미여서 주교, 신부, 부제 세 등급을 동시에 포괄할 수 있는 말인 '성품성사'로 바뀌었다.

1티모 4,13-16

내가 갈 때까지 성경 봉독과 권고와 가르침에 열중하십시오. 그대가 지닌 은사, 곧 원로단의 안수와 예언을 통하여 그대가 받은 은사를 소홀히 여기지 마십시오. 이 일에 관심을 기울이고 이 일에 전념하십시오. …… 이렇게 하면, 그대는 그대뿐만 아니라 그대의 말을 듣는 이들도 구원할 것입니다.

성품성사의 의미와 효과

성품성사란 그리스도를 대신하여 하느님 백성을 가르치고 거룩하게 하며 다스리는 임무를 수행하면서 사목하도록 축성하는 성사를 말한다. 요컨대 가톨릭 교회 안에 성직자들을 세우고, 각기 맡은 성무(聖務)를 행하기 위해 필요한 은총을 받게 하는 성사다. 이는 신자 중에서 선발된 이에게 인호(印號)를 새겨 주며, 주교, 신부, 부제 등 각 계층에 따라 축성한다. 주교의 안수와 축성기도는 성품성사의 가시적 표징이다.

그런데 세례를 받은 모든 신자는 그리스도의 사제직에 참여한다. 이러한 참여를 신자들의 일반[보편] 사제직이라고 한다. 그리고 이 일반 사제직에 봉사하기 위해 또 다른 방법으로 참여하는 사제직은 성품성사로 수여되는 직무 사제직이다. 성품성사로 축성된 사제는 성직 사제단의 일원으로 입적되고 사목자로서 임명되며 봉사자로서의 삶을 살도록 성화된다.

직무 사제직

우리의 유일한 대사제는 예수 그리스도이시다. 왜냐하면 예수님은 하느님 나라의 복음을 선포하시면서 하느님 백성을 가르치고 돌보셨으며 하느님께 당신 자신을 희생 제물로 하여 제사를 바치심으로써 하느님과 우리 사이의 완전한 중개자가 되셨기 때문이다.

예수님께서는 당신의 사명이 계승되도록 하느님께 제사를 거행하고(사제직), 하느님 백성을 돌보고 다스리며(왕직), 복음을 선포하고 사람들을 가르치는(예언직) 직무를 사도들에게 맡기셨다(제13장 '그리스도의 사명에 입각한 가톨릭의 세 가지 교권' 참조). 사도들 역시 예수님으로부터 부여받은 이 직무들이 교회 안에서 계속해서 이어지도록 자신들의 후계자(주교)와 그 협력자(신부), 주교와 신부를 도와 줄 봉사자(부제)를 선발하여 기도와 안수로 직무를 수여했다(사도 6,3-6 참조). 그러므로 사제들이 사제 직무를 수행하는 것은 교회공동체 안에서 그리스도의 이름으로, 그리스도를 대리하여 봉사하는 것이다. 이러한 직무는 대대로 이어져 오늘에 이르고 있다. (제13장 '사제직' 참조)

성품성사의 세 품계

직무 사제직은 초대 교회부터 주교, 신부, 부제의 세 품계로 수여되었다.

주교(主教)는 사도들의 후계자요, 주교단의 일원으로서 성베드로의 후계자인 교황의 권위 아래 사도적 책임과 교회 전체의 사명에 참여하며 그에게 맡겨진 개별교회에서 볼 수 있는 으뜸이다.

신부(神父)는 사제로서 지니는 품위는 주교와 같지만 사목직 수행에서는 주교들에 속해 있다. 신부는 주교의 협력자로서 주교를 중심으로 사제단을 형성한다. 신부는 주교에게서 본당 공동체에 대한 책임과 교회 내의 일정한 임무를 위임받는다.

부제(副祭)란 부사제란 말이며, 교회 봉사임무를 위해 서품되는 성직자다. 부제는 원칙적으로 사제를 보좌하는 일을 하며, 본당 주임신부의 허락 하에 말씀의 봉사와 하느님 예배 등 한정적으로 전례를 집전하고, 사목적인 지도와 자선사업의 중요한 임무를 받는다.

예화(검은 손가방)

독일군의 점령 아래 놓인 슬로베니아의 비좁은 수용소에는 400여명의 신부들이 갇혀 있었다. 두 달이 넘도록 미사를 드리거나 영성체를 하거나 성당을 방문하는 일이 일체 허락되지 않았다. 그런데 생각지도 않게 예수님이신 성체가 누추한 수용소를 찾아오는 일이 생겼다.

독일의 비밀경찰이 카푸친 수도원을 기습하여 파괴한 다음 신부들에게 당장 그 곳을 떠나서 수용소에 가도록 명령했다. 성당 안에 계신 성체를 가져갈 틈도 주지 않았다. 그런데 한 신부가 재빠르게 성당 안에 들어가서 손가방에 성체를 담아 가지고 빠져 나올 수 있었다. 그 소문은 즉시 수용소에 퍼졌는데 오랫동안 그곳에 갇혀 있던 신부들의 마음은 설레었다. 혹시나 비밀경찰들이 이 사실을 눈치챌까봐 염려하며 조심했다. 다음날 아침 모든 신부가 성체를 영할 수 있을 때까지 신부들은 밤을 지새워 성체를 지키며 조배했고 짝을 지어 서로 고해성사를 보았다.

춥고 캄캄한 이튿날 아침이었다. 작은 손전등의 희미한 불빛만이 누추한 곳에 마련된 흰 보로 덮은 상자 위의 검은 가방을 비추고 있었다. 400명이나 되는 신부들은 그림자처럼 조용하게 너나 할 것 없이 벽을 손으로 더듬어 가면서 손가방이 놓인 곳을 향하여 움직였다. 그곳에 다다른 신부들은 무릎을 꿇고 구세주의 감실이 된 가방을 향해 조배하고 성체를 영(領, 받을영)했다.

모두가 영성체를 끝마쳤을 때 문지기가 들어와 주의를 환기시켰다. 하마터면 들킬 뻔했다. 다음날 아침에 다시 신부들이 성체를 영할 수 있도록 남은 성체는 작은 조각으로 쪼개졌다. 이튿날 아침 신부들은 또다시 성체를 영할 수 있었지만 이제는 더 이상 성체가 남아 있지 않아 그들은 다시 외롭게 되었다.

그러나 예기치 않은 예수님의 방문은 그들의 마음 안에 사랑의 불꽃을 일게 했고 신뢰심을 북돋아 주었다. 그들은 나치의 혹독한 고통을 참을 수 있는 용기를 얻게 되었던 것이다.

누추한 수용소에 수감된 신부들은 남의 죄를 사해 주고 미사를 드리며 그들에게 맡겨진 사람들의 영혼을 거룩하게 만들기 위한 성품성사를 받은 거룩한 분들이었다. 그러나 무신론을 표방한 독일 나치 정부에 의해서 고난을 겪을 때에도 모든 수단과 방법을 동원하여 영혼에 도움을 주는 고해성사와 성체성사를 할 수 있었다. 그리스도와 그를 따르는 사도들과 같이 그 사제들도 신앙을 위해 고통을 당했고 목숨을 바쳤다. 그들은 그리스도의 양떼를 지키는 목자로서의 존엄성과 의무에 끝까지 충실하였다.

2. 혼인성사(婚姻聖事)

혼인성사는 예수께서 부부의 계약을 성사로 세운 것으로서, 이 성사로써 맺어지는 부부가 종신토록 화목하고 자녀들을 구원의 길로 인도하도록 하느님의 은총이 베풀어지는 성사다. 따라서 이들의 혼인생활은 성사생활이다. 그래서 신자인 한 남자와 한 여자가 하느님과 공동체 앞에서 자유로이 계약을 맺고 결합하여 사랑과 봉사의 삶을 살아가게 된다. 두 신자의 혼인이 교회에서 인정하는 유효하고 합법적인 성사가 되려면, 주례 사제와 2명의 증인 앞에서 자유로이 혼인 합의를 표명하여야 한다. 한쪽만 신자이고 다른 쪽은 신자가 아닌 경우에는 교회의 허락(관면)을 받아야 한다. 혼인계약은 모든 계약 중 가장 신성한 것이며, 변경하거나 파기할 수 없다. 이미 세례를 받기 전에 혼인한 부부가 세례를 받으면 그들의 혼인 생활도 성사가 된다. 혼인성사에 대한 가르침은 성경에서 찾아볼 수 있다. 창조주이신 하느님께서는 남자와 여자가 짝을 이루어 한 몸을 이루게 하셨고, 그들에게 자녀를 낳아 번성하라고 복을 내려주셨다.(창세 1,27-28 참조).

마태 19,3-9

바리사이들이 다가와 예수님을 시험하려고, "무엇이든지 이유만 있으면 남편이 아내를 버려도 됩니까?" 하고 물었다. 그러자 예수님께서 이렇게 대답하셨다. "너희는 읽어 보지 않았느냐? 창조주께서 처음부터 '그들을 남자와 여자로 만드시고' 나서, '그러므로 남자는 아버지와 어머니를 떠나 제 아내와 결합하여, 둘이 한 몸이 될 것이다.' 하고 이르셨다. 따라서 그들은 이제 둘이 아니라 한 몸이다. 그러므로 하느님께서 맺어 주신 것을 사람이 갈라놓아서는 안 된다." 그들이 다시 예수님께, "그렇다면 어찌하여 모세는 '이혼장을 써 주고 아내를 버려라.' 하고 명령하였습니까? 하자, 예수님께서 그들에게 말씀하셨다. "모세는 너희의 마음이 완고하기 때문에 너희가 아내를 버리는 것을 허락하였다. 그러나 처음부터 그렇게 된 것은 아니다. 내가 너희에게 말한다. 불륜을 저지른 경우 외에 아내를 버리고 다른 여자와 혼인하는 자는 간음하는 것이다."

혼인의 본질

성경에는 혼인의 본질에 관한 내용이 세 번 나온다. "남자는 아버지와 어머니를 떠나 아내와 결합하여 둘이 한 몸이 된다."(창세 2, 24; 마태 19, 5; 에페 5, 31)

혼인서약

"나 ○○○는 당신을 내 아내로(남편으로) 맞아들여 즐거울 때나 괴로울 때나, 건강하거나 병약하거나, 일생 당신을 사랑하고 존경하며 신의를 지키기로 약속합니다."

지구의 65억 인구 중에서 두 사람이 만나 한 몸이 되는 혼인은 우연(偶然)이 아니라 필연적이고 운명론적 인연이며 신비다. 각기 다른 환경에서 성장하고 다른 성격을 지닌 두 인격이 만나 서로 자기의 모든 것을 내어 줌으로써 일치를 이룬다. 혼인서약의 사랑은 자기의 모든 것을 주고 상대의 모든 것을 받아들임을 전제로 한다. 그래서 자기 몸에 대한 권리를 상대에게 주고 상대의 몸에 대한 권리를 자기가 받는 것이다. 그리고 부부의 참사랑은 단순한 육체적 일치를 넘어 한 마음 한 영혼을 이루는 깊은 인격적 일치를 도모하는 일이며 상호 신의를 가져 온다.

혼인의 목적과 특성

혼인은 부부간에 사랑의 일치를 이루고 가정생활 안에서 이 일치를 통해 자녀를 낳아 기르고 부부가 서로 사랑과 기쁨을 나누며 모든 일에서 상부상조하는 공동체를 형성하는 것이다. 그래서 혼인의 목적은 부부가 사랑으로 일치하고(부부애), 그 사랑의 열매인 자녀를 낳아 기르는 것(자녀의 출산, 양육 및 교육)이다. 출산 거부는 부부생활에 주시는 '가장 훌륭한 선물'인 자녀를 거부하는 것이다. 그리고 혼인의 본질적인 특성은 단일성(일부일처제)과 불가해소성(不可解消性)이다. 일부다처제(또는 일처다부제)는 한 남자와 한 여자가 한 몸을 이루는 단일성에 위배되고, 이혼은 하느님께서 맺어 주신 것을 가르는 것이다.

- 단일성(일부일처제)의 근거

단일성이란 혼인 관계 안에 그 누구도 배제된 한 남자와 한 여자의 결합, 즉 일부일처제를 말하며, 단일성의 근거는 다음과 같다.

① 창조주께서 아담에게 한 여자만을 만들어 짝 지워 주셨다(창세 2, 18; 20-24 참조).

② "남자는 부모를 떠나 제 아내와 결합하여 한 몸을 이루리라"(마태 19, 5)로 되어 있고, "남자는 제 아내들과 결합하여 셋이나 넷이 한 몸을 이루리라"로 되어 있지 않다.

일부다처제는 동서고금을 막론하고 가정불화의 빌미가 되며, 아내들 사이의 시기와 증오는 물론이고, 상속 문제를 위시하여 골육상잔(骨肉相殘)의 분쟁을 일으킨다.

- 불가해소성의 근거

예수님은 "하느님께서 맺어 주신 것을 사람이 갈라놓아서는 안 된다."고 말씀하셨다

(마태 19, 6). 결혼은 성사이므로 절대 풀 수 없는 이혼금지율(1코린 7,10-11; 로마 7,2-3; 마르 10,11-12; 루카 16, 18)이며, 상대를 버리고 다른 이와 결혼하면 간음 행위(천주십계, 6)인 것이다.

혼인에 대한 교회의 규정들

교회는 혼인의 본질적 요소나 특성을 바탕으로 혼인 당사자들과 새로 꾸며지는 가정을 보호하고자 혼인법을 정하여 놓았다. 신자가 교회의 혼인 예식을 따르지 않고 혼인하거나 교회의 관면(허락)없이 비신자, 또는 타종교인과 혼인을 한다면, 교회법상 혼인장애(조당)에 놓이게 된다. 혼인조당의 상태에 놓인 사람은 성사생활을 할 수 없게 된다. 비신자와 혼인하려는 신자는 혼인한 다음에도 신앙생활을 충실히 하고, 태어날 자녀에게 천주교 신앙을 교육시키겠다는 서약을 하여야 한다.

예화1(죽을 때까지 같이 있자)

폴란드의 귀족 집안에 태어난 가타리나는 스웨덴의 요한 왕자의 아내가 되었다. 요한 왕자는 그의 형 에릭 왕의 모함에 빠져 투옥되었다. 이 소식을 전해들은 가타리나는 서둘러 스톡홀름의 왕궁으로 달려가서 왕에게 간청했다.

"폐하, 저도 남편과 함께 감옥에 가두어 주십시오."

왕은 비웃음을 머금고 말했다.

"그러나 네 남편은 이제는 다시 태양을 보지 못하리라는 것을 알고 있느냐?"

"저는 그것을 잘 알고 있습니다. 남편이 무죄이건 유죄이건 간에 요한은 영원히 제 남편일 뿐입니다." 그 말에 왕의 마음이 잠시 흔들렸다.

"내 생각으로는 네 남편의 죄 값을 치르기 위해 형이 집행된 순간부터 너와의 혼인 계약은 해소되었다고 여겨지는데 …."

그러나 가타리나는 손에 끼었던 반지를 왕에게 건네주며 거기에 새겨져 있는 글을 살펴보라고 말했다.

"Mors Sola(죽을 때까지)"

왕은 그것을 소리내어 읽었다. 그래서 가타리나는 17년간이나 형무소에서 남편과 함께 지냈다. 에릭 왕이 죽은 다음에야 비로소 그녀와 요한 왕자는 다시 자유를 찾을 수가 있었다.

오직 죽음만이 혼인성사를 받은 두 사람을 갈라놓을 수 있다. 이에 대해 예수님께서 분명하게 말씀하셨기 때문이다.

'하느님이 맺어 주신 것을 사람이 풀지 못하리라.'

혼인성사의 거룩함을 잘 이해한 가타리나는 비록 감옥살이를 할망정 결혼의 서약을 파기하지 않았던 것이다. 오늘날 많은 가정의 부부들이 서슴없이 감행하는 이혼은 혼인의 참된 목적과 계약을 스스로 저버리고 파괴하는 행위다.

예화 2(헨리 8세, Henry Ⅷ)

영국의 왕 헨리 8세(1491~1547, 1509년에 즉위)는 헨리 7세의 둘째 아들이었고 오랫동안 독실한 가톨릭 신자로 살았다. 그런데 스페인의 공주였던 캐더린(Catherine of Aragon, 1485~1536)은 영국 국왕의 왕비가 되고자 헨리 7세의 황태자와 결혼하였지만, 황태자는 일찍 세상을 떠났다. 그래서 헨리 7세의 새로운 후계자 헨리 8세는 여섯 살 연상인 형수 케더린과 정략 결혼하였다. 그러나 그는 왕비 캐더린과 18년 동안 지속된 결혼 생활에서 7남매가 태어났으나 모두 죽고 메리(Mary, 1516~1558) 공주만 살아남았으며, 캐더린에게는 더 이상 자녀를 기대할 수 없게 되었다. 헨리8세는 앤 불린(Anne Boleyn, 1507~1536)이라는 궁녀를 사랑하게 되었다. 물론 왕위 계승권을 가진 후사를 보아야 왕권이 안정되는 절박한 정치적인 동기도 있었을 것이다. 헨리 8세는 궁녀 앤 불린과 결혼할 수 있도록 교회가 허락해 줄 것을 요청했다. 그러나 정실부인인 왕비와의 이혼은 교회법에 따라 용납될 수 없는 것이었다. 그가 제아무리 절대 권력자인 왕일지라도 교회법은 만민에게 부여된 보편된 법이며 권력자라고하여 예외일 수는 없는 것이다.

헨리 8세는 교황을 직접 찾아가 앤과 결혼하기 위해 왕비와의 이혼의 허락을 요청했으나 거절을 당했다. 교황은 그의 간절한 청을 거절할 때에 헨리 자신과 그 나라가 가톨릭에서 떨어져 나가게 되리라는 것을 걱정하지 않는 것은 아니나 교회의 법규를 엄중히 준수하는 것이 하느님의 법을 지키는 것이었기 때문이다. 그 일 때문에 헨리 8세는 교황을 배척하고 이혼을 인정하는 성공회(영국의 국교회)라는 새로운 교회를 설립하여 왕이 성공회의 수장(首長)이 되게 하였다.(1534년에 만든 수장령)

어느 날 저녁, 헨리는 앤과 나란히 창가에 서서 빛나는 별들을 바라보고 있었다. 왕을 이혼시켰으며 왕을 교회로부터 파문당하게 만든 장본인인 젊은 왕비는 가볍게 한숨을 쉬었다. 지난 날 순결했던 처녀 시절이 새삼스레 떠올랐기 때문이다. 그녀는 답답한 마음을 왕에게 털어 놓았다.

"저 하늘에 반짝이는 무수한 별들은 참으로 아름답지요? 하늘 나라의 하느님 곁에서 하느님을 흠숭하며 찬란한 별무리를 볼 수 있다면 얼마나 행복할 까요!"

이 말을 들은 헨리는 앤의 손을 놓고 창가에서 물러서며 힘없이 말했다.

"하늘 나라는 이제 우리들의 것이 될 수 없다는 것을 모르나!"

그런데 아들을 원했던 왕의 기대와 달리 앤은 딸 엘리자베스(Elizabeth, 1533~1603)를 낳은 것이다. 앤과의 결혼을 위해 파문까지 감수한 헨리 8세는 국민의 불안을 해소하기 위해 앤을 제거해야 했다. 간통죄로 런던탑에 감금된 앤은 2주 만에 처형됐다. 3년 남짓한 결혼 생활이었기에 '천일(千日)의 앤'으로 불리게 된 그는 죽기 진 님편 헨리 8세에게 마지막 말을 남겼다.

"저는 이제 사라집니다. 그러나 왕이시어, 명심하소서. 당신은 원하지 않을지 모르나 내

딸은 반드시 왕위에 오를 겁니다. 언젠가 이 왕국이 내 딸에게 감사할 날이 올 것입니다…."

훗날 헨리 8세가 사망하자 캐더린의 딸 메리가 왕위에 올랐고(메리 1세 여왕), 그 다음의 왕은 앤의 말처럼 앤의 딸 엘리자베스가 25살에 즉위하였다.(엘리자베스 1세 여왕) 엘리자베스 1세 여왕은 영국 왕실을 피로 물들인 후계자 다툼에서 벗어나려 평생을 독신으로 살았다.

헨리 8세는 하느님과 교회법을 어겼다. 하느님은 이혼을 금하신다. 헨리 8세가 가톨릭 신자로서 정당한 결혼을 하려면 성당에서 신부님과 두 증인을 세운 다음 혼인성사를 거행해야 되는 것이다. 그러나 그렇게 결혼을 한 부인이 있었기 때문에 이후의 결혼은 간음에 지나지 않는 것이다. 그는 자신의 욕망을 위해 부인을 버리고 교회 밖에서 다시 결혼함으로써 파문을 당한 것이다. 하늘이 더 이상 자신과 앤의 것이 아니라고 말한 헨리는 교회법을 알고 있었기 때문에 그런 말을 했다.

교회에서 인정한 혼인은 바로 하느님 앞에서 한 서약이며 하느님이 맺어준 것을 인간이 풀 수 없기 때문이다. 그가 비록 왕이었다고 한들 교회법보다 우위에 있을 수는 없는 것이다. 그리스도의 교회는 그리스도가 세운 법에 기반하고 있기 때문이다.

나오는 말

하느님과 세상에 봉사하도록 부름을 받아 성품성사를 받은 성직자들은 그리스도의 사명을 이어받아 하느님의 복음을 전하고 하느님의 백성을 거룩하게 하는 직무를 수행한다.

또한 신자 부부는 혼인성사 생활로 부부 사랑과 자녀 출산, 양육에 필요한 은총을 받으며, 그리스도와 교회의 일치와 사랑을 드러내고 이에 참여한다. 우리 자신이나 자녀들의 혼인이 혼인성사가 될 수 있도록 최선의 노력을 다하고, 그리스도의 사명을 수행하는 성직자들에게 깊은 존경심을 표하며 그들의 직무 수행에 성심껏 협력하여야 한다. 또한 하느님의 부르심 곧 성소(聖召)에도 언제나 귀 기울여야 한다.

핵심문제

(1) 성품성사란 어떤 성사입니까?

성품성사는 가톨릭 교회 안에 성직자들을 세우고, 각기 맡은 성무(聖務)를 행하기 위해 필요한 은총을 받게 하는 성사입니다.

(2) 성품성사는 어떻게 수여됩니까?

성품성사는 주교의 안수와 장엄 축복기도로 베풀어집니다. 이 기도는 서품된 사람에게 그 직무에 필요한 성령의 은총을 내려 주시도록 하느님께 청하는 것입니다. 서품은 지워지지 않은 성사의 인호(印號)를 새겨 줍니다.

(3) 가톨릭 교회의 세 가지 서품은 무엇입니까?

주교품, 신부품, 부제품입니다.

(4) 어떤 사람들이 성품성사를 받을 수 있습니까?

교회는 사제 직무 수행을 위해 적합하다고 공인된 세례 받은 남자들에게만 성품성사를 줍니다. 성품성사를 받을 사람을 결정하는 책임과 권리는 교회의 권위자에게 있습니다.

(5) 사제직과 독신생활은 어떤 관계가 있습니까?

로마 가톨릭 교회에서는 일반적으로 하느님 나라와 사람들에게 기꺼이 봉사하려는 마음으로 자유로이 독신생활을 할 준비가 갖추어져 있고 그 뜻을 공적으로 표명하는 후보자들에게만 성품성사를 줍니다.

(6) 그리스도의 사제직에 참여하는 방법은 여러 가지가 있습니까?

그렇습니다. 세례를 받은 모든 신자는 그리스도의 사제직에 참여합니다. 이러한 참여를 신자들의 일반[보편] 사제직이라고 합니다. 그리고 이 일반 사제직에 봉사하기 위해 또 다른 방법으로 참여하는 사제직은 성품성사로 수여되는 직무 사제직입니다. 이 직무는 교회공동체 안에서 그리스도의 이름으로 그리스도를 대리하여 봉사하는 것입니다.

(7) 주교는 누구입니까?

주교는 사도들의 후계자요, 주교단의 일원으로서 성베드로의 후계자인 교황의 권위 아래 사도적 책임과 교회 전체의 사명에 참여하며 그에게 맡겨진 개별교회에서 볼 수 있는 으뜸입니다.

(8) 신부는 누구입니까?

신부는 사제로서 지니는 품위는 주교와 같지만 사목직 수행에서는 주교들에 속해 있습니다. 신부는 주교의 협력자로서 주교를 중심으로 사제단을 형성합니다. 신부는 주교에게서 본당 공동체에 대한 책임과 교회내의 일정한 임무를 부여받습니다.

(9) 부제는 누구입니까?

부제는 교회 봉사 임무를 위해 서품되는 성직자로서 말씀의 봉사와 하느님 예배,

사목적인 지도, 자선사업의 중요한 임무를 받습니다.

(10) 혼인성사란 어떤 성사입니까?

혼인성사는 예수께서 부부의 계약을 성사로 세운 것으로서, 이 성사로써 맺어지는 부부가 종신토록 화목하고 자녀들을 구원의 길로 인도하도록 하느님의 은총이 베풀어지는 성사입니다.

(11) 혼인의 목적은 무엇입니까?

혼인의 목적은 부부가 사랑으로 일치하고, 그 사랑의 열매인 자녀를 낳아 기르는 것입니다.

(12) 혼인의 본질적인 특성은 무엇입니까?

혼인의 본질적인 특성은 단일성(일부일처제)과 불가해소성(不可解消性)입니다. 일부다처제(또는 일처다부제)는 한 남자와 한 여자가 한 몸을 이루는 일부일처제에 위배되고, 이혼은 하느님께서 맺어 주신 것을 가르는 것입니다.

알아두기

• 혼인장애(조당 · 阻擋)

조당(阻擋, *L.* Impedimentum, *Eng.* Impediment)이란 혼인조당의 준말로서 혼인장애(婚姻障碍)란 뜻이다. 혼인장애란 교회법상 불법 또는 무효로 만드는 흠결(欠缺)의 사유, 즉 혼인을 금지하는 교회법적 조건을 말한다. 환언하면 가톨릭신자가 혼인성사의 법을 따르지 않고 결혼생활을 하는 경우에 교회법상 제재를 받게 되는데 이를 '조당'이라 한다. 조당은 천주교신자로서의 자격 정지에 해당되므로 조당에 든 신자는 모든 성사를 받을 자격을 상실한다. 그래서 조당 중에 있는 이는 본당신부에게 찾아가서 지시(교회법에 의한 절차)를 받아 조당을 풀어야 한다. 그리고 세례 받은 신자가 비신자와 결혼을 할 경우에는 교회법에 따라 관면(寬免)을 받아야 한다. 관면이란 교회가 교회법에 저촉된 사항을 면제해 주는 것을 말한다. 조당에는 금지(禁止)조당과 무효(無效)조당 두 가지가 있다.

(1) 금지조당(禁止阻擋)

결혼 그 자체는 유효하지만 교회법상 불법 결혼이 되는 것을 말한다. 예를 들면 교회의 관면 없이 가톨릭이 아닌 다른 종파에서 세례를 받은 자와 혼인을 하거나, 사사로이 허원을 하고 허원을 풀지 않은 자가 혼인을 할 경우이다.

(2) 무효조당(無效阻擋)

혼인 그 자체를 무효로 만드는 혼인인데, 다음과 같은 것들이 있다.

① 착위(錯位)조당 : 처음에 결혼하려 했던 사람이 아닌 다른 사람이 결혼식에 들어가 이루어졌을 때의 결혼.

② 협박(脅迫)조당 : 부모나 다른 사람으로부터 본인의 동의없이 협박으로 이루어진 결혼.

③ 겁탈(劫奪)조당 : 남자가 어떤 여인을 강제로, 또는 폭력과 협박으로 결혼한 경우.

④ 연령(年齡)조당 : 남자는 만 16세, 여자는 만 14세 이하에서 이루어진 결혼.

⑤ 불능(不能)조당 : 부부생활을 할 수 없는 성의 불구자와의 결혼.

⑥ 허원(許願)조당 : 남녀 수도자가 허원(서원·誓願)을 한 다음 허원을 풀기 전에 결혼한 경우. 교황청으로부터 허원의 해제를 받았으면 무관하다.

⑦ 성품(聖品)조당 : 성품성사를 받은 성직자가 교황청의 관면 없이 혼인한 경우.

⑧ 결배(結配)조당 : 먼저 한 결혼이 풀리지 않았는데 재혼한 경우.

⑨ 지친(至親)조당 : 6촌 이내의 가까운 친척끼리의 결혼.

⑩ 사친(査親)조당 : 결혼해서 살다가 상처(喪妻)한 처의 4촌 이내 친척과의 결혼.

⑪ 가혼(假婚)조당 : 무효한 결혼으로 살다가 불법적인 배우자의 직계와 이루어진 결혼(예. 축첩생활을 하던 사람은 첩의 모친이나 딸이나 손녀와는 결혼 못한다. 여자측도 마찬가지다.)

⑫ 간악(奸惡)조당 : 다른 남자와 또는 다른 여자와 결혼하기 위한 약속을 하고, 현재 살고 있는 합법적인 배우자를 죽이고 약속한 그 사람과 이루어진 결혼.

⑬ 법정친족 조당 : 양자결연(養子結緣)에 의해 법적으로 친족 관계가 성립되었을 경우에 직계 내에서의 촌수에 관계 없이 한 결혼.

⑭ 외교(外教)조당 : 가톨릭 신자가 교회의 관면 없이 외교인과 한 결혼.

⑮ 혼인형식 조당 : 가톨릭 신자간의 혼인이라도 본당신부와 두 증인 앞에서 교회법이 요구하는 형식대로 하지 않은 결혼.

• 신자가 되기 전에 한 혼인

천주교는 사회에서 합법적으로 인정된 혼인도 사랑과 상호합의로 이루어졌다면 참된 혼인으로 인정하고 받아들인다. 그래서 천주교 신자가 되기 전에 합법적으로 혼인한 부부가 세례성사를 받는다면 그들의 혼인 생활도 그리스도와 교회의 단일한 사랑에 참여하는 것이기 때문에 따로 혼인 예식을 거행하지 않아도 혼인성사 생활이 된다. 그러나 혼인서약 갱신식은 따로 할 수도 있다.

• 혼인준비

혼인 예정자는 적어도 혼인하기 1개월 전에 본당 신부와 의논하고 혼인과 가정에 관한 교리를 교육받아야 한다. 그리고 혼인성사를 받기에 합당한 내적, 영적 준비에 우선적으로 주력하고 외적, 물질적 준비는 절도 있게 하여야 한다. 혼인 당사자는 될 수 있는 대로 혼인 전에 견진성사와 고해성사를 받아야 한다.

• 사제가 되기 위한 준비

사제가 되려면 세례 받은 지 3년이 지난 다음에, 본당 신부의 지도를 받아, 교구장의 추천으로 신학교에 입학하여, 사제직 수행에 필요한 영성 교육과 지적 교육을 받아야 한다.

제20장 신앙인은 기도하는 사람

들어가는 말

신자가 되려면 교리지식을 많이 익히는 것보다 기도 체험을 많이 하는 것이 더 필요하다 왜냐하면 기도란 하느님과의 직접적인 대화이며 신앙생활을 영위하기 위해서는 꼭 필요한 것이기 때문이다. 즉, 교리나 신학이나 신자생활에 관한 지식은 하느님께 대한 간접적인 설명인 데 반해, 기도는 하느님과의 직접적인 대화이기 때문이다. 또한 기도는 마치 물이나 공기와도 같아서, 흔하디 흔한 것이 물과 공기이지만 이것들 없이는 인간이 살아갈 수 없듯이, 기도를 드리지 않고서는 신자 생활을 영위할 수 없는 것이다. 그래서 어떤 성인은 기도를 '영혼의 호흡'이라고 했다. 기도가 없는 영혼은 숨이 멈춘 육체와 같아서 영적으로 죽은 것이다. 참된 삶은 기도하며 살다가 기도하며 죽는 것이다. 따라서 그리스도인은 일상적인 작은 일에서부터 인생의 중대한 결단을 내려야 하는 일에 이르기까지, 모든 것을 기도 속에서 풀어 나가야 한다.

우리는 주님의 뜻에 의해서 태어났고 그 분의 뜻에 따라 살고 죽는다. 그러므로 우리의 삶과 죽음을 온전히 그 분께 맡기고 살아가는 기도의 생활을 할 때 마음의 평화와 기쁨을 얻을 수 있다.

콜로 3,15-17

그리스도의 평화가 여러분의 마음을 다스리게 하십시오. 여러분은 또한 한 몸 안에서 이 평화를 누리도록 부르심을 받았습니다. 감사하는 사람이 되십시오. 그리스도의 말씀이 여러분 가운데에 풍성히 머무르게 하십시오. 지혜를 다하여 서로 가르치고 타이르십시오. 감사하는 마음으로 하느님께 시편과 찬미가와 영가를 불러 드립시오. 말이든 행동이든 무엇이나 주 예수님의 이름으로 하면서, 그분을 통하여 하느님 아버지께 감사를 드리십시오.

기도란?

기도(祈禱)란 일반적으로 하느님과 인간과의 인격적인 대화라고 정의한다. 즉 기도는 하느님과 친교 및 일치를 이루기 위한 사랑의 대화다. 그러므로 기도하는 것은 신앙생활의 중심이 되는 활동이며 신앙의 표현이다. 우리는 기도로 하느님을 흠숭하고, 하느님께 감사드리며, 용서를 청하고, 필요한 은총을 구한다.

성경에 나타난 기도

구약시대의 기도는 전지전능하시고 인격자이신 하느님께 대한 찬미의 기도였다. 하느님은 선하신 분이시므로 선한 목적과 동기를 가지고 기도해야 원하는 바가 이루어지고, 또한 하느님과 화합이 가능하며 잘못이 용납된다고 믿었다. 구약성경의 심장에 해당되는 시편기도는 하느님과 인간 사이의 모든 관계를 표현하고 있는 아주 훌륭한 기도의 걸작이며 계층과 시대를 초월하여 모든 이가 드리기에 적합한 기도다.

한편 신약시대의 기도는 예수님의 삶과 가르침을 통해서 이해된다. 예수님은 중요한 일을 결정할 때에(루카 6, 12), 기쁠 때에(루카 10,17-22), 괴로울 때에(루카 22,41-44), 그리고 죽음을 앞두고 겟세마니라는 곳에서 자신의 뜻이 아니라 아버지의 뜻을 찾으면서 기도하셨다(마태 26,36-46; 마르 14,32-42; 루카 22,39-46). 예수님 생애의 마지막 기도는 "아버지, 제 영혼을 아버지 손에 맡깁니다!(루카 23, 46)였다. 기도하실 때마다 예수께서는 하느님을 '아빠', '아버지'라고 부르셨는데, 이는 예수님의 기도가 그 누구보다 하느님과 깊은 일치와 친교를 이루는 사랑의 대화였음을 말해 준다. 예수님이 가르쳐 주신 기도의 특징은 하느님 아버지와 친교를 통해서 발하시는 성령께서 인간에게 직접 가르쳐 주시거나, 혹은 대신 기도해 주신다는 것이다(로마 8,14-16.27; 유다 1, 20). 성령께서는 인간에게 사랑의 불을 끊임없이 놓으시는 분이시다. 사랑은 "성령의 불"(1테살 5, 19)이 타오를 때 강렬해진다. 그러므로 사랑은 기도의 조건이요, 목적이며, 모든 것이다. 따라서 우리 그리스도인은 아버지를 대하듯 진솔하고 확신에 찬 마음과 사랑으로, 자신의 모든 것과 소원을 아뢰어야 한다. 하느님의 자녀들인 우리가 올바르게 구하기만 하면 반드시 이루어진다(루카 11,9-10)고 하였다. "길이요 진리요 생명"(요한 14, 6)이신 예수님께서는 자신의 이름으로 구하는 것은 무엇이든지 하느님 아버지께서 들어 주신다고 가르쳐 주시며(요한 15, 16), 수난과 죽음조차 아버지의 뜻으로 받아들임으로써 거룩한 만찬이 내포하고 있는 깊은 의미를 계시하신다. 즉 신앙인은 예수님께서 세우신 성체성사를 신앙의 신비로 받아들임으로써 예수님의 기도에 자신의 기도를 합치하는 것이다. 이런 의미에서 교회는 성체성사, 즉 미사를 하느님께서 이루신 구원업적의 영광을 찬미하는 가장 온전한 기도로 이해한다.

기도의 종류와 형태

기도는 일상기도, 성체 중심의 기도(미사 전례, 성체기도 등), 기타 축원, 축복(강복, 축성), 화살기도 등이 있다. 축원은 자기의 뜻을 성취시켜 주기를 비는 기도이고, 축복은 사제가 복을 빌어 주는 강복을 말한다. 화살기도(순간의 기도)는 화살을 공중에 쏘아 올리듯이 순간적으로 하느님의 현존을 느끼고 간단한 말마디를 수시로 하는 기도를 말한다. 예컨대 아침에 떠오르는 태양을 보고서 자연스럽게 "주님! 오늘도 새 아침을 주셔서 감사합니다.", "주님, 자비를 베푸소서.", "주님! 피정에 들어간 ○○○에게 영육간 건강을 주소서." 등등 순간적인 하느님과의 대화다. 기도의 형태로는 소리기도, 묵상기도, 관상기도가 있다.

① 소리기도(염경·念經, 구송·口誦)

어떤 기도문이나 마음속의 생각을 소리 내어 바치는 기도다. 이 기도는 내적 감정을 외적으로 표현하고자 하는 인간 본성에 기인한다. 그런데 소리기도에서 무엇보다 중요한 것은 입술로만 떠들어대는 빈말의 되풀이가 되어서는 안 된다는 것이다. 마음 깊숙한 곳에서 우러나오는 하느님에 대한 열정이 반드시 전제되어야 한다(마태 6, 7; 15, 8). 소리기도인 통경기도는 여럿이 함께 소리 내어 하는 기도다.

② 묵상(默想)기도(마음기도)

묵상은 눈을 감고 말없이 마음속으로 하느님을 생각하며 하느님과 일치를 이루고자 한다. 묵상기도는 하느님의 말씀과 하느님의 뜻을 자신의 삶에 비추어서 생각하고 침묵하는 가운데 마음으로 하는 기도다. 그래서 묵상기도는 사고력, 상상력, 감정, 의욕을 동원하는 탐색적인 기도로 다양한 소재들로부터 도움을 얻을 수 있다. 묵상에 도움을 주는 자료는 대자연, 성경, 성화, 기도문, 신심서적, 교회의 가르침, 하느님과 관련된 명작 등이다.

③ 관상(觀想)기도

관상기도는 오랜 수련으로 침묵 중에 신앙의 눈길을 예수님께 고정시키는 가운데 하느님의 말씀을 경청하고, 말없이 우리 사랑을 나타내는 기도다. 즉 "말없는 사랑" 처럼 침묵 속에서 하는 기도다. 관상이란 주님을 직관(直觀)적으로 인식하고 사랑하는 행위를 말한다. 그래서 관상은 하느님의 뜻(진리)을 직관한 것이므로 묵상보다 한 차원 높은 경지다.(제21장-(1) 영성생활에서 다루는 '관상기도' 참조)

기도의 자세

흔히 기도라고 하면 '신에게 무엇인가를 비는 구걸 식의 기도'로 생각하는데 이는 샤머니즘(무속)적인 기복신앙이다. 기도는 하느님을 만나고 인격적인 대화를 하는 것이다. 대화(對話)는 서로 마주 대하여 이야기를 주고 받는 쌍방 통행의 언어 행사다. 한 쪽에서 이야기를 진행할 때 다른 쪽에서는 듣고 있어야 한다. 한 쪽에서만 끊임없이 이야기하는 것은 대화가 아니다. 대화의 기법상 자신의 말을 많이 하기보다는 상대방의 말을 경청하는 것이 중요하다. 요컨대 기도는 독백(獨白)이 아니라 대화고 정담(情談)이며 담소(談笑)인 것이다. 우리는 주로 **묵상**과 **성경**을 통해서 하느님의 말씀을 듣는다. 올바른 기도 자세는 그 자체로 이미 훌륭한 기도다.

기도의 요소는 흠숭, 감사, 통회, 청원이다. 흠숭이란 전지전능하시고 거룩하신 하느님을 찬미하고 공경하는 것이다. 감사란 우리에게 생명을 주시고 우리를 섭리하시고 사랑과 은총을 주심에 감사하는 것이다. 통회란 자신을 반성하고 뉘우치며 용서를 청하는 것이다. 그리고 청원이란 하느님의 오묘한 진리와 이치를 알 수 있도록 구하고 자신과 타인의 구원과 행복을 청하는 것을 말한다.

그런데 마음 속에 다른 사람에 대한 미움, 노여움, 거부, 경멸, 불신 등을 지니고는 올바로 기도할 수 없다. 이런 때에는 예수님의 생애, 또는 '사랑'에 대한 성경 말씀을 읽고 묵상하면서 하느님의 말씀을 듣기 위해 마음의 문을 열어야 한다.

기도의 모범을 보여주신 예수님

종교는 광신이나 열광으로 들뜨게 되면 정상이라고 볼 수 없다. 그것은 정서적으로 불안상태다. 울부짖는 소리보다는 차분하고 고요한 가운데 묵상과 명상을 통해 그분의 음성을 들어야 한다. 예수께서는 기도할 때에 "골방에 들어가 문을 닫고 기도하여라."(마태 6, 6 참조) "빈말을 되풀이하지 마라."(마태 6, 7)라고 하셨다. 예수님은 언제나 어디서나 기도하는 모습을 보여 주셨으며, 또 외딴 곳이나 한적한 곳으로 가셔서 기도를 하셨다(마르 1, 35; 루카 5, 16; 22, 41).

주님의 기도

예수님은 어떻게 기도하여야 하는지 묻는 제자들에게 '주님의 기도'(마태 6,9-13; 루카 11,1-4)를 가르쳐 주셨다. '주님의 기도'라고 부르는 이유는 주님께서 직접 가르쳐 주신 기도이기 때문이다. "주님의 기도는 복음서 전체를 요약한 기도"(테르툴리아누스)이며, "가장 완전한 기도"(성 토마스 아퀴나스)이다. 이 주님의 기도는 일곱 가지 청원이 담겨져 있다. 앞의 세 가지 청원은 아버지께 영광을 드리는 것이고, 이어지는 네 가지 청원은 우리의 소망을 아버지께 말씀드리는 것이다.

- 서두(하느님 호칭) : "하늘에 계신 우리 아버지"

'주님의 기도'는 하느님을 아버지라는 호칭으로 시작한다. 우리가 하느님을 '아버지'라고 부를 수 있는 것은 사람이 되신 하느님의 외아들 예수께서 아버지를 우리에게 알려주셨기 때문이요, 우리가 세례를 통해서 하느님의 아들과 한 몸이 되고, 하느님의 자녀로 입양되었기 때문이다. 우리가 하느님을 '아빠##, 아버지'(마르 14, 36; 로마 8, 15; 갈라 4, 6)라고 부를 수 있는 것은 참으로 행복한 일이다. 아무도 일찍이 하느님을 감히 아빠라 부르지 못했지만 예수께서는 아빠, 아버지라 부르셨고, 우리에게도 그렇게 부르도록 하셨다. 유다인들은 예나 이제나 절대로 하느님을 아빠라고 부르지 않는다.

"하늘에 계신"이라는 표현은 어떤 장소를 가리키는 것이 아니라, 하느님의 위엄과 의인들의 마음 속에 계시는 하느님의 현존을 가리키는 것이다. 아버지의 집인 하늘은 우리가 지향하고 있으며 또한 우리가 이미 속해 있는, 참 고향이다.(「가톨릭 교회 교리서」, 2802항)

① "아버지의 이름이 거룩히 빛나시며"

우리는, 당신의 이름의 거룩함이 우리를 통하여 우리 안에서, 뭇 민족과 각 사람에게서 나타나게 하려는 하느님의 계획에 협력하게 된다.(「가톨릭 교회 교리서」, 2858항 참조)

'아빠(Abba)'는 아람어(Aramaic)로 젖먹이가 말을 배우면서 아버지를 부르는 말인데, 성장한 자녀도 아버지를 그렇게 부를 수 있는 매우 정다운 호칭이다.

② **"아버지의 나라가 오시며"**

교회는 무엇보다도 그리스도의 재림과 하느님 나라의 마지막 도래를 지향하고 있다. 교회는 또한 우리가 살고 있는 '오늘'에서도 하느님 나라가 실현되기를 기도하는 것이다.(「가톨릭 교회 교리서」, 2859항 참조)

③ **"아버지의 뜻이 하늘에서와 같이 땅에서도 이루어지소서!"**

우리는 아버지의 구원 계획을 지상 생활에서 이룰 수 있도록 우리의 의지를 당신 아들의 의지에 결합시켜 주시기를 아버지께 청한다.(「가톨릭 교회 교리서」, 2860항 참조)

④ **"오늘 저희에게 일용할 양식을 주시고"**

"저희에게 주소서."라고 말함으로써, 우리는 우리 형제들과 일치하여 하늘에 계신 우리 아버지께 대한 우리의 자녀다운 신뢰를 표명한다. "우리의 양식"은 모든 사람의 생존에 필요한 이 세상의 양식을 가리키며, 또한 생명의 빵인 하느님의 말씀과 그리스도의 몸을 가리킨다. 하느님의 '오늘' 우리는 성찬례가 미리 맛보게 해 주는 하늘나라 잔치에 반드시 필요한 생명의 빵을 받아 모신다.(「가톨릭 교회 교리서」, 2861항 참조)

⑤ **"저희에게 잘못한 이를 저희가 용서하오니 저희 죄를 용서하시고"**

우리의 잘못에 대한 하느님의 자비를 간청하는데, 우리가 그리스도의 모범을 따라, 그리스도의 도움으로 우리 원수들을 용서해야만, 하느님의 자비는 비로소 우리 마음속에 스며들 수 있다.(「가톨릭 교회 교리서」, 2862항 참조)

⑥ **"저희를 유혹에 빠지지 않게 하시고"**

죄로 이끄는 길로 우리가 들어서는 것을 허락하지 마시도록 하느님께 청하는 것이다. 이 청원은 분별력과 용기를 주시는 성령을 간청하며, 깨어 있을 수 있는 은총과 끝까지 항구하게 하는 은총을 청하는 것이다.(「가톨릭 교회 교리서」, 2863항 참조)

⑦ **"악에서 구하소서."**

일곱 번째 마지막 청원에서 그리스도인은 악의 세력이 주도하거나 선동하는 현재와 과거와 미래의 모든 악에서 해방시켜 주시기를 교회와 더불어 하느님께 청한다. (「가톨릭 교회 교리서」, 2864항 참조)

- 마침의 "아멘"

마침의 "아멘"(*L. Eng.* Amen)으로 우리는 일곱 가지 청원이 '이루어지기를' 빈다. '아멘'은 '그대로 이루어지소서.', '진실로', '그렇습니다.'를 뜻한다.

그리스도인의 기도생활

기도생활은 그리스도인의 가장 훌륭한 활동이자 신앙의 표현이므로 우리의 신앙생활은 기도생활이 되어야 한다. 그리고 집중적으로 기도할 수 있도록 일정한 시간을 낼 필요가 있다. 교회가 제시하는 주기적 기도는 아침기도와 저녁기도, 식사전・후의 기도, 그리고 삼종경 등이다. 매일 개인적으로 또는 가족과 함께 아침기도, 저녁기도, 식사전・후기도, 삼종기도, 묵주기도 등 정해진 기도를 규칙적으로 바치는 습관을 기르고, 주요 기도문은 외워서 기도할 수 있도록 노력하자. 또한 성경의 말씀을 경청하고, 이를 묵상하는 기도도 부단히 병행해야 한다. 우리가 소리기도를 할 때에는 하느님께 말씀드리는 것이고, 성경의 읽음은 하느님의 말씀을 듣는 것이다. 어떤 이들은 좋아하는 시편이나 아가(사랑을 다룬 구약의 지혜문학서)를 외어 개인기도 때 이용하기도 한다. 이밖에도 「가톨릭 기도서」에는 여러 환경이나 상황에서 드릴 수 있는 기도문이 많이 수록되어 있다. 그러므로 가톨릭 기도서를 잘 활용하면 기도생활이 더욱 풍요로워질 것이다.

예화1(어린 제르트루다의 기도)

어린 제르트루다는 병원의 수술대 위에 누워 있었다. 아이의 병세는 위중했으므로 수술만이 생명을 건질 수 있는 최후의 방편이었다. 간호사가 수술에 들어가기 전의 모든 준비를 마치자 의사가 말했다.

"제르투르다, 이제 내가 잠을 재울 테니까 아무 걱정하지 말고 잠들도록 해요."

그러자 제르투르다가 물었다.

"잠들어야 하나요? 그럼 자기 전에는 꼭 기도를 해야 하니까 선생님, 기도해도 되지요?" 의사는 '물론이지' 라고 승낙했고, 꼭 무릎을 꿇고 기도하겠다고 말하는 제르투르다를 간호사가 부축해 주었다. 의사와 간호사는 어린 제르투르다가 두 손을 모아서 경건하게 기도하는 모습을 지켜보았다.

"사랑하는 하느님, 제 병을 낫게 해 주세요."

기도의 끝을 맺고 십자 성호를 그은 다음에 의사에게 말했다.

"감사합니다. 이제는 잠들게 해 주세요."

수술을 받았으나 제르투르다는 여전히 위독한 상태였다. 의사가 찾아왔을 때 아이는 억지로 미소를 지었다.

"제가 나을 수 있을까요?"

"모든 것은 하느님의 손에 맡기자. 수술은 그리 만족할 수 없지만 네 기도는 훌륭했으므로 너의 기도가 너의 병을 낫게 하리라고 생각한다. 왜냐하면 네 기도가 큰 죄인을 하나 회개시켰으니 말이다."

제르투르다가 어리둥절해서 의사를 쳐다보았다.

"내가 바로 그 죄인이란다. 나는 여러 해 동안 냉담하여 성당에 나가지 않았다. 나는 기도도 하느님도 잊고 살았단다. 그런데 어제 네가 기도하는 모습을 보고 나는 얼마나 뉘우쳤는지 모른다. 그 동안 내가 하느님의 마음을 얼마나 상해드렸던가를 깊이 반성하게 되었지. 그래서 수술이 끝나자 곧 성당으로 달려가서 고해성사를 보았고 오늘 아침에는 몇 년 만에 성체를 영(領)했단다. 이 은혜를 하느님께서 네게 풍성히 갚으실 줄 나는 믿는다. 제르투르다야, 그러니 너는 아무것도 걱정하지 마라."

제르투르다는 잠들기 전의 기도를 한 번도 거른 적이 없었다. 어린 제르투르다의 훌륭한 표양은 한 죄인을 회개시켰다. 그저 아침 기도와 저녁 기도, 그리고 식사 전후의 기도를 꼬박꼬박 한다고 기도를 다한 것은 아니다. 하루의 중요한 시간 중에 가끔 기도해야 한다. 제르투르다가 한 것처럼 하느님께 드리는 다정한 안부의 기도를 항상 해야 한다.

그렇게 함으로써 자신도 모르게 그 기도는 다른 사람의 영혼을 돕고 특히 우리 자신의 영혼을 구할 것이다.

예화 2(하느님의 대답)

십대 소녀인 요안나는 뉴욕 시의 어느 관청에 근무했다. 그녀는 신체장애자인 어머니와 살고 있었는데 자기의 박봉으로는 생계를 유지하는 일과 어머니의 치료비를 도저히 감당할 수 없었다. 그래서 요안나는 자신의 봉급이 오르게 해 달라고 9일 기도를 바쳤는데 하느님께서는 그녀의 기도를 들어주시는 것 같지 않았다. 요안나는 이번에도 9일 기도를 한 다음에 봉급이 오르지 않으면 다시는 기도하지 않겠다고 결심했다.

7일이 지나고 8일도 지났다. 9일째 되는 날, 요안나는 발걸음도 가볍게 출근했는데 그 까닭은 오늘이야말로 하느님께서 꼭 자기의 기도를 들어주시리라고 믿었기 때문이었다.

사무실로 들어서기가 무섭게 그녀는 상관의 사무실로 불려갔다. 그녀의 기대와는 달리 봉급을 올려 주겠다는 말을 듣기는커녕 도리어 심한 꾸지람을 듣게 되었다. 상관은 요안나를 내쫓고 그 자리에 훨씬 더 유능한 자신의 조카를 채용하게 되었다는 것을 덧붙여 말했다. 요안나는 눈앞이 캄캄해졌고 절망에 빠졌다. 허둥지둥 집으로 돌아온 요안나는 이제 다시는 하느님께 기도하지 않겠다고 결심했다.

그날 저녁 식사를 마치고 신문을 집어 들었을 때 '폭발 사고로 12명 사망'이라는 커다란 활자가 눈에 들어왔다. 그 내용을 읽어보니 폭발 사고가 일어난 곳은 바로 요안나가 근무했던 건물이었다. 사망자 명단 속에는 상관의 이름과 신입사원인 그의 조카의 이름도 있었다. 두려움과 감격으로 눈시울이 뜨거워진 요안나는 무릎을 꿇고 기도했다.

"하느님, 저의 큰 잘못을 용서하소서. 제 기도를 들어주시지 않으신 당신의 커다란 사랑을 이제서야 깨닫고 감사의 기도를 드리니 저를 용서해 주소서."

다음 주에 요안나는 더 나은 직장을 구했고 어머니를 치료하며 생활을 하기에 충분한 보수를 받게 되었다.

우리가 기도할 때에 하느님께서는 당신의 계획을 수정하는 것이 아니라 우리를 위해 마련되어 있는 것들을 실현에 옮기시는 것이다. 예수님은 '구하라, 그러면 받을 것이다.'라고 말씀하셨다. 따라서 우리가 먼저 구하지 않는다면 우리는 아무것도 기대할 수 없다. 우리의 구령을 위해 주님께서 지시하신 대로 우리가 행하지 않았기 때문이다. 성사를 받는 것 이외에 은총을 얻는 중요한 방법은 기도다. 기도는 신뢰하는 마음과 겸손으로 해야 하는데 특히 모든 것을 하느님께 의탁하는 마음으로 해야 한다. 무엇이 우리에게 가장 요긴한 것인지 하느님께서는 알고 계신다.

나오는 말

기도는 하느님께 대한 신앙의 표현이고, 참 자신을 발견하는 길이며, 평화를 얻는 길이다. 기도는 하느님께서 계신 곳에 우리 마음이 머물게 한다. 그래서 기도는 하느님을 향하여 사랑의 눈을 뜰 때 가능해지는 하느님과 나누는 대화다. 기도는 감사하는 마음으로, 진정으로 뉘우치면서 용서를 청하는 마음으로, 부족함을 인정하면서 자비를 청하는 마음으로 그리고 필요한 것을 겸손하게 청하는 마음으로 "아빠, 아버지"(갈라 4, 6)를 부르는 것이다. 우리는 마음에서 우러나는 진솔한 마음으로 꾸준히 겸손하게 기도해야 한다.

날마다 아침에 눈을 떴을 때와 잠자리에 들기 전에 잠깐씩 감사의 기도를 하는 습관을 기르고, 주요 기도문을 외워서 기도할 수 있도록 노력해야 한다. 또한 성경을 자주 읽고, 그 내용에 자기 생활에 비추어 묵상하면서 기도하는 것이 바람직하다.

핵심문제

(1) 기도는 무엇입니까?

기도(祈禱)는 하느님과 나누는 인격적인 대화로, 하느님과 친교 및 일치를 이루기 위한 사랑의 대화입니다.

(2) 우리는 어떻게 기도해야 합니까?

마음에서 우러나는 진솔한 마음으로 꾸준히 겸손하게 기도해야 합니다.

(3) 기도 가운데 '가장 완전한 기도'는 어떤 기도입니까?

모든 기도 가운데 가장 완전한 기도는 예수님이 직접 가르쳐 주신 '주님의 기도' 입니다.

(4) '주님의 기도'에 담겨진 일곱 가지 청원은 어떤 내용입니까?

일곱 가지 청원 중에서 처음 세 가지는 하느님의 영광이 드러나기를 비는 청원이고, 이어지는 네 가지 청원은 우리의 지상(地上) 소망을 하느님께 말씀드리는 내용입니다.

(5) 교회가 제시하는 주기적 기도는 어떤 것들입니까?

아침기도와 저녁기도, 식사전・후의 기도, 그리고 삼종경 등입니다.

알아두기

- 삼종 기도

프랑스 화가 밀레의 만종(晩鐘)

삼종 기도는 가브리엘 천사가 마리아에게 알려 준 예수님의 잉태와 강생의 신비를 묵상하는 기도이다. 이 기도를 하라는 표시로 아침, 낮, 저녁에 종을 쳤는데, 세 번의 종소리를 듣고 하는 기도라 해서 삼종 기도라고 한다. 삼종 기도의 기원은 확실하지 않으나, 성지를 회복하려고 십자군 운동이 일어났을 때, 교황 그레고리오 9세가 십자군을 떠나 보내며 이들의 승리를 위하여 성당 종을 치면 기도를 바치라고 한 데서 시작되었다고 한다. 부활시기에는 부활 삼종기도를 바친다

프랑스 화가 밀레(1814~75)가 그린 만종(晩鐘)은 저녁 기도를 알리는 종소리가 들려오자 기도하는 모습을 보이고 있다.

제3편

정화와 조명의 시기

인간은 동물과 구별되는 이성(理性)적 존재이고 지·정·의(知情意)와 자의식(自意識)을 지닌 존재이기 때문에 자각적인(깨닫는) 생활을 하고, 꿈과 희망을 지향하면서 참 행복을 위해 의미 있는 삶을 살게 된다.

인간은 이성(지·知)과 행위(행·行)로 신앙생활을 한다. 그런데 인간은 이성(理性)에 의하여 여러 종교 가운데 어느 특정 종교를 선택할 수 있는데, 그 중에서도 하느님의 부르심에 응답하는 삶이 곧 그리스도인의 삶이다. 그리스도인은 예수 그리스도를 '주님'이라고 고백하고, 성부와 성자와 성령의 이름으로 세례를 받은 신자들이다. 달리 말하면 그리스도인은 사도신경의 내용을 생활신조로 받아들이고 그 내용에 따라 살아가는 신앙인이다. 우리 그리스도인은 창조주 하느님을 믿고 흠숭하며, 하느님사랑·이웃사랑을 실천함으로써 구원을 추구하는 삶을 살아간다.

야고보서 2장 14절에 의하면 "누가 믿음이 있다고 말하면서 실천이 없으면 무슨 소용이 있겠습니까?"라고 했다. 행동 없는 믿음은 죽은 믿음인 것이다.

그리고 그리스도인의 삶은 그리스도의 가르침(영을 위한 가르침)에 따르는 삶이므로 영을 위한 삶, 즉 영적 삶(spiritual life, 영성생활)이고, 이 영적 삶은 향주덕(向主德)을 지향하는 삶이다. 그리스도인의 삶의 궁극적인 목적은 그리스도와 일치(합일)를 이루어 구원을 받고자 함에 있다. 따라서 그리스도인의 삶은 그리스도와 일치를 이루기 위해서 회개하여 영적으로 정화하고, 기도생활, 성사생활, 그리고 사랑의 실천으로 그리스도와 한 영이 되어 빛을 거울에 비추는 것처럼 조명하는 일이다.

그래서 제3편 정화와 조명의 단계에서는 신앙에 대한 지식을 그리스도인의 생활면에 적용하는 데 초점을 두고, 그리스도인의 종교생활, 윤리생활, 가정·사회·경제생활을 올바로 영위하도록 한다.

'종교생활'에서는 영성과 신망애(信望愛), 또한 완덕을 추구하는 삶에 대한 이해를 통해 참다운 경신 행위를 할 수 있도록 한다. 그리고 그리스도인의 '윤리생활'과 '가정·사회·경제생활'에서는 오늘날 특히 강조되고 있는 인간 생명의 존엄성, 성 윤리와 가정의 성화에 대한 이해를 돕고, 그리스도인이 사회 속에서 타인과 협력하여 공존할 수 있는 개방된 인간성을 형성하도록 한다. 그러한 의도 아래, 노동의 신성함과 의로운 사회의 실현, 온갖 삼라만상의 생물들이 어우러져 사는 자연환경의 보존과 평화에의 소명, 종교적 관용과 그리스도인의 일치, 종말론(하느님 나라의 완성) 그리고 모든 것을 하느님께 맡기고 영원한 생명에 대한 희망으로 현세를 충실하게 살아가도록 한다.

제21장 새 사람이 된 우리의 삶

(1) 영성생활

들어가는 말

사람은 영원히 살고자 하는 욕망이 있다. 그런데 우리는 종종 사람이 죽으면 목숨이 끊어졌다고 말한다. 목숨이란 목에 숨이 붙어 있다는 말이며, 목숨이 끊어졌다는 말은 목에 붙어 있는 숨이 끊어져(즉 호흡작용이 없어져) 생명이 끊어졌다는 말이다. 요컨대 살아 있으면 생명이 있고, 죽으면 생명이 끊어졌다는 것이다. 우리는 일반적으로 생명을 육신생명과 관련된 의미에서 이해한다. 생물학에서 말하는 생명은 생물세포 상호간의 활동에 의한 생활현상으로부터 추상(抽象)되는 일반개념이다. 그러나 종교에서 생명이라고 할 때 그 뜻은 세포의 생활현상과 전혀 다른 차원의 의미를 갖는다. 종교에서 말하는 생명은 하느님의 생명과 관련된 의미로 사용한다. 하느님은 육적 존재가 아니라 영적 존재이기 때문에 하느님의 생명은 육적 생명이 아닌 초자연적 영적 생명의 본질이다. 하느님의 생명과 일치하여 하느님의 생명을 부여받을 때 종교에서는 생명이 있다고 말한다. 그래서 종교에서 말하는 생명은 세상에서 말하는 생명과 그 판단 기준이 전혀 다르다. 세상에서는 육신 생명이 붙어 있으면 살았다고 하지만 종교에서는 아무리 육신생명이 붙어 있다고 하더라도 하느님의 생명과 떨어져 있으면 그것은 죽은 것이다. 반대로 아무리 육신목숨은 떨어졌다 하더라도 하느님 생명과 붙어 있으면 그것은 산 것이다.

예수님은 "나는 부활이요 생명이다. 나를 믿는 사람은 죽더라도 살고, 또 살아서 나를 믿는 모든 사람은 영원히 죽지 않을 것이다."(요한 11, 25; 6, 40)라고 말씀하셨다.

하느님은 시간과 공간을 초월한 영원한 분이시기에 하느님과 일치된 생명을 영원한 생명, 즉 영생이라고 한다. 하느님께서 우리에게 주시고자 하는 생명은 바로 이 영원한 생명이다. 육신의 생명은 이 세상의 생명이며 멸할 수밖에 없다. 육신의 생명이 피고 지는 것은 세상 모든 것들의 운명이며, 세상을 주재하시는 하느님의 섭리다. 이 세상에 나를 보내신 분도 하느님이시고, 이 세상에서 나를 거두어 가시는 분도 하느님이시다. 육신의 생명에 관한 한 인간은 누구나 생멸(生滅 · birth and death)의 법칙을 벗어날 수 없다. 그러나 하느님께서 그리스도를 통하여 주시겠다고 하신 생명은 영원한 생명이며, 우리가 신앙생활을 통해서 얻고자 하는 것은 영원한 생명, 즉 구원을 얻고자 하는 것이다. 그런데 우리는 생명을 육신과 관련하여 생각하기 마련이다. 그러나 그리스도의 복음 말씀은 육적 생명이 아니라 영적 생명에 대한 가르침으로 이해해야 한다.

사람이 사람 구실을 하려면 생명있는 육체가 조화를 이루어야 한다. 영혼은 생명과 육체가 동시에 조화를 이루며 살게 한다.

영성생활이란 내적으로 하느님을 체험하는 생활로서 생명과 육체가 조화를 이루게 하는 영혼의 근본에 맞게 살게 하는 것이다. 영혼은 하느님의 모상(模像 · image)대로 창조되었다. 하느님의 모상은 여러 가지로 설명될 수 있으나 그 가운데 가장 크게 드러나는 것은 '사랑'이다. 이 사랑을 이루기 위해 여러 가지 방법이 제시되었다. 영성생활이란 바로 사랑의 원리를 이루게 하는 방향을 향해 살게 도와 준다.

창세 2, 7; 야고 2, 14

"주 하느님께서 흙의 먼지로 사람을 빚으시고, 그 코에 생명의 숨을 불어넣으시니, 사람이 생명체가 되었다"(창세 2, 7).
"누가 믿음이 있다고 말하면서 실천이 없으면 무슨 소용이 있겠습니까?"(야고 2, 14).

영성이란?

영성[#1](灵性)이라는 명사는 영적 속성(spiritual character)인 바 정신적(spiritual) 속성을 지칭하는 말이며, 신앙인에 있어서 그 존재의 본질을 이루는 생명의 원동력이다. 영(灵)과 정신은 같은 말로 간주한다.(제1장-(1)의 '인간의 영혼과 정신작용' 참조) 그래서 영성은 그리스도인의 기본 정신을 말하기도 한다. '영성'이라는 낱말은 5, 6세기에 나오기 시작했는데, 하느님에 대한 인간의 인격적인 관계를 뜻하는 전문 용어로 사용되었다. 불교에서는 이 영성을 '심성'이라고 한다. 그런데 영성은 20-21세기에는 현실의 상황을 바로 인식하고 하느님과의 일치를 위한 그리스도인의 성경적 패러다임(paradigm)이다.

'영성'을 일반적으로 정의한다면 "인간의 정신적 삶의 개화(開花)를 목적으로 하는 모든 종류의 교의(教義)나 실천적인 것들을 총칭하는 것"이다. 영성(灵性)을 신학적으로 간단히 말하면 믿음으로 시작되고 형성되는 종교생활인데, 신앙과 실천의 삶이다. 그리고 영성, 즉 그리스도인의 종교생활(그리스도인의 삶)은 그리스도의 가르침(영을 위한 가르침)에 따르는 삶이기 때문에 영을 위한 삶, 즉 영적 삶이다. 그래서 영성과 영적 삶(spiritual life, 영적 생활, 영성생활)은 같은 말로 사용한다.

영(灵·Spiritus)의 어원은 라틴어로 '입김·숨결·바람'이란 뜻이다. 성경에서 말하는 바람은 대자연을 움직이고 활발하게 하듯이 인간을 자극하여 살도록 하는 생명과 관련된다.

창세기 1장 26절에 의하면 하느님께서는 당신의 모상(模像, 모습)대로 사람을 만드시고자 하셨다. 그래서 "**주** 하느님께서 흙의 먼지로 사람을 빚으시고, 그 코에 생명의 숨을 불어넣으시니, 사람이 생명체가 되었다."(창세 2, 7) 여기서 생명의 숨은 인간의 이성·의식(理性·意識) 등을 일으키게 하는 생명의 근원이며 '영'이다.

'인간은 하느님의 모상(模像, 모습)대로 창조되었다'는 말은 인간이 하느님과 영적으로 닮았음을 의미한다. 왜냐하면 하느님은 물질적 차원의 육(肉)적 존재가 아니라 영(灵)적 존재이기 때문이다.

가톨릭 교회에서 말하는 '영성'이라는 단어는 '영혼의 개화(開花)'를 위해 '완덕(完德)'의 삶을 살므로써 '하느님과의 일치'를 신학적 또는 체험적인 면에서 다루는 말로 사용한다. 다른 말로 표현하면 '영성'은 "인간을 신앙 안에서 충만하게 살게 하는 하느님의 계시(啓示)와 구원의 신비 전체"를 말한다. 결국 영성은 참 자아를 위한 그리스도인의 삶 총체를 말하며, 영성의 원천은 하느님 말씀과 기도이다.

그런데 그리스도인의 삶은 하느님과의 일치를 이루려는 목표를 지향하지만, 교회 구성원들의 신분과 직분, 그리고 삶의 상황과 방식은 다양하기 때문에 영성도 다양하기 마련이다. 이를테면 사도직은 성직자의 직무 사도직과 일반신자의 보통 사도직으로 구분되고 차이가 있다. 또한 각 액션단체는 상이한 활동 목적을 가지고 있다. 그래

#1 **영성**(靈性, Spirituality)

* spirit(soul, mind와 동의어) : *n.* 영, 정신, 마음, 영혼, 혼

* spiritual : *adj.* 영적(靈的)

* spirituality : *n.* 영성(靈性, spiritual character)

접미사 -ity는 형용사에서 그 성질을 나타내는 명사를 만듦.

예컨대 corporal(육체적) → corporality(육체성), material(물질적) → materiality(물질성)

영성(spirituality)이라는 명사는 육체성(corporality)이니 물질성(materiality)의 반대의 개념이다.

서 영성도 사제의 영성, 수도자의 영성, 평신도의 영성, 레지오의 영성, 꾸르실료의 영성, 가정의 영성, 부부의 영성 등등 다양하게 구분되고, 각각 고유한 특성을 지닌다.

자아의 이원적 구분

인간은 육체와 영혼의 두 요소로 이루어진 단일체(사목헌장 14항; 「가톨릭 교회 교리서」, 362-365항 참조)이지만, 주체로서의 '나'(자기)라고 하는 자아(自我 · self · ego)는 이원론적 관점에서 다음과 같이 외적(outer) 자아와 내적(inner) 자아로 구분된다.

자아 ┌ 외적(outer) 자아(육체) - 육적(bodily) 자아 - 거짓(false) 자아
　　 └ 내적(inner) 자아(영혼) - 영적(spiritual) 자아 - 참(true) 자아(진아 · 眞我)

여기에서 육체는 흙의 먼지로 지음을 받았고, 영혼은 하느님의 생명의 숨을 받아 있게 되었다. 그래서 인간은 물질적 육체와 영적(정신적) 영혼으로 이루어진 단일체이다. 영혼은 인간의 생명이나 인격 전체를 의미하며, 인간은 영혼을 통해서 하느님의 모습을 지니게 된다. 그리고 영혼은 인간의 영적 근원을 가리킨다.(「가톨릭 교회 교리서」, 363항 참조) 따라서 영혼은 '영'과 구별되어 쓰이는 것을 볼 수 있다. 그러나 교회는 이러한 구분이 영혼을 둘로 나누는 것이 아님을 가르친다. '영'이란 인간이 그 창조 때부터 자신의 초자연적인 목표를 향하고 있음을 의미하며, 영혼은 은총으로 하느님과 친교를 이룰 수 있음을 의미한다.(「가톨릭 교회 교리서」, 367항 참조)

육적 자아는 가시적 요소이지만 거짓 자아이고, 영적 자아는 불가시적 요소이지만 참 자아(진아 · 眞我)다. 그런데 거짓 자아는 하느님의 모습이 아닌 자신의 모습으로 발전된 자아 상이며, 세 가지 본능적 욕구(생존과 안전, 애정과 존중, 힘과 통제)의 만족에서 행복을 얻으려 하고 문화적 혹은 집단 정체성에 자신의 가치에 기초를 둔 자아다. 참 자아는 하느님에 의해 창조된 하느님의 닮음(likeness)이며 자신의 독특성을 견지하면서 신성한 생명에 참여하는 자아다.

그리스도의 가르침은 영적 자아를 위한 가르침이다. 그리스도께서는 "영은 생명을 준다. 그러나 육은 아무 쓸모가 없다. 내가 너희에게 한 말은 영이며 생명이다."(요한 6, 63)라고 말씀하셨다. 그래서 사도 바오로는 "육의 관심사는 죽음이고 성령의 관심사는 생명과 평화입니다. 육의 관심사는 하느님을 적대하는 것이기 때문입니다."(로마 8,6-7)라고 했다.

흔히 영혼의 삼구(三仇, 세 가지 원수)를 육신 · 세속 · 마귀라고 말한다. 왜냐하면 영

혼은 이 세 가지로 인하여 죄를 짓게 되고, 하느님과의 합일(일치)을 이루지 못하게 하는 요인이 되기 때문이다. 그래서 그리스도인의 삶은 육적 자아를 위한 삶이 아니라 생명과 육체가 조화를 이루며 영적 자아를 위한 영성(靈性)생활이라고 말할 수 있다.

그렇다고 육체적 생명을 결코 경시하거나 천시해서는 안 된다. 세상과 육신 자체는 하느님이 창조하신 선(善)한 것이기 때문에 원수가 아니다. 세속의 헛된 욕망과 육신의 사욕편정(邪慾偏情 : 올바른 도리에 어긋나는 온갖 정욕·情慾)이 원수라는 것이다.

영성/영성생활/성령 안에서 새 삶

그리스도인의 삶은 그리스도의 가르침에 따르는 삶이고, 그리스도의 가르침은 육(肉)을 위한 가르침이 아니라 영(靈)을 위한 가르침이다. 따라서 그리스도인의 삶은 영을 위한 삶, 즉 영적 삶(spiritual life, 영적 생활, 영성생활)이요 영성이다. 또한 그리스도인은 세례로 다시 태어나 성령 안에서 새 삶을 살아가는데, 이러한 성령 안의 새 삶을 영성이라고 한다. 영성생활에서 중요한 것은 영성을 이론적으로 배우고 앎으로 끝나는 것이 아니라 배워서 아는 것(知)을 삶으로 실천(praxis)하는 것(行 : 행하는 것)이 정행·정설(正行·正說, orthopraxis·orthodoxy)이다. 예를 들어 사랑을 한다고 할 때 사랑을 어떻게 하느냐 하는 것을 다루는 것이 영성이다. 현대의 영성의 의미는 과거에 영혼의 영역만을 강조했던 것과는 달리 '실천'을 중요하게 강조하고 있다. 실천이란 "체험(experience)과 성찰(reflection)이 교차하는 역동적 관계"를 말한다. 실천이 없는 삶은 영성이라 말하지 않는다. 그러므로 영성은 구체적으로 하느님 체험을 바탕으로 한 「행동양식」(way of proceedings)이다. 미사는 하느님 사랑을 체험하는 거룩한 신비다.

인간의 삶을 신체적 혹은 심리적 모습의 변화에 따라 유아기, 아동기, 청년기, 장년기, 노년기 등으로 구분하듯이, 영성생활도 정화, 조명, 일치의 단계로 향상해 간다는 것이 전통적인 견해다. 그러나 이런 영성적 단계는 직선적 진행이 아니라 나선형을 그리면서 승강(昇降) 진퇴(進退)를 불규칙하게 반복하며 진행하는 곡선적인 진행이다. 모든 단계는 순환하며 하느님께로 나아간다. 흔히 '신앙은 내적 자각이다'라고 말한다. 자각이란 내적 자아 즉 영적 자아(참 자아)를 깨닫고 반성하는 일이다. 그래서 여기서 말하는 정화는 영혼의 정화로서 죄에서 벗어나 같은 실수를 되풀이하지 않도록 심신을 강화하는 회개의 단계이고, 조명은 태양을 비추는 거울과도 같이 그리스도와 한 영을 이루어 그리스도처럼 생각하고 행동하는 단계이며, 일치는 언제 어디서나 삶의 중심이 하느님께 완전히 옮겨지고, 나의 삶이 하느님의 사랑에 머무를 때 참행복을 느끼게 되는 하느님과 일치의 단계다. 결국 영성생활은 그리스도인이 성령의 도움으로 그리스도와 함께 성부를 향해 나아가는 여정을 뜻한다. 따라서 그리스도인의 영성생활의 목적은 성화와 사랑으로 하느님과 일치하는 데 있다.

완덕의 본질

성 토마스 아퀴나스(Thomas Aquinas)는 완덕의 본질은 애덕(사랑)이며, 사랑이 있는 곳에 완덕이 존재한다고 했다. 사랑은 선(善)을 행하는 것이며, 선을 생각하고 선을 행하는 것은 사랑의 과정인 것이다. 로마의 클레멘스(Clemens of Rome)와 안티오키아의 이냐시오(Ignatius de Antiochia) 성인은 "사랑을 능가하는 것은 아무 것도 없다."라고 사랑의 우위성을 강조하였으며, 리용(Lyon)의 이레네오(Irenaeus) 성인도 "모든 카리스마를 초월하고 예언보다도 더 귀중한 것은 사랑이다."라고 하였다. 가톨릭성가 46장 '사랑의 송가'(1코린 13)는 사랑의 우위성과 중요성을 잘 반영하고 있다. <'사랑의 송가' 1절 - "천사의 말을 하는 사람도 사랑 없으면 소용이 없고, 심오한 진리를 깨달은 자도 울리는 징과 같네, 하느님 말씀을 전한다해도 그 무슨 소용 있나, 사랑 없이는 소용이 없고 아무 것도 아닙니다.">

또한 나지안조의 성 그레고리오(Gregorius de Nazianzenus)는 "가장 완전하고 가장 행복한 구원의 길은 사랑의 길이다."라고 그리스도교 완덕의 핵심이 사랑임을 강조하고 있다.

"사랑은 완덕의 끈이고, 율법의 완성이며(콜로 3, 14; 로마 13, 10 참조) 모든 성화의 수단을 밝혀주고, 조절하며, 성화의 목적을 달성하게 하므로"(교회헌장, 42항) 영성생활에서 가장 중요한 은혜다.

예화(성녀 소화 데레사)

"나는 착하신 하느님을 거역하지 않으려 애쓰고 살았습니다. 내가 하느님께 드린 것이라고는 사랑 이외에는 아무 것도 없습니다."

교회사에 길이 빛나는 아름다운 성녀 데레사의 말이다. 그녀는 15세 되었을 때 다른 영혼들을 구하기 위해 사랑과 기쁨으로 희생의 기도를 바치는 리쥬의 갈멜 수녀원에 입회했다. 그는 예수님께 기도드릴 때 항상 이렇게 지향을 두었다.

"당신을 거부하는 사람들에게서 사랑의 승리를 거두시도록 저를 제물로 받으십시오. 저는 주님을 사랑하고 다른 영혼들을 주님의 사랑 안에 끌어들이는 것 외에는 아무 것도 바라지 않습니다."

성녀는 사랑의 순교자가 되기를 원하였다.

“예수님, 제가 당신의 사랑으로 순교하도록 해 주십시오. 영혼이나 육신에 순교자적 고통을 주십시오. 될 수만 있다면 두 가지를 함께 주십시오.”

주님께서는 데레사의 영혼과 육신에 순교자적인 고통을 주셨다. 성녀는 영혼의 유혹으로 고민했을 뿐 아니라 2년여의 기간을 결핵으로 신음하였다. 남 모르는 고통을 기쁨으로 인내할 수 있었던 것은 오직 하느님께 대한 성녀의 위대한 사랑이었다.

“나의 성소는 사랑입니다. 어머니이신 교회의 품안에서 나는 사랑을 노래합니다.”

성녀의 체력은 몹시 쇠약해져서 몸이 앙상하도록 여위었고 피부에는 고통스러운 종기까지 생겼다. 성녀는 장결핵으로 인해 탈수 증세를 일으키게 되어 각혈까지 하였다. 격심한 고통을 겪으면서도 “하느님께 나를 사랑의 제물로 바친 것을 나는 조금도 후회하지 않습니다.” 하고 기도할 따름이었다.

1897년 9월 30일 저녁, 힘없이 늘어뜨린 손으로 고상을 움켜잡으려 애쓰며 어른 수녀에게 말했다. “이것이 죽음의 고통일까요?”

“너를 사랑한 주님께서는 죽음의 고통을 얼마간 더 주시려는가 보구나!”

“그렇다면 너무나 기쁩니다. 저는 사랑의 고통이 적어지기를 바라지 않습니다.”

성녀는 십자고상을 바라보며 조용히 입속말을 했다.

“오, 사랑이신 나의 주님! 나는 얼마나 주님을 사랑하는지요!”

들릴 듯 말 듯한 말을 남기고 성녀의 몸은 갑자기 힘이 빠지며 순교자의 머리처럼 고개를 오른쪽으로 기울였다. 그 순간에 눈을 뜨고 기쁜 듯이 성모상을 응시하다가 순결한 그의 영혼은 천국으로 떠났다. 그때 성녀의 나이 24세였으며 1925년 5월 17일, 교황 비오 11세에 의하여 성인의 반열에 올랐다.

하느님을 사랑하는 것에 자신의 모든 것을 바친 성녀 데레사가 죽은 날에는 그녀의 영광을 증명이라도 하듯 하늘에서 무수한 장미꽃이 비처럼 쏟아져 내리는 기적이 일어났다. 그가 숨을 거두기 전에 올린 기도가 실제로 아름답게 일어난 것이다.

“내가 세상에서 주님을 사랑하며 그 분만을 따랐으므로 내가 죽는 날에 주님께서는 하늘에서 무수히 장미의 비를 뿌려 줄 것입니다. 그러면 사람들은 얼마나 아름답게 하느님을 기억할는지요….”

영성신학

영성신학(spiritual theology)은 영성생활의 성격과 본질을 규명하고 완덕에 이르는 길에 대한 이론과 방법을 연구하는 학문이다. 전통적 의미에서 영성신학은 그리스도인이 초자연적 생명의 궁극적 목적을 향해 발전하여 가는 원칙과 방향과 조건을 다룬다. 영성신학이 영성생활을 다룰 때에는 믿을 교리를 취급하는 교리신학과 밀접한 관계를 갖게 되고, 영성생활의 원리와 방법을 탐구할 때에는 실천방면을 다루는 윤리신학과 밀접한 관계가 있다. 영성신학의 원천은 성경, 전승, 교회의 가르침, 교부(教父)[#2]와 신학자들의 가르침 등이며 그 목적은 완덕을 얻는 방법을 가르치는 데에 있으므로 실천적인 학문이다.

영적 생활이란 초자연적 생명의 본질은 하느님의 생명이므로 그리스도인은 성령의 역사(役事, Dynamics)를 통하여 그리스도와 동일화(주님과 한 영이 되어 : 1코린 6, 17)됨으로써 성부께 도달하려는 빠스카적(過越의) 삶을 말한다. 요컨대 하느님은 영적인 분(요한 4, 24)이시기 때문에 하느님(삼위일체)의 생명에 참여하는 생활이 영적 생활인 것이다. 영적 생활의 정화, 조명, 일치의 세 단계는 수덕(修德)과 신비(神秘)의 요소가 포함되어 있다. 수덕적 요소는 은총의 도움으로 완덕에 나아가는 모든 노력 가운데 특히 죄악을 멀리하고 덕행을 실천하는 정화의 길과 조명의 길을 가리킨다. 신비적 요소는 성령의 작용에 힘입어 하느님과 일치를 이룸으로서 하느님의 내밀한 지식에 접하는 일치의 길을 가리킨다. 이들 양 요소는 하나의 영성신학에 대한 두 관점이었다. 그래서 이탈리아 태생의 예수회 회원인 스카라멜리(G. B. Scarameli, 1687-1752)가 영성신학을 수덕신학과 신비신학으로 나누자 이 구별을 따르는 학자들이 많았다. 이에 따르면 수덕신학의 대상은 영성생활 가운데 그리스도교인의 일상적인 측면임에 반하여 신비신학은 관상(觀想), 신비적인 일치 등 특수은총을 연구한다. 관상은 하느님에 관한 체험적이고 직관적이라는 뜻과 동일한 말이다. 그런데 신비적 생활의 특수은총은 수덕생활의 토대 위에서 이루어지므로 이 양 신학은 불가분의 관계에 있다. 따라서 오늘날에는 수덕신학과 신비신학이 통설(通說 : 전반에 걸쳐 해설)된 영성신학의 전통적인 가르침으로 복귀하는 경향이다.

궁극적으로 **영성신학**은 인간이 어떻게 완덕을 추구하고 또 완덕에 도달할 수 있는가를 연구한다. 이런 뜻에서 영성신학의 목적은 하느님의 뜻에 따라 그리스도인이 그리스도교적 완덕을 깨닫게 하는데 있다.

#2 교부(教父)란 '교회의 아버지'란 뜻으로 교리의 정립과 교회의 발전에 이바지하고, 신앙이나 교회생활 그리고 사고에 큰 영향을 준 교회학자들을 일컫는다. 이들은 사도들의 설교 내용을 가르치고 증거한 교회 학자들이다. 대체로 교부들은 사도 시대에 가깝고, 그 시대 사람들에게서 존경받던 교회 지도급 인물들이다. 예를 들어 유명한 교부로는 성 암브리시오, 성 아우구스티노, 성 아타나시오, 성 요한 크리소스토모, 성 대 그레고리오, 성 예로니모, 성 이시도로 등이 있다. 이들은 사도 시대의 신앙 유산을 그 시대의 문화와 언어로 전했다. 오늘날 우리는 이들을 통해서 그 시대의 문화와 사고 방식, 시대 배경과 언어 등을 보다 잘 알게 된다. 이들은 성경 정신에 투철하였기에 교회와 신학, 생활규범과 전례, 영성 면에서 창조적 효과를 내어 교회를 새롭게 탄생시키고 성장케 하는 데에 아버지의 역할을 하였다. 그러기에 이들을 교부, 즉 '교회의 아버지'라 불린다.

회개의 삶

“사도시대 이래로 그리스도인이 되려면 여러 단계의 입교 과정을 거쳐야 했다. 이 과정은 빠르거나 느릴 수는 있지만 몇 가지 필수적인 요소들, 예컨대 말씀의 선포, 회개를 수반하는 복음의 수용, 신앙의 고백, 세례, 성령을 받음, 영성체 등을 포함한다.”(「가톨릭 교회 교리서」, 1229항)

세례성사로 성령을 모시고 하느님의 생명을 받아 새롭게 태어난 그리스도인은 이제 새 사람이 되어 하느님의 자녀, 그리스도의 형제가 되었으므로 자신의 새로운 신분에 맞게 살아야 한다. 그러한 삶은 세례와 함께 시작된 회개의 삶을 평생토록 계속하는 삶이다. 그리스도인의 영성생활의 첫 단계는 영혼의 정화로서 심신을 강화하는 회개(悔改)의 단계이다.

예수께서는 하느님 나라의 기쁜 소식을 선포하시면서 참행복을 누릴 수 있도록 먼저 “회개하여라”(마태 4, 17)하고 가르치셨다. 그래서 그리스도인의 삶은 흔히 ‘회개의 삶’이라고 한다. 회개(悔改)란 ‘길을 바꾸다’, ‘돌아오다’라는 뜻인데, 죄스런 생활 태도에서 탈피하여, 하느님께 귀의하는 것을 말한다. 삶의 방향 전환은 하느님의 은총을 위해 이루어지며, 하느님의 부르심에 대한 응답으로 나타난다.(제7장에서 언급한 회개 참조)

전통적으로 교회는 일상생활에서 회개의 징표로 모든 일에 있어 하느님 아버지의 뜻을 받들며 가난한 사람들에 대한 관심, 정의의 실천과 타인의 권리옹호, 형제들에게 죄를 고백함, 형제적인 충고, 생활에 대한 반성, 양심성찰, 고통을 받아들임, 정의를 위해 박해를 견딤, 자기 십자가를 지고 예수님을 따르는 것 등을 말해 왔다. 이러한 이유에서 단식(자신에 대한 회개)과 기도(하느님께 대한 회개)와 자선(다른 사람들에 대한 회개)의 세 가지 형태를 강조해 왔다.

평신도의 영성

평신도의 영성은 가정이나 직장, 그리고 사회 안에서 그리스도의 가르침을 실천하며 하느님께 나아가는 삶이다. 그래서 평신도의 영성은 혼인과 가정생활, 독신이나 수절생활, 건강상태, 직업과 사회생활에 따른 특성을 지녀야 한다. 그런데 영성생활을 이유로 가정을 볼보지 않거나 세속 일을 소홀히 해서는 안 된다. 사실 가정은 평신도들에게 가장 기초적 영성의 수련장이기도 하다. 평신도들은 타고난 자질과 재능을 자기 상황에 알맞게 끊임없이 열심히 갈고 닦아야 하며, 성령께 받은 은혜를 활용하여야 한다. 또한 평신도들은 직업의 전문지식, 가정과 사회에 대한 책임감 그리고 사회생활과 관련된 덕 곧 정직, 정의, 성실, 친절, 용기를 존중하여야 하며 이러한 덕행 없이는 진정한 그리스도인의 영성생활이 이루어질 수 없다. 그뿐만 아니라 자신의 소명에 따라 교회가 승인한 단체나 조직에 가입한 평신도들은 그 고유한 영성생활의 특성을 갖추도록 노력하여야 한다(평신도 교령 4항 참조).

사도직에 헌신하는 평신도들에게는 회의, 대회, 피정, 영성 수련, 잦은 집회, 강연회, 서적, 해설서 등 많은 보조 수단이 있다. 이 모든 것은 성경과 가톨릭 교리를 더 깊이 이해하고, 영성생활을 발전시키며, 세계정세를 파악하고, 적합한 사도직 방법을 모색하고 활용하는 데에 도움이 되는 것이다. 영적 보조 수단들은 사도직이 수행되는 환경과 그 다양한 형태에 따라 달라진다(평신도 교령 32항 참조). 그런데 평신도들이 수도생활에서 요구되는 영성에 매력을 느끼고 그 수도자적인 생활 양식을 흉내 내고 따를 필요는 없으며, 평신도의 고유한 영성의 특성을 지녀야 한다.

그러나 교회의 전통 안에서 재속 제3회[#3] 운동도 활성화되어 있어 여건이 허락하는 평신도들은 수도회 영성의 재속화도 가능하다. 또 제2차 바티칸 공의회 이후 평신도들의 다양한 영성생활도 인정하고 있다. 성령은 바람과 같이 불고 싶은 데로 분다.(요한 3, 8)

#3 제3회 : 남자 수도회(제1회), 여자 수도회(제2회)와 구별하여 재속회(在俗會) 또는 제3회라고 한다. 제3회는 프란치스코회, 가르멜회, 도미니코회 등의 수도회와 관련을 갖는다. 회원은 평신도로 세속에 살면서 소속 수도회의 지도 아래 해당 수도회의 정신에 근거하여, 교황이 승인한 규칙에 따라 세속 생활에 맞는 방법으로 그리스도 완덕에 이르기 위해 노력한다. 현재 한국에는 프란치스코회와 가르멜회 등에 삼회가 있다.

나오는 말

신앙생활은 본능적이고 육적인 생활이 아니라 이성적이고 영적인 생활(spiritual life, 영성생활)이다. 영성생활은 그리스도의 가르침에 따르는 삶이며 은총생활이다. 은총생활의 삼대요소는 기도생활, 성사생활, 사랑의 실천이다. 이러한 은총생활은 사도직생활과 불가분의 관계에 있다. 은총생활은 자기 자신의 구원을 위한 생활이라면 사도직생활은 이웃 구원을 위한 생활이다. 사도직생활의 삼대 요소는 사제직, 예언직, 왕직이다.

그래서 영성생활은 포괄적이고 종합적인 신앙생활을 의미한다. 우리는 영성생활을 통해 그리스도와 일치를 이루게 되고 구원의 길로 이어지게 된다.

영성생활은 다음의 제21장-(2)에서 공부할 믿음, 희망, 사랑의 끊임없는 실천을 요구한다. 오로지 신앙의 빛으로 또 하느님의 말씀을 묵상함으로써 하느님을 깨닫고,

언제 어디서나 그 분 안에서 "우리가 숨쉬고 움직이며 살아가는"(사도 17, 28) 모든 일에서 하느님의 뜻을 찾아야 한다(평신도교령 4항 참조).

핵심문제

(1) 그리스도인은 누구입니까?

그리스도인은 예수 그리스도를 '주님'이라고 고백하고, 성부와 성자와 성령의 이름으로 세례를 받은 신자들입니다.

(2) 영성(靈性)의 자구(字句)적 의미는 무엇입니까?

영성(spirituality)이라는 명사는 영적인 속성(spiritual character)인바 정신적인 것의 속성을 지칭하는 말이며, 신앙인에 있어서 그 존재의 본질을 이루는 생명의 원동력입니다.

(3) 가톨릭 교회에서 말하는 '영성'이란 무엇입니까?

'영혼의 개화(開花)'를 위해 '완덕(完德)'의 삶을 살므로써 '하느님과의 일치'를 이룸을 신학적 또는 체험적인 면에서 다루는 말로 사용합니다. 다른 말로 표현하면 '영성'은 "인간을 신앙 안에서 충만하게 살게 하는 하느님의 계시(啓示)와 구원의 신비 전체"를 말합니다. 그래서 영성은 참 자아를 위한 그리스도인의 삶 총체라고 말할 수 있습니다.

(4) 그리스도의 가르침은 육적 자아를 위한 가르침입니까?

아닙니다. 그리스도의 가르침은 영적 자아를 위한 가르침입니다. 그리스도께서는 "영은 생명을 준다. 그러나 육은 아무 쓸모가 없다. 내가 너희에게 한 말은 영이며 생명이다."(요한 6, 63)라고 말씀하셨습니다.

(5) 성 토마스 아퀴나스는 완덕의 본질은 무엇이라고 했습니까?

성 토마스 아퀴나스는 완덕의 본질은 애덕(사랑)이며, 사랑이 있는 곳에 완덕이 존재한다고 했습니다.

(6) 관상(觀想)이란 무엇입니까?

관상은 이성과 관념과 의식 등 모든 정신적 기능(mental faculty)을 초월한 영의 심층에서 우리의 전 인격(마음 · mind, 가슴 · heart, 영혼 · soul)으로 침묵 중에 하느님을 만나고 속삭이며 하느님과 일치를 이루는 것을 뜻합니다.

(7) 평신도 영성의 특성은 무엇입니까?

평신도의 영성은 가정이나 직장, 그리고 사회 안에서 그리스도의 가르침을 실천하며 하느님께 나아가는 삶입니다. 그래서 평신도의 영성은 혼인과 가정생활, 독신이나 수절생활, 건강상태, 직업과 사회생활에 따른 특성을 지녀야 합니다.
또한 자신의 소명에 따라 교회가 승인한 단체나 조직에 가입한 평신도들은 그 고유한 영성생활의 특성을 갖추도록 노력하여야 합니다.

알아두기

- 그리스도인의 삶/영성생활의 유기적 관계도

그리스도인의 삶은 영성/영성생활이다. 왜냐하면 다음의 관계가 성립하기 때문이다.

그리스도인의 삶 = 그리스도의 가르침(영을 위한 가르침)에 따르는 삶

= 영적 삶(spiritual life, 영적 생활, 영성생활) = 영성(spirituality)

그런데 영성의 필요조건은 지행(知行)이다. 즉 영성은 그리스도의 가르침을 알고(知) 실천(行)하는 삶이다. 그래서 영성은 포괄적이고 종합적인 신앙생활을 의미한다.

그리스도인의 삶/영성생활의 유기적 관계도를 다음과 같이 나타낼 수 있다.

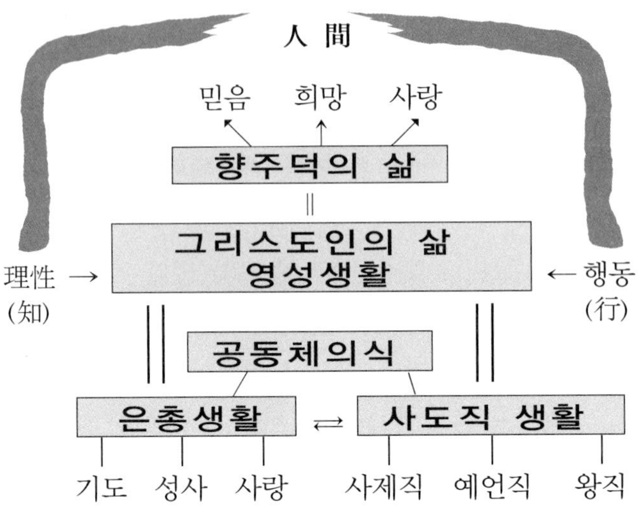

※ 이 그림에서 「‖」는 등호, 「⇄」는 가역을 나타낸 것임

은총생활과 사도직 생활에 대해서는 이미 제2편 예비기간에서 알아보았다. 공동체의식은 은총생활과 사도직 생활을 지속적으로 잘 할 수 있게 상보적 상승작용을 한다. 사도직의 원천은 그리스도이시고 교회는 그리스도의 신비체다. 그리스도인들은 그리스도와 결합된 유기체인 것이다. 교회공동체를 포도나무에 비유한 성경말씀(요한

15,5-6)은 다음과 같이 요약할 수 있다.

포도나무는 포도나무와 가지가 생명의 액으로 결합되어 있고,
교회는 그리스도와 그 지체인 신자들이 은총으로 결합되어 있다.

포도나무가지가 비바람에 이기지 못해서 포도나무에서 떨어져 나가면 '생명의 액'으로 연결된 결합이 끊어져 생명을 잃게 된다. 마찬가지로 그리스도인이 세상 풍파에 좌절하고, 또는 어떤 어려움에 처했을 때 극복하지 못하고 교회에서 떨어져 나간다면 은총의 결합이 끊어져 생명을 잃게 된다. 그러나 포도나무가지가 포도나무와 함께 결합해 있으면 많은 열매를 맺게 되는데, 여기서 열매는 그리스도와 결합함으로써 풍요로워지는 삶의 거룩함을 상징한다. 그래서 그리스도인은 그리스도의 몸(교회)을 떠나서는 은총생활도 사도직 생활도 할 수 없기 때문에 신비체의 일원(교회 구성원)이라는 공동체 의식을 가져야 하는 것이다.

인간이 참으로 바라고 있는 삶의 목표와 목적은 참행복의 추구인데, 참행복은 영원한 사랑이신 하느님과 일치하는 삶(그리스도인의 삶 · 영성생활)이며, 이는 '사랑 안에서 사랑과 함께 사랑을 위하여 사는 삶'이고 또한 '그리스도 안에서 그리스도와 함께 그리스도를 위하여 사는 삶'이다. 이러한 삶이 그리스도께서 약속하신 영원한 생명을 얻는 구원의 길이다. 이들 관계를 순서도(flowchart)로 종합하면 다음과 같다.

그리스도안에서 그리스도와 함께
그리스도를 위하여 사는 삶
||
사랑 안에서 사랑과 함께
사랑을 위하여 사는 삶
||
인간의 참된 바람 → 참행복[#4] → < 하느님과 일치하는 삶 > → 구원의 길
(삶의 목표와 목적) (제7장 참조)
// \\
은총생활 ⇄ 사도직생활
\\ //
향주덕의 삶 = 영성생활(그리스도인의 삶)

#4 **참행복**에 관한 예수님의 행복선언은 이 세상의 보편적 가치 기준으로는 역설적이기도 하지만 신앙의 눈으로 이해할 수 있으며, 가치의 전도는 모든 가치 자체인 예수님에 의해서 가능하다. 요컨대 산상설교의 행복선언은 세상의 일시적이며 덧없고 헛된 재산, 권력, 명예, 쾌락에 관계된 것이 아니라 하느님을 향한 종말론적인 영원한 행복에 관련된 것이다.(마태 5,3-10; 루카 6,20-25; 제7장 알아두기에 있는 '가치론에 의한 참행복' 참조)

• 영성수련 방법

영성수련은 예수님의 삶을 온전히 본받고 완덕에 이르기 위하여 자신의 영성을 수련하는 것이다. 그리고 기도를 효과적으로 하는 수련이 대표적이다. 영성수련 방법으로는 렉시오 디비나(Lectio Divina), 이냐시오식 묵상(관상기도), 만트라 기도(예수님의 이름을 부르는 기도), 초월명상 기도, 향심기도 등 여러 가지 형태가 있다.

1) 렉시오 디비나(Lectio Divina)

렉시오 디비나의 수련방법은 수세기에 걸쳐 교회 안에서 사용되어진 가장 전통적인 방법인데, 이 방법을 보급 발전시킨 베네딕토 성인의 이름을 따서 '베네딕토식 기도'라고 일컫는다. 흔히 영성생활은 렉시오 디비나의 삶이라고 말하기도 한다.

렉시오 디비나(*L.* Lectio Divina)를 '성스러운(거룩한) 독서'#5(성독 · 聖讀)로 번역하지만 실은 '독서'라기보다는 '경청'의 뜻으로 이해해야 한다. 왜냐하면 하느님은 '말씀'이시며 말씀은 읽는 것(독서)이 아니고 듣는 것(경청)이기 때문이다. "한처음에 말씀이 계셨고, 말씀은 하느님이셨다."(요한 1, 1) 예수 그리스도는 '사람이 되신 말씀'(로고스 · Logos)이시다. 그래서 성경은 일반 책처럼 읽듯 하는 말씀이 아니라 살아 계신 인격체로서의 '말씀'이다. 환언하면 '렉시오 디비나'는 눈과 마음으로 읽는 독서가 아니라 가슴과 영혼으로 '말씀'을 '경청'하는 것이다. 살아 계신 말씀을 만나 체험하는 것이 렉시오 디비나의 정신이다. 렉시오 디비나는 우리를 변형(Transformation : 자신의 모습이 내적으로 바뀌어간다는 의미)시켜 관상생활로 이어지게 한다. 렉시오 디비나의 삶은 <듣고, 믿고, 보고, 살고(증거하고)>의 삶이기도하다. 즉 렉시오 디비나는 하느님의 말씀을 '경청'하고(듣고), 하느님의 말씀을 경청하면 믿음이 돈독해지고(믿고), 믿음이 돈독해지면 하느님을 관상할 수 있고(보고), 관상하면 그 본 바를 증거하는 삶을 사는 것(살고)이다.

그리고 그 말씀은 우리 안에서 목마르지 않는 샘물이 되어 흘러넘치고 우리를 영원히 살게 한다(요한 4, 14 참조).

렉시오 디비나의 수련 방법은 <독서 → 묵상 → 기도 → 관상>으로 이루어진다.
먼저 마음을 가다듬고 하느님의 현존을 느껴야 한다.
그런 다음에 성경을 읽기(경청하기)시작한다.
어떤 단어나 문장이 마음에 와 닿으면 독서를 멈추고 묵상한다.

묵상을 하고 나면 기도로 넘어간다.

기도하다가 분심이 들면 다시 독서를 한다. 성경을 읽다가 마음에 와 닿는 문장이 있으면 독서를 멈추고 되새긴다. 이 기도 방법은 머리보다는 마음으로 기도하는 것을 배우려는 사람들에게 훌륭한 길잡이가 된다.

#5 **성스러운(거룩한) 독서** : 렉시오 디비나(*L.* Lectio Divina)를 '성스러운(거룩한) 독서' 또는 성독(聖讀)으로 번역한다. 그러나 렉시오 디비나의 풍부한 내용을 정확히 전해주는 번역의 한계성 때문에 보통 원어를 그대로 사용한다. 그리고 성독은 성경독서의 줄임말인데, 이 둘은 어느 정도 비슷한 의미와 뉘앙스를 가지고 있지만 똑같다할 수 없고 차이가 있다. 성경독서는 렉시오 디비나의 영적 수행에 대한 사다리의 네 단계<독서-묵상-기도-관상>중 첫 단계에 한정되는 반면, 성독은 네 단계를 모두 포괄하는 의미로 사용된다.

2) 이냐시오식 묵상(관상기도)

가톨릭 교회의 대표적 관상기도 방법은 이냐시오식 묵상이다. 이것은 성 이냐시오(1534년 8월 15일에 예수회 창립)가 그 영성 수련에서 권하는 한 형태이다.

오늘날 신학자들은 영성생활의 방향은 관상(觀想·contemplation)기도에 있다고 말한다. 소리기도와 묵상기도는 우리의 생각과 느낌으로 하는 기도이지만 관상기도는 이런 정신 기능을 초월한 영적 차원의 기도다. 관상은 이성과 관념과 의식 등 모든 정신적 기능(mental faculty)을 초월한 영의 심층에서 우리의 전 인격(마음·mind, 가슴·heart, 영혼·soul)으로 침묵 중에 하느님을 만나고 속삭이며 하느님과 일치를 이루는 것을 뜻한다. 하느님과 영적 자아가 일치를 이루는 가장 좋은 방법이 관상이다. 관상기도의 전제조건은 성화와 사랑이다. 또한 관상기도로 하여금 성령에 의한 성화와 사랑으로 더욱 변형되어 영적 여정이 진보한다. 관상은 관념과 지식이 아니라 수련이다. 영적인 것은 영적으로만 이해할 수 있으며(1코린 2, 14), 영의 심층에서 하느님을 만나는 관상은 기도수련을 통해 하느님과 영적 자아는 한 영이 되어 영적 경험과 깨달음을 얻을 수 있다. 예수께서는 "너희는 내가 아버지 안에 있고 또 너희가 내 안에 있으며 내가 너희 안에 있음을 깨닫게 될 것이다."(요한 14, 20)라고 말씀하셨다. 이 말씀은 그리스도의 신비이고 영적인 것이므로 우리의 이성과 관념과 지식으로는 이해할 수 없으며, 하느님 삼위일체와 한 영이 됨으로서 깨달을 수 있다. 하느님과의 일치는 우리의 힘으로 이루는 것이 아니라 하느님께서 이루어 주시는 것이다. 관상기도는 일시적으로 정신기능을 초월한 자기부정(自己否定)의 무아경(無我境·Ecstasy)의 상태에서 하는 것이며 성령의 인도에 나를 맡겨 드리는 수련이다.

3) 만트라 기도(예수님의 이름을 부르는 기도)

만트라(Mantra)의 어원은 산스크리트어 만(man : '의식이나 정신'을 의미)에 어미 트라(tra : 수단 및 도구를 의미)를 붙여 만든 단어로, '사고(思考)의 수단'을 뜻하지만 신비적이고 초월적 의미를 내포하고 있다. 만트라 기도는 '예수님의 이름을 부르는 기도'인데 동방교회에서 시작된 것으로 12세기 성 베르나르도에 의해 더욱 널리 전파되어 모든 그리스도인에게 친근하고 보편적인 기도이다. 만트라는 인도의 베다(Veda)시대부터 널리 행해진 신성한 단어를 반복한다는 의미다.

이 기도의 수련은 숨을 들이쉬면서 '예수님', 내쉬면서 '예수님'한다. 예수님의 이름을 부르는 기도는 생활 속에서 얼마든지 할 수 있다. 걸어가면서, 버스 안에서, 전철 안에서, 운전하면서, 일하면서, 청소하면서 할 수 있다. '예수님, 저에게 자비를 베풀어 주십시오'라고 기도할 때 예수님의 사랑과 성령을 보내주시기를 청한 것이다.

4) 초월명상 기도

이 기도 방법은 '호흡법'이다. 몸과 마음을 편안하게 하고 숨을 들이쉬고 내쉰다. 몸을 움직이지 않고 숨을 들이쉬고 내쉴 때, 와 닿는 공기를 느껴본다. 숨을 들이쉬고 내쉴 때 공기가 코 안을 지나며 와 닿는 공기의 미미하고 미세한 감각들을 예민하게 느껴본다. 이 수련을 아침·저녁으로 10분씩 하면 육체적·정신적으로 건강해질 뿐만 아니라 영적으로도 풍요로워질 것이다.

5) 향심기도

토마스 키팅(Thomas Keating)[#6]신부가 개발한 향심기도(向心祈禱·centering prayer)는 관상(觀想·contemplation)기도를 촉진시키는 수련법이다. 향심이라는 말은 자아의 가장

#6 **토마스 키팅신부** : 향심기도의 창시자인 토마스 키팅(Thomas Keating, 1923~)신부는 2002년 9월 7일에 내한하여 9일부터 14일까지 서울, 광주, 부산 교구의 성직자 수도자 일반신자들을 위한 향심기도 워크숍을 개최했다. 1923년 뉴욕 시에서 출생한 토마스 키팅신부는 1944년에 시토수도회(Cistercians)에 들어갔으며, 1961년부터 1981년 코네티컷 주 스펜서에 있는 요셉 수도원장을 지냈고, 현재는 콜로라도 주의 스노매스에 있는 베네딕토 수도회에 거주하고 있다. 요셉 수도원장 시절 바실 페닝톤(Basil Pennington)신부와 윌리암 메닝거(William Menninger)신부와 함께 14세기의 「무지의 구름·Cloud of Unknowing」에 근거한 향심기도를 개발하여 보급을 시작했고, 1983년 말에 관상지원단을 설립하여 그 회장직을 맡고 있으며, 그의 주도아래 향심기도를 전세계적으로 전파하고 있다. 그의 많은 저서 가운데 『믿음의 위기, 사랑의 위기』, 『마음을 열고 가슴을 열고』, 『하느님과의 친밀』, 『관상기도를 통해 하느님께 나아가는 길』, 『인간 조건』 등은 이미 한국에서 번역, 출간되었다.

중심(center)에 현존하시는 하느님을 만나기 위해서 자신의 중심으로 들어간다는 뜻이다. 향심기도는 기도라기보다는 하느님의 현존을 깊이 체험한 관상의 경지에 이를 수 있도록 도와 주는 방법이며 수련이다. 그래서 자신의 중심으로 들어가 하느님을 만나는 것이 관상이라면, 자신의 중심으로 들어가는 것을 도와주는 수련방법이 향심기도인 것이다. 이를테면 하느님과 내가 함께 방안에 앉아 있는 것이 관상이라면 하느님이 방안에 들어오시도록 문을 열어드리는 것이 향심기도이다.

향심기도의 수련법은 하느님을 만나기 위해 고독과 침묵 속으로 들어가 눈을 감고 편안한 자세로 앉아 거룩한 낱말(sacred word : 하느님, 주님, 예수님, 예수 주님, 성령님, 주님 저를 도와주소서, 자비하신 주님 등등)의 하나를 선택하여 의식 속에 반복해서 떠올린다. 거룩한 낱말이란 거룩한 분을 지향하기 때문에 붙인 이름이다. 이렇게 하여 마음을 하느님께로 향한다. 마음 속에 잡념이나 상상이 떠오르면 그 잡념을 떠나보내기 위해 다시 거룩한 낱말을 의식 속에 반복해서 떠올린다. 상상이나 잡념이 떠나면 그 상태에서 머물러 있으면 된다. 상상과 잡념이 사라지면 구태여 거룩한 낱말을 자꾸 반복할 필요는 없다. 수련은 하루에 20분씩 두 번(아침에 한번, 저녁 식사 전에 한번)할 것을 권장하며, 절대적인 것은 아니다.

• 가톨릭 교의에 위배되는 유사 영성운동

'유사 영성운동'은 오늘날 나타나는 다양한 형태의 영성운동과 종교운동을 총칭한 것인데, 그리스도교 교의(教義 · dogma)를 부정하고 극단적인 개인주의에 흐르는 운동들이다. '유사 영성운동'의 유형으로는 서구의 '뉴에이지운동'(새시대운동, New Age Movement), 일본의 '정신세계운동', 한국의 '기(氣)수련운동'을 들 수 있다. 유사 영성운동은 탈현대사회가 나타내는 새로운 문화적 현상이다. 유사 영성운동의 사상적 특징은 자율적 개인의 깨달음을 통한 '영성계발'을 강조한다.

서구사회에서 전개된 **뉴에이지운동**은 '새 시대'(New Age)를 추구하는 운동인데, 신세계, 새 정신(New Mind), 새 의식, 신사고(新思考), 인간 잠재력 개발 등을 표방하면서 정치, 경제, 사회, 문화, 교육 등에 깊이 파고들고 있다. 뉴에이저들은 신(神)을 우주적 에너지로 규정하고, 인간도 신성을 가지고 있으며, 인간의 목표는 영적 각성(깨달음)을 통하여 신성에 도달하는 것이라고 말한다. 뉴에이지운동은 힌두교와 불교의 환생과 윤회사상을 받아들이고, 초대 교회 때에 유행하였던 영지주의(靈知主義, '제5장 성경'에서 논의한 '신약성경의 정경목록' 참조)사상도 흡입되어 있다.

일본에서 유행하고 있는 **정신세계운동**도 뉴에이지와 맥을 같이하고 있다. 일본에서는 1997년에 『정신세계의 책 베스트 100』과 『정신세계의 레코드 베스트 100』이 나오면서부터 오늘에 이르기까지 '정신세계'에 대한 관심이 크게 확산되기 시작하였다. 추구하는 목적이나 읽히는 서적, 시도하는 방법 등이 앞에서 언급한 뉴에이지의 특성을 그대로 지니고 있다. 정신세계운동에서는 명상, 요가, 신비주의 등에 관심을 가지며, 초능력이나 신비 체험이 강조된다. 정신세계에서 추구하는 조화와 융합은 일원론적 세계관, 자연중심주의, 윤회사상과 연결되어 있다. 이 운동은 비교적 높은 교육수준과 안정된 직업을 가진 사람들을 중심으로 하여 개인의 안녕과 평화 그리고 그것을 통한 자기 완성에 치중하고 있다.

한국에서 유행하고 있는 **기(氣)수련운동** 역시 뉴에이지운동과 관련이 있는 요소들을 다분히 공유하고 있다. 기(氣)수련가들이 말하는 '기'라는 것이 뉴에이지에서 말하는 '우주적 에너지'와 일맥상통하기 때문이다. 기(氣)수련은 본래 '기'에 대한 관념을 바탕으로 몸과 마음을 단련하는 전통적인 심신수련방법의 하나였다. '기'에 관한 사회적 관심이 크게 증대하게 된 배경에는 1980년대부터 한국사회에서 나타나기 시작한 여러 현상들이 깔려 있다.

그리스도교 신앙의 관점에서 보면 유사 영성운동에도 생명과 자연을 중요시하는 긍정적인 측면이 없지 않다. 하지만 유사 영성운동에서는 그리스도교의 신론을 부정한다. 이들은 모든 것을 하나로 보는 '일원론'의 입장으로 "신은 만물 안에 존재하며 만물이 곧 신"이라고 말한다. 이는 하느님의 계시(啓示)를 부정하는 이단(異端)이다. 제1장-(3) '종교의 근본문제'에서 언급하였지만 자연과 만물은 창조주의 피조물이며, 자연과 만물이 신(神)일 수 없다. 만일에 '자연=신'이라면 '자연과학=신학'이 성립해야 한다는 말이 된다. 이는 어불성설이다. 그리고 유사 영성운동은 그리스도의 신성(神性)과 예수 그리스도를 통한 구원론도 부정한다. 즉 천주교 4대 교리(제4장 '천주교와 성당 소개' 참조)를 부정한다. 유사 영성운동가들은 예수님을 인류 역사 대전환기에 출현했던 위대한 스승의 한 명으로 기(氣) 또는 우주적 에너지가 육화한 존재에 불과하다고 말한다.

이밖에도 신앙의 중심을 개인 종교체험인 신비체험에 두게 만들어 감상주의나 열광주의를 조장하며 교계제도, 성사, 전례 등 교회의 전통을 약화시킨다. 삶의 가장 중요한 목적을 개인의 육체적, 정신적 건강이나 평화와 같은 현세에 두어 '하느님 나라' 건설이라는 교회의 사명을 망각케 한다.

제21장 새 사람이 된 우리의 삶

(2) 믿음 · 희망 · 사랑의 실천

들어가는 말

믿음 · 희망 · 사랑의 삶은 주님께 향하여 가는 향주덕을 실천하는 삶이다.

향주삼덕이란 주님이신 예수 그리스도께 대한 믿음(신덕 · 信德), 희망(망덕 · 望德, 바람, 소망), 사랑(애덕 · 愛德)을 말하며, 이 세 가지 덕을 약해서 신망애(信望愛)라고도 한다. 그리스도인은 향주덕의 덕행(德行)을 쌓아 가는 데 노력하는 사람들이다. 덕(덕행, *L.* Virtus, *Eng.* Virtue)은 선을 행하고자 하는 몸에 밴 확고한 마음가짐을 말하며, 그리스도교적 완덕에 이르는 모든 행동을 일컫는다. 그리스도교적 덕행은 윤리덕(倫理德, 인간적인 덕)과 대신덕(對神德, 향주덕)으로 구분한다.

윤리덕은 인간 상호간의 윤리적인 행위를 올바르게 하는 데 갖추어야 할 네 가지 중추적인 덕, 즉 사추덕(四樞德)을 말한다. 이 사추덕은 **현명**(지덕 · 智德), **정의**(의덕 · 義德), **용기**(용덕 · 勇德), **절제**(절덕 · 節德)인데, 이 인간적인 덕들은 하느님과의 일치를 향한 도상에 있어 이성과 신앙에 따라 자신을 정화하는 정화의 덕이다. 이러한 윤리덕은 교육과 사려 깊은 행위와 꾸준한 노력을 통해 성장한다.

대신덕(對神德)은 하느님을 직접 대상으로 하는 향주덕(向主德)인데, 향주덕의 삶은 예수 그리스도를 믿고, 영원한 생명에 대한 희망을 가지며, 하느님의 사랑 안에 사는 삶이다. 이러한 향주덕의 삶이 바로 하느님과 일치하는 삶이요 그리스도인의 삶이다. 그러므로 향주덕의 삶은 그리스도인의 삶의 삼대 원리로서 인간의 능력 안에 성령의 현존과 활동이 있다는 것을 보여 준다. 하느님은 믿음 · 희망 · 사랑을 통해 인간 안에 머무르시고 작용과 활동을 하시므로 향주덕은 그리스도인이 지녀야 할 생활의 기초가 된다.

인간은 하느님의 도우심에 힘입어 이성과 자유의지의 결단에 의한 **믿음**으로 구원이 시작되고, 구원의 **희망**으로 신앙이 지탱되며, 결국 하느님과 이웃을 **사랑**하고 그분을 따르게 된다.

향주덕을 나무에 비유하면 믿음은 뿌리이고, 희망은 줄기와 가지이며, 사랑은 열매이다. 희망은 믿음에서 나오며, 사랑을 실천하는 삶이 신앙을 완성시켜 주는 삶이다. 즉 참된 믿음은 사랑으로 표현된다. 열매는 남에게 먹히기 위한 것(희생)이다.

1코린 13,11-13

내가 아이였을 때에는 아이처럼 말하고 아이처럼 생각하고 아이처럼 헤아렸습니다. 그러나 어른이 되어서는 아이 적의 것들을 그만두었습니다. 우리가 지금은 거울에 비친 모습처럼 어렴풋이 보지만 그때에는 얼굴과 얼굴을 마주 볼 것입니다. 내가 지금은 부분적으로 알지만 그때에는 하느님께서 나를 온전히 아시듯 나도 온전히 알게 될 것입니다. 그러므로 이제 믿음과 희망과 사랑, 이 세 가지는 계속 됩니다. 그 가운데에서 으뜸은 사랑입니다.

믿음(신앙)의 삶

우리는 저녁기도를 할 때 삼덕송을 바치는데, 이의 첫 번째 신덕송은 다음과 같다. <신덕송 : "하느님, 하느님께서는 진리의 근원이시며, 그르침이 없으시므로, 계시하신 진리를 교회가 가르치는 대로 굳게 믿나이다.">

그리스도인의 생활에서 가장 근본이 되는 것은 믿음(신앙)이다. 그러나 믿음의 원초 단계에서부터 무조건 믿고 맹신하면 미신이나 사이비 종교에 빠질 위험성이 있게 된다. 하느님의 모상(模像)대로 창조된 인간은 이성적 존재이므로 이성적으로 옳고 그름을 판단하고 믿는 것이 중요하다.(제1장-(2) 종교론)의 '참 종교의 조건과 요소' 참조)

그렇지만 믿음은 결코 지식이 아니다. 믿음은 은총으로 주어지는 하느님의 선물이지, 내가 모든 것을 알고 난 후 얻어지는 것이 아니다. 생각해 보자. 우리가 천주교에 대해서 모든 것을 알고 성당에 나오게 됐는가! 아닐 것이다. 우리는 아마 그저 막연하게 천주교에 들어가는 것이 좋으리라는 생각이나, 어떤 기대 때문에 천주교에 발을 들여 놓았을 것이고, 점차 교리를 받으면서 조금씩 천주교에 대해 더 잘 알게 되었을 것이다. 우리가 천주교에 처음 발을 들여 놓았을 때 믿음에 관한 한 갓난아이나 다름없었을 것이다. 갓난아이가 무조건 엄마를 신뢰하듯이 우리는 무조건 하느님을 신뢰하면서 그 분이 주는 것을 받아먹고 신앙도 성장해 갔을 것이다. 이렇게 믿음은 하느님이 우리에게 주는 은총의 선물이라는 점을 명심해야 한다. 믿음은 하느님 자비의 선물이므로 몸과 마음을 다해 하느님을 알고 모든 것을 의탁하며 그 분의 부르심에 응답해야 한다.

우리는 하느님과 하느님께서 우리에게 '말씀하시고 가르치신'(계시하신) 것을 믿으며, 거룩한 교회가 우리에게 믿으라고 제시하는 모든 것을 믿는다. 우리는 이러한 믿음(신앙)을 통하여 우리 자신을 온전히 자유롭게 하느님께 의탁할 수 있다. 예수님께서는 "하느님을 믿어라. 내가 진실로 너희에게 말한다. 누구든지 이 산더러 '들려서 저 바다에 빠져라.' 하면서, 마음속으로 의심하지 않고 자기가 말하는 대로 이루어진다고 믿으면, 그대로 될 것이다."(마르 11,22-23) 하고 말씀하심으로써 확고한 믿음이 얼마나 큰 힘을 발휘하였는지를 가르쳐 주셨다.(제7장에서 언급한 믿음 참조)

우리는 나약한 인간이기에 믿음이 때때로 흔들릴 수도 있다. 그런 때일수록 "저는 믿습니다. 믿음이 없는 저를 도와주십시오."(마르 9, 24) 하고 겸손한 자세로 끊임없이 기도함으로써 믿음을 성장시켜 나가야 한다.

그런데 "실천이 없는 믿음은 죽은 것"이므로 믿음만으로 하느님과 올바른 관계를 맺게 되는 것이 아니라 실천이 뒤따라야 한다. 믿음은 실천으로 완전하게 된다(야고 2,22-26 참조). "누구든지 사람들 앞에서 나를 안다고 증언하면, 나도 하늘에 계신 내 아버지 앞에서 그를 안다고 증언할 것이다. 그러나 누구든지 사람들 앞에서 나를 모른다고 하면, 나도 하늘에 계신 내 아버지 앞에서 그를 모른다고 할 것이다."(마태 10,32-33)

그리고 신앙은 하느님을 닮으려 하고(인간은 하느님의 모상대로 창조되었으므로 이에 대한 응답으로), 하느님을 닮기 위해서 그 분의 말씀을 듣게 되고, 그 분의 말씀을 들음으로써 깨닫게 되고, 깨닫게 됨으로써 변화되어 증거의 삶을 살게 된다. 증거의 삶이란 그리스도인들이 복음의 정신을 구현하는 언행일치의 삶을 말한다. 그리고 하느님의 말씀을 들으면 감사한 마음이 생기고, 감사한 마음이 생기면 삶이 즐거워지며 남에게 베풀려는 마음이 생기게 된다. 그래서 신앙인은 증거의 삶, 감사의 삶, 기쁨의 삶, 베푸는 삶을 살게 된다.

반면 미신은 하느님의 진리를 의심하거나 부정하므로 하느님을 닮으려 하지도 않고 그 분의 말씀을 들으려 하지도 않는다. 따라서 깨달음도, 변화도, 증거의 삶도, 감사한 마음도, 즐거움도 그리고 베풂도 없다.

희망의 삶

<망덕송 : "하느님, 하느님께서는 자비의 근원이시며, 저버림이 없으시므로, 예수 그리스도의 공로를 통하여 주실, 구원의 은총과 영원한 생명을 바라나이다.">

인간이 다른 동물과 결정적으로 구별되는 특징은 꿈과 희망을 가지고 산다는 사실이다. 그러나 사람은 재물, 권력, 명예 그리고 다양한 형태의 생산적 활동을 통해 영속적 가치를 창출해 내려고 하지만, 이것만으로는 인간이 스스로 느끼는 무상함을 극복하지 못한다. 현대 사회가 고도의 물질문명을 구가하고 있으면서도 인간의 존엄성이나 생명의 가치를 강조하는 정신문화가 퇴조함으로써 많은 사람들이 정신적 공허함과 상대적 박탈감에서 헤어나지 못하고 있으며, 도덕적 타락과 일상에서의 도피행위가 증가하고 복지 정책이 잘 되어 있는 선진국에서 오히려 자살률이 높은 것도 이 때문이다.

따라서 인간의 희망은 최종적으로 신앙 안에서만 가질 수 있다. 만약 인간이 믿음을 갖지 않고 살아간다면 자신에게 가치 있는 것으로 보였던 목표가 끝내는 실망만을 안겨 줄 것이다. 인간은 자기의식 안에서 죽음을 예견할 수 있고, 죽음을 통해서 현세의 모든 것과 절교한다는 사실을 알고 있다. 그러나 인간이 최종적 구원을 믿는다면 삶의 끝에 직면하게 되어서도 구원의 의미를 가질 수 있고 죽음을 넘어서는 자기 자신의 운명에 대해 희망을 가질 수 있다.

그러므로 그리스도인은 인간을 구원하여 하느님 나라의 영원한 생명을 주신다는 하느님의 약속에 모든 희망을 걸고 있다.

희망의 덕(망덕 望德)은 그리스도의 약속을 믿고, 자신의 힘이 아닌 성령의 은총의 도움으로 하느님 나라의 영원한 생명을 갈망하는 덕이다.

'믿음'과 '희망'은 동전의 앞뒤와 같다. 참된 희망은 참된 믿음에서 자란다. 믿음이 강한 사람은 어떤 경우에도 희망을 잃지 않는다.

사도 바오로는 "우리가 고백하는 희망을 굳게 간직합시다. 약속해 주신 분은 성실하신 분이십니다. 서로 자극을 주어 사랑과 선행을 하도록 주의를 기울입시다."(히브 10,23-24) 하면서 "희망 속에 기뻐하고 환난 중에 인내하며 기도에 전념하십시오."(로마 12, 12) 라고 권고하였다. 또한 "하느님께서는 이 성령을 우리 구원자이신 예수 그리스도를 통하여 우리에게 풍성히 부어 주셨습니다. 그리하여 우리는 그분의 은총으로 의롭게 되어, 영원한 생명의 희망에 따라 상속자가 되었습니다."(티토 3,6-7)라고 하였다.

희망하는 덕은 하느님께서 모든 사람들의 마음에 넣어 주신 행복에 대한 갈망에 부응한다. 사람들을 실망으로부터 보호하고, 버림받을 때 위로를 주며, 영원한 지복에 대한 기다림에 마음을 부풀게 한다.

희망은 구원을 위한 싸움에서 우리의 안전을 보장해 주는 무기이다. 사도 바오로는 "맑은 정신으로 믿음과 사랑의 갑옷을 입고 구원의 희망을 투구로 씁시다."(1테살 5, 8)라고 했다. 희망은 시련 중에서도 우리에게 기쁨을 준다.

믿는 자는 고통을 당하면서도 기뻐하며 불안해 하지 않고 태연자약하다. 인동초(忍冬草)가 온갖 풍상과 엄동설한 속에서 굳건히 견뎌 꽃을 피우고 열매를 맺는 것처럼, 그리스도인은 어떠한 환난에도 좌절하지 않고 인내와 수양으로 살아가면 반드시 희망을 맞게 된다. 그래서 사도 바오로는 "환난은 인내를 자아내고 인내는 수양을, 수양은 희망을 자아냅니다."(로마서 5,3-5)라고 했다. 희망은 실망시키지 않고 절망에 빠지지 않게 한다. 우리는 어떠한 경우에도 희망을 포기해서는 안 된다. 우리의 궁극적인 희망은 그리스도의 부활에 참여하는 데 있으며, 하느님은 당신이 하신 약속을 반드시 지키시는 분으로서 구원을 약속하셨기 때문이다.

예화 1(욥의 신뢰심)

아라비아에 욥이라는 큰 부자가 살고 있었다. 그는 하느님을 사랑했으며 죄를 결단코 피했다. 욥에게는 일곱 아들과 세 딸이 있었고 수많은 양떼와 소떼가 그의 소유였다.

욥이 하느님의 말씀을 충실히 따르는 것은 그가 모자람이라고는 없는 부자이기 때문이라고 시기심 가득한 마귀가 말했다. 그래서 하느님은 욥의 착함을 드러내고자 하셨다.

"욥을 네 손에 넘길 테니 그의 생명만은 해치지 말고 시험해 보면 그의 충실함을 알게 될 것이다."

얼마 후에 욥의 하인이 숨 가쁘게 달려와서 소를 모조리 도둑맞고 목동들은 살해되었다고 전했다. 조금 후에는 다른 하인이 달려와 양떼와 목동들이 모두 벼락에 맞아 죽었다는 소식을 전하였다. 이어 세 번째로 들리는 소식에는 낙타와 그것을 지키던 사람이 죽었다는 것이었다. 네 번째의 소식은 한결 더 불길한 것이었다.

"사막 쪽에서 아주 세찬 모래 바람이 불어와서 집은 모두 부서지고 당신의 아들과 딸은 모두 죽고 말았습니다. 나 혼자 간신히 목숨을 건졌다는 것을 알려드립니다."

연거푸 이런 소식을 들은 욥의 가슴은 찢어지는 슬픔으로 가득 찼다. 그러나 하느님을 조금도 원망하지 않고 오히려 이렇게 기도하는 것이었다.

"벌거벗고 세상에 태어난 몸 알몸으로 돌아가리라. 야훼께서 주신 것을 야훼께서 도로 가져가시니 다만 야훼를 찬양할지라."

마귀는 다시 욥의 온 몸에 심한 부스럼이 나게 하였다. 그래도 욥은 한마디 원망의 말을 뱉지 않았다.

욥의 친구들은 그가 죄를 많이 지어 하느님의 벌을 받는 것이라고 하며 수군거렸다. 그러나 욥은 티끌 만큼도 하느님께 대해 원망하지 않았다.

"설령 하느님께서 내 목숨을 거두어 가신다 해도 하느님만이 나의 구원자이심을 믿노라. 나를 구속하신 분은 오직 하느님이시니, 심판 날에 나도 부활하여 깨끗한 몸으로 그 분을 뵈옵게 되리라."

하느님은 욥의 인내력과 굳은 신앙을 기뻐하시며 그를 구해 주시어 이전보다도 더욱 풍성한 복을 그에게 내리셨다. 그는 많은 재산과 건강을 되찾고 일곱 아들과 세 딸을 얻었다. 욥은 백마흔 살이 될 때까지 아주 행복하게 살았다.

망덕이란 하느님께서 우리에게 약속한 영원한 행복을 주시리라는 것을 굳게 믿고 희망하는 것이다. 하지만 욥과 같은 망덕을 가진 사람은 매우 드물다. 욥은 육신과 영혼에 많은 시련을 당하였지만 조금도 하느님을 원망하지 않았다. '하느님께서 내 생명을 가져가시더라도 그 분만이 나의 구원자이심을 믿는다.'는 희망을 버리지 않았으며, 하느님을 굳게 신뢰하여 복을 받았다.

우리는 하느님으로부터 복은 받아들이고, 화는 거절할 수는 없는 것이다. 그리고 "선을 행하면 복을 받고 악을 행하면 벌을 받는다."는 인과응보적 사고방식은 상거래 형태의 종교를 만들어 낼 위험이 있다. 참된 종교는 믿음과 은총의 신비인 것이다. 혹자는 '달면 삼키고 쓰면 뱉는 것'처럼 행복할 때는 교회에 다니고 시련을 당하면 냉담해지기도 하는데, 이는 자기 모순에 빠진 것이다. 세상의 여하한 길흉화복에도 불구하고 하느님을 조건 없이 신뢰함이 참 신앙이다. 나에게 복을 주면 하느님을 믿고 화를 주면 믿지 않는다는 조건부적인 것을 신앙이라고 말할 수 있을 것인가? 우리가 아무리 어려운 고통에 처해 있을지라도 하느님께 대한 신뢰를 결코 저버려서는 안 된다. 우리의 영혼이 구원 받으려면 이것은 절대적으로 필요한 것이다. '온 천하를 다 얻을 지라도 제 목숨을 잃어버리면 무슨 소용이 있겠는가.'라고 하신 예수님의 말씀처럼 영원한 천국의 행복을 얻기 위해 오늘 우리는 세상에서 살고 있다. 하느님께서는 성사와 기도를 통해서 항상 우리를 지켜 주신다.

사랑의 삶

<애덕송 : "하느님, 하느님께서는 사랑의 근원이시며, 한 없이 좋으시므로, 마음을 다하여 주님을 사랑하며, 이웃을 제 몸같이 사랑하나이다.">

영성생활에서 알아보았듯이 완덕의 본질은 사랑이며, 사랑의 과정은 선(善)을 생각하고 선을 행하는 것이다.

하느님 사랑[對神愛]과 이웃 사랑[隣人愛]은 모든 율법과 예언서의 골자(마태 22,37-40; 마르 12,30-31; 루카 10,27-28)이고, 이 둘은 서로 불가분의 것(1요한 4,20-21; 1요한 5, 2; 로마 12,5-10 ; 1코린 12,12-27; 마태 25, 40)이며, 신앙생활의 핵심이다. 여기서 **이**

웃은 시공적으로 가까운 사람을 지칭하기도 하지만, 고난의 장소에서 '도움의 손길을 필요로 하는 모든 사람'(루카 10,29-37 ; '이웃'에 대한 예수님의 예화)을 의미한다.

> 성경은 우리에게 네 이웃을 사랑하라 하기도 하고 원수를 사랑하라고 말한다. 왜냐하면 일반적으로 이웃과 원수는 동일인이기 때문이리라. - 체스터턴## -

---

체스터턴(G. K. Chesterton, 1874. 5 ~ 1936. 6) - 영국의 문학비평가 · 시인 · 수필가 · 소설가 · 단편작가로 1922년에 성공회에서 가톨릭으로 개종하였으며, 호탕한 성격과 육중한 체구의 소유자로도 유명하다.

사랑은 하느님의 본질이고 인간의 마음 안에는 하느님의 모상(模像)이 새겨져 있으므로 인간은 사랑을 하고 또 사랑을 받고 싶어 하는 속성이 있다. 그런데 '사랑'을 흔히 에로티시즘과 관련된 감성으로 생각하기도 하는데, 사실 이것만이 사랑의 본래의 이미지인 것은 아니다. 사랑은 모든 덕의 근본이며, 인도(仁道)적이고 그리스도교적인 의미를 갖는다. 그러나 예수님은 사랑을 정의하지 않으시고 "내가 너희를 사랑한 것처럼 너희도 서로 사랑하여라."(요한 13, 34)라는 말씀을 유언으로 남기셨다.

그리스도인은 사랑의 의미를 예수님의 생애와 십자가에서 찾아야 한다. "그리스도께서는 우리를 위하여 당신 목숨을 내놓으신 그 사실로 우리는 사랑을 알게 되었습니다."(1요한 3, 16) 하지만 사랑을 정의하기란 결코 쉬운 일이 아니다. 왜냐하면 '사랑'이라는 말에는 많은 것들이 내포되어 있기 때문이다. 사랑은 마음이 찢어지도록 아프고 괴로우며 눈물의 씨앗일 수도 있지만 사랑이 있는 곳에 행복이 있게 된다.

그리스어로 사랑은 에로스(erōs : 이성간의 사랑 - 대상의 가치를 추구), 아가페(agapē : 신의 사랑 · 그리스도교적 사랑 - 대상 자체를 사랑), 필리아(philia : 우정적인 사랑), 스토르게(storge : 혈육간의 사랑)라는 단어로 표현된다.

사랑의 대상(객체)과 문학 · 도덕 · 철학 · 종교의 관점에 따라 사랑의 의미는 수없이 많은 말로 표현되고, 또 천의 얼굴을 가지고 있지만, 기본적으로는 관심, 이해, 책임, 희생, 기쁨이라는 다섯 가지 속성이 있다. 좀더 부언하자면 사랑은 상대에 대하여 **관심**을 가지며, **이해**로써 관용과 용서를 베풀고, 행위에 대한 정신적 · 도덕적 · 법적 **책임**을 진다. 또 상대를 위해 **희생**하며, 그 희생은 **기쁨**으로 승화되어 상대에게도 기쁨을 주게 된다. 예수님은 십자가에 매달려 죽음으로써 참된 사랑은 자신을 희생하지 않으면 달성될 수 없음을 몸소 보여주셨다. 그러므로 그리스도의 십자가상 고통과 희생과 죽음은 슬픔과 좌절과 절망이 아니라 인류 구원의 기쁨과 희망과 부활로 이어지게 된 것이다. 관심은 사랑의 씨앗이고, 기쁨은 사랑의 열매다.

결국 사랑은 인격적 합일(두 인격의 일치)을 이루는 끈이 되며,
모든 것을 하나로 묶어 완전하게 한다.(콜로 3, 14 참조)

우리는 예수 그리스도를 통하여 영원한 구원에로 초대하시는 하느님의 말씀에 응답해야 한다. 그것은 바로 '사랑의 계명'을 실천하는 것이다. 예수님의 가르침처럼 하느님께 대한 사랑은 이웃에 대한 사랑으로 나타나기 마련이다. "누가 '나는 하느님을 사랑한다.' 하면서 자기의 형제를 미워하면, 그는 거짓말쟁이입니다. 눈에 보이는 자기 형제를 사랑하지 않는 사람이 보이지 않는 하느님을 사랑할 수는 없습니다."(1요한 4, 20). "누구든지 세상의 재물을 가지고 있으면서도 자기 형제가 궁핍한 것을 보고 그에게 마음을 닫아 버리면, 하느님 사랑이 어떻게 그 사람 안에 머무를 수 있겠습니까? 자녀여러분, 말과 혀로 사랑하지 말고 행동으로 진리 안에서 사랑합시다."(1요한 3,17-18). 사랑은 알고 있는 것이 아니라 행동으로 실천하는 것이다.

사도 바오로는 코린토 신자들에게 보낸 편지에서 다음과 같이 아무리 비상한 능력이나 신앙행위라도 사랑이 없으면 알맹이 없는 빈 껍데기라고 했고,(1코린 13,1-3 참조) 사랑의 본질(참된 사랑의 길)을 선명하게 부각시켰다.(1코린 13,4-7 참조)

〈아무리 비상한 능력이나 신앙행위라도 사랑이 없으면 알맹이 없는 빈 껍데기〉

"내가 인간의 여러 언어와 천사의 언어로 말한다 하여도, 나에게 사랑이 없으면 나는 요란한 징이나 소란한 꽹과리에 지나지 않습니다. 내가 예언하는 능력이 있고, 모든 신비와 모든 지식을 깨닫고, 산을 옮길 수 있는 큰 믿음이 있다 하여도, 나에게 사랑이 없으면 나는 아무것도 아닙니다. 내가 모든 재산을 나누어 주고, 내 몸까지 자랑스레 넘겨준다 하여도, 나에게 사랑이 없으면 나에게는 아무 소용이 없습니다."(1코린 13,1-3)

이와 같이 이상한 언어도, 예언의 능력도, 지식이나 믿음도, 재산을 남에게 나누어 주는 자기 헌신 까지도 사랑에서 비롯되지 않는 한, 아무런 가치가 없다는 것이다. 요컨대 사랑이 없이는, 그것이 비록 최상의 것일지라도 아무것도 아니다 라는 것이다.

〈사랑의 본질(참된 사랑의 길)〉

"사랑은 참고 기다립니다. 사랑은 친절합니다. 사랑은 시기하지 않고, 뽐내지 않으며, 교만하지 않습니다. 사랑은 무례하지 않고, 자기 이익을 추구하지 않으며, 성을 내지 않고

앙심을 품지 않습니다. 사랑은 불의에 기뻐하지 않고, 진실을 두고 함께 기뻐합니다. 사랑은 모든 것을 덮어 주고, 모든 것을 믿으며, 모든 것을 바라고, 모든 것을 견디어 냅니다."(1코린 13,4-7)

그리스도를 믿고 따르는 우리는 선한 사람이나 악한 사람이나 모든 인간을 차별 없이 사랑하시는 하느님의 모범을 따라 원수까지도 사랑할 수 있도록 노력해야 한다. "너희는 원수를 사랑하여라. 너희를 미워하는 자들에게 잘해 주고, 너희를 저주하는 자들을 축복하며, 너희를 학대하는 자들을 위하여 기도하여라. 그러면 너희가 받을 상이 클 것이다."(루카 6,27-28.35). 악을 악으로 갚지 않고 사랑으로 그 악을 이겨낼 때 우리는 하느님의 사랑 안에서 산다고 말할 수 있다.

원수란 우리를 미워하고 우리에게 악을 행하고 우리와 돌이킬 수 없는 적대 관계에 있는 사람들뿐만 아니라, 우리와 다른 생각을 갖고 행동하는 사람들, 그리고 우리를 이해하지 못하는 사람들이기도 하다. 이런 사람들과 만나 교제할 기회를 만들고 각자의 벽을 허물며 호의를 베풀고 무관심을 극복하는 것이 사랑의 행위이다.

향주덕(믿음, 희망, 사랑)중에서 가장 위대한 것은 '사랑'이다. 왜냐하면 믿음과 희망은 세상에 있을 때에만 필요하고 하늘 나라에서는 사라져 버리기 때문이다. 사랑은 하늘 나라에서 하느님과 일치로 영원히 계속된다. 그래서 사도 바오로는 "그 가운데에서 으뜸은 사랑입니다."라고 했다.(1코린 13, 13)

하느님은 영원하시고 시공을 초월하시며, 또한 하느님의 본질은 사랑(하느님≡사랑)이시므로, 사랑은 영원하고 시공을 초월한다. 그래서 사랑은 모든 덕 중에서 가장 중요하고 으뜸가는 덕이다.

예화2(어느 병사의 고백)

제2차 세계 대전 때의 일이다. 연합군의 보병 부대에서 근무하는 한 병사가 있었다. 어느 날 저녁 그는 하사관 및 몇몇 부대원들과 함께 군대의 막사 주변에 늘어선 술집에서 휴식을 취하고 있을 때였다. 술 취한 사람들 간에 시끌벅적한 싸움이 벌어졌는데 그들도 싸움에 휘말렸다. 그런 중에 한 여인이 살해당했는데 여인을 살해한 혐의가 병사에게 씌워져서 곧바로 군법 회의에 회부되었다. 병사를 위하여 한 법무 장교가 변호사로 지정되었다. 그가 대면했을 때 병사는 장교에게 비밀을 지킬 것을 신신 당부하며 한 가지 사실을 고백했다.

"당신은 지금부터 내가 하는 말을 죽기 전에는 입 밖에 내지 않겠다고 맹세해 주십시오."

장교는 그의 고백을 듣기 위해 굳게 맹세했다.

"나는 여인을 살해하지 않았습니다. 하지만 누가 여인을 살해했는지를 알고 있습니다. 내가 현장을 목격했으니까요! 다만 나는 그녀를 살해한 사람이 처한 사정을 너무나 잘 알고 있으며 그는 또한 누구보다도 내가 좋아하는 사람입니다. 나는 종교가 무엇인지 모르는 가정에서 자랐습니다. 그런데 언젠가 당신이 읽어준 글에 '가장 위대한 사랑은 친구를 위해 자기의 생명을 바치는 것이다'라는 구절이 있었는데 그것은 나에게 잊지 못할 감명으로 남아 있었습니다. 나는 지금 그것을 실행에 옮기고자 합니다. 어쩔 수 없이 여인을 살해한 그 사람은 결혼하여 가정이 있으며, 그가 집으로 돌아오기를 손꼽아 기다리는 세 명의 아이들이 있습니다. 나의 목숨을 바치고자 하는 이 일은 물론 나의 일생에서 가장 보람 있는 단 한 가지 일일 것입니다. 그러니 당신이 부디 저의 희망을 꺾지 않기를 바랍니다."

재판은 순순히 진행되어 병사에게는 사형이 선고되었다. 사형이 집행되는 날에는 그의 죽음을 지켜보기 위해 그를 변호하던 장교가 참석하였다. 하사관의 지휘에 따라 소총병들은 총부리를 병사를 향해 겨누었다. 이윽고 하사관의 명령이 떨어지자 뿜어져 나온 총알은 병사를 쓰러뜨렸다.

사형 집행을 마친 사형수의 머리에 확인 사살을 하게 되어 있었는데 늠름한 하사관이 자신의 권총을 빼들고 그 책임을 완수한 다음 미련 없이 그 자리를 떠났다. 숨을 거둔 병사는 말이 없었지만 그의 변호사였던 장교는 하사관이 범인이라는 것을 이미 알고 있었다.

친구를 대신하여 죽음을 당한 병사는 위대한 애덕을 실현한 것이다. 예수님은 오래 전에 우리를 위하여 이 같은 희생을 하셨다. 예수님의 말씀에 깊은 감명을 받은 병사가 자신의 목숨을 바쳐서 희생을 치룬 것이 은총을 증거하고 있다.

예화 3(신뢰와 투신)

빌리의 아버지는 목수였는데 다섯 자녀들을 위한 새 집을 짓고 있었다. 지하실이 완성되어 이제 일층이 세워지고 있었다. 그런 중에 제일 어린 빌리가 지하실의 문 앞에서 아버지를 불렀다.

"저녁때가 될 때까지 아빠 곁에 있으라고 엄마가 말했어요. 그런데 아빠 곁에 어떻게 가지? 아무것도 보이지 않는 걸!"

지하실 안을 들여다본 빌리는 캄캄한 어둠 속을 향해 아버지에게 말했다. 그때에 지하실 안에서 아버지의 음성이 들렸다.

"빌리, 그냥 뛰어내리면 내가 받아줄게!"

"난 아빠가 보이지 않아요!"

"걱정 말아, 빌리. 나는 네가 잘 보이니까 그냥 뛰어내리기만 하면 돼!"

빌리는 겁먹지 않고 캄캄한 지하실을 향해 뛰어내렸다. 아버지의 커다란 손이 매우 편안하게 빌리를 덥썩 받아 안았다.

신·망·애의 삼덕으로 우리를 하느님께 맡기고 하나가 되는 것을 보여 주는 이야기이다. 빌리는 아빠의 말을 그대로 믿었고(믿음), 아빠가 약속한 안전을 바랐으며(희망), 아빠가 나를 사랑하고 있다는 것을 알기에 아빠의 말에 순명하였다(사랑).

우리도 빌리와 같은 자세로 하느님과 함께 할 수 있다.

완전한 삶

하느님 아버지께서 완전하듯이 우리도 완전한 사람이 되는 것(마태 5, 48; 19, 21)은 모든 그리스도인의 궁극적인 목적이다. 완전한 삶은 다른 것이 아니라, 마음을 다하고 목숨을 다하고 정신을 다하고 힘을 다하는 사랑을 통해서(마르 12, 30) 그리스도를 얻고 그리스도와 하나가 되려는 것이다(필리 3,8-9). 모든 완덕의 스승이신 주 예수께서 친히 거룩한 생활, 즉 완전한 삶을 요구하신다. “하느님은 사랑이시며”(1요한 4, 8), “사랑은 모든 것을 하나로 묶어 완전하게 하기”(콜로 3, 14) 때문에 그리스도인들이 추구하는 완전한 삶은 본질적으로 사랑의 완덕을 실현하는 삶이다. 물론 이러한 완전한 삶은 우리의 힘과 노력만으로 이룰 수 없다. 그러나 우리가 이제 세례성사와 견진성사를 통하여 성령께 마음을 활짝 연다면 하느님께서는 우리에게 필요한 힘과 용기와 지혜를 주실 것이고, 믿음과 희망과 사랑의 정신을 더욱 깊이 심어 주실 것이며, 따라서 영성생활이 잘 이루어질 수 있다.

나오는 말

믿음과 희망과 사랑은 하느님의 자녀가 된 그리스도인의 삶의 원리이다. 믿음으로 하느님의 구원이 시작되고, 하느님의 구원 약속에 굳은 희망을 갖게 되며, 마침내 하느님을 사랑하고 이웃을 내 몸과 같이 사랑하게 되는 것이다. 그러므로 그리스도인은 믿음을 뿌리로 하고 희망을 줄기와 가지로 한 나무가 되어 사랑의 열매를 맺어야 한다.

우리 주위에는 불우한 처지에 있는 사람들이 많다. 하느님께서는 그들을 통하여 우리와 만나려고 기다리신다. 개인적으로 또는 이웃과 함께 구체적인 사랑을 실천하도록 노력해야 한다. 하느님께서 우리를 사랑하셨듯이 우리도 하느님의 사랑의 초대에 응하여 하느님을 사랑하고 주위에 있는 버림받고 소외된 사람들에게 관심을 보여 주고 능력껏 도와 주어야 한다.

핵심문제

(1) 하느님을 직접 대상으로 하는 대신덕은 어떤 덕입니까?
하느님을 직접 대상으로 하는 대신덕은 향주덕인데, 예수 그리스도를 믿고, 영원한 생명에 대한 희망을 가지며, 하느님의 사랑 안에 사는 덕입니다.

(2) 믿음으로 부르시는 하느님께 대한 우리의 태도는 어떠해야 합니까?
믿음은 하느님 자비의 선물이므로 몸과 마음을 다해 하느님을 알고 모든 것을 의탁하며 그 분의 부르심에 응답해야 합니다.

(3) 그리스도인은 어떠한 경우에도 희망을 포기해서는 안 된다고 하는데 그 이유는 무엇입니까?
우리의 궁극적인 희망은 그리스도의 부활에 참여하는 데 있으며, 하느님은 당신이 하신 약속을 반드시 지키시는 분으로서 구원을 약속하셨기 때문입니다.

(4) 향주덕(믿음, 희망, 사랑) 중에서 가장 고귀한 덕은 무엇입니까?
그것은 사랑하게 하는 덕(애덕)입니다.

(5) 예수님의 메시지의 핵심인 사랑을 우리의 생활 안에서 어떻게 실천해야 하겠습니까?
하느님께서 우리를 사랑하셨듯이 우리도 하느님의 사랑의 초대에 응하여 하느님을 사랑하고 주위에 있는 버림받고 소외된 사람들에게 관심을 보여 주고 능력껏 도와 주어야 합니다.

알아두기

• 사추덕(四樞德)

윤리덕 중 가장 중요한 네 가지 덕, 곧 현명(賢明, 叡智, 知性德, 옛 智德), 정의(正義. 옛 義德), 용기(勇氣, 옛 勇德), 절제(節制, 옛 節德)를 말한다. 이 네 가지 덕은 모든 윤리 행위의 중추가 된다고 해서 사추덕(Cardinal Virtues)이라고 한다. 향주덕(Theological Virtues) 곧 대신덕(對神德)이 하느님을 직접 대상으로 하는 신적인 덕이라면, 사추덕은 인간 사이의 행위를 올바르게 하는 인간적인 덕(Human Virtues)이다. 사추덕은 스토아(Stoa) 학설에 근거를 두고 있으며 플라톤(Platon)이나 아리스토텔레스(Aristoteles)도 이 네 가지 덕행(德行)을 중심으로 윤리생활을 규정하였다. 그리고 구약성경의 지혜서(8, 5-7)에서도 이와 비슷한 내용이 표현되어 있다. 스토아학파(Stoicism)는 BC 3세기부터 로마 제정(帝政) 말에 이르는 후기 고대(古代)를 대표하는 철학의 한 유파이다.

• 그리스어의 사랑의 종류와 의미

인간의 삶에 깊은 의미를 제공하고 중요한 가치를 부여하는 것은 사랑이다. 사랑은 완덕의 본질이고 가치 서열에서 최고위(最高位)에 속하며 행복의 핵심 요소다. 그리스어로 사랑을 의미하는 단어는 대상에 따라 네 가지 종류가 있다.

1) 에로스(eros : 이성간의 사랑 - 대상의 가치를 추구)

에로스는 남녀간의 감성적 사랑이다. 연애에 불타고 있는 사람의 사랑은 전형적인 에로스의 사랑이다. 이 에로스는 나에게 행복을 약속해 주는 것에 대한 욕구인데, 상대방의 가치를 추구한다. 그 가치의 추구는 매력 있는 것, 고귀한 것, 숭고한 것을 자기 것으로 하고 싶다는 충동이다. 이 에로스는 독점적이고 배타적이며 열정적인 강열한 애정(愛情)이다.

2) 스토르게(storge : 혈육간의 사랑)

스토르게는 부모 자녀간의 혈연적인 사랑이다. 이것은 핏줄기를 이어받은 천륜적(天倫的)인 사랑이다. 스토르게는 이기주의를 초월한 무조건적인 사랑이기 때문에 끊으려야 끊을 수 없는 사랑이다.

3) 필리아(philia : 우정적인 사랑)

우정적인 사랑이며 넓은 의미의 사랑이다. 친구 사랑, 학교 사랑, 자연 사랑, 인류사랑, 국가 사랑, 음악 사랑 등등 비이기적인 사랑으로 다양하고 다채롭다. 박애주의자(博愛主義者)의 영어 필렌스로피스트(philanthropist)는 인간(Gr. anthropos) 사랑(philia)을, 교향악단(交響樂團) 필하모닉(philharmonic)은 음악(harmonic) 사랑(philia)을, 그리고 철학(philosophy)은 지(知, sophia) 사랑(philia)을 의미한 것이다.

4) 아가페(agapē : 신의 사랑 · 그리스도교적 사랑 - 대상 자체를 사랑)

아가페는 신(神)의 사랑, 그리스도교적 사랑이다. 에로스는 대상의 가치를 추구하는데 반하여 아가페는 대상 자체를 사랑한다. 에로스가 매력 있는 것에 대한 본능적인 충동임에 반하여, 아가페는 상대방을 행복하게 하고자 하는 사랑이다. 따라서 아가페의 사랑에는 몇 가지 마음의 조건이 필요하다.

먼저 아가페는 자기의 행복을 추구하는 에로스와는 달리 상대방을 행복하게 하려고 하는 사랑이므로 자기 것을 버리는 희생의 마음이 있어야 한다. 이 아가페는 이기주의(利己主義)가 아니라 이타주의(利他主義)이므로 자기 자신과의 싸움을 요구하고 있다.

다음으로 아가페는 대상자체의 사랑이므로 상대방이 보잘 것이 없다 하더라도 중하게 여기는 마음이 필요하다.

이 아가페는 자기 자신을 위하여 상대방을 찾지 않고, 상대방을 위하여 자신을 헌신하는 사랑이다. 또한 아가페는 결코 사랑할 수 없는 사람에게도 베푸는 사랑, 다시 말해서 '그럼에도 불구하고' 사랑하는 '사랑'이다.

위에서 알아본 사랑의 종류와 의미의 이해를 돕기 위하여 비유적으로

<사람은 '에로스'에 의해 태어나고 '스토르게' 의해 양육되며

'필리아'에 의해 다듬어지고 '아가페'에 의해 완성된다.>라고 말하기도 한다.

- 사랑의 5대 속성

사랑은 기본적으로 **관심, 책임, 이해, 희생, 기쁨**이라는 다섯 가지 속성을 갖는다.

1) 관심

사랑과 관심은 정비례한다. 사랑한다는 것은 관심을 갖는 것이다. 이를테면 부모는 자식을 사랑하기 때문에 자식의 모든 것에 대하여 깊고 따뜻한 관심을 갖는다. 자식의 건강에 대한 관심, 공부에 대한 관심, 결혼에 대한 관심 등 부단한 관심을 갖는다. 관심이란 항상 배려하고 염려하고 주의하고 마음을 쓰는 것이다. 연인에 대한 관심, 가족에 대한 관심, 이웃에 대한 관심, 국가에 대한 관심 등등은 사랑과 관련된다. 인간이 위대하면 위대할수록 관심권(關心圈)이 넓고 관심도가 깊어진다.

2) 책임

독일의 철학자 칸트는 "인격이란 책임 능력이다."라고 말했다. 책임을 질 줄 아는 것이 인격이다. 인격의 핵심은 책임감이다. 부모는 자식을 사랑하기 때문에 자식의 생명과 미래와 행복에 대하여 진지한 책임감을 갖는다. 사랑은 정신적·도덕적·법적 **책임**을 지는 행위다. 무책임한 행위는 사랑이 아니다.

3) 이해

이해심이 많은 사람은 도량이 넓은 사람이다. 도량이 넓은 사람은 너그러운 마음과 깊은 생각으로 상대방을 이해하는 사람이다. 현대는 다원주의(多元主義)와 다양성의 사회다. 저마다 개성이 각양각색이고 사고방식과 가치관이 십인십색이기 마련이다. 이러한 다양성의 사회에서 나의 편견과 독선과 아집과 고정 관념에 사로잡히지 않고, 개방된 정신으로 상대를 깊이 이해하고 관용과 용서를 베푸는 것이 사랑이다.

4) 희생

사랑한다는 것은 이기주의(利己主義)의 행동이 아니고 이타주의(利他主義)의 행동이며 자기 희생이다. 사랑은 내가 가진 시간과 돈과 정성을 남에게 기쁜 마음으로 베푸는 것이다. 사랑의 대상을 위한 희생은 인간 최고의 행동이고 최상의 윤리다. 강요당해서가 아니라 스스로 원해서 기쁜 마음으로 베푸는 희생이어야 한다. 사랑은 소중한 것을 받는 것이 아니라 주는 것이다. 상대를 위해 희생하는 행동은 인격 수준이 높은 차원에 도달해야 하고 정신 수준이 깊은 경지에 이르러야 한다.

예수님은 십자가에 매달려 죽음으로써 참된 사랑은 자신을 희생하지 않으면 달성될 수 없음을 몸소 보여 주셨다.

5) 기쁨

관심이 사랑의 씨앗이라면 기쁨은 사랑의 열매다. 상대를 위한 희생이 기쁨으로 승화되고 상대에게도 기쁨을 주어야 한다. 사랑은 상대방에게 기쁨과 행복을 주는 것이다. 눈물은 상반된 두 종류가 있을 수 있는데, 그 하나는 아주 기쁘고 행복할 때의 환희의 눈물이고, 다른 하나는 슬프고 불행할 때의 고통의 눈물이다. 사랑은 후자의 눈물을 전자의 눈물이도록 하는 것이다.

제22장 새로운 삶의 기준들

들어가는 말

신앙인은 완덕을 추구하는 사람이며, 하느님과의 관계 안에서 자신을 조명해 보고 또 이웃과의 관계 안에서 자신을 되돌아봄으로써 하루 하루를 영적으로 성장해 가는 삶을 사는 사람이라고 말할 수 있다. 완덕을 추구하는 삶은 완전하고 영원한 것을 추구하는 삶이며, 이를 가리켜 신앙인은 완덕을 추구하는 삶을 산다고 말한다. 완덕이란 '완전함', '거룩함', 즉 '성성'(聖性)을 뜻한다. 그리고 이 '완전함', '거룩함'의 의미 안에는 '영원함'의 의미가 내포되어 있다. 영원함이 없는 완전함은 결코 완전할 수가 없는 것이다. 그래서 영원불변하는 완전함과 거룩함을 추구하는 삶, 그것이 바로 완덕을 추구하는 삶이라고 할 수 있는 것이다.

완덕의 본질은 사랑에 있으며, 완덕에 이르기 위해서는 하느님 사랑과 이웃 사랑이 요구된다. 완전한 자가 되기 위한 구체적 실천 방법은 마음을 다하고 목숨을 다하고 정신을 다해 하느님을 사랑하고 이웃을 사랑하는 것이라고 복음서는 말하고 있다(마태 22,37-40 참조). 사랑은 율법의 완성이다(로마 13, 10).

하느님 사랑과 이웃 사랑의 두 가지 형태의 계명은 신약성경의 예수님의 가르침과 구약성경의 십계명에 잘 드러나 있다.

교회는 성경에 충실하며 예수님의 모범을 따라 전통적으로 십계명의 근본적인 중요성과 의의를 인식해 왔다. 십계명은 하느님의 계시와 이성을 통해 알 수 있다.

마태 19,16-21

어떤 사람이 예수님께 다가와, "스승님, 제가 영원한 생명을 얻으려면 무슨 선한 일을 해야 합니까?" 하고 물었다. 그러자 예수님께서 말씀하셨다. "어찌하여 나에게 선한 일을 묻느냐? 선하신 분은 한 분뿐이시다. 네가 생명에 들어가려면 계명들을 지켜라." 그가 "어떤 것들입니까?" 하고 또 묻자 예수님께서 이르셨다. " '살인해서는 안 된다. 간음해서는 안 된다. 도둑질해서는 안 된다. 거짓 증언을 해서는 안 된다. 아버지와 어머니를 공경하여라.' 그리고 '네 이웃을 네 자신처럼 사랑해야 한다.' 는 것이다." 그 젊은이가 "그런 것들은 제가 다 지켜 왔습니다. 아직도 무엇이 부족합니까?" 하고 다시 묻자, 예수님께서 그에게 이르셨다. "네가 완전한 사람이 되려거든, 가서 너의 재산을 팔아 가난한 이들에게 주어라. 그러면 네가 하늘에서 보물을 차지하게 될 것이다. 그리고 와서 나를 따라라."

그리스도인의 행동 기준인 하느님의 법

그리스도교 신자가 된다는 것은 이 세상의 그릇된 가치관을 버리고, 영원한 삶을 누리기 위하여 하느님의 뜻에 따라 살아야 한다.

모든 법의 기본적이고 궁극적인 진리는 영원한 법에서 비롯된다. 영원한 법이란 하느님의 법인 자연법, 즉 십계명에 요약되어 있는 옛 율법과 그리스도를 통해서 계시된 복음의 법인 새 율법을 말한다. 이러한 법을 일반적으로 도덕률(道德律 · moral law)이라고 부르기도 한다. 도덕(道德 · morality)이란 사회생활에 있어서 사람이 사람으로서 행하여야 하는 도리와 예법, 그리고 그것을 자각하여 실천하는 행위를 말한다. 이는 법률처럼 강제력이 따르는 것은 아니지만 개인의 양심과 연관을 갖는 자연 도덕률에 기초하고 있다.

"도덕률은 하느님 지혜의 작품이다. 성경적 의미에서 도덕률은 하느님의 자애로운 가르침, 그 분의 교육 방법이라고 정의할 수 있다."(「가톨릭 교회 교리서」, 1950항)

자연법과 양심

창조주 하느님은 우주 만물을 창조하시고 물질세계의 질서 유지를 위해서 자연법칙을 만드시고, 인간의 정신세계의 윤리질서를 위해 자연법(自然 道德律)을 만드셨다. 신정법(神定法)인 자연법은 인간에게 선과 악이 무엇이며, 진리와 거짓이 무엇인가를 이성으로써 식별할 수 있게 하는 타고난 도덕의식의 표현이다.

하느님께서 인간의 마음 속에 새겨준 자연법이 양심이다. 즉 양심은 마음의 윤리질서이며 정신의 법이다. 만일 우주가 자연의 법칙에 따르지 않고 무질서한 운동을 한다면 대혼란 속에서 서로 충돌하여 파멸을 가져오리라는 것은 자명하다. 마찬가지로 인간도 양심에 어긋나게 무궤도한 생활을 한다면 파멸을 가져올 것이다. 콩 심은

데 콩 나고 팥 심은 데 팥 나며, 사람은 사람을 낳고 개는 개를 낳는다. 이것이 자연의 질서이고 진리다. 바르게 살면 복이 오고 악하게 살면 벌이 온다는 것(상선벌악·賞善罰惡)은 화복무문(禍福無門)이다. "의로움의 길에는 생명이 있지만 악인의 행로는 죽음에 이른다."(잠언 12, 28)

인간은 양심이 있기 때문에 일반 동물과 구별되는 존재이며, 양심이 없는 일반 동물에게는 도덕률(道德律)이 있을 수 없다. 도덕률은 공동선(제25장에 있는 '정의로운 사회 실현' 참조)을 위한 행동 규범인데, 자연법, 계시(啓示)법, 인정(人定)법 세 가지로 대별한다. 자연법의 주요한 규정들은 십계명에 제시되어 있다. 하느님의 법인 자연법은 역사의 변동을 거치면서도 불변하고 영속하며, 사상과 풍습의 흐름 속에서도 존속한다.

구약의 법과 십계명

모든 종교는 그 나름대로의 종교적 계율을 지니고 있으며, 그리스도교 역시 신자들이 지켜야 할 십계명을 가지고 있다. 십계명은 하느님께서 당신 백성과 맺으신 계약의 일부를 주신 것인데, 이 십계명은 자연법의 골자를 제시하고 있으며, 그리스도교의 윤리 규범의 절대 기준이 된다.

하느님은 구약의 지도자 모세에게 이스라엘 백성을 이집트에서 구출해 나올 때, 시나이 산에서 열 가지 '윤리의 기본 원칙'을 계시하셨는데 이것이 소위 십계명이다.

십계명의 내용은 하느님 사랑과 이웃 사랑의 요구를 표현하고 있다. 처음 세 계명은 하느님 사랑에 관련되고, 나머지 일곱 계명은 이웃 사랑에 관련되는 것이다. 이 십계명은 두 개의 돌판에 담겨서 주어졌는데, 처음 세 계명은 한 돌판에 씌어져 있고 일곱 계명은 다른 판에 씌어졌던 것이다.

십계명의 내용은 <탈출 20,2-17; 신명 5,6-21>에 명시되어 있으며 그 내용을 다듬은 것이 기도문에 있는 십계명이다.

탈출기의 십계명(20,2-17; 신명 5,6-21)	기도문의 십계명
1. 나는 주 너의 하느님이다. 너에게는 나 말고 다른 신이 있어서는 안 된다.	1. 한 분이신 하느님을 흠숭하여라.
2. 주 너의 하느님의 이름을 부당하게 불러서는 안 된다.	2. 하느님의 이름을 함부로 부르지 마라.
3. 안식일을 기억하여 거룩하게 지켜라.	3. 주일을 거룩히 지내라.
4. 아버지와 어머니를 공경하여라.	4. 부모에게 효도하여라.

5. 살인해서는 안 된다.	5. 사람을 죽이지 마라.
6. 간음해서는 안 된다.	6. 간음하지 마라.
7. 도둑질해서는 안 된다.	7. 도둑질을 하지 마라.
8. 이웃에게 불리한 거짓 증언을 해서는 안 된다.	8. 거짓 증언을 하지 마라.
9. 이웃의 아내를 탐내서는 안 된다.	9. 남의 아내를 탐내지 마라.
10. 이웃의 소유는 무엇이든 탐내서는 안 된다.	10. 남의 재물을 탐내지 마라.

그런데 개신교에서는 탈출기에 있는 본문 그대로를 믿는데, 위의 십계명은 가톨릭에서 말하는 십계명이라고 한다. 가톨릭의 십계명이라는 말은 가당찮고, 계시가 아닌 교의(dogma)는 있을 수 없다. 개신교 측은 가시적 상징(제15장 참조)을 우상으로 생각한 것이다.

예화 (수준기)

한 아이가 판자를 톱질하고 있는 아버지의 몸놀림을 유심히 보고 있었다. 아버지는 가끔 자신이 톱질한 나무가 똑바른지를 알기 위해 수준기를 놓고 세심하게 살펴보곤 했다.

"아버지, 뭘 그렇게 열심히 살펴보시나요? 제가 보기엔 똑바른 것 같은데요."

"목수라면 자기가 맡은 일에 완벽해지려는 습관을 키워야 한단다. 눈짐작으로 판단하면 실수하기 쉽지. 어떤 일이건 철저하고 완벽하게 하지 않으면 결국 실패하게 되고 말지. 사람들은 그저 모든 일을 쉽게만 하려고 들거든."

아이는 아버지에 대한 아버지의 철저함을 알자 아버지에 대한 신뢰심이 마음 속에 가득히 생겼다. "사람들은 말야, 그저 자기 편한 대로, 좋을 대로 살려고만 하지. 하느님이 좋아하시는 대로 살려고 하지 않거든. 하지만 그것에 도리어 어려움이 있다는 것을 항상 잊고 있지."

모세가 시나이산에서 주 하느님으로부터 십계명을 받다

"그럼 어떤 일을 하더라도 아버지가 사용하시는 수준기가 있어서 눈금을 맞춰 볼 수 있으면 실수하지 않을 텐데, 그렇죠, 아빠?"

"우리 죠의 말이 옳아. 하느님의 계명과 교회법이 바로 우리 생활 속의 수준기란다. 그것을 기준으로 살기만 한다면 우리의 영혼까지 올바르게 지킬 수 있을 거야. 항상 수준기의 눈금에 맞춰 바르게 산다면 우리의 일생은 아주 훌륭한 것이었다고 말할 수 있을 거야!"

언젠가는 우리의 일생이 하느님의 엄격한 계명에 따라 하느님의 저울 위에 놓여질 것이다. 지금 우리가 할 수 있는 것은 하느님께서 지시하신 계명과 교회의 뜻에 따르기만 하면 된다는 것이다. 하느님께서는 그로써 우리가 한 일들을 기뻐하실 것이며 몇 배로 갚아주실 것이다. 하느님의 지시와 의향은 오늘도 십계명과 교회법에 살아 있다. 그것을 지켜나갈 때 어떻게 하느님을 사랑하고 이웃을 내 몸같이 사랑할 수 있는지를 알 수 있다. 그것이 바로 내 생활이 올바르게 놓여져 있는지를 살피는 수준기가 되는 것이다.

1. **하느님 사랑에 대한 계명**(제1-3계)

예수님께서는 가장 크고 첫째가는 계명으로 "네 마음을 다하고 네 목숨을 다하고 네 정신을 다하여 **주** 너희 하느님을 사랑해야 한다."라고 말씀하셨다.(마태 22, 37)

제1 계명 - 한 분이신 하느님을 흠숭(欽崇)하여라.

이 계명은 하느님 위에 그 어떠한 것(잡신, 돈, 권력, 명예 등)도 두지 말라는 것을 뜻한다. 잡신 재산 권력 명예 그 어느 것도 우리에게 영원한 생명을 줄 수 없다. 하느님을 모든 것 위에 두고 그 분의 뜻을 찾고 우리에게 영원한 생명을 약속하신 그 분을 경배하는 삶, 바로 이것이 한 분이신 하느님을 흠숭하는 삶이다.

제2 계명 - 하느님의 이름을 함부로 부르지 마라.

둘째 계명은 하느님의 이름을 존중할 것을 명한다. 주님의 이름은 거룩하기 때문이다. 그리고 하느님의 이름을 부당하게 부르는 모든 것을 금한다. 신성모독은 하느님과 예수 그리스도와 성모 마리아와 성인들의 이름을 모욕적으로 부르는 것이다. 또한 거짓을 진실인 양 하느님을 내세우는 거짓 맹세와 위증도 금한다. 우리는 무슨 일을 할 때 하늘에 두고 맹세한다고 말하곤 한다. 하지만 이는 하느님의 이름을 모욕하는 것이다. 하느님은 우리가 필요에 따라서 그 분을 앞에 두고 맹세할 수 있고 또 거부할 수 있는 분이 아니다. 우리는 어떠한 것을 증언하거나 자기의 주장을 내세우기 위해 하느님의 이름을 도용한다. 하느님은 우리와 온 세상의 창조주이시고 모든 것을 섭리하시는 영원한 분이시다. 그런데 그러한 분이 어찌 우리 하찮은 인간의 맹세의 대상이 될 수 있겠는가?

제3 계명 - 주일을 거룩히 지내라.

우리가 종교를 택하고 신앙을 갖는다는 것은 중대한 결단을 내리는 행위다. 즉 인간적인 이기주의적인 삶에서 탈피하여 이웃 형제자매들과 함께 그리스도를 중심으로 하는 구원 역사에 동참하겠다는 굳은 결의의 표현인 것이다. 따라서 주일날에는 하느님의 집에 모두 함께 모여서 하느님의 말씀을 듣고 거룩한 성찬에 참석해야 할 의무가 있는 것이다. 그런데 이러한 주일의 의무는 생각하지 않고 단지 내가 쉬어야 하기 때문에, 아니면 공부를 해야 하기 때문에, 또는 돈을 벌어야 하기 때문에, '나는 주일에 교회에 나가서 시간을 낭비할 수 없다'라고 생각하는 사람이 있다면, 이런 사람은 참된 신앙인이라고 보기 어려울 것이다. 따라서 제3계는 하느님을 믿고 흠숭하는 우리가 꼭 지켜야 할 중요한 계명이다.

모든 신자들은 주일과 그 밖의 의무축일 즉 예수성탄 · 천주의 모친 성모마리아 · 성모승천 대축일은 미사에 참여할 의무가 있다.

2. 이웃 사랑에 대한 계명(제4-10계)

예수님은 첫째가는 계명으로 하느님 사랑을, 그리고 둘째 계명 "네 이웃을 너 자신처럼 사랑해야 한다."도 첫째 계명과 같다고 말씀하셨다.(마태 22, 39)

제4 계명 - 부모에게 효도하여라.

율법의 둘째 돌판은 넷째 계명으로 시작된다. 이 넷째 계명은 "아버지와 어머니를 공경하여라. 그러면 너는 주 너의 하느님이 너에게 주는 땅에서 오래 살 것이다."(탈출 20, 12)에 명시된 바와 같이 유일하게 대가가 붙어 있는 계명이다. 사도 바오로는 에페소 신자들에게 보낸 서간에서 "자녀 여러분, 주님 안에서 부모에게 순종하십시오. 그것이 옳은 일입니다. '아버지와 어머니를 공경하여라.' 이는 약속이 딸린 첫 계명입니다. '네가 잘되고 땅에서 오래 살 것이다.' 하신 약속입니다."(에페 6,1-3)라고 했다. 하느님께서는 부모 공경을 명하면서 거기에 축복을 곁들여 주셨는데, 그 축복으로 오래 사는 것(수 · 壽)은 오복(五福)## 의 으뜸이다.

부모에 대한 공경과 사랑의 행위는 인간의 보편적 문화이고 근본적 규범이다. 유교 전통에서도 '효'(孝)를 모든 도덕 규범의 근본으로 여기고 국가 · 사회의 모든 규범 역시 '효'에 뿌리를 두어야 함을 강조한다. 부모 공경은 어느 민족, 어느 종교에서도

오복은 **수**(壽 : 오래 사는 것), **부**(富 : 부유하게 사는 것), **강녕**(康寧 : 건강하고 마음이 편안한 것), **유호덕**(攸好德 : 도덕 지키기를 좋아하는 것), **고종명**(考終命 : 제 명대로 살다가 편안하게 죽는 것)이다. 오복은 유교 경전(<제2장-(2)종교론>의 '유교' 참소)의 하나인 시경(書經)의 주시(周書) 홍범(洪範)편에 있는 말이다.

중히 여긴다.

어떤 의미에서 부모는 하느님을 대신하는 분들이다. 자녀가 부모를 공경하는 것은 부모를 통하여 생명을 주신 하느님을 공경하는 셈이다. 성경에는 부모 공경에 대한 가르침이 풍부하다. "마음을 다해 네 아버지를 영광스럽게 하고 어머니의 산고를 잊지 마라. 네가 그들에게서 태어났음을 기억하여라. 그들이 네게 베푼 것을 어떻게 그대로 되갚겠느냐?"(집회 7,27-28)

<집회 3,1-16>은 십계명의 네 번째 계명인 효도에 관한 해설이며, 자녀의 본분에 대해 말하고 실천하면 구원을 받으리라고 했다. 하느님께서는 당신 다음으로, 우리에게 생명을 주고 하느님을 알게 해 준 부모를 공경하기를 바라셨다.

제5 계명 - 사람을 죽이지 마라.

사람을 죽이지 말라는 불살생(不殺生)은 생명을 존중하는 것뿐만 아니라, 비인격적인 모든 행위를 금하는 것이다. 이 계명은 모든 폭력을 배제한다. 폭력에는 무책임한 언동이나 헛된 약속 등의 정치적 폭력, 돈을 중심으로 이루어지는 갖가지 속임수를 통한 경제적 폭력, 그리고 생명경시, 낙태, 자살, 안락사, 병자에 대한 비인격적 대우, 구타 등의 육체적 폭력이 있다. 또한 이웃에 대해서 뿐만 아니라 자신의 생명이나 육체를 손상하는 것도 금한다.

제6 계명 - 간음하지 마라.
제9 계명 - 남의 아내를 탐내지 마라.

하느님은 세상 만물을 창조하시고, 지금도 종족 보존을 통한 창조사업을 계속하신다. 생명의 탄생은 하느님의 신비스러운 섭리다. 하느님께서 주신 고귀한 선물인 생명 탄생을 위해서, 하느님께서는 성(性)의 사용에 있어서 이성(異性) 간에 서로 끌리도록 하셨고, 그 만남 안에 커다란 기쁨을 주셨다.

그러나 오늘날 성의 즐거움을 단순한 쾌락의 도구로 남용하게 되면서, 이로 인해 인간 사회 안에서 여러 가지 범죄들이 저질러지고 있다. 이성(異性)에 대한 호기심이나 이끌림, 설레임 등은 자연스러운 것이지만, 이성(理性)적 인간은 감성적 면에 치우친 비정상적인 행위에 빠지지 않도록 해야 한다. 정상적인 만남-부부관계-안에서 서로의 사랑을 표현하고 확인하며, 즐거움을 맛보는 것은 하느님의 축복이며 선물이다. 그러나 그 외에 남용되는 성의 사용은 하느님의 창조 질서에 어긋나는 행위이며, 인간 사회 안에서의 질서를 파괴하는 행위이다. 간음, 이혼, 일부다처제와 내연의 관계는 혼인의 존엄성을 크게 손상시키는 것이다.

극도로 문란해진 현대의 성도덕 안에서, 탐욕에 대한 절제를 권하는 것이 그리스도교의 사랑의 계명이다. 특히 남의 아내를 탐내지 말라는 계명은 인간 사회에서 가장 소중한 가정을 더욱 존중해야 한다는 사랑의 계명이다.

제7 계명 – 도둑질을 하지 마라.
제10 계명 – 남의 재물을 탐내지 마라.

이 계명은 정당하지 못한 방법으로 남의 소유권을 침해하는 행위를 금하는 계명인데, 이에는 도둑질, 사기, 횡령, 속임수에 의한 절취, 노동 임금에 대한 부당한 대우 등이 모두 포함된다. 이러한 행위들은 인간 상호간의 신뢰를 저버리는 행위이며, 서로 사랑하라는 예수님의 말씀에 대한 직접적인 위배 행위인 것이다.

도둑질은 소유자의 정당한 뜻에 반하여 타인의 재물을 빼앗는 것이다. 인간이 사용하는 모든 물질은 자신의 노력에 의해서 정당하게 얻을 수 있으며, 인간 생명을 유지하는 데에 필요 불가결한 것이다. 개인의 소유권은 사회 질서 안에서 존중되고 보호되어야 한다.

모든 물질은 인간의 삶을 유지하도록 하시는 하느님의 선물이며, 모든 물질의 절대적인 소유주는 하느님이시고, 인간은 그 물질을 관리하면서 사용하는 것이다. 그래서 자신의 소유로 인정된 것일지라도 지나친 낭비나 지나친 집착욕도 함께 사는 공동체 안에서 피해야 할 행위다. 하늘나라에 들어가기 위해서는 부에 대한 초연함이 필요하다. "마음이 가난한 사람은 행복하다." 인간의 참 열망은 "하느님을 뵙는 것이다."

제8 계명 – 거짓 증언을 하지 마라.

제8 계명은 이웃에게 불이익을 주는 증언은 물론이고, 거짓말, 이웃에 대한 비판과 험담, 이간질, 지켜야 할 비밀의 누설 등, 인간 상호간에 인격을 존중하지 않는 행위를 함으로써 이웃에게 해를 끼치는 것을 금하는 계명이다.

진실은 말과 생각과 행동의 일치로 나타난다. 진실은 인간 상호간에 신뢰를 주는 소중한 부분이다. 이웃에 대한 불평과 불만은 이웃에게 피해를 줄 뿐만 아니라 자신의 인격적인 면에서도 불리하게 작용하게 된다.

언어에 있어서의 진실은 이웃 간의 참된 우정과 사회적 신뢰의 기초가 된다. 그것을 깨는 사람은 누구나 커다란 의심을 일으키게 되고 신뢰를 파괴하는 원인이 된다.

신약의 법 = 그리스도의 법(새 법)

예수님은 십계명을 비롯한 구약의 모든 율법을 하느님 사랑과 이웃 사랑이라는 두 계명으로 묶어 완성하셨다.

"'네 마음을 다하고 네 목숨을 다하고 네 정신을 다하여 주 너의 하느님을 사랑해야 한다.' 이것이 가장 크고 첫째가는 계명이다. 둘째도 이와 같다. '네 이웃을 너 자신처럼 사랑해야 한다.'는 것이다. 온 율법과 예언서의 정신이 이 두 계명에 달려 있다."(마태 22,37-40).

신약의 법, "새 율법, 곧 복음의 법"은 옛 율법을 정화하고, 능가하며 완성한다(마태 5,17-19 참조). 그리스도께서는 새 율법을 선포하셨다 할지라도 옛 율법의 윤리적 규범들을 폐지하거나 과소평가하지 않고, 오히려 그 규범 안에 감추어져 있는 가능성을 드러내고, 우리들의 실생활에서 필요한 새로운 요구들을 분출하게 하셨다(「가톨릭 교회 교리서」, 1968항). 예를 들면 새 율법은 자선, 기도, 금식제, 종교적 행위들을 실천하게 한다. 그런데 그와 같은 행위들은 '사람들에게 보이고자 하는' 욕심에서 나온 것이 아니라 '숨은 일도 보시는 네 아버지'(마태 6,1-6; 16-18 참조)께 향하게 하는 행위들인 것이다.

그리스도의 법 = 성령의 법

그리스도인의 삶을 인도하는 법은 「신약의 법 = 그리스도의 법」이며, 그리스도의 법은 곧 그분의 영이신 '성령의 법'이다.

그러므로 우리는 어떤 행동을 할 때, 우리 안에서 작용하시는 그리스도의 가르침과 성령의 인도에 먼저 귀를 기울여야 한다.

새 율법은 두려움 때문에 행동하기보다는 오히려 성령께서 불어 넣어 주시는 사랑에 따라 행동하기 때문에 「사랑의 법」이라고 부른다. 또한 신앙과 성사들로써 행동하도록 은총의 힘을 주기에 「은총의 법」이라 부르기도 한다.

실정법과 교회법

인간은 누구나 가정이나 국가와 같은 어떤 단체 즉 공동체에 소속되어 있다. 인간의 모든 단체에는 그 공동체의 공익과 공동선을 위한 윤리적 규범인 실정법이 있고, 또한 그 공동체를 다스릴 공권력이 필요하다. 공권력의 역할은 한 사회의 공동선을 보장하는 것이며, 공권력이 지니고 있는 권위는 국가의 단일성을 위해서 필요하다

(「가톨릭 교회 교리서」, 1897-1912항). 따라서 공권력은 체제의 보호를 굳건히 하고 공동선을 추구함으로써 사회생활에 질서와 풍요로움을 가져다 주어야 한다.

하느님의 백성이고 그리스도의 신비체인 교회는 그리스도를 머리로 하여 하나의 공동체를 이룬다. 교회 구성원들은 하느님과 이웃을 사랑해야 한다. 이처럼 하느님 사랑과 이웃 사랑을 통해 각자의 구원을 위해 살아가는 사람들이 모인 교회공동체 역시 사회적이고 가시적인 조직체이기 때문에 규범 즉 교회법을 가져야 한다. 교회법은 그리스도교 신자들의 상호관계와 각 개인의 권리가 안전하게 보장되고, 사랑에 입각한 정의에 따라서 조화를 이루는 가운데 거룩하게 살 수 있도록 도와 주기 위함이다.

나오는 말

옛 법은 계시된 법의 첫 단계인데, 그 윤리적 명령들은 십계명에 요약되어 있다. 그 계명들은 하느님과 이웃에 대한 사랑에 어긋나는 것을 금하고, 그 사랑을 위한 기본적인 행실을 명하고 있다. 새 법, 곧 복음의 법은 자연법이나 계시된 법인 하느님의 법을 이 세상에서 완성하신 것이다.(「가톨릭 교회 교리서」, 1962·1965항 참조)

하느님께서는 새 사람이 된 그리스도인이 하느님의 백성으로서 지켜야 할 삶의 기준을 주셨는데, 그것은 자연법, 성경의 규범들, 정당한 실정법, 교회법 등이다. 그러나 그리스도인의 삶을 인도하는 법은 결국 그리스도의 법(새 법), 예수 그리스도 자신이다. 그리스도의 법은 곧 그분의 영이신 성령의 법이다. 우리 안에 계시는 성령께서는 우리가 예수 그리스도를 우리 삶의 기준으로 삼아 하느님의 자녀로 그리스도의 형제로 살도록 인도해 주신다. 우리는 우리 안에 계시는 성령의 인도에 따라 하느님의 법과 성경의 가르침, 그리고 교회에서 정한 법을 지키고 따르도록 노력해야 한다.

핵심문제

(1) 누가 십계명을 주었습니까?

모세를 통하여 하느님께서 주셨습니다.

(2) 십계명은 오늘날에도 유효합니까?

그렇습니다. 예수께서는 영원한 생명을 얻으려면 무엇을 해야 하느냐고 묻는 젊은이에게 이렇게 대답하셨습니다. "네가 생명의 나라로 들어가려거든 계명을 지켜라."(마태 19, 17). 교회는 성경에 충실하며 예수님의 모범을 따라 전통적으로 십계명의 근본적인 중요성과 의의를 인식해 왔습니다.

(3) 십계명은 하느님과 당신 백성 사이에 맺은 계약이나 자연법과 관계가 있습니까?
십계명은 하느님께서 당신 백성과 맺으신 계약의 일부로 주신 것인데, 이 십계명은 자연법의 골자를 제시하고 있으며, 그리스도교의 윤리 규범의 절대 기준이 됩니다.

(4) 예수님은 어떤 방법으로 이 십계명을 요약하셨습니까?
예수님께서는 십계명을 사랑의 이중 계명으로 말씀하셨습니다. 첫째가는 계명으로 "네 마음을 다하고 네 목숨을 다하고 네 정신을 다하여 주 너희 하느님을 사랑해야 한다."라고 말씀하시고, 이에 못지않게 둘째 계명 "네 이웃을 네 자신처럼 사랑해야 한다."도 첫째 계명과 같다고 말씀하셨습니다. 이 두 계명은 "온 율법과 예언서의 정신이 이 두 계명에 달려 있다."고 하셨습니다.

(5) 의무 대축일에는 어떤 것들이 있습니까?
예수 성탄(12월 25일), 천주의 성모마리아(1월 1일), 그리고 성모승천(8월 15일) 대축일이 있습니다.

(6) 자연법이란 무엇입니까?
하느님께서는 인간의 정신세계의 윤리질서를 위해 자연법을 만드셨는데, 이 자연법은 인간에게 선과 악이 무엇이며, 진리와 거짓이 무엇인가를 이성으로써 식별할 수 있게 하는 타고난 도덕의식의 표현입니다.

알아두기

- 교회법상 신자들의 여섯 가지 의무

1. 모든 주일과 대축일의 미사에 참례할 의무(교회법 제1247조 참조)

십계명의 제3계에서도 밝혔듯이 신자들은 모든 주일과 다음의 의무 대축일의 미사에 참례할 의무가 있다. 또한 마음과 몸의 합당한 휴식을 방해하는 일과 영업을 삼가야 한다.

- 예수 성탄 대축일 : 12월 25일
- 천주의 성모 마리아 대축일 : 1월 1일
- 성모승천 대축일 : 8월 15일

2. 적어도 일년에 한 번은 고해성사를 받아야 할 의무(교회법 제989조 참조)

이 규정은 일년에 고해성사를 한 번만 받으라는 것이 아니라 그리스도의 신비체를 이루는 신자들이 그 신원을 잃지 않게 하려는 것이다.(마태 16, 19; 18, 18; 요한 20,21-23 참조)

3. 적어도 일년에 한 번은 부활 시기에 영성체를 하여야 할 의무(교회법 제920조 참조)

이 의무 역시 일년에 한 번만 영성체하라는 말이 아니다. 교회는 신자들에게 부활하신 예수님과 일치하기 위하여 자주 성체를 받아 모실 것을 권고한다.

4. 정해진 날에 금육재와 금식재(단식재)를 지켜야 할 의무(교회법 제1249-1252조 참조)

모든 그리스도인은 각자 나름대로 참회고행을 하여야 한다. 참회고행의 세 가지 요소는 기도, 자선, 극기를 실천하는 것이다. 이것은 성화와 구원의 길에서 결코 피할 수 없는 실천이다. 이 실천의 일환으로써 신자들은 금육(禁肉)과 단식(斷食)으로 그리스도의 수난을 묵상하면서 하느님께 희생을 바치며 절약된 재화를 가난한 이웃과 나누어야 한다.

금육재(禁肉齋)는 육식을 금하는 것으로 재의 수요일(사순절이 시작되는 수요일로 부활을 준비하기 위한 40일간의 첫날)과 예수 수난 성금요일, 그리고 대축일과 겹치지 않는 연중 모든 금요일에 만 14세부터 죽을 때까지 지키도록 되어 있다.

금식재(斷食齋)는 한 끼만 충분히 먹고 한 끼는 요기 정도만 하며 한 끼는 완전히 금식하는 것으로 재의 수요일과 예수 수난 성금요일에 만18세부터 60세까지 지키도록 되어 있다. 그러나 단식의 의무는 노약자나 임산부, 환자나 중노동에 종사하는 사람, 특별히 허락 받은 사람에게는 예외이며, 금육의 의무도 여행 중이거나 외출 중에 식사할 때에는 면제된다. 그러나 금육과 단식은 의무라는 측면보다는 사랑과 희생의 성격이 강하다.

5. 교회 유지를 위한 경제적 의무(교회법 제222조 1항 참조)

모든 신자는 자신의 힘으로 교회를 유지하고 발전시켜야 할 책임이 있다. 교무금은 십일조(근거 : 창세 14, 20; 28, 22; 레위 27, 30; 마태 23, 23) 정신으로 하는 것이 원칙이지만 형편에 따라 헌금한다.

6. 교회가 정한 혼인법을 지킬 의무(교회법 제1055. 1059조 참조)

신자들의 혼인은 성사이므로 신자들은 교회 안에서 유효하고 은혜로운 혼인을 성립시키기 위하여 혼인법을 지켜야 한다. 신자들은 신자 배우자와 혼인하는 것이 원칙이나 부득이한 경우에는 비신자와 혼인 할 수도 있는데, 이 때에는 교회의 관면을 받아야 한다. 그리고 혼인하기 전에 혼인에 따르는 서류들을 작성해서 본당에 제출해야 한다.

제23장 인간 생명의 존엄성

들어가는 말

인간의 존엄성은 인간이 하느님의 모상대로 창조되었다는 사실에 근거한다. 그러므로 존엄성을 지닌 인간의 생명은 다른 모든 것보다 우선적으로 생각되어야 한다.

어느 여고 학생들의 모임에서 '세상에서 가장 존귀하고 무엇과도 바꿀 수 없는 것은 무엇이냐'고 물었다. '사랑'이라고 대답했다. 또 똑같은 질문을 공사판 근로노동자들에게 했더니 '돈'이라고 말했다. '돈이 얼마 정도 있으면 좋겠는가?'라고 물으니 '먹고 살고 자식들 가르치고 하려면 10억 정도 있으면 그 이상 바랄 것이 없을 것 같다'라고 했다. 그러면 누군가가 당신에게 10억원을 준다면 당신의 생명을 그 사람에게 주겠느냐고 물어본즉, 그것은 안 된다고 했다. 그렇다면 이 세상에서 그 무엇과도 바꿀 수 없는 가장 소중한 것은 자기 생명인 것이다. 그러기에 우리는 자기 생명의 소중함을 잘 알고 있으며, 그 생명을 지키고 연장하려고 온갖 노력을 다 기울인다. 자기의 생명이 소중한 만큼 다른 사람의 생명도 소중하다.

인간의 생명은 인간의 삶 전체를 통틀어 언제나 고귀하고 신성불가침(神聖不可侵)의 존재이며, 따라서 어떠한 상황에서도 항상 보호되어야 할 당위적인 숭고한 가치를 지닌다. 또한 이는 어느 누구에게도, 어떤 상황에서도 차별되어서는 안 된다. 이것이 인간 생명윤리의 기본이라고 말할 수 있다.

성경의 여러 곳에서 하느님은 인간 생명의 존엄성을 지켜 주시고, 인간 생명을 경시하는 행위를 단죄하신다(창세 9, 5; 탈출 4,11-15; 요한 11, 15.21). 그러므로 우리는 타인의 생명도 경시해서는 안 되고, 자신의 생명처럼 보존해야 할 의무가 있다.

창세 1,26-28

하느님께서 말씀하셨다. "우리와 비슷하게 우리 모습으로 사람을 만들자. 그래서 그가 바다의 물고기와 하늘의 새와 집짐승과 온갖 들짐승과 땅을 기어 다니는 온갖 것을 다스리게 하자." 하느님께서는 이렇게 당신의 모습으로 사람을 창조하셨다. 하느님의 모습으로 사람을 창조하시되 남자와 여자로 그들을 창조하셨다. 하느님께서 그들에게 복을 내리며 말씀하셨다. "자식을 많이 낳고 번성하여 땅을 가득 채우고 지배하여라. 그리고 바다의 물고기와 하늘의 새와 땅을 기어 다니는 온갖 생물을 다스려라."

존엄한 인간의 생명

우리는 먼저 그리스도교에서는 인간의 생명에 대하여 어떻게 가르치고 있는지를 알아보고자 한다. 인간의 생명을 출생과 사망까지로 좁혀 생각할 때 교회에서는 삶과 죽음을 하느님께서 각 사람에게 주신 엄연한 사실이며, 인간 생명의 원초적인 주도권은 하느님께 귀속되어 있음을 가르쳐 왔다. 교회는 이 같은 가르침에서 인간 생명 문제와 관련하여 다음의 몇 가지를 강조한다.

첫째, 인간은 하느님이 자기에 준 생명을 유지하고 가꾸어야 할 중대한 임무를 갖고 있다는 사실이다. 인간의 삶은 수태의 순간부터 죽음에 이르기까지 하느님을 닮고 또 닮은 삶이 되어야 한다.

둘째, 인간은 자기 생명의 시작을 스스로 결정하지 않았듯이 죽음도 임의로 단축시킬 수 없고 생명의 주인이신 주님의 뜻에 순응해야 한다.

셋째, 그리스도인은 삶과 죽음을 하느님의 뜻에 맡기며, 죽음에 대한 공포와 불안함도 극복해야 하고 삶에 대한 애착에서도 초연해야 한다.

교회의 이 같은 원칙적인 가르침은 그리스도교의 인간 생명에 관한 제반 사항을 규정하며, 육신 생명을 보호할 의무와 거스르는 행위들을 설명하는 데 있어 근본적인 해답을 제시해 주고 있다.

일찍이 시편 작가는 인간의 존엄성에 대해서 이렇게 표현했다.

> 인간이 무엇이기에 이토록 기억해 주십니까? 사람이 무엇이기에 이토록 돌보아 주십니까? 천사들보다 조금만 못하게 만드시고 영광과 존귀의 관을 씌워 주셨습니다. 당신 손의 작품들을 다스리게 하시고, 만물을 그의 발아래 두셨습니다.(시편 8,5-7)

인간이 존엄한 이유는 '하느님의 모습'대로 창조되었고, '하느님의 숨결'로 생명을 부여 받았으며, 예수 그리스도께서 인간이 되시어 인간의 품위를 한층 올려 주셨기 때문이다. 또한 우주의 광대함과 비교해 볼 때 아주 하찮은 존재임에도 인간이 위대한 것은 모든 피조물 가운데 인간만이 이성과 자의식과 양심이 있고, 하느님과 통교할 수 있는 인격체이며, 하느님의 창조사업에 동참할 수 있는 존재이기 때문이다. 이처럼 인간의 생명은 전적으로 하느님께서 주신 선물이므로, 인간에게는 생명을 존중하고 소중하게 이어 가야 할 사명이 있다. 따라서 인간의 생명을 해치는 것은 하느님의 인간 창조 목적에 어긋나는 일이며, 생명의 근원이신 하느님의 뜻을 거스르는 일이다. 우리는 자기 자신이나 다른 사람의 생명을 해치거나 손상시킬 아무런 권한이 없으며, 오히려 자신과 타인의 생명을 최우선적으로 보호해야 할 의무가 있다. 그래서 천주교는 인간이 하느님께 받아 지니게 된 권리[天賦人權] 가운데 가장 존귀한 권리인 생명을 지키고자 많은 노력을 기울이고 있다

생명경시 현상들

우리 민족은 오랫동안 농경 사회를 이루고 대가족 제도를 유지해 오면서 가족간의 긴밀한 유대를 매우 중요하게 생각하였다. 수태된 생명을 언제나 가장 소중하게 보살폈으며, 출산하여 하나도 잃지 않고 키워 냈을 때 이를 하느님께서 내려 주신 큰 복으로 여겼다. 그러나 산업 사회로 발전하고 핵가족화된 오늘날 우리 가정에는 이러한 미덕이 차츰 사라지고 자기중심적 이기주의가 팽배해 있다. 자립과 독립이라는 미명 아래 부모와 자녀의 사이가 멀어지고, 순간적 쾌락에 탐닉하는 경향과 남아 선호 사상이 뿌리 깊게 우리의 가정을 지배하고 있다. 이러한 이유로 우리 사회에서는 무분별하게 낙태 시술을 하는 등 생명을 해치는 끔직한 일들이 너무도 많이 일어나고 있다. 우리나라의 1년 중 낙태통계는 35만 건이나 된다(2005. 9. 12. 방송). 낙태는 뱃속의 아이가 세상의 빛을 보지도 못한 채 부모에 의해 살해되는 끔직한 살인 사건이다. 그런데 태어난 아이도 뱃속의 아이도 똑같은 인간인데도 마치 뱃속을 나온 아이를 죽이면 살인 행위이고 뱃속에 있는 아이는 죽여도 아무렇지 않는 양 보통으로 자행하고 있는 의식일반의 심각한 문제가 있다.

인간의 생명은 임신(수정 · 受精)되는 순간부터 시작된다. 그러므로 태아도 우리와 동등한 위치에서 보호를 받아야 한다. 바라지 않는 성(性), 또는 원하지 않은 임신이라는 이유로 인공유산을 하는 것은 명백한 살인행위이다. 또한 가족계획이라는 명목으로 불임 수술을 하거나 인공적인 피임을 하는 것은 하느님의 생명 창조 질서에 어긋나는 죄스러운 행위이다. 이와 같이 인간의 생명을 경시하고 함부로 해치는 풍조는 성을 한낱 쾌락의 대상이나 상품으로 여기게 하고 결국 인간 존엄성을 상실하게

한다.

교회는 오늘날 인간 생명경시에서 오는 온갖 종류의 행위(살인, 집단 학살, 낙태, 안락사, 자살, 사형제도 등)와 인간 존엄성을 침해하는 행위(인간 이하의 생활조건, 불법감금, 추방, 노예화, 매춘, 부녀자와 연소자의 인신매매)를 단죄한다. 또한 인간으로 대우받지 못하고 단순한 수익의 도구로 취급되는 노동의 악조건과 같이 인간의 기본권을 해치는 모든 행위도 단죄한다. 그 이유는 인간 문명을 손상시키는 행위이며, 창조주에 대한 모욕 행위이기 때문이다.

그리스도인의 가족계획

가족계획(family planning)이란 가정의 행복을 위하여 자녀의 수와 터울(the age gap between siblings)을 조절하는 것을 말한다. 가족계획을 세우는 데 있어서는 모자의 건강이나 부양 능력에 맞추어 자녀의 수와 터울을 결정하는 것은 책임 있는 행동이므로 교회는 자연적인 가족계획을 인정한다. 또한 부부의 성생활은 자녀의 출산만을 목적으로 하지 않고 부부 사랑을 표현하는 행위이기도 하다. 그러나 태아 곧 한 인간의 생명체를 없애는 인공 임신중절이나 하느님께서 인간 육체에 부여하신 자연 질서를 파괴하는 불임 수술은 비윤리적 행위가 아닐 수 없다. 그러므로 그리스도인 부부는 출산 조절을 할 필요가 있다면 여성의 자연 주기를 이용하여 불임기간에만 부부행위를 함으로써 산아를 조절하는 것은 괜찮다고 교회는 가르치고 있다(「가톨릭 교회 교리서」, 2370항). 이러한 자연 피임법은 아내는 물론 남편의 적극적인 금욕의 협조가 필요하다는 것이 특기할 점이다.

최근 생명 공학의 발달로 이른바 '시험관 아기'나 '복제 인간'에 대한 갖가지 연구가 진행되고 있지만, 이제는 인간이 무엇을 해서는 안 되는지에 대한 확고한 윤리지식이 필요한 때이다. 하느님의 창조 질서를 깨뜨리고 생명의 존엄성을 해치면서까지 이루어지는 과학 기술의 발달은 오히려 인간 사회를 불행하게 하고 자멸에 이르게 할 것이다.

자연과 환경

환경(environment)이란 인간을 둘러싸고 있는 주위의 사물이나 상태를 말하는데, 인간의 생존이나 가치 형성에 직접·간접으로 영향을 미치는 외부 조건을 총칭한다. 인간의 생존과 생활상태에 영향을 주는 환경에는 외부환경과 내부환경이 있다. 외부환경은 자연환경이고, 내부환경은 사회환경이다. 그리고 자연환경은 하느님의 창조에 의한 것이고, 사회환경은 인간이 만든 것이다.

자연환경은 기후・산천・부존자원 등과 같은 인간 삶의 물질적 조건을 형성한다. 인간 생명은 자연 환경과 잘 어우러져야 잘 유지해 나갈 수 있다.

사회환경은 인간의 의식이나 행동에 영향을 미치는 사회의 역사적 배경・관습・가치체계・제도・전통・법률・시대조류 등을 말하며, 인간은 이러한 사회환경에 적응하거나 개선해 나가면서 생명을 지키고 발전시켜 나간다.

인간은 건강하고 쾌적한 생활을 영위하기 위하여 필요한 조건을 갖춘 환경을 향유할 권리가 있으며, 환경을 지키고 보존할 의무도 있다. 그런데도 인간은 오랜 세월 동안 자연을 정복의 대상으로 여겼으며, 과학과 산업의 발달은 무분별한 개발과 함께 생태계(生態系, ecosystem = eco(logy)+system)의 파괴를 초래하였다. 자연이 훼손되고 환경이 오염되면 인간의 생명도 위협받게 된다. 왜냐하면 인간 역시 자연의 일부이기 때문이다. 그런데 오늘날 자연 환경의 오염과 파괴는 심각한 우려를 자아내고 있다. 하천과 강은 생활하수와 공장폐수 등에 의한 부(富)영양화로 물고기가 떼죽음을 당하고 있고, 온갖 매연에 의한 산성비와 그리고 농약과 무기질 비료(질소 비료)의 과도한 살포로 황폐화되어 가는 땅, 대기오염, 온실효과에 의한 기상 이변과 남극・북극의 빙하 용해, 프레온(CFC)가스의 과다한 사용으로 인한 오존층의 파괴 등은 환경 파괴의 심각성을 단적으로 보여 주고 있다.

하느님의 창조 질서를 망각한 채 인간의 무절제한 이기적인 성향과 무분별한 자연 훼손이 생명을 위협하는 요소로 다가오게 된 것이다. 따라서 자연환경의 보존은 과학기술의 발전과 더불어 자연사랑이 뒷받침되어야 한다.

또한 기아와 전쟁, 온갖 종류의 폭력과 반 인권적인 사회 제도 역시 생명 문제와 무관할 수 없다. 더욱이 핵무기는 인류의 생존 자체를 위협할 만큼 심각한 위기 상황을 만들고 있다. 사회환경은 인간이 만든 것이므로 그것을 개혁하는 주체적・능동적 행동이 요구된다.

생명을 존중하는 가정

가정은 사회의 모체이며 인간의 기본제도로서 삶의 중심이다. 가정은 또한 인간의 삶 바로 그 자체이며, 가정의 가치는 인간 생명의 전수와 존엄성의 유지에 그 뿌리를 두고 있다. 가정의 기본 임무는 출산을 통해 하느님의 모상을 사람에게서 사람에게로 전달하는 것이다. 또한 자녀를 얻는다는 것은 부부애의 징표이고 결실이다. 가정 안에서 부부는 부부애를 통하여 얻은 자녀를 출산하고 양육함으로써 하느님의 생명 창조의 협조자가 되는 것이다. 따라서 그리스도인 가정은 하느님의 창조활동에 참여하고 있음을 깊이 인식하여 생명을 존중하고 아름다운 자연과 쾌적한 환경을 만들어 가면서 생명의 존엄성을 지키는 데 앞장서야 할 것이다. 그리스도인은 생명의 가치와 삶의 의미를 존중할 줄 알고, 언제나 인간 생명이 존중되는 세상을 이루려고 노력하여야 한다. 생명을 존중한다는 것은 현재 닥친 생명의 위협뿐만 아니라 잠재적인 위험과 악의 요소까지도 찾아내어 극복하는 것을 포함한다. 인간 생명의 존엄성, 사랑의 숭고함이 전제되는 가운데 인간의 성(性)이 다루어질 때 하느님의 창조계획에 일치하는 풍요로움을 거둘 수 있을 것이다. 또한 모든 부모는 가정 안에서 인간 생명의 본질적 가치를 자녀들에게 가르쳐 자녀들이 생명의 봉사자가 되게 하여야 한다. 세상의 성화(聖化)를 바란다면 내 가정부터 성화시켜 나갈 수 있도록 해야 하며, 이를 위해 가정의 구성원 모두는 자신의 기본 임무와 역할에 대해 올바로 이해해야 한다.

나오는 말

하느님의 모상인 인간의 생명은 인간 존재의 기본 전제 조건이다. 모든 인간의 생명은 하느님의 모습대로 창조되었기 때문에 임신[수정·受精]되는 순간부터 죽을 때까지 존귀하다. 하느님께서 우리에게 맡겨 주신 생명을 훼손하지 않고 잘 간수하는 것이 우리의 도리이다. 그러므로 우리는 우리에게 영원한 생명을 주시려고 강생하신 그리스도를 본받아 가정과 세상 안에서 생명을 살리고 보존하는 데 힘써야 한다.

낙태, 안락사, 자살, 살인 등 직접적인 생명 파괴 행위는 물론이며 장기 매매나 인간의 몸을 비윤리적인 목적이나 방법으로 실험하는 모든 행위는 인간 생명의 존엄성과 창조주의 거룩하신 뜻에 크게 어긋나는 것이므로 어떠한 경우에도 단호히 배격해야 한다.

핵심문제

(1) 인간이 존엄한 것은 어떤 까닭에서입니까?

인간이 존엄한 이유는 '하느님의 모습'대로 창조되었고, '하느님의 숨결'로 생명을 부여 받았으며, 예수 그리스도께서 인간이 되시어 인간의 품위를 한층 올려 주셨기 때문입니다.

(2) 생명을 경시하는 행위들은 어떤 것들이 있습니까?

살인, 집단 학살, 낙태, 안락사, 자살, 사형제도 등이 있습니다.

(3) 인간 존엄성을 침해하는 행위들은 어떤 것들이 있습니까?

인간 이하의 생활조건, 불법감금, 추방, 노예화, 매춘, 부녀자와 연소자의 인신매매 등이 있습니다.

(4) 하느님의 생명 창조의 협조자가 되는 것은 무엇입니까?

가정 안에서 부부는 부부애를 통하여 얻은 자녀를 출산하고 양육함으로써 하느님의 생명 창조의 협조자가 되는 것입니다.

알아두기

• 청소년 성교육

청소년들에게 성에 대한 올바른 가치관을 심어 주기 위하여 지켜야 할 원칙

첫째, 자녀 개개인은 유일하고 복제될 수 없는 인간이므로 개별적 교육을 받아야 한다.

둘째, 도덕적 차원은 언제나 부모의 모범적 삶을 통한 가르침의 일부가 되어야 한다.

셋째, 정결 교육과 적절한 시기의 성교육은 객관적인 윤리 원칙과 성에 대한 지식을 제공하는 것으로 그칠 것이 아니라 사랑의 교육이라는 폭넓은 맥락에서 이루어져야 한다.

넷째, 부모들은 자녀들에게 성에 대하여 아주 신중하게 그러나 분명하게, 또 알맞은 시기에, 그리고 전통 문화와 그리스도교 윤리에 어긋나지 않은 방법으로 교육하여야 한다.

(교황청 가정 평의회, 「인간의 성, 그 참 모습과 참 뜻」에서).

• 부영양화(eutrophication)

수중에 플랑크톤(Plankton · 수중에 부유하는 미생물)의 영양분인 질소나 인의 염이 다량으로 함유되는 현상을 부영양화(富營養化)라고 한다. 공장 폐수, 생활 하수, 과다하게 뿌려진 비료에 함유되어 있는 질소나 인이 물에 유입되면 부영양화가 일어난다. 물이 부영양화되면 플랑크톤이 대량 번식하여 집적(集積)함으로서 물이 녹색으로 착색되며, 플랑크톤이 폭발적으로 대량 발생하면 물은 붉게 물든 적조(赤潮, red tide)현상이 나타난다. 적조 현상이 나타나면 어패류(물고기와 조개)의 아가미에 플랑크톤이 달라 붙어 질식사시키기도 하고, 플랑크톤 시체가 분해하면서 수중의 용존 산소가 결핍되어 어패류가 패사하게 된다. 유기물이 부패하므로 심한 악취를 내며, 수돗물에서는 곰팡이 냄새가 난다. 적조 대책으로는 점토를 이용한 강제 침전 등이 있지만, 근본적으로는 영양염류, 유기물 등의 유입을 막는 것이 중요하다.

● 온실효과(greenhouse effect)와 지구온난화

이산화탄소(CO_2)와 같은 온실기체는 태양으로부터 대기권이 적외선 복사열(infrared radiation heat)을 흡수하여 지표의 최적의 기온으로 유지하는 역할을 한다. 그러나 온실기체의 농도가 증가하면 지구의 대기권외(outer space)로 빠져나가는 열 확산을 막아 기온이 상승한다. 이를 온실효과라 한다.

이산화탄소 이외에 지구의 온난화에 기여하는 물질에는 메탄, 아산화질소(N_2O), 오존, CFC(염화불화탄소 · chlorofluorocarbon : 상품명으로는 프레온) 등이 있다. 증가하는 차량과 중공업은 각종 유해 가스와 이산화탄소의 배출을 증가시켰으며, 이산화탄소의 농도는 지난 세기보다 20%이상 증가하였다. 이 증가는 화석연료의 연소가 주원인이다. 화석연료 1g을 태우면 이산화탄소가 대기 속으로 3g 방출된다. 그 일부는 광합성으로 식물에 의해 사용되거나 대양에 의해 흡수되지만, 최소한 반 정도는 남게 된다. 과도한 토지 개발에 의한 산림훼손은 광합성 자원이 줄어듦으로 대기의 이산화탄소의 양을 올리는 요인이 된다. 예방의 행동이 취해지지 않는다면, 증가되는 이산화탄소의 양은 2100년에 가서는 지구의 온도가 3℃ 정도 올라갈 것으로 추정된다. 이 정도의 온도 증가는 대수롭지 않은 것 같지만 해수면의 높이를 43cm나 올리게 된다. 지구의 평균 기온은 약 15℃로서 수 십만년 동안 놀라울 정도로 일정하였다. 그런데 최근 연구에 의하면 지구의 평균 온도는 지난 세기보다 0.5℃가량 상승하였다. 1880년 이후 지구의 평균온도는 계속 올라가고 있고, 지구온난화는 가속되고 있다. 기온이 높아지면 바닷물의 증발량은 많아지고, 극지방 얼음도 빠른 속도로 녹는다.

유엔 산하 IPCC(Intergovernmental Panel on Climate Change : 기후변화 정부간 위원회)는 2007년 2월 2일에 프랑스 파리에서 제4차 평가보고서를 통해 "이미 시작된" 지구온난화로 인해 금세기 후반까지 여름철 북극 얼음이 완전히 사라질 수도 있다고 심각하게 경고했다. 이와 관련하여 유럽연합(EU)은 2012년까지 신차에 대한 이산화탄소의 배출량을 현재의 162g/km 수준에서 130g/km 수준으로 감축하는 법안에 합의하고 동년 2월 7일 발표했다.

지구의 환경오염 문제는 45억 년의 지구 역사 중에서 18세기 산업 혁명 이후 불과 200년도 채 안된 사이에 일어났다는 점에서 문제의 심각성이 있다.

● 생명공학과 생명윤리 문제

생명공학(생물공학 · biotechnology)은 생명 현상을 이용하여 인류가 필요로 하는 물질 또는 생명체를 만들어내는 기술인데, 유전물질의 변화를 유도하는 유전공학(genetic engineering)과 밀접한 관련을 갖고 있다. 유전공학은 유전자(gene)를 인공 조작하여 새로이 유용한 생명체를 제조 및 개조하는 공학기술로, 1970년 이후 하나의 독립된 학문으로 인정받고 있다. 유전자는 DNA로 구성된 유전정보의 단위다. 유전공학기술로 여러 유전적 결함을 고칠 수 있는 가능성도 있게 되었고, DNA①재조합 기술은 의학 진단과 종양학에 지대한 영향을 주었다.

오늘날 생물세포의 구조와 게놈(Genome : 모든 유전정보를 보유한 유전자 전체) 지도가 밝혀졌다. 그래서 많은 사람들은 과학이 고도로 발달하면 언젠가는 원시생물세포의 합성도 가능할 것으로 생각하기도 한다. 하지만 생명체는 동화(同化)와 이화(異化)의 대사(代謝)[②] 기능과 자기와 동일한 개체(個體)의 복제 기능 외에도 성장, 생식, 항상성(恒常性), 자극감수성, 환경에 대한 적응 등 여러 가지 기능과 게놈을 담고 있는 매우 복잡하고 높은 질서의 구조를 가지고 있다. 뿐만 아니라 생명자체를 알 수 없기 때문에 인간이 직접 무생물로부터 생물세포를 합성한다는 것은 불가능하다. 이를테면 총을 분해한 다음에 역순으로 재결합하면 완전한 총이 된다. 그러나 세포는 그 구성 성분들로 완전 분해한 다음에 역순으로 재결합하면 살아 있는 세포로 결코 되지 않는다. 생명 자체는 알 수 없는 신비인 것이다. 수분부족으로 고사된 화초에 원래대로 수분을 보충해 주더라도 한 번 끊어진 생명은 재생이 안 된다. 생명은 하느님에게 속해 있는 것이다.

오늘날 생명공학의 발전에 따라 과학자들은 양, 소, 쥐, 염소, 돼지, 고양이, 토끼, 말, 사슴, 개 등의 동물은 이미 복제를 했고, 인간복제도 어렵지 않은 단계에 이르러 어느 땐가는 누군가에 의해 복제인간이 탄생할 것으로 생각된다. 하지만 복제동물에서 예기치 못한 '무차별적 오류(random errors)'로 유산, 기형, 급사증후군, 비정상적인 비대현상, 기관의 발달장애, 심폐이상, 면역기능 저하 등등 각종 심각한 부작용이 속출하고 있다는 기사가 보도된 바 있다. 만약 복제인간이 태어나고, 인위적인 유전자 조작으로 인한 새 생명체가 태어나 성장한다면 그 과정에서 어떤 엄청난 부작용이나 불행한 일이 생길지 아무도 알 수 없는 일이다.

창세기에 나오는 인류의 타락[아담과 하와의 실락원]이야기, 노아의 홍수 이야기, 그리고 바벨탑 이야기는 인간의 이기주의와 교만과 비윤리성이 재앙을 초래한 사건들인데, 현대판 이기주의와 교만과 비윤리성이 엄청난 재앙을 불러일으킬 것으로 생각된다.

오늘날 과거에 볼 수 없었던 각종 괴질과 천변지이(天變地異)에 의한 대재앙이 지구촌 여기저기에서 발생하고 있는데, 이는 자연법의 도덕률과 자연법칙에 따르지 않는 필연적 결과일 수밖에 없다. 21세기 첫 괴질은 사스(SARS · 중증급성호흡기증후군)인데 이는 원인과 옮기는 경로가 불분명하며, 21세기에 전 세계적으로 유행하는 첫 번째 심각한 전염병이다.

교회와 여러 환경단체는 현실의 심각성을 인식하고 있다. 이에 따라 한국 가톨릭 주교회의 신앙교리위원회는 그 산하기구로 '생명윤리연구회'를 2001년 1월 16일에 공식발족하고, 생명윤리와 관련해 제기된 각종 문제에 대처하면서 교회의 가르침과 실천 방안을 제시해 나가고 있다. 이 생명윤리연구회는 신학자뿐만 아니라 생명과학자, 윤리학자, 의사, 법조인 등 각 전문가로 구성되어 있다.

① **핵산**(nucleic acids) : 핵산(核酸)은 뉴클레오티드(Nucleotide)의 기본 단위체들이 수없이 연결된 고분자 유기화합물인데, 생명체의 유전·생존·번식에 결정적인 역할을 한다.

이 뉴클레오티드는 염기, 인산, 5탄당(pentose)의 각 한 분자씩으로 구성되어 있다. 여기서 염기(base)는 아데닌(Adenine, A), 구아닌(Guanine, G), 시토신(Cytosine, S), 우라실(Uracil, U), 티민(Thymine, T)의 5종류가 있다. 인산은 인이 들어있는 산(H_3PO_4)이다. 5탄당(五炭糖·pentose)은 탄소원자가 5개 있는 당류(糖類·saccharide, 탄수화물)인데 줄여서 당(糖)이라고 한다. 이 당은 리보오스(ribose)와 디옥시리보오스(deoxyribose : 리보오스의 OH기 하나가 환원되어 H로 바뀐 리보오스)로 구별된다.

핵산은 두 당의 어느 것을 포함하는 가에 따라 리보핵산(ribonucleic acid, RNA)과 디옥시리보핵산(deoxyribonucleic acid, DNA)으로 나뉜다. RNA와 DNA의 화학구조상 구성분자의 차이점은 다음의 두 가지에 있다.

리보핵산(Ribonucleic acid, RNA)

당 : 리보오스(ribose)　　　　　염기 : 아데닌(A)·구아닌(G)·시토신(S)·우라실(U)

디옥시리보핵산(Deoxyribonucleic acid, DNA)

당 : 디옥시리보오스(deoxyribose)　　염기 : 아데닌(A)·구아닌(G)·시토신(S)·티민(T)

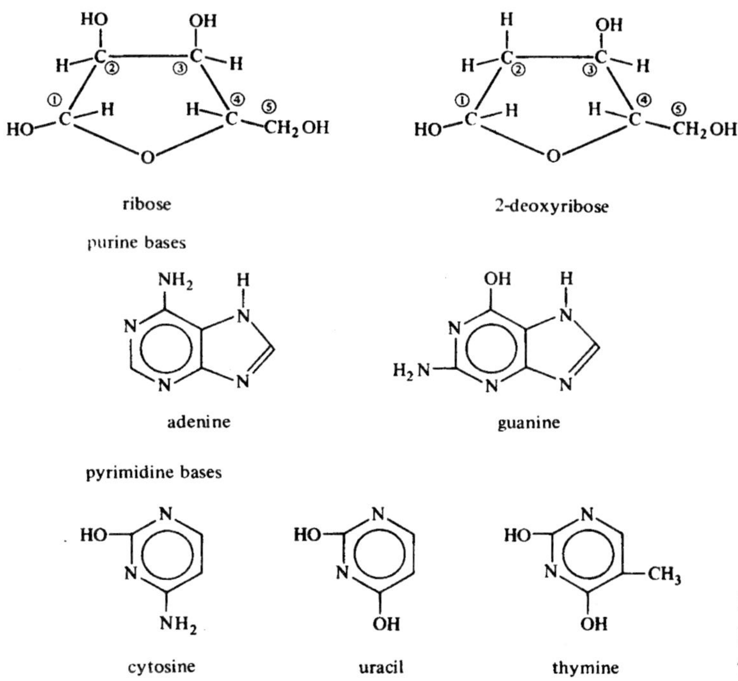

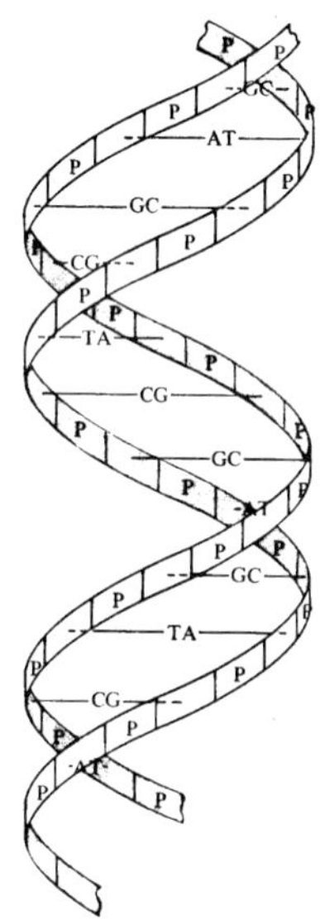

DNA의 이중나선구조
P = 인산, A = 아데닌,
T = 티민, C = 시토신,
G = 구아닌

핵산(RNA와 DNA)을 구성하는 기본성분들

핵산의 기본 성분들의 구조식에서 당은 인산과 염기를 연결시키는 역할을 한다. RNA와 DNA는 이들의 4염기가 여러 순서로 배열된 거대 분자다. DNA는 유전자(gene)의 실제적인 화학물질이며, 두 가닥의 사슬이 꼬여 있는 이중나선구조(위의 우측그림)를 갖는다. 유전자는 세포 안의 염색체(chromosome)에 있는 '유전정보'의 단위인데, DNA의 염기 쌍(A와 T, G와 C)들의 배열 순서가 '유전정보'를 나타낸다. 사람의 세포 안에는 약 3만개의 유전자가 있다. RNA는 이중가닥으로 존재하지 않는다. 각 DNA분자들은 수많은 RNA분자들을 합성하는 역할을 하며, 각 RNA분자들은 그 모체(母體)인 DNA가닥의 염기서열을 간직한다.

② **생명과 대사** : 생물학에서 말하는 생명은 생물세포 상호간의 활동에 의한 생활현상으로부터 추상되는 일반 개념이다. 생명체는 여러 가지 많은 기능이 있는데, 특히 중요한 기능은 물질대사(物質代謝)기능과 자기와 동일한 개체(個體)의 복제기능과 유전기능이다. 이외에도 성장, 생식, 항상성(恒常性), 자극감수성, 환경에 대한 적응 등의 기능이 있다. 물질대사는 생체 내에서의 물질변화 과정이며, 동화(同化)와 이화(異化)의 과정을 총칭하여 물질대사, 또는 약해서 대사(代謝)라고 한다. 구성대사(構成代謝)인 **동화**(同化 · assimilation)는 생체 외부에서 물질을 섭취하여 자체의 구성물질로 변화시키는 물질합성 과정이며, 생체에너지 축적과정이다. 역원대사(力源代謝)인 **이화**(異化 · dissimilation)는 생활에 필요한 에너지를 얻기 위해 복잡한 화합물을 보다 간단한 물질로 분해하는 물질분해 과정이며, 생체에너지 방출과정이다.

• **줄기세포** : 세포(細胞 · cell)는 생물의 몸을 구성하는 최소단위다. 많은 생물은 다수의 세포로 이루어져 있는 다세포생물(多細胞生物)이지만, 어떤 종에서는 그 자체가 하나의 세포로 되어 있기 때문에 단세포생물(單細胞生物)이라 한다. 이를테면 세균, 클로렐라(Chlorella)와 같은 간단한 조류(藻類, algae), 또한 아메바, 짚신벌레와 같은 원생동물(原生動物) 등은 단세포동물이다.

사람은 크기에 따라 60조~100조개 정도의 세포로 이루어져 있으며, 각 세포는 모두 동일한 유전자를 가지고 있다. 그러나 각 조직을 이루는 세포들은 활동하는 유전자가 다르게 존재하기 때문에 뼈세포, 혈액세포, 간세포, 심장세포 등 모양, 기능이 다른 약 210여 가지의 세포로 분화되어 있다.

'줄기세포(stem cell, 일명 간세포 · 幹細胞라고도 함)'란 후생동물(後生動物 : 원생동물을 제외한 다세포동물)에서 모든 신체기관으로 분화할 수 있는 근원세포들을 말한다. 장기나 조직의 말단 세포로 분화할 수 있는 능력 때문에 줄기세포를 이용한 난치병 극복의 가능성이 기대되고 있다.

줄기세포는 배아(胚芽)에서 얻는 **배아줄기세포**와 성숙한 조직과 기관 속에 들어 있는 **성체**(成體)**줄기세포**가 있다.

'배아(胚芽, embryo)'란 생식세포인 정자와 난자가 결합하여 수정(인간의 생명은 수정 순간부터 시작됨)된 후 8주까지의 수정란을 말한다. 수정란은 보통 4~6일 동안 세포분열을 거쳐 100~200여개의 세포로 구성된 '배반포기'(胚盤胞期, blastocyst : 수정란이 분화되어 4~6일 발달한 단계로, 장차 각종 장기로 자랄 내부 세포덩어리)로 발생돼 자궁에 착상(임신)하게 되며, 계속해서 세포분열과 분화과정을 통해 인간(동물) 개체로 태어나게 된다. 그런데 배아는 정자와 난자의 수정으로 생성되지만, 생명공학의 발전으로 체세포(정자와 난자를 제외한 신체의 모든 세포) 핵을 탈핵난자(핵을 제거한 난자)에 이식하여 만들어지기도 한다. 그래서 **배아줄기세포**는 정자와 난자의 **인공 수정된 배아**, 또는 **체세포 핵이식에 의한 배아(체세포 복제배아)**에서 얻을 수 있다.

1996년에 영국에서 세계 최초로 체세포 복제배아를 대리모의 자궁에 착상시켜 '돌리'(면양)가 탄생한 이후 지금까지 소, 쥐, 고양이, 토끼, 돼지, 노새, 말, 사슴, 염소, 개, 늑대 등 많은 동물이 복제되었다. 서울대 수의대 동물복제연구팀은 2005년 10월 세계 최초로 서울대공원에 보유한 멸종 위기종 회색 늑대 암컷의 피부 체세포를 개의 탈핵 난자에 융합(주입)한 수정란을 대리모 개의 자궁에 착상시켜 유전적으로 똑같은 복제늑대를 탄생시켰다. 이의 논문은 동물복제 분야의 전문학술지인 『Cloning and Stem cells』 2007년 3월호에 게재되었다. 우리나라가 동물복제 분야에서는 독보적인 역량을 갖추고 있다.

불과 몇 년 전까지만 해도 난치병 극복을 위한 줄기세포 연구는 배아줄기세포로만 가능한 것으로 인식됐다. 생명공학계에서는 성체줄기세포는 분열이 상당히 진행되어 노화 단계에 들어선 세포이므로 다양한 세포계로 배양하는 데는 한계가 있기 때문에 여전히 배아줄기세포 연구에 더 집착하는 추세다. 그러나 배아줄기세포는 배아에서 채취한 것이기 때문에 이를 추출하기 위해서는 하나의 생명이 될 배아를 파괴해야만 한다. 즉 배아파괴는 '살인행위'인 것이다. 우리 모두는 배아로부터 시작하여 이 세상에 태어났다. 따라서 종교계는 배아를 생명체의 시작으로 보기 때문에 배아줄기세포의 연구를 반대하고 있다.

그런데 어차피 파기될 인간배아라면 연구실험에 사용할 수 있지 않느냐는 의견에 대해서 가톨릭 교회는 강하게 반대한다. 왜냐하면 어차피 조만간 죽을 사형수나 말기환자라 하더라도 치명적 연구실험에 사용할 수 없기 때문이다. 그래서 가톨릭 교회는 배아줄기세포 연구는 존엄한 인간 생명체인 배아를 파괴, 훼손한다는 점에서 생명 윤리적 이유로 반대하고 있으며, 따라서 유아 출생시 태반의 혈액이나 신생아의 탯줄, 그리고 성인의 몸 조직에서 취한 성체줄기세포, 또는 동물의 줄기세포 등에 대한 방안을 제시하고 있다.

이에 따라 최근에는 성체줄기세포도 배아줄기세포에 못지 않게 분화능력이 있으며 성체줄기세포가 갖는 유리한 점이 있다는 연구 결과들이 발표되고 있다. 그 실 예로 최근에 환자자신의 골수줄기세포를 뇌세포가 죽은 부위에 이식해 뇌경색 환자의 언어장애 및 마비 등

증상이 상당히 호전되는 치료효과를 얻었다는 발표가 있었다. 또 20년 이상 하반신 마비였던 여성이 탯줄혈액 줄기세포를 이용해 척추가 재생되는 효과를 거두었다는 사실도 언론에 보도되었다. 이는 성체줄기세포를 이용한 난치병 치료성과의 일부다.

성체줄기세포는 사람의 골수·피부·간장·뇌 등 자체 재생능력이 있는 장기조직에서 얻을 수 있으며 탯줄혈액에서도 가능하다. 성체줄기세포는 배아줄기세포처럼 광범한 분화능력이 부족해 다양한 조직으로 분화하기 어렵다는 한계가 있는 것으로 알려졌지만, 1998년 조혈모세포가 근육세포로 변화될 수 있다는 연구 결과가 의과학 전문지 「사이언스」지에 발표됐고, 이어 2000년에는 조혈모세포가 간장세포로 분화한다는 사실도 「네이처 매디슨」지에 발표됐다. 단순히 골수이식에만 활용되던 조혈모세포가 배아줄기세포처럼 다양한 분화능력을 갖고 있다는 사실이 입증되기 시작한 것이다. 아직 질병치료에 직접 적용된 적이 없는 배아줄기세포와 달리 성체줄기세포는 백혈병을 비롯하여 악성 종양치료 후 골수재생, 재생불량성 빈혈, 류마티스관절염 등 자가면역질환, 면역결핍질환 등 난치병 치료에 적용되고 있다. 또 당뇨병·퇴행성 근육질환·연골질환·간질환·신장질환·골다공증·알츠하이머병 등 질병에 대한 성체줄기세포 치료도 시험단계에 있다.

체세포복재 배아줄기세포를 얻는 방법은 다음과 같다.

생식세포(정자와 난자) 대신 성인의 몸에서 체세포를 떼어 내어 핵을 추출하고, 이 체세포 핵을 탈핵난자에 이식(융합·복제)하여 4~6일 배양하면 내부 한 쪽에 세포덩어리가 형성되는 배반포기배아에 이르며, 이 배아에서 세포덩어리를 떼어 내어 배양한 것이 체세포복제 배아줄기세포다. 이 세포덩어리가 줄기세포인지 아닌지를 확인하기 위해 테라토마(Teratoma)[#1] 검증을 행한다. 체세포 핵이식에 의한 배반포기배아를 **체세포복제** 혹은 **인간배아복제**라 일컫는다. 여기에서 나온 배아줄기세포는 체세포를 제공한 사람의 유전정보(DNA 지문[#2])와 동일하기 때문에 복제란 표현을 쓴 것이다. 그런데 체세포복제를 할 때 인간의 난자를 구하는 것은 현실적으로 쉬운 일이 아니므로 인간의 난자 대신 동물난자에 핵을 이식하는 것을 이종간 핵이식이라고 말한다. 여성의 난자는 한 달에 한쪽 난소에서 한 개씩 배란되므로 인위적으로 난자를 얻으려면 배란촉진 호르몬제를 투여해 과(過)배란을 유도해야 한다. 과배란 유도를 시행하면 한 번에 20~30여개의 난자를 얻을 수 있다. 여성 한 명이 일평생 내놓을

#1 **테라토마**(Teratoma) : 면역력을 없앤 쥐에 줄기세포를 주사하면 양성 종양이 생긴다. 줄기세포는 체내에서 분화하는 능력이 있기 때문이다. 이 종양 덩어리를 '테라토마'라고 한다. 테라토마가 생겨야 완전한 줄기세포임이 확인된 것이다.

#2 **DNA 지문** : 사람은 누구나 자신만의 고유한 유전자(DNA)를 갖고 있다. 세포에서 DNA를 추출하여 그 유전정보를 파형(波形)으로 나타낼 수 있다. 이를 'DNA 지문'이라고 한다. 유전정보는 사람마다 다르기 때문에 파형도 사람마다 다르다. 하지만 맞춤형 줄기세포에 사용된 체세포와 복제 배아줄기세포는 같은 유전자를 갖기 때문에 DNA 지문도 동일하다.

수 있는 난자는 400여개에 불과하다. 과배란 유도와 난자 채취과정에서 여성의 몸은 온전할 수 없다. 전문의들은 난소 과배란 증후군, 난소암, 우울증, 골반염, 출혈이나 감염, 불임 등 각종 심각한 부작용이 유발되고 심한 경우 사망에 이를 수 있다고 경고한다. 우주에 질서가 있듯이 인간의 몸에도 질서가 있으며, 질서의 파괴는 재앙을 초래하기 마련이다. 여성의 몸은 인간의 난자 채집의 도구인가, 또한 인간의 난자를 상업적 생산품으로 보는가라는 비윤리성 문제도 제기되고 있다.

우리 몸의 세포나 조직은 각각 자기만의 조직적합성 항원이 있다. 그래서 몸의 조직에 맞지 않는 다른 사람의 세포가 들어오면 치열한 면역거부반응이 일어나서 세포를 죽이게 된다. 따라서 환자 자신의 체세포 핵을 탈핵난자에 이식한 복제배아를 환자 맞춤형 배아라고 하는데, 이의 맞춤형 배아줄기세포는 면역거부반응을 해소할 수 있다.

성체줄기세포의 경우에는 자기 자신의 세포나 부모, 형제 또는 조직형이 맞는 사람이 기증을 하면 이러한 문제는 상당수 해결된다.

맞춤형 줄기세포를 환자의 질환 부위에 이식하면 건강한 세포가 자라나 난치병을 치료할 수 있을 것으로 기대하고 있다. 그렇지만 인간 배아줄기세포에 관한 연구는 난자 채취와 인간 생명인 인간 배아의 파괴에 대한 비윤리성 문제가 있고, 또한 배아줄기세포를 환자에 적용하고 실용화하기에는 많은 난제와 난관이 있다. 배아줄기세포를 환자의 손상 부위에 딱 들어맞는 한 종류만으로 분화시킬 수 있는 기술은 아직 초기 단계다. 예컨대 피부세포를 원하는데 뼈나 근육으로 자랄 수 있다는 것이다. 다양한 실험을 통해 이런 문제들을 해결해야 하는 것이 향후 과제다.

우리나라 모 대학 교수 연구팀은 인간 체세포복재 배아줄기세포의 배양에 관련된 논문을 2004년과 2005년의 「사이언스」지에 게재하였다. 이로 인하여 그 교수는 일약 전 세계의 주목을 받아 한국 최고 과학자로 부상되었고, 정부로부터는 수백억대의 연구비를 받았으며, 난치병 환자들은 치료 가능성의 희망에 부풀기도 했다. 그런데 논문의 진위논란으로 난치병 환자들의 희망과 실망이 엇갈린 체, 국민을 혼란스럽게 하였다. 그래서 대학조사위원회가 구성되어 논문의 진위를 한달 여 동안 조사하였으며, 그 조사위는 논문이 조작된 것이라고 발표하였다. 좀더 구체적으로 말하면 체세포복재 배아줄기세포를 만드는 과정은 3단계(① 체세포 핵이식 → ② 배반포 형성 → ③ 줄기세포 배양)로 이루어져있는데, 핵이식과 배반포 형성의 2단계까지는 실현하였으나 3단계인 줄기세포의 확립은 없었다는 것이었다. 즉 체세포 줄기세포 배양의 실체가 없는 가공(架空)이었다는 사실을 밝혔다. 논문조작 파문은 국내외에 엄청난 충격을 주었으며, 「사이언스」지는 게재한 두 논문을 직권 취소하였다.

우리 가톨릭 교회는 인간 배아를 연구나 실험용으로 활용하는 행위는

인간을 위해 인간을 수단으로 삼고,

인간 존엄성을 모욕하고,

인간 생명을 파괴하는 비도덕적 행위로 규정하고 있다.

따라서 가톨릭 교회는 성체줄기세포는 실용화하기 위한 많은 장점을 가지고 있고. 실제로도 많은 난치병 환자를 치료하기 위한 임상시험은 거의 성체줄기세포에서 이루어지고 있으므로 생명이 될 배아의 파괴로 얻은 배아줄기세포의 연구를 반대하고, 윤리적 논란이 없는 성체줄기세포연구를 권장하고 있다.

"엄마, 오늘 내 심장이 뛰기 시작했어요!"

"인간배아를 복제한다는 것은 인간의 생명을 인위적으로 조작하여 생산해 낸다는 의미로서, 이는 인간의 생명을 창조주 하느님의 거룩한 창작품(창세 1,26-28; 2, 7 참조)으로 믿는 우리의 신앙에 대립합니다. 비록 복제된 배아라 할지라도 이는 분명 인간 생명이며, 따라서 인간배아에 대한 실험이나 조작은 인간의 존엄성을 거스르는 행위입니다"

- 배아줄기세포 연구에 대한 가톨릭 교회의 입장(2005년 6월 4일)중에서 -

- 한국 천주교 주교회의 교리주교위원회 / 한국 천주교 주교회의 사회주교위원회 -

제 24 장 그리스도인의 가정생활

들어가는 말

가정은 부모와 자녀들이 사랑으로 깊이 맺어진 생명의 공동체다. 사람은 누구나 행복한 가정생활을 바란다. 가정을 떠나서는 안정될 수 없고, 가족간의 화목을 이루지 못하고서는 진정한 행복도 누릴 수 없다. 고사(古事)에 가화만사성(家和萬事成)이라는 말이 있는데, 이는 가정이 화목하면 모든 일이 잘 이루어진다는 뜻이다. 가정이 화목할 때 남편과 아내는 집 걱정을 하지 않고 행복한 마음으로 자기 일에 열중하고 아이들을 잘 돌볼 수 있으며, 아이들은 정서적으로 안정하여 꾸밈이 없이 활달하게 잘 자란다. 우리는 물질적으로는 풍요롭지만 불화를 안고 살아가는 가정도 보고, 비록 어려운 형편이지만 늘 웃음꽃을 피우는 가정도 본다. 가족 사이에 인격적 친교와 사랑을 발견할 수 없다면 아무리 부모와 자녀가 함께 사는 공동체라고 하더라도 '가정'이라는 말을 붙이기 어려울 것이다. 이와 같이 가정을 꾸려 나가는 데에도 차원 높은 가치관과 올바른 자세가 필요하다.

사도 바오로는 에페소인들에게 보낸 편지에서 남편과 아내의 관계를 예수 그리스도와 교회의 관계에 비유해서 설명한다. 즉 아내는 주님께 순종하듯이 자기 남편에게 순종하고, 남편은 그리스도께서 교회를 사랑하셔서 당신의 몸을 바치신 것처럼 자기 아내를 헌신적으로 사랑하라고 가르친다. 그리고 자녀는 부모를 공경해야 하고 부모도 자녀를 존중해야 한다고 말하고 있다.

그런데 오늘날 우리는 이혼과 낙태, 가정 폭력과 청소년 가출 같은 가정 문제와 관련된 우울한 소식을 끊임없이 듣고 있다. 또한 하느님께서 세우신 혼인제도 자체도 위협을 받고 있다. 한 남자와 한 여자가 사랑으로 결합하여 자녀 출산과 양육을 담당

함으로써 창조주의 뜻을 이어가도록 하신 법도를 거슬러, 동성(同性) 결합도 혼인 관계로 인정하여 달라는 요구가 서양 여러 나라에서 증가하고 있고, 이는 곧 우리나라에도 영향을 미칠 것으로 생각된다. 그러나 동성결합에 혼인 지위를 부여하고, 동성결합자에게 입양아이 양육을 허용하는 것은 혼인의 가장 뛰어난 선물인 자녀의 출산에 대한 하느님의 뜻에 어긋나고, 남자와 여자인 부모 아래서 양육 받을 아이들의 권리를 박탈하는 것이다.

에페 5, 22-6, 4

아내는 주님께 순종하듯이 남편에게 순종해야 합니다. 남편은 아내의 머리입니다. 이는 그리스도께서 교회의 머리이시고 그 몸의 구원자이신 것과 같습니다. 교회가 그리스도께 순종하듯이, 아내도 모든 일에서 남편에게 순종해야 합니다. 남편 여러분, 그리스도께서 교회를 사랑하시고 교회를 위하여 당신 자신을 바치신 것처럼, 아내를 사랑하십시오. 그리스도께서 그렇게 하신 것은 교회를 말씀과 더불어 물로 씻어 깨끗하게 하셔서 거룩하게 하시려는 것이었습니다.…… 여러분도 저마다 자기 아내를 자기 자신처럼 사랑하고, 아내도 남편을 존경해야 합니다. 자녀 여러분, 주님 안에서 부모에게 순종하십시오. 그것이 옳은 일입니다. '아버지와 어머니를 공경하여라.' 이는 약속이 딸린 첫 계명입니다. '네가 잘되고 땅에서 오래 살 것이다.' 하신 약속입니다.…… 아버지 여러분, 자녀들을 성나게 하지 말고 주님의 훈련과 훈계로 기르십시오.

예화(세상에서 가장 아름다운 그림)

멋진 작품을 그리고 싶어 하는 화가가 있었다. 어느 날 그는 막 결혼을 앞둔 예비신부에게 세상에서 가장 아름다운 것이 무엇이냐고 물었다. 그러자 신부는 수줍어하며 대답했다. "사랑이지요, 사랑은 가난을 부유하게, 적은 것을 많게, 눈물도 달콤하게 만들지요, 사랑 없이는 아름다움도 없어요." 화가는 고개를 끄덕였다. 이번엔 성직자에게 똑같은 질문을 던졌는데, 성직자는 "믿음이지요. 하느님을 믿는 간절한 마음이야말로 세상에서 가장 아름답습니다."라고 말했다. 그는 성직자의 말에도 수긍했다. 그러나 그보다 더 아름다운 무엇이 있을 것만 같았다. 때마침 지나가는 한 지친 병사에게 물었더니 병사는 "무엇보다 평화가 가장 아름답고, 전쟁이 가장 추하지요"라고 답했다. 순간 화가는 사랑과 믿음과 평화를 한 데 모으면 멋진 작품이 될 것 같았다. 그 방법을 생각하며 집으로 돌아온 그는 아이들의 눈 속에서 믿음을 발견했다. 또 아내의 눈에서는 사랑을 보았으며 사랑과 믿음으로 세워진 가정에 평화가 있음을 깨달았다. 얼마 뒤 화가는 세상에서 가장 멋진 작품을 완성했다. 그것은 다름 아닌 '가정'이었다. 사실 가정은 사랑과 믿음과 평화의 보금자리다.

<현대세계의 교회에 관한 사목헌장>의 가르침에 따른 「공동체 나눔자료」 2003년 1호

성경이 가르치는 가정

"하느님께서는 당신의 모습대로 사람을 창조하셨다. 하느님의 모습으로 사람을 창조하시되 남자와 여자로 그들을 창조하셨다."(창세 1, 27). "남자는 아버지와 어머니를 떠나 아내와 결합하여, 둘이 한 몸이 된다."(창세 2, 24). 우리는 창조된 남자와 여자가 한 몸을 이루며 살아가야 하는 상호 보완의 관계에 있다는 점에 주목한다. 하느님께서는 사람이 홀로 있는 것이 부족해 보였기에 아담의 갈빗대로 여자를 만드셨다는 내용으로 부부가 한 몸을 이룬다고 가르친다(창세 2,18-22 참조). 한 몸을 이룬 남자와 여자가 공범이 되어 하느님을 거역하고는 그 잘못을 서로에게 떠넘기려고 하는 모습 속에서 부부의 진정한 의미가 깨어지기 시작하였고, 한 몸이라는 사실도 망각되었음을 볼 수 있다.(한국 천주교 주교회의, 가정 교서 7항)

가정의 목적

부부는 혼인 당사자의 합의로 이루어진다. 혼인과 가정은 부부의 선익과 자녀의 출산 그리고 그 교육을 목적으로 한다. 부부의 사랑과 자녀 출산은 그 가정의 구성원들이 서로 인격적 관계를 형성하고 일차적인 책임을 지게 한다.(「가톨릭 교회 교리서」, 2201항) 우리는 가정 안에서 자녀를 낳고 교육하며 가족 구성원 간에 서로 사랑을 한다. 가정은 일반적으로 사랑의 공동체, 교육의 공동체, 경제적 공동체라고 할 수 있는데, 여기서 특히 중요한 기능은 바로 사랑의 공동체다. 가정은 가족들에게 가장 중요한 정신적이며 육체적인 안식처를 마련해 준다. 사랑과 신뢰와 존경에 기초를 둔 매일의 생활 안에서 각자의 생각과 확신, 가치와 태도, 기쁨과 슬픔, 성공과 고난을 서로 나눌 수 있는 보금자리다.

가정의 목적은 서로 사랑하는 남녀가 한 몸을 이루고, 그 부부사랑의 결실로 얻은 자녀를 참 인간으로 기르며, 일치와 나눔으로써 인간의 완성을 추구하는 것이다. 따라서 가정은 사랑과 평화, 정의와 질서가 실천되는 장소다. 특히 하느님의 자녀로 다시 태어난 그리스도인의 가정은 사랑의 근원이신 하느님이 그 중심이 되신다. 또한 가정의 성화, 가정의 참된 완성을 향한 출발은 당연히 돈이나 명예 등이 아니라 사랑의 근원이신 하느님께 두어야 하는 것이다. 가정은 특히 자녀들에게는 하느님의 부르심을 듣게 되는 일차적 장소다.

부부사랑의 특성

부부의 사랑과 화합은 화목한 가정을 이루는 기초다. 남편과 아내의 결합은 상호 사랑의 가장 긴밀한 협력을 요구한다. 혼인의 유대는 육체와 영혼의 모든 필요성과 슬픔과 기쁨 속에서 가장 이해 있는 결속을 의미한다. 남편과 아내의 친밀한 결합은 특히 부부 사랑에서 표현된다. 그런데 사랑으로 결합한 부부라 할지라도 반복되는 일상사, 자녀 문제, 사업이나 직장 문제, 부모나 친척과의 관계 등 현실적인 삶의 문제에 부딪치면서 때때로 서로 상대방에게 실망과 불만을 느끼게 된다. 그러나 참된 부부 사랑은 자기를 기준으로 생각하는 것이 아니라 배우자를 기준으로 생각하는 것이며, 자기 희생적인 사랑에서 진정한 부부애의 기쁨이 우러나온다. 부부가 존경과 신뢰를 바탕으로 서로 차이를 이해하고 받아 들이며, 격의 없는 대화로 서로 보완하고 채워 준다면 일치와 화합을 이룰 수 있을 것이다.

부부 사랑의 특징을 네 가지로 요약할 수 있다.

첫째, 전체적인 사랑이다. 즉 자신의 일부분만이 아니라 자신의 몸과 마음, 모든 것을 배우자에게 내어 주는 것이다.

둘째, 유일한 사랑이다. 배우자 외에 다른 이성과의 사랑은 있을 수 없다. 배우자만이 나의 사랑이고 나만이 또한 배우자의 사랑이 되는 것이다.

셋째, 불가분의 사랑이다. 부부의 사랑은 죽음 외에 그 어떤 것도 갈라 놓을 수 없다. 그 이유는 부부는 "더 이상 둘이 아니라 한 몸으로"(마태 19, 6) 하느님께서 맺어 주셨기 때문이다.

넷째, 출산하는 사랑이다. 부부사랑은 둘만의 사랑이 아니라 하느님께서 주시는 열매인 자녀들을 낳고 그들을 하느님의 뜻에 따라 올바르게 교육하는 자녀 사랑을 포함한다.

부부는 부부관계에 대한 서로의 권리와 의무를 갖는다. 그러나 상대방에 대한 존경심을 갖고 성생활을 하여야 할 의무가 있다. 이는 부부 정결의 법칙이며, 부부 상호간의 밀접한 종속은 서로간의 절대적인 성실성을 요구한다(에페 5, 22-33 참조).

자녀 출산과 교육

혼인과 부부 사랑은 그 본질상 자녀의 출산과 교육을 지향한다. 자녀들은 참으로 혼인의 가장 뛰어난 선물이며, 부모의 행복에 크게 이바지한다. '아담이 혼자 있는 것이 좋지 않다.'(창세 2, 18) 하시고 '처음부터 사람을 남자와 여자로 만드신'(마태 19,

4) 하느님께서 친히 당신의 창조 활동에 인간을 특별히 참여시키고자 바라시어, 남자와 여자에게 복을 내려 주시며 말씀하셨다.: "자식을 낳고 번성하여라."(창세 1, 28). 그러므로 진정한 부부 사랑의 실천은 창조주와 구세주의 사랑에 굳센 마음으로 협력하는 자세를 견지해야 한다.(사목헌장 50항 참조).

또한 부모는 생명을 전달한 자녀들을 보살펴야 한다. 무엇보다도 자녀교육은 부모의 책임이다. 어린이는 정신적, 신체적 발육을 위해 부모를 필요로 한다. 따라서 부모에게는 자녀들이 성년이 될 때까지 교육에 대해서 보증할 책임이 있으며, 일반교육뿐만 아니라 종교교육에 대한 책임도 주어진다. 이처럼 부부는 출산에만 국한한 것이 아니라 자녀들의 윤리교육과 영적 양육에도 책임이 있다. 가정에서 자녀교육의 중심이 되는 것은 부모의 사랑이다. 자녀는 부모의 사랑을 받고 자라며 체험하고 배운다. 부모는 사랑에 대한 일차적 교사이며, 자녀는 부모의 사랑으로 올바르게 성장한다. 그리고 성장해 가는 자녀에게 가장 커다란 영향을 주는 것은 부모의 가치관, 습관과 태도, 생활방식이기에 부모는 자녀에게 생활의 모든 면에서 모범을 보여 주어야 한다. 자녀의 생활방식은 부모 생활방식의 복사판이기도 하다. 자녀들에게 좋은 표양(表樣)을 보이는 것 또한 부모의 중대한 책임이다. 부모는 자녀를 한 인격체로 존중해 주고 개성을 살려 나가도록 돌보아야 한다. 부모가 원하는 행동이나 진로를 자녀에게 강요하기보다 자녀의 솔직한 생각을 듣고 이해하면서 바른 길을 제시하여 주는 자세가 필요하다.

자녀의 인생에서 학업이나 취업만이 중요한 것은 아니다. 인생의 목적, 진실한 생활, 진리에 대한 감각과 추구, 자신의 잘못에 대한 반성, 이웃과 사회에 대한 봉사 등은 신앙생활을 통하여 더욱 훌륭하게 배울 수 있다. 그러므로 자녀의 신앙교육을 결코 소홀히 해서는 안 된다. 부모는 자녀들에게 신앙을 전해 주고, 그 신앙에 따라 살도록 가르침으로써 신앙을 가르치는 첫 스승이 된다. 부모와 자녀가 함께 미사에 참여함은 물론 자녀의 교리교육과 성사 생활에도 적극적인 관심을 기울여야 한다.

부모에 대한 자녀의 도리

자녀들은 자기를 낳고 길러 주신 부모에 대한 사랑과 존경과 감사하는 마음으로 효성을 다 해야 한다. 그리고 자녀들은 부모에게 순명해야 한다.

제22장의 '제4계명'에서 알아보았듯이 부모 공경은 어느 민족, 어느 종교에서도 중히 여긴다. 인간은 마음에 새겨져 있는 자연법의 도덕률에 따라 자기에게 생명을 주

시고 길러 주신 부모를 하느님의 대리자로 생각하고, 생명의 원천인 부모를 진심으로 공경하고 효도하면(십계명의 넷째 계명①: 집회 3,1-16) 하느님이 섭리하신 자연의 진리와 순리로 세상의 모든 일이 순조롭게 잘 풀려(신명 5, 16) 복을 받지만(에페 6,2-3), 부모를 업신여기고 불효하면 세상의 모든 일이 꼬여서 벌을 받는다(신명 27, 16; 탈출 21, 17)는 것은 명약관화(明若觀火)한 일이다.

---

① 하느님이 구약시대에 시나이(Sinai) 산에서 모세를 통하여 주신 십계명(탈출 20,1-17)의 처음 세 계명은 하느님께 대한 계명이고, 바로 그 다음의 넷째 계명은 부모에게 효도하라는 계명이다.(탈출 20, 12; 에페 6,2-3; 신명 5, 16; 27, 16; 탈출 21, 17)

탈출 20, 12 : 아버지와 어머니를 공경하여라. 그러면 너는 주 너의 하느님이 주는 땅에서 오래 살 것이다.

에페 6,2-3 : '아버지와 어머니를 공경하여라.' 이는 약속이 딸린 첫 계명입니다. '네가 잘되고 땅에서 오래 살 것이다.' 하신 약속입니다.

신명 5, 16 : 아버지와 어머니를 공경하여라. 그러면 너는 주 너의 하느님이 너에게 주는 땅에서 오래 살고 잘될 것이다.

신명 27, 16 : '자기 아버지나 어머니를 업신여기는 자는 저주를 받는다.' 하면, 온 백성은 '아멘'하고 말해야 한다.

탈출 21, 17 : 자기 아버지나 어머니를 욕하는 자는 사형을 받아야 한다.

위의 성경 말씀에서 알 수 있듯이 십계명 중에서 제4계명은 유일하게 대가가 붙어 있는 계명이다. 효도는 하느님에 의한 자연법이며, 인도(人道・인간의 도리)에 따른 인륜(人倫)이라기보다는 천도(天道・천지자연의 도리)에 따른 천륜(天倫)이다. 그래서 천륜을 어기면 자연법에 따라 벌을 받는다는 것은 뻔한 일이다. 천륜은 인륜보다 상위이고 우선해야 하므로 효도는 선을 행하는 근본이고 모든 선의 으뜸이다. 눈에 보이는 부모를 공경하지 않으면서 눈에 보이지 않은 하느님을 흠숭한다는 것은 자가당착(自家撞着)이다. 자녀들의 부모 공경은 가정생활 전체를 화목하게 하며, 이는 형제자매들 간의 관계에도 관련이 있다. 부모에 대한 효도는 가정 전체의 분위기를 밝고 따뜻하게 해 준다.

특히 부모의 노후를 정성껏 보살펴 드려야 한다. 또한 부모와 조상들의 기일을 기억하여 기도를 드리고, 필요하다면 제사도 바쳐야 할 것이다. 이미 한국 교회는 제사를 조상에 대한 효도의 행위로 보고 허용하고 있다. 이 제사를 통하여 형제 자매간의 우애를 두텁게 하고 가정의 평화와 행복을 이을 수 있다.

가정과 사회

가정은 사회의 근원적 세포이며, 자녀를 낳아 올바른 가치관을 갖도록 교육함으로써 계속적으로 사회를 육성하기 때문에 사회와 밀접한 관계를 맺고 있다. 사회인은 가정을 통해서 출생할 뿐 아니라, 가정 안에서 사회 자체의 존재와 발전의 활성원리가 되므로 가정은 사회적 미덕의 첫 번째 학교이다. 인간은 인격형성의 대부분을 가정에서 배우고 체득한다. 따라서 가정은 사회의 발전을 위한 교육의 출발점이고, 인간 공동체의 기초로서 세상의 성화를 위한 바탕임을 알 수 있다. 가정이 올바르게 서 있을 때 올바른 사회를 기대할 수 있다. 가정 안에서 이루어지는 무조건적인 사랑의 나눔은 사회로 확대되어 서로 진심으로 받아들이고, 봉사와 나눔을 실천하는 데 본보기와 자극이 된다. 또한 가족간의 인격적 일치는 사회 안에서도 지역간 계층간의 장벽을 헐고 화해와 일치를 이룰 수 있는 바탕이 된다. 모든 그리스도인 가정은 사회의 공동선을 위하여 앞장서며, 모든 법과 정책이 언제나 인간의 생명과 가정의 행복을 위한 것이 되도록 힘씀으로써 사회 발전에 이바지하여야 한다.

그리스도인 가정은 작은 교회

그리스도인 가정은 그리스도께 대한 믿음과 희망과 사랑의 공동체이며, 그리스도와 교회의 사명에 참여하는 가장 기초적인 신앙 공동체이기 때문에 '가정 교회'라고 한다. 그리스도인 가정은 그리스도와 교회의 가르침을 사랑으로 실천함으로써 그 활동을 세상에 드러내야 하며, 이웃에게 복음을 전하고 기도하는 가정을 이루어야 한다. 이러한 가정이 되려면 먼저 부부간의 사랑이 기반이 되어야 한다. 부부와 자녀가 하나가 될 때 하느님의 사랑을 반영할 수 있으며, 참다운 그리스도인의 가정이 되는 것이다. 가정 교회는 성 요셉과 성모 마리아와 예수님께서 이루신 성가정을 본받아 하느님의 뜻에 일치하여 사람들에게 봉사하고 세상에 그리스도의 정신을 드러내고 증언해야 한다. 또한 그리스도인 가정은 자녀 각자가 하느님께 받은 소명에 따라 자신의 진로와 역할을 충분히 수행할 수 있도록 가르쳐 장차 사제나 수도자가 될 후보자들을 양성하는 못자리 역할도 담당하여야 한다.

나오는 말

인간은 누구나 가정 안에서 태어난다. 그리고 가정의 행복은 인간 삶의 바탕이 된다. 행복한 가정은 인간의 염원이자 하느님 은총의 결과다. 남편과 아내의 일치된 사랑이 부부 사랑의 결실로서 자녀를 출산하게 되고, 그럼으로써 하느님의 창조사업에 협력하게 된다. 뿐만 아니라 사랑을 바탕으로 한 가정은 사회발전에 기여하고, 훌륭한 자녀교육을 통해 교회와 사회를 위해 충실하게 봉사할 일꾼을 양성하는 곳이 된다. 가정의 두 기둥인 남편과 아내는 이러한 고귀한 사명을 생각하고 자녀에 대한 사랑과 사회와 교회의 발전을 지향하면서 슬기롭게 살아야 하겠다. 자녀 또한 사랑으로 키워 주신 부모님의 은혜에 감사하고 효도함으로써 가정은 세상 안에서 하느님의 축복을 받은 작은 교회로써 그 역할을 다할 것이다.

한국 천주교는 주교회의 결정에 따라 2001년부터 예수성탄대축일 바로 다음 주일인 '예수, 마리아, 요셉의 성가정 축일'부터 한 주간을 '가정 성화 주간'으로 지내고 있다. 그리스도인의 가정이 추구해야 하는 최고 목표는 성가정(聖家庭)이다. 그런데 오늘날 우리 사회는 여러 가지 이유로, 즉 극심한 경기침체에 따른 실업과 취업난, 이혼율 증가, 출산기피와 낙태, 혼인제도 경시, 성 개방 풍조에 의한 독신 선호와 혼전 동거, 자기 중심적 삶의 지향 등등으로 말미암아 많은 가정이 해체되고 붕괴의 위기에 놓여 있다. 그래서 한국 천주교 주교회의는 2004년 11월 28일(대림 제1주일)에 가정의 문제가 매우 심각하며 가정 문제의 해결 없이는 한국의 미래도 없다는 인식 아래, "가정, 사랑과 생명의 터전"이라는 가정을 위한 교서를 발표하였다. 주교회의는 이 교서를 통하여 한국의 가정 현실을 교회의 가르침으로 조명하고 드러난 문제점들의 해결 방안을 제시하려고 하였다. 이러한 노력은 천주교 신자들만이 아니라 온 국민이 함께 참여할 때에 더욱 큰 열매를 걷을 수 있을 것이라고 하였다. 우리 모두는 행복하고 아름다운 가정, 그리고 건전한 사회를 이룩하기 위해 이 교서를 필독하고 마음에 새겨 실천해야 할 것이다.

핵심문제

(1) 가정이란 무엇입니까?

가정은 부모와 자녀들이 사랑으로 깊이 맺어진 사랑과 생명의 공동체이며, 사회의 가장 작은 집단으로써 사회의 근원적 세포라고 말할 수 있습니다.

(2) 가정의 목적은 무엇입니까?

가정의 목적은 서로 사랑하는 남녀가 한 몸을 이루고, 그 부부사랑의 결실로 얻은 자녀를 참 인간으로 기르며, 일치와 나눔으로써 인간의 완성을 추구하는 것입니다.

(3) 그리스도인 가정을 '가정 교회'라고 말하는 이유는 무엇입니까?

그리스도인 가정은 그리스도께 대한 믿음과 희망과 사랑의 공동체이며, 그리스도와 교회의 사명에 참여하는 가장 기초적인 신앙 공동체이기 때문에 '가정 교회'라고 합니다.

(4) 부부사랑의 네 가지 특성은 무엇입니까?

첫째로 전체적인 사랑이며, 두 번째는 유일한 사랑이며, 세 번째는 불가분의 사랑이며, 네 번째는 출산하는 사랑입니다.

알아두기

- 생활 속의 아이들(오순절 평화의 마을, 「참 삶의 길」 가톨릭출판사, 1997, 54.)

꾸지람 속에 자란 아이 비난하는 것을 배우며,
미움 받으며 자란 아이 싸움질만 하게 되고,
놀림 당하며 자란 아이 수줍음만 타게 된다.
관용 속에서 키운 아이 자신감을 갖게 되고,
칭찬 들으며 자란 아이 감사할 줄 알게 된다.
공정한 대접 속에 자란 아이 올바름을 배우며,
안정 속에 자란 아이 믿음을 갖게 되고,
두둔 받으며 자란 아이 자신에 긍지를 느끼며,
인정과 우정 속에서 자란 아이 온 세상에 사랑이 충만함을 알게 된다.

- 부부 십계명

첫 째, 결혼 전과 신혼 때의 서로에 대한 사랑의 느낌을 기억하라.
둘 째, 서로에게 상처를 주는 농담이나 행동을 삼가라.
셋 째, 생일과 결혼 기념일을 기억하라.
넷 째, 자녀들이 있는 데서 큰 소리로 부부싸움을 하지 마라.
다섯째, 서로 칭찬하는 말을 많이 하라.
여섯째, 서로의 취미를 존중하고, 그 취미를 키우도록 도와 주어라.
일곱째, 중요한 가정문제는 서로 상의하여 결정하라.
여덟째, 서로에게 사랑을 표현하라.
아홉째, 남들 앞에서 배우자를 비방하는 말을 하지 말아라.
열 째, 배우자가 자신의 가장 큰 후원자임을 상기하라.

• 아내는 가정의 태양 [비오 12세 교황이 부부들에게 한 말 가운데 발췌한 글이다 (오순절 평화의 마을, 「참 삶의 길」 48-50)]

여러분의 가정은 자체의 태양을 가지고 있습니다. 그것은 바로 아내입니다. 이에 대한 성경의 말씀을 들어보십시오.

'우아한 아내는 남편을 즐겁게 하고 사려 깊은 아내는 남편의 뼈를 살찌운다. 조용한 아내는 주님의 선물이다. 교양 있는 영혼을 대신할 만한 것은 없다. 정숙한 아내는 은혜 중의 은혜이다. 어떤 저울로도 절제하는 영혼의 가치를 달 수 없다. 집 안을 깨끗하게 정돈하는 착한 아내의 아름다움은 주님의 창공에 떠오르는 태양과 같다.'(집회 26,13-16)

그렇습니다. 아내와 어머니는 가정의 태양입니다. 아내는 그의 관대성과 헌신, 변함없는 봉사의 자세, 그리고 남편과 자녀의 생활에 기쁨을 더해 줄 수 있도록 매사에 늘 살피고 배려하는 자상함으로 인해 태양입니다. 아내는 자기 주위에 빛과 따스함을 두루 퍼뜨립니다. 두 사람이 결합하여 서로가 자기 행복보다는 상대방의 행복을 찾을 때 그 부부는 행복한 부부라 말하는데 상대방의 행복을 찾는 것은 부부 두 사람에게 관계되는 것이지만 이것은 특히 아내의 품위에 달려 있습니다. 이것은 어머니로서의 마음과 그 마음을 지닌 지혜와 슬기의 산물입니다. 그 마음은 쓰라린 것을 당한다 해도 기쁨을 선사해 주고 수모를 당한다 해도 존경을 드러내는 마음입니다. 그 마음은 마치 안개 낀 아침을 기쁘게 하는 동녘의 햇살과 뭉게구름을 금빛으로 장식하면서 저무는 태양과 같습니다.

아내는 또 자신의 시선(視線)이 지니는 맑음과 하는 말의 열성으로 인해 가정의 태양입니다. 그 시선과 말은 마음에 부드럽게 스며들어 그것을 굽히고 더 부드럽게 하며, 하는 일이 기술적이든 농업이든 상업이든 공업이든 쉬지 않고 고된 일을 하면서 긴 하루를 보낸 후 돌아오는 남편의 마음을 걱정에서 들어 올리고 가족적인 대화 속에서 그를 기쁨으로 다시 부릅니다.

아내는 또 타고난 진실성과 소박한 품격, 그리스도교적이고 겸양한 행동, 집중된 정신과 곧바른 마음, 그리고 자태와 의상과 우아함과 수줍으면서도 애정어린 행동의 미묘한 조화에서 볼 때 가정의 태양입니다. 미소(微小)한 감정표시, 천진스런 침묵과 웃음, 그리고 인자함의 표시인 머리의 동작은 아내에게 태양의 색조를 받아 비추기 위해 화판을 열어 주는 특수하고 순박한 꽃의 매력을 가져다 줍니다. 여러분들이 이와 같은 이상적인 아내와 어머니가 자기 남편과 자녀들의 마음에 얼마나 깊은 애정과 감사의 정을 불러일으키고 또 박아 주는지 알아 주었으면 합니다.

• 아버지는 누구인가? (성요셉 학교의 자료에서 발췌)

아버지란 기분이 좋을 때 헛기침을 하고, 겁이 날 때 너털웃음을 웃는 사람이다. 아버지란 자기가 기대한 만큼 아들, 딸의 학교 성적이 좋지 않을 때 겉으로는, '괜찮아, 괜찮아' 하지만 속으로는 몹시 화가 나는 사람이다. 아버지의 마음은 먹칠을 한 유리로 되어 있다. 그래서 잘 깨지기도 하지만, 속은 잘 보이지 않는다.

아버지란 울 장소가 없기에 슬픈 사람이다. 아버지가 아침 식탁에서 성급하게 일어나서 나가는 장소(그곳을 직장이라고 한다)는 즐거운 일만 기다리고 있는 곳은 아니다. 아버지는 머리가 셋 달린 용(龍)과 싸우려 나간다. 그것은 피로와, 끝없는 일과, 직장 상사에게서 받는 스트레스다.

아버지란 '내가 아버지 노릇을 제대로 하고 있나? 내가 정말 아버지다운가?'하는 자책을 날마다 하는 사람이다. 아버지란 자식을 결혼시킬 때 한없이 울면서도 얼굴에는 웃음을 나타내는 사람이다. 아들, 딸이 밤늦게 돌아올 때에 어머니는 열 번 걱정하는 말을 하지만, 아버지는 열 번 현관을 쳐다본다. 아버지의 최고의 자랑은 자식들이 남의 칭찬을 받을 때이다. 아버지가 가장 꺼림칙하게 생각하는 속담이 있다. 그것은 "가장 좋은 교훈은 손수 모범을 보이는 것이다." 라는 속담이다.

아버지는 늘 자식들에게 그럴듯한 교훈을 하면서도, 실제 자신이 모범을 보이지 못하기 때문에, 이 점에 있어서는 미안하게 생각도 하고 남 모르는 콤플렉스도 가지고 있다. 아버지는 이중적인 태도를 곧잘 취한다. 그 이유는 '아들, 딸들이 나를 닮아 주었으면' 하고 생각하면서도, '나를 닮지 않아 주었으면'하는 생각을 동시에 하기 때문이다.

아버지에 대한 인상은 나이에 따라 달라진다. 그러나 그대가 지금 몇 살이든지, 아버지에 대한 현재의 생각이 최종적이라고 생각하지 말라! 일반적으로 나이에 따라 변하는 아버지의 인상은,

4세때 - 아빠는 무엇이나 할 수 있다.
7세때 - 아빠는 아는 것이 정말 많다.
8세때 - 아빠와 선생님 중 누가 더 높을까?
12세때 - 아빠는 모르는 것이 많다.
14세때 - 우리 아버지요? 세대 차이가 나요.
25세때 - 아버지를 이해하지만, 기성세대는 갔습니다.
30세때 - 아버지의 의견도 일리가 있지요.
40세때 - 여보! 우리가 이 일을 결정하기 전에, 아버지의 의견을 들어봅시다.
50세때 - 아버님은 훌륭한 분이었어.
60세때 - 아버님께서 살아 계셨다면, 꼭 조언을 들었을 텐데 ……

아버지란 돌아가신 뒤에도, 두고두고 그 말씀이 생각나는 사람이다. 아버지란 돌아가신 후에야 보고 싶은 사람이다. 아버지는 결코 무관심한 사람이 아니다. 아버지가 무관심한 것처럼 보이는 것은, 체면과 자존심과 미안함 같은 것이 어우러져서 그 마음을 쉽게 나타내지 못하기 때문이다.

아버지의 웃음은 어머니의 웃음의 2배쯤 농도가 진하다. 울음은 열 배쯤 될 것이다. 아들, 딸들은 아버지의 수입이 적은 것이나, 아버지의 지위가 높지 못한 것에 대해 불만이 있지만, 아버지는 그런 마음에 속으로만 운다. 아버지는 가정에서 어른인 체를 해야 하지만, 친한 친구나 맘이 통하는 사람을 만나면 소년이 된다. 아버지는 어머니 앞에서는 기도도 안 하지만, 혼자 차(車)를 운전하면서는 큰소리로 기도도 하고 주문을 외기도 하는 사람이다.

어머니의 가슴은 봄과 여름을 왔다갔다하지만, 아버지의 가슴은 가을과 겨울을 오고 간다.

아버지! 뒷동산의 바위 같은 이름이다. 시골마을의 느티나무 같은 크나 큰 이름이다!

제25장 그리스도인의 사회생활

들어가는 말

'사회'라는 용어는 그 구체적 내용에 따라 자연과 대비되는 다양한 개념으로 사용되지만, 일반적으로 공동생활을 하는 인간의 집단을 말한다. 흔히 '인간은 사회적 존재'라고 한다. 이 말은 사람은 어떤 형태로든지 서로 관계를 맺으며 살아가는 존재임을 의미한다. 사회생활은 인간 본성의 요구이다. 따라서 인간은 다른 사람들과 맺는 교제, 상호 봉사, 상호간의 대화로써 자신의 잠재력을 발전시켜 나간다. 그리고 다른 사람들과 유대 속에서 자신의 가치를 찾게 되고 삶의 보람을 느끼며, 자기 자신을 아낌 없이 내어 줌으로써 자신을 완전히 발견할 수 있다.

그리스도인은 자기가 속한 모든 사회 제도 안에서 자신의 환경과 권리와 의무를 통하여 세상의 빛과 소금과 누룩의 역할을 함으로써 의로운 사회, 즉 하느님 나라를 실현해야 한다.

1코린 12,7-11

하느님께서 각 사람에게 공동선을 위하여 성령을 드러내 보여 주십니다. 그리하여 어떤 이에게는 성령을 통하여 지혜의 말씀이, 어떤 이에게는 같은 성령에 따라 지식의 말씀이 주어집니다. 어떤 이에게는 같은 성령 안에서 믿음이, 어떤 이에게는 그 한 성령 안에서 병 고치는 은사가 주어집니다. 어떤 이에게는 기적을 일으키는 은사가, 어떤 이에게는 예언을 하는 은사가, 어떤 이에게는 영들을 식별하는 은사가, 어떤 이에게는 여러 가지 신령한 언어를 말하는 은사가, 어떤 이에게는 신령한 언어를 해석하는 은사가 주어집니다. 이 모든 것을 한 분이신 같은 성령께서 일으키십니다. 그분께서는 당신이 원하시는 대로 각자에게 그것들을 따로따로 나누어 주십니다.

그리스도인의 사회적 책임

그리스도인은 자신이 속한 사회의 안녕(安寧)과 평화를 위해 지속적으로 사회에 관심을 갖고, 인간의 존엄성과 형제애의 정신을 세상 사람들에게 북돋아 주며, 언제 어디서나 모든 사람들 안에서 하느님의 구원 계획이 더욱 보편적으로 실현될 수 있도록 노력해야 할 책임이 있다. 즉 그리스도인은 하느님께서 주시는 은총을 받아 모든 사람의 선익을 위해 살아야 하는 것이다.

위의 성경 말씀과 같이 성령께서는 인간 공동체와 교회의 선익을 위하여 모든 사람에게 각각 필요한 선물을 주신다. 인간은 각자가 속한 사회에서 각자의 소명, 신분, 직무, 역할에 맞게 살아감으로써 하느님 보시기에 좋은 창조사업에 동참하고 완성시켜 나가야 한다. 이러한 중요한 책임을 맡고 있는 그리스도인은 세상 속에서 살면서도 천상의 것을 추구하는 차별성을 지니게 된다. 그러므로 신앙인은 세상에 살면서도 세상 것이 아닌 것처럼 살면서(1코린 7, 31) 하느님 나라가 가까이 왔으니 회개하고 복음을 믿으라고 선포하는 가운데(마르 1, 15) 예수 그리스도께서 각자에게 주신 사명과 소명을 성실히 실천해야 할 책임이 있다.

평화의 도구가 되어야 하는 그리스도인

인간은 본성적으로 사회적 존재이며 아무도 혼자 고립되어 살 수 없다. 흔히 사람 '인'(人)자를 둘이 서로 기대여 온전한 사람을 이룬다는 존재로 풀이하기도 한다. 그런데도 우리 사회는 출신 지역이나 출신 학교에 따라, 사회적 지위나 경제력에 따라, 나이나 성별에 따라 그리고 정치적 주장이나 종교적 입장에 따라 편을 가름으로써 매우 심각한 갈등을 겪고 있다.

하느님의 뜻을 정면으로 거스르는 이런 사회 혼란은 우리가 추구하는 평화와 안녕을 해치고 결국 사회 전체에 커다란 불행을 낳고 있다. 그러므로 우리는 서로 형제적 관계로 존재하며, 같은 권리와 의무를 지닌 공동 운명체로서 서로 이해하고 존중함으로써 질서와 조화를 갖춘 인간 사회를 이루도록 힘써야 한다. 그러기 위하여 우리는 각자가 속해 있는 가정과 학교, 직장과 단체에서 화해와 일치를 이루는 '평화의 도구'가 되어야 한다.

에덴 동산에서 아담과 하와가 누리던 평화가 깨지고, 백성들이 단합하여 바벨탑을 쌓다가 분열이 생기게 된 데에는(창세 11,1-9) 공통점이 있다. 바로 하느님을 제외시키고 일을 저질렀다는 점이다. 인간생활에서 하느님을 제외시키는 일은 하느님과의 관계 단절을 의미하고, 더 나아가 하느님께 대한 불순종으로 이어진다. 그럴 때에 평화는 깨지고 분열과 전쟁에 휩싸이게 된다. 여기서 말하는 평화는 외적인 평화뿐만 아니라 마음 속의 내적인 평화까지를 말하는 것이다.

예수님께서는 "행복하여라, 평화를 이루는 사람들! 그들은 하느님의 자녀라 불릴 것이다."(마태 5, 9) 라고 말씀하셨다. 그리스도인은 교회 안팎에서 평화를 수호하는 첨병이 되어야 한다. 하느님의 창조질서를 어지럽히는 모든 혼란과 불행은 마땅히 제거되어야 한다. 아시시의 성 프란치스코가 가르쳐 준 '평화의 기도'는 우리가 어떤 자세로 살아가야 하는지를 잘 말해 주고 있다.

- 평화의 기도 -

오 주님, 저를 평화의 도구로 써 주소서.
미움이 있는 곳에 사랑을, 다툼이 있는 곳에 용서를,
분열이 있는 곳에 일치를, 의혹이 있는 곳에 믿음을,
오류가 있는 곳에 진리를, 절망이 있는 곳에 희망을,
어둠이 있는 곳에 광명을, 슬픔이 있는 곳에 기쁨을 심게 하소서.
위로 받기보다는 위로하고, 이해 받기보다는 이해하고,
사랑 받기보다는 사랑하며, 자기를 온전히 줌으로써 영생을 얻기 때문입니다.

세상과 더불어 살아가는 그리스도인의 자세

그리스도인은 이 세상을 그리스도의 눈으로 바라보고, 이웃과 사회를 그리스도의 사랑으로 보살펴야 한다. 곧 우리의 인간적인 감정이나 이해관계, 이념이나 사상을 뛰어넘어 서로 협력함으로써 더불어 살아가는 사회를 이루어야 한다.

도시와 농촌은 하나의 생명 공동체임을 인식하여, 농어촌 생산자는 생명을 살리고 지키는 마음으로 건강한 먹을거리를 생산하여 공급하고, 도시 소비자는 농어민들이 적정한 가격을 보장받도록 협력함으로써 그들의 수고에 보답하고 우리 생명을 지키는 농어촌을 살리는 데 힘을 모아야 한다.

또한 그리스도인은 이념의 차이를 극복하지 못하고 동족끼리 전쟁의 참화를 겪어야 했던 남과 북이 하나의 민족 공동체임을 깨닫고, 형제적 사랑과 나눔의 정신으로 분단을 극복하고 통일을 이루는 데에도 한몫을 하여야 한다.

그리고 개인적인 욕망과 여과되지 않은 본능을 그대로 드러내고 있는 우리 사회의 퇴폐적이고 향락적인 소비문화를 정화하여 인격을 닦고 인성을 키울 수 있는 건전한 문화생활을 정착시키는 데 선도적 역할을 하여야 한다.

우리는 가난과 병고에 시달리는 사람들, 버림받은 아이들과 노인들, 미혼모와 매춘 여성들, 불의하게 천대받고 있는 외국인 노동자들, 우리 사회에서 소외당하고 고통받는 모든 이웃들에게 따뜻한 위로와 도움의 손길을 펴는 일에 앞장서야 한다.

하느님께서는 인류를 구원하시기 위하여 가난하게 태어나셨고, 가난한 사람들과 함께 사시고자 이 세상에 오셨다. 예수께서는 가난하고 힘 없는 사람들을 끌어 안으셨으며, 가난한 사람들에게 복음을 전하시고, 고통 받는 사람들에게 해방을 주셨다. 따라서 예수 그리스도를 머리로 하는 교회는 예수님으로부터 가난한 사람들을 위한 교회가 되라는 사명을 받은 것이다. 이런 의미에서 교회는 인간을 도와 주고 인간의 고통을 덜어 주기 위한 의무와 노력에서 벗어날 수 없다. 교회는 진실로 가난하고 고통 받는 사람들을 위한 교회가 되어야 하며, 그들에게 자신들의 비참한 상태에서 벗어날 수 있도록 참된 희망을 심어줄 수 있어야 한다. 따라서 그리스도인 각자가 그리스도의 삶을 따르고자 한다면 당연히 굶주린 사람들, 집 없는 사람들, 의료 혜택을 받지 못하는 사람들, 그리고 더 나은 미래에 대한 희망이 없는 사람들을 우선적인 선택과 사랑의 대상으로 삼고 배려를 아끼지 않아야 할 것이다.

정의로운 사회 실현

정의(正義)란 '윤리적인 덕으로서 진리에 맞는 올바른 도리'를 말한다. 환언하면 다른 이들에게 마땅히 주어야 할 것을 주려는 지속적이고 확고한 의지다. 하느님을 향한 정의를 경신덕(敬神德)이라 한다. 그리스도인은 이 세상에서 하느님의 정의를 실현함으로써 하느님 나라를 건설하도록 부름 받은 사람들이다. 그런데 우리 사회의 각 분야에는 부정과 부패, 불의와 불평등이 심각하게 자리 잡고 있음을 부인할 수 없다. 그러므로 우리는 우리 사회에 존재하는 악을 지적하고 비판하며, 이러한 현상을 부추기는 정치적, 사회적, 문화적 병폐를 제거하려고 노력하여야 한다.

인간의 기본권과 생명의 존엄성은 사회가 주는 것도 아니며 법률이나 관습이 만들어 낸 것도 아니다. 하느님께서 창조하신 인간 본성에서 흘러나오는 모든 인간 권리는 그 누구도 함부로 유린하거나 빼앗을 수 없기 때문에 이를 해치는 정치 제도나 사회적 관행은 마땅히 개선되어야 한다.

모든 정치인과 공직자가 정의롭고 공정하게 자신들의 직무를 수행하도록 스스로 노력해야 한다. 그리고 그들이 올바른 길로 나아가도록 촉구하는 일은 우리 그리스도인의 신성한 권리이자 의무이다.

우리는 그리스도인으로서 인간과 사회에 봉사한다는 의미에서, 그리고 그리스도의 가르침을 현세 질서에 불어 넣어야 한다는 우리의 사명을 수행하기 위하여 각자가 속해 있는 분야에서 공동선을 위하여 적극적으로 활동하여야 한다. 공동선은 개인이익에 대비(對比)되는 개념이며, 공동이익이나 공공복지라는 개념으로 대치될 수 있다.

공동선(共同善, common good)은 "집단이든 구성원 개인이든 자기 완성을 더욱 충만하고 더욱 용이하게 추구하도록 하는 사회생활 조건들의 총화"를 말한다.(「가톨릭 교회 교리서」, 1924항) 공동선은 사회 모든 사람의 공익과 행복을 추구하는 도덕성이 요구된다. 공동선에는 세 가지 중요한 요소가 있다. 즉 인간 기본권의 존중과 신장, 사회의 안녕과 발전, 사회의 평화와 안전이다. 사회의 공동선을 보호하고 증진시키는 일은 국가의 사명이기도 하다. 우리는 합법적으로 선출된 국가 권력자들이 하느님의 법을 존중하고 인간의 권리를 수호할 때 그 권위에 따를 의무가 있다. 그러나 부당한 권력이나 인권을 침해하는 법에는 복종할 의무가 없다. 사도 바오로는 "사실 지배자들이란 악행을 할 때에나 두렵지 선행을 할 때에는 두렵지 않습니다."(로마 13, 3) 라고 했다. 그리스도인은 사람에게보다 하느님께 순종하여야(사도 5, 29 참조) 하는데, 그 이유는 세상의 제도란 하느님의 질서에 속하는 것이기 때문이다.

인류애의 구현

오늘날 인류사회는 물질문명의 발달로 풍요로움을 자랑하고 있다. 또한 인공위성을 이용한 TV시청으로 지구촌 구석구석에서 벌어지고 있는 일들을 시시각각으로 알게 되고, 교통수단의 발달로 거리감이나 시간 개념이 줄어들어 '지구촌 가족'이라는 말이 그리 낯설게 들리지 않을 정도로 국제 관계가 밀접해지고 있다. 따라서 국가의 공동선은 전 세계의 공동선과 분리될 수 없는 만큼 그리스도교적 사랑에 입각한 인류애의 공동선을 추구해야 한다. 그러나 빈곤 국가의 국민들은 여전히 굶주리고 있으며, 국가간에는 인종분쟁, 무역분쟁, 군비경쟁, 종교분쟁 등 끊임없는 분쟁들이 일어나고 있다.

평등해야 할 자리에 불평등이 자리 잡고, 균등한 분배의 자리에 독점이 파고 들어 인류의 공존과 평화를 위협하고, 나아가 인류 공동체의 미래를 어둡게 하고 있다. 그러므로 우리 그리스도인은 절대 빈곤에 허덕이는 국가들을 돕고 군비축소와 전쟁 억제를 위하여 세계의 모든 그리스도인과 힘을 모아야 한다.

우리는 세상의 어둠을 밝히는 빛이며 세상의 부패를 방지하는 소금이 되어야 한다(마태 5,13-16 참조). 그럼으로써 우리는 선의의 모든 사람과 협력하여 하느님 나라의 정의를 구현하고, 세상에 사랑과 기쁨과 평화와 희망을 안겨주는 신앙인이 되어야 한다.

세상의 빛과 소금

가톨릭 교회는 국가의 목적을 정의와 질서의 확립, 평화의 확보, 공동선의 수호, 복지의 증진, 자유의 보장 등으로 보고 있다. 따라서 가톨릭 신앙인들은 뇌물수수, 개인 비밀누설, 특혜 등의 온갖 비리들을 철저히 배격해야 한다. 하지만 그런 비리들을 저지르고 자신과 가족의 이익만 추구하는 정치의 부정적인 단면만을 보고 무조건 정치 참여를 배격하는 것은 옳지 않다. 오히려 인간과 사회에 봉사한다는 의미에서, 온갖 비리에 대항하여 현세 질서에 그리스도의 정신을 심어 주어야 할 의무와 책임이 있다(평신도 그리스도인, 42항 참조). 그러기 위해서 경제, 사회, 입법, 행정, 문화 등 다양한 분야에서 일반신도들은 조직적으로 공동선을 증진시키기 위하여 자발적이고 헌신적으로 참여해야 할 것이다(「가톨릭 교회 교리서」, 1913항). 또 모든 정치인과 공직자들은 앞에서 말한 국가의 목적 달성을 위하여 참으로 정의롭게 자신들의 직무를 수행하여야 하며, 거짓말이 자신의 대피소요, 속임수가 자신의 은신처가 되는 일이 없도록(이사 28, 15 참조) 양심적으로 행동해야 한다.

물질문명이 고도로 발달한 현대사회를 살아가는 우리는 주위에서 이기주의와 물질만능주의가 팽배해 가면서 이웃과의 관계가 모호해지고 있음을 볼 수 있다. 가진 사람은 더욱 더 부유해지고 없는 사람은 한없이 가난해질 수밖에 없는 현실에 직면해 있다. 이러한 사회현실에 대해서 교회는 하느님에게 받은 예언자적 소명으로 이 현실을 개선하는 데 온 힘을 기울이고 있다. 즉, 교회는 예수님의 말씀대로 모든 사람이 서로 사랑하여 세상의 정의와 평화를 위해 빛과 소금의 역할을 하도록 호소하고 있다(마태 5,13-14 참조). 따라서 우리 그리스도인은 세상의 어둠을 밝히는 빛이 되며 세상의 부패를 방지하는 소금이 되어야 한다. 요컨대 그리스도인이 사회에서 활동함에 있어서의 기준은 예수 그리스도의 복음정신이다. 그럼으로써 우리는 세상에 사랑과 기쁨과 평화와 희망을 안겨 주는 교회와 함께하는 신앙인이 되고, 새로운 세상을 열망하는 선의의 모든 사람과 협력하여 하느님 나라의 정의를 구현하는 사회인이자 세계인이 될 것이다.

예화(사지 · 四知)

하늘이 알고(天知) 땅이 알고(地知) 네가 알고(子知) 내가 안다(我知)를 사지(四知)라고 하며, 세상에 비밀은 없다는 의미로 쓰여 지는 고사(故事)다.

옛날 중국의 후한(後漢)시대는 조정의 환관(宦官)들이 판을 치고 정치와 관료들이 부패했었지만, 그러한 세상에도 고결한 관료가 없었던 것은 아니다.

제6대 임금 안제 때 양진(楊震)이라는 사람이 그 중의 한 사람이었다. 양진은 관서(關西) 출신으로 일찍이 학문에 전념하여 박학다식(博學多識)하고 인격이 출중한데다 청렴결백하였기 때문에 당시 사람들로부터 관서의 공자라는 칭송을 받았다. 양진(楊震)이 동래군(東萊郡)의 태수(太守 : 옛날에 지방 고을의 으뜸 벼슬로 오늘날의 도지사에 해당)로 임명되었을 무렵의 일이다.

임지로 떠나가던 도중 창읍(昌邑)에서 날이 저물어 객사(客舍)에 들었다. 그런데 그곳에 창읍현(昌邑縣)의 현령(縣令 : 옛날 고을 현의 수령)으로 있던 왕밀(王密)이란 사람이 밤늦게 혼자 찾아 왔다.

「태수님, 오랜만에 뵙게 되어 반갑습니다. 오래 전에 형주(荊州)에 계실 때 신세를 많이 졌던 왕밀(王密)입니다.」

「아, 정말 오래간만일세.」

양진은 왕밀을 기억하고 있었다. 지난날 형주(荊州) 자사(刺史 : 감찰관)로 있을 때 그의 학식과 재질을 인정하여 무재(茂才 : 관리 등용시험에 합격한 사람)로 천거해 준 일이 있었다. 말하자면 그 때의 일로 양진(楊震)은 왕밀(王密)의 출세 길을 열어준 은인인 것이다.

두 사람은 여러 가지 옛날 이야기로 시간 가는 줄 모르고 즐겁게 담소하던 중 왕밀은 슬며시 호주머니에서 황금 열 냥을 꺼내어 양진의 무릎 위에 얹어 놓았다. 지금 시세로 얼마 되는지는 알 수 없으나 황금 열 냥이면 큰 금액이었던 것만은 틀림이 없다.

「졸지에 합당한 물건도 드릴만한 것이 없고 해서 이걸 가지고 왔습니다. 약소하나마 제 성의로 아시고 거두어 주십시오.」

양진은 부드러운 음성으로, 그러나 엄숙한 표정으로 말했다.

「나는 이미 옛날부터 자네를 알고 있을 뿐만 아니라 자네의 학식과 인물에 대해서도 확실히 기억하고 있네. 그런데 자네는 내가 어떤 사람이라는 걸 잊었단 말인가?」

「아, 아니올시다. 태수 어른, 태수 어른이 얼마나 고결하신 분이신가는 항상 마음 속에 깊이 새겨 명심하고 있습니다. 그러나 이것은 그리 대단한 값어치도 못되고 더더구나 태수 어른에게 무슨 뇌물도 드린다는 생각은 추호도 없습니다. 단지 옛날 베풀어 주신 은혜에 대한 참으로 보잘 것 없는 소인의 정성입니다.」

왕밀은 받아 주기를 졸랐다.

「자네는 지난날 내가 짐작했던 바와 같이 훌륭하게 성장하고 출세를 해서 오늘날 현령(縣令)이라는 벼슬에 올랐네. 앞으로도 직책에 충실하여 더욱 더욱 영전을 거듭할 것을 의심치 않는 터이니 나에 대한 보은이라면 그 일로 족하다고 할 수 있지 않은가?」

「아니올시다. 태수님, 그렇게 말씀하신다면 제가 너무나 섭섭하고 부끄럽습니다. 게다가 이런 밤중에 이 방 안에는 태수님과 저와 단 두 사람 밖에 누가 또 있습니까? 오직 태수님한 분에게 이 사람이 허물없는 옛정으로 올리는 것이니 너그러이 받아 주시기 바랍니다.」

양진은 똑바로 왕밀을 쏘아 보았다. 그 때 양진의 두 눈은 번쩍하고 빛을 발했다.

「자네와 나, 단 두 사람뿐이니 아무도 모른다는 말인가? 그러나 하늘이 알고, 땅이 알고, 자네(子)가 알고 또 내가 아네.(四知 = 天知, 地知, 子知, 我知)」

왕밀은 얼굴을 들지 못하고 물러갔으며, 그 후 양진의 청렴 고결한 언행은 더욱 확고하고 더욱 널리 알려져서 나중에 태위(太尉 : 군사관계의 최고 책임자)의 지위에까지 올랐다.

이 예화는 오늘날 정치권을 비롯한 고위직, 그리고 권력층에 있는 사람들은 마음 속에 깊이 새겨야 할 미담고사(美談故事)다. 우리는 오늘날 부당한 금품수수로 인격이 만신창이가 되고 구속되는 사례를 많이 보고 있다. 주는 자와 받는 자만이 안다고 영구히 비밀이 되겠는가. 우리나라 속담에도 "낮말은 새가 듣고, 밤말은 쥐가 듣는다." 고 했다. 설사 하늘(하느님)을 믿지 않고, 새와 쥐가 무슨 귀와 지능으로 사람의 은밀한 말을 알아들을 수 있겠는가 라고 일축할지라도 '나'라고 하는 자아의 양심은 따돌릴 수는 없는 것이다. 인간이기에 마음의 윤리질서요 정신의 법인 양심이 있고 양심에 따라 살아가는 것이 인간이기 때문이다.

나오는 말

모든 그리스도인은 교회의 일원이면서 사회의 한 구성원으로서 우리 사회가 인간의 존엄성을 지키고 형제애를 키워 가도록 노력하며 사회의 각 분야에서 정의를 구현하는 데 힘써야 한다. 또한 인류애를 바탕으로 세계 평화와 인류 공존을 위하여 하느님이 보시기에 좋은 세상을 열망하는 선의의 모든 사람들과 협력하여야 한다.

우리 자신부터 지역간, 계층간, 성별간, 종파간의 편견을 버리고, 부정과 불의를 부추기는 어떠한 유혹도 단호히 거부해야 한다.

신앙인으로 살고자 하는 사람들은 항상 양심의 소리에 귀 기울이고 하느님의 뜻을 실현시켜 나가도록 노력해야 한다. 또한 주위에 있는 어려운 이웃들에게 따뜻한 사랑과 관심을 베풀어 줌으로써 이 땅에 사랑과 정의와 평화가 넘치는 사회를 만드는 데 노력해야 한다. 먼저 나 자신부터 모든 이웃들에게 개방된 자세를 견지해야 한다. 그렇게 될 때에 이 땅에 하느님 나라가 이룩될 수 있을 것이다.

핵심문제

(1) 사회 안에서 그리스도인의 사명은 무엇입니까?
그리스도인은 자기가 속한 모든 사회 제도 안에서 자신의 환경과 권리와 의무를 통하여 세상의 빛과 소금과 누룩의 역할을 함으로써 의로운 사회, 즉 하느님 나라를 실현해야 합니다.

(2) 그리스도인은 왜 세상의 불의와 싸워야 합니까?
그리스도인은 사람에게보다 하느님께 순종해야 하며, 세상의 제도는 하느님의 질서에 속하는 것이기 때문입니다.

(3) 그리스도인이 사회에서 활동함에 있어서 기준이 되는 것은 무엇입니까?
그리스도인의 모든 활동의 기준은 예수 그리스도의 복음정신입니다.

(4) 공동선이란 무엇입니까?
공동선(共同善, common good)이란 "집단이든 구성원 개인이든 자기완성을 더욱 충만하고 용이하게 이룰 수 있게 하는 사회생활의 여러 가지 조건들의 총화"라고 말할 수 있습니다.

(5) 공동선의 3대 요소는 무엇입니까?
공동선의 세 가지 중요한 요소는 ① 인간 기본권의 존중과 신장, ② 사회의 안녕과 발전, ③ 사회의 평화와 안전입니다.

알아두기

- **복음적 권고(福音的 勸告) : 복음 삼덕**

자연법은 신법(神法)으로서 도덕규범 확립의 기초이고 불변하며, 역사 속에 존속한다. 그리고 구약시대의 옛 법은 윤리적인 명령의 십계명으로 요약되며, 복음을 위한 일종의 준비다.(제22장 참조)

자연법과 계시된 법의 완성이 복음의 새 법(새 계명)인데, 이 새 법은 그리스도의 법으로서 하느님 사랑과 이웃 사랑의 법이며, 특히 산상설교에 잘 정리되어 있다.

복음적 권고라고 하는 복음 삼덕(福音三德)은 가난·정결·순명의 덕을 말하며, 복음의 새 법에 나타난 완전한 덕이다. 이 복음 삼덕은 그리스도께서 친히 실천하시고 가르쳐 주셨기 때문에 복음적 권고라고 한다. 그래서 복음 삼덕은 "하느님이 완전하심과 같이 너희도 완전한 자 되어라."고 하신 주님의 권고에 따라 그리스도를 더욱 가까이 따르고 본받아 완덕에 나아가기 위한 방법이다. 그런데 복음 삼덕은 일반 신자들보다는 수도생활을 하는 수도자들이 지키는 기본 서원의 내용이다. 수도자들은 수도생활을 통해서 하느님을 만유 위에 사랑하고 자신의 전 생활을 하느님께 봉헌하는 사람들이다. 그런데 이런 목적을 달성하는 데에는 세 가지 장애물이 있다.

첫째는 재물을 탐하는 물욕,

둘째는 육신 쾌락을 추구하는 성욕,

셋째는 무엇이든지 자기 마음대로 하고자 하는 개인주의적 자유다.

그래서 복음서에는 이 세 가지를 끊고 주님을 위해서 오로지 헌신하는 생활이야말로 당신의 제자가 된다는 뜻으로 기록되어 있다.

"내 이름 때문에 집이나 형제나 자매, 아버지나 어머니, 자녀나 토지를 버린 사람은 모두 백 배로 받을 것이고 영원한 생명도 받을 것이다."(마태 19, 29) 이러한 정신에서 위 세 가지를 모두 끊어버리는 생활이 복음 삼덕을 닦는 생활이다.

이상은 수도자들의 삼대 서원이라고도 한다. 교구 사제들은 정결서원과 주교에게 순명하겠다는 서원만 하고 청빈의 서원은 하지 않는다.

제26장 그리스도인의 경제생활

들어가는 말

인간은 본성상 이웃과 함께 살아가며, 육체적 및 정신적 노동을 통해 인간의 품위를 유지시켜 주는 재화를 획득하며 살아간다. 노동은 인간 생활에 필요한 의복, 식량, 주택, 등등 인간의 기본적인 물질적 욕구를 충족시키는 기능을 한다. 그렇기에 노동은 인간의 가장 지고한 행위 중의 하나이며 인간의 노동으로부터의 소외는 하느님의 창조질서에 반하는 현상임을 우리는 알 수 있다. 때로는 노동이 고통으로 다가오지만 하느님의 창조 사업, 즉 의로운 세상 건설에 동참하는 것임을 생각하고 노동에 임해야 한다. 그러나 재화의 독점과 노동 없이 노동자를 착취하는 많은 무리들이 현실 안에 존재함을 그리스도인들은 인식해야 한다. 의로운 세상은 자유, 평등, 평화, 정의로 요약할 수 있다. 그리스도인들은 이의 실현을 위해 하느님의 가르침을 전해야 하고, 자기의 직업과 재능, 생활 형편에 따라 정의를 실천해야 한다.

인간은 자기 자신만을 위해서 사는 존재가 아니라 이웃을 위하여 자신의 시간과 재능과 노력과 재물 등을 나누어 주고 또한 이웃에게서 나누어 받으며 살아가는 존재인 것이다.

마태 6,30-33

오늘 서 있다가도 내일이면 아궁이에 던져질 들풀까지 하느님께서 이처럼 입히시거든, 너희야 훨씬 더 잘 입히시지 않겠느냐? 이 믿음이 약한 자들아! 그러므로 너희는 '무엇을 먹을까?', '무엇을 마실까?', '무엇을 차려입을까?' 하며 걱정하지 마라. 이런 것들은 모두 다른 민족들이 애써 찾는 것이다. 하늘의 너희 아버지께서는 이 모든 것이 너희에게 필요함을 아신다. 너희는 먼저 하느님의 나라와 그분의 의로움을 찾아라. 그러면 이 모든 것도 곁들여 받게 될 것이다.

삶의 조건인 노동

하느님께서 인간을 창조하실 때부터 노동은 인간 삶의 조건으로 주어졌다. 인간은 노동을 통하여 하느님의 창조활동에 참여하게 된다. 우리는 그 모범을 예수 그리스도에게서 볼 수 있다. 예수께서는 하느님의 아들이셨지만 가난한 모습으로 태어나서 요셉과 함께 노동을 함으로써 노동의 품위를 높여 주셨다. 그리고 나자렛에서 보내신 예수님의 삶을 통해서 드러나는 노동에 대한 모범은 바오로 사도에게 그 맥이 이어짐을 볼 수 있다. 바오로 사도는 각지로 전도여행을 다니면서도 필요한 것은 손수 일해서 장만하였고(사도 20, 34 참조), 사람들에게 "묵묵히 일하여 자기 양식을 벌어먹도록 하십시오."(2테살 3, 12)하고 권고하였다.

"일하기 싫어하는 자는 먹지도 말라고"(2테살 3, 10) 하듯이 의무를 소홀히 하거나 수고하지 않고 거저 얻으려는 게으름은 땅을 지배하라는 하느님의 명령을 거역하는 것이요, 노동이 성화의 한 수단임을 부정하는 것이다.

우리는 노동을 통하여 자신과 가족의 생계를 유지할 뿐만 아니라 인간 사회에 필요한 것들을 생산하고 제공함으로써 사회의 발전에 이바지하게 된다. 그러므로 우리는 노동의 신성함을 인식하고 성실하게 일하여 지상에서 하느님의 뜻을 실천하고 자연과 조화를 이루는 가운데 모든 사람과 어울려 살아갈 수 있는 풍요로운 사회를 이루어 나갈 의무가 있다.

직업윤리

인간 사회에는 여러 가지 형태의 직업이 있다. 직업이란 수입을 전제로 한 개인의 계속적인 정신적·육체적 활동을 말한다. 직업은 여러 가지 중요한 의의를 가지는데, 이를 세 가지로 살펴보면

첫째 경제적으로는 생계를 유지하는 수단이 되고,
둘째 사회적으로는 사회에 공헌하고 사회발전에 기여하며,
셋째 심리적으로는 자신의 욕구충족과 자아실현의 수단이 된다.

직업윤리란 직업에 종사하는 사람들이 마땅히 지켜야할 윤리(도덕규범)를 말하며, 모든 직업인은 공공복리를 벗어나는 자신의 이익만을 추구해서는 안 된다는 것이다.

직업은 귀천을 따질 수 없으며, 부정하고 불의한 일이 아니라면 어떤 직업에 종사하더라도 인간 사회를 이루어 가는 데 중요한 역할을 담당한다.

우리 사회에서 직업에 따라 사람의 가치를 평가하거나 재산에 따라 계급의식을 갖

는 것은 재물을 최고의 목적으로 삼고 물질 만능주의에 비롯한 잘못된 풍조이다. 재물은 인간이 살아가는데 필요한 한 가지 수단일 뿐인데, 지상 생활이 전부인 것으로 착각하고, 재물을 모으는 것이 인생의 목적인 양 온갖 물욕에 집착할 때 인간 사회는 불안해지고 갖가지 부정과 부패와 범죄가 꼬리를 물고 일어나게 된다.

예수님의 가르침은 이 세상의 재물에 아예 무관심 하라는 말씀이 아니라 수단과 방법을 가리지 않는 인간 사회의 물질 만능주의를 경계하고 하느님을 섬기라는 말씀이다(마태 6, 24 참조). 재물을 많이 소유하는 것이 행복의 척도가 될 수 없고, 오히려 재물을 많이 가질수록 점점 더 탐욕과 부족감을 느끼게 된다. 그러므로 우리는 '더 많이 가지는 것'이 아니라 '더욱 인간답게 사는 것'이 참 삶의 길임을 세상 사람들에게 보여 줄 수 있어야 한다. 재물 때문에 하느님을 떠나거나 재물을 하느님처럼 받드는 물욕의 우상숭배를 경계하는 것이다.

조직과 연대의 권리

노동의 주체와 목적은 인간이다. 다시 말해서 인간을 위하여 노동이 있는 것이지 노동을 위하여 인간이 존재하는 것은 아니다. 그러므로 인간의 기본권과 존엄성을 해치는 노동행위나 경제활동은 용납될 수 없다. 이것은 모든 사람이 노동을 통하여 단순히 기본적인 의식주를 얻는 것에 그치는 것이 아니라, 그 방법도 인간의 기본권과 존엄성에 알맞아야 함을 의미한다.

우리는 인간답게 살 수 있는 기회를 마련하여 주는 사회질서와 경제 정의를 요구하고 지켜 나갈 필요가 있다. 인간은 사회 안에서 서로 긴밀한 의존 관계를 맺고 있으며, 각 개인의 능력은 다른 이들과 함께 할 때 비로소 충분히 발휘될 수 있기 때문에, 경제 분야에서 조직과 연대는 효율적이고 질서 있는 생산과 공급을 위하여 필요하다. 따라서 우리는 직업별·직능별 단체를 결성할 자연적 권리가 있음을 인식하여야 한다.

노동자들은 일할 권리와 정당한 임금을 받을 권리, 사회 보장 등의 사회적 혜택을 받을 권리, 노동조합을 결성하고 파업할 권리를 가지고 있다. 노동조합(trade union)이란 노동자의 권익을 지키기 위한 노동자의 자주적 조직단체를 말한다. 노동조합법은 헌법에 의거하여 노동삼권(근로자의 단결권, 단체교섭권, 단체행동권)을 보장하며, 근로자의 근로조건을 유지·개선하고 근로자의 복지를 증진하여 경제적·사회적 지위 향상과 국민 경제의 발전에 기여함을 목적으로 하고 있다. 노동자들은 임금의 대가로 노동을 제공하고, 사용자를 올바르게 대하며, 공공의 이익을 존중하는 노동조합 활동을 할 의무도 지니고 있다.

공동선을 위한 노사 협력

"사회는 국민들이 충분한 노동의 기회를 얻을 수 있도록 도와 주어야 한다."(사목헌장 67항) 일할 능력이 있고 급료로 생계를 꾸려야 하는 사람이 일자리를 얻지 못한다면, 그 사람은 국가나 사회 공동체로부터 도움을 받을 권리가 있다.

"노동의 보수는 본인과 그 가족들에게 물질적, 사회적, 문화적, 정신적 생활을 품위 있게 영위할 수 있는 수단을 제공할 정도의 것이라야 한다."(사목헌장 67항)

우리는 그리스도인으로서 노동 현장에서 자주 발생하는 사용자와 노동자 사이의 갈등을 공동선에 입각하여, 그리고 당사자들의 권리와 의무가 함께 존중되는 가운데 합리적으로 해결하도록 힘써야 한다. 사용자와 노동자의 시각이나 견해의 차이로 말미암아 경제적 내지 사회적 분쟁이 생기는 경우가 있을 때에는 우선적으로 대화와 협상을 통하여 평화적 해결책을 모색하도록 노력해야 한다. 대화와 협상의 원칙은 파멸의 길이 아니라 공존의 길을 찾는 것을 궁극적으로 삼아야 한다. 서로 사랑해야 한다는 예수님의 가르침에 따라 서로 양보하는 가운데 권익을 도모할 수 있는 길을 모색해야 한다. 사용자와 노동자는 언제나 성실한 대화를 시도해야 하겠지만 공생공존의 길을 모색하기 위한 원칙을 지키지 않을 때 시도하는 파업은 노동자들 자신의 권리를 수호하고 그들의 요구를 충족시키기 위한 필요한 수단이 될 수 있다. 하지만 파업은 최후의 수단이 되어야 하고, 가능한 한 조속히 협상과 타협을 위한 대화의 길을 되찾아야 한다.(「가톨릭 교리 교리서」, 2430항, 사목헌장 68항 참조)

파업은 적정한 이익을 위해 불가피한 것으로, 어쩌면 필수적인 수단으로 나타날 때에는 도덕적으로 정당하다. 그러나 파업이 폭력을 수반하거나, 근로조건과 직접 관련되지 않는 목적 또는 공동선에 어긋나는 목적을 내걸었다면, 그것은 도덕적으로 용납할 수 없게 된다.(「가톨릭 교리 교리서」, 2435항)

기업가는 단순히 이윤의 증대와 명예를 얻기 위해서가 아니라 인간의 선익을 위한 경제 활동을 하여야 한다. 그러므로 무엇보다도 노동자에게 적정한 임금을 지불하고 인격적인 대우를 해 주어야 한다. 아울러 기업의 장래를 보장하는 투명한 경영을 하는 가운데 일자리를 보장하고, 좋은 품질의 상품을 공정한 가격으로 공급하여 공익에 이바지한다는 사실을 잊지 말아야 한다.

소유권과 그 한계

재산을 소유하고 부를 누리는 것은 축복이며 좋은 일이다. 재화 자체는 선하신 하느님의 창조물이므로 원칙적으로 선한 것이다. 그러나 부를 독점하거나 불의한 방법으로 재산을 늘리는 일은 죄악이다. 재산의 소유권은 기본적인 것이다. 소유권은 육체적, 정신적 노동의 결과에 대하여 남들이 간섭할 수 없는 권리를 행사하는 것을 말한다.

그러나 재산은 사회적 성격도 띠고 있다. 하느님께서는 땅과 그 안에 있는 모든 것을 모든 인간이 함께 이용하도록 창조하셨다. 따라서 창조된 재화는 사랑과 정의에 따라 공정하게 나누어져야 하며, 합법적으로 소유한 재산이라 하더라도 사유물로만 여길 것이 아니라 공익을 위하여 사용할 줄 알아야 한다. 자신의 처지에서 알맞은 수준을 넘는 여분의 재산을 자선이나 애덕에 사용할 의무는 모든 사람에게 있으며, 자기가 쓰고 남는 것만이 아니라 자신에게 요긴한 것까지도 나눌 때 그리스도의 사랑을 이웃에게 전하는 참된 그리스도인이 될 것이다.

가난한 이들에게 베푸는 자선은 형제애의 중요한 증거 중의 하나이다. 그리고 이는 또한 정의를 실천하는 일이며, 하느님께서 기뻐하시는 일이기도 하다.(「가톨릭 교회 교리서」, 2447항 참조) 그리스도교 사회교리에서는 재산의 독점적 소유권보다는 공동선을 위한 관리권에 무게를 두고 있다.

나눔의 삶

우리 그리스도인은 "내 것 가운데 그 어느 것도 진정으로 내 것인 것은 하나도 없고 모두 하느님의 것이며, 나는 그저 그것을 하느님으로부터 위탁받아 관리할 뿐"이라는 자세를 가져야 한다. 아픔은 나눌 때 작아지고 기쁨은 나눌 때 커진다고 한다. 소유의 기쁨은 잠시뿐이지만 나눔의 기쁨은 영원한 것이다. 재물은 우리가 살아가는데 반드시 필요하지만, "너희는 가진 것을 팔아 자선을 베풀어라. 너희 자신을 위하여 해지지 않는 돈주머니와 축나지 않는 보물을 하늘에 마련하여라. 거기에는 도둑이 다가가지도 못하고 좀이 쏠지도 못한다."(루카 12, 33) 하신 예수님의 가르침에 따라 우리가 가진 것을 하느님께서 바라시는 일에 기꺼이 나눌 줄 아는 마음을 지녀야 한다.

예수님께서 "너희가 내 형제들인 이 가장 작은 이들 가운데 한 사람에게 해 준 것이 바로 나에게 해 준 것이다."(마태 25, 40)라고 말씀하신 것처럼 진정한 나눔의 정신으로 자선을 베풀 때에 이웃 사랑을 실천하는 삶이 될 것이다.

예화1(영세부부의 비극)

1990년 초에 이런 사건이 있었다. 맞벌이 영세(零細) 부부가 방문을 잠그고 일을 나간 사이에 지하 셋방에서 불이 나 방안에서 놀던 어린 자녀들이 밖으로 나오지 못한 채 질식돼 숨진 사건이었다. 불이 났을 때 아버지 권씨는 경기도 부천에 있는 직장으로, 어머니 이씨는 파출부 일을 나가 있었으며, 아이들이 방 밖으로 나가지 못하도록 나무로 된 방문을 밖에서 자물쇠로 잠그고 바깥 현관문도 잠긴 상태였다. 집주인으로부터 연락을 받은 어머니가 달려 와 문을 열었을 때 다섯 살 혜영이는 방안에 엎드린 채, 네살된 아들 영철이는 옷더미 속에 코를 묻은 채 숨져 있었던 것이다. 이들 부부는 충청도에서 논 9백 평에 농사를 짓다가 가난에 못 이겨 지난 88년에 서울로 올라왔으며, 89년 10월에 지하방을 전세 4백만원에 얻어 살아왔다. 이들 부부는 한 때 두 남매를 고향에 있는 70대 노모에게 맡기기도 하고 연립주택 지하에 세든 이웃집에 약간의 수고비를 주고 아이를 맡겼으나 너무 힘들다는 이유로 같이 지내게 된 것이다. 아버지 권씨는 경비원으로 월 30여 만원을, 부인 이씨는 아침 7시부터 저녁 9시까지 파출부로 일해 월 35만원을 벌어 왔으며, 권씨의 수입은 사글세에서 전세로 옮기며 진 빚을 갚는 데 모두 충당해 왔다고 한다. 어머니 이씨는 경찰에서 "평소 파출부로 나가면서 부엌에는 부엌칼과 연탄불이 있어 위험스럽고, 밖으로 나가면 길을 잃거나 유괴라도 당할 것 같아 방문을 채울 수 밖에 없었다."면서 눈물을 흘리며, 평소에 일을 나갈 때 아이들이 먹을 점심상과 요강을 준비해 놓고 나가 일해 왔다고 말했다.

예화2(코리아 드림)

<다음은 2003년 4월 12일자 '한겨레' 신문 사회 면에 실린 내용이다.>

인도인 노동자 라나(46세)는 03년 3월 17일 인천시 부평구 ㅅ병원에 입원해 치료를 받다 만성간염과 패혈증으로 4월 5일에 숨졌다. 한국에 관광비자로 입국한 지 2년6개월만이었다. 한 방송사의 주선으로 남편을 만나기 위해 들뜬 마음으로 4월 11일 입국한 부인과 아들(20세)은 청천벽력같은 가장의 사망 소식에 병원에서 오열하고 말았다.

뉴델리에서 하루 종일 차를 타고 가야 하는 농촌이 고향인 라나는 2000년 9월 자신이 운전하던 차와 집 등 전 재산을 처분해 비용을 마련한 뒤 꿈을 안고 한국에 들어왔다. 인천 남동공단에 있는 목재공장과 프레스 공장 등에서 일하던 그는 오직 가족을 위해 야근 등 힘든 일을 마다하지 않았다.

애초 건강했던 그는 점차 몸이 아파 지난해 9월부터는 마땅한 일자리를 못 구했고 공단 주변의 사글세 자취방 방세조차 내지 못해 11월 쫓겨났다. 이후 인도에서 온 동료들의 자취방에 얹혀 살며 몸이 아파도 병원비가 없어 치료를 받지 못한 데다, 고향에 대한 그리움까지 겹쳐 술로 고통을 견뎠다고 동료들은 말했다.

그러나 2003년 2월 중순께 동료들 자취방에서 나와 공단 주변에 있는 교회 예배실에서 지낸 것으로 알려졌다. 그가 쓰러져 발견된 곳도 교회 예배실이었다. 급히 병원으로 옮겼지만 끝내 회복하지 못했다. 쓰러져 있는 그를 발견해 병원으로 옮기고 임종까지 지켜본 씨앗교회 선교사 이아무개(33세)씨는 "많은 돈을 들여 한국에 왔지만 뜻대로 되지 않아 자주 술을 마시는 바람에 몸이 망가진 것 같고 병원비조차 아까워 제대로 치료를 받지 못했다. 나중에는 술로 고통을 달랜 것 같다."며 안타까운 표정을 감추지 못했다.

라나는 임종을 얼마 앞두고도 고향에 가고 싶지 않으냐는 질문에 "돈을 가지고 가야 한다."며 손을 저었다. 선교사 이씨의 6살 된 아들을 보고는 고향에 두고 온 자식이 그리운 듯 말없이 눈물만 흘렸다고 이씨는 전했다. 라나는 코리아 드림을 이루지 못한 채 4월 12일 화장돼 한 줌의 흙이 되어 고향으로 돌아갔다는 서글픈 이야기다.

오늘날 네온사인의 십자가를 누각 위에 세운 교회는 동네마다 여기저기 무수히 많이 세워져 그리스도교 신자 수는 많아지고 있는데도 이런 유사한 비극은 비일비재로 일어나고 있다. 문제는 우리 그리스도인이 과연 가난한 이웃에 대해 얼마나 관심을 갖고 있으며 배려하고 있는가이다. 그리스도인은 예수님의 가르침에 따라 가난하고 병든 이웃에 관심을 갖고 기꺼이 나누며 가난한 이웃을 사랑하는 마음을 지녀야 한다.

나오는 말

모든 사람이 공동선을 실현하기 위해서는 도덕적 의무와 함께 사회 참여자들의 끊임없는 회개가 필요하다. 신앙인으로 살고자 하는 사람들은 항상 양심의 소리에 귀 기울이고 하느님의 뜻을 실현시켜 나가도록 힘써야 한다.

하느님의 창조 사업에 참여한 노동은 우리 자신은 물론 가정과 사회를 위하는 수고이고, 형제애를 실현하기 위한 발판이다. 재물은 인간이 살아가는 데에는 반드시 필요한 것이지만, 그 자체가 삶의 목적이 되어서는 안 되며 하느님께서 바라시는 일에 기꺼이 사용할 줄 알아야 한다.

인간은 그 자신이 모든 경제 생활과 사회 생활의 주인이고, 중심이며, 목적이다. 사회 문제의 결정적 요점은, 하느님께서 모든 사람을 위해 창조하신 재화가 정의에 입각해서, 그리고 사랑의 도움으로 실제로 모든 사람에게 전해져야 한다는 것이다. (「가톨릭 교리 교리서」, 2459항)

핵심문제

(1) 인간의 노동은 무엇에 동참하는 것입니까?

인간의 노동은 하느님의 창조 사업 즉 의로운 세상 건설에 동참하는 것입니다.

(2) 노동은 인간 생활에 어떠한 기능을 합니까?

노동은 인간 생활에 필요한 의복, 식량, 주택, 등등 인간의 기본적인 물질적 욕구를 충족시키는 기능을 합니다.

(3) 의로운 세상은 어떠한 것들로 요약할 수 있습니까?

의로운 세상은 자유, 평등, 평화, 정의로 요약할 수 있습니다.

(4) 직업에 따라 사람의 가치를 평가하거나 재산에 따라 계급 의식을 갖는 것은 무엇에 비롯된 것이라고 생각하십니까?

재물을 최고의 목적으로 삼고 물질 만능주의에 비롯된 것이라고 생각합니다.

(5) 직업윤리란 무엇입니까?

직업윤리란 직업에 종사하는 사람들이 마땅히 지켜야 할 도덕규범을 말하며, 모든 직업인은 공공복리를 벗어나는 자신의 이익만을 추구해서는 안 된다는 것입니다.

알아두기

• **사유 재산**(私有財産) : 개인의 소유를 사유라고 하며, 사유 재산은 사유의 대상이 되는 재화를 말한다. 재화는 유체물(부동산 · 동산), 채권, 저작권 · 특허권 따위의 무체재산권(無體財産權) 등이 있다. 근대 이후 사유 재산의 보호는 사회의 질서를 유지하는 바탕이 되고 있고, 많은 나라에서 사유 재산을 헌법으로 보호하고 있다. 천주교회도 사유 재산을 인정하고 있다. 그렇지만 하느님께서 모든 사람을 위하여 창조하신 재화는 정의와 사랑의 원리에 따라 모든 사람에게 공평하게 나누어져야 한다고 말하고 있다(「어머니요 스승」, 43항 참조).

사유 재산권에는 본질적으로 사회적 의무가 포함된다(「어머니요 스승」, 119항). '사회적 의무'는 개인의 재화를 사유물로만 여길 것이 아니라 공유물로도 여겨 자신의 유익을 위해서만이 아니라 다른 사람들의 유익을 위해서도 특히 노동자들과 가난한 사람들의 유익을 위해서도 사용할 것을 요구한다(사목헌장 69항, 노동하는 인간 14항).

• 경제성장에 따른 '부익부 빈익빈'의 심화 현상

경제성장을 하면 할수록 기대했던 것과 아주 다르게 빈부간의 소득 격차는 더욱 벌어지고, 세계 경제의 '부익부 빈익빈(富益富 貧益貧)'현상은 더욱 심화되어진다.

2000년 세계은행에 따르면 세계인구의 절반(30억)이 하루에 2달러(2,000원)에도 못 미치는 생계비로 연명했으며, 그 가운데 13억 명은 하루 1달러(1,000원)의 생계비도 쓰지 못했다. 1987년에도 하루 1달러 이하로 사는 사람이 12억 명이었다는 점을 감안하면 10여 년 만에 1억 명이 늘어난 셈이다. 따라서 경제가 성장하고 생산량이 늘어날수록 빈곤층이 늘어나는 빈부의 양극화 현상은 현저하게 나타난다.

우리나라의 경우에도 고소득자 20%가 대한민국 전체 소득의 80%이상을 차지한다. 부동산의 경우는 더욱 심해서 상위 10%의 부자들이 대한민국 땅덩어리의 90% 이상을 소유하고 있다. 행정자치부가 2005년 7월 15일 발표한 전국 토지 소유 현황에 의하면 2004년 말 현재 총인구대비 땅 부자 상위 1%가 전체 사유지의 51.5%를 소유한 것으로 집계됐고, 상위 5%는 사유지 82.7%를 소유하고 있다.

그리고 2005년 8월 29일 행자부의 발표에 의하면 개인 주택 소유자 현황에 있어서도 주민등록상 세대 기준으로 1777만 세대 중 54.6%인 971만 세대는 주택을 보유하고, 45.4%인 806만 세대는 무주택 세대인 것으로 나타났다.

2005년 말 기준으로 주택 보급률은 106%에 달하고 있지만, 이처럼 무주택 세대의 비율이 높은 것은 주택이 투기 등의 목적으로 3채 이상의 다주택보유 세대들의 집중 매입에 기인한 것으로 분석됐다.

과거에 3분의 2를 형성한 중산층은 오늘날에는 무너져가고 있다. 경제학의 관점에서 본다면 '수확체증의 법칙'은 투입된 생산요소가 늘어나면 늘어날수록 산출량이 기하급수적으로 증가하는 현상을 말한다. 그래서 돈을 많이 가질수록 더 많은 돈을 벌 수 있는 것이다.

파레토의 법칙(Pareto's law)은 부(富)의 편중 현상이 고소득자 20%가 전체 소득의 80%를 소유한다는 20:80의 소득분포의 불평등도에 관한 경험적인 법칙이다. 그래서 파레토의 법칙은 엄연한 사실에 입각한 법칙인 만큼 경제적인 불평등은 거부할 수 없는 당연한 현상이자 인간의 숙명인 것처럼 생각하기도 한다. 그렇지만 자연법칙은 영원불변한 하느님의 법칙이지만, 인간의 법칙은 변화할 수 있는 법칙이다. 따라서 정부에서는 파레토의 법칙이 성립하게 되는 원인을 규명하고, 제도체제 구조를 변화시켜 경제적으로 빈부 격차를 줄이고 정의로운 분배가 이루어질 수 있는 경제정책을 펴나가야 한다. 특히 우리나라는 정경유착(政經癒着)의 고리를 끊고 투명한 기업경영 등 제도적 장치가 필요하다. 그리고 노사관계에 있어서도 사용자(관리자 · 경영자) 측은 인간의 존엄성과 노사 대등의 원칙에 입각하여 노동자(피관리자 · 종업원)의 근로조건을 개선하고 복지를 증진함으로써 그 경제적 · 사회적 지위향상과 경제발전에 기여해야 한다. 또한 노동자측은 노사의 상생과 공존공영의 차원에서 상호이해와 사회규범을 바탕으로 가능한 한 노사분쟁에 의한 파업은 자제해야 한다.

우리 그리스도인은 '나눔의 삶'에서 언급했듯이 그리스도의 가르침에 따라 나눌 줄 아는 마음을 지녀야 한다.

> 예수님께서 제자들에게 말씀하셨다. "내가 진실로 너희에게 말한다. 부자는 하늘 나라에 들어가기가 어려울 것이다. 내가 다시 너희에게 말한다. 부자가 하느님 나라에 들어가는 것보다 낙타가 바늘구멍으로 빠져나가는 것이 더 쉽다."(마태 19,23-24)

세상의 재산이 악인의 손에 있다면 그것은 함정과 죽음에 빠지는 근원이다. 그러나 선인이 가지고 있는 재화는 선행과 공덕을 쌓아 올리는 수단이 된다. 이것은 가톨릭 교회의 가르침이며 예수님의 가르침이다.

제27장 우리는 영원한 삶을 믿습니다

들어가는 말

인간은 누구나 죽기 마련이지만 언제 어디서 어떻게 죽을지 아무도 모르며, 죽음 앞에서는 두려워하고 불안해 한다. 사실 세상 사람 누구도 인간의 이성과 학문으로는 죽음에 대해 알 수 없다. 그래서 공자도 그 제자 계로(季路)가 죽음에 대해 물었을 때 '아직 삶도 잘 모르는데 어찌 죽음을 알겠느냐(未知生 焉知死)' 라고 말한 것은 죽음을 불가해(不可解)한 것으로 생각했던 것이다. 그러나 천지 만물을 창조하시고 섭리하신 하느님은 죽음 후의 내세(來世)에 대해 계시(啓示)해 주셨다. 성경은 죽음이 인간 죄의 결과이므로 아무도 피할 수 없으나 구세주에 의해 극복되었음을 가르쳐 준다. 예수님께서는 우리의 도움이 필요한 이웃에게 사랑을 베풀거나 베풀지 않거나 하는 것은 우리의 자유의지에 달려 있지만, 우리의 행위에 따라 죽음 후에 하느님 앞에서 의인으로 혹은 악인으로 심판 받아 내세(來世)에서 삶의 모습이 결정된다고 분명히 말씀하셨다. 인간은 죽으면 영혼과 육신이 갈라져 육신은 땅으로 가서 썩게 되고, 영혼은 저승으로 가서 하느님 앞에서 심판을 받게 된다. 심판에는 하느님 앞에서 개인적으로 받는 사심판(私審判)과 예수 그리스도께서 재림하실 세상 종말에 산 이와 죽은 이 모두가 받게 될 최후 심판(옛날 표기로는 공심판)이 있다. 사람은 죽은 다음에 사심판의 결과에 따라 하늘 나라의 영원한 생명에 들거나 지옥의 영원한 벌을 받거나 연옥에서 정화의 과정을 거치게 된다. 그러기에 우리는 이 세상의 삶 또한 소홀히 할 수 없는 것이다. 따라서 그리스도인은 영원한 생명에 대한 믿음과 희망을 가지고 사랑을 실천하며 살게 된다.

마태 25,31-40

사람의 아들이 영광에 싸여 모든 천사와 함께 오면, 자기의 영광스러운 옥좌에 앉을 것이다. 그리고 모든 민족들이 사람의 아들 앞으로 모일 터인데, 그는 목자가 양과 염소를 가르듯이 그들을 가를 것이다. 그렇게 하여 양들은 자기 오른쪽에, 염소들은 왼쪽에 세울 것이다. 그때에 임금이 자기 오른쪽에 있는 이들에게 이렇게 말할 것이다. '내 아버지께 복을 받은 이들아, 와서, 세상 창조 때부터 너희를 위하여 준비된 나라를 차지하여라. 너희는 내가 굶주렸을 때에 먹을 것을 주었고, 내가 목말랐을 때에 마실 것을 주었으며, 내가 나그네였을 때에 따뜻이 맞아들였다. 또 내가 헐벗었을 때에 입을 것을 주었고, 내가 병들었을 때에 돌보아 주었으며, 내가 감옥에 있을 때에 찾아 주었다. 그러면 그 의인들이 이렇게 말할 것이다. '주님, 저희가 언제 주님께서 굶주리신 것을 보고 먹을 것을 드렸고, 목마르신 것을 보고 마실 것을 드렸습니까? 언제 주님께서 나그네 되신 것을 보고 따뜻이 맞아들였고, 헐벗으신 것을 보고 입을 것을 드렸습니까? 언제 주님께서 병드시거나 감옥에 계신 것을 보고 찾아가 뵈었습니까?' 그러면 임금이 대답할 것이다. '내가 진실로 너희에게 말한다. 너희가 내 형제들인 이 가장 작은 이들 가운데 한 사람에게 해 준 것이 바로 나에게 해 준 것이다.'

예화1(하루살이, 메뚜기, 개구리의 이야기)

하루살이와 메뚜기가 함께 놀았다. 해가 저녁놀에 지자 메뚜기가 "우리 내일 또 놀자!" 하고 말하였다. 그러자 하루살이는 "내일이 뭐니?"하고 물었다. 메뚜기가 내일에 대해 아무리 설명하여도 하루살이는 도무지 이해하지 못하였다.

메뚜기와 개구리가 함께 놀았다. 가을이 깊어서 개구리가 "우리 내년에 또 만나자!" 하고 말하였다. 그러자 메뚜기는 "내년이 뭐지?"하고 물었다. 개구리가 내년에 대해 자세히 가르쳐 주었지만 메뚜기는 통 알아듣지 못하였다.

하루를 살다가 죽는 하루살이가 내일을 이해하지 못하고, 한 해를 살다가 죽는 메뚜기가 내년을 알아듣지 못한다고 하더라도, 내일과 내년은 분명히 존재하는 것이다.

죽음이라는 숙명

인간은 언젠가는 죽기 마련이지만, 죽음 앞에서는 제왕의 권력도, 억만 금의 재물도, 천재의 두뇌도 아무런 힘이 되지 못한다. 죽음은 이 세상에서 우리가 쌓아올린 소중한 것들은 물론 사랑하는 사람들과도 영원히 이별하는 것이기에 슬픔과 고통이 따른다. 또한 죽음은 단 한 번뿐이고 돌이킬 수 없기 때문에 죽은 다음의 경험을 들려 주는 사람도 없어 죽음에 대하여 인간은 본능적으로 불안을 느끼며 두려움을 갖고 있다. 본서의 제1편 제1장-(1) 인간의 정체성에서 생각해 보았듯이 그리스도인은 죽음을 인생의 나그네 길을 청산하고 하느님께 돌아가는 귀향이라고 믿는다. 그래서 죽음은 삶의 끝이 아니라 새로운 삶의 시작이며, 다른 삶으로 들어가는 관문인 것이다. 그리스도인은 사후세계의 지복직관(至福直觀 ; 다음의 '최후 심판' 참조)과 영원한 삶을 믿기 때문에 절망하지 않고 평온한 모습으로 눈을 감고 이 세상을 떠나가지만, 비신앙인은 불안과 절망과 공포의 모습으로 떠나간다.

한편, 죽음은 인간이 자신의 삶을 되돌아보고 반성할 기회를 주기도 한다. 또한 죽음의 고비에서는 평소에 하느님(神)을 부정하고 믿지 않은 사람도 본능적으로 하느님을 찾는다. 이를테면 수심이 깊은 물에 빠져 곧 죽는 사람, 무슨 사고로 죽음의 극한 상황에 처한 사람은 '하느님!'하고 외치며, 하느님의 도움을 본능적으로 청하는 모습을 볼 수 있다. 이는 절대자를 찾는 무의식적인 신앙이 인간의 마음 안에 존재하고 있음을 보여 주는 것이다. 그러므로 죽음을 어떻게 생각하고 받아들이느냐에 따라 이 세상에서 우리 삶의 모습은 달라질 수 있다.

죽음은 이미 그리스도에 의해 극복된 것이므로 두려워할 것이 아니라, 죽음을 통해 영원한 생명으로 나아가기 위해 모든 것을 하느님께 맡기고 현세를 충실하게 살아야 한다.

영원한 삶에 대한 희망

우리는 주위에서 선하고 착하게 살다가 죽은 사람을 보고 "그 사람 좋은 곳에 갈 것이다."라고 말한다. 그 사람이 이 세상에 살아 있을 때에 했던 모든 행동이 저 세상에서 보상을 받고 영원히 행복하게 살게 될 것이라고 믿는 것이다. 요컨대 죽음을 말하면서 새로운 삶을 말한 것이다.

우리의 삶에서 선하고 곱고 참된 것들이 죽음으로 허무하게 사라지는 것이 아니라 죽은 다음에 더 고귀하고 영원한 것으로 피어나리라는 희망과 확신이 있어야만 우리는 평생을 땀흘려 일할 수 있다. 아무도 보지 않는 데서 양심을 지키고 인간의 도리를 다할 수 있는 것도, 정의와 자유를 위하여 목숨을 바칠 수 있는 것도, 남을 위하여 희생하고 봉사할 수 있는 것도 이러한 희망과 확신이 전제될 때 가능하다.

예수님의 부활로 그리스도인은 죽음이 결코 끝이 아니라 새롭고 영원한 삶으로 옮겨가는 것임을 분명히 알게 되었으며, "나는 부활이요 생명이다. 나를 믿는 사람은 죽더라도 살 것이다."(요한 11, 25) 라고 하신 예수님의 말씀에 따라 우리 또한 그리스도와 함께 부활하리라는 희망을 갖게 된 것이다.

우리나라에서는 죽음을 '돌아가셨다'고 말한다. 어디로 돌아간 것인가. 그리스도인에게 죽음은 하느님 아버지에게서 왔다가 하느님께 돌아가(요한 16, 22 참조) 하느님과 결정적으로 만나는 것이다. 이와 같이 부활하신 예수님은 우리의 삶에 새로운 의미와 가치를 부여해 주셨고, 우리가 죽음에 대한 두려움을 극복하고 활기찬 삶을 살도록 해 주셨다. 그러기에 예수 그리스도를 믿고 따르는 신앙인은 그리스도와 함께 영원한 행복에 대한 희망을 가지고 사는 것이다. 그러기 위해서 우리가 먼저 실천해야 할 일들이 있다. 바로 마음을 다하고, 목숨을 다하고, 힘을 다하고, 정신을 다하여 주님이신 하느님을 사랑하는 것이며, 이웃을 자기 자신처럼 사랑하라는 것이다(루카 10, 27 참조). 이 세상을 살아가면서 우리의 도움을 필요로 하는 이웃들을 사랑하고 격려하면서 지내게 될 때에, 그들 안에서 사랑 자체이신 예수님을 만날 수 있게 되고, 하느님 대전에서 의인으로 인정 받아 영원한 생명을 누리는 곳으로 갈 것이다.

"내가 진실로 너희에게 말한다. 너희가 내 형제들인 이 가장 작은 이들 가운데 한 사람에게 해 준 것이 바로 나에게 해 준 것이다. 이렇게 하여 의인들은 영원한 생명을 누리는 곳으로 갈 것이다."(마태 25, 40.46)

사심판(私審判 · 개별심판)

오늘의 삶은 내일을 결정하게 된다. 세상에는 복권당첨과 같은 요행을 바라는 사람도 있지만 노력 없는 대가는 있을 수 없다. 사람은 뿌린 대로 거두게 되어 있다. 우리가 이 세상에서 행한 모든 행위는 반드시 그 결과를 맺기 마련이다. 옛말에도 "덕을 쌓는 집안에는 반드시 경사스런 일이 온다.", 또는 "화(禍)의 근원은 악(惡)에 있다."고 했다. 따라서 상선벌악(賞善罰惡)은 마땅한 일이다. 즉 사람이 착한 일을 하면 상을 받고 악한 일을 하면 벌을 받는다는 것은 이 세상에서 보편적으로 통용되는 원리다. 그런데도 현실에서는 악한 사람이 잘 살고 착한 사람이 고통을 당하는 경우가 많다. 물론 악한 사람은 양심의 가책으로 마음이 편하지 않을 것이고 착한 사람은 떳떳하기 때문에 오히려 마음의 평안을 누린다고 말할 수 있지만, 인간적이고 현세적 안목에서 볼 때 큰 모순이 아닐 수 없다. 그러나 인간은 자기 행위의 대가를 이 세상에서 다 받는 것이 아니라 죽은 다음에 하느님의 공정한 심판대에서 총결산해야 한다.

그러므로 우리의 행위와 생활은 언제나 중대한 의미를 지닌다. 인간은 동물들과 달리 어디까지나 자유의지를 갖고 자기 의사에 따라 행동하며 그 결과에 대해 책임을 져야 하기 때문이다. 비록 악한 자가 세상에서 잘 살고 악한 행위가 교묘하게 위장되거나 미화될 수 있을지라도 "우리가 다 그리스도의 심판대 앞에 나가는 날에는 우리가 육체에 머물러 있는 동안에 한 일들이 숨김없이 드러나서 잘한 일은 상을 받고 잘못한 일은 벌을 받게 된다."(2코린 5, 10 참조) 이렇게 우리가 죽은 후에 육신을 떠난 영혼이 하느님 앞에서 혼자 일생에 대하여 받는 심판을 '사심판'(私審判)이라고 한다. 그리고 각자는 사심판의 판정에 따라 하늘 나라(천국)와 연옥(煉獄)과 지옥(地獄)이라는 상벌을 받게 된다.(「가톨릭 교회 교리서」, 1022항 참조) 또한 이 심판의 기준은 우리가 이 세상에서 얼마나 사랑을 실천하였는지에 달려있다. 왜냐하면 하느님은 사랑 자체이시고, 사랑만이 모든 행위를 가늠할 척도가 되기 때문이다.

예화 2(부자와 라자로)

어떤 부자가 있었는데, 그는 자주색 옷과 고운 아마포 옷을 입고 날마다 즐겁고 호화롭게 살았다. 그 집 대문 앞에는 라자로라는 가난한 이가 종기투성이 몸으로 누워 있었다. 그는 부자의 식탁에서 떨어지는 것으로 배를 채우기를 간절히 바랐다. 그러나 개들까지 와서 그의 종기를 핥곤 하였다.

그러다 그 가난한 이가 죽자 천사들이 그를 아브라함 곁으로 데려갔다. 부자도 죽어 묻혔다.

부자가 저승에서 고통을 받으며 눈을 드니, 멀리 아브라함과 그의 곁에 있는 라자로가 보였다. 그래서 그는 소리를 질러 말하였다. '아브라함 할아버지, 저에게 자비를 베풀어 주십시오. 라자로를 보내시어 그 손가락 끝에 물을 찍어 제 혀를 식히게 해 주십시오. 제가 이 불길 속에서 고초를 겪고 있습니다.'

그러자 아브라함이 말하였다. '예야, 너는 살아 있는 동안에 좋은 것들을 받았고 라자로는 나쁜 것들을 받았음을 기억하여라. 그래서 그는 이제 여기에서 위로를 받고 너는 고초를 겪는 것이다. 게다가 우리와 너희 사이에는 큰 구렁이 가로놓여 있어, 여기에서 너희 쪽으로 건너가려 해도 갈 수 없고 거기에서 우리 쪽으로 건너오려 해도 올 수 없다.'

부자가 말하였다. '그렇다면 할아버지, 제발 라자로를 제 아버지 집으로 보내 주십시오. 저에게 다섯 형제가 있는데, 라자로가 그들에게 경고하여 그들만은 이 고통스러운 곳에 오지 않게 해 주십시오.'

아브라함이, '그들에게는 모세와 예언자들이 있으니 그들의 말을 들어야 한다.' 하고 대답하자, 부자가 다시 '안 됩니다. 아브라함 할아버지는 죽은 이들 가운데에서 누가 가야 그들이 회개할 것입니다.' 하였다.

그에게 아브라함이 이렇게 일렀다. '그들이 모세와 예언자들의 말을 듣지 않으면, 죽은 이들 가운데에서 누가 다시 살아나도 믿지 않을 것이다.'

이 예화는 예수님이 들려 주신 이야기며 <루카 16,19-31>의 말씀이다.

이 성경에 소개된 부자는 재산을 쾌락과 먹고 마시는 데만 쓰려고 했고, 이 세상에서 누릴 수 있는 모든 쾌락을 추구하는 삶이었다. 거지는 부자 집 문 앞에 앉아서 식탁에서 떨어지는 부스러기로 굶주린 배를 달래고 있었다. 게다가 온 몸이 종기 투성이였다. 이 세상의 삶에서 두 사람의 생활은 몹시 큰 차이가 있었는데, 이 차이는 내세에서 그 지위가 역전되었다.

이 이야기는 이 세상에서 행복하게 산 사람은 모두 내세에서 불행에 빠진다는 절대적인 주장이 아니고, 단지 이기적인 부자에 대한 가능성을 보여 준 것이다. 부자가 죽음의 세계에서 심한 고통을 받으면서 아브라함에게 애원한 것은 아브라함이 구원받은 신앙인의 머리이기 때문이다. 그리고 죽음의 세계에서 이승의 부자가 벌을 받는 것은 가난한 라자로에 대하여 냉담하였고 사랑의 실천이 없었기 때문이다.

죽음은 사람의 상태를 역전시킬 수 있다. 부자는 망하고 가난한 사람은 구원받을 가능성이 있다. 이 예화는 부자에 대한 엄한 교훈이며, 돈은 죽음으로 말미암아 사라질 뿐 아니라 생전에도 돈을 악하게 쓰기 쉬우므로 몹시 위험한 것이다.

예수 그리스도의 재림과 육신의 부활

예수님은 "사람의 아들이 아버지의 영광에 싸여 천사들과 함께 올 터인데, 그때에 각자에게 그 행실대로 갚을 것이다."(마태 16, 27) 하시면서 당신의 영광스러운 재림을 약속하셨다. 예수 그리스도의 재림은 하느님께서 이루시는 세상과 인간 구원의 역사가 마침내 완성됨을 의미한다. 그 때에 죽은 모든 이는 영혼과 육신이 다시 결합하여 부활한다(1코린 15,13-14 참조). 예수님의 부활은 모든 인간 부활의 원형이다. 예수님은 돌아가실 때의 육신을 지니시고 부활하셨지만 부활하신 예수님의 육신은 영광스러운 특성도 함께 지니고 있다(요한 20,19-20 참조). "죽은 이들이 썩지 않는 몸으로 되살아나고 우리는 변화할 것입니다. 이 썩는 몸은 썩지 않는 것을 입고 이 죽는 몸은 죽지 않는 것을 입어야 합니다."(1코린 15,52-53).

모든 사람이 부활하여 다시 죽지 않을 것은 마찬가지이지만, 간선자(揀選者 : 간택하여 뽑힌 자)는 사기지은(四奇之恩 : 네 가지 기이한 은혜)을 입어 아름다울 것이요, 악인들은 사기지은과 반대의 특징으로 추악하고 흉할 것이다. 또 이것도 각기 죄악의 무겁고 가벼움에 따라 다를 것이다. 사기지은이란 무손상(無損傷), 광명(光明), 신속(迅速), 투철(透徹)의 네 가지 특은을 말한다.

① 무손상(無損傷) : 육체에 어떠한 상처도 있을 수 없다는 뜻이다.

"썩어 없어질 것으로 묻히지만 썩지 않는 것으로 되살아납니다."(1코린 15, 42).

② 광명(光明) : 육체가 빛난다는 뜻이다. "그 때에 의인들은 아버지의 나라에서 해처럼 빛날 것이다. 귀가 있는 사람은 들어라."(마태 13, 43)

③ 신속(迅速) : 공간의 제한을 받지 않고 신속하게 움직이는 은혜다. "물질적인 몸으로 묻히지만 영적인 몸으로 되살아납니다."(1코린 15, 44)

④ 투철(透徹) : 부활한 의인의 육체는 자신이나 다른 물체의 손상이 없이 통과할 수 있는 은혜다. 예수께서 부활하신 다음 문이 잠긴 방에 들어오신 것을 보면 알 수 있다.(요한 20, 19 참조)

그래서 부활은 지금과 똑 같은 몸으로, 즉 죽은 시체가 다시 살아나는 것으로 이해해서는 안 된다. 따라서 성경은 다음과 같이 말한다.

> 죽은 이들이 어떻게 되살아나는가? 그들이 어떤 몸으로 되돌아오는가? 하고 묻는 이가 있을 수 있습니다. 어리석은 사람이여! 그대가 뿌리는 씨는 죽지 않고서는 살아나지 못합니다. 그리고 그대가 뿌리는 것은 장차 생겨날 몸체가 아니라 밀이든 다른 종류든 씨앗일 따름입니다. …… 죽는 이들의 부활도 이와 같습니다. 썩어 없어질 것으로 묻히지만 썩지 않는 것으로 되살아납니다.(1코린 15,35-37.42)

부활은 단순한 소생, 지상 생활 조건으로 돌아가는 단순한 복귀로 볼 수는 없다. 인간 존재는 완전히 새로운 조건으로 건너갈 것이다. 부모에게서 받은 '동물적인' 죽을 육체는 '영신적인 육체'로 바뀔 것이다. 즉 그리스도께서 우리에게 주시는 성령의 새로운 생명을 받을 것이다.

최후 심판

예수님께서 재림하시는 세상 마지막 날에 산 이와 죽은 이를 포함한 온 인류는 그리스도께서 행하시는 최후 심판(공심판)을 받게 된다. 최후 심판의 뜻은 그리스도의 구원사업이 완성되는 것을 말한다. 이 경우에 심판은 완성을 의미하는 것이고, 반대로 완성은 심판을 의미하기도 한다.

"무덤 속에 있는 모든 사람이 그의 목소리를 듣는 때가 온다. 그들이 무덤에서 나와, 선을 행한 이들은 부활하여 생명을 얻고 악을 저지른 자들은 부활하여 심판을 받을 것이다."(요한 5,28-29) 생명의 나라에 들어간다는 것은 단순히 특정한 장소에 가는 것이 아니라 하느님의 영원한 생명과 기쁨에 참여하는 것이다

우리는 믿음과 희망과 사랑으로 이 세상에서도 하느님의 생명에 참여하지만, 그것

은 다만 씨앗일 뿐이다. 우리가 영원한 생명을 누린다는 것은 하느님을 '얼굴을 맞대고'(1코린 13, 12 참조) 보는 것이며, 하느님의 약속이 완전히 실현되는 것이므로 더 이상 바랄 것이 없고, 아무도 가져가지 못할 완전한 행복을 누리는 것을 말한다. 이것을 지복직관(至福直觀)이라고 한다.

'들어가는 말'에 이어진 성경(마태 25,31-40) 말씀은 예수님의 재림에 따르게 될 '최후의 심판'을 묘사하고 있다. 이 말씀에서 '사람의 아들'을 "목자"로, '의인들'과 '사악한 사람들'을 각각 "양"과 "염소"로 묘사하고 있으며, 임금은 왕인 메시아 그리스도이시다.

예수님은 "너희가 내 형제들인 이 가장 작은 이들 가운데 한 사람에게 해 준 것이 바로 나에게 해 준 것이다."(마태 25, 40)라고 말씀하셨다. 예수님은 재력과 권력에 바탕을 둔 사회로부터 따돌림당한 가난한 사람들과 억압당한 사람들을 당신 자신과 동일시하셨다. 가난한 사람들과 억압당한 사람들이란 온 인류와 온 세계 안에서 굶주리고 목마르고 나그네 되고 헐벗고 병들고 감옥에 갇혀 있는 사람들인 것이다. 따라서 심판의 기준은 가난한 사람들과 억압당한 사람들을 위하여 사랑과 정의를 실천했는지의 여부가 될 것이다. 가난한 사람들과 억압당한 사람들에 대한 사랑과 정의의 실천이야말로 믿음의 중심 실천이다. 마태오 복음서사가는 처음부터 그런 믿음을 예수께서 전개하신 활동의 핵심으로서 제시하고 있다.

하느님 나라의 완성

영원한 생명은 하느님 자신인데 하느님께서는 그리스도의 사랑과 교회 안에서 지금 우리에게 현존하신다. 우리가 영원한 생명에 다다를 때 신앙은 종식되고 그 영원한 삶에서 우리는 하느님과 일치될 것이다. 그때는 "다시는 죽음이 없고 다시는 슬픔도 울부짖음도 괴로움도 없을 것이다. 이전 것들이 사라져 버렸기 때문이다."(묵시 21, 4)

모든 그리스도인은 이미 이 세상에 시작되어 자라고 있는 하느님 나라를 예수 그리스도께서 완성하시고자 다시 오시리라 굳게 믿으며 복된 희망을 가지고 그 날을 기다린다. 그러나 그 시기는 인간의 지혜로 예측할 수 없다. 예수께서는 "그 날과 그 시간은 아무도 모른다. 하늘의 천사들도 아들도 모르고 아버지만이 아신다."(마르 13, 32) 하고 말씀하셨다. 그리고 "너희는 조심하고 깨어 지켜라. 그때가 언제 올지 너희가 모르기 때문이다."(마르 13, 33) 하고 당부하셨다. 베드로 사도 역시 "주님의 날은 도둑처럼 올 것입니다. …… 여러분은 어떤 사람이 되어야 하겠습니까? 거룩하고 신심 깊은 생활을 하면서, 하느님의 날이 오기를 기다리고 그날을 앞당기도록 해야 하지 않겠습니까?"(2베드 3,10-12) 하고 권고하였다. 그러므로 우리는 예수님의 당부와 사도들의 권고대로 하느님 나라의 완성을 고대하며 그 날을 준비하여야 한다.

나오는 말

누구에게나 다가오는 죽음은 끝이 아니라 새롭고 영원한 삶의 시작이다. 그러므로 우리는 하느님의 생명에 참여하고 하느님 나라의 행복을 누리기 위하여 이 세상에서 하느님의 뜻에 충실한 삶을 살아야 한다. 하느님께서는 세상과 인류의 구원을 완성하시어 모든 인간의 소망을 충족시켜 주실 것이다.

이 세상 삶은 하느님에게서 온 것이며, 죽음은 하느님께 돌아가는 것이다. 날마다 삶을 반성하고 하느님께 감사 드리며 영원한 생명에 대한 희망으로 죽음을 두려워하지 않는 의연한 삶을 살도록 노력해야 한다.

하느님의 모상으로 창조되어 자신 안에 하느님을 모시고 사는 인간의 최종 목표는 하느님 나라에서 누리는 영원한 삶이다. 세상의 종말과 육신의 부활이 있을 때까지는 하느님 나라에 그리스도와 성모님 이외에는 영혼만 들어갈 수 있다. 그러나 예수 그리스도의 재림과 더불어 부활한 모든 사람은 최후 심판에 따라 사랑을 실천하고 선한 일을 한 사람들은 하느님을 '얼굴을 맞대고' 뵈올 것이며, 낙원에서 끝없는 행복 중에 영원히 하느님과 함께 살 것이다. 그렇지만 악한 일을 한 사람들은 부활하여 단죄를 받게 될 것이다.(요한 5, 29 참조) 따라서 우리는 더욱더 현세생활에 충실하고, 이웃과 함께, 항상 깨어 있는 삶을 살도록 노력해야 한다.

핵심문제

(1) 죽음에 대하여 성경은 무엇을 가르쳐 줍니까?
성경은 죽음이 인간의 죄의 결과이므로 아무도 피할 수 없으나, 구세주에 의해 극복되었음을 가르쳐 줍니다. 따라서 그리스도인은 영원한 생명에 대한 믿음과 희망을 가지고 살아갑니다.

(2) 사람이 죽으면 영혼과 육신은 어떻게 됩니까?
사람이 죽으면 영혼과 육신이 갈라져 육신은 땅으로 가서 썩게 되고, 영혼은 저승으로 가서 하느님 앞에서 심판을 받게 됩니다.

(3) 사람은 단 한 번 죽게 마련이고 그 뒤에는 심판을 받게 되는데, 심판은 몇 가지가 있습니까?

심판은 사심판(私審判)과 최후 심판 두 가지가 있습니다.

(4) 사심판(私審判)이란 무엇입니까?

사람이 죽은 후에 하느님 앞에서 개인적으로 받는 공정한 심판을 말합니다. 각자는 사심판을 통해 살아 있는 동안의 모든 행적을 심판받고 그 판정에 따라 하늘 나라, 연옥, 지옥이라는 상벌을 받게 됩니다.

(5) 최후 심판이란 무엇입니까?

예수님께서 재림하시는 세상 마지막 날에 산 이와 죽은 이를 포함한 온 인류는 그리스도께서 행하시는 최후의 심판을 받게 될 것인데, 이것을 최후 심판이라고 합니다.

(6) 그리스도인은 죽음을 어떻게 대처해야 합니까?

죽음은 이미 그리스도에 의해 극복된 것이므로 두려워할 것이 아니라, 죽음을 통해 영원한 생명으로 나아가기 위해 모든 것을 하느님께 맡기고 현세를 충실하게 살아야 합니다.

알아두기

• 하늘 나라(천국) : '하늘'은 천지만물의 주재자(主宰者)이신 '하느님'을 상징하므로 '하늘 나라'(Kingdom of Heaven)와 '하느님의 나라'(Kingdom of God)의 의미는 동일하다. 그런데 하늘 나라(개정된 가톨릭 용어, 개정 전의 용어는 천국)는 하늘 저편에 있는 우주 공간의 어떤 장소가 아니다. 하늘 나라에서 산다는 것은 사랑 자체이신 삼위일체 하느님과 함께 하는 삶 자체다. 이 하늘 나라는 인간이 바라는 궁극적 목적(하느님과의 일치, 친교의 삶)이 실현된 상태이며, 가장 행복한 상태다. 교황 요한 바오로 2세는 이와 관련하여 "하늘 나라는 구름 위의 물리적 공간이 아니라 성삼위와 하나 되는 인격적 관계이며 현세에서도 성찬례와 자선 등을 통해서 어느 정도 체험할 수 있다."고 말했다. 성체성사를 통해서 그리스도와 일치할 때 또 이웃에게 사랑을 실천할 때 맛보는 행복감 등을 통해서 하늘 나라의 기쁨을 부분적으로 체험할 수 있다는 것이다. 하늘 나라는 현재와 미래의 양쪽 시간대에 길게 걸쳐 있으며, 하늘 나라의 미래성은 현재성과 불가분의 관계에 놓여 있다.

제2차 바티칸 공의회(1962~1965년)는 "하늘 나라는 곧 진리와 생명의 나라요 거룩함과 은총의 나라이며 정의와 사랑과 평화의 나라이다. 그 나라에서는 피조물이 멸망의 사슬에서 풀려나 하느님 자녀들의 영광스러운 자유를 누릴 것이다"(교회 헌장 36항)라고 하였다.

하늘 나라 복락(福樂)의 본질은 '지복직관'(至福直觀 · *L.* visio beatifica, 榮福的 見神)과 '영복적 사랑'(*L.* amor beatificus)이다. 따라서 우리가 하늘 나라에 든다는 것은 지복직관(至福直觀)과 영복적 사랑의 영원한 행복을 누린다는 것을 말한다. 하지만 우리는 하늘 나라 복락에 대해서는 태생소경이나 마찬가지다. 하늘 나라의 모습에 대해 인간의 언어와 상상력으로는 도저히 설명할 수 없다. 그러기에 사도 바오로는 다음과 같이 말했다. "어떠한 눈도 본 적이 없고 어떠한 귀도 들은 적이 없으며 사람의 마음에도 떠오른 적이 없는 것들을 하느님께서는 당신을 사랑하는 이들을 위하여 마련해 두셨다."(1코린 2, 9).

세상의 종말과 육신의 부활이 있을 때까지는 그리스도와 성모님 이외에는 영혼만 들어갈 수 있지만, 최후 심판 뒤에는 부활한 영혼과 육신이 들어가는 영원한 행복의 상태라고 할 수 있다(마태 25, 46 참조). 우리가 흔히 쓰는 천당(天堂)은 하늘 나라의 옛말이다.

● **연옥**(煉獄, *L.* purgatorium, *Eng.* purgatory) : 하느님의 은총과 사랑 속에 죽었지만 완전히 정화되지 않은 사람들(연령 · 煉靈)이 하느님 나라에 들어가기 위하여 거쳐야 하는 정화의 상태 또는 과정이라고 말할 수 있다. 연옥 역시 특정한 장소적 개념으로 이해해서는 안 된다. 연령(煉靈 : 연옥의 영혼)이란 세상에서 보속(補贖)을 다하지 못하고 연옥에서 단련을 받고 있는 영혼을 말한다. 세상에서 지은 죄에 대한 잠벌(暫罰)이 남아 있는 영혼은 일정 기간 동안 연옥에서 단련을 받아야 한다. 그리고 정화의 기간이 끝나면 하늘 나라에 들어간다. 연옥의 기간을 단축하기 위해서는 세상에 사는 사람들의 기도와 공로, 그리고 희생과 사랑의 실천이 필요하다. 연옥에서는 공덕을 쌓을 수 없기 때문이다. 따라서 교회에서는 연령을 위한 위령기도, 장례미사, 위령미사를 드리도록 하고 있다. 특히 11월은 위령의 달, 11월 2일은 위령의 날로 정하여, 연령을 위해 기도하도록 하고 있다. 이 연옥은 성경에는 확실하게 계시되지 않았으나, 성전(聖傳)에서는 확실하다.

구약성경 마카베오기 하권(2마카 12, 45)에는 "그가 죽은 이들을 위하여 속죄를 한 것은 그들이 죄에서 벗어나게 하려는 것이었다."라고 말하고 있어 연옥을 암시하고 있다. 그런데 소위 종교개혁자들은 연옥에 대한 교리를 반대하기 위하여 마카베오기를 정경이 아니라고 제거해버렸다.

신약성경에서도 연옥에 대한 암시적인 말씀을 찾아볼 수 있다. 예수님은 "사람의 아들을 거슬러 말하는 자는 용서받을 것이다. 그러나 성령을 거슬러 말하는 자는 현세에서도 내세에서도 용서받지 못할 것이다."(마태 12, 32)라고 말씀하셨다. 여기서 성령을 거스른 죄는 내세에서도 사함을 받지 못하리라하신 말씀에는 내세에서 사함을 받을 수 있는 죄도 있다는 의미가 내포되어 있음이 명백하다. 그곳은 하늘 나라도 지옥도 아닌 것이다. 왜냐하면 하늘 나라에는 아무 죄가 없어야 들어갈 수 있고, 지옥은 영원한 벌이므로 조금도 사함을 받을 수 없기 때문이다. 그러므로 결국 하늘 나라도 지옥도 아닌 중간에 해당된 연옥이 있는 것이다. 그래서 그레고리오 13세, 우르바노 8세 등의 교황과 트리엔트 공의회에서 연옥교리를 신조로 정의한바 있다.

하지만 프로테스탄트에서는 성경만을 믿고 성전은 부정하므로 연옥의 존재 자체를 부정하고 있다. 프로테스탄트의 주장처럼 하늘 나라와 지옥만 있고 연옥이 없다면 인간은 참으로 비참할 수밖에 없다. 왜냐하면 이 세상사람 누구도 전 생애를 통하여 티없이 깨끗한 영혼은 있을 수 없으므로 모든 사람은 지옥으로 갈 수 밖에 없기 때문이다.

연옥은 이 세상의 교도소에 해당된다. 이 세상에서 범죄인이 죄의 경중에 따라 형량이 결정되고, 감옥살이를 하게 되는 것과 마찬가지로, 연옥에서도 이 세상의 삶에서 지은 죄의 경중에 따라 연옥의 기간도 결정된다.

- **지옥**(地獄, *L.* Infernus, *Eng.* Hell) : 교회는 지옥의 존재와 그 영원성을 가르친다. 죽을 죄의 상태에서 죽는 사람의 영혼은 죽은 다음 곧바로 지옥으로 내려가며, 그 곳에서 지옥의 고통 곧 "영원한 불"의 고통을 겪는다.(「가톨릭 교회 교리서」, 1035항)

불교에서는 지옥이란 극락에 반대되는 말로서 염라대왕(閻羅大王)이 다스리며, 죄인에게 고통을 주는 곳이라고 말한다. 그러나 그리스도교는 세상에서 대죄 중에 있는 자가 죽으면 그 영혼이 하느님과 단절된 상태에서 겪는, 하늘 나라와 반대의 고통 상태를 말한다. 지옥 역시 하늘 나라나 연옥처럼 특정 장소적 개념이 아니다. 지옥은 영원한 불이 활활 타거나 사람을 질식시키는 그런 장소(*L.* locus)가 아니라, 하느님과의 영원한 단절에 처하는 고통의 상태(*L.* status)를 말한 것이다. 영원한 불은 이승에서처럼 실재하는 것이 아니라 고통스럽다는 것을 표현하기 위해 사용된 상징 언어다. 3차원 공간의 세상을 살아가는 인간이 다차원 초자연 세계를 표현하는 데는 언어의 한계를 가질 수밖에 없다. 그래서 분명한 개념으로 설명하기 보다는 상징 언어로 묘사할 수밖에 없다. 성경이 전해주는 종말에 대한 표현들은 우리가 보고 느끼고 상상할 수 있는 그 이상의 것들을 가리킨다. 종말 사건은 3차원 공간의 오관(五官)을 통해 인식할 수 있는 그런 현상을 초월한 것이다.

지옥은 무법천지의 상태이며 호소할 곳도 피신할 곳도 없다. 지옥에는 사랑이나 동정이나 위로도 없다. 영원히 구원이 없는 끝없는 암흑과 절망의 세계다. "저주받은 자들아, 나에게서 떠나 악마와 그 부하들을 위하여 준비된 영원한 불 속으로 들어가라." (마태 25, 41).

하느님께서 죄인을 저버리는 것이 아니라, 그들 스스로 하느님의 은총을 결정적으로 거부함으로써 지옥이라는 영원한 고통의 상태에 머물게 된다.

- **부활논쟁**(마태 22,23-33; 마르 12,18-27; 루카 20,27-40)

부활이 없다고 주장하는 사두가이들이 예수님께 다가와 물었다. "스승님, 모세는 '어떤 사람이 자식 없이 죽으면, 그의 형제가 죽은 이의 아내와 혼인하여 그의 후사를 일으켜 주어야 한다.' 고 하였습니다. 그런데 저희 가운데 일곱 형제가 있었습니다. 맏이가 혼인하여 살다가 죽었는데, 후사가 없어서 아내를 동생에게 남겨 놓았습니다. 둘째도 셋째도 그러하였고 일곱째까지 그러하였습니다. 맨 나중에는 그 부인도 죽었습니다. 그러면 부활 때에 그 여자는 그 일곱 가운데 누구의 아내가 되겠습니까? 그들이 다 그 여자를 아내로 맞아들였으니 말입니다."

예수님께서 그들에게 대답하셨다. "너희가 성경도 모르고 하느님의 능력도 모르니까 그렇게 잘못 생각하는 것이다. 부활 때에는 장가드는 일도 시집가는 일도 없이 하늘에 있는 천사들과 같아진다. 그리고 죽은 이들의 부활에 관해서는 하느님께서 너희에게 하신 말씀을 읽어 보지 않았느냐? '나는 아브라함의 하느님, 이사악의 하느님, 야곱의 하느님이다.' 하고 말씀하셨다. 그분께서는 죽은 이들의 하느님이 아니라 산 이들의 하느님이시다." 군중은 이 말씀을 듣고 그분의 가르침에 감탄하였다.

<신명 25,5-10>에는 수혼제(嫂婚制)라는 율법이 기록되어 있다. 고대 근동의 민족 사이에서 이루어지고 있었던 수혼제의 목적은 가계(家系)의 단절과 재산의 분산을 막기 위한 것이었다. 그리하여 형이 자녀를 두지 못하고 죽으면 그 동생이 형수를 아내로 맞아들여 아들을 낳도록 하게 되어 있었다.

그런데 부활을 지금과 똑같은 몸으로, 그래서 죽은 시체가 다시 살아나는 것으로 이해해서는 안 된다. 생전의 육신과 부활한 육신은 질적으로 전혀 다르다. 육신부활이란 우리가 죽은 다음에 온전한 인간, 참 인간으로 부활한다는 것을 나타내는 표현

이지 지금과 같은 생전의 몸 그대로 부활한다는 뜻이 아니다.

앞에서 예수 그리스도의 재림과 육신의 부활에서 언급했듯이 영혼과 육신이 합하여 부활하면 간선자(揀選者)는 사기지은(四奇之恩 : 無損傷 · 光明 · 迅速 · 透徹)을 입으며, 하등본능(下等本能)이 없는 천사와 같은 존재가 된다. 하지만 악인들은 사기지은과 반대의 특징으로 추악하고 흉할 것이며, 또 이것도 각기 죄악의 경중에 따라 다를 것이다.

부　　록

I. 한·영 주요기도문 (한글과 영문의 내용이 일치하지 않는 기도문도 있다.)

성호경 십자성호를 그으며 성부와 성자와 성령의 이름으로. 아멘.	**THE SIGN OF THE CROSS** In the name of the Father, and of the Son, and of the Holy Spirit. Amen.
주님의 기도 하늘에 계신 우리 아버지, 아버지의 이름이 거룩히 빛나시며 아버지의 나라가 오시며 아버지의 뜻이 하늘에서와 같이 땅에서도 이루어지소서! 오늘 저희에게 일용할 양식을 주시고 저희에게 잘못한 이를 저희가 용서하오니 저희 죄를 용서하시고 저희를 유혹에 빠지지 않게 하시고 악에서 구하소서. 아멘.	**THE LORD'S PRAYER** Our Father in heaven, hallowed be your name, your kingdom come, your will be done on earth as in heaven. Give us today our daily bread. Forgive us our sins as we forgive those who sin against us. Save us from the time of trial and deliver us from evil. Amen.
성모송 은총이 가득하신 마리아님, 기뻐하소서! 주님께서 함께 계시니 여인 중에 복되시며 태중의 아들 예수님 또한 복되시나이다. 천주의 성모 마리아님, 이제와 저희 죽을 때에 저희 죄인을 위하여 빌어 주소서. 아멘.	**THE HAIL MARY** Hail Mary, full of grace, the Lord is with you. Blessed are you among women, and blessed is the fruit of your womb, Jesus. Holy Mary, Mother of God, pray for us sinners, now and at the hour of our death. Amen.
영광송 밑줄 부분에 고개를 숙이며 영광이 성부와 성자와 성령께 처음과 같이 이제와 항상 영원히. 아멘.	**THE GLORY BE** Glory be to the Father, and to the Son, and to the Holy Spirit. As it was in the beginning, is now, and will be forever. Amen.

사도신경

전능하신 천주 성부
천지의 창조주를 저는 믿나이다.
그 외아들 우리 주 예수 그리스도님
밑줄 부분에서 고개를 숙인다.
성령으로 인하여
동정 마리아께 잉태되어 나시고
본시오 빌라도 통치 아래서 고난을 받으시고
십자가에 못 박혀 돌아가시고 묻히셨으며
저승에 가시어
사흘날에 죽은 이들 가운데서 부활하시고
하늘에 올라
전능하신 천주 성부 오른편에 앉으시며
그리로부터 산 이와 죽은 이를 심판하러
오시리라 믿나이다.
성령을 믿으며
거룩하고 보편된 교회와
모든 성인의 통공을 믿으며
죄의 용서와
육신의 부활을 믿으며
영원한 삶을 믿나이다.
아멘

반성기도

주님. 오늘 생각과 말과 행위로 지은 죄와
의무를 소홀히 한 죄를 자세히 살피고
그 가운데 버릇이 된 죄를 깨닫게 하소서.
아멘.

십계명

일. 한 분이신 하느님을 흠숭하여라.
이. 하느님의 이름을 함부로 부르지 마라.
삼. 주일##을 거룩히 지내라.
사. 부모에게 효도하여라.
오. 사람을 죽이지 마라.
육. 간음하지 마라.
칠. 도둑질을 하지 마라.
팔. 거짓 증언을 하지 마라.
구. 남의 아내를 탐내지 마라.
십. 남의 재물을 탐내지 마라.

안식일(the Sabbath) : 유다교에서는 토요일, 회교에서는 금요일인데, 대부분의 그리스도교에서는 그리스도의 부활을 기념해서 안식과 예배의 날로 지키는 일요일(주일 또는 주님의 날)이다.

THE APOSTLES' CREED

I believe in God, the Father almighty,
creator of heaven and earth.
I believe in Jesus Christ,
his only Son, our Lord.
All bow during these three lines:
He was conceived by the power of the Holy Spirit, and born of the Virgin Mary.
He suffered under Pontius Pilate,
was crucified, died, and was buried.
He descended to the dead.
On the third day he rose again.
He ascended into heaven,
and is seated at the right hand of the Father.
He will come again to judge
the living and the dead.
I believe in the Holy Spirit,
the holy catholic Church,
the communion of saints,
the forgiveness of sins,
the resurrection of the body,
and the life everlasting. Amen.

ACT OF REFLECTION

O Lord, help me to examine fully the sins
I have committed today in thought,
word, and deed,
and through any unfulfilled duty,
and make me aware of those faults
that have become habits. Amen.

THE TEN COMMANDMENTS OF GOG

1. I am the Lord your God : you shall not have strange gods before me.
2. You shall not take the name of the Lord your God in vain.
3. Remember to keep holy the Sabbath## day.
4. Honour your father and your mother.
5. You shall not kill.
6. You shall not commit adultery.
7. You shall not steal.
8. You shall not bear false witness against your neighbor.
9. You shall not covet your neighbor's wife.
10. You shall not covet your neighbor's goods.

고백기도

전능하신 하느님과 형제들에게 고백하오니
생각과 말과 행위로 죄를 많이 지었으며
자주 의무를 소홀히 하였나이다.
가슴을 치며 제탓이요
가슴을 치며 제탓이요
가슴을 치며 저의 큰 탓이옵니다.
그러므로 간절히 바라오니
평생 동정이신 성모 마리아와
모든 천사와 성인과 형제들은
저를 위하여 하느님께 빌어 주소서.
전능하신 하느님, 저희에게 자비를
베푸시어 죄를 용서하시고
영원한 생명으로 이끌어 주소서.
아멘.

통회기도

하느님, 제가 죄를 지어
참으로 사랑받으셔야 할
주님의 마음을 아프게 하였사오니
악을 저지르고 선을 소홀히 한 모든 잘못을
진심으로 뉘우치나이다.
또한 주님의 은총으로 속죄하고
다시는 죄를 짓지 않으며
죄지을 기회를 피하기로 굳게 다짐하오니
우리 구세주 예수 그리스도의 수난 공로를
보시고 저에게 자비를 베풀어 주소서.
아멘.

THE CONFITEOR

I confess to almighty God,
and to you, my brothers and sisters,
that I have sinned through my own fault
strike their breast:
in my thoughts and in my words,
in what I have done,
and in what I have failed to do;
and I ask blessed Mary, ever virgin,
all the angels and saints, and you,
my brothers and sisters,
to pray for me to the Lord our God.
May almighty God have mercy on us,
forgive us our sins and
bring us to everlasting life. Amen.

ACT OF CONTRITION

My God, I am sorry for my sins
with all my heart.
In choosing to do wrong
and failing to do good,
I have sinned against you whom
I should love above all things.
I firmly intend, with your help,
to do penance, to sin no more,
and to avoid whatever leads me
to sin.
Our Saviour Jesus Christ suffered
and died for us.
In his name, my God, have mercy.
Amen.

삼덕송

삼덕송, 묵주기도, 아침기도-저녁기도 등의
기도문은 한글과 영문의 내용이 일치하지 않는다.

신덕송

하느님, 하느님께서는 진리의 근원이시며
그르침이 없으시므로 계시하신 진리를
교회가 가르치신 대로 굳게 믿나이다.

망덕송

하느님, 하느님께서는 자비의 근원이시며
저버림이 없으시므로
예수 그리스도의 공로를 통하여 주실
구원의 은총과 영원한 생명을 바라나이다.

애덕송

하느님, 하느님께서는 사랑의 근원이시며
한없이 좋으시므로
마음을 다하여 주님을 사랑하며
이웃을 제 몸같이 사랑하나이다.

봉헌기도

하느님, 저를 사랑으로 내시고 저에게 영혼
육신을 주시어 주님만을 섬기고 사람을
도우라 하셨나이다.
저는 비록 죄가 많사오나
주님께 받은 몸과 마음을 오롯이 도로 바쳐
찬미와 봉사의 제물로 드리오니
어여삐 여기시어 받아 주소서. 아멘.

ACT OF FAITH

O my God, I firmly believe all the truths that the holy catholic Church believes and teaches.
I believe these truths, O Lord, because you have revealed them to her and in this faith I am resolved to live and die.
Amen.

ACT OF HOPE

O my God, relying on your promises, I hope that, through the infinite merits of Jesus Christ, you will grant me pardon of my sins, and the graces necessary to serve you in this life and to obtain eternal happiness in the next.
Amen.

ACT OF CHARITY

O my God, I love you with my whole heart and above all things, because you are infinitely good and perfect; and I love my neighbour as myself for love of you.
Grant that I may love you more and more in this life, and in the next for all eternity. Amen.

OFFERING

O Lord, from love you created me, giving me a soul and body, and commanding me to serve you and to help my neighbour.
Now, sinful though I am, I offer you my mind and heart, and beg you to receive them as my offering of praise and devotion. Amen.

삼종기도

○ 주님의 천사가 마리아께 아뢰니
● 성령으로 잉태하셨나이다.
성모송
○ "주님의 종이오니
● 그대로 제게 이루어지소서!"
성모송
○ 이에 말씀이 사람이 되시어
● 저희 가운데 계시나이다.
성모송
○ 천주의 성모님, 저희를 위하여 빌어 주시어
● 그리스도께서 약속하신 영원한 생명을 얻게 하소서.
+ 기도합시다.
하느님, 천사의 아룀으로
성자께서 사람이 되심을 알았으니
성자의 수난과 십자가로
부활의 영광에 이르는 은총을
저희에게 내려 주소서.
우리 주 그리스도를 통하여 비나이다.
◎ 아멘

ANGELUS

○ The angel of the Lord declared unto Mary;
● And she conceived by the Holy Spirit.
Hail Mary …
○ Behold the handmaid of the Lord.
● Be it done unto me according to your word. *Hail Mary* …
○ And the Word was made flesh
● And dwelt among us. *Hail Mary* …
○ Pray for us, O holy Mother of God,
● That we may be made worthy of the promises of Christ.

+Let us pray;
Pour forth, we beseech you, O Lord, your grace into our hearts, that we, to whom the incarnation of Christ, your Son, was made known by the message of an angel, may by his passion and cross be brought to the glory of his resurrection, through the same Christ our Lord.
◎ Amen.

부활 삼종기도

○ 하늘의 모후님, 기뻐하소서. 알렐루야.
● 태중에 모시던 아드님께서, 알렐루야.
○ 말씀하신 대로 부활하셨나이다. 알렐루야.
● 저희를 위하여 하느님께 빌어 주소서. 알렐루야.
○ 동정 마리아님, 기뻐하시며 즐거워하소서. 알렐루야.
+ 기도합시다.
하느님, 성자 우리 주 예수 그리스도의
부활로 온 세상을 기쁘게 하셨으니
성자의 어머니 동정 마리아의 도움으로
영생의 즐거움을 얻게 하소서.
우리 주 그리스도를 통하여 비나이다.
◎ 아멘.

REGINA COELI *(for Easter Time)*

○ Queen of heaven, rejoice! Alleluia.
● For he whom you did merit to bear. Alleluia.
○ Has risen, as he said, Alleluia.
● Pray for us to God. Alleluia.
○ Rejoice and be glad, O Virgin Mary. Alleluia.
● For the Lord is truly risen. Alleluia.
+Let us pray;
O God, who gave joy to the world through the resurrection of your Son our Lord Jesus Christ, grant, we beseech you, that through the intercession of the Virgin Mary, his Mother, we may obtain the joys of everlasting life, through the same Christ our Lord.
◎ Amen.

묵주기도 **환희의 신비**	**THE ROSARY** **THE FIVE JOYFUL MYSTERIES**
1단 마리아께서 예수님을 잉태하심을 묵상합시다.	1. THE ANNUNCIATION The angel went in and said to her, 'Rejoice, so highly favoured! The Lord is with you.' Luke 1:28
2단 마리아께서 엘리사벳을 찾아보심을 묵상합시다.	2. THE VISITATION And Elizabeth was filled with the Holy Spirit. She gave a loud cry and said. 'Of all women you are the most blessed, and blessed is the fruit of your womb.' Luke 1:41-42.
3단 마리아께서 예수님을 낳으심을 묵상합시다.	3. THE BIRTH OF JESUS And she gave birth to a son, her first-born. She wrapped him in swaddling clothes, and laid him in a manger because there was no room for them at the inn. Luke 2:7
4단 마리아께서 예수님을 성전에 바치심을 묵상합시다.	4. PRESENTATION And when the day came for them to be purified as laid down by the law of Moses, they took him up to Jerusalem to present him to the Lord. Luke 2:22-23.
5단 마리아께서 잃으셨던 예수님을 성전에서 찾으심을 묵상합시다.	5. THE FINDING OF JESUS IN THE TEMPLE Three days later, they found him in the temple, sitting among the doctors listening to them, and asking them questions. Luke 2:46.
	* *Scripture Passages are taken from:* *The Jerusalem Bible-Darton, Longman and Todd.*

고통의 신비	THE FIVE SORROWFUL MYSTERIES
1단 예수님께서 우리를 위하여 피땀 흘리심을 묵상합시다.	1. THE AGONY IN THE GARDEN In his anguish he prayed even more earnestly, and his sweat fell to the ground like great drops of blood. When he rose from prayer he went to the disciples and found them sleeping for sheer grief. Luke 22:44-45.
2단 예수님께서 우리를 위하여 매 맞으심을 묵상합시다.	2. THE SCOURGING AT THE PILLAR Pilate then had Jesus taken away and scourged. John 19:1.
3단 예수님께서 우리를 위하여 가시관 쓰심을 묵상합시다.	3. THE CROWNING WITH THORNS Then they stripped him and made him wear a scarlet cloak, and having twisted some thorns into a crown they put this on his head and placed a reed in his right hand. Matthew 27:28-29.
4단 예수님께서 우리를 위하여 십자가 지심을 묵상합시다.	4. THE CARRYING OF THE CROSS And carrying his own cross he went out of the city to the place of the skull or, as it was called in Hebrew, Golgotha. John 19:17.
5단 예수님께서 우리를 위하여 십자가에 못 박혀 돌아가심을 묵상합시다.	5. THE CRUCIFIXION And when Jesus had cried out in a loud voice, he said, 'Father, into your hands I commit my spirit.' With these words he breathed his last. Luke 23:46.

영광의 신비	THE FIVE GLORIOUS MYSTERIES
1단 예수님께서 부활하심을 묵상합시다	1. THE RESURRECTION You are looking for Jesus of Nazareth, who was crucified: he has risen, he is not here. See, here is the place where they laid him. Mark 16:6.
2단 예수님께서 승천하심을 묵상합시다.	2. THE ASCENSION And so the Lord Jesus, after he had spoken to them, was taken up into heaven: there at the right hand of God he took his place. Mark 16:19.
3단 예수님께서 성령을 보내심을 묵상합시다.	3. THE DESCENT OF THE HOLY SPIRIT They were all filled with the Holy Spirit, and began to speak foreign languages as the Spirit gave them the gift of speech. Acts 2:4.
4단 예수님께서 마리아를 하늘에 불러올리심을 묵상합시다.	4. THE ASSUMPTION OF OUR LADY INTO HEAVEN Now a great sign appeared in heaven: a woman, adorned with the sun, standing on the moon, and with the twelve stars on her head for a crown. Revelation 12:1.
5단 예수님께서 마리아께 천상 모후의 관을 씌우심을 묵상합시다.	5. THE CROWNING OF THE BLESSED VIRGIN MARY IN HEAVEN You are the glory of Jerusalem! You are the highest honour of our race! and God has approved what you have done. May you be blessed by the Lord almighty in all the days to come!' Judith 15:10-11.

식사 전 기도

\+ 주님, 은혜로이 내려 주신 이 음식과
저희에게 강복하소서.
우리 주 그리스도를 통하여 비나이다.
◎ 아멘.

BLESSING BEFORE A MEAL

\+ Bless us, O Lord, and these your gifts, which we are about to receive from your bounty, through Christ our Lord.
◎ Amen.

식사 후 기도

\+ 전능하신 하느님, 저희에게 베풀어
주신 모든 은혜에 감사하나이다.
◎ 아멘.
\+ 주님의 이름은 찬미를 받으소서.
◎ 이제와 영원히 받으소서.
\+ 세상을 떠난 모든 이가
하느님의 자비로 평화의 안식을
얻게 하소서.
◎ 아멘.

THANKSGIVING AFTER A MEAL

\+ We give you thanks, almighty God,
for all your benefits.
who live and reign for ever and ever.
◎ Amen.
\+ And may the souls of the faithful
departed through the mercy of
God rest in peace.
◎ Amen.

일을 시작하며 바치는 기도

○ 오소서, 성령님.
저희 마음을 성령으로 가득 채우시어
저희 안에 사랑의 불이 타오르게 하소서.
● 주님의 성령을 보내소서.
저희가 새로워지리이다.
또한 온 누리가 새롭게 되리이다.
\+ 기도합시다.
하느님, 성령의 빛으로 저희 마음을
이끄시어 바르게 생각하고 언제나
성령의 위로를 받아 누리게 하소서.
우리 주 그리스도를 통하여 비나이다.
◎ 아멘.

PRAYER TO THE HOLY SPIRIT

○ Come, O Holy Spirit,
fill the hearts of your faithful and
kindle in them the fire of your love.
● Send forth your Spirit, and they shall
be created. And you will renew
the face of the earth.
\+ Let us pray:
O God, who have taught the hearts of
the faithful by the light of the Holy
Spirit, grant us by that Holy Spirit
himself, to know what is right and
ever rejoice in his consolation.
Through Christ our Lord.
◎ Amen.

일을 마치고 바치는 기도

(성모님께 보호를 청하는 기도)

○ 거룩하신 천주의 성모님, 저희를 지켜
주시고 어려울 때 저희가 드리는 간절한
기도를 물리치지 마소서. 또한 온갖
위험에서 언제나 저희를 지켜 주소서.
영화롭고 복되신 동정녀시여.

SUB TUUM PRAESIDIUM

○ We fly to your patronage,
O holy Mother of God.
Despise not our petitions
in our necessities,
but deliver us from all dangers,
O ever-glorious and blessed Virgin.

아침기도

십자성호를 그으며

+ 성부와 성자와 성령의 이름으로 .

◎ 아멘.

○ 하늘에 계신 우리 아버지,
아버지의 이름이 거룩히 빛나시며,
아버지의 나라가 오시며 아버지의 뜻이
하늘에서와 같이, 땅에서도 이루어지소서!

● 오늘 저희에게 일용할 양식을 주시고
저희에게 잘못한 이를 저희가 용서하오니
저희 죄를 용서하시고 저희를 유혹에 빠지지
않게 하시고, 악에서 구하소서.

◎ 아멘.

◎ 하느님, 저를 사랑으로 내시고, 저에게 영혼
육신을 주시어 주님만을 섬기고 사람을
도우라 하셨나이다. 저는 비록 죄가 많사오나
주님께 받은 몸과 마음을 오롯이 도로 바쳐
찬미와 봉사의 제물로 드리오니 어여삐
여기시어 받아 주소서. 아멘

+ 우리 주 하느님께 권능과 영광,
지혜와 굳셈이 있사오니
찬미와 감사와 흠숭을 영원히 받으소서.

◎ 아멘.

+ 전능하신 하느님,
오늘도 저희 생각과 말과 행위를
주님의 평화로 이끌어 주소서.

◎ 아멘.

MORNING OFFERING

O Jesus, through the Immaculate
Heart of Mary,
I offer you my prayers, works,
joys, and sufferings of this day
for all the intentions of your
Sacred Heart, in union with
the holy sacrifice of the Mass
throughout the world,
in thanksgiving for your favors,
in reparation for my sins,
for the intentions of all my
relatives and friends, and
in particular for the intentions
of the Holy Father.
Amen.

저녁기도	A NIGHT PRAYER
십자성호를 그으며 + 성부와 성자와 성령의 이름으로. ◎ 아멘. + 주님, 오늘 생각과 말과 행위로 지은 죄와 의무를 소홀히 한 죄를 자세히 살피고 그 가운데 버릇이 된 죄를 깨닫게 하소서. 잠깐 반성한다. ◎ 하느님, 제가 죄를 지어 참으로 사랑받으셔야 할 주님의 마음을 아프게 하였사오니 악을 저지르고 선을 소홀히 한 모든 잘못을 진심으로 뉘우치나이다. 또한 주님의 은총으로 속죄하고 다시는 죄를 짓지 않으며 죄지을 기회를 피하기로 굳게 다짐하오니 우리 구세주 예수 그리스도의 수난 공로를 보시고 저에게 자비를 베풀어 주소서. 아멘. ○ 하느님, 하느님께서는 진리의 근원이시며 그르침이 없으시므로 계시하신 진리를 교회가 가르치는 대로 굳게 믿나이다. ● 하느님, 하느님께서는 자비의 근원이시며 저버림이 없으시므로 예수 그리스도의 공로를 통하여 주실 구원의 은총과 영원한 생명을 바라나이다. ○ 하느님, 하느님께서는 사랑의 근원이시며 한없이 좋으시므로 마음을 다하여 주님을 사랑하며 이웃을 제 몸같이 사랑하나이다. + 하늘에 계신 우리 아버지, 오늘 하루도 이미 저물었나이다. 이제 저희는 구세주 예수 그리스도를 통하여 모든 천사와 성인과 함께 주님을 흠숭하며 지금 이 순간까지 베풀어 주신 주님의 사랑에 감사하나이다. ◎ 아멘. + 전능하신 천주 십자성호를 그으며 성부와 ✠ 성자와 성령께서는 저희에게 강복하시고 지켜 주소서. ◎ 아멘.	I adore you, my God, and I love you with all my heart. I thank you for having created me, made me a Christian and kept me this day. Pardon me the evil I have done, and if I have done some good, accept it. Take care of me while I sleep and deliver me from all danger. May your grace be always with me and with all my loved ones. Amen.

Ⅱ. 전례 주년(典禮週年)

전례(典禮 · Liturgy)란 성경과 성전(聖傳)에 의거하여 공적 장소에서 예배드리는 교회의 의식인데, 미사를 비롯하여 공식적인 경신례를 말한다. 가톨릭의 전례의 중심은 미사이지만 이 밖에도 그리스도께서 제정한 성사(聖事) 및 교회가 제정한 관례에 의한 성무일도(聖務日禱 · 교회의 매일 매일의 공적 기도) · 준성사 · 성체행렬 · 성체강복식(降福式) 등이 전례 속에 포함된다. 제2차 바티칸공의회(1962-1965)에서 <전례헌장(典禮憲章)>이 개정되어 전통적인 전례용어와 외형 등에 대한 대폭적 개혁을 단행하였다. 그리하여 전례 속에 국민적 독창성을 받아들이게 되었으며, 종래에는 라틴어로만 행해지던 전례부분에 자국어가 쓰이게 되었고, 전례가 사제(司祭)만의 일이 아니고 신도도 참여하도록 강조되는 등 많은 변화가 일어났다.

교회는 일년을 한 주기(週期)로 하여 그리스도의 신비, 즉 탄생, 생애, 죽음, 부활 등의 신비 전체를 순서에 따라 기념함을 전례주년이라 한다. 전례에서의 기념이란 재현(再現)한다는 뜻이다. 이는 그리스도의 생애 각 부분을 전례로써 재현하여 우리를 구원의 은총으로 풍요해지도록 돕는다. 전례주년을 시기와 월(月), 일(日)순으로 종합하여 표시한 것을 전례력(典禮曆)이라 하며, 이 전례력에 의한 교회력은 성탄을 준비하는 대림1주부터 새해가 시작된다.

그리스도의 신비는 예수 그리스도의 성탄에서 시작되고 그의 부활로써 완성되기 때문에 전례주년의 두 축을 이루는 것은 예수성탄 대축일과 예수부활 대축일이며, 이 두 축일을 중심으로 대림시기, 성탄시기, 사순시기, 부활시기, 연중시기 등의 구조를 갖는다.

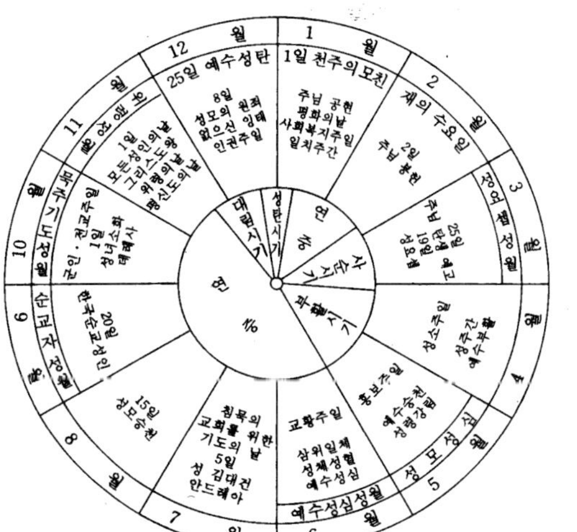

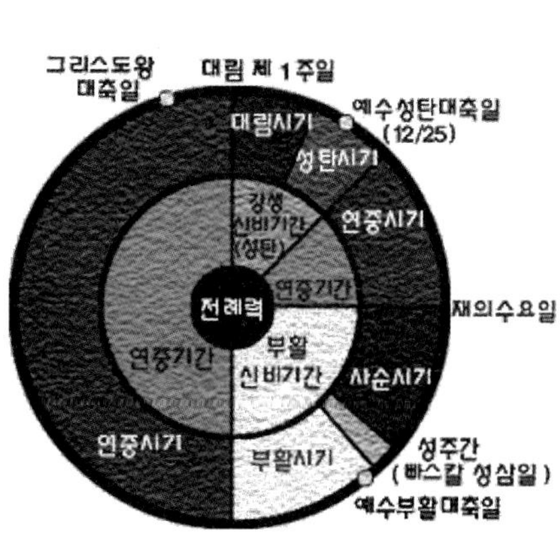

1) 대림시기(待臨時期)

대림절은 예수 그리스도의 성탄 전 4주간을 말하는데, 겸손한 참회의 정신과 회개로 주님의 성탄을 맞이하기 위해 준비하는 시기이다. 4주간은 구약시대에 4천년동안 약속된 구세주를 기다리던 기간을 상징한다. 대림(待臨)은 구세주 예수 그리스도께서 우리에게 오심을 기다린다는 뜻으로서 다음의 세 가지 의미를 지닌다.

① 역사적 탄생기념

교회는 예수 그리스도께서 베들레헴에서 탄생하심을 해마다 경축하고 기념한다. 2천년 전의 사건이지만 이 사건으로서 인류는 구원의 은총을 받게 되었고, 그 구원의 은총은 개개인에게 이르고 있으니 경축함이 마땅하다.

② 영광스런 재림 고대

예수께서는 다시 오겠다고 약속하셨다. "그때 하늘에 사람의 아들의 표징이 나타날 것이다. …… '사람의 아들이' 큰 권능과 영광을 떨치며 '하늘의 구름을 타고 오는 것을' 볼 것이다" (마태 24, 30; 마르 13, 26; 루카 21, 27).

우리는 사도신경을 통해서 "산 이와 죽은 이를 심판하러 오시리라 믿나이다"라 하고, 미사 때마다 "복된 희망을 품고 구세주 예수 그리스도의 재림을 기다리게 하소서"하며 다시 오심을 고대하고 있다.

③ 우리 일상생활에 오심

주님은 교회 공동체와 우리의 착한 생활 속에 오셔서 함께 하신다. "누구든지 나를 사랑하면 내 말을 지킬 것이다. 그러면 내 아버지께서 그를 사랑하시고, 우리가 그에게 가서 그와 함께 살 것이다."(요한 14, 23)라고 주님은 말씀하셨다.

역사적인 예수 그리스도께서 성사를 통해서 우리에게 다시 오셔서 현존하신다. 특히 주님께서 성체로 친히 우리 각자에게 더욱 친밀한 방법으로 오신다.

2) 성탄시기(聖誕時期)

성탄절은 하느님께서 당신의 사랑으로 인류의 구세주이신 예수 그리스도를 세상에 보내시어 인간을 구원하시기 위해 사람으로 태어나신 것을 기념하는 시기인데, 12월 25일부터 주님 공현 대축일까지이다. 공현(公顯 · Epiphany)이란 '나타남, 나타내어 보여줌'의 뜻인데, 주님 공현 축일은 예수님이 탄생하시자 동방의 세 박사(점성가)가 별을 보고 베들레헴까지 예수님을 경배하러 찾아오게 된 것을 기념하기 위한 축일을 말한다. 축일 일자는 원래 1월 6일이지만, 우리나라에서는 모든 교우가 이날을 경축하도록 하려고 1월 1일 다음 주일로 정한 것이다.

· **구유** : 구유는 2천년 전의 예수 아기 탄생을 가시적으로 재현시키고 상기한다는데 의미가 있으며, 1223년 이탈리아 아시시의 성 프란치스코가 그렛치오 성당에서 베들레헴의 외양간을 본 따 구유를 꾸미고 성탄을 지낸데서 유래한다.

3) 사순시기(四旬時期)

예수님의 부활을 준비하기 위한 40일간을 말하며, 이 40일은 재의 수요일(사순절이 시작되는 날)부터 주일을 뺀 부활 전 토요일까지이다. 주일을 뺀 이유는 주일이 주님의 부활을 기념하는 날이기 때문이다. 이 사순시기 동안 교회는 예수 그리스도의 수난과 죽음을 묵상하고 각자가 지은 죄를 통회하며 보속하는 내적인 회개와 신앙쇄신을 권한다. 그래서 사순시기는 우리의 육체적 고신극기(苦辛克己)와 단식을 통한 참회의 생활로 그리스도의 수난과 죽음에 참여하여 새 생명으로 부활하는 그리스도와의 만남을 준비하는 시기이다.

· **40의 숫자** : 40이란 숫자는 성서에서 중대한 사건을 앞두고 준비하는 기간을 상징하고 정화하는데 필요한 기간을 나타낸다.

노아의 홍수로써 새 세상을 준비하는데 40일간 비가 내렸고(창세 7장), 이스라엘이 약속된 복지의 땅에 들어가기 위해 40년간 광야에서 준비해야 했으며(신명 29, 4), 모세가 하느님께 계명을 받기 전에 40일간 식음을 전폐하고 야훼 앞에 엎드려 있었으며(신명 9, 18), 예언자 엘리야는 40일을 밤낮으로 걸어 하느님의 호렙 산에 이르렀다(1열왕 19, 8). 하느님께서는 "40일이 지나면 니느웨는 잿더미가 된다."고 하셨지만 니느웨(아시리아의 수도)사람들이 뉘우쳐서 죄악이 그쳤으므로 그들에게 내리시려던 재앙을 거두시었다.(요나 3장)

그리고 예수께서는 공생활을 하시기전 광야에서 40주야를 단식하셨으며(마태 4, 2), 또 예수께서 부활하시어 승천하시기 전 40일 동안 지상에 머무셨다(사도 1, 3). 그러므로 40이라는 수는 참회와 속죄로 생활의 혁신을 촉구하며 하느님과 만나기 위해 필요한 준비를 하는 기간이다.

· **성주간**(聖週間) : 예수부활 대축일 전 한 주간으로, 이 기간은 1년 중에서도 예수님

의 수난과 부활의 신비에 참여하는 가장 거룩하고 뜻 깊고 중대한 기간이다. 성주간은 예수 수난 성지 주일부터 시작된다.

4) 부활시기(復活時期)

부활절은 교회전례의 절정이며 극치로서 예수께서 수난과 죽음으로 이룩하시고 부활로서 완성하신 구원사업을 기념하는 기간으로 부활 대축일부터 성령강림 대축일까지 50일 동안이다.

· 부활의 의미 : 죽음의 세력을 물리치신 예수님의 부활로 우리에게 영원한 생명의 길을 열어주셨고, 죄로 인한 인간의 모든 고통과 죽음의 세력이 꺾이게 되었고, 우리도 그리스도와 같이 부활하리라는 새로운 희망을 주었다.

· 부활 대축일 날짜 : 날짜는 해마다 달라진다. 니케아 공의회(325년)에서 춘분(3월 21일)이 지난 만월 후의 첫 주일을 부활 대축일로 정하였다.

· 부활의 상징들

깨끗한 옷(흰 옷) - 초대 교회로부터 부활 성야에 세례를 받고 모든 죄에서 벗어나 순결하고 거룩한 사람으로 새로 남을 상징하며, 기성 신자들은 사순절 동안 참회와 기도로 그리스도 안에서 새로운 생명에로 다시 태어나기 때문에 흰 옷을 입었다. 이와 같이 흰 옷은 부활의 은총을 상징하며, 거룩한 생활의 외적인 고백이며 영신적인 부활을 의미한다.

부활초 - 성 토요일 부활 전야 미사 때에 축복하는 특별한 초로 성령 강림 대축 일까지 제대 앞에 두고 전례를 거행하는 동안 밝힌다. 이 초는 죽음의 어둠을 이기고 영광스러이 부활하신 그리스도의 새 생명의 빛을 상징한다.

부활계란 - 옛부터 계란은 풍요로운 생명력을 상징한다. 곧 죽은 것처럼 보이지만 그 안에 생명력이 담겨있어 장차 새로운 생명이 태어날 것이기에, 영생의 기원인 부활을 상징하는 것이다.

5) 연중시기(年中時期)

위의 4가지를 제외한 나머지 기간을 말하며 주님 공현 대축일 다음 날부터 재의 수요일 전까지와 성령강림 대축일 다음 날부터 대림절 전까지의 33~34주간이다. 이시기 동안 예수 그리스도의 말씀과 행적 등 구원의 신비를 다양하게 경축하고 그리스도왕 대축일로 끝맺는다.

* **성월**(聖月 · Holy Month)

사회에는 가정의 달, 청소년의 달 등이 있는 것처럼, 한국 천주교회에서는 전례주년을 지내는 동안 교회의 축일과 연관지어서 다음과 같이 성월을 정해 특별한 지향을 갖고 기도하며 적절한 신심행사를 하도록 권장한다.

성 요셉 성월(3월) -성 요셉 대축일(3월 19일),
성모 성월(5월) - 성모 축일(5월 31일),
예수 성심 성월(6월) - 예수 성심 대축일,
(예수 성심 대축일은 그리스도의 성체 성혈 대축일의 다음 금요일)
순교자 성월(9월) - 한국 순교성인 대축일(9월 20일),
묵주기도 성월(10월) - 묵주기도의 복되신 동정 마리아 기념일(10월 7일),
위령 성월(11월) - 위령의 날(11월 2일)

■ 참고도서(교재 및 인용문헌)

교재 : 한국천주교 주교회의 교리교육위원회, 『한국천주교 예비신자 교리서』, 한국천주교중앙협의회, 1999.

인용문헌 :

1. 주교회의교리교육위원회, 『가톨릭 교회 교리서』, 한국천주교중앙협의회, 2003.
2. 주교회의교리교육위원회, 『간추린 가톨릭 교회 교리서』, 한국천주교중앙협의회, 2003.
3. 『제2차 바티칸 공의회 문헌』 제2판, 한국천주교중앙협의회, 2002.
4. Lawrence G. Lovasik 지음/김정진 옮김, 『예화로 쉽게 엮은 가톨릭 교리』, 가톨릭출판사, 2001.
5. 『한국가톨릭대사전』, 한국교회사연구소, 2006.
6. 김양진, 『그리스도인의 신앙과 삶』, 바오로딸, 2001.
7. 방효익, 『예비신자 교리서 해설』, 성바오로, 2002.
8. 가톨릭대학교 교리사목연구소, 『가톨릭 예비신자 교리서』, 가톨릭대학교출판부, 2004.
9. 도미니코수도회 연구소, 전장호 역, 『문답으로 엮은 가톨릭 교회 교리서』, 바오로딸, 1998.
10. 가톨릭 교리 신학원, 『예비자 교리서 초대받은 당신』, 가톨릭출판사, 1999.
11. 윤형중, 『상해 천주교 요리』, 가톨릭출판사, 2001.
12. 윤형중, 『종교의 근본문제』 개정초판, 가톨릭출판사, 1996.
13. 김웅태, 『성인 예비자 교리』(교사용), 가톨릭출판사, 1993.
14. 정진석, 『우주를 알면 하느님이 보인다』, 가톨릭출판사, 2003.
15. 최창무, 『윤리신학 Ⅲ』, 가톨릭대학교출판부, 2006.
16. 김희중, 『가톨릭과 개신교, 제2호』, 광주가톨릭대학교 교회사 연구소, 2000.
17. 김왕기, 『자연과 신앙』, 전남대학교 출판부, 2001.
18. 김왕기, 『신앙을 키우는 과학이야기』, 생활성서사, 1999.
19. 최형락, 『천주교 용어사전』, 도서출판 작은예수, 2001.
20. 김경식, 『생활교리』, 대건인쇄출판사, 2002.
21. 제임스 C. 기본스 저/장면 역, 『교부들의 신앙』(개정판), 가톨릭출판사, 1991.
22. 토마스 키팅 저/엄무광 역, 『관상기도를 통해 하느님께 나아가는 길』, 성바오로 출판사, 2001.
23. 허성준, 『수도 전통에 따른 렉시오 디비나』, 분도출판사, 2005.
24. 정양모·박태식, 『종교의 세계』, 분도출판사, 2003.
25. 박양운, 『세계 5대종교 개관』, 가톨릭신문사, 2004.

26. 조계종 포교원, 『불교입문』, 조계종출판사, 2000.
27. 석지현 · 윤창화 · 일지, 『왕초보, 불교박사되다』, 민족사, 2002.
28. 정종화, 『名畵로 엮은 이야기 聖書』, 동양출판사, 1968.
29. 『한글-영문 가톨릭 기도서』, 한국천주교 중앙협의회, 2002.

찾아보기

ㄴ

ㄷ

ㄹ

ㅁ

ㅂ

ㅅ

ㅇ

ㅈ

ㅊ

ㅋ

ㅌ

ㅍ

ㅎ

김 왕 기(金旺起 · 그레고리오)

· 현 전남대학교 명예교수, 이학박사
  현 한국 천주교 주교회의 평신도사도직위원회 위원
  현 한국종교간대화학회 자문위원

* **약 력**

· 전남대학교 학생처장
  사범대학장
  과학교육연구소장
  화학교육과장
· 대한화학회 이사, 평의원, 부회장
  광주 · 전남지부장
· 광주광역시 교육발전협의회 과학기술분과 위원장
· 전라남도 청소년 대책위원회 위원
· 대학교육협의회 화학과 평가위원
· 독일 Marburg대학교와
  미국 Nevada(Reno)대학교 파견 연구교수
· 천주교 광주대교구 꾸르실료 사무국 주간,
  평신도사도직협의회(평협)회장,
  월산동성당 사목회장,
  전남대학교 가톨릭 교직원회장

* **논문 및 저서**

· 논문 : 53편 (국내외 화학 학술지 게재논문)
· 저서 및 역서 : 8권
  1. 참행복의 삶을 위하여 - 삶의 의미 (저서, 전남대학교출판부, 2007)
  2. 자연과 신앙 (저서, 전남대학교출판부, 2001)
  3. 신앙을 키우는 과학이야기 (저서, 생활성서사, 1999)
  4. 기본양자화학 (공저, 탐구당, 1995)
  5. 一般化學 (C. R. Dillard, D. E. Goldberg저, 공역, 광림사, 1991)
  6. 量子化學 (공저, 탐구당, 1989)
  7. 大學化學 (공저, 전남대학교출판부, 1988)
  8. 大學化學 (B. H. Mahan저, 공역, 광림사, 1982)

참행복의 삶을 위하여 – 삶의 의미 –

교회인가 | 2007년 3월 12일

인쇄 | 2007년 6월 5일
발행 | 2007년 6월 15일

엮 음 | 김왕기
발 행 | 강정채
발행처 | 전남대학교출판부

등록 | 1981. 5. 21. 제53호
주소 | 500－757 광주광역시 북구 용봉동 300
전화 | (062) 530－0571～3
팩스 | (062) 530－0579
홈페이지 | http://altair.chonnam.ac.kr/～cnup

값 20,000 원
ISBN 978-89-7598-612-3 (03230)

이 도서의 국립중앙도서관 출판시도서목록(CIP)은 e-CIP홈페이지
(http://www.nl.go.kr/cip.php)에서 이용하실 수 있습니다.
(CIP제어번호: CIP2007001654)